天一新奥

全国社会工作者职业水平考试

真题全刷

社会工作综合能力

全国社会工作者职业水平考试辅导用书编写组　编

中级

看课做题扫我

课程题库激活码 XGHZ2210

激活：微信扫描左侧小程序码➤输入激活码➤选课➤立即激活➤去听课➤增值课，点击对应科目增值套餐，在课程目录中即可看课做题。

使用：微信搜索“天一网校”小程序➤我的课程➤增值课，点击对应科目增值套餐，在课程目录中即可看课做题。

光明日报出版社

图书在版编目（CIP）数据

社会工作综合能力：中级／全国社会工作者职业水平考试辅导用书编写组编．－－北京：光明日报出版社，2023.12(2024.7 重印).

全国社会工作者职业水平考试辅导用书．真题全刷

ISBN 978-7-5194-7663-2

Ⅰ．①社… Ⅱ．①全… Ⅲ．①社会工作—中国—水平考试—习题集 Ⅳ．①D632－44

中国国家版本馆 CIP 数据核字(2023)第 239916 号

全国社会工作者职业水平考试辅导用书

核心笔记

社会工作综合能力

全国社会工作者职业水平考试辅导用书编写组　编

中级

目录

Contents

第一章　社会工作的内涵、原则及主要领域……1
第二章　社会工作的价值观与专业伦理……2
第三章　人类行为与社会环境……3
第四章　社会工作理论的应用……5
第五章　个案工作方法……6
第六章　小组工作方法……8
第七章　社区工作方法……10
第八章　社会工作行政……11
第九章　社会工作督导……12
第十章　社会工作研究……13

第一章　社会工作的内涵、原则及主要领域

核心笔记 1 社会工作的目标

1. 服务对象层面的目标

社会工作在服务对象层面的目标包括：解救危难、缓解困难、激发潜能、促进发展。

2. 社会层面的目标

社会工作在社会层面的目标包括：解决社会问题、促进社会公正。

3. 文化层面的目标

社会工作在文化层面的目标包括：弘扬人道主义、促进社会团结。

核心笔记 2 社会工作的功能

1. 社会工作对服务对象的功能

社会工作对服务对象的功能包括：促进服务对象的正常生活、恢复弱化的功能、促进人的发展、促进人与社会环境的相互适应。

2. 社会工作对社会的功能

社会工作对社会的功能包括：维持社会秩序、建构社会资本、促进社会和谐、推动社会进步。

核心笔记 3 社会工作的基本过程模式

社会工作是社会工作者与服务对象的互动过程，在这个过程中双方互为行动主体和客体。社会工作作为一个过程是有丰富内涵的。首先，社会工作不是通过一次服务就可以解决问题的，它是一个渐进的、不断促使服务对象改变、逐渐达到目标的过程。其次，社会工作者的服务过程是双方互动的过程。就这个互动过程而言，无所谓主次，双方都要理解对方并作出反应，而且这种互动是持续的、连锁式的过程。

核心笔记 4 社会工作者的主要角色

1. 社会工作者的直接服务角色

社会工作者的直接服务角色包括：服务提供者、治疗者、支持者、使能者、倡导者、关系协调者。

2. 社会工作者的间接服务角色

社会工作者的间接服务角色包括：行政管理者、资源筹措者、政策影响者、研究者。

3. 社会工作者的合并角色

社会工作者的合并角色是指包含了多种功能的综合角色，这种合并角色既包括直接服务也包含间接服务，而且也可能包括不同角色互相连带的做法。

核心笔记 5 社会工作的主要服务领域

社会工作的主要服务领域包括：儿童及青少年社会工作、老年社会工作、妇女社会工作、残疾人社会工作、司法社会工作、退役军人事务社会工作、社会救助社会工作、减贫社会工作、家庭社会工作、学校社会工作、社区社会工作、医务社会工作、企业社会工作。

第二章 社会工作的价值观与专业伦理

核心笔记 1 社会工作价值观的操作原则

1. 基本信念

（1）尊重。在服务过程中，社会工作者不应将自身的价值观强加于服务对象，更不应指责和批判服务对象的言行和价值观，也不能向服务对象发泄自己的负面情绪。

（2）独特性。在服务过程中，社会工作强调针对每个服务对象的特点和个性，针对性地提供专业服务，真正落实"个别关怀，全面服务"的原则。

（3）相信人能改变。在社会工作实践中，社会工作者始终相信服务对象的潜能和能动性，坚信在经过专业服务与干预后，服务对象在心理、情绪、沟通技能和社会适应能力以及学习技巧等方面都会获得不同程度的提高，进而可以促进服务对象建立自信，帮助他们提升解决自身问题的能力。

2. 实践原则

（1）接纳。在专业服务过程中，社会工作者要从内心接纳服务对象，将他们看作工作过程中的重要伙伴，对服务对象的价值偏好、习惯、信仰等都应保持宽容与尊重的态度，绝不因为服务对象的生理、心理、种族（民族）、性别、年龄、职业、社会地位、信仰等因素对他们有任何歧视，更不能因为上述原因而拒绝为服务对象提供服务。

（2）非评判。社会工作者要避免将自己的价值观强加于服务对象，不应指责和批判服务对象的言行与价值观，更不应将自己的负面情绪发泄在服务对象身上。

（3）个别化。社会工作者要充分考虑到服务对象在性别、年龄、职业、社会地位、政治信仰、宗教以及精神或生理残疾状况等方面存在的价值差异及其与社会主流价值之间可能存在的冲突，尊重个性化需求，充分挖掘个人潜能。

（4）保密。社会工作者应当保护服务对象的隐私。未经服务对象同意或允许，社会工作者不得向第三方透露涉及服务对象个人身份资料和其他可能危害服务对象权益的隐私信息。

（5）当事人自决。服务对象有权利在充分知情的前提下选择服务的内容、方式，并在事关服务对象利益的决策中起主导作用。

核心笔记 2 社会工作实践中的伦理决定

1. 保护生命原则

在社会工作实践中，保护生命原则高于其他所有伦理原则，社会工作者不仅有义务保护受助者的生命，也有义务保护其他所有人的生命。

2. 差别平等原则

社会工作者要在实践中以平等的方式对待服务对象，同时又要注重服务对象的差异，在助人过程中充分把握好平等待人和个别化服务的理念。

3. 自由自主原则

社会工作者在实践中应充分保障服务对象的自由和自主性，促进民主的专业关系的发展，从而提升服务对象的能动性和参与能力，保障服务对象的合法权益。

4. 最小伤害原则

社会工作者在作伦理决定和提供服务中，要尽力保护服务对象的利益不受到侵害，要最大可能地预防和减少伦理决定和服务对服务对象的身体、心理和精神上的可能伤害，尽可能实现利益最大化。

5. 生命质量原则

社会工作者要本着通过专业服务不断提升服务对象生活质量的目标的精神，在直接服务和间接服务两个层面，通过社会服务和政策干预，满足服务对象的需要，不断提升服务对象的福祉，促进服务对象生活水平的提高和社会融入的程度。

6. 隐私保密原则

社会工作者一旦与服务对象签订了服务协议，就要在提供服务的各个环节，始终遵守保护受助者个人隐私和有关信息的承诺，绝不能轻易泄露服务对象的私人信息以及同服务相关的隐秘信息，以保护服务对象的个人权益。

7. 真诚原则

在社会工作实践中，“真诚原则”体现为社会工作者要与服务对象适当交心，在交流过程中做到可以向服务对象适当坦露心迹，分享自己的生命故事甚至痛苦经验，通过真诚的沟通建立相互信任的关系。

第三章 人类行为与社会环境

核心笔记 1 马斯洛的需要层次论

1. 生理需要

这是人类维持自身生存的最基本需要，包括衣、食、住、行等方面的需要。如果这些需要得不到满足，人类的生存就成了问题。

2. 安全需要

这是人类要求保障自身安全、摆脱失业和丧失财产威胁、避免职业病的侵袭、解除严酷的监督等方面的需要。

3. 归属与爱的需要

这一层次的需要包括：一是归属的需要。二是友爱的需要。

4. 尊重的需要

内部尊重，即自尊，是指一个人希望在各种不同情境中有实力、能胜任、充满信心、能独立自主。外部尊重是指一个人希望有地位、有威信，受到别人的尊重、信赖和高度评价。

5. 自我实现的需要

这是最高层次的需要，它是指实现个人理想、抱负，发挥个人的最大潜能，完成与自己的能力相称的一切事情的需要，也是一种创造和自我价值得到体现的需要。

核心笔记 2 家庭教养模式

1. 娇纵型

父母盲目的溺爱和疏于管束，构成娇纵型教养模式。在这种溺爱娇惯的家庭环境中，容易使孩子养成自我中心、骄横跋扈、疏懒散漫、贪婪无度的“霸王”心态，这种“霸王”心态如果不能得到及时矫正，很容易发展为反社会型人格。

2. 支配型

家长过分溺爱与严加管束结合，构成支配型家庭教养模式。在这种家庭中，家长在生活方面对子女无微不至，在学习上严加管理。一方面是过度保护，包揽生活中的一切；另一方面又期望过高。这种方式容易使孩子形成怯懦胆小、意志薄弱、既娇且骄、清高孤傲等个性心理特征。

3. 专制型

家长缺少爱心或耐心，管理方式粗暴，构成专制型家庭教养模式。在这种家庭中，孩子的人格、自尊、意志、权利等不被尊重，家庭亲子关系是一种命令与服从的关系。这种教养方式易使孩子产生不信任感、戒备心理严重、自卑、消极、暴躁、懦弱、依赖或反抗权威等人格特征。

4. 放任型

家长既缺少爱心、耐心，也缺乏责任感，对孩子放任自流，构成放任型家庭教养模式。在放任型家庭教养模式下，孩子由于得不到必要指导和正常约束，会形成缺乏自信、自制力差、不负责任、情绪波动异常、待人处世具有攻击性、易受诱惑、做事权宜敷衍、缺乏理想等心理倾向。

5. 冲突型

家庭成员间人际关系紧张、不和谐，家庭气氛失调，价值导向不一致，构成冲突型家庭教养模式。冲突型教养方式下的孩子也易形成缺乏安全感、意志力薄弱、残忍冷酷、撒谎等心理特征，且大多数有激烈的反抗性，可能出现反社会的倾向。

6. 民主型

家庭成员间互相尊重、平等交流，对子女既有约束，又有鼓励，构成民主型家庭教养模式。这种民主型教养方式下的孩子容易形成自尊、自信、自律性强、具有创造性、社交能力强、具有成就动机等良好社会适应性的个性特征。

第四章　社会工作理论的应用

核心笔记 1　精神分析理论在实务中运用的原则

精神分析理论认为个人的问题缘于内在的精神冲突，这些冲突与早期经验有关，并且潜藏于潜意识中，理性无法觉察潜意识的经验。

核心笔记 2　认知行为理论的主要观点

认知学派认为，在认知、情绪和行为三者当中，认知扮演着中介与协调的作用。认知对个人的行动进行解读，这种解读直接影响着个体是否最终采取行动。

艾利斯提出的“ABC 情绪理论框架”是认知理论的重要组成部分。根据 ABC 理论，A 是真实发生的事件，B 是人们对真实发生事件的认知，C 是人们的情绪反应。ABC 理论认为，并不是（A）真实发生的事件导致人们的情绪反应，而是（B）人们对事件的认知导致了（C）情绪反应。

认知行为理论将认知用于行为修正上，强调认知在解决问题过程中的重要性，强调内在认知与外在环境之间的互动，认为外在的行为改变与内在的认知改变都会最终影响个人行为的改变。其主要包括问题解决、归因和认知治疗原则 3 个方面。

核心笔记 3　生态系统理论在社会工作应用中的基本原则

生态系统理论的关键在于将服务对象放在一个有层次的系统之中，将服务对象与其所生活的环境作为一个完整的整体来看待，通过改变系统来实现个人需要的满足。

核心笔记 4　存在主义社会工作的观点及其应用

1. 存在主义社会工作的观点

存在主义的核心是个人的存在，个人具有选择的自由。存在主义社会工作在实践中强调个人的自由和责任。社会工作者必须明确，服务对象的行为是可以改变的，社会工作者的作用就在于帮助服务对象选择他们的目标，克服实现目标的限制。社会工作者要致力于将负面的因素转化为积极的正面因素。

2. 存在主义在社会工作实务中的应用重点

存在主义取向的社会工作临床治疗者强调，不应预先设定服务对象应该如何生活，应该肯定服务对象有独特的生活方式，有选择的能力与自由，而社会工作者只是起到协助的作用，协助服务对象肯定自己的本质。存在主义社会工作强调个人生命的意义，强调个人的内在价值，认为包括个人痛苦的经历都是有意义的。

第五章 个案工作方法

核心笔记 1 心理社会治疗模式的治疗技巧

1. 直接治疗技巧

直接治疗技巧，是指直接对服务对象进行辅导、治疗的具体方法。

(1)非反思性直接治疗技巧。非反思性直接治疗技巧是指社会工作者直接向服务对象提供各种必要的服务，而服务对象只处于被动服从位置的各种辅导技巧。非反思性直接治疗技巧主要包括支持、直接影响和“探索－描述－宣泄”。支持是指通过社会工作者的了解、接纳和同感等方式减轻服务对象的不安，给予服务对象必要的肯定和认可。直接影响则是社会工作者通过直接表达自己的态度和意见促使服务对象发生改变。“探索－描述－宣泄”是指社会工作者通过让服务对象解释和描述自己困扰产生的原因和发展过程，为服务对象提供必要的情绪宣泄的机会，以减轻服务对象内心的冲突，从而改善服务对象不良的行为。

(2)反思性直接治疗技巧。反思性直接治疗技巧是指社会工作者通过与服务对象相互沟通交流，引导服务对象分析和理解自己问题的各种具体技巧。反思性直接治疗技巧主要包括现实情况反思、心理动力反思和人格发展反思。现实情况反思是指社会工作者帮助服务对象对自己所处的实际状况作出正确的理解和分析的技巧。心理动力反思是指社会工作者协助服务对象正确了解和分析自己内心的反应方式的技巧。人格发展反思则是社会工作者帮助服务对象重新认识和评价自己的以往经历、调整自己人格的技巧。

2. 间接治疗技巧

间接治疗技巧是指通过辅导第三者或者改善环境间接影响服务对象的具体技巧。对于外部环境的介入，心理社会治疗模式认为有维持、直接影响、“探索－描述－宣泄”和现实反思四种常见的辅导技巧。这四种间接介入的辅导技巧与直接介入的辅导技巧相同,只是针对的服务对象不同,间接辅导技巧的服务对象包括服务对象的父母、朋友、同事、亲属、邻里和社区管理人员等。

核心笔记 2　理性情绪治疗模式的治疗技巧

1. 非理性信念的检查技巧

非理性信念的检查技巧主要包括:一是反映感受。让服务对象具体描述自己的情绪、行为以及各种感受,从而识别出背后的非理性信念。二是角色扮演。让服务对象扮演特定的角色,重新体会当时场境中的情绪和行为,了解情绪和行为背后的非理性信念。三是冒险。让服务对象从事自己所担心害怕的事,从而使情绪、行为背后的非理性信念呈现出来。四是识别。根据非理性信念的抽象、普遍和绝对等不符合实际的具体特征分析、了解服务对象情绪、行为背后的非理性信念。

2. 非理性信念的辩论技巧

非理性信念的辩论技巧主要包括:一是辩论。让服务对象对自己的非理性信念的不合理的地方进行质疑,动摇非理性信念的基础。二是理性功课。帮助服务对象改变非理性信念的语言模式,从而形成理性的思维方式。三是放弃自我评价。鼓励服务对象放弃用外在的标准评价自己,逐渐消除非理性信念的影响。四是自我表露。借助社会工作者表露自己感受的方式,让服务对象观察和学习理性的生活方式。五是示范。通过社会工作者的具体的示范行为,让服务对象理解和掌握理性的行为方式。六是替代性选择。借助替代性方法的寻找,帮助服务对象逐渐克服喜欢极端化的非理性信念。七是去灾难化。让服务对象尽可能设想最坏的结果,直接面对原来担心害怕的事件(灾难),从而使服务对象担心害怕的非理性信念显现出来。八是想象。

核心笔记 3　个案会谈的技巧

1. 支持性技巧

支持性技巧是社会工作者借助口头和身体语言,让服务对象感受到被理解、被接纳的一系列技术。主要包括:专注、倾听、同理心、鼓励。

2. 引导性技巧

引导性技巧是社会工作者主动引导服务对象探索自己过往经验的一系列技巧。主要包括:澄清、对焦、摘要。

3. 影响性技巧

影响性技巧是社会工作者为服务对象提供必要的信息或者建议,让服务对象采取不同的理解和解决方法的一系列技巧。主要包括:提供信息、自我披露、建议、忠告、对质。

第六章 小组工作方法

核心笔记 1 小组工作的类型

1. 教育小组

教育小组的宗旨在于，通过帮助小组组员学习新知识、新方法，或补充相关知识之不足，促使成员改变其原来对于自己问题的不正确看法及解决方式，从而增进小组组员适应社会（生活）的知识和技能。

2. 成长小组

成长小组大多运用于各类学生及边缘群体的辅导工作。成长小组的工作旨在帮助组员了解、认识和探索自己，从而最大限度地启动和运用自己的内在资源及外在资源，充分发挥自己的潜能，解决所存在的问题并促进个人正常健康地发展。成长小组的焦点在于个人的成长和正向改变。

3. 支持小组

支持小组一般是由具有某一共同性问题的小组组员组成的。通过小组组员彼此之间提供的信息、建议、鼓励和感情上的支持，达到解决某一问题和成员改变的效果。

4. 治疗小组

治疗小组的组员一般来自那些不适应社会环境，或其社会关系网络断裂破损而导致其行为出现问题的人群。

核心笔记 2 小组的规模与工作时间

1. 小组的规模

不同规模的小组具有不同的功能，5 人的小组比较适合讨论，8 人的小组最容易完成任务；治疗小组一般在 5 ~ 7 人，儿童小组 6 ~ 8 人为宜；而活动性、辅导性或教育性的小组规模则可稍大些，30 ~ 50 人均可；工作小组或会议小组为 5 ~ 9 人，讨论性小组不超过 15 人，督导小组以 8 ~ 10 人为原则。

2. 小组的时间

一般来讲，治疗小组的时间较长，而任务小组的时间较短；机构资源越丰富，小组期限越不受限制。原则上讲，小组聚会频率以一周一次为宜。小组会期一般以 40 ~ 60 分钟为宜，也有 2 ~ 3小时甚至更长时间的小组。

核心笔记 3 小组结束阶段社会工作者的任务

（1）处理组员的离别情绪与感受。在小组结束阶段最后一次聚会之前，社会工作者有必要告知每一名组员小组结束的日期，让组员做好心理准备，逐渐接受即将离开小组的事实。同时，社会工作者还应该与组员一起讨论并处理他们此时内心的矛盾与伤感,以帮助他们认识到离开小组进入现实生活的必要性和积极意义。

(2)协助组员保持小组经验。社会工作者应该协助组员保持已经改变了的行为,并在日常生活中运用在小组中获得的成长经验。主要方法有:一是模拟练习。二是树立信心。三是寻求支持。四是鼓励独立。五是跟进服务。

核心笔记 4 主持小组讨论的技巧

1. 开场的技巧

小组讨论开始前,社会工作者应介绍参与者,或运用其他的方式使成员互相认识。

2. 了解的技巧

社会工作者在运用了解的技巧时应该做到:随时观察和感觉组员的语言、认知、情绪、行为,适时给予支持和鼓励;随时注意小组组员动力的运作,适时将自己对小组的感觉与思考反馈给组员;要给予组员安全的小组气氛,使每一名组员没有戒备地流露真实的自我,并勇于接受讨论中有时因证据不足而产生的挫折。

3. 提问的技巧

通常有 5 种提问类型:一是封闭式的提问,如"是不是";二是深究回答型的提问,社会工作者可以用"描述""告诉""解释"等词提问;三是重新定向型的提问;四是反馈和阐述型的提问;五是开放式的提问,如用"怎样""为什么"等词提问。

4. 鼓励的技巧

在小组讨论中,对某些比较内向,或者容易害羞的成员要给予支持,不要逼他们发言,而是注意他们,投以鼓励的目光,等他们获得了勇气再发言。

5. 限制的技巧

当一些小组组员垄断小组讨论时,或当组员的发言太抽象时,或当小组讨论脱离主题范围时,社会工作者要采取限制的手段来处理组员的行为。

6. 示范的技巧

社会工作者在小组开展过程中演示某些行为供组员模仿,应注意自身观念、行为对组员的影响。

7. 澄清的技巧

当组员陈述内容不清楚或忽略某些议题时,社会工作者运用该技巧引导小组组员对模糊不清的陈述和信息作更详细、更清楚、更准确的表达和解说,使沟通信息能够清晰,也能使小组组员自我了解。

8. 聚焦的技巧

当小组讨论出现话题游离、多元和分散的情况时,社会工作者采取聚焦的手段协助组员将话题、讨论范围、内容或者问题集中,指出重心和目标所在,再继续讨论。

9. 总结的技巧

当小组讨论的一个段落结束或转换主题时，社会工作者运用总结的手段提纲挈领、简明扼要地整理、归纳、概括和阐明组员或小组讨论的要点。

10. 催化的技巧

当小组动力不足时，社会工作者推动组员之间进行明确而直接的互动，促进小组成员的沟通，增进小组成员之间互动的质量，营造小组间的信任和温暖，促使组员为小组发展承担更多的责任。

11. 联结的技巧

在开展小组过程中，社会工作者应注意组员内在的相似性，协助组员将个人的经验与小组共同经验联结起来，或把组员未觉察到的一些有关联的片段资料加以串联，整合经验，促进小组组员的成长。

12. 沉默的技巧

沉默的技巧主要包括两方面：一是可以适时在小组中形成真空，使组员自己进行判断；二是在接受意见和建议后，请组员自己进行判断。

13. 中立的技巧

社会工作者应避免与组员争论，不偏袒或属意任一方；不判断他人意见；仅提供问题，不给予答案；可以提供资料信息，但不予决断，仅作利弊分析或事实论述；随时保持中立的位置。

14. 摘述的技巧

需要社会工作者进行摘述的情形：讨论段落结束时，讨论主题被岔开时，变换主题时，组员的发言过长时，组员的发言过于复杂或宽泛时，组员意见对立或争执很久时，组员的发言声音过小时，组员在发言中语言出现障碍时。

15. 引导的技巧

讨论中有时出现场面气氛热烈但又偏离方向的情况，此时社会工作者要用某种方式暗示讨论的方向，提示讨论的重点，或再次强调讨论的程序，从而保证讨论会正常有序地进行。

16. 讨论结束的技巧

当小组讨论进行到最后阶段，社会工作者需要对组员所提出的不同问题进行归纳，对组员所提出的各种意见和建议加以组织，形成结论。

第七章 社区工作方法

核心笔记 1 社区照顾模式的实施策略

1. 在社区照顾

“在社区照顾”的核心是强调服务的“非机构化”，将照顾者放回社区内进行照顾，使他们在熟悉的社区环境中生活，协助他们融入社区生活。

2. 由社区照顾

“由社区照顾”的核心是强调动员社区内的资源，发动社区内的亲戚、朋友、邻居和志愿者，协助照顾有需要的人士。

3. 对社区照顾

支援性社区服务包括日间医院、日间护理中心、家务助理、康复护士、多元化的老人社区服务中心、暂托服务、关怀探访及定期的电话慰问等。

4. 建立社会支持网络

非正式照顾通常是由服务对象的家人、朋友、邻居来承担的，社会工作者应与服务对象现有的个人网络中的成员接触，尽量动员这些成员提供支持，商议解决问题的办法。正式照顾的提供方包括政府部门、非营利的社会组织和市场上的营利性机构，正式照顾的对象包括服务对象及其家庭照顾者。

核心笔记 2　需要的类型

1. 规范型需要

这种需要是专业人员、行政人员或专家学者依据专业知识和现有的规定或规范，指出在特定情况下所需的标准。

2. 感觉型需要

当个人被问及是否需要某一特定服务并作出回应时，其反应就是感觉型需要。

3. 表达型需要

当个人把自身的感觉性需要通过行动来表达和展现时，即成为表达型需要。

4. 比较型需要

需要的产生是基于与某种事物所作的比较。

第八章　社会工作行政

核心笔记 1　问题的认识和分析

问题认识即要认识需要解决的社会问题。认识方法有两种：一是用“问题认识工作表”。方案策划者应认真考虑以下几个问题：所关注的问题是什么，问题在哪里发生，谁受这个问题影响，这个问题是何时发生的，人们对这个问题的感受程度如何。二是“分支法”。首先确定要解决的全面性问题，如老人被家属虐待问题；其次列明形成这个问题的“明确问题”，如被虐待的老人缺乏亲戚、朋友、邻里和志愿者的帮助和支持，老人对家属有高度的依赖，虐待老人的家属有情绪问题，社区居家养老等支持性服务不足；最后是逐一列明造成这些问题的原因。

核心笔记 2 社会服务机构运作的功能性环节

1. 授权

授权是指上级主管适当地将职权交给下属的过程。授权的目的是让社会服务机构发挥最大效率，授权也有助于提高下属或员工的满意度。社会服务机构主管可授权的内容包括：一是授权任务，即派下属或员工完成多项任务；二是授予“权力”；三是所授权力要进行明确的限制，强调这个权力仅限于从事某一特定任务。

2. 协调

协调的目的包括：一是促进各部门的密切配合、分工合作，从而如期实现工作目标；二是推动各部门和员工步调一致，化个别努力为集体合作的行动，增进组织效率。

3. 沟通

沟通是指通过各种渠道传播消息、事实、观念、感觉和态度，来达到共同了解的活动。

4. 控制

控制是指社会行政组织在动态变化的环境中，为确保实现既定目标而进行的检查、监督、纠偏等管理活动。控制工作的目的就是保证机构服务活动的有序与高效。

核心笔记 3 社会服务机构的激励措施

(1)了解员工的个别差异。

(2)用目标引导员工，增进其对工作的兴趣。

(3)提供员工参与决策的机会。

(4)协助员工制订职业生涯发展计划。

第九章 社会工作督导

核心笔记 1 社会工作督导的功能

社会工作督导具有行政、教育和支持 3 个功能。所谓行政功能，是机构督导者通过招募、分配工作、工作监督和协调控制，促使被督导者认同机构并有效地完成工作任务；所谓教育功能，是督导者指导被督导者运用相关知识和技能完成工作任务或服务的过程，并协助被督导者实现专业能力的提升；所谓支持功能，是督导者向被督导者提供心理和情感上的支持，促使被督导者更好地认识自我的重要性与价值感，让被督导者能够以较高的意愿面对工作。

核心笔记 2 社会工作督导的内容

1. 行政性督导的内容

行政性督导工作的主要内容包括：社会工作者的招募和选

择;安置和引导工作人员;工作计划和分配;工作授权、协调与沟通;工作监督、总结和评估。

2. 教育性督导的内容

教育性督导的具体内容包括:教导有关“服务对象群”的特殊知识、教导“社会服务机构”的知识、教导有关“社会问题”的知识、教导有关“工作过程”的知识、教导有关“工作者本身”的知识、提供专业性“建议和咨询”。

3. 支持性督导的内容

(1)疏导情绪:督导者协助被督导者适应和处理服务过程中感到的挫折、不满、失望、焦虑等各种情绪,增强被督导者的自我功能。

(2)给予关怀:督导者通过给予关怀与支持,让被督导者在工作过程中有安全感,并愿意尝试新工作。

(3)发现成效:督导者协助被督导者发现工作成效,并能自我欣赏,激发被督导者的工作情绪和士气,并对机构逐渐产生认同感和归属感。

(4)寻求满足:督导者给予被督导者从事专业的满足感和价值感,促进其对专业的认同,进而愿意持续投身于社会服务工作。

核心笔记 3　社会工作督导的方式

1. 个别督导

个别督导是最传统的督导方式,由一名督导者对一名被督导者用面对面的方式,定期、定时(每周或每两周一次,每次半个小时至一个小时)举行讨论。

2. 团体督导

团体督导是一名督导者和数名被督导者以小组讨论的方式,定期(通常是每周、每两周或每个月举行一次,每次一至两个小时)举行讨论会议。小组人数两三人至七八人不等,原则上人数不宜过多,否则不方便讨论。

3. 同辈督导

同辈督导是指具有相同需求、观点或技术层次的个人和一群社会工作者,通过个别互惠方式或团体讨论方式进行的互动过程。参与互动的成员不一定来自同一机构或同一工作团队。

第十章　社会工作研究

核心笔记 1　定量研究和定性研究

定量研究主要将一般原理应用到特殊情境,通过收集资料和分析数据来验证假设,从而是一种理论检验。定性研究不一定事先设定研究假设,其假设可以在研究过程中逐步形成和完善;它基于描述性分析,对过程发现进行抽象提炼,从而是一种理论建构。

定量研究中,研究者被视为外人,其研究设计旨在排除研究者对研究对象的影响,并在过程中体现价值中立。定性研究中,研究者要使自身被研究对象视为自己人,在研究过程中对自己与研究对象的关系进行反思和调适,注重站在对方立场审视、领悟和分析具体事实。

定量研究通过文献回顾和实地探索,归纳提炼出研究问题和研究框架,然后进行研究设计,依托量表、问卷等标准化测量工具收集资料,并对所得资料进行统计分析,以发现变量之间的关系;它追求研究资料和研究结论的精确性。定性研究的研究设计则灵活变化,主要采用实地研究策略,通过参与观察、深度访谈、生活史等方法收集资料。

核心笔记 2 问卷调查中问卷的类型和结构

1. 问卷的类型

根据填答方式,问卷分为自填问卷和访问问卷两种。自填问卷在收集资料时由被调查者填写答案。其问题和答案的用词应该精准和通俗易懂,题型不过于复杂,题量适度,版面设计利于激发被调查者的兴趣。访问问卷在收集资料时由访问员向被调查者提问并记录其回答,适合于被调查者文化水平不高、调查问题较复杂的情况,但不太合适了解敏感性问题。

2. 问卷结构

问卷包括标题、封面信、指导语、问题和答案、编码等部分。

核心笔记 3 问卷设计中问题和答案的设计

问题和答案是问卷设计的核心,其设计应该注意:

(1)关注问题特性。开放式问题应注意空间大小,封闭式问题在单项选择时应关注答案的穷尽性和互斥性,前者指答案包含所有可能,后者指不同答案并不交叉。

(2)注意语言表达。问题语言应简明,避免多重含义与含混不清,提问不带倾向性,对敏感问题注意提问方式。

(3)数量时间适当。问题多少和回答时间长短会影响回答质量。一般而言,问题数量能回答项目的研究问题即可。同时,被调查者回答所花时间越短越好,一般以 20 ~ 30 分钟为宜。

(4)问题按序排列。个人背景一般居首;客观题在前,主观题在后;熟悉、简单、对方感兴趣、封闭式问题置于前面;行为、态度、敏感的问题放在后面。

目　录

Contents

章节	页码	答案速查
第一章　社会工作的内涵、原则及主要领域	1	9
第二章　社会工作的价值观与专业伦理	11	16
第三章　人类行为与社会环境	18	24
第四章　社会工作理论的应用	26	34
第五章　个案工作方法	36	48
第六章　小组工作方法	50	61
第七章　社区工作方法	63	73
第八章　社会工作行政	74	82
第九章　社会工作督导	84	91
第十章　社会工作研究	93	100

第一章
社会工作的内涵、原则及主要领域

刷透真题

一、单项选择题(每题的备选项中,只有1个最符合题意)

1. 关于专业社会工作的说法,正确的是(　　)。

A. 科学方法是专业社会工作的目的和手段

B. 助人为乐是专业社会工作的基本特征

C. 弱势群体是专业社会工作的基本对象

D. 促进发展是专业社会工作社会层面的目标

2.《中华人民共和国国民经济和社会发展第十四个五年规划和2035年远景目标纲要》指出,要畅通和规范社会工作者参与社会治理的途径,全面激发基层社会治理活力,下列做法中,最符合上述政策要求的是(　　)。

A. 招聘社会工作专业毕业生到城乡社区从事一般行政工作

B. 在相关文件中明确社会工作者参与处理社会救助工作中的复杂问题

C. 鼓励成立社会工作服务机构,通过市场化竞争提高社会工作服务水平

D. 鼓励城乡社区工作者参加社会工作者职业水平考试,提高其社会地位

3. 新冠疫情防控期间,社会工作界积极响应党中央的号召,参与疫情防控工作,做出了重大贡献。习近平总书记2020年2月23日《在统筹推进新冠肺炎疫情防控和经济社会发展工作部署会议上的讲话》中指出,要"发挥社会工作的专业优势,支持广大社工、义工和志愿者开展心理疏导、情绪支持、保障支持等服务"。下列最能反映社会工作专业优势的是(　　)。

A. 社会工作的专业化和职业化

B. 社会工作的专业理念和专业方法

C. 社会工作的本土化和行政化

D. 社会工作的问题意识和政策思路

4. 习近平总书记在党的十九大报告中指出,"中国特色社会主义进入新时代"。李克强总理在2018年《政府工作报告》中指出:"打造共建共治共享社会治理格局。……促进社会组织、专业社会工作、志愿服务健康发展。"这意味着,我国专业社会工作将在新时代获得更大发展。关于专业社会工作的说法,正确的是(　　)。

A. 经济增长是专业社会工作发展的目标

B. 社会和谐是专业社会工作发展的前提

C. 专业社会工作在社会治理中发挥重要作用

D. 专业社会工作的主要职能是维护社会安全

5. 某社会工作服务机构通过实施“青少年抗逆力教育计划”采用体验式教学方式，将“抗逆力”理念引入学校，增进了小学生之间的互动，培养了小学生面对挫折的韧性。该计划体现了社会工作在服务对象层面上的目标是（　　）。

A. 促进社会公正　　B. 激发个人潜能

C. 推动社会团结　　D. 维护个人尊严

6. 下列服务中，体现社会工作在服务对象层面上“促进发展”目标的是（　　）。

A. 留守儿童的成长向导计划　　B. 社区困境儿童的救助服务

C. 残障人士的社区康复服务　　D. 失独老人的日间照料服务

7. 社会工作者小孙为了促进邻里互助，举办了系列主题活动，向居民宣传互帮互助的意义，鼓励居民加入社区志愿服务，推动成立了社区助老服务队，安排志愿者定期探访社区独居的高龄老人。小孙的上述工作体现了社会工作文化层面的目标是（　　）。

A. 激发潜能　　B. 促进社会公正

C. 促进发展　　D. 促进社会团结

8. 赵某因企业倒闭而失业，根据相关政策领取失业保险金维持基本生活，后来赵某在政府有关部门支持下重新就业，生活水平有明显改善。赵某的这种状况反映了社会政策的（　　）。

A. 正功能和潜功能　　B. 显功能和正功能

C. 负功能和潜功能　　D. 显功能和负功能

9. 社会工作者小何上门探访时了解到小娜的父亲因盗窃入狱，母亲离家出走。小娜日常生活由身体残疾的爷爷照顾，爷孙俩依靠社会救助金维持基本生活。小娜在学校总是沉默寡言，觉得同学看不起她，很少与人交往。小何为小娜提供的下列服务中，最能体现促进人与社会环境相互适应功能的是（　　）。

A. 鼓励小娜参加学校开设的兴趣小组

B. 帮助小娜定期联系正在服刑的父亲

C. 协助小娜爷爷申请困难残疾人生活补贴

D. 联系小娜亲戚商议其日常生活照顾事宜

10. 陈女士在丈夫病故后独自带着8岁的女儿生活，她每个月都有一半时间要上夜班，上夜班时只能让女儿单独在家。陈女士多次找工厂主管申请减少夜班次数，均被主管以各种理由拒绝，为此她很苦恼，向社会工作者小赵求助。针对陈女士的情况，小赵首先要做的是（　　）。

A. 建议陈女士向当地妇联寻求帮助

B. 劝说陈女士自己想办法克服困难

C. 向政府有关部门呼吁出台“单亲妈妈”照顾政策

D. 安抚陈女士的情绪并与厂方协商如何帮助陈女士

11. 小刘是某大学新生，在校园适应方面遇到了一些困扰。他觉得周围优秀同学较多，自己的学习压力较大，并常常与同宿舍同学发生小摩擦，情绪逐渐低落，远离同学，独来独往。辅导员发现后,寻求学校社会工作者小周的帮助。针对小刘的情况,小周利用筹备新年晚会的契机,鼓励小刘参与更多的学校活动,促使其融入集体,上述小周的做法,最能体现出社会工作对服务对象的功能是(　　)。

A. 促进正常学习生活　　B. 促进恢复弱化的功能

C. 促进人的潜能发挥　　D. 促进社会环境的改变

12. 下列服务内容中,体现社会工作"建构社会资本"功能的是(　　)。

A. 为老旧小区争取资源进行适老化改造

B. 为居民组织公益活动培育共同体意识

C. 为肢体残障人士开展技能培训促进就业

D. 为社区居民开展法律培训维护社区秩序

13. 我国经济发展已进入新常态,党中央十分关注改善民生、调整产业结构、培育发展新动能。近些年来,"发展专业社会工作"多次在《政府工作报告》中被提出。我国的社会工作面临新的发展机遇。下列表述中最能反映社会工作作用的是(　　)。

A. 社会工作对产业结构调整具有重要作用

B. 社会工作对社会治理创新具有重要作用

C. 社会工作对于新发展动能培育具有重要作用

D. 社会工作对于我国的文化建设具有重要作用

14. 西方社会工作是在慈善救助活动的基础上发展起来的,慈善组织会社和睦邻组织运动的发展为社会工作的产生创造了条件。社会工作职业化进程开始的重要标志是(　　)。

A. 友善访问员的出现　　B. 社区睦邻员的出现

C. 受薪社会服务者的出现　　D. 志愿服务者的出现

15. 关于社会工作专业发展历程的说法,正确的是(　　)。

A. 社会工作的服务目标始终以微观治疗为主

B. 社会工作形成之初便提出社会—心理模式

C. 为展现专业服务效能而逐步拓展服务对象

D. 为解决复杂社会问题而出现整合社会工作

16. 关于社会工作专业发展的说法,正确的是(　　)。

A. 整合社会工作成为社会工作专业方法发展的趋势

B. 20 世纪上半叶社会工作行政方法开始确立并逐渐发展

C. 社会工作目标模式从救助—发展转变成治疗—预防

D.《伊丽莎白济贫法》的颁布标志着社会工作的产生

17. 党的十九届五中全会强调要加强和创新社会治理,畅通和规范社会工作者参与社会治理的途径。下列做法中,最有利于畅通社会工作者参与社会治理途径的是(　　)。

A. 让社会工作者为困难群体提供专业服务

B. 督促社会工作服务机构规范其内部治理

C. 要求社会工作者更加熟悉各种法律法规

D. 要求社会工作者更多地承担行政性工作

18. 社区社会工作者在疫情联防联控、群防群控中发挥了重要作用。在各方共同努力下,我国抗击新冠疫情取得重大战略成果。抗击新冠疫情的实践说明,我国社会工作的发展在中国共产党领导下必须遵循的基本原则是(　　)。

A. 社会工作者要组织各方志愿者一起工作

B. 社会工作者要协同各专业力量一起努力

C. 社会工作者要积极运用传统文化优势开展工作

D. 社会工作者要坚持职业化、专业化、本土化的发展路径

19. 社会工作是社会工作者有意识、有目的帮助他人的活动,也是社会工作者向服务对象提供社会服务的过程。关于社会工作过程的说法,正确的是(　　)。

A. 社会工作过程是社会工作者给予服务对象必需品的过程

B. 社会工作过程是社会工作者与服务对象持续互动的过程

C. 社会工作过程是社会工作者为主,服务对象为辅的合作过程

D. 社会工作过程是服务对象为主,社会工作者为辅的合作过程

20. 服务对象老陈40岁,单身,因盗窃罪入狱3年,刑满释放后一直找不到工作。新入职社会工作者小李刚接触老陈时,心里很害怕、抗拒,觉得他不值得帮助。督导老魏教导小李,社会工作强调尊重接纳,要帮助有困难、有需要的人。上述老魏的督导内容主要体现的社会工作特点是(　　)。

A. 多方协同　　B. 注重专业价值

C. 双方合作　　D. 强调专业方法

21. 徐女士近3个月常遭婆婆辱骂,丈夫对母亲的行为听之任之。徐女士觉得生活无望,十分痛苦,向社会工作者焦大姐求助。焦大姐最适宜的做法是(　　)。

A. 以徐女士本人为服务对象进行情绪疏导

B. 以徐女士丈夫为服务对象进行说服教育

C. 以徐女士家庭为服务对象进行干预服务

D. 以徐女士婆婆为服务对象进行行为指导

22. 关于社会工作要素的说法,正确的是(　　)。

A. 社会工作者运用专业理论和实务方法实现助人的目标

B. 社会工作价值观的灵魂作用体现在制订服务计划环节

C. 助人活动是社会工作者以服务对象为客体的服务过程

D. 作为社会工作服务对象其在社会工作服务之前已存在

23. 小闫是行政管理专业研究生,毕业后到某街道办事处工作,专门负责辖区内的困境儿童救助工作。为了提高工作胜任力,小闫自学相关领域知识,参加社会工作者职业水平考试,取得了助理社会工作师证书。为了提高困境儿童服务水平,小闫与当地社会组织密切合作,帮助其设计困境儿童服务项目,鼓励其参加政府购买服务项目招投标。根据上述小闫的工作内容,表明其身份是(　　)。

A. 实际社会工作者　　B. 专业社会工作者

C. 社会行政管理者　　D. 专业志愿服务者

24. 社会工作者小姜在社区走访中了解到社区中新来的随迁老人与本地人较难交流,也较少有机会参加社区活动,于是小姜策划小组活动帮助随迁老人尽快融入社区生活。小姜的下列做法中,最能体现支持者角色的是(　　)。

A. 负责小组活动带领与管理　　B. 邀请社区工作者观摩小组活动

C. 评估随迁老人的正向改变　　D. 鼓励随迁老人了解当地的风俗

25. 周阿姨的父亲五年前患了认知障碍症,生活不能自理,全靠周阿姨照顾。周阿姨曾做过心脏手术,照顾父亲时感到越来越力不从心。从倡导者角色看,社会工作者应提供的服务是(　　)。

A. 理解周阿姨的困难,为其申请临时救助

B. 协助周阿姨学习照顾方法,提高照顾能力

C. 联系相关部门和养老机构,寻找资源

D. 向相关部门提出建议,呼吁为照顾者提供服务

26. 社会工作者小万围绕"老年友好社区"建设目标开展系列服务。从承担资源筹措者角色看,小万应开展的工作是(　　)。

A. 撰写社区无障碍设施配套状况调查报告

B. 协助居委会联合企业改造老年活动中心

C. 开展丰富多彩的社区老人兴趣小组活动

D. 组织开展"老年人权益保护"宣传活动

27. 社会工作者小王负责"校园综合干预计划"项目,通过"心理故事视频""Why 课堂""关爱屋"等形式为农村寄宿留守儿童提供服务,旨在丰富其在校生活,促进其身心健康。下列小王的做法中,体现政策影响者角色的是(　　)。

A. 激励农村寄宿留守儿童通过"关爱屋"宣泄负面情绪

B. 协助农村寄宿留守儿童理解"Why 课堂"讲授的知识

C. 动员社会力量采用公益认领方式创作"心理故事视频"

D. 撰写项目评估报告提出加强农村寄宿留守儿童服务的建议

28. 学校社会工作者小兰正在开展一项困难大学生助学项目的受益情况调查。小兰利用深度访谈记录、问卷调查结果、项目服务记录等资料,分析困难大学生对该助学项目的认识和看法,并提出完善建议。小兰的上述做法中,体现的间接服务角色是(　　)。

A. 研究者　　　　B. 行政管理者

C. 倡导者　　　　D. 关系协调者

29. 关于社会工作者角色的说法,正确的是(　　)。

A. 社会工作者为服务对象提供心理咨询,体现了社会工作者的合并服务角色

B. 社会工作者帮助服务对象多方筹措资源,体现了社会工作者的使能者角色

C. 社会工作者建议服务对象呼吁社会关注,体现了社会工作者政策影响者角色

D. 社会工作者对服务质量进行有效监督,体现了社会工作者的行政管理者角色

30. 某社会工作服务机构在对新入职社会工作者进行培训时,安排他们学习如何开展社区需求评估。上述做法是为了让新入职社会工作者学习和补充(　　)。

A. 心理知识　　　　B. 政策知识

C. 技术知识　　　　D. 文化知识

31. 某社会工作服务机构定期召开例会,了解社会工作者的服务进展以及遇到的困难,并讨论如何合理配置与协调机构内外部资源,实现服务目标。该机构的做法体现出社会工作者应具备(　　)。

A. 促进和使能的能力　　　　B. 沟通与建立关系的能力

C. 评估和计划的能力　　　　D. 在组织中工作的能力

32. 社会工作者老宋主要负责养老驿站的运营工作。下列老宋的工作中，体现他具备“发展专业的能力”的是(　　)。
A. 评估上门服务过程中存在的风险并合理设计服务
B. 与业内其他养老机构建立合作关系共享服务资源
C. 为高龄独居老年人提供政策咨询并协助维护权益
D. 总结养老驿站运营的经验促进养老服务体系建设

33. 某社会工作服务机构立足社区需求，以“用大爱守护身心健康”为主题，联系医院为社区内的居民、社区工作者和志愿者做了一场健康宣讲，取得了良好效果。该社会工作服务机构与医院合作的服务内容属于(　　)。
A. 社区社会工作领域　　B. 企业社会工作领域
C. 家庭社会工作领域　　D. 学校社会工作领域

34. 某市最近将一批打工子弟学校并入公立学校。针对这种情况，该市教育主管部门决定在相关公立学校配备专职社会工作者，并要求他们为刚入校的打工子弟提供学业辅导和心理支持。社会工作者即将开展的服务属于(　　)学校社会工作。
A. 治疗型　　B. 变迁型
C. 倡导型　　D. 社区—学校型

35. 社会工作者小郝在某初中开展学校社会工作服务。下列服务内容中，属于“治疗型”学校社会工作的是(　　)。
A. 协助学生制订学业发展规划　　B. 对有欺凌行为的学生进行辅导劝诫
C. 帮助患病学生链接医疗资源　　D. 为学生们举办校园安全教育工作坊

36. 最近，陈姐发现儿子小凡英语成绩不佳，于是每天都给他布置课外作业，但小凡不愿意做，母子俩天天为此吵架，关系越来越紧张。社会工作者小刘获知情况后，分别与母子俩沟通，并针对他们希望尽快缓和关系的需求制订了服务计划。上述小刘的工作内容属于(　　)。
A. 社区社会工作领域　　B. 矫正社会工作领域
C. 学校社会工作领域　　D. 家庭社会工作领域

二、多项选择题(每题的备选项中，有2个或2个以上符合题意，至少有1个错项)

37. 社会工作是综合性的专业服务，具有多重社会功能，下列服务中，体现社会工作“促进发展”目标的有(　　)。
A. 向贫困地区儿童捐赠生活用品
B. 为残障人士提供网络创业培训
C. 为居家医学观察高龄老人提供心理支持
D. 促进居民协商解决社区“停车难”问题
E. 协助单亲妈妈增强平衡工作生活的能力

38. 社会工作者小王发现社区居民彼此之间并不熟悉，一些居民连对门的邻居都不认识。为促进居民交往，小王组织了社区邻里节活动，取得良好效果。小王的此项工作体现的社会工作功能有(　　)。
A. 自上而下化解社区矛盾　　B. 推进和谐社区建设
C. 解决社会排斥问题　　D. 解决社会不平等
E. 协助社区居民建立社会资本

39. 近年来，一些城市在殡葬服务领域引入社会工作服务，为逝者家属开展哀伤辅导，对殡仪馆员工进行人文关怀和沟通技巧培训，综合多种理论建构了本土化的服务方式。从社会工作专业化发展的角度看，上述做法体现了社会工作的（　　）。

A. 工作对象拓展　　B. 目标模式变化
C. 专业方法发展　　D. 整合发展取向
E. 服务模式形成

40. 关于西方社会工作发展特征的说法，正确的有（　　）。

A. 社会问题的不断变化和社会结构的多元化扩展了社会工作服务对象
B. 治疗—预防、救助—发展和权利—服务等成为新的社会工作目标模式
C. 在政府部门主导推动下，民办社会工作机构得以迅速发展
D. 在社会工作实践中以问题为本的整合社会工作已经成为发展的新趋势
E. 西方宗教改革与发展过程就是西方社会工作发展过程

41. 社会工作是改善民生、创新社会治理、促进和谐社会建设的重要手段。我国社会工作发展的基本原则包括：坚持中国共产党的领导，坚持社会主义核心价值观的引领与（　　）。

A. 坚持“三社联动”的合作机制
B. 坚持以人民为中心的理念
C. 坚持政府购买服务的机制创新
D. 坚持大力发展社会企业
E. 坚持职业化、专业化、本土化的发展路径

42. 我国社会工作的基本原则是要坚持社会主义核心价值观引领。下列表述中，反映社会工作坚持社会主义核心价值观引领的有（　　）。

A. 社会工作要通过服务获得更加广泛的社会认同
B. 社会工作在社会层面上追求社会公平正义和包容
C. 社会工作要立足中国实际，运用本土社会服务经验
D. 社会工作在宏观上追求社会民主、和谐与社会进步
E. 社会工作在职业行动上要做到敬业、诚信，提供社会服务

43. 关于社会工作基本过程的说法，正确的有（　　）。

A. 社会工作是一个以社会工作者为主的实务过程
B. 社会工作是渐进的、持续地促进服务对象改变的过程
C. 服务对象基于需求的求助行为往往是社会工作的起点
D. 社会工作实务必须按照社会工作的基本过程模式分阶段依次推进
E. 社会工作是社会工作者协助服务对象动态调适人与环境关系的过程

44. 关于社会工作的基本要素的说法，正确的有（　　）。

A. 社会工作的主要服务对象是基本生活陷入困境的人
B. 社会工作通过求助、转介和外展方式发现服务对象
C. 社会工作的专业服务方法之一是社区服务
D. 社会工作者是从事社区建设的工作人员
E. 社会工作价值观贯穿社会工作服务的全过程

45. 社会工作者小安参与新冠疫情防控工作：协助社区工作者完成疫情统计数据日报，掌握“线上社区防控工作群”和“线上小区居民群”动态；采用线上视频、直播等方式开展兴趣类、亲子类、咨询类活动。上述小安的工作，体现了社会工作者角色的有（　　）。

A. 政策影响者　　B. 资源筹措者
C. 服务提供者　　D. 行政管理者
E. 关系协调者

46. 社会工作者通过线上平台为部分新冠患者及家属提供危机干预、心理疏导、情绪支持和资源链接等服务。下列说法中，体现社会工作者直接服务角色的有（　　）。

A. 向居家医学观察人员普及疫情防控知识
B. 向疫情中失去亲人的家属提供哀伤辅导
C. 联络相关生产企业，筹集医疗防护物资
D. 向街道办事处反映居民的意见，并提出工作建议
E. 联系社区全科医生，指导居民自主进行健康管理

47. 某街道办事处向社会工作服务机构购买服务，内容是为辖区内的社区工作者提供社会工作专业培训。该机构设计了一系列课程，旨在帮助社区工作者内化专业价值，理解专业伦理和丰富专业知识。从提升社区工作者专业知识素养的角度看，该课程内容应包括（　　）。

A. 社区管理等学科知识　　B. 困难群体的思想观念
C. 沟通交流的方法技术　　D. 预估评估和服务能力
E. 促进和使能的能力

48. 社会工作者大安突然接到社区工作人员的电话，说张婶家的女儿圆圆站在楼顶上要自杀，请他去帮忙制止。大安赶到现场，一边用专业技巧安抚圆圆的情绪，一边劝阻围观居民不要喊叫，以免刺激圆圆。在警察到来之前，圆圆的情绪逐渐稳定下来。上述大安的做法中，反映出社会工作者应具备的心理素质有（　　）。

A. 有同情心又能理性分析和处理问题　　B. 指导服务对象修正偏差行为的能力
C. 与服务对象一起处理好问题的能力　　D. 可与服务对象进行良好沟通的能力
E. 既充满信心又能冷静应对危机情境

49. 小赵是某中学“成长天空”项目的社会工作者，他的主要工作是对有偏差行为的学生进行家访和个案辅导，举办亲子关系沟通小组以及对教师开展“优势视角”的培训。上述小赵的服务，涉及的社会工作服务领域有（　　）。

A. 社区社会工作　　B. 矫正社会工作
C. 家庭社会工作　　D. 学校社会工作
E. 青少年社会工作

50. 某老旧社区独居及空巢老人较多，为该社区提供服务的社会工作服务机构动员社区志愿者组建“老来乐小分队”，定期探访独居、空巢老人。上述服务涉及的社会工作服务领域有（　　）。

A. 医务社会工作　　B. 老年社会工作
C. 社区社会工作　　D. 家庭社会工作
E. 社会救助社会工作

51. 社会工作者拟采用变迁型学校社会工作方式为流动儿童提供服务。下列服务中，属于变迁型学校社会工作方式的有(　　)。

A. 促进家庭和学校间的联系并提供追踪服务

B. 建立微信公众号定期推送学生的学习动态

C. 成立学习互助小组帮助学生熟悉当地教材

D. 对初中厌学学生提供情绪支持和矫正服务

E. 开展成长训练营以帮助学生融入城市生活

52. 小燕是某外来打工子弟学校的社会工作者，结合学生的实际需求，小燕采用治疗型学校社会工作方式来开展服务。下列小燕的服务内容中，属于治疗型学校社会工作方式的有(　　)。

A. 开展生涯发展主题班会

B. 建立家校合作联席会议制度

C. 协助逃学学生重返学校

D. 缓解经济困难学生心理压力

E. 开展毕业生的追踪调查

53. 学校社会工作者小李为增进学生家长与学校间的相互了解，采用“社区—学校型”社会工作方式，来设计自己的方案。小李的下列服务内容中，属于此类型的工作方式有(　　)。

A. 开展厌学学生的情绪疏导小组

B. 协助家长成立家长委员会

C. 开展临近毕业学生的就业辅导

D. 推动设立学校开放日

E. 开展住宿学生心理健康服务

54. 医务社会工作是社会工作的重要领域。医务社会工作者在医院中应担任的角色包括(　　)。

A. 护理工作者的助手

B. 医疗业务的负责人

C. 医生治疗的管理者

D. 医疗资源的链接者

E. 医患关系的协调者

答案速查

一、单项选择题									
1. C	2. C	3. B	4. C	5. B	6. A	7. D	8. B	9. A	10. D
11. B	12. B	13. B	14. C	15. D	16. A	17. A	18. D	19. B	20. B
21. C	22. D	23. A	24. D	25. B	26. B	27. D	28. A	29. D	30. C
31. D	32. D	33. A	34. B	35. B	36. D				
二、多项选择题									
37. BD	38. BE	39. AC	40. ABD	41. BE	42. ABDE	43. BCE	44. ABE	45. CD	46. AB
47. AB	48. AE	49. CDE	50. BC	51. CE	52. CD	53. BD	54. DE		

温馨提示：试题详解，详见深度解析册。

本章错题统计清单

恭喜您，成功完成了本章的刷题挑战。然而，错题的梳理同样不可忽视，它们如同一面镜子，反映出您在复习中的薄弱环节。错题统计清单能助您快速有效地梳理错题，制订更加合理的复习计划，科学安排再次刷题的时间。相信每一次刷题都会带来全新的收获，让您离成功更近一步。

错题序号	错误分析				错题消灭计划		
	概念问题	方法问题	粗心问题	其他原因	一刷	二刷	三刷

第二章
社会工作的价值观与专业伦理

刷透真题

一、单项选择题(每题的备选项中,只有1个最符合题意)

1. 关于社会工作价值观的说法,正确的是(　　)。
   A. 并非是在专业、职业范围内形成和发展起来的
   B. 社会福利理念及实施奠定了社会工作实践的基本价值观
   C. 中国文化与深受西方文化体系影响的社会工作价值观难以融合
   D. 传统文化中的"大同"思想与西方社会工作价值观中发掘个人潜能相矛盾

2. 关于社会工作价值观作用的说法,正确的是(　　)。
   A. 社会工作价值观有助于社会工作者维护社会公正
   B. 社会工作价值观可维护社会工作服务机构的利益
   C. 社会工作价值观要求社会工作者满足服务对象愿望
   D. 社会工作价值观促进社会工作者更好维护自身权益

3. 国际社会工作界把社会工作价值观归纳为六个方面,包括服务对象个人的尊严和价值、能力培养和再学习、注重服务中人与人的关系、真诚和守信、服务大众和(　　)。
   A. 践行社会公正　　B. 履行社会契约
   C. 执行服务标准　　D. 遵守行业规范

4. 婚姻登记处的社会工作者小李在接待过程中,发现正准备离婚的王女士反复动员5岁的女儿今后跟爸爸生活,使女儿的情绪很不稳定。经过了解得知,王女士主要担心带着孩子会给自己的再婚造成困难。这让身为年轻母亲的小李对王女士的行为极为不满,在接下来的服务中,小李正确的做法是(　　)。
   A. 阻止王女士的错误做法　　B. 申请转介王女士给其他同事
   C. 立即纠正王女士的错误想法　　D. 关心王女士丈夫的处境

5. 社会工作者在服务过程中不把自己的价值观强加于服务对象,不指责和批判服务对象的言行与价值观,并且不将自己的负面情绪宣泄在服务对象上。上述做法体现的社会工作基本信念和实践原则是(　　)。
   A. 尊重与接纳　　B. 尊重与服务对象自我决定
   C. 独特性与接纳　　D. 尊重与对服务对象非评判

6. 养老院的社会工作者在为认知症老人开展服务前，需征得其监护人的同意，并让监护人对服务内容进行选择。这种情况体现的社会工作实践原则是(　　)。

A. 接纳　　B. 个别化处理

C. 保密　　D. 当事人自决

7. 社会工作者小马在为小陆夫妇进行婚姻咨询时发现，该家庭目前的主要问题是因小陆赌博，导致家中负债累累，夫妻之间的矛盾尖锐。小马将小陆转介给心理咨询师，安排其接受戒赌治疗。某一天心理咨询师致电小马说小陆未如约前往。小马给小陆打电话询问原因，小陆只说自己赌瘾愈加严重，无法自拔，但他请求小马不要将此事告诉妻子。根据社会工作价值观的实践原则，小马应(　　)。

A. 向小陆妻子讲述实情，避免她受骗并直面丈夫的谎言

B. 为小陆保密，以免在后续服务中失去他的信任与配合

C. 向小陆所在社区居委会报告此事，但对小陆妻子保密

D. 选择中止婚姻咨询服务，并与小陆商议新的服务目标

8. 社会工作者小李从事戒毒康复工作时间不长，她希望能够秉持社会工作价值观，与服务对象建立良好的专业关系。下列小李的做法中，体现了社会工作价值观的是(　　)。

A. 避免议论指责服务对象的言行　　B. 与服务对象进行充分的情感交流

C. 理解认同服务对象的生活方式　　D. 视服务对象为工作中的合作伙伴

9. 在一次外展服务中，社会工作者小王在天桥下遇到无家可归者老罗。小王考虑到当时天气很冷，建议老罗去救助站接受救助，但老罗说他不觉得冷，还说平时靠捡废品为生，也不妨碍别人，过得还不错，不愿接受救助。根据社会工作价值观的实践原则，小王在后续工作中的正确做法是(　　)。

A. 要求老罗离开此地　　B. 劝说老罗接受政府救助

C. 尊重老罗的个人选择　　D. 劝说老罗寻找正式工作

10. 社会工作者小程在某地区调研时发现，很多儿童营养不良，根据调研结果以及多方收集的信息，小程建议当地政府优先拨付部分资金用于改善当地儿童的营养状况。小程的这种做法，体现了社会工作专业价值观中社会工作者(　　)的理念。

A. 关注服务对象　　B. 注重专业实践

C. 关注公共福利发展　　D. 强调服务机构责任

11. 社会工作专业在我国重建后，经过几十年的发展，中国的社会工作者与各领域的专业工作者通力合作，共同推进社会福利进步，尤其是在贫弱群体遭遇困境时社会工作更是发挥了重要作用。上述内容主要体现我国社会工作的价值观是(　　)。

A. 人民为本，回应需要　　B. 待人真诚，坦诚守信

C. 廉洁公正，追求公义　　D. 实现自我，服务社会

12. 社会工作者小张向项目主任反映，近期他与服务对象刘大爷交谈时得知，老人年轻时曾因盗窃罪服过刑，但他觉得自己很冤枉，这让小张在接受刘大爷和开展服务时有压力。根据社会工作价值观实践原则，项目主任应建议小张(　　)。

A. 坦率告知刘大爷自己无法继续服务　　B. 向刘大爷坦诚分享自己的压力感受

C. 立即向机构报告刘大爷的个人背景　　D. 理解刘大爷的以往经历并尝试接纳

13. 在某地灾后重建中，社会工作者一方面救助处于困境中的服务对象，另一方面引导他们自强自立，减少依赖。上述工作所体现的社会工作价值观是（　　）。

A. 强调接纳与尊重　　B. 权利与责任并重

C. 注重和谐与发展　　D. 个人发展优先性

14. 关于社会工作专业伦理的说法，正确的是（　　）。

A. 在社会政策层面，社会工作者要充分考虑专业目标与社会目标之间的平衡

B. 在个人利益层面，社会工作者要认真考虑直接服务和个案管理方法的选择

C. 在理论建构层面，社会工作者要认真考虑一般理论和实务理论之间的联系

D. 在个案服务层面，社会工作者要充分考虑服务对象权益与社会稳定之间的关系

15. 社会工作者小于通过某个经上级行政主管部门认证的网络筹款平台发起众筹，为一患白血病的4岁贫困儿童筹集医疗费用。根据社会工作专业伦理守则的要求，小于最适宜的做法是（　　）。

A. 为保证筹款透明度，公开孩子的基本信息并配发照片

B. 征得孩子家长同意后，隐去可辨识的信息开始筹款

C. 征得孩子本人同意后，发动孩子所在学校师生捐款

D. 征得孩子本人的意愿，隐去可辨识的信息开始筹款

16. 社会工作者小王出差期间，他的服务对象老李来机构反映自己与邻居之间的纠纷问题，同事小安接待了老李。小安在与小王电话沟通后，暂时放下自己的工作，询问老李事情的来龙去脉，小安的上述做法体现的社会工作伦理责任是（　　）。

A. 尊重服务对象自决　　B. 维持服务的品质

C. 保证专业的完整性　　D. 团队内相互协助

17. 在社会工作实践中，社会工作者面临的伦理难题本质上反映出（　　）。

A. 当代社会中价值多元化和矛盾性　　B. 社会工作者扮演不同角色的冲突

C. 人在情境中面临的各类伦理议题　　D. 个人发展与社会发展的利益权衡

18. 社会工作者小黄在暑期为社区流动儿童开设了“友乐童行”小组。组员小军的父母得知小黄和自己是同乡，特地送来水果，希望小黄多关照小军，多给他表现的机会。此时，社会工作者面临的伦理难题是（　　）。

A. 双重关系　　B. 知情同意

C. 多元文化　　D. 专业能力

19. 当社会工作者与服务对象超越专业关系时，便会陷入双重关系的困境。关于社会工作伦理中双重关系的说法，正确的是（　　）。

A. 服务对象与社会工作者之间的双重关系受到专业伦理保护

B. 服务对象与社会工作者之间的双重关系是完全可以避免的

C. 服务对象与社会工作者的关系是一种具有清晰界限的工作关系

D. 服务对象把社会工作者看成协助者以外的角色有利于专业关系建立

20. 陈女士因手术造成严重后遗症，情绪变得焦虑、暴躁，她认为是医院手术失误给她造成了伤害。但医院认为在手术前已告知风险，陈女士家属也签署了同意书，陈女

士感到十分委屈，向该院医务社会工作部的社会工作者大刘求助，希望大刘能帮助她“讨回公道”。此时，大刘面临的伦理议题主要是(　　)。

A. 双重关系　　B. 隐私保密

C. 知情同意　　D. 当事人自决

21. 初中生小梁，性格内向，最近因琐事与母亲发生口角，父亲因其未完成寒假作业，对他进行严厉训斥。小梁负气离家出走，后被民警在一废旧仓库里发现，将其转介给社会工作者小秦。小梁表示自己不想活了，但又担心父母知道后伤心，并请小秦为自己保密。在此情形下，小秦首先要遵循的伦理原则是(　　)。

A. 保护生命原则　　B. 差别平等原则

C. 自由自主原则　　D. 最小伤害原则

22. 关于社会工作伦理决定的说法，正确的是(　　)。

A. 为协助服务对象做出决断，社会工作者应在与其督导者商议后做出伦理决定

B. 为维护服务对象权益，社会工作者在服务每个阶段都应征得服务对象的同意

C. 为保护服务对象隐私，社会工作者不得向利益相关方透露服务对象个人信息

D. 为尊重服务对象选择，社会工作者在服务过程中应尽最大可能做到认同和接受

23. 社会工作者小宁的服务对象是一名白血病患儿，小宁协助患儿家庭向某基金会申请医疗救助。“六一”儿童节时，基金会邀请患儿及父母参加座谈会并全程录像。孩子父母找到小宁表示不愿意被录像，但又担心影响后期援助。根据社会工作伦理两难境地的基本原则，小宁最恰当的做法是(　　)。

A. 说服基金会无条件帮助孩子　　B. 与基金会协商匿名处理信息

C. 支持孩子父母不参加座谈会　　D. 劝说孩子父母参加座谈会并录像

24. 社会工作者大志为某服务对象开展亲子关系服务，谈话过程中服务对象希望大志分享一些在夫妻关系、亲子关系等方面的亲身经历。从社会工作伦理角度出发，大志适宜的做法是(　　)。

A. 保护自己的隐私，与对方讲明原则　　B. 分享自己的经验，与对方适当交心

C. 保护自己的隐私，分享他人的事例　　D. 分享自己的经验，将经历和盘托出

25. 中西方社会文化之间存在较大的差异。在我国社会工作快速发展过程中，推动我国社会工作价值观与伦理规范本土化的正确态度应该是(　　)。

A. 全盘吸收西方国家成熟的社会工作价值观

B. 全面接受中外社会及政治文化传统的影响

C. 坚持维护中国传统的经济社会和文化基础

D. 理解中西方文化差异并找到相互融合之处

26. 社会服务机构为社区低保家庭提供各种服务。从社会工作价值观的角度出发，下列描述中，最能体现保护服务对象权益的是(　　)。

A. 提高社会工作者开展社区活动的能力

B. 呼吁全社会给予救助对象更多的同情

C. 策划宣传社会救助政策的主题活动方案

D. 举办针对救助对象需要的就业技能培训

二、多项选择题(每题的备选项中,有2个或2个以上符合题意,至少有1个错项)

27. 某养老机构中居住着一些计划生育特殊困难家庭老人,他们因经历了丧子之痛,普遍比较敏感,情绪容易波动。根据社会工作价值观的基本信念和实践原则,社会工作者针对这些老人可开展的服务有(　　)。

A. 让其他老人分享生命故事,安抚老人的怀念之情

B. 向老人了解情绪波动的原因,尊重其表达的意愿

C. 建立志愿帮扶机制,协助老人逐步走出情绪困境

D. 尊重老人的自我决定,允许其不遵守机构部分规定

E. 与老人分享自己的感受,一起探讨改善情绪的办法

28. 某社会工作服务机构的社会工作者在社区探访中发现,社区内一些空巢老人平时不愿出门,缺少家人照顾,日常生活遇到很多困难,但又不愿入住养老院。该社会工作服务机构开展的下列工作中,符合社会工作价值观的有(　　)。

A. 联系空巢老人的亲属们,一起动员空巢老人入住养老机构

B. 撰写调研报告递交有关部门,推动社区日间照料中心建设

C. 组织成立居民服务队,定期到空巢老人家中开展志愿服务

D. 开展政策学习,为改善空巢老人的生活质量寻找政策依据

E. 在社区内组织开展联谊活动,增进空巢老人间的沟通交流

29. 社会工作者在自觉运用社会工作价值观指导实践的过程中,始终秉持专业基本信念和操作原则,其具体表现有(　　)。

A. 尊重服务对象的观点,避免将自身建议强加给服务对象

B. 尊重服务对象的个性,即使相同的问题也要个别化处理

C. 尊重服务对象的特质,认同与包容服务对象的各种做法

D. 尊重服务对象价值观,服务中应坦诚面对个人价值介入

E. 尊重服务对象的权利,让其在充分知情前提下自主抉择

30. 社会工作者小吴在社区开展服务时,发现很多居民不了解社会工作服务,他们虽有困难但很少向社会工作者求助。为此,小吴向社区负责人和居民骨干请教与居民打交道的方法;他与同事共同讨论,总结以往实践经验,提炼出一套“居民沟通五步工作法”。小吴的做法体现社会工作专业价值观的实践原则有(　　)。

A. 差别平等原则

B. 自由自主原则

C. 注重和谐,促进社会共融

D. 平等待人,注重民主参与

E. 以人民为中心,回应社会需要

31. 90岁的侯爷爷住在养老机构,他找到社会工作者小李,希望小李帮忙让62岁的儿子也住进机构,并让儿子代替护理员照顾自己。小李告知老人,可以帮忙向机构申请让其儿子登记入住,但机构不允许60岁以上的老人担任护理员。小李的做法体现了(　　)。

A. 社会工作者对同事们的伦理责任

B. 社会工作者对全社会的伦理责任

C. 社会工作者对服务机构的伦理责任

D. 社会工作者对服务对象的伦理责任

E. 社会工作者作为专业人员的伦理责任

32. 小刘是社会工作者老李的帮教对象。当老李和小刘谈找工作的事情时,小刘说:“你不要整天盯着我,我不想工作,也不用你帮我找工作,我就喜欢吃低保。”根据社会工作伦理难题处理的自由自主原则,老李适宜采取的做法有(　　)。

A. 尊重并接受小刘意见,停止为他提供个案服务

B. 与小刘沟通,说明非自愿服务对象应服从安排

C. 倾听小刘的叙述和表达,清楚说明帮教的意图

D. 尊重小刘的意见,探寻他不想工作的深层原因

E. 邀请小刘一起讨论帮扶方案,调动他的积极性

33. 12 岁的玲玲因父母被强制戒毒,由外婆照顾,生活比较困难。玲玲在学校常被个别同学欺负,表现出抑郁症状,目前已辍学在家。根据社会工作实践伦理决定中的生命质量原则,社会工作者适宜的做法有(　　)。

A. 与玲玲讨论吸毒的危害性　　B. 为玲玲申请心理辅导服务

C. 劝玲玲立即回到学校复课　　D. 申请临时救助保障其生活

E. 为玲玲组建同伴支持小组

34. 社会工作者伦理守则是对社会工作者在实践中的一般规定,指导社会工作者“应该做什么和不应该做什么”,其主要作用有(　　)。

A. 维护社会正义　　B. 帮助社会工作者规避风险

C. 保护服务对象的权益　　D. 推动社会工作服务机构的能力建设

E. 促进社会工作专业的健康发展

35. 社会工作者小周在一次个案面谈中得知,服务对象小李已成功戒毒,但在吸毒期间染上了艾滋病。小李因为害怕失去妻子,要求小周一定为他保密。妻子则经常向小周抱怨小李行为怪异,对自己感情冷淡,怀疑他对婚姻不忠,并希望通过怀孕来保全自己的婚姻和家庭。根据社会工作专业伦理,小周宜采取的做法有(　　)。

A. 将小李的病情直接告知其妻子,请她多加关注

B. 为小李疏导情绪,减轻精神压力积极面对问题

C. 征得小李同意后,为他介绍病友自助互助小组

D. 将小李的全部情况在机构个案报告会议中讨论

E. 与小李的妻子探讨该如何维系他们的婚姻关系

一、单项选择题									
1. B	2. A	3. A	4. B	5. D	6. D	7. D	8. A	9. C	10. C
11. A	12. D	13. B	14. A	15. B	16. D	17. A	18. A	19. C	20. A
21. A	22. C	23. B	24. B	25. D	26. D				
二、多项选择题									
27. ABCE	28. BCDE	29. AE	30. CDE	31. CD	32. CDE	33. BDE	34. ACDE	35. BC	

温馨提示:试题详解,详见深度解析册。

本章错题统计清单

恭喜您，成功完成了本章的刷题挑战。然而，错题的梳理同样不可忽视，它们如同一面镜子，反映出您在复习中的薄弱环节。错题统计清单能助您快速有效地梳理错题，制订更加合理的复习计划，科学安排再次刷题的时间。相信每一次刷题都会带来全新的收获，让您离成功更近一步。

错题序号	错误分析				错题消灭计划		
	概念问题	方法问题	粗心问题	其他原因	一刷	二刷	三刷

第三章
人类行为与社会环境

刷透真题

一、单项选择题(每题的备选项中,只有1个最符合题意)

1. 关于人类需要层次理论的说法,正确的是(　　)。
   A. ERG 理论强调需要层次的先后顺序
   B. 最占优势的需要将支配个人的意识和行为
   C. 生存性需要包括阳光、空气、水、火、食物和医疗等
   D. 莱恩·多亚尔和伊恩·高夫认为人类不存在客观需要

2. 快递员小强进城务工之初,没有朋友,与同事相处也不融洽,情绪较为低落。社会工作者小张与小强分享了一些社交技巧,帮助其融入城市生活。半年之后,小强有了自己的"朋友圈",工作也变得积极了。小张的服务满足了小强的(　　)。
   A. 生理需要　　B. 安全需要
   C. 归属需要　　D. 尊重需要

3. 小山曾因交友不慎而吸毒,经社会工作者帮助成功戒毒,并从受助者变为助人者,以同伴志愿者的身份加入到"预防复吸,戒除毒瘾"社区宣传活动中。根据阿尔德弗尔的 ERG 理论,小山的需要属于(　　)。
   A. 生存需要　　B. 关系需要
   C. 成长需要　　D. 中介需要

4. 高女士所在的公司近期完成了全面装修改造。高女士已怀孕三个月,她担心公司装修污染会对胎儿产生不良影响,于是找公司领导反映自己的想法,在此过程中与领导发生了激烈争执。为此,她向社会工作者求助。社会工作者根据莱恩·多亚尔和伊恩·高夫的需要理论判断,高女士的需要属于(　　)。
   A. 关系的需要　　B. 成长需要
   C. 尊重的需要　　D. 中介需要

5. 79 岁的王奶奶育有一子一女,与老伴共同居住在某养老院。王奶奶曾经做过胃切除手术,比较注意饮食。近期,她左腿膝盖做了手术,只能卧床休养,日常活动能力和社交受限。王奶奶心事比较重,经常担心术后恢复不好,生活无法自理,瘫在床上等

死,也担心给老伴和子女添麻烦。王奶奶很想对老伴与子女诉说自己的心事,但他们都觉得王奶奶瞎想,不愿与她谈。关于王奶奶需要类型的说法,正确的是(　　)。

A. 术后卧床休养的照料是安全需要　　B. 家人沟通理解是自我实现的需要

C. 生命与死亡教育是满足成长需要　　D. 日常生活中的自主性是中介需要

6. 根据中共中央办公厅、国务院办公厅印发的《关于加强城乡社区协商的意见》,基层工作者要学习新时代"枫桥经验",引导群众依法表达意见,积极参与社区公共事务协商。从人类需要的类型出发,参与城乡社区规划的协商过程所满足的居民需要是(　　)。

A. 生理性需要　　B. 物质性需要

C. 生存性需要　　D. 发展性需要

7. 在幼儿园,小朋友遵守纪律时,老师便奖励他们一朵小红花,之后,这些小朋友越来越遵守纪律。根据行为主义的理论,上述行为发生变化是(　　)的结果。

A. 刺激—反应　　B. 认知—行为

C. 符号—互动　　D. 环境—行为

8. 大学生小胡一直热心公益事业,经常利用暑期参加社会工作服务机构组织的关爱老年人活动。他弹唱老人们熟悉的歌曲,展示街舞才艺,让老人们感受年轻人的世界。小胡的这种行为属于(　　)。

A. 本能行为　　B. 亲社会行为

C. 利己行为　　D. 规范性行为

9. 小雯立志要成为一名优秀的美食主播。她经常外出旅行寻找各种特色美食,结果越吃越胖,出镜效果变差,直播流量下降,甚至被刷屏谩骂。为了实现美食主播的理想,小雯开始锻炼身体,努力健身塑形,并初见成效。上述小雯的行为,体现出人类行为具有的特点是(　　)。

A. 适应性　　B. 多样性

C. 发展性　　D. 可控性

10. 20 岁的小敏被医生诊断为神经性厌食症,但她拒绝配合治疗。在与社会工作者的一次谈话中,小敏说"我只是不吃饭,我没有神经性厌食症,医生都是胡说的,你看那些模特,都那么瘦,多健康时尚啊!"小敏的上述说法反映出她对自己行为判断的依据是(　　)。

A. 统计学标准　　B. 行为适应性标准

C. 个人主观体验　　D. 社会规范与价值标准

11. 某校发生一起高年级学生欺负低年级学生的事件,给低年级学生乱起外号,索要钱物,引起学校的高度重视并开始调查。此类学生的行为属于(　　)。

A. 本能行为　　B. 利己行为

C. 偏差行为　　D. 犯罪行为

12. 大学生小李经常熬夜玩网络游戏,和宿舍其他同学关系紧张,白天精神恍惚,成绩一落千丈。社会工作者将小李的行为界定为偏差行为,他依据的标准是(　　)。

A. 统计学标准　　B. 价值标准

C. 行为适应性标准　　D. 个体主观体验

13. 兰先生与妻子在南方工作，孩子出生后，夫妻俩希望兰先生的父母能从东北过来帮忙带孩子。经过沟通后，两位老人表示同意，并通过调整逐步融入了新的生活环境。根据上述情况，老人的做法体现了人类行为具有（　　）。

A. 适应性特点　　B. 主观性特点

C. 多样性特点　　D. 整合性特点

14. 小马因伤致残无法继续从事原工作，寻找工作时又屡屡碰壁，因此十分沮丧。社会工作者得知情况后，从社会环境的角度入手，协助他向民政部门申请临时救助，帮助他联系职业培训学校学习新技能，还组织社区志愿者对其进行鼓励支持。社会工作者的上述做法，充分考虑了社会环境具有（　　）。

A. 平等性　　B. 多样性

C. 层次性　　D. 稳定性

15. 下列图示中，家庭成员共同居住，从家庭内部结构的角度看，此家庭的类型应是（　　）。

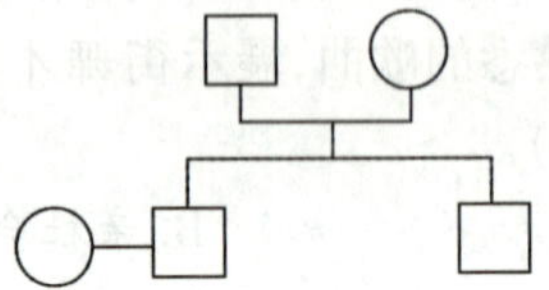

A. 核心家庭　　B. 单亲家庭

C. 联合家庭　　D. 主干家庭

16. 小军的父母平日基本不关心他的衣着打扮，对他的学习没有太高要求，对他迷恋网络的行为也不闻不问，这种教养方式属于（　　）。

A. 溺爱型　　B. 民主型

C. 支配型　　D. 放任型

17. 当前越来越多的父母采用民主型教养模式养育孩子，鼓励孩子自信自律，培养孩子养成自主学习的习惯。下列做法中，属于民主型教养模式的是（　　）。

A. 父母给孩子报了各种各样兴趣班　　B. 父母与孩子协商暑期学习安排

C. 孩子需要什么父母就都给予满足　　D. 父母严格禁止孩子玩手机游戏

18. 小明是初一学生，班主任张老师发现他比较胆小，学习中遇到困难总是采取逃避的态度。张老师通过家访了解到小明父亲是一名客车司机，常年在外跑长途，对小明要求严苛，小明母亲包揽了小明的生活，把他照顾得无微不至。小明的家庭教养模式属于（　　）。

A. 民主型　　B. 支配型

C. 娇纵型　　D. 冲突型

19. 老李对退休后的生活感到有些不适应，他的一对儿女虽然很忙，但还是经常来看老李。老李子女的这种做法体现了家庭的（　　）。

A. 经济支持功能　　B. 代际互助功能

C. 情感支持功能　　D. 行为规范功能

20. 某老旧小区停车难问题一直困扰着小区居民。于是,社区居民不得已开始自发在车上留下联络电话,并逐渐养成了按标准车距规范停车等行为。这体现了社区对居民行为的影响是(　　)。

A. 社区居民之间的停车行为具有共同特征

B. 社区自身存在错综复杂的社会交往关系

C. 社区自身的社会规范约束居民的停车行为

D. 社区居民对社区的认同感影响了停车行为

21. 关于人类行为与社会环境基本关系的说法,正确的是(　　)。

A. 社会环境对人类行为的影响更大一些

B. 人类行为的改变必须从人类本身入手

C. 个人行为对社会环境有决定性的影响

D. 群体行为决定着人类行为的参照标准

22. 近年来,随着互联网的快速发展,人们越来越多地进行网上购物,越来越频繁地使用移动支付,这些与互联网紧密相连的活动重塑了人们的消费方式,上述变化说明(　　)。

A. 个人行为也可以改变社会环境

B. 人类行为对社会环境影响更大

C. 人类行为受遗传因素影响更大

D. 社会环境的变化影响人类行为

23. 埃里克森的人类发展阶段论与弗洛伊德的精神分析理论的区别在于,前者重点强调人格发展中的(　　)。

A. 生物因素　　B. 社会因素

C. 心理因素　　D. 道德因素

24. 小峰升入初中后,越发注重同学对自己的评价,以及好朋友对自己的态度。根据埃里克森的人类发展阶段论,小峰在此发展阶段的主要任务是(　　)。

A. 不断尝试新的事物　　B. 发展自我同一性

C. 对他人做出承诺　　D. 学习重要知识技能

25. 儿童在成长的每一个阶段都对世界及各种事物间的关系有新认识,根据皮亚杰的认知发展理论,当新事物和刺激出现时,儿童认识世界首先运用的是(　　)。

A. 同化原则　　B. 图式原则

C. 强化原则　　D. 顺应原则

26. 根据科尔伯格的道德发展阶段论,15 岁以后的儿童看重法律的效力,同时也认为法律规定并不是绝对的,可以应大多数人的要求而改变,在儿童的道德发展中,这一阶段是(　　)。

A. 社会契约定向阶段　　B. 普遍性伦理准则阶段

C. 寻求认可定向阶段　　D. 遵守法规和秩序定向阶段

27. 社会工作者小李在辅导小学生小明时，只要小明按时完成作业，小李就及时给予表扬和鼓励。半年之后，小明养成了按时完成作业的良好习惯。小李的做法是基于(　　)。

A. 米德的自我理论　　B. 皮亚杰的认知发展理论

C. 斯金纳的操作行为主义理论　　D. 埃里克森的人类发展阶段论

28. 宝宝6个月了，爸爸妈妈逗她时，她会微笑，但见到陌生人时，她没有什么表情。根据鲍尔比的依恋理论，宝宝正处于(　　)。

A. 前依恋关系阶段　　B. 形成中的依恋关系阶段

C. 鲜明清晰的依恋关系阶段　　D. 纠正目标的依恋关系阶段

29. 由于小双父母工作很忙，在小双3岁前家里陆续请过三位保姆。每次换保姆，小双都会哭闹不止，妈妈只好请假在家陪几天，等与新保姆熟悉后，小双的情绪才会安稳下来。小双的表现体现出婴儿在社会化过程中的特点是(　　)。

A. 控制　　B. 攻击

C. 退缩　　D. 依恋

30. 小亮小时候很乖巧，但上初中后，常常和父母顶嘴，还总说“我的事情我做主”。小亮的父母认为他越来越不听话，亲子关系日趋紧张，于是向社会工作者求助。根据青少年阶段的发展特点，社会工作者介入的主要任务是协助小亮(　　)。

A. 接受父母教育　　B. 健全自我意识

C. 克服紧张情绪　　D. 增强自尊自律

31. 大学四年级学生小贾通过校园招聘会向一家社会工作服务机构投递了简历。在面试中，小贾得知该机构的服务对象主要是老年人，他觉得服务老年人的工作很有意义，发展前景很好。但小贾家人却觉得该机构的待遇一般，不支持他的选择。小贾多次与家人沟通未果，难以抉择，遂向社会工作者寻求帮助。从青年阶段人生发展任务的角度看，社会工作者适宜的做法是(　　)。

A. 帮助小贾准确地定位发展目标

B. 鼓励小贾先到机构做志愿服务

C. 劝导家长理解小贾的发展需要

D. 协助小贾宣泄左右为难的情绪

32. 在青年阶段，个体的生理发展已经成熟并呈现出稳定的状态，心理机能处于相对稳定的高水平阶段，社会性发展更加成熟，下列特征中，符合青年心理发展的是(　　)。

A. 认知能力发展　　B. 人生观稳定

C. 社会观成熟　　D. 友谊的发展

33. 林先生，42岁，某企业中层管理人员。即便平日工作再忙，他也会抽出时间照顾家庭，经常陪伴孩子骑车、踢球，辅导孩子功课，与妻子一起做家务，家庭关系融洽。林先生的上述情况，符合中年阶段社会性发展特征的是(　　)。

A. 责任意识增强　　B. 社会角色转变

C. 社会情感发展　　D. 认知能力发展

34. 46岁的王女士原来是一家基金会的项目经理，两年前为了照顾5岁的小女儿辞职。最近她觉得丈夫对自己说话不尊重、婆婆看自己不顺眼、大儿子嫌自己唠叨，她变得越来越焦虑，常常失眠，动不动就发脾气。针对王女士的情况，社会工作者最适宜采取的干预措施是(　　)。

A. 教授陪伴和管教儿童的相关技能

B. 引导学习释放压力的方法和技巧

C. 帮助改善夫妻的沟通方式和方法

D. 协助消除婆媳的误解以缓解矛盾

35. 为改善安宁病房临终老人的情绪状态，社会工作者通过人生回顾、共话故事等方式开展个案服务。针对老年阶段面临的主要问题，社会工作者的上述服务，最能反映出老年临终关怀服务的内容是(　　)。

A. 哀伤辅导　　B. 政策倡导

C. 生命教育　　D. 遗嘱预立

二、多项选择题(每题的备选项中，有2个或2个以上符合题意，至少有1个错项)

36. 某小学的学生多是留守儿童，学校社会工作者根据这一状况，开展了“逆风同行”儿童抗逆力小组服务。一方面帮助儿童建立自信，正视逆境，挖掘潜能；另一方面引导儿童主动与小伙伴沟通，建立信任，争取同伴支持。上述服务，满足了留守儿童的(　　)。

A. 生理需要　　B. 归属的需要

C. 安全需要　　D. 尊重的需要

E. 自我实现的需要

37. 小王是大一新生，性格内向，家境优裕，上高中时因看不惯宿舍同学的卫生习惯选择走读。上大学后，小王因为不适应集体生活，开始失眠，食欲下降，身体急剧消瘦，精神状态越来越差。宿舍同学发现小王的情况后，主动关心他，帮助其改善失眠状况，提升睡眠质量。关于同辈群体的特点及其对个体行为影响的说法，正确的有(　　)。

A. 宿舍同学的支持能够帮助小王尽快适应集体生活

B. 宿舍应当建立严格的熄灯制度以约束同学的行为

C. 小王应接受宿舍同学的行为习惯，以便融入集体

D. 小王与宿舍内的每一位同学的地位应该是平等的

E. 小王睡眠改善后，对宿舍生活有了较强的认同性

38. 丽丽的丈夫经常因为琐事对她破口大骂，最后发展到动手打她，丽丽向所在地的社会工作者救助。针对上述家庭暴力现象，社会工作者可采取的介入措施有(　　)。

A. 组织丽丽与其丈夫进行面对面地沟通

B. 为丽丽申请物质救助并组织捐款活动

C. 为丽丽和其他受害妇女开展小组工作

D. 呼吁本社区居民关注身边的家暴问题

E. 提升本社区居民反家暴以及维权意识

39. 73 岁的李大爷最近中风，经过治疗，身体好转，但仍然不能自理，虽然家人对李大爷的照顾无微不至，但他仍接受不了自己的身体状况，长时间情绪低落，经常念叨“这样活着还不如死了算了”。李大爷面对的问题有（　　）。

A. 失智　　B. 精神健康

C. 失能　　D. 死亡问题

E. 被忽视

40. 70 岁的姚爷爷患糖尿病二十多年，一直都是姚奶奶悉心照顾，独生子姚先生时常出差外地，儿媳要照顾年幼的孙女。半年前姚奶奶病逝，独居的姚爷爷变得很少与人说话，情绪越发低落，常常忘记吃饭，和儿子通电话时会突然变得激动起来。最近，姚先生发现父亲的血糖指标有些异常，劝其住院观察一段时间，老人不同意，干脆把自己关在屋里几天不见人。姚爷爷目前面临的主要问题有（　　）。

A. 健康管理　　B. 生活照料

C. 医疗救助　　D. 安全保护

E. 精神慰藉

41. 社会工作者小孙为社区内老年人提供居家养老服务，刘大爷身体健康，家庭经济状况良好，但无儿女，最近，刘大爷老伴突然去世，他特别伤心，觉得生活无望，情绪低落，针对这一情况，小孙应开展的工作有（　　）。

A. 为刘大爷提供哀伤辅导

B. 帮助刘大爷理性认识死亡

C. 为刘大爷提供临终关怀服务

D. 帮助刘大爷申请生活救助

E. 协助刘大爷适应丧偶后的生活

一、单项选择题									
1. B	2. C	3. C	4. D	5. C	6. D	7. A	8. B	9. D	10. C
11. C	12. C	13. A	14. B	15. D	16. D	17. B	18. B	19. C	20. C
21. A	22. D	23. B	24. B	25. A	26. A	27. C	28. B	29. D	30. B
31. A	32. A	33. A	34. B	35. A					
二、多项选择题									
36. BD	37. AD	38. ACDE	39. BC	40. ABDE	41. ABE				

温馨提示：试题详解，详见深度解析册。

本章错题统计清单

恭喜您,成功完成了本章的刷题挑战。然而,错题的梳理同样不可忽视,它们如同一面镜子,反映出您在复习中的薄弱环节。错题统计清单能助您快速有效地梳理错题,制订更加合理的复习计划,科学安排再次刷题的时间。相信每一次刷题都会带来全新的收获,让您离成功更近一步。

错题序号	错误分析				错题消灭计划		
	概念问题	方法问题	粗心问题	其他原因	一刷	二刷	三刷

第四章
社会工作理论的应用

刷透真题

一、单项选择题(每题的备选项中,只有1个最符合题意)

1. 弗洛伊德认为人格是一个整体,包括本我、自我和超我三个部分,在不同的时间内,三者彼此交互影响,对个体产生不同的作用。关于"本我、自我、超我"的说法,正确的是(　　)。
   A. 自我是"管理者",遵守现实原则对本我和超我之间的冲突进行约束
   B. 本我依照享乐主义原则,处于不明确状态,随时间和经验而发生变化
   C. 自我包含意识和潜意识,它是在社会环境中由个人通过学习而获得的
   D. 超我包含意识和前意识,也包含部分潜意识,对人的行为几乎无影响

2. 关于弗洛伊德精神分析理论的说法,正确的是(　　)。
   A. 前意识是精神分析理论的核心要素
   B. 性心理发展是个人心理发展的基础
   C. 超我是本我由经验中发展出来的
   D. 防卫机制是正向的自我调适方法

3. 赵先生从小被父亲严厉管教,父子关系疏离。最近父亲突发脑梗,需要他照顾。赵先生想到要和父亲相处,就感到异常紧张,担心自己照顾不周被父亲责骂,向社会工作者老金求助。根据精神分析理论,老金在与赵先生建立良好关系时需特别注意(　　)。
   A. 让赵先生感受到支持与安全　　B. 与赵先生形成指导性的关系
   C. 激发赵先生个人的内在价值　　D. 与赵先生建立平等伙伴关系

4. 弗洛伊德的精神分析理论对社会工作的发展有重要影响。根据弗洛伊德的精神分析理论,防卫机制的功能是(　　)。
   A. 察觉潜意识经验　　B. 满足本我欲求
   C. 决定个人的行为　　D. 缓解内在冲突

5. 在社会工作实务中,运用精神分析理论时应遵循的原则是(　　)。
   A. 以自由联想为基本方法　　B. 鼓励服务对象增强自己的权能
   C. 修正不理性的自我对话　　D. 持续评估服务对象的环境变化

6. 早期父母离婚的经历，使小冯对婚姻生活一直很抗拒。虽然小冯与女朋友相恋多年，也很希望给她幸福，但一直不想结婚。最近，女朋友决定与小冯分手，他很苦恼，向社会工作者小李求助。小李依据弗洛伊德分析理论为小冯提供服务，其最适宜的做法是（　　）。
A. 采用同理的技巧，促使小冯认识到与女友结婚就能共同幸福
B. 采用袒露自我的技巧，结合自己的婚后生活纠正小冯的错误观念
C. 采用角色扮演的技巧，引导小冯体会其情绪和行为背后的非理性信念
D. 采用自由联想的技巧，帮助小冯发现潜意识中抗拒结婚的深层次原因

7. 刘女士最近与男朋友关系不和，情绪低落，影响了工作和生活，因而向社会工作者小林求助。但最近的两次面谈，刘女士都失约了，小林问及失约的原因，刘女士说："我也不知道怎么就忘记了，我这两次都是提醒自己的，但每次见你之前，我都跟我男朋友打电话，然后我们就在电话中吵了起来。他最近对我很冷漠，我就赌气跟他说我们没法儿继续了。"小林说："你最近对男友有很多不满，我也在帮你想这是怎么回事，咱们一直在尝试找出你忘记面谈的原因，你每次都说起男友，说他如何如何不好，觉得自己早该跟他分手，我想这是不是就是你忘记来见我的原因呢？"根据精神分析理论，小林的回应采用的技巧是（　　）。
A. 治疗情境　　B. 治疗关系
C. 自由联想　　D. 诠释过程

8. 某初中班主任在学生小华的周记作业中发现他有离家出走的念头，因不知如何应对而向社会工作者小刘求助。小刘找小华谈话并了解到，小华在感到不开心时就想离家出走。此时，小刘的恰当做法是（　　）。
A. 与小华约定当他不开心时要第一时间找小刘倾诉
B. 与小华的父母约定每周需与社会工作者沟通一次
C. 与小华最要好的朋友约定最近要更多地关心帮助小华
D. 与小华的班主任约定替小华保守想要离家出走的秘密

9. 根据认知行为理论，社会工作者应协助服务对象（　　）。
A. 发现并修正造成问题的潜意识　　B. 自主觉察非理性的思维方式
C. 调节适应与外部环境间的关系　　D. 发现自身独特的意义和价值

10. 大学一年级学生小林第一学期学习成绩中等。他觉得没有达到自己刚上大学时设立的"保持成绩优秀"的目标，因此很失望，同时担心自己缺乏大学学业所要求的自主学习能力。第二学期小林发现自己上课时经常走神，不能完全跟上课程进度，他越来越担心自己"这样下去要挂科了"，更加觉得自己"真的不会主动学习"。社会工作者在得知小林的状态后，根据认知行为理论为小林提供帮助，其适宜的做法是（　　）。
A. 帮助小林看到学业挫折带给他的独特感悟和磨炼
B. 建议小林呼吁学校修改必修课程的成绩评定方法
C. 询问小林在什么情况下会产生怀疑自己学习能力的想法
D. 请小林回顾从小按照家长和老师的安排被动学习的经历

11. 大学生小沈觉得必须抓住每个机会才能保证毕业后有好的前途，因此她总是忙于完成课内外的各种学习和实践，深感疲惫。当她力不从心时，又担心事情做得不好，会影响自己在老师和同学心目中的印象。为此她长期焦虑，向社会工作者老周求助。根据认知行为理论，老周宜采取的做法是（　　）。

A. 明确指出小沈特别看重外部评价的特点，协助她去探索内心深处的潜意识

B. 与小沈分析“必须抓住每个机会”的想法，引导她觉察自己的非理性思维

C. 指出小沈基本能够合格完成任务的事实，激发她掌握个人发展的更大潜能

D. 启发小沈反思追求“好前途”的意义，引导她洞察内心里最想追求的目标

12. 小刘是一位7岁孩子的母亲，她总对自己不满意，希望今后孩子比自己优秀，却又不知道如何与孩子沟通，这让她感到非常焦虑。社会工作者根据多次会谈收集的信息，为小刘的个案服务方案制定了下列服务目标：①降低小刘对孩子的过高期待；②改变小刘的自动化思考模式；③强化亲子沟通能力；④增加小刘的自控能力。根据上述服务目标，社会工作者最有可能采用的服务模式是（　　）。

A. 认知行为模式　　B. 心理社会模式

C. 任务中心模式　　D. 精神分析模式

13. 王女士是一名乳腺癌早期患者，她觉得是因为自己“上辈子作了孽”，才被如此惩罚，性格变得越来越自卑和孤僻，不肯继续接受化疗，身体状况进一步恶化。她的主治医生请医务社会工作者小乔协助解决王女士的问题。小乔在与王女士几次沟通后，决定运用认知行为理论帮助她。下列介入措施中，体现小乔扮演教育者角色的是（　　）。

A. 与王女士探讨其思维方式，并讨论其认知错误

B. 帮助王女士运用科学知识进行反思、修正行为

C. 与王女士一起讨论确定行为修正的目标及策略

D. 协助王女士养成良好的习惯，调整自己的生活

14. 社会工作者在服务对象的第二次会谈中，有如下对话。服务对象：“我在舞蹈班学习现代舞，前两次勉强能跟上老师，但下课后就忘记了。到了第三、四次课，老师教的舞蹈动作越来越多，我完全跟不上，所以就退课了，之前的电脑课也是这样。”

社会工作者：“当你跟不上舞蹈班和电脑班的进度时，你有什么感受呢？”

服务对象：“有点挫败，觉得自己好失败。”

社会工作者：“当你跟不上进度，感受挫折和失败时，你当时有什么想法呢？”

服务对象：“认为自己好笨，什么都学不会。”

根据认知行为理论，这段对话所处的助人步骤是（　　）。

A. 确定服务对象不正确的思维及其导致的情绪

B. 要求服务对象自我觉察可能错误的思维方式

C. 探索服务对象错误思维与潜在信念间的关系

D. 检验服务对象重新建立的自我假定的有效性

15. 小彬找工作时总是在面试环节被淘汰，以致他对面试产生了心理阴影，一进入面试场地就身体僵硬，手足无措。为此，小彬向社会工作者大洪求助。为了帮助小彬缓

解在真实面试场景中产生的紧张焦虑情绪，大洪运用认知行为理论中的逆向操作方法介入，其适宜的做法是(　　)。

A. 在实施逆向操作前征得大彬同意

B. 给大彬布置逆向操作的家庭作业

C. 逆向操作时让大彬独自体验面试情境

D. 让大彬在逆向操作中形成正向的经验

16. 残障人士的生存和发展与其所处环境有密切关系，根据系统理论对环境的划分，残障人士所面对的宏观环境是指(　　)。

A. 传统观念中对残障人士的看法　　B. 服务残障人士的社会工作服务机构

C. 家庭住房内部无障碍设施状况　　D. 在社交网络上结识的其他残障人士

17. 小睿近来对工作和生活都提不起兴趣，想换工作又患得患失，怀疑自己得了抑郁症。小睿在社会工作者老周的协助下求助精神科医生，经诊断后排除了抑郁症。但小睿仍对人生目标、职业选择和生活方式感到茫然，并为此深感痛苦。针对小睿的情况，老周在设计服务方案时最宜采用的社会工作理论是(　　)。

A. 存在主义理论　　B. 生态系统理论

C. 精神分析理论　　D. 认知行为理论

18. 11 岁的男孩小杰是某儿童福利院的孤残儿童，患有轻微脑瘫。小杰 3 岁时，经评估后安排到家庭寄养。小杰现在一所小学读三年级，成绩中等。一天，寄养家庭父亲找到社会工作者，称小杰擅自拿了家里 1000 元钱，希望社会工作者帮忙解决问题。社会工作者在与小杰建立信任关系后，开展了服务。下列社会工作干预措施中，体现"生态系统理论"视角的是(　　)。

A. 纠正不良行为，形成正确认知　　B. 疏导个人情绪，恢复理性思考

C. 提高学习兴趣，发展个人潜能　　D. 调整家庭关系，营造健康环境

19. 生态系统理论非常注重将服务对象置于生活环境中去解决问题，下列说法中，符合生态系统理论的是(　　)。

A. 个人问题的根源在于环境的压迫

B. 对个人而言宏观系统是恒定不变的

C. 个人能够与环境形成良好的调适关系

D. 个人对外在环境的错误理解是问题的根源

20. 钱女士把刚退休的母亲从千里之外的老家接到自己生活的城市，请她帮忙照顾自己 6 个月大的女儿。钱女士最近发现，母亲做什么事情都小心翼翼，经常闷闷不乐，这与钱女士心目中母亲以往的状态差别较大。钱女士很担心母亲的状况，于是向社会工作者老孟求助。老孟运用生态系统理论，和钱女士一起分析她母亲的情况，下列说法中，符合生态系统理论的是(　　)。

A. 母亲表现出老年人的心理退行现象　　B. 母亲对钱女士存在不切实际的期待

C. 母亲初到新的环境感到明显不适应　　D. 母亲退休后需要寻找新的生活意义

21. 学校社会工作者郝老师对本校学生的心理健康状况进行调查，发现存在心理困扰的学生大多缺失家庭监护，学习也有困难，甚至出现沉迷网络游戏、逃学等行为。

郝老师运用生态系统理论为这些学生设计服务方案。下列服务中，最能体现生态系统理论特点的是(　　)。

A. 对心理问题较为严重的学生进行个案辅导

B. 为存在学习困难的学生链接志愿服务资源

C. 为出现网瘾问题的学生开设行为治疗小组

D. 对出现逃学行为的学生及时进行批评教育

22. 社会工作者小刘在社区摸排困境儿童家庭情况时，了解到35岁的汪先生失去了工作，妻子离家出走，他独自抚养两个孩子，家庭生活困难，两个孩子经常饥一顿饱一顿。小刘通过走访学校老师，进一步了解到孩子们学习成绩一般，与同学关系疏远。为此，小刘决定根据生态系统理论为汪先生整合外部资源，其最适宜的做法是(　　)。

A. 着眼于汪先生个人，开展家庭亲职教育，建立健康的养育观念

B. 引导两个孩子养成良好的生活和学习习惯，提高文化课的成绩

C. 帮助汪先生了解就业救助政策，提供街道免费再就业培训信息

D. 协助两个孩子学习并提升社会交往技能，与同学建立良好关系

23. 某学校三年级班主任向驻校社会工作者反映，刚转学来的晓晨经常扰乱课堂秩序。社会工作者在与晓晨面谈时了解到，他之前一直和爷爷奶奶生活，在老家的学校表现优秀，1个月前才与城里工作的父母团聚。从生态系统理论出发，社会工作者对晓晨行为问题的分析应侧重于(　　)。

A. 晓晨童年与父母的分离经历所造成的心理影响

B. 晓晨刚到一个陌生的环境所产生的适应不良

C. 晓晨基于过往经验对自己的表现有不合理期待

D. 晓晨在新的环境下改变自己不良行为的潜能

24. 初入大学的晓玉觉得宿舍同学见多识广，性格开朗，想和他们一样出色。于是，晓玉主动与周围人讨论热点话题，却又觉得自己还是插不上话，感到非常挫败。为此，晓玉向社会工作者小方求助，迫切希望从小方这里找到提升自己的方法。根据人本主义理论，小方适宜的做法是(　　)。

A. 指导晓玉学习人际交往技巧以改善与同学们的人际关系

B. 提出晓玉拿别人的长处和自己的短处相比是非理性思维

C. 引导晓玉在认识并接受真实自我的基础上发展应对方法

D. 鼓励晓玉认识到只要坚持努力就能做到和别人一样优秀

25. 高一学生小明每次考试都在班级后几位，还不遵守班级纪律，经常逃学，受到老师批评。小明父母认为他一无是处，但又不知如何管教，为此向社会工作者小王求助。依据人本主义理论，小王恰当的做法是(　　)。

A. 对小明采取接纳态度，给予关心和尊重

B. 改变父母的消极看法，建立积极的态度

C. 改善小明的人际关系，加强与父母沟通

D. 增强小明的权能意识，提高自我控制力

26. 某中学的驻校社会工作者小赵，给高一新生开设成长小组，帮助他们了解、认识和探索自我，尽快适应高中学习生活，并激发自己的潜能，为实现梦想而努力。依据人本主义理论，下列小赵的做法中，符合该理论基本价值的是（　　）。

A. 在小组活动中，强调学生之间的同质性

B. 在小组讨论时，保证社会工作者是最后的决定者

C. 在小组过程中，鼓励每位学生表达意见

D. 在小组过程中，强化每位学生对自己的责任

27. 刘女士曾遭受丈夫的家庭暴力，现已离婚，独自带着15岁的女儿生活。刘女士自身文化程度较低，无法辅导女儿的功课，与女儿沟通较困难。最近刘女士失业觉得自己很失败，对生活失去信心，向社会工作者求助。根据存在主义理论，社会工作者适宜开展的服务是（　　）。

A. 帮助刘女士了解就业支持政策，寻找合适工作岗位

B. 教授刘女士与女儿沟通的技巧，改善母女之间关系

C. 链接大学生志愿者，为刘女士的女儿提供学业辅导

D. 引导刘女士对自己过往生活中的成功经验予以肯定

28. 小周的继父每次酒后都会殴打小周母子，小周本来就性格内向，因长期被继父殴打，更加不敢与他人交往，缺乏安全感，以致难以走入社会独立生活。社会工作者试图将小周的这种痛苦的生活经历转化为对其生活有意义的经验，社会工作者这样做的依据是（　　）。

A. 精神分析理论　　B. 存在主义理论

C. 社会支持理论　　D. 认知行为理论

29. 大学四年级的小张一直没找到合适的工作，身边的同学有的拿到了研究生录取通知书，有的考取了公务员，他觉得压力很大，对未来失去了信心，社会工作者根据存在主义理论为小张提供服务，其恰当的做法是（　　）。

A. 教导小张练习减缓压力和稳定情绪的方法

B. 帮助小张链接其学校就业指导中心的资源

C. 协助小张认识到找工作是否顺利会受到环境变化的影响

D. 引导小张认识到应对压力过程对人生发展具有积极意义

30. 初中生小美的父母离异，父亲因诈骗入狱，她跟爷爷奶奶一起生活。小美经常听到周围邻居议论自己家的事情，她也因此感到低人一等，认为自己没有什么优点，很自卑。小美不想让同学知道自己的情况，与同学关系疏远，总是独来独往。班主任老师观察到小美的情况，将其转介给学校社会工作者。根据增能理论，社会工作者的下列做法，最能体现个人层面增能的是（　　）。

A. 消除邻里对小美一家人的偏见　　B. 提升小美应对其他人歧视的能力

C. 为小美一家争取社区系统支持　　D. 邀请小美参加社区儿童支持小组

31. 初一学生小薛个性十分要强，凡事都要争第一，如果得不到就会暴躁与失落。近日，因为输了一场篮球赛，小薛情绪低落，母亲说了他两句，他就要离家出走。父亲常年出差，无暇顾及家庭。小薛的情况让母亲十分着急，于是向社会工作者小王求

助。小王为小薛提供个案服务的首要任务是（　　）。

A. 帮助小薛增强自我情绪管理能力　　B. 邀请母亲参加社区亲职能力小组

C. 鼓励小薛多加训练提高篮球技能　　D. 辅导父亲以提高其亲子沟通能力

32. 某社会工作服务机构的社会工作者运用增强权能理论为遭受家庭暴力的妇女提供服务。从增强权能理论服务原则出发，该机构最适合采取的做法是（　　）。

A. 代表受暴妇女呼吁司法机关严惩施暴者

B. 向受暴妇女讲解困境可能也是一种机遇

C. 协助受暴妇女向有关部门呼吁加强执法

D. 鼓励受暴妇女对家人和朋友披露其遭遇

33. 小王高中毕业后一直找不到合适的工作，最近不但丢了临时工作，工资还被拖欠，小王感到自己失败的原因在于学历低，没有城市户口。社会工作者决定从环境层面去增强小王的权能，其最适宜的做法是（　　）。

A. 协助小王加强文化学习，提高学历水平

B. 介绍小王参加社区活动，丰富文化生活

C. 帮助小王制订就业计划，争取尽快就业

D. 鼓励小王向原单位表达诉求，呼吁社会关注

34. 社会工作者小魏举办了一个关爱残障人士的小组，主要目标是促进残障人士的社区融合。在小组中，很多组员都谈到因身体残疾而被别人歧视的经历，组员也认为自己不能与健全的人相比，被人看不起也无能为力。小魏了解情况后，准备依据增强权能理论帮助组员解决这一问题，下列服务中，符合增强权能理论服务原则的是（　　）。

A. 尽可能让组员相信小魏可以提升他们的能力

B. 在分析组员所处的不利环境时采取个体视角

C. 建议组员在各自家庭中采取促进改变的行动

D. 鼓励组员链接所需资源，促进他们平等参与

35. 某社会工作服务机构从增强权能理论视角出发，为家庭暴力受害妇女提供服务。该机构通过内部评估认为，有必要进一步增强服务对象对社会环境的影响。下列做法中，有助于实现该目标的是（　　）。

A. 为受害妇女提供临时庇护服务　　B. 鼓励受害妇女积极呼吁社会关注

C. 为受害妇女开展意识提升小组　　D. 促使受害妇女有能力离开施暴者

二、多项选择题（每题的备选项中，有 2 个或 2 个以上符合题意，至少有 1 个错项）

36. 在一次面谈中，服务对象向社会工作者老宋抱怨，他妻子最近工作太忙，经常晚归，孩子也没有时间管，家务也没时间干，他感觉妻子越来越不爱这个家，吵了几次也没用，现在就想马上离婚，根据认知行为理论，老宋适宜的做法包括（　　）。

A. 鼓励服务对象探索自己具备的人格特点和优缺点

B. 鼓励服务对象改变夫妻交流方式并观察妻子的变化

C. 要求服务对象记录下每次与妻子吵架时自己的想法

D. 协助服务对象觉察“妻子不爱这个家”这一想法的非理性部分

E. 帮助服务对象反省儿时亲子互动经验对现在夫妻沟通方式的影响

37. 学校社会工作者老李发现小伟经常与同学打架，总是受到老师批评，父母也认为小伟脾气不好，难以管束，老李注意到小伟不善言辞，尤其在和同学闹矛盾时，常常脸憋得通红，说不出一个字来，最后往往是小伟先动手打人，依据认知行为理论，老李应协助小伟(　　)。

A. 认识到打人是坏孩子才有的行为　　B. 认识到坏脾气是可以自我调控的

C. 学习与他人有效语言沟通的技巧　　D. 认识到自己的优点并自我激励

E. 发掘造成暴力行为的潜意识因素

38. 服务对象陈先生因工受伤致肢体残疾，失去工作。社会工作者上门走访时了解到，陈先生的大儿子16岁，辍学后靠打零工生活；小儿子6岁，还未上学；妻子外出不归，两个孩子无人照顾，衣着脏乱，家中无人收拾，杂物堆积。陈先生残疾后深感自卑，不愿与亲友邻居来往，也不想接受政府救助。下列社会工作者对陈先生问题的分析，符合系统理论的有(　　)。

A. 陈先生因身体残疾减少了与亲友和邻居的交往，与非正式系统的关系疏离

B. 陈先生很少与政府和社会服务机构接触，未能从正式系统获得有效的支持

C. 陈先生妻子离家、大儿子辍学、小儿子无人照顾，家庭呈整体性结构失能

D. 陈先生的自我评价低，认知系统失调，是他不愿意与外界接触的根本原因

E. 陈先生对外部支持系统认识不足，导致长期的无力感，形成消极应对模式

39. 某社会工作服务机构正在策划夏令营的系列活动。社会工作者小梅在了解营员的需求时发现，有些孩子有被家长打骂的经历。她决定依据增强权能理论，开展儿童权利保护的服务，其恰当的做法有(　　)。

A. 倡导儿童学会运用媒体资源，对外曝光家长的行为

B. 协助儿童排演宣传儿童权利的小品，邀请家长观看

C. 协助儿童练习紧急状态时的求助方法，以保护自己

D. 帮助儿童认识到自己被打骂是因为犯了错，应该改正

E. 组织儿童学习《未成年人保护法》，认识到自己的权利

40. 侯女士是一位单亲妈妈，独自抚养患有自闭症的女儿，因女儿患病常被邻居议论。最近侯女士的单位因效益不好而倒闭，母亲又查出患了肺癌，侯女士已对生活绝望，感到孤立无援，向社会工作者小杨求助。小杨了解情况后，决定根据存在主义理论为侯女士提供服务。下列小杨的服务中，符合该理论的有(　　)。

A. 告诉侯女士人生都要经历痛苦的事情

B. 让侯女士正视目前困难的生活现状

C. 让侯女士明白纠结痛苦经历没有意义

D. 在服务过程中多肯定侯女士的独特性

E. 让侯女士明白她可以不用在乎别人议论

41. 社会工作者小袁负责某精准救助项目的实施工作，在与同事分析低保家庭情况时，发现一些服务对象除了有经济困难外，还存在强烈的无力感。根据增强权能理论，小袁适宜提供的服务有(　　)。

A. 鼓励服务对象老沈参加社区公益活动，协助他融入社区生活

B. 给服务对象小杜介绍对象，希望他能早日成家摆脱单身生活
C. 与服务对象小军进行面谈，对他的个人不足进行分析与评估
D. 链接社区外资源，为服务对象小芳提供参加技能培训的机会
E. 让居民骨干陪伴服务对象老刘旁听社区公共事务议事协商会

42. 根据新冠肺炎疫情防控要求，个人进入某些公共场所需出示健康码和行程卡，不少老年人因为不使用或不能熟练使用智能手机，生活非常不方便。某社会工作服务机构的社会工作者注意到这一情况，决定运用增能理论为这部分老年人提供服务，其可以做的有（　　）。
A. 由社会工作者教授老年人使用智能手机的方法
B. 让老年人互帮互学，掌握智能手机的相关功能
C. 呼吁手机厂商开发生产更适合老年人使用的智能手机
D. 建议相关部门提供手机以外的个人健康信息查询方式
E. 建议老年人配合新冠肺炎疫情防控大局，尽量不出行

43. 社会工作者小青在社区中开设了一个关爱外来媳妇小组，旨在促进社区外来媳妇之间的互相交流，增进她们对生活环境的适应及融入。小组中，一些组员谈到因地域文化差异，在参与社区事务方面的机会较少，也缺乏表达合理诉求的渠道和能力，甚至被部分当地人看不起，这让她们很无奈。依据增强权能理论的服务原则，小青恰当的做法有（　　）。
A. 建议组员在各自家庭中采取促进改变的行动
B. 帮助组员链接资源并促进他们积极面对现实
C. 采取整体视角分析组员所处社区环境及障碍
D. 让组员相信只有接受现状才能适应融入环境
E. 协助组员熟悉当地经济文化并寻找参与机会

答案速查

一、单项选择题									
1. A	2. B	3. A	4. D	5. A	6. D	7. D	8. A	9. B	10. C
11. B	12. A	13. B	14. B	15. A	16. A	17. D	18. D	19. C	20. C
21. B	22. C	23. B	24. D	25. A	26. C	27. D	28. B	29. D	30. B
31. A	32. C	33. D	34. D	35. B					
二、多项选择题									
36. BCD	37. ABCE	38. ABCE	39. BCE	40. ABD	41. DE	42. ABCD	43. BCE		

温馨提示：试题详解，详见深度解析册。

本章错题统计清单

恭喜您，成功完成了本章的刷题挑战。然而，错题的梳理同样不可忽视，它们如同一面镜子，反映出您在复习中的薄弱环节。错题统计清单能助您快速有效地梳理错题，制订更加合理的复习计划，科学安排再次刷题的时间。相信每一次刷题都会带来全新的收获，让您离成功更近一步。

错题序号	错误分析				错题消灭计划		
	概念问题	方法问题	粗心问题	其他原因	一刷	二刷	三刷

第五章
个案工作方法

刷透真题

一、单项选择题(每题的备选项中,只有 1 个最符合题意)

1. 大学二年级女性小燕陷入"校园贷"困境。她向社会工作者小顾哭诉:"我是从农村来的,身边很多同学穿得比我好,用得比我新潮,我总觉得她们瞧不起我,在背后说我……我的命也太不好了。"针对小燕的想法,小顾为她布置了功课,让她回顾自己的想法,思考是否存在其他可能性。小顾所采用的个案工作模式是(　　)。

A. 人本治疗模式　　B. 危机介入治疗模式
C. 萨提亚家庭治疗模式　　D. 理性情绪治疗模式

2. 刘女士因生活压力大,前来向社会工作者求助。社会工作者小王在认真分析刘女士的情况后,既重视解决她的心理问题,也注重去改善导致压力问题的社会环境因素。小王的上述做法依据的是(　　)。

A. 萨提亚家庭治疗模式　　B. 心理社会治疗模式
C. 认知行为治疗模式　　D. 任务中心治疗模式

3. 小玲是一名刚毕业的大学生,大学期间,她的学费和生活费都是靠贷款或做兼职赚取。小玲母亲身体不好,只能靠打零工挣钱,父亲为躲避债务在另外一个城市打工,家里的住房因债务被抵押,小玲与母亲只能借住在亲戚家。考虑到家里的情况,小玲放弃了考研的想法,但内心比较纠结,经常失眠,便向社会工作者求助。为此,社会工作者运用心理社会治疗模式帮助小玲,可采用的直接治疗技巧是(　　)。

A. 查阅当地社会救助政策,帮助小玲家庭申请临时救助金
B. 协调物资,在节假日主动慰问小玲一家,减少经济开支
C. 与小玲父母沟通使其了解小玲处境,重建社会支持网络
D. 为小玲提供情绪疏导,引导其表达出对自己生活的感受

4. 万先生,36 岁,轻度智力障碍,幼年时父亲离世。母亲一直担心他在外被欺负,从小就不让他与别人多接触。最近万先生因之前工作的福利工厂效益不好,失业在家,整日无所事事,不与人沟通。母亲很心疼儿子,担心自己老了后,儿子无人照料,便

向社会工作者求助。根据心理社会治疗模式中反思性直接治疗技巧，社会工作者适宜的做法是（　　）。

A. 不带评判地倾听万先生的想法，表达对他的处境的理解
B. 帮助万先生及其母亲申请社会救助并建立社区支持网络
C. 表达对于万先生整天闷闷不乐且不与人交流原因的看法
D. 协助万先生分析自己现在的状况与母亲的关爱保护有关

5. 服务对象："我受不了父母对我的态度，真想离家出走，一个人到外面去闯一闯。但如果父母知道一定会急疯的……"
社会工作者："你能考虑到父母的心情，也知道自己的行为对父母造成的影响，说明你不想用这种不辞而别的方式伤害他们，你对他们是有感情的。"
根据心理社会治疗模式，社会工作者运用的技巧是（　　）。

A. 心理动力反思　　B. 间接影响
C. 探索—描述—宣泄　　D. 直接影响

6. 某大学辅导员发现学生小张入学以来一直沉迷于网络游戏，有时玩起来不吃不睡，导致多个科目考试不及格。已经到了被勒令退学的地步。辅导员找到社会工作者老李，请他帮助小张调整状态。老李与小张深入交谈几次后，认为小张在生理、心理和社会等方面都出现了不同程度的问题，并给出了调整建议。老李运用的诊断方式是（　　）。

A. 缘由诊断　　B. 临时诊断
C. 分类诊断　　D. 心理动态诊断

7. 服务对象武女士驾车与丈夫出行时遭遇车祸，其丈夫伤势严重，在重症监护室接受治疗。武女士非常自责，感到生活无望，觉得都是自己的错。社会工作者依据认知行为治疗模式开展服务，其运用苏格拉底式提问技巧可采取的做法是（　　）。

A. 建立新的思维方式："车祸是一场意外，不是你主观上造成的。"
B. 让武女士每天写日记，记录自己的负面思维，并进行自我反思
C. 采用质疑的方式询问："你有证据说明车祸发生都是你的错吗？"
D. 加强重构理性认知的提问："你为什么说现在生活毫无希望呢？"

8. 服务对象："我觉得自己真是个失败的母亲，太关心孩子啦！我的严格管教，不但没有让孩子的学习成绩提高，反而让我们的关系越来越远。"为了重塑服务对象的认知，社会工作者适宜的回应是（　　）。

A. "你对孩子过于严格，当然不利于你们之间的相处，孩子怎么会喜欢你？"
B. "你在管教孩子上认识到了自己的问题，这非常好，那你之后有什么打算呢？"
C. "你这样的想法，是因为你相信自己可以用更好的方式来教育孩子，而不是说你很失败。"
D. "你一下子说自己失败，又说自己关心孩子，这两者之间不是很矛盾吗？我觉得你要好好想想。"

9. 艾利斯提出的理性情绪治疗模式的核心是 ABC 理论。其中，A 是环境中的引发事件；B 代表信念，是对事件的认识和评价；C 是情绪和行为结果。关于该理论的说法，正确的是（　　）。

A. C 是由 B 决定的，不会受到周围环境的影响

B. 如果B是理性的，会导致失控的情绪与行为

C. 事件直接引发情绪，对事件的想法并不重要

D. ABC模式多用于分析心理失调的机制和原因

10. 林老伯的身体一直很好，突发脑梗后生活无法自理，靠老伴和子女照顾，为此，林老伯一直心情郁闷，认为自己成了家里的累赘，不如死掉算了。如果运用理性情绪治疗模式进行分析，林老伯的非理性信念是（　　）。

A. 自己身体应该永远健康　　B. 不想麻烦别人照顾自己

C. 不希望自己拖累了家庭　　D. 生老病死是无法抗拒的

11. 服务对象："我要是没找到工作，我爸爸会非常生气，那就很可怕！"

社会工作者："那你可以跟我说说，你爸爸生气时会怎么样呢？"

服务对象："可能会对我发火，说我没出息。"

社会工作者："你爸爸这样对你的情况多吗？"

服务对象："好像也没有很多，有时也会鼓励我再好好找工作。"

社会工作者："这么看，你觉得'可怕'的事件会发生吗？"

服务对象："可能我把事情想得太严重了。"

根据理性情绪治疗模式，上述对话体现社会工作者使用的技巧是（　　）。

A. 自我表露　　B. 替代性选择

C. 理性功课　　D. 去灾难化

12. 小李今年22岁，本科毕业后在一家新媒体公司工作。没有经验的小李尽管非常努力，但仍难应付繁重的工作，工作业绩不突出。小李觉得同事都很优秀，认为自己什么都做不好，达不到领导的要求，还让同事失望，感到很对不起他们。社会工作者小范决定采用理性情绪治疗模式开展个案辅导。下列做法中，符合该模式特点的是（　　）。

A. 让小李明白她的困扰是由于自己认为"达不到别人要求是不好的"

B. 从小李以往生活工作经验出发，帮助其分析目前遭遇困境的根源

C. 协助小李分析个人能力、与领导和同事的关系，疏导其负面情绪

D. 让小李认识到自己刚参加工作，工作业绩不突出是可以被理解的

13. 老张退休后，一直不能适应退休生活，出现了抑郁的情绪反应，自己也很苦恼，向社会工作者小李求助。社会工作者小李介入后采用任务中心模式对老张开展服务。此时，小李应重点关注老张的（　　）。

A. 自主性　　B. 认知

C. 抗逆力　　D. 动机

14. 社会工作者运用任务中心模式开展治疗时，注重鼓励服务对象积极表达自己的想法和意见，并给予服务对象及时回馈，使服务对象体会到社会工作者的关心和尊重。这属于沟通行为的（　　）要素。

A. 有层次　　B. 有系统

C. 有组织　　D. 有反应

15. 社会工作者："我们先来探讨一下怎样才能让你上课时集中注意力，我会分阶段给你布置任务，完成了有奖励，完不成就惩罚。你有什么看法？"

服务对象:“好,我同意,那试试看。”

上述对话表明,任务中心模式的服务介入焦点是(　　)。

A. 关注经验的整合　　B. 采用综合的方案开展工作

C. 清晰地界定问题　　D. 有效稳定服务对象的情绪

16. 在校外实习的大学四年级学生小路在新冠疫情期间被判定为确诊病例密切接触者,需按规定集中隔离。因无法按时到岗,实习单位取消了他的实习资格。隔离期间,小路每日坐立不安,非常焦虑,觉得自己太倒霉,可能到手的工作机会丢了,未来没有希望了。辅导员了解到小路的情况后向社会工作者求助。根据危机介入模式,小路所处的危机阶段是(　　)。

A. 危机　　B. 解组

C. 恢复　　D. 重组

17. 李先生中年失业,多次找工作未果,失去了信心,整日借酒消愁,妻子为此跟他离了婚,带着孩子搬走了。李先生找社会工作者小林倾诉:“我太没用了,活着真没意思。”小林说:“李先生,您已经在非常努力地找工作了,只是因为经济形势暂时不好,工作不好找,您别灰心,我们一起再看看是否有其他工作机会。”小林的上述回应所遵循的危机介入原则是(　　)。

A. 限定目标　　B. 反映感受

C. 提供支持　　D. 替代选择

18. 小曹今年35岁,他高中没毕业就到一家饭店务工,后因饭店经营不善倒闭而失业,家庭经济陷入困境,妻子也经常与小曹吵架。为了生活,小曹在网络上贷款做生意,但没想到又遇到网络诈骗,不但没有挣到钱,还损失了家里原有不多的积蓄,欠了很多债。小曹觉得自己没用,生活无望,无脸面对家人,继而动起了自杀念头,社区工作者老韩了解情况后,运用危机介入模式开展服务,在服务中,老韩首先要(　　)。

A. 缓解小曹与妻子的矛盾　　B. 判断小曹自杀的可能性

C. 辨识小曹的非理性信念　　D. 帮助小曹识别网络诈骗

19. 服务对象小贾离婚后独自抚养孩子,靠低保金生活,最近她查出患有甲亢,需要终生服药,各种困难使她丧失了生活的勇气,产生了自杀念头。社会工作者小林了解情况后,运用危机介入模式开展服务。在个案会谈过程中,小林首先应(　　)。

A. 澄清小贾的非理性信念　　B. 确定需要完成的各项任务

C. 了解小贾童年主要经历　　D. 迅速厘清小贾的主要问题

20. 服务对象:“大学三年级后,我的学习成绩越来越差,老师和同学都不喜欢我,我就更不爱学习了,感觉读书没有意思,想找份工作干就得了。”根据人本治疗模式,社会工作者正确的回应是(　　)。

A.“你的老师和同学不喜欢你吗?也许是你误会了吧!”

B.“你不喜欢读书,当然成绩不会好,老师怎么会喜欢你呢?”

C.“你想自食其力相当不错,但读书还是很重要,你可以两者兼顾。”

D.“你暂时遇到困难,想找份工作,还是有责任感的,你将来有什么打算?”

21. 社会工作者注重自身品格和态度的培养，强调个案辅导过程应以服务对象为中心建立伙伴关系，创造一个有利于服务对象自我成长的环境，帮助服务对象通过个人的力量实现改变。上述内容反映出社会工作者采用的是(　　)。

A. 理性情绪治疗模式　　B. 人本治疗模式

C. 社会中心治疗模式　　D. 行为治疗模式

22. 小强从小活泼好动，升入中学后经常与一群无心学习的朋友混在一起，打架滋事，社会工作者在辅导小强的过程中，细心聆听，不妄下判断。当小强情绪激动时，加以安慰，理解其感受，并鼓励他尝试新事物，结识新朋友。社会工作者采用的个案工作模式是(　　)。

A. 理性情绪治疗　　B. 心理社会治疗

C. 危机介入　　D. 人本主义治疗

23. 服务对象秦女士对女儿有打骂行为。在面谈中，秦女士向社会工作者小兰抱怨："你们都是这样，只听孩子的话，都不相信我说的，我女儿不听话，我才会打骂她的。"小兰回应道："谢谢你愿意告诉我这些想法，听到你这样说，我有些委屈，其实你说的话和孩子说的话，我都会同样认真对待，我很想和你一起解决问题。"根据人本治疗模式，上述对话反映个案辅导关系的特点是(　　)。

A. 表里如一　　B. 不评价

C. 同感　　D. 无条件接纳

24. 16 岁的小李患有严重的抑郁症，一直休学在家。为配合药物治疗，社会工作者通过家庭评估，了解到小李的父亲工作很忙，父母之间很少沟通，母亲将所有的时间和精力都放在小李身上，让小李感到喘不过气来。根据结构式家庭治疗模式，社会工作者适宜采用的做法是(　　)。

A. 帮助小李家庭成员看到自身潜在的优势

B. 让小李家庭在辅导过程中表现交往冲突

C. 帮助小李家庭厘清家庭交往关系的界限

D. 协助小李家庭建立合理观察生活的视角

25. 王先生和妻子近期因孩子教育问题产生了激烈的冲突，向社会工作者老安寻求帮助。在面谈时，老安了解到，妻子和儿子的关系比较亲近，夫妻两人冷战时，儿子是他们的传话筒。于是老安让王先生一家将家里真实的冲突场景模拟出来，帮助他们厘清每个人在冲突中的表现是如何影响其他家庭成员的。根据结构式家庭治疗模式，老安所运用的技巧是(　　)。

A. 重演和划清界限　　B. 促进互动和集中焦点

C. 重演和促进互动　　D. 集中焦点和划清界限

26. 王女士离异多年，除工作外，将所有精力都放在女儿小青身上。读大四的小青正面临就业选择，王女士希望她留在自己身边，而小青想到外地工作，远离母亲的约束，为此母女发生了多次争吵，关系异常紧张。于是王女士向社会工作者老李求助，老李运用结构式家庭治疗模式，让母女俩呈现争吵过程，并引导王女士认识到不应过多干涉小青的选择。老李的上述做法运用的技巧是(　　)。

A. 重演和划清界限　　B. 角色扮演和重演

C. 澄清和打破平衡　　D. 划清界限和澄清

27. 何先生一家四口接受家庭治疗,社会工作者请每个成员讲述家庭的问题。何先生首先发言,指责妻子不懂持家。妻子立即反驳说丈夫赚钱太少,导致自己持家困难。何先生的母亲支持儿子,责怪儿媳不孝顺老人,不体谅丈夫,不懂得教导女儿。9 岁的女儿则一言不发,蜷缩在母亲身旁。社会工作者在观察家庭成员的沟通情况后,与何先生一家一起制定了辅导计划。下一步首先要进行的辅导任务是(　　)。

A. 提升家庭的适应能力

B. 改善家庭的权力结构

C. 协助家庭成员认识到彼此看法的差异

D. 促进家庭成员的自我发展

28. 小强正值"叛逆期",对父母的管教日益反感。有几次因学习成绩下降和迷恋网络跟父母发生争吵,还声称要离家出走。小强父亲对此火冒三丈,觉得这个儿子白养了。小强母亲向社会工作者老张求助。老张引导他们理解相互的感受、想法和期待,协助他们从新的角度来看待家庭中的规则。上述工作过程,反映出老张运用的主要治疗模式是(　　)。

A. 任务中心模式　　B. 认知行为治疗模式

C. 结构式家庭治疗模式　　D. 萨提亚家庭治疗模式

29. 75 岁的老江退休后数次被骗,子女埋怨他不听劝告,拿走了他的银行卡,每月只给他一千元的生活费。老江感到愤怒、羞愧,同时有厌世的情绪。他的朋友老刘得知情况后介绍他去找社会工作者小吴,他再三犹豫,还是没去。于是,老刘向小吴反映情况,小吴主动找到老江。此时,小吴最适宜的做法是(　　)。

A. 激发老江寻求服务的动力和信心　　B. 邀请老刘参与制订服务计划

C. 缓和老江与子女之间的紧张关系　　D. 巩固老刘和老江之间的友谊

30. 某儿童服务机构的社会工作者小梁接到一位居民的电话,反映其邻居家的 12 岁男孩小伟时常被父亲打骂。小梁通过入户访问、评估,决定为小伟一家提供服务。在预估与问题分析阶段,小梁首先要做的是(　　)。

A. 预判小伟家的问题及其成因　　B. 收集小伟家及其所处环境资料

C. 与小伟家签订正式服务协议　　D. 将小伟一家转介给家庭治疗师

31. 黄女士是一位 40 多岁的已婚女性,她最近因母亲过世而深感痛苦,情绪低落,持续失眠,为此,向社会工作者寻求帮助。社会工作者详细地询问了情况,经过评估,准备转介黄女士到医院进行诊断,确诊后再制订服务方案。根据上述内容,社会工作者进行转介前首先应(　　)。

A. 保证转介后提供的服务质量

B. 鼓励服务对象积极接受转介

C. 让服务对象充分表达感受并了解其需求

D. 承诺可以为服务对象提供最适宜的资源

32. 通过社会工作者小王的服务,转到城里读书的小芳逐渐适应了新学校的生活,和同学们成了好朋友。虽然学习成绩还有待提高,但小芳的学习兴趣越来越浓,主动性越来越强,最近她主动提出要结束个案服务。对此,小王适宜的做法是(　　)。

A. 同意结案,对个案服务进行总结和评估,并提出改进建议

B. 同意结案,但要转介给小芳所在学校的老师继续开展服务

C. 不同意结案,因为小芳的学习成绩还有待进一步提高

D. 不同意结案,因为能否结案不取决于小芳的主观意愿

33. 个案会谈是社会工作者与服务对象进行的有目的的专业谈话。下列关于会谈的说法,正确的是(　　)。

A. 会谈是无法提前预设目标的

B. 会谈没有环境与空间的限制

C. 会谈时时间及主题上有结构的互动过程

D. 会谈是社会工作者可以自由地谈论问题

34. 服务对象:"其实,我也知道打孩子没用。俗话说'棍棒之下出孝子',说实在的,这也是老黄历了。现在的小孩子根本不吃这一套……"

社会工作者:"你知道没用,但还是管不住自己的手,你想过是什么影响了你吗? 你想过要改变吗?"

上述对话中,社会工作者运用的个案工作技巧是(　　)。

A. 对质　　B. 同理

C. 澄清　　D. 忠告

35. 76 岁的老周丧偶后独自居住,其两个子女住在同一城市,却很少来看他。老周感到很孤独,想找个老伴结婚,但遭到儿女的坚决反对,老周觉得很郁闷,为此,他向社会工作者老李求助。在个案服务中,老李运用引导性会话技巧辅导老周。下列表述中,属于该技巧的是(　　)。

A. "如果儿子、女儿不同意,您可以找儿媳、女婿再聊聊嘛。"

B. "我岳父曾遇到同样的情况,多与子女沟通几次,孩子们会理解的。"

C. "我想提醒您,您希望儿女尊重您,那您也要体谅子女的感受,好吗?"

D. "您刚才说了很多,主要是想让儿女能多陪陪您,理解您的感受,对吗?"

36. 服务对象:"父亲对我很严厉,小时候压力挺大,一言难尽啊! 但我有很多小伙伴,下了课就一起跳绳,还是很开心的……"

社会工作者:"刚才您谈了很多童年的往事,有压力,也有开心,接下来我们再多谈一些您和父亲的事吧。"

上述对话中,社会工作者采用的技巧是(　　)。

A. 建议　　B. 澄清

C. 对焦　　D. 专注

37. 某社区居民老王到街道办事处申请低保,因为前期提交的材料不全,他花了些时间补齐材料。再次提交后,老王认为工作人员答复不够及时,对居委会的社会工作者抱怨说:"他们办事的速度太慢了,我补了材料他们却迟迟不回复,这不是刁难人嘛,他们是故意不给我办吧……"。从同理关怀的角度看,社会工作者最适宜的回应是(　　)。

A. "我知道您很生气,但我们也没有办法……"

B. "申请还没有回复消息,您再等等,一定没有问题……"

C. "申请没有回复消息,您觉得生气和不满,也开始怀疑他们了……"

D. "您对申请的进度不满意,感到失望,也开始怀疑能不能申请到低保……"

38. 服务对象:“我们总吵架,他从来不管家里的事,也不花心思在孩子身上,还常常找借口不回家。要不是为了孩子,我们早就离婚了。可是,近来连孩子也嫌我烦,不理不睬的,我的心都伤透了。为什么谁都不理解我呢?”

社会工作者:“丈夫和孩子对您为家庭的付出不理解,这让您很伤心,很烦恼。”

上述对话中,社会工作者运用的技巧是(　　)。

A. 对质　　B. 澄清

C. 同理　　D. 重构

39. 服务对象小军是一名大四学生,在与社会工作者的某次面谈中表示,自己有三门课程不及格,如果不能顺利毕业会对不起父母,压力很大。他想努力学习但又抵挡不住网络游戏的诱惑,觉得只有玩游戏才能缓解压力。社会工作者的下列回应中,运用摘要技巧的是(　　)。

A.“小军,你刚才提到了很多要解决的问题,你最想解决的问题是什么?”

B.“小军,既然你知道再不用功就无法毕业,那为什么还不做出改变呢?”

C.“小军,你刚才讲的有两个意思,一个是自己不能顺利毕业,有压力,另一个是觉得打游戏可以让自己放松,是吗?”

D.“小军,我能理解你的矛盾感受,你觉得一直打游戏就很难毕业,对不起父母,但你仍然没办法控制自己。”

40. 服务对象:“我工作很忙,平时婆婆帮忙带孩子。你也知道隔代亲,老人家比较宠孩子,小孩子现在说话就没大没小的,管了婆婆就不高兴,不管我又怕孩子越大越不好管,跟我也不亲了……”

社会工作者:“您刚才讲的,我的理解是您希望孩子懂规矩,但是找不到让婆婆接受,孩子又不逆反的方法,是吗?”

上述对话中,社会工作者采用的技巧是(　　)。

A. 忠告　　B. 澄清

C. 对焦　　D. 对质

41. 某社会工作服务机构正在执行一项“社会工作参与精准扶困”的项目,社会工作者准备运用非结构式调查表入户了解困难家庭面临的困境。关于非结构式调查表的说法,正确的是(　　)。

A. 比较适用于服务对象行为发生改变的调查研究

B. 比较适合收集有明确答案,且容易识别的资料

C. 只有预先设计好的调查问题,没有调查问题的答案选项

D. 既有预先设计好的调查问题,也有调查问题的答案选项

42. “晨帆计划”是一项针对困难残障儿童的服务项目。该项目采用个案管理的方法,联系不同的专业机构,为困难残障儿童提供康复训练、心理辅导、社会融入等服务。上述服务中,体现出社会工作者在个案管理中的主要作用是(　　)。

A. 限定服务目标,培养自主能力　　B. 清晰界定问题,明确服务方法

C. 整合不同服务,促进多元合作　　D. 重视人际沟通,发展超我功能

43. 某街道社会工作站的社会工作者小杨了解到社区居民甘某因挪用公款被判入狱,其妻子古女士在企业工作,他们的女儿读初中,成绩较好。夫妻双方父母均已80

多岁，体弱多病，主要依靠他们赡养。甘某入狱后，照顾老人和孩子的责任全部压在古女士身上，她尽力向家人隐瞒实情，独自承受经济、生活和情感等多重压力，因无人倾诉，焦虑不安。最近古女士发现女儿成绩下降，沉默寡言，这让她异常紧张。根据上述情况，小杨采用个案管理方法开展服务，最符合该方法实施原则的做法是（　　）。

A. 与古女士共同分析评估其多重需求　　B. 为古女士提供情绪疏导方面的服务

C. 为古女士提供长期咨询和支持服务　　D. 向站长建议在站内募捐帮助古女士

44. 10岁的丹丹，母亲因病去世，父亲因车祸致右腿截肢，与祖父母一起生活。班主任老师在一次早操中发现丹丹身体有淤青，担心其遭受暴力，便转介给学校社会工作者王老师。王老师对丹丹的现状进行了评估，制定了详细的服务计划，包括：联系儿童医院为丹丹检查伤势，联络心理咨询师为丹丹做辅导，向民政部门申请困境儿童补助，为丹丹父亲咨询残疾补贴政策，为丹丹父亲和祖父母提供亲职教育等。王老师的上述做法体现了个案管理实施的（　　）。

A. 服务监督原则　　B. 包裹式服务原则

C. 服务倡导原则　　D. 服务对象参与原则

45. 社会工作者老赵在社区走访中，发现有位老人常坐在凉亭里发呆。老赵主动与老人交谈，得知她老伴刚刚离世，女儿在国外工作，自己也没有什么朋友，觉得孤单寂寞。老赵在征得其同意后，开始为她提供个案服务。该服务对象来源属于（　　）。

A. 外展工作　　B. 本人求助

C. 个案访视　　D. 社区转介

46. 个案管理是联结和协调各种不同服务体系的运作方式，以确保运用最完善的方式来满足服务对象需求的服务方法。在个案管理中，如果评估的结果显示服务对象的问题或需要没有得到解决或满足，则必须考虑重新回到（　　）阶段。

A. 个案发掘与转介　　B. 评估与选择

C. 个案管理服务计划　　D. 个案管理服务执行

二、多项选择题（每题的备选项中，有2个或2个以上符合题意，至少有1个错项）

47. 小李的母亲向社会工作者小郑诉苦："这孩子真不像话，给他介绍了好几个工作，都是干两天就不去了，回家也不和我们说话，一个人闷在屋子里，不出门，也没有朋友。"小郑经多方了解后得知，小李小时候父母忙于工作，无暇与他交流，而且一直对他的学业表现不满意。从心理社会治疗模式的角度看，小李的问题源于（　　）。

A. 缺乏自立自主的能力　　B. 错误的自我概念

C. 父母对他的负面评价　　D. 童年时期的经历

E. 缺乏与朋辈群体交往

48. 服务对象小李最近有几件小事不顺，他认为自己是个"笨人"，这种想法极大地影响了他正常的生活，为了调整他的这种不正确信念，社会工作者决定采用理性情绪治疗模式为他提供服务，具体措施应有（　　）。

A. 帮助小李认识到生活中的不如意事件不是引起他困扰的主要因素

B. 帮助小李认识到类似"笨人"这样的想法是导致困扰的主要原因

C. 帮助小李认识到只要他不再认为自己是“笨人”就会有明显改善
D. 帮助小李认识到生活中应用正确的信念来疏导情绪和指导行为
E. 帮助小李认识到必须在生活中运用理性思考方式带动行为改变

49. 高三学生小红希望能考上重点大学,但平时学习成绩较差,觉得老师总是针对自己,害怕与老师交流。一天,她与母亲因小事发生争吵,并对母亲大吼:“都是你的错！我这个样子都是你跟我爸离婚造成的,现在所有人都看不起我,不如死了算了。”社会工作者小顾决定运用理性情绪治疗模式为小红提供服务。下列小顾的做法中,体现了“非理性信念检查”技巧的有(　　)。
A. 与小红分享自己处理亲子间冲突的经验
B. 鼓励小红在遇到问题时主动向老师请教
C. 让小红具体描述与母亲冲突时自己的情绪和行为
D. 帮助小红识别其观念中不符合实际的绝对化思维
E. 建议小红降低期望并选择适合自己的专业和学校

50. 大学三年级学生小路立志要考取一流大学的研究生,但她在应付日常学业和备考中顾此失彼,备受煎熬,并出现了严重睡眠障碍。学校社会工作者根据任务中心模式为小路提供个案服务。下列做法中,能发挥有效沟通功能的有(　　)。
A. 引导小路了解完成任务的有效途径　B. 明确介入服务的时间、方式和目标
C. 提升小路对自我规划的认识和理解　D. 鼓励小路用研究生的学业标准要求自己
E. 探究小路面临的问题和需要完成的任务

51. 小李结婚五年,小孩 2 岁,婆婆和她住在一起,帮助她照看小孩,最近为孩子教育问题,婆媳经常争吵,婆婆赌气回了老家,小李只好暂时请假在家,照顾孩子。社会工作者运用任务中心模式协助解决小李的问题需要具备的条件包括(　　)。
A. 小李承认婆媳存在沟通不良的事实　B. 小李认为婆媳沟通不良是个问题
C. 小李愿意改善婆媳关系　D. 小李反思自己的早期生活经验
E. 小李觉得有能力处理婆媳关系问题

52. 在一次对空难遇难者家属的危机干预中,社会工作者小高接待了 78 岁的沈妈妈,她唯一的儿子在这次空难中丧生,沈妈妈悲痛欲绝。此时,小高恰当的做法有(　　)。
A. 了解沈妈妈面临的困难和问题　B. 向沈妈妈介绍危机干预的内容
C. 对沈妈妈的情绪进行安抚纾解　D. 与沈妈妈讨论她的权利和责任
E. 快速评估判断沈妈妈的处境风险

53. 小曼因失恋导致心情烦躁,情绪低落,面对家人的安慰愈发烦躁。小曼脑海中时常浮现前男友与她分手的场景,觉得人生没有意义,时常失眠,甚至想要自杀。小曼在朋友的陪伴下向社会工作者求助。根据危机介入的基本原则,社会工作者适宜的做法有(　　)。
A. 辨识小曼面临的危机及其危险程度　B. 辨识小曼的错误想法,帮助其改变
C. 赞赏小曼寻求帮助的行动,强化信心　D. 协助小曼觉察家人和朋友对她的关心
E. 引导小曼探索经历失恋对生活的意义

54. 朱女士与冯先生育有一双儿女,儿子康康上小学,女儿妞妞上幼儿园。夫妻俩因工作繁忙,无法顾及家庭,只能与冯先生的父母一起居住,共同照顾孩子。朱女士与公婆

在教养孩子方面的理念和方法差异较大,婆媳经常争吵,严重时甚至恶语相向。最近半年,康康的学习成绩明显下降,变得沉默寡言,冯先生寻求社会工作者老袁的帮助。在预估阶段,老袁需要对冯先生家庭问题进行分析,其内容应该包括(　　)。

A. 冯先生家庭问题的干预建议
B. 冯先生家庭成员的能力和拥有资源
C. 冯先生家庭问题的主要表现
D. 冯先生家庭服务策略中的理论依据
E. 冯先生家庭问题的主要成因

55. 社会工作者在走访中发现服务对象杨女士正处于精神分裂症康复期,最近她因为失眠而心情烦乱,一直说自己很倒霉,什么不幸的事都会发生在自己身上,没有工作可以养活自己,担心家人嫌弃。社会工作者在辅导杨女士的过程中,进行了夫妻共同参与的面谈,运用专业方法减轻杨女士的心理压力,还鼓励和推荐其参加社区活动,对其开展压力应对等方面的训练。在此案例中,社会工作者扮演的主要角色有(　　)。

A. 使能者
B. 教育者
C. 治疗者
D. 倡导者
E. 协调者

56. 某学校五年级班主任张老师向学校社会工作者反映,班里随父母进城的学生小文突发白血病,其父母打工收入低,又没有给她购买医疗保险。社会工作者了解情况后,与学校沟通,准备链接一些资源帮助小文。下列做法中,属于链接正式资源的有(　　)。

A. 积极联系医院,争取医疗救助
B. 对接公益组织,多方筹措费用
C. 寻找专业机构,提供心理支持
D. 发动家长捐款,支持小文治疗
E. 争取亲属支持,轮流进行照顾

57. 小郭大学毕业后,一直未找到工作,整日在家打游戏,其母亲寻求社会工作者大林的帮助。经过3个月的服务,小郭的行为有所改善,服务目标基本达成,进入结案阶段。此时,大林适当的做法有(　　)。

A. 征询小郭母亲意见,决定是否结案
B. 提前告知小郭结束个案服务的时间
C. 与小郭一起寻找打游戏之外的生活安排
D. 与小郭电话商讨结案后跟进服务的计划
E. 告诉小郭因时间原因而不得不终止个案服务

58. 服务对象:“我觉得我已经尽力了,每天都花很长时间学习,但成绩还是老样子……”
社会工作者:“刚才你说了自己学习成绩上不去的种种原因,也说自己已经很努力了,但似乎没什么效果,我想知道你的努力主要表现在哪些方面?”
上述对话中,社会工作者运用的技巧有(　　)。

A. 同理心
B. 摘要
C. 对焦
D. 专注
E. 忠告

59. 在个案工作会谈中,社会工作者能够充分表达“专注”的身体语言有(　　)。

A. 采用完全放松的身体姿态
B. 保持会谈中面向服务对象
C. 与服务对象保持视线交流
D. 保持较为丰富的面部表情
E. 保持身体上半身微微前倾

60. 服务对象:“我的命真苦啊,生了两个儿子。大儿子交了坏朋友,结果蹲了监狱,儿媳扔下女儿就走掉了,我只好跟老头子靠喂米粉和粥养大了孙女。小儿子因为家里穷,到现在也没找到老婆,工作也不称心,在小区里做保安,你说谁家女儿肯嫁他呢?我老头最近查出来肺癌,我都不敢跟他说真话。哎,叫我怎么办呢……”
社会工作者:“您家里发生了这么多事,让您非常操劳和担忧,我可以想象您承受着多大的压力。您刚刚讲述了大儿子的家庭问题、小儿子的婚姻问题以及老伴的照顾问题,这次我们先来谈谈您老伴的照顾问题,看看我们能为您做点什么,您看可以吗?”
上述社会工作者的回应中,运用的个案工作会谈技巧有(　　)。
A. 引导
B. 摘要
C. 同理心
D. 对焦
E. 建议

61. 小胡是大学二年级学生,本学期的统计学课程让她陷入高度焦虑状态,她上课听不懂,作业也无法完成,想询问老师和同学,却害怕被他们瞧不起。小胡努力在课后自学,但是收效甚微,于是向社会工作者小董求助。小董采用影响性技巧帮助小胡,下列做法中,体现了影响性技巧的是(　　)。
A. 小董向小胡介绍自己曾用过的统计学简明教程
B. 小董与小胡分享自己研习教材例题的有效经验
C. 小董向小胡建议旁听另一位同课程老师的授课
D. 小董将小胡叙述的话进行整理并且概括出重点
E. 小董向小胡表示自己也有类似经历和相同感受

62. 小军与父亲因就业问题大吵一架,觉得很委屈,向社会工作者老汪求助,老汪与小军几次面谈后,发现他言谈中前后不一致,打算采取“对质”技巧回应。下列回应中,符合“对质”技巧的有(　　)。
A.“你有很多话想说,这次你最想谈的话题是什么?”
B.“你这样的行为表现和你父亲对你的期望差距较大。”
C.“从你的表情看得出来你非常愤怒,而你说你没有生气。”
D.“你答应父亲开始学技术,但你却没有去参加技能培训班。”
E.“从你的表述中,我的理解是你与父亲的矛盾不在就业上。”

63. 10 岁的小龙在爸爸去世后,与妈妈一起生活。班主任老师发现小龙在学校情绪低落、反应迟钝,胳膊上还莫名其妙地出现一些伤痕,便将其转介给学校社会工作者小刘。为便于后期个案服务工作的开展,小刘决定全面收集资料,其适宜的做法有(　　)。
A. 通过家访观察小龙与妈妈之间的互动
B. 通过会谈来分析小龙问题产生的原因
C. 通过家访了解小龙的居住和生活环境
D. 查阅小龙的各科成绩单和就医记录等
E. 选用儿童抑郁量表测量小龙心理状况

64. 与传统的个案工作方法相比,个案管理的特点有(　　)。
A. 面对的服务对象问题更加复杂
B. 服务对象都来自转介与外展服务

C. 更注重在工作中与其他专业团队合作

D. 更注重为服务对象提供直接服务

E. 更注重链接多种资源提供整合服务

65. 小陆在县城读书，高考结束后回到村里才知道自己家的房屋被洪水冲毁，母亲遇难，父亲因伤心过度而病倒，失去劳动能力。小陆无法承受这一切，整日神情恍惚。社会工作者小赵接案后，决定用个案管理方式开展服务。下列做法中，体现个案管理协调者角色的有（　　）。

A. 鼓励小陆积极准备未来的学习生活

B. 联系多个机构共同为小陆提供服务

C. 整合多渠道资源帮助小陆渡过难关

D. 评估各方面为小陆提供服务的成效

E. 独立为小陆一家设计整套服务方案

66. 8 岁农村男孩小刚患有先天性心脏病，因病情严重需手术治疗。父母因小刚病情的不确定性、医疗费的筹措、家中老人的照料、责任田的耕种等问题而忧心忡忡；小刚既对医院环境感到陌生，也对手术感到害怕。社会工作者采用个案管理方法对小刚及其家庭开展服务。下列做法中，运用个案管理中获取外在资源的技巧有（　　）。

A. 澄清小刚及其家庭的实际需求

B. 为小刚家庭详细讲解就医流程

C. 告知小刚父母医疗救助基金会的资助范围

D. 安排小刚家庭与医疗救助基金会直接面谈

E. 与心外科医生见面并讨论小刚的治疗方案

一、单项选择题									
1. D	2. B	3. D	4. D	5. A	6. C	7. C	8. C	9. D	10. A
11. D	12. A	13. A	14. D	15. C	16. B	17. A	18. B	19. D	20. D
21. B	22. D	23. A	24. C	25. C	26. A	27. C	28. D	29. A	30. B
31. C	32. A	33. C	34. A	35. D	36. C	37. D	38. C	39. C	40. B
41. C	42. C	43. A	44. B	45. A	46. C				
二、多项选择题									
47. ACDE	48. ABE	49. CD	50. ABCE	51. ABCE	52. ACE	53. ACDE	54. ABCE	55. BCD	56. ABC
57. BD	58. BC	59. BCE	60. BCD	61. ABC	62. CD	63. ABCD	64. ACE	65. BC	66. CDE

温馨提示：试题详解，详见深度解析册。

本章错题统计清单

恭喜您，成功完成了本章的刷题挑战。然而，错题的梳理同样不可忽视，它们如同一面镜子，反映出您在复习中的薄弱环节。错题统计清单能助您快速有效地梳理错题，制订更加合理的复习计划，科学安排再次刷题的时间。相信每一次刷题都会带来全新的收获，让您离成功更近一步。

错题序号	错误分析				错题消灭计划		
	概念问题	方法问题	粗心问题	其他原因	一刷	二刷	三刷

第六章
小组工作方法

刷透真题

一、单项选择题(每题的备选项中,只有1个最符合题意)

1. 学校社会工作者通过开展小组服务,教授学生家长管教子女的方法,缓解家长教育子女的压力;引导家长分享教育子女的经验,促进相互交流。上述针对家长开展的小组类型是(　　)。
A. 教育小组和成长小组　　B. 成长小组和治疗小组
C. 成长小组和支持小组　　D. 教育小组和支持小组

2. 社会工作者小李发现一些高中生沉迷于手机游戏,严重影响学习。小李采用量表和访谈方法进行需求评估,然后设计了一个小组服务计划,帮助学生改变手机游戏成瘾的行为。从小组类型角度看,该小组属于(　　)。
A. 教育小组　　B. 治疗小组
C. 支持小组　　D. 成长小组

3. 学校社会工作者小张发现有一群初中男生经常聚集在操场,欺负一些体格较差的同学。小张计划解决这一问题,他运用不同的小组工作技巧帮助他们改变不当行为。这时小张所扮演的角色是(　　)。
A. 使能者　　B. 协调者
C. 矫治者　　D. 教育者

4. 某社会工作服务机构运用小组工作方法为自闭症儿童及其家长提供了一系列服务。下列小组中,符合支持小组特点的是(　　)。
A. 针对自闭症儿童家长的照顾知识培训小组
B. 针对自闭症儿童的社会交往能力提升小组
C. 针对自闭症儿童家长的“倾听心声”小组
D. 针对自闭症儿童的绘画技能技法培训小组

5. 社会工作者在调研中发现,社区中不少外来媳妇互不相识,很少交往,其中部分女性还被丈夫虐待。小海协助这些妇女成立小组,下列小组类型中最合适的是(　　)。
A. 成长性小组　　B. 治疗性小组
C. 支持性小组　　D. 教育性小组

6. 社会工作者要为癌症晚期患者家属举办一个小组，小组的主要任务是引导小组成员交流照顾癌症患者的经历，表达感受，释放压力，建立起互相信任的共同体关系。此小组类型是(　　)。

A. 教育小组　　B. 成长小组

C. 支持小组　　D. 治疗小组

7. 在灾后小学生心理支持小组中，社会工作者小周运用输入希望、自我表露、互助支持、接纳自我等专业技巧，促进组员的改变。小周的这些做法主要体现出的小组工作特点是(　　)。

A. 关注组员问题相似性　　B. 强调组员的民主参与

C. 重视小组治疗性因素　　D. 注重组员的个人能力

8. 社会工作者小黄在社区开展了一个“绿色环保”小组，通过小组活动，激发了组员参与环境保护的热情，提升了组员社会参与的能力。下列小黄的做法中，反映出社会目标模式理念的是(　　)。

A. 通过组员之间的互动，实现小组的目标并获得个人发展

B. 运用各种治疗方法帮助组员学习新行为，发展关系网络

C. 运用刺激、质疑等技巧提高小组的互动频率和互动质量

D. 通过培养小组领袖，提升其推动社区发展的意愿和能力

9. 为了更好地促进居民参与社区事务，社会工作者小唐拟采用社会目标模式开展主题为“保护环境我有责”的小组服务。下列小唐的做法中，最符合社会目标模式的是(　　)。

A. 引导组员之间相互认识，增加彼此的熟悉度与信任感

B. 促进组员之间的互动，通过小组活动发掘组员的潜力

C. 关注组员的行为问题，通过促进组员改变来引领小组

D. 带领组员探索小组意义，培养和提升组员的公共意识

10. 某医院的社会工作者小文最近发现前来就诊的部分儿童有些行为问题，为此小文为他们开设行为治疗小组。从治疗模式的实施原则出发，小文的恰当做法是(　　)。

A. 运用心理学、社会工作等跨学科的知识和技巧，帮助儿童养成良好习惯

B. 运用催化、刺激、示范、提供咨询等技巧，促进组员之间的开放与互动

C. 通过趣味小组活动促进组员之间相互分享和帮助，培养儿童自我发展的能力

D. 鼓励儿童相互之间“面对面”地互动，帮助儿童寻找小组的共同需求和目标

11. 针对部分高三学生因学习任务繁重，出现焦虑、失眠，学习效率下降的情况，社会工作者小于举办了一个“放飞心灵”小组，目的是帮助高三学生学习自我减压方法，释放压力，调适心情，降低焦虑，提高学习效率。该小组依据的是(　　)。

A. 阿德勒式小组理论　　B. 精神分析小组理论

C. 行为治疗小组理论　　D. 完型治疗小组理论

12. 医务社会工作者小同发现因现实中的人际关系问题，部分抑郁症患者的病情时好时坏，影响工作和生活。为此，他开设了“友你同行”小组，邀请组员以角色扮演的形式再现人际冲突问题及其应对方式，并在小组中推动组员互动，缓解人际关系紧张，构

建互助、支持的和谐人际关系。组员在小组中获得的成功经验可以协助其在小组结束后调整人际交往模式，改善人际关系。这一小组运用的小组模式是（　　）。

A. 发展模式　　B. 互动模式

C. 治疗模式　　D. 社会目标模式

13. 社会工作者小周在社区开展青少年交友技能小组。在某节小组活动中，她邀请组员一起参加“心花朵朵开”的游戏。组员手拉手围成一圈，小周站在圆圈中说“春天到，百花开”，这时组员问“开什么花”，在小周回答一种花后，组员接着问“开几朵”，小周回答几朵时，组员就按所说的数字组队，未能成功组队的组员向大家介绍自己。上述情境，最有可能出现的小组阶段是（　　）。

A. 准备阶段　　B. 开始阶段

C. 转折阶段　　D. 成熟阶段

14. 学校社会工作者小吴计划为大学新生开设成长小组。为了小组能够顺利开展，小吴在开始阶段适宜的做法是（　　）。

A. 询问组员对小组场地和小组目标的意见与建议

B. 邀请组员分享经验，鼓励组员表达自己的观点

C. 与组员们建立专业关系，促进组员们相互支持

D. 与组员讨论小组信念，引导组员制定小组规范

15. 社会工作者小李去西部某村协助当地社会工作服务机构开展乡村振兴工作。通过社区走访，他发现该村女性虽然都擅长竹编技艺，但缺乏创业发展的途径。为此，小李开设了创业能力提升小组。前两次活动时，小李发现组员不愿分享，彼此互动较少。面对这种情况，社会工作者的核心任务是（　　）。

A. 转移小组组员注意力　　B. 梳理小组组员的问题

C. 营造信任的小组氛围　　D. 促进小组凝聚力提升

16. 小组规范是社会工作者与小组组员一起建立起来的适合管理和协调组员行为的准则，社会工作者在一次小组活动中制订了以下规范：组员之间相互平等，要彼此尊重；对组员要开放；要团结合作；对于组员间的差异要采取非批判的态度等，社会工作者与组员制订的以上规范属于（　　）。

A. 社会性规范　　B. 文化规范

C. 角色规范　　D. 秩序性规范

17. 某中学初一新生入学后，部分学生在学习和人际交往方面不适应。为此，学校社会工作者小徐开设了一个 8 节的成长小组。下列四个场景中，最符合小组中期转折阶段里组员常见特征的是（　　）。

A. 组员小丁担心在小组讨论中说错话，表现比较被动，经常一言不发

B. 组员小王经常对小徐安排的小组活动提出质疑，并常指责其他队员

C. 组员小李比较积极，主动向大家分享自己提升人际交往能力的经验

D. 组员小赵有些伤感，认为小组结束后要忙于学习，不如再延长几次

18. 为帮助新生尽快适应大学生活，社会工作者小冯开设了一个成长小组。在第三场小组活动中，组员小李因为不能接受别人对他的评价中途退出。在第四节小组活动中，组员之间出现了以下对话：

组员甲:“上次小组活动中,小李生气直接离开了,这次他又不来,我们又没对他怎么样,我觉得他有点过分。”
组员乙:“是啊,我对他也很不满意,他真有点莫名其妙。”
组员丙:“对啊,他觉得自己被挑战了,就直接离开,真的很差劲。”
其他组员:(同声附和,纷纷表达对小李的不满)“是啊……”
此时,小冯最适宜的做法是(　　)。

A. 保持中立的态度,继续倾听其他组员表达对小李离开的不满情绪
B. 阻止组员讨论小李离开的事,指出背后议论其他组员是不恰当的
C. 让组员甲总结刚才大家对小李的看法,共同分析小李离开的原因
D. 疏导组员因小李离开而产生的负面情绪,引导组员回归小组议题

19. 社会工作者小沈计划为社区随迁老人开设主题为“认识我,走近你”的小组,旨在丰富随迁老人的生活,促进邻里互动,助推社会融入。下列活动中,最有可能出现在小组成熟阶段的是(　　)。

A.“千里一线牵”:寻找好朋友　　B.“未来也精彩”:构想新生活
C.“别样茶话会”:齐心解困境　　D.“成长纪念册”:回顾小组情

20. 在一个社区居民骨干志愿服务能力提升小组的第四次活动中,有几位组员因观点不同争执起来,都希望社会工作者小李支持他们的看法。此时小李决定运用焦点回归法来处理组员的争执,其最适宜的回应是(　　)。

A.“各位刚才的做法扰乱了小组秩序,希望以后大家注意一下自己的言行。”
B.“我很高兴看到大家愿意表达自己的看法,只有相互交流,才能实现小组目标。”
C.“我认为李阿姨的观点比较契合实际,王大爷的说法有点太偏激了,不太可行。”
D.“刚才大家对志愿者队伍建设有不同意见,其他人还有什么意见想谈谈吗?”

21. 在某节面向社区残障人士开设的支持性小组中,组员在小组中都能敞开心扉,坦然分享自己过去的经历,并且学会了用积极的态度面对挫折,大家纷纷表示愿意参加下一次小组活动。在这一小组阶段,社会工作者应采取的工作策略是(　　)。

A. 适当控制小组的进程　　B. 营造小组信任的氛围
C. 维护小组的良好互动　　D. 弱化小组的关系结构

22. 社会工作者为社区残障人士举办了一个小组。经过几节小组活动,小组开展状况良好,组员们变得更愿意交流沟通,并开始形成相互支持。他们自己商议出议事机制,并在每次小组讨论中自觉运用。在小组工作的这一阶段,社会工作者的角色是(　　)。

A. 处于核心位置,扮演领导者角色　　B. 处于边缘位置,扮演协调者角色
C. 处于边缘位置,扮演同行者角色　　D. 处于核心位置,扮演引导者角色

23. 医务社会工作者小李为轻度认知障碍者开设教育小组,旨在帮助他们正确认识认知症,学习应对疾病的技能,减缓认知症的发展速度。下列活动中,最适合安排在小组结束阶段的是(　　)。

A.“大家一起说故事”:根据自己的画像分享生命故事
B.“我爱记歌词”:根据某几句歌词,说出歌曲的名字
C.“最佳人缘奖”:分享其他组员对自己的安慰和帮助
D.“蒙眼画五官”:组员之间合作画出脸的轮廓和五官

24. 在某个青少年网瘾治疗小组的结束阶段,组员小王不愿接受小组即将结束的事实,在活动中对其他组员不理不睬,并出现因通宵上网而迟到的现象。为了让小王巩固已经改变了的行为,社会工作者应当(　　)。

A. 与小王一起制定小组规范　　B. 协助小王寻求家人和朋友的支持

C. 协助小王将认知转变成行为　　D. 与小王成为好朋友

25. 在小组结束阶段,社会工作者帮助组员保持小组经验的正确方法是(　　)。

A. 让组员在小组中模拟练习他们学到的行为规范

B. 评估组员参加小组的心理感受和行为改善情况

C. 协助组员从小组中获得新的认知并转变为行动

D. 提醒组员注意小组目标或与其一致的个人目标

26. "通过讨论大家认识到,自身和周边的力量来源,包括别人的信任和鼓励,家人的爱和朋友的陪伴。"上述社会工作者所运用的小组工作技巧是(　　)。

A. 示范引导　　B. 及时进行小结

C. 对信息进行磋商　　D. 帮助组员相互理解

27. 社会工作者小张采用互动模式开展了一个"睦邻星"小组,旨在增加流动儿童与本地儿童的交流,促进流动儿童的社区适应与融合。关于该小组的说法,最准确的是(　　)。

A. 该小组虽然是个互动小组,但仍应考虑服务流动儿童的补救性目标

B. 鉴于儿童的性格和行为特征,小张在带领小组时应做好控制者角色

C. 小组主要围绕社区适应问题,小张应将其目标主要聚焦于流动儿童

D. 小张可以运用激励和示范等技巧,提高组员之间互动的频率和质量

28. 在"伴你无碍"助残志愿者成长小组中,社会工作者带领组员一起讨论助残服务技巧。

组员老韩:"这类服务稍不留神就会引起冲突。有一次我背对着一个聋人说话,就被他误解为我在说他的坏话。我跟他比划了半天,他也不知道我在说什么。太难了!"

社会工作者:"感谢老韩说了你的经历,我还是想让大家说说在服务当中有什么好办法?"

上述社会工作者的回应,运用到的技巧是(　　)。

A. 聚焦　　B. 澄清

C. 限制　　D. 催化

29. 在某青少年亲子关系促进小组中,组员小雨说:"不知道为什么,我妈妈总是不能理解我。"听了小雨的话,组员小程附和道:"我妈妈也差不多,她不理解我在做什么,还干扰我,全天下的妈妈都差不多。"听到两位组员的表述,社会工作者小吴说:"小程,我知道你很关心小雨,但到底发生了什么让小雨会有这样的想法呢?小雨,你说妈妈不理解你,指的是哪方面呢?是学习?交朋友?还是其他呢?"上述社会工作者的回应中,采用的小组工作技巧是(　　)。

A. 摘要　　B. 示范

C. 倾听　　D. 澄清

30. 针对医护人员的职业倦怠问题，社会工作者小刘开设了“初心依旧”小组，在探讨职业倦怠的原因时，组员小王认为工作压力大容易导致职业倦怠，引起了其他组员的共鸣，小刘拟运用“深究回答型”的提问技巧推进讨论。下列提问中，最适宜的是(　　)。

A.“小王分享了职业倦怠的原因，大家还有其他观点吗？”

B.“哪位组员可以复述一下这个环节我们讨论的主要结论？”

C.“我们已经讨论了一段时间了，谁能总结一下大家的发言？”

D.“哪位组员可以描述一下什么情况会让你感到工作压力大？”

31. 社会工作者小李为全职妈妈开设支持小组，其中一节小组活动是讨论全职妈妈的焦虑情绪。小李在组织小组讨论时，采用了几种提问技巧，其中属于反馈和阐述型提问的是(　　)。

A.“请问各位妈妈，您自己的焦虑情绪与孩子有什么关联吗？”

B.“有哪位妈妈愿意跟大家说一下最近一次产生焦虑情绪的情形？”

C.“刚才大家讲述了自己焦虑情绪发生的情形，哪位妈妈愿意帮忙总结一下？”

D.“刚才这位妈妈提到自己的焦虑总是发生在孩子考试前后，那其他妈妈情况是怎样的？”

32. 社会工作者小卫面向肿瘤患者开设病友支持小组。在小组第三节，小卫设计了“给自己写一封信”的环节，希望通过联结技巧，促进组员成长。下列表述中，体现这一技巧的是(　　)。

A.“有没有哪位组员自告奋勇，愿意第一个读一读给自己写的信？”

B.“下面的环节我们将一起讲‘我与疾病的故事’，每人时间为三分钟。”

C.“张阿姨在信中介绍了她的康复经验，谁有相似的经历愿意分享一下？”

D.“李阿姨，是不是可以这样理解您的话，虽然生病痛苦，但也带来成长。”

33. 在一次亲子沟通小组活动中，家长与孩子们就“上网的利与弊”发生了激烈争论，孩子们认为“上网可以获得丰富的知识，拓宽视野”，家长们则认为“网上负面信息太多，孩子们判断力差，容易被误导”。针对这些争论，社会工作者最恰当的做法是(　　)。

A. 发挥社会工作者的带领作用，将小组话题转向下一议题

B. 分析上网问题的利与弊，澄清争论背后的价值观差异

C. 重新调整小组规范，要求组员讨论时不得打断他人发言

D. 坚持儿童优先和儿童参与原则，要求家长尊重孩子意见

34. 社会工作者为家长开设了一个帮助孩子度过青春期的教育小组。在一次小组讨论中，王女士滔滔不绝地讲：“我太倒霉了，本来工资就低，丈夫摔伤花了不少医药费，孩子又不听话，真是心烦。”听到王女士的叙述，其他组员纷纷回应，诉说自己的经历。看到这种情况，社会工作者说：“刚才大家都谈了自己的处境，但今天主要讨论如何帮助孩子顺利度过青春期，咱们先说这个问题好吗？”此时，社会工作者运用的技巧是(　　)。

A. 引导　　　　B. 鼓励

C. 中立　　　　D. 澄清

35. 在某支持小组关于家庭关系的讨论中，有以下对话：小组成员甲："我觉得生活压力太大了，每个月我要还3000多元的房贷，可我一个月才挣4000多一点，我觉得活得太累了。"小组成员乙："我不明白人为什么不能活得轻松些，我也活得累，但我真不知道我为什么活这么累。"小组成员丙："每个人都不想累，可是累可能就是生活本来的状况，我找不到解决的办法。"其他组员随后也议论纷纷，面对这种情况，社会工作者应该(　　)。

A. 及时进行小结　　B. 摘述成员表述

C. 澄清小组目标　　D. 适当自我表露

36. 社会工作者老邱为精神障碍患者开设了社区康复小组。在小组分享环节，老邱发现很多组员存在"我是个无用的人"的观念，并认为得了精神疾病很丢人。根据小组整体的介入技巧，下列做法中，适宜的是(　　)。

A. 协助组员挑战既有信念，寻找自身优势，重建小组文化

B. 提升社区意识，增强社区居民对康复类小组工作的支持

C. 协助组员观察和模仿榜样行为，促进组员之间相互学习

D. 改善组员生活环境，链接康复资源，拓展社会支持网络

37. 学校社会工作者小方发现小学五年级部分学生生活自理和人际交往能力较差。为此，小方拟在学校开设一个"我是小能人"的小组，旨在提升学生的动手能力，学习与同学和睦相处的技能。从小组成员介入的层面看，小方最适宜的做法是(　　)。

A. 通过奖励，鼓励学生积极参与生活自理小故事的分享

B. 通过制定小组规范，帮助学生整合动力和增强凝聚力

C. 通过角色扮演的方法，促进学生学习新的人际交往技巧

D. 通过邀请专家，协助学生寻求与同学和睦相处的关注点

38. 在社会工作督导者成长小组的某一节中，资深社会工作者老胡发现组员们对小组更加投入了，他们能够自由地表达在带领实习生过程中遇到的困难，并通过角色扮演、同伴支持等方式分享经验，形成了共同讨论并合力解决问题的氛围。下列小组主题活动设计中，适合在这一阶段开展的是(　　)。

A. 认识自我：相互了解做朋友　　B. 心灵契约：七嘴八舌话规范

C. 知行合一：我要这样做督导　　D. 不说再见：成长历程再回顾

39. 社会工作者小李设计了一个旨在提升无业青年自信心的小组，小组工作第四节开始，小李引导组员共同完成了"挑战北斗星"的游戏。

小李："完成游戏那一刻，大家感觉如何？"

组员："哇，太激动了，感觉像是心里一块大石头落地了。"

小李："与最初相比，大家的想法有什么变化？"

组员："刚开始我觉得不可能完成任务，担心椅子会受不了，等大家成功走完最后一张椅子，我才发现有些事情并不像想象的那么难，需要多去尝试。"

以上对话，一般出现在小组活动经验分享环节，其主要目的是(　　)。

A. 引导组员讨论参加活动的收获，交流给自己的启发

B. 引导组员彼此交流与合作，协助小组互动网络形成

C. 引导组员形成稳定关系，促使小组进程有规律可循

D. 引导组员形成相互信任的氛围，增加小组的凝聚力

40. 为帮助失独母亲走出家门，接触社会，开始新生活，社会工作者老李着手建立失独母亲的互助支持网络，并邀请社区 9 名失独母亲参加“暖心之家”小组，小组工作进入第五节，目标是协助组员关注当下，了解并学习运用身边的资源，以缓解困境。下列活动中最适宜本节的是(　　)。

A. 凤凰涅槃——展望未来我的生活我做主

B. 暖心社区——设计自己想要的社区服务

C. 美丽人生——梳妆打扮原来自己也很美

D. 我的五样——互相介绍自己的五个爱好

41. 社会工作者小王正在设计邻里互动小组中的最后一节活动“邻里茶话会”。她的活动设计方案中包括茶话会的目标、参与者信息、活动流程、时间安排、组员角色、场地布置、活动成效评估方法、预计困难及应对措施。项目主任提醒她在方案中还应该包括(　　)。

A. 茶话会的经费预算表　　B. 互助小组的发展方案

C. 居民对茶话会的建议　　D. 对该社区的情况介绍

42. 社会工作者拟为辖区 12 至 16 岁困境儿童开设主题为“心手相牵，同心童行”小组，目的是增强困境儿童自信心，提升其人际交往能力。在开展小组需求评估的过程中，社会工作者的理解正确的是(　　)。

A. 小组需求评估的重点必须聚集于小组组员现在发生的问题

B. 小组需求评估可采用标准化量表，对组员作出诊断性判断

C. 小组需求评估需考虑小组整体、组员需求和小组环境需求

D. 小组需求评估应该采用单一的资料收集方法以保证准确性

43. 社会工作者小刘为家庭暴力施暴者开设了一个行为治疗小组。为了获得准确、翔实的小组服务原始资料，在征得组员同意的情况下，小刘最适宜采用的记录方式是(　　)。

A. 过程式记录　　B. 录音和录像

C. 问题式记录　　D. 摘要式记录

二、多项选择题(每题的备选项中，有 2 个或 2 个以上符合题意，至少有 1 个错项)

44. 社会工作者小陈，近期针对社区离异女性开展支持性小组活动，她在调研中发现，这些女性在离婚后经济收入下降，生活困难增多，亲子关系也出现了一些问题。据此，小陈应将小组活动的重点放在(　　)。

A. 学习应对婚姻变迁的方法　　B. 分享各自经验以协助解决问题

C. 协助建立新家庭　　D. 建立起能够互相理解的共同体

E. 传授亲子沟通技巧

45. 社会工作者老赵面向社区志愿者开设了主题为“守护家园”的小组，通过培育和挖掘当地志愿者资源，盘点资源并绘制社区资源图，分析和讨论社区疫情防控难点与解决方法，提升社区志愿者参与和改变社会环境的能力，强化社区疫情防控工作。下列老赵的做法中，体现社会目标模式实施原则的有(　　)。

A. 运用跨专业知识和技巧，控制小组的发展方向

B. 帮助社区志愿者重建并适应新的社会关系网络

C. 培养小组带头人，提升其推动社区变迁的能力

D. 培养并提升小组组员的社会意识和社会责任感

E. 发展组员社会行动、社区参与和自我发展的能力

46. 社会工作者小敏准备给学校里有偏差行为的学生开设一个治疗小组，帮助他们纠正行为，更好地适应社会。下列小敏的做法中，主要体现治疗模式实施原则的有（　　）。

A. 针对组员共同性与个别性问题，制定小组目标和治疗计划

B. 通过小组活动，组员获得的主要是社会工作者的陪伴关怀

C. 通过小组活动，重点培养提升组员的社会意识和社会责任

D. 带领组员建构新的社会关系网络，以替代原来有缺陷的社会关系网络

E. 综合运用行为心理学、社会学、临床社会工作的知识和实务技巧

47. 小皓是某精神卫生中心儿科的社会工作者，她计划运用小组工作治疗模式针对多动症儿童开展服务。下列小皓的做法中，符合治疗模式实施原则的有（　　）。

A. 综合运用不同学科的知识，明确小组治疗的目标

B. 通过游戏，促进儿童间的互动，搭建互助的平台

C. 评估多动症儿童的实际需求，并确定小组的目标

D. 注重了解小组里每位多动症儿童的康复治疗计划

E. 运用多种治疗方法，帮助多动症儿童学习新行为

48. 在小组工作的开始阶段，组员一般会表现出的特点有（　　）。

A. 对小组活动既想投入又想逃避　　B. 在互动时有抗拒和防卫心理

C. 对社会工作者产生较强的遵从倾向　　D. 容易忽视自己在小组中的角色和能力

E. 可能会通过竞争来争取自己在小组中的位置

49. 社会工作者老杨计划为社区内的随迁老人开设小组，以帮助他们适应新的生活。在小组开始阶段，为了营造信任的小组氛围，老杨适宜的做法有（　　）。

A. 组员发言后，老杨运用同理和真诚等技巧予以回应

B. 创造更多表达机会，引导组员之间相互回馈和关怀

C. 自我介绍环节邀请组员分享兴趣爱好，寻找相似性

D. 允许组员将彼此的误解留到小组结束后再解释澄清

E. 以社会工作者为中心引导讨论，组员可不发表观点

50. 医务社会工作者小韩为先天性心脏病手术后的儿童家长举办了一个支持小组，在小组开始阶段，为帮助组员建立信任关系，小韩协助组员彼此认识，消除陌生感，强化组员对小组的期望，促使形成相对稳定的小组关系结构。在此阶段，小韩主要扮演的工作角色有（　　）。

A. 领导者　　B. 鼓励者

C. 旁观者　　D. 组织者

E. 调解员

51. 社会工作者小余为大学二年级学生开设了一个八节次的情感探索小组。小组进展到第四节，小余观察到组员们出现了一些新的变化，表现出一些新的特点，判断小组进入到中期转折阶段。这些新的变化和特点有（　　）。

A. 组员之间愿意探讨情感话题

B. 组员之间强调保守小组秘密

C. 有些组员会刻意对情感主题进行理性表达与探讨

D. 组员间关于情感差异性和冲突性的观点表达增多

E. 组员在小组内分享时依赖社会工作者小余的指导

52. 社会工作者小郭在开展小组工作时，有几个组员闹起了矛盾，使得所有组员都不开心。针对这一情况，小郭的适当做法有（　　）。

A. 增进组员对自我的理解　　B. 协助组员澄清冲突的本质

C. 对组员间的矛盾不过问　　D. 用角色扮演呈现冲突

E. 把问题交回给组员解决

53. 社会工作者老李在某地震灾区为受灾的羌族农村妇女举办了“羌绣伴我行——妇女能力建设小组”。小组顺利进入后期成熟阶段，组员开始讨论未来羌绣的销售及销售收入的管理，此时，老李要做的工作有（　　）。

A. 协助部分组员处理小组即将结束产生的离别情绪

B. 协助组员维持小组中形成的行为模式和互动关系

C. 协助组员共同努力解决羌绣销售市场开拓的难题

D. 鼓励组员积极尝试去寻找和获取销售市场的信息

E. 关注部分组员可能出现的异常行为和特殊的变化

54. 社会工作者小陈为社区青少年开设了“性安全教育”小组。通过小组活动，组员树立了正确的性观念，学习了相关生理卫生知识，掌握了自我防护的方法。在小组最后一次活动中，有些组员表示还希望小组能继续下去，不舍得与大家分开。面对这种情形，小陈可采取的做法有（　　）。

A. 协助组员处理小组即将结束时产生的离别不舍情绪

B. 引导组员分享之前用过哪些知识和方法来保护自己

C. 模拟现实情景，帮助组员巩固在小组中的学习成果

D. 回顾小组服务的过程，鼓励和肯定每位组员取得的进步

E. 鼓励组员澄清自己的问题和需求，并一起讨论如何应对

55. 社会工作者小江为残疾儿童家长开设了一个“同路人”的支持小组。经过几节小组活动后，家长从不愿表达自己到能与其他组员深入地分享自己的艰辛、困惑和经验，并在相互交流中获得育儿的新知识和新方法。小江准备在下一节小组活动中，采取一些措施帮助家长将新的认知转变为行动。下列小江采取的措施中，有助于该目标实现的有（　　）。

A. 协助家长为自己的改变负责，鼓励他们不断尝试新的行动

B. 及时发现家长刚开始出现的正向行动，并加以肯定和支持

C. 帮助家长获得社会支持，将小组习得的行动运用在小组外

D. 适当控制小组的进程，等待家长行为慢慢地发生改变

E. 强化家长对小组的期待，提高他们对小组目标的认识

56. 某青少年控烟小组临近结束，社会工作者对组员在认知和行为上的积极变化予以鼓励和肯定；同时与组员家长沟通，指导家长协助保持组员的积极变化；还计划在未来 6 个月，到组员家中进行家访。上述做法中，社会工作者协助组员保持小组经验的方法有（　　）。

A. 模拟练习　　B. 树立信心

C. 寻求支持　　D. 处理情绪

E. 跟进服务

57. 社会工作专业实习生小林开展了一个青少年成长小组。小组活动开始时，小林问大家以后想从事什么样的工作。组员们一脸茫然，纷纷回答："没想过""不知道"。活动结束后，小林觉得组员不配合，感觉很受挫，向督导者诉说。督导者为他示范了小组活动开场的技巧。下列表述中，运用了开场技巧的有（　　）。

A. "首先让我们来想象一下10年后的自己会是什么样子的。"

B. "我在跟你们一样大的时候也很茫然，对于未来有许多不确定。"

C. "这里有几张图片，大家选一张，根据图片描述一下自己的未来生活。"

D. "是不是大家对于未来觉得迷茫？那我们一起来谈谈迷茫的原因，好吗？"

E. "我们今天讨论三个问题：以后想做的工作、工作的前景、需要具备的能力。"

58. 城市外来女性务工人员面临较大工作和生活压力，为此，社会工作者小周开设了一个成长小组。在第四节小组关于"工作压力"分享环节中，组员小花说："其实没什么，大家有压力都很正常，所有人都会遇到的。"组员小圆说："大家都在说一些无关痛痒的事情，我感觉所有人都没有说出真实想法，在回避问题。"针对小花和小圆的表述，小周适宜的回应有（　　）。

A. "小圆，你能具体说说她们是怎么回避问题的吗？"

B. "谢谢小圆和小花的分享，对于她们的想法，其他人有什么想说的吗？"

C. "谢谢小圆和小花的分享，大家在这里不用隐藏自己的想法，我们不妨试着说出来。"

D. "刚才从小花的分享中，我好像没有听到实质性的信息，是不是大家不想谈论工作压力的话题？"

E. "非常高兴大家分享越来越主动了，如果能试着说出自己的真实感受，对自己和小组都具有意义。"

59. 在抑郁症患者支持小组中，组员小梅不太愿意与其他组员主动交流，表现出较低的自我价值感。社会工作者发现这种情况后，从个人层面为小梅提供服务，帮助其提升自信心，提高其自我价值。社会工作者适宜的做法有（　　）。

A. 小组开始前或结束后，找机会与小梅单独面谈，鼓励她敞开心扉

B. 关注小梅的表现，发现其积极变化，并在小组中适时地给予赞扬

C. 与社区抑郁症康复俱乐部联系，让小梅去参加俱乐部的康复活动

D. 利用小组的凝聚力，形成动力，促进小梅与其他组员之间的互动

E. 聆听了小梅的分享感受后，立即联结其他的组员，给予即时反馈

60. 根据需求调研结果，社会工作者小李拟为居住在社区的随迁老人开展一个"社区融入"主题小组。老人们表示对小组活动不太了解，既感到新鲜，又担心自己做不好。针对上述情况，在开展小组活动之前，小李适宜的做法有（　　）。

A. 通过向老人介绍小组目标和内容，消除老人心理顾虑

B. 设计有趣易记的小组名称，以引发老人对小组的关注

C. 向性格矜持的老人进行个别介绍，让其感到小组有趣

D. 向老人子女介绍小组计划，让他们鼓励老人参与小组

E. 在小组中与老人忆唱老歌，激发老人参加小组的兴趣

61. 社会工作者小欣拟为中学生开设预防校园欺凌教育小组，旨在增强中学生对欺凌危害的认知，预防校园欺凌事件。小组开设前期，小欣对中学生进行问卷调查，并选择部分学生进行访谈，了解他们对于欺凌的看法。在小组进行时，小欣请组员多

次填写斯凌认知量表,监测其认知变化,此外还请组员填写了小组满意度问卷。上述小欣的工作内容属于(　　)。

A. 组前计划评估　　B. 小组需求评估

C. 小组过程评估　　D. 小组效果评估

E. 小组目标评估

62. 社会工作者小赵为社区精神障碍人士开设了旨在提升自尊与自我效能感的小组。小组进入尾声时,需要对小组成效进行评估。评估中可选取的资料有(　　)。

A. 对社区精神障碍人士的服务需求调查表

B. 组员参与小组活动满意程度的调查问卷

C. 最后一次小组服务中组员撰写的自我评价

D. 精神障碍人士家属对组员行为表现的记录

E. 以往开展过的同类型小组工作的服务档案

63. 社会工作者小孙准备为社区空巢老人开展一个互助小组,旨在减少空巢老人的孤独感,帮助他们建立社会支持网络。小组开展初期,为了对参加小组的老人进行需求评估,小孙宜采取的做法有(　　)。

A. 查阅相关研究文献,运用抑郁自评量表等方式了解小组的效果

B. 设计空巢老人需求状况调查问卷,并协助参加小组的老人填写

C. 鼓励参加小组的老人说出自己的需求,并用卡片形式记录下来

D. 基于组员特征,对其家庭情况、社区资源进行调查并形成报告

E. 小组开始前,让老人根据自己的实际感受填写满意度调查问卷

64. 社会工作者小曹最近刚刚完成一个“老人情绪管理”小组。他在督导老张的指导下,对小组进行了评估。下列小组评估方法中,属于效果评估的有(　　)。

A. 着重观察组员在小组中的表现　　B. 听取现场观察人员的反馈意见

C. 用目标达成量表评估小组目标　　D. 对组员进行小组的满意度调查

E. 查看小组记录,调整活动计划

65. 社会工作者小刘计划举办一个儿童多动症行为治疗小组,在设计小组过程评估内容时,小刘需要考虑的指标有(　　)。

A. 组员的参与动机　　B. 目标行为的频率

C. 目标行为的连续性　　D. 组员的参与程度

E. 目标行为的严重性

答案速查

一、单项选择题									
1. D	2. B	3. D	4. C	5. C	6. C	7. C	8. D	9. D	10. A
11. C	12. B	13. B	14. D	15. C	16. B	17. B	18. D	19. C	20. B
21. C	22. C	23. C	24. B	25. A	26. B	27. D	28. C	29. D	30. D
31. C	32. C	33. B	34. A	35. B	36. A	37. C	38. C	39. A	40. B
41. A	42. C	43. B							

二、多项选择题									
44. BDE	45. CDE	46. ADE	47. ADE	48. ACD	49. ABC	50. ABD	51. AD	52. ABDE	53. BCD
54. ACD	55. ABC	56. BCE	57. ACDE	58. ABE	59. ABE	60. ABCD	61. BCD	62. BC	63. BC
64. CD	65. BCE								

温馨提示：试题详解，详见深度解析册。

本章错题统计清单

恭喜您，成功完成了本章的刷题挑战。然而，错题的梳理同样不可忽视，它们如同一面镜子，反映出您在复习中的薄弱环节。错题统计清单能助您快速有效地梳理错题，制订更加合理的复习计划，科学安排再次刷题的时间。相信每一次刷题都会带来全新的收获，让您离成功更近一步。

错题序号	错误分析				错题消灭计划		
	概念问题	方法问题	粗心问题	其他原因	一刷	二刷	三刷

第七章
社区工作方法

刷透真题

一、单项选择题(每题的备选项中,只有1个最符合题意)

1. 在社区工作过程中,社会工作者关注社会变迁中困难群体被忽视的权利,注重从现存社会结构、社会制度和社会政策等方面寻找问题的症结。这体现了社区工作的特点是(　　)。

A. 富有批判反思　　B. 推动社会行动

C. 提高社区意识　　D. 培养社区关怀

2. 社会工作者在儿童友好社区建设中,除要关注社区儿童活动设施、场地的建设,更重要的是应关注儿童对社区的认识,引导其参与社区事务,鼓励其承担社区责任,培养其成长为具有社区关怀精神的新一代"社区人"。关于社区工作目标的说法,正确的是(　　)。

A. 社区工作的过程目标应更加具体、明确且实际

B. 社区工作的最终理想是帮助社区建立集体能力

C. 社会工作的过程目标与任务目标在实践上完全契合

D. 促进社区居民参与社区建设是社区工作的任务目标

3. 某社区社会工作者定期为社区老人举办公益论坛活动。今年三月,社会工作者特邀媒体记者介绍了"老人摔倒无人扶"现象以及"青年人担心做好事反成被告"的顾虑。老人参与论坛后感触很多,于是社会工作者顺势引导他们展开讨论,并促成他们向全社区1200多位老人发出倡议:主动与青年人接触,说明老年人对该问题的看法,消除社会误解,共同维护社会道德。社会工作者的上述工作实现的过程目标是(　　)。

A. 实现社会管理　　B. 促进社区互动

C. 提升社会意识　　D. 推动社区照顾

4. 关于社会工作的说法,正确的是(　　)。

A. 社区工作中需要引导社区成员参与社区事务,以提升社区意识

B. 小组工作中应安排相同家庭背景的人员参与,以利于达成共识

C. 个案工作中始终由服务对象行使决策权,以体现案主自决原则

D. 社会工作者应避免个人价值介入,以确保服务质量和助人效果

5. 某社区周边有几处野草丛生的空地，堆满了杂物和垃圾，居民要求整治的呼声较高。为此，社会工作者小李邀请物业公司和居民代表进行议事协商，共同设计了空地整治和美化方案，并动员居民一起参与杂物清理，花草种植和后期认养，以及花园维护制度建设。从地区发展模式的角度看，小李在上述工作过程中所扮演的角色是（　　）。

A. 顾问　　B. 协调者

C. 技术专家　　D. 方案实施者

6. 某居委会实施老旧小区微改造项目，重点对废旧自行车占道问题进行整治。社会工作者对废旧自行车进行摸排登记，在与居民签署知情同意书的基础上，用米、面、油兑换废旧自行车的方法，清理废旧自行车20余辆。居民刘阿姨说："现在看不见那些破车了，楼道变宽敞了！"从社区工作目标分类的角度看，刘阿姨反馈说明上述工作实现了（　　）。

A. 考核目标　　B. 过程目标

C. 绩效目标　　D. 任务目标

7. 关于地区发展模式实施特点的说法，正确的是（　　）。

A. 提升居民解决问题的能力，实现自助互助

B. 界定社区问题的优先次序，逐一加以解决

C. 设计可行性方案，并预估方案的收益与成效

D. 邀请专业人士针对社区问题，制定解决方案

8. 某社区存在环境卫生脏乱差、高空抛物频发、停车秩序混乱等问题，且居民对物业公司的服务不满，矛盾纠纷颇多。为此，社区居委会邀请某社会服务机构共同探索物业服务改革，推动社区自治。下列社会工作者的做法中，最能体现"地区发展模式"特征的是（　　）。

A. 访问社区老党员，关注个别需求　　B. 分析社区居民需求，排列优先次序

C. 拜访街道负责人，协商责任分工　　D. 开展社区教育活动，识别居民骨干

9. 社会工作者在某村以发展社区经济为切入点，组织村民成立合作社，种植有机农作物，在工作过程中，社会工作者注重提升村民的自信心，鼓励其分享经验，提高居民协商议事能力，从地区发展的模式看，社会工作者扮演的角色是（　　）。

A. 中介者　　B. 领导者

C. 使能者　　D. 协调者

10. 新冠肺炎疫情初期，网络上各种各样的信息让社区居民真伪难辨。社区社会工作者在居民微信群及时推送官方数据，宣传国家采取的防疫措施，帮助居民理性认识疫情，有效缓解了居民的恐慌情绪。从地区发展模式的角度看，社区社会工作者扮演的角色是（　　）。

A. 教育者　　B. 技术专家

C. 中介者　　D. 资源协调者

11. 下列做法中，体现社会策划模式中理性原则的是（　　）。

A. 尊重人的理性，将社区居民看作解决问题的专家

B. 重视民主原则，让服务对象在收集和分析资料时占据主导位置

C. 强调过程的理性，在工作中设定清晰的目标和行动方案

D. 采用整体的思维，从根本上"一揽子"解决社区的多重问题

12. 社会工作者介入某老城区处理拆迁改造问题，拟运用社会策划模式设计社区发展计划。为此，社会工作者深入社区了解各方对该计划的期望和要求。社会工作者这样做的目的是(　　)。

A. 明确机构的使命和目标　　B. 分析环境和形势

C. 客观认识自己的能力　　D. 界定和分析问题

13. 在社会策划模式中，社会工作者在建立目标之后紧接着需要做的是(　　)。

A. 评估所在社会服务机构执行该计划的优势劣势

B. 列出所有能达到目标的可行性方案并比较选择

C. 了解该社区内有影响力的人士对计划的期望

D. 为计划的实施争取财政支持和配置人力资源

14. 社会工作者在开展社区工作中，以专家的角色收集资料，进行社区分析与诊断，制订服务目标，组织开展各项工作并进行评估。社会工作者所采用的是(　　)。

A. 社会策划模式　　B. 地区发展模式

C. 社区照顾模式　　D. 社会行动模式

15. 社会工作者小杨发现社区里精神障碍者及其家属对社区照顾的需求比较迫切。下列小杨的做法中，采用"由社区照顾"策略的是(　　)。

A. 用小组工作方法为精神障碍者家属提供情绪支持

B. 将有需要的精神障碍者转介到精神康复专科医院

C. 组织社区志愿者开展关爱精神障碍者家庭的服务

D. 建议有关部门建立精神障碍者社区日间照料中心

16. 社区社会工作者老李走访了辖区 40 余位失能失智老人家庭，评估了老年人能力，请家庭照顾者填写了《照顾者负担量表》，并对负担程度是"中度"和"重度"的家庭照顾者进行重点关怀。老李链接专业护理机构和社区志愿服务团队资源，组建了由护理人员与志愿者组成的服务小组，配对支援重点家庭，提供规范和可持续的喘息服务。上述开展的服务，老李运用的社区照顾实施策略是(　　)。

A. 由社区照顾　　B. 正式的照顾

C. 非正式照顾　　D. 对社区照顾

17. 社区照顾模式强调非正式照顾的作用。社会工作者通过动员亲戚、邻里、朋友、志愿者，协助和支援服务对象克服困难。下列情景中，适合社会工作者动员邻里给予支持的是(　　)。

A. 失业人员王先生失去信心，破罐破摔　B. 空巢老人李爷爷家中摔倒，老伴求助

C. 单亲妈妈何女士公司倒闭，收入中断　D. 社区居民张奶奶遭遇诈骗，情绪崩溃

18. 70 岁的张大爷，患有尿毒症，每周需到医院透析三次，仅靠微薄的退休金生活。他离异多年，没有子女。他的侄子每月探望他一次。张大爷因身体不好，较少出门，与周围邻居关系一般。社会工作者小刘通过入户走访，了解到张大爷的困难，拟帮助他建立社会支持网络。下列小刘的做法中，属于强化张大爷正式支持系统的是(　　)。

A. 联系社区志愿者，为张大爷组建邻里帮扶小组

B. 联系公益基金会，协助张大爷申请大病救助金

C. 联系张大爷的侄子，建议其每周探望以及照料基本生活

D. 联系楼门长，请他关注张大爷日常生活并给予必要支援

19. 在整合式社区照顾体系中，社会工作者致力于通过整合正式照顾和非正式照顾资源，帮助服务对象增强社会支持网络。下列做法中，属于“正式照顾”服务的是（　　）。

A. 为家庭照顾者提供“喘息”服务

B. 动员服务对象的亲朋好友提供支持

C. 培训志愿者为独居老人提供清洁服务

D. 帮助困难类似的服务对象成立互助小组

20. 在社区照顾模式中，社会工作者扮演多重角色。下列做法中，体现社会工作者“经纪人”角色的是（　　）。

A. 为听障儿童家长提供沟通技巧训练

B. 为听障儿童家长提供情绪支持服务

C. 为听障儿童及其家长联系特殊教育学校

D. 为听障儿童家长自助小组提供发展建议

21. 某社会工作服务机构承接了某街道办事处“社区微治理”项目，计划在 4 个社区开展服务。为了尽快进入社区，让社区居委会和社区居民认识并熟悉自己，社会工作者最适宜采取的工作方式是（　　）。

A. 了解居民的生活习惯　　B. 观察社区的周边环境

C. 参加社区的传统活动　　D. 分析社区的权力结构

22. 社会工作者计划在某社区开展专业服务。他们通过走街串巷，了解社区周边的医院、学校、便利店和公共交通车站等情况。社会工作者这样做的目的是（　　）。

A. 分析社区的人口结构　　B. 分析社区的人力资源

C. 分析社区的地理环境　　D. 分析社区的权力结构

23. 社会工作者进入社区后要对社区的基本情况有一个初步认识，下列指标中，属于社区资源的是（　　）。

A. 居民的生活习惯　　B. 社区的社会服务

C. 社区的环境设计　　D. 居住群体的特征

24. 为了深入了解社区内权力结构状况，社会工作者应开展的工作是（　　）。

A. 查阅户籍登记资料，获取居民受教育程度的分布情况

B. 走访长期居住在社区内的老年人，了解当地风俗习惯

C. 在参与社区活动时，观察不同组织和个人承担的角色

D. 了解目前社区服务的内容和居民使用这些服务的情况

25. 某老旧小区停车位紧张问题突出，部分居民为抢占车位私装地锁，导致居民间的矛盾和纠纷不断。为此，社会工作者召开居民议事协商会议，讨论依规拆除私装地锁问题。在描述问题时，社会工作者适宜的做法是（　　）。

A. 明确问题范围及产生原因　　B. 提出解决问题的备选方案

C. 阐述问题引发的居民感受　　D. 判断问题严重程度及影响

26. 某社区附近河堤周边杂物堆积、污染严重，社会居民和辖区单位都深受其害，整治河堤周边的污染成为老大难问题。针对该问题，社会工作者进行了多次调研。在

一次专题讨论会上，社会工作者小李提出，居民对污染问题虽有抱怨，但他们也希望参加整治行动。从社区问题分析的角度看，小李所提观点的出发点是（　　）。

A. 明确问题影响范围　　B. 寻找问题解决动力

C. 理解居民体验感受　　D. 探讨问题解决方法

27. 社会工作者小顾在某异地安置社区开展服务，他发现多数孩子的父母都在附近的制造业工厂上班，工作强度大且经常加班，几乎没有时间和精力关心子女成长。不少孩子初中毕业后没能升学，无所事事，经常在社区聚众滋事，打架斗殴，破坏公物。针对这一情况，小顾设计了一个服务社区青少年的方案。根据方案目标，小顾制定了若干行动策略。下列策略中，最符合“可接受性”指标的是（　　）。

A. 开展兴趣小组，发现青少年的潜在能力

B. 组织志愿服务，培育青少年的公益精神

C. 提供亲职课程，教导家长亲子沟通的技巧

D. 链接辖区资源，为家长提供职业技能培训

28. 社会工作者小王召集居民骨干开会讨论社区停车难问题。他计划采用“头脑风暴”方法，鼓励大家积极表达意见。下列小王制订的讨论规则中，最符合“头脑风暴”方法要求的是（　　）。

A. 与会人员表达意见时，他人可以插话反驳

B. 与会人员可根据他人观点形成自己的看法

C. 与会人员表达意见时要考虑意见的可行性

D. 与会人员发言时间可长可短，也可不发言

29. 某社会工作服务机构受当地政府委托，在某镇建立了社会工作站，助力乡村振兴，驻村社会工作者小孙首先对村庄现状进行了调研，计划以村庄环境整治和困难人群服务为重点开展工作。下列做法中，能够体现小孙进行社区资源动员的是（　　）。

A. 根据村民特长安排岗位，做到人尽其才

B. 发放宣传单，张贴海报公开招募志愿者

C. 召集村民开会，就环境整治目标达成共识

D. 加强经费支出控制，避免造成资源的浪费

30. 某小区北面有一大片空地，过去一年不断有人往这里头倒建筑物和生活垃圾，暴露的垃圾堆一度达到两层楼高，一刮风，尘土四起，严重影响了附近居民的正常生活，社会工作者小张通过发动社区资源，动员居民参与等多种形式，使该问题得到初步解决，小张最近撰写了工作小组小结，对资源投入和分配进行了反思，分析了存在的问题，提出了改进的方法，小张的工作小结属于评估类型中的（　　）。

A. 结果评估　　B. 效益评估

C. 过程评估　　D. 满意度评估

31. 社会工作者老李 2023 年度的重点工作是为社区癌症患者提供系列服务，提升该群体的生活质量。老李在对上述工作进行结果评估时，应该重点关注（　　）。

A. 完成服务提供的各项成本　　B. 各类服务活动的进度安排

C. 服务资金的具体支出情况　　D. 服务目标达成情况及原因

32. 某社会工作服务机构承接了民政部门委托的“社区会客厅”建设项目。为了推进项目实施，机构负责人拜访了项目拟落地社区的居委会主任，向其介绍机构和项目概况，也询问了居委会工作团队的情况，期望得到支持。通过交谈，机构负责人认为该居委会主任性格开朗、事业心强、基层工作经验丰富，愿意尝试新事物。双方沟通顺畅，对未来合作充满信心。从建立和发展社区关系的角度看，机构负责人上述活动的重点是(　　)。

A. 了解对方组织运作情况　　B. 分析两个组织之间关系

C. 寻找各自可获得的利益　　D. 强化规范双方合作关系

33. 某社区5号楼居民多次到居委会反映物业公司清运垃圾不及时，造成蟑螂、蚊虫孳生，希望社区能够出面协商解决问题。社会工作者小李为此需要了解物业公司的情况，下列内容中，属于物业公司非正式运作要素的是(　　)。

A. 物业公司领导办事风格　　B. 城市楼栋垃圾清运规范

C. 物业公司的物业费标准　　D. 物业公司主要工作职责

34. 某社会工作服务机构初次进入社区开展居家养老服务。为了加强与社区其他组织的交往，该机构适宜的做法是(　　)。

A. 在做出一定成绩后再加强与其他组织交往

B. 主动邀请其他组织参加本机构举办的活动

C. 与其他组织交往时需确保本机构利益的最大化

D. 与其他组织合作时通过口头承诺界定各方责任

35. 社会工作者小王为了建设空巢老人的社区支持网络，鼓励社区内的老人成立了摄影小组。最近小王发现，新加入摄影小组的居民老刘和组长老李活动时几乎不交流。小王私下了解得知，老刘和老李两人曾因为噪音扰邻问题有过争吵。针对这一情况，小王适宜的做法是(　　)。

A. 建议老刘暂时先退出摄影小组　　B. 劝说老李不要再担任小组的组长

C. 帮助老刘和老李解开矛盾心结　　D. 向老刘和老李提出组内相处建议

36. 社会工作者协助丧偶独居老人建立互助小组，发展社会支持网络。老人通过相互陪伴与支持，缓解思念亲人的情绪，转移注意力，开始新生活。社会工作者的下列做法中，运用了正面强化技巧的是(　　)。

A. 赞赏老人尝试结交新朋友的行动　　B. 指导老人直接面对丧亲事件

C. 引导老人分享经验并且宣泄情绪　　D. 鼓励老人了解并提升抗逆力

37. 某镇社会工作站在当地禁毒办支持下，联合村委会在某中学开展“远离毒品从我做起”禁毒宣传游园活动。游园活动的第一个环节是观摩仿真毒品模型，社会工作者小沈通过实物模型展示和提问讲解的方式，帮助青少年识别大麻、海洛因和冰毒等毒品。从社区教育的角度看，上述小沈的服务致力于(　　)。

A. 端正青少年的态度　　B. 教导青少年明辨是非

C. 丰富青少年的知识　　D. 帮助青少年抵制诱惑

38. 某街道社工站策划了“共享园艺，爱我社区”居民骨干培养项目，旨在社区组建一支居民骨干队伍，带领居民“装点小楼门，美化大社区”。社会工作者在培养居民骨干时，一般会从态度、知识和行为三个方面促进居民骨干的成长和进步。下列做法中，能够促进其知识改变的是(　　)。

A. 协助居民骨干强化社会互助价值观

B. 帮助居民骨干提高分析问题的能力

C. 指导居民骨干学会表达关怀的方法

D. 教导居民骨干练习主持会议的技巧

39. 社会工作者在社区开展助推社区社会组织工作。为了培养居民带头人的领导力，社会工作者采用工作坊的方式开展培训。该工作坊的培训重点应聚焦在(　　)。

A. 提高文字表达能力　　B. 了解财务报账流程

C. 掌握活动策划原理　　D. 学习民主协商方法

40. 某社区业主委员会换届选举面临难以达到法定最低投票率的情况。为了确保足够多的居民参与投票，社会工作者小张努力协助居委会积极开展居民动员工作，但仍然无法与近一半的居民取得联系。接下来，小张最适宜采用的动员方法是(　　)。

A. 给每个社区居民发信件　　B. 逐门逐户当面进行说明

C. 在居民家门口张贴通知　　D. 在社区的中心花园喊话

41. 某老旧小区的楼房年久失修，不少楼门的楼梯台阶较陡且没有扶手，给老年人出行带来困难。为此，社会工作服务机构拟通过动员居民群策群力解决问题。在选择动员方法时，社会工作者应优先考虑的因素是(　　)。

A. 机构的财力和场地资源　　B. 居民对参与途径的偏好

C. 居民对问题的关注程度　　D. 社会工作者擅长的宣传手段

42. 某街道有160余名残障人士，街道办事处多方筹资10万，拟将轻度残障人士组成职业培训小组，然后聘用他们为社区重度残障人士提供家政等方面的社区服务，社区居民小李因患小儿麻痹症而留下后遗症，以前很少和外界接触，担心与别人合不来，社会工作者小袁从不同角度向他说明了参加职业培训小组的好处，小袁的下列说明中，体现组织吸引力的是(　　)。

A. 参加培训小组可以获得就业机会

B. 参加培训小组可以锻炼社交能力

C. 参加培训小组可以改善社区残障人士生活

D. 参加培训小组可以体验良好的集体氛围

二、多项选择题(每题的备选项中，有2个或2个以上符合题意，至少有1个错项)

43. 下列做法中，能够体现社区工作特点的有(　　)。

A. 运用倡导手段，呼吁政府出台相关的政策

B. 分析社区问题，发现居民能力不足是关键

C. 关心社区居民，维护困难群体的合法权益

D. 聚焦个人问题，从家庭结构角度进行干预

E. 探究问题根源，发现现有社会服务的不足

44. 某社会工作服务机构应邀参与某城区推进的“15分钟社区生活圈”建设行动，与居委会合作确定该社区实施方案。社会工作者根据社会策划模式，采用不同方法确

定社区需要。下列做法中，运用社会指标方法来评估需要的有（　　）。

A. 通过专业认可的标准分析需要　　B. 通过问卷调查服务对象需要
C. 通过社会认可的标准分析需要　　D. 通过焦点小组座谈确立需要
E. 通过深度访谈居民来评估需要

45. 在社区工作中，社会工作者非常重视了解辖区单位的情况，以便争取资金、场地、人力等方面的支持，携手解决社区问题。为掌握辖区单位的基本情况，社会工作者应重点关注的信息有（　　）。

A. 辖区单位的产品销售渠道
B. 辖区单位规模及部门设置
C. 辖区单位的工作气氛和组织文化
D. 辖区单位主要领导的性格及其价值取向
E. 辖区单位与相关供应链组织的互惠关系

46. 关于社区资源维系原则的说法，正确的有（　　）。

A. 以社区需求为前提使用资源，避免浪费
B. 充分发挥社区骨干居民作用，能者多劳
C. 向捐赠者报告资源使用情况，展示诚信
D. 加强社区资源统筹协调，进行合理配置
E. 宣传资源使用的成效，争取社会的认可

47. 某社会工作服务机构设计了“小小侦察兵”项目，动员社区里的青少年找出社区安全隐患，参与社区治理。在项目执行工作的开展阶段，该机构需要完成的任务有（　　）。

A. 明确人员的职责范围　　B. 做好危机情况的应对预案
C. 控制和管理经费支出　　D. 依实际情况灵活处理工作
E. 及时地撰写总结报告

48. 某社会工作服务机构招募大学生志愿者深入到留守儿童较多的地区开展社区服务，以提升当地居民保护儿童的意识，营造关爱留守儿童的社区氛围，经过一年工作，项目进入结束阶段，社会工作者拟进行结果评估，其重点评估的内容有（　　）。

A. 该地区留守儿童人数　　B. 居民保护儿童意识的提升情况
C. 项目目标的实现程度　　D. 机构中注册志愿者的人员数量
E. 工作时间分配合理性

49. 某社会工作服务机构与社区居委会合作，通过动员居民参与的方式，将社区卫生死角改造成小花园，并邀请辖区内园艺设计工作室给予技术指导。在与该工作室接触时，社会工作者发现工作室将居民参与限定在为花园建造出工出力，这与机构希望居民全程参与的初衷不一致。为了求同存异，社会工作者在与工作室接触时适宜运用的技巧有（　　）。

A. 挖掘各自优势，减少有分歧的话题　　B. 重申服务居民立场，力争达成共识
C. 持续施加压力，提高彼此沟通效率　　D. 争论不休时，坚持对事不对人原则
E. 适时运用妥协，限定居民参与范围

50. 应街道办事处邀请,某社会工作服务机构进驻社区,协助其开展议事协商工作。该机构社会工作者采取“接触技巧”与社区居委会建立信任关系。下列做法中,适宜的有(　　)。

A. 寻找共同感兴趣的话题,延伸讨论　　B. 介绍机构为社区及居民服务的宗旨

C. 展示专业的理性和权威,影响对方　　D. 适当交流日常生活,营造轻松氛围

E. 全员投入行政工作,赢得对方认可

51. 社会工作者小高希望在自己工作的社区,为独居老人建立社会支持网络。为此,小高适宜采取的做法有(　　)。

A. 基于正式关系选择网络成员　　B. 尽量维持网络成员的同质性

C. 发掘和组织社区志愿者参与　　D. 增进网络成员间的信任关系

E. 组建独居老人自助互助小组

52. 下列关于社会工作者发展社区支持网络的说法,正确的有(　　)。

A. 重视非正式关系的润滑作用,以补充科层制运作之不足

B. 主要依靠正式沟通渠道,以实现正式组织间的交流互动

C. 对社区内的人际关系及组织间的互动关系给予充分重视

D. 遵循惯例和传统规则,以帮助参与者快速适应网络环境

E. 保证参与者在网络中获得或分享资源、知识以及影响力

53. “联结”是发展自助组织的重要技巧。下列做法中,体现社会工作者运用“联结”技巧的有(　　)。

A. 家庭照顾者自助小组中,给组员们示范与老人沟通的技巧

B. 残障儿童家长自助小组中,用角色扮演再现亲子互动过程

C. 癌症病人自助小组中,请大家介绍康复阶段存在的共同点

D. 糖尿病人自助小组中,鼓励大家交流日常饮食的注意事项

E. 慢病管理自助小组中,邀请医生讲解自我保健理念和知识

54. 某社会工作服务机构在社区培育了一支青少年志愿服务队,鼓励队员参与社区“微更新”行动,在实践过程中服务社区、促进自我成长。从体验学习的角度看,下列活动中,属于结构化体验的有(　　)。

A. 通过设计师的指导,完成井盖涂鸦文创

B. 通过角色扮演,展现社区邻居互助行动

C. 通过团体游戏,学习团队合作美化楼道

D. 通过情景再现,反映部分居民乱丢垃圾的行为

E. 通过社会工作者指导,完成社区环境问卷设计

55. 社会工作者小张协助社区患有糖尿病的居民组建自助组织,并推选李大爷担任会长。该组织在成立半年后,人数开始减少,李大爷也因要照顾外孙而较少参加会议;成员之间经常因为开会时间和活动内容等问题争吵不休。为此,小张应该采取的应对措施是(　　)。

A. 与成员保持适当距离,有需要时提出建议

B. 与成员一起回顾组织发展过程,给予鼓励

C. 担当组织的会长，处理相关问题

D. 协助组织寻找新的发展动力

E. 迅速介入，进行调解

56. 某社区服务中心拟与环保组织合作，从居民中招募200个志愿家庭，开展为期一年的"节约用电、争建低碳家庭"的活动，该活动通过更换电器、改变不良用电习惯等手段，提高社区居民的环保意识。社会工作者在发展和组织志愿家庭时，可采用的技巧包括（ ）。

A. 主动邀请居民参与活动

B. 积极回应居民的需求

C. 与居民建立平等合作关系

D. 通过面试挑选志愿者

E. 按照志愿者的能力、兴趣安排工作

57. 为庆祝"三八"国际劳动妇女节，社区社会工作者小李组织了"巧手生活，花样人生"创意手工DIY活动。为了日后手工小组的常态化运作，小李期望通过活动发现具有领导特质的居民。为此，他在活动现场应重点观察的参加者特质有（ ）。

A. 聪明手巧

B. 专注倾听

C. 热爱群体

D. 乐于助人

E. 善于表现

58. 某社区志愿巡逻队负责人老张在安排巡逻工作时，不够尊重队员的意愿，强行分配，随意分配巡逻点位。他在队伍管理中过多承担任务，导致其压力过大，时常发脾气。针对此状况，社会工作者应该采取的做法有（ ）。

A. 发现和培养更多的居民带头人

B. 完善居民带头人定期轮换制度

C. 建立定期沟通机制以相互支持

D. 做好巡逻队的权责分工及授权

E. 及时淘汰不胜任的居民带头人

59. 某社会服务机构应镇政府邀请，进入新建社区与居委会合作开展社区服务。在不掌握居民姓名和联系方式的情况下，社会工作者接触居民的适宜方法有（ ）。

A. 街头宣传

B. 邮寄信件

C. 逐户访问

D. 电话联系

E. 召开居民议事会

60. 某社会工作服务机构接受街道办事处委托，在辖区内推动垃圾分类工作，实现生活垃圾减量化、资源化和无害化。社会工作者小王带领同事在街头设立宣传站，动员居民参与，但有部分居民表示垃圾分类给自己增添麻烦，不想参加相关活动。此时小王适宜的做法有（ ）。

A. 聆听居民的意见，体谅他们担心添麻烦的顾虑

B. 不与对方争辩，尊重他们不愿参与活动的决定

C. 据理力争，强调进行垃圾分类是履行公民义务

D. 举例说明垃圾分类的意义，动员居民积极参加

E. 通知对方的工作单位，让其领导说服居民参与

答案速查

一、单项选择题									
1. A	2. B	3. C	4. D	5. B	6. D	7. A	8. D	9. C	10. A
11. C	12. B	13. B	14. A	15. C	16. D	17. B	18. B	19. A	20. C
21. C	22. C	23. B	24. C	25. C	26. B	27. B	28. B	29. B	30. C
31. D	32. A	33. A	34. B	35. C	36. A	37. C	38. B	39. D	40. B
41. C	42. B								
二、多项选择题									
43. ACE	44. AC	45. BCDE	46. ACD	47. BCD	48. BC	49. AD	50. ABD	51. CE	52. ACE
53. CDE	54. BCD	55. ABD	56. ABCE	57. BCD	58. ABCD	59. ACE	60. AD		

温馨提示:试题详解,详见深度解析册。

本章错题统计清单

恭喜您,成功完成了本章的刷题挑战。然而,错题的梳理同样不可忽视,它们如同一面镜子,反映出您在复习中的薄弱环节。错题统计清单能助您快速有效地梳理错题,制订更加合理的复习计划,科学安排再次刷题的时间。相信每一次刷题都会带来全新的收获,让您离成功更近一步。

错题序号	错误分析				错题消灭计划		
	概念问题	方法问题	粗心问题	其他原因	一刷	二刷	三刷

第八章
社会工作行政

刷透真题

一、单项选择题(每题的备选项中,只有1个最符合题意)

1. 关于社会服务机构规划的说法,正确的是(   )。
   A. 规划通常由基层管理者制订
   B. 规划应关注机构与外部社会环境的关系
   C. 规划主要考虑机构工作程序和工作方法
   D. 规划时间跨度通常为一年
2. 社会服务机构的年度计划是机构为下一年度工作所订立的具体的可测量的服务指标,也是机构具体的行动计划,这类计划一般由(   )共同拟定。
   A. 决策者和高层管理者　　B. 高层和中层管理者
   C. 中层和基层管理者　　D. 基层管理者和一线员工
3. 某养老机构在拟订整体规划时,强调要为有需要的老人提供心理疏导和人文关怀服务。下列表述中,属于运作性计划的是(   )。
   A. 促进入住老人的身心健康发展　　B. 协助老人同家属每日在线沟通
   C. 协调跨专业团队提供全面照顾　　D. 对有需要的老人开展危机干预
4. 面对新冠肺炎疫情带来的不确定性和挑战,某社会工作服务机构决定调整战略规划,分析评估当前的内外部环境,结合未来发展方向,带领团队更好地走出困境。该机构首先开展了需求评估,明确了机构使命,对未来发展趋势进行了预测,设计并确定了机构的战略目标。接下来,该机构还需要开展的工作有(   )。
   A. 认识机构的局限性　　B. 了解其他机构新做法
   C. 认识环境的多变性　　D. 确定机构的服务目标
5. 社会工作者小马计划在某社区开展一个针对未就业青年的服务项目,并积极争取基金会资助。在项目设计阶段,小马在充分了解未就业青年的问题和需求后,接下来首先要做的工作是(   )。
   A. 制定项目工作目标　　B. 规划项目服务内容
   C. 确定项目评估方法　　D. 编制项目资金预算

6. 社会工作者小李针对社区行动不便老人受虐待问题进行调查时发现，导致该问题的原因很多，关键因素是行动不便老人缺乏相应的照顾支持网络，因此，小陈链接资源策划开展了行动不便老人社区支持计划。小陈分析问题时采用的方法是(　　)。

A. 感觉法　　B. 名义小组

C. 分支法　　D. 问题认识工作表

7. 关于社会服务方案策划的说法，正确的是(　　)。

A. 策划分为问题分析、需求评估、方案制定、行动计划等四个阶段

B. 策划由选择最有效的行动策略和设计具体的服务构想两部分组成

C. 确定理想可行方案后，就可决定资源总需求并进行资源争取工作

D. 在制订行动计划过程中要讨论多种可行方案，并分析限制性因素

8. 某社会工作服务机构在策划失智老人服务方案时，要根据社区问题和需要设定可行的工作目标。下列表述中，属于“影响性目标”的是(　　)。

A. 为 30 名老人提供认知功能的评估　　B. 改善社区内失智老人的认知功能

C. 三个月内编印 300 本认知照顾手册　　D. 安排员工学习认知照顾训练课程

9. 某社会工作服务机构进入地震灾区，参与灾后重建工作。团队成员开会商议社会工作服务方案，其中关于“可行性”的讨论，主要强调服务推动应(　　)。

A. 参照其他机构做法　　B. 符合机构宗旨目标

C. 展示机构优势特征　　D. 拥有足够资源支持

10. 学校社会工作者小林完成了缓解初中生上网成瘾的任务。小林应评估的内容是(　　)。

A. 服务项目的完成情况　　B. 资源的使用情况

C. 服务对象的改变情况　　D. 服务对象人数的变动情况

11. 某社会工作服务机构对本机构的服务项目进行了评估，尤其重视已完成项目的结果评估。下列内容中，属于结果评估的是(　　)。

A. 服务流程管理情况　　B. 服务项目的进度情况

C. 项目经费支出情况　　D. 服务对象的改善情况

12. 某社会工作服务机构初创时只有 1 名创始人兼中心主任，带领 2 名社会工作者深入社区开展儿童服务。经过 6 年的发展，机构工作人员发展到 20 名，服务也从当初的儿童服务，拓展到街道社会工作站服务、社区社会组织培育等多个方面。机构决定由原来的直线式组织结构调整为职能式组织结构，为此，该机构应该采取的改革措施是(　　)。

A. 授予中心主任更大的指挥权　　B. 管理人员下沉开展一线服务

C. 按业务划分部门并加强联动　　D. 成立分支机构拓展服务城市

13. 为了加强民政工作的基层力量，创新社会治理，某省民政部门在乡镇(街道)普遍建立社会工作站，将服务深入到村(居)，重点帮扶困难人群。社会工作者充分发挥主观能动性，组建工作团队，通过各种渠道了解服务对象需求，自主设计问题解决方案，分工合作开展有针对性的服务，帮助服务对象巩固脱贫成果，取得显著成效。从社会服务机构的团队类型看，上述乡镇(街道)社会工作站的工作团队属于(　　)。

A. 多功能型团队　　B. 问题解决型团队

C. 自我管理型团队　　D. 创新研发型团队

14. 社会工作服务机构的项目主管指派一名社会工作者与社区党支部书记沟通落实党群服务项目,并与社区居民代表座谈交流。为了确保上述工作的顺利开展,该主管最恰当的做法是(　　)。

A. 给予社会工作者足够的职权　　B. 给予社会工作者足够的自由

C. 帮助社会工作者与同事协调　　D. 帮助社会工作者向公众交代

15. 某养老机构在开展老年人入院评估时,充分发挥机构内医生、护士和社会工作者的优势,相互配合完成老年人身体、心理、社交等多方面的评估。从机构运作功能的角度看,上述安排属于(　　)。

A. 授权　　B. 沟通

C. 命令　　D. 协调

16. 随着政府购买服务的深入推进,越来越多的社会服务机构采用项目管理方式开展服务。关于项目管理的说法,正确的是(　　)。

A. 项目管理涉及一个主体,资源配置效率较高

B. 项目管理突出问责的是服务人数和服务次数

C. 项目管理目标明确,但影响了项目成员能力发挥

D. 项目管理既重视服务过程监测,也重视结果评估

17. 社会工作者小张最近刚刚晋升为某社会工作服务机构主管,拟采用民主型领导方式管理员工。小张的下列做法中,符合该领导方式的是(　　)。

A. 基于团队共识,修订部门规章制度及工作准则

B. 更多关注工作任务完成情况,与下属保持距离

C. 善用主管权力和工作纪律,引导下属自觉服从

D. 尽可能事无巨细,亲力亲为,慎重地使用授权

18. 某社会工作服务机构的员工因为最近多次加班,感觉疲惫不堪。在这种情况下,服务机构负责人可采取的做法是(　　)。

A. 鼓励员工完成临时加班工作　　B. 解释加班的原因,争取员工的理解与合作

C. 要求员工必须加班完成工作　　D. 对不愿加班的员工进行严厉惩罚

19. 社会工作者小张在某社会服务机构工作五年,承担了多项重要工作,一直表现出色。最近他经常感觉工作任务繁重且枯燥乏味,导致情绪低落。针对目前小张的情况,机构负责人适宜采取的激励措施是(　　)。

A. 发动员工关心小张的生活,使他有团队归属感

B. 招聘新人替代小张的工作,使他有工作危机感

C. 为小张重新调整工作职位,使他有更高的工作自主权

D. 为小张提高薪酬福利待遇,使他有更好的工作满足感

20. 在一次社会服务管理研讨会上,某社会工作服务机构主任介绍员工管理现状,指出入职半年到一年半的社会工作者对未来发展比较迷茫,是机构最不稳定的员工,流失情况比较严重,其他机构主任也纷纷表示自己机构的情况也差不多。针对这一现状,机构最适宜采取的应对措施是(　　)。

A. 扩展服务工作内容　　B. 重新设计工作职位

C. 及时进行工作转换　　D. 协助规划生涯发展

21. 某社会工作服务机构负责人在一次员工座谈会上发现,部分社会工作者因服务认知症老人成效不明显,缺乏工作成就感,出现了倦怠现象,需要采取激励措施。从重视员工个别差异的角度出发,机构最适宜采取的激励措施是( )。

A. 为能力强的员工重新设计职位　　B. 让员工对自己的福利待遇提出建议
C. 提供机会让员工参与机构决策　　D. 让员工共同讨论老人服务发展策略

22. 社会工作者老范负责服务社区精神障碍康复者。她除了有计划开展个案辅导,面向家庭照顾者开展小组服务外,还组建社区志愿者队伍定期探访服务对象。她所在的社会工作服务机构负责人认为老范是位具有高度自主性且能力强的员工,应对其进行激励,负责人最适宜的做法是( )。

A. 转换工作岗位　　B. 增加工作量
C. 激发工作动机　　D. 工作再设计

23. 社会福利领域是一个人力资源密集的行业,主要依靠社会工作者的专业能力为服务对象提供高质量的服务。从人力资源管理的角度看,社会工作服务机构所面临的外部压力是( )。

A. 社会工作者的工作动力维系　　B. 社会工作者的服务技术更新
C. 社会工作者对社会认同的适应和接纳　　D. 社会工作者面对的社会问题复杂多变

24. 为了确保社会工作服务机构的可持续发展,机构内部应建立和谐的员工关系。为实现该目标,机构人力资源管理部门的适当做法是( )。

A. 协助员工学习新技术　　B. 提升员工的工作满足感
C. 开展必要的团队建设　　D. 完善员工激励保障措施

25. 某社会服务机构在年底重新规划下一年度志愿者人力资源管理工作。关于志愿者人力资源"需求评定"的说法,正确的是( )。

A. 评估服务对象对志愿者的喜好倾向　　B. 评估服务对象对志愿者的素质要求
C. 评估本年度志愿者参与服务的动机　　D. 评估本年度志愿者参与服务的能力

26. 某街道社区服务中心招募了30位志愿者,开展面向社区独居老人的"电话问候"服务。为了保证志愿服务顺利进行,社会工作者小林拟对志愿者进行培训,帮助志愿者认识志愿服务意义,了解独居的特点,掌握与老人沟通的技巧。这种志愿者培训是通过发挥( )功能来实现对志愿者的管理。

A. 规划　　B. 组织
C. 领导　　D. 控制

27. 社会工作者在某社区深入开展助老服务,组建了多方参与的志愿服务队伍,并进行管理。在志愿服务人力资源管理的规划中,社会工作者评估志愿者队伍现状,设定中长期发展目标,制定了服务方案。接下来,社会工作者还需开展的规划工作是( )。

A. 编制志愿服务预算　　B. 编写志愿服务说明书
C. 起草志愿服务章程　　D. 制定志愿服务伦理守则

28. 某社会工作服务机构培育了一支志愿服务队为社区残障人士提供服务。为提升服务成效,社会工作者进行了志愿者人力资源管理。下列做法中,属于"控制"职能的是( )。

A. 加强对志愿者投身服务和奉献社会事迹的宣传

B. 召开座谈会，商讨志愿者团队的年度培训方案
C. 建立志愿服务的多项评估指标，定期开展成效评估
D. 梳理机构对志愿服务的需求，了解志愿者参与动机

29. 志愿者人力资源开发与管理是社会工作服务机构管理的重要议题。下列工作中，体现志愿者人力资源管理“组织”功能的是（　　）。
A. 举办志愿者年度分享总结会议
B. 做好志愿者服务时数记录工作
C. 分析机构未来三年需要的志愿者类型和数量
D. 制定志愿者服务章程、伦理守则与考勤制度

30. 为了解决村里环境杂乱等问题，驻村社会工作者小李拟推动建立“先锋志愿者协会”，从党员带头做起，动员村里有影响的妇女委员、宗族长辈参与。从志愿服务人力资源的组织管理职能出发，小李下一步应完成的工作是（　　）。
A. 设定志愿服务目标　　B. 设计志愿服务方案
C. 做好志愿服务记录　　D. 制定志愿服务规范

31. 某社会工作服务机构本年度预算为 100 万元，计划在来年开展新项目。在制定来年财务预算时，理事会讨论决定以 100 万元作为基础，渐进提高预算金额，规划预算金额为 120 万元。上述机构制定财务预算所采用的方法是（　　）。
A. 单项预算法　　B. 直线预算法
C. 方案预算法　　D. 零基预算法

32. 某社会工作服务机构计划下一年度向当地基金会申请经费，开展困境儿童服务项目。为了做好财务预算，该机构采用“方案预算法”制订经费预算。下列做法中，属于“方案预算法”的是（　　）。
A. 以当年机构开展服务项目的预算总额为基准，除以当年的总项目数，进而得出该项目预算
B. 以当年同类型机构开展类似服务项目预算为参考，上浮 10% 的经费比率，得出该项目预算
C. 以本机构当年某项目服务活动计划为基础，结合该项目需要列明各项开支，得出项目预算
D. 以本机构下一年度年总经费预算为依据，结合该项目实际需要列明支出项目，得出项目预算

33. 某社会工作服务机构受区民政局委托，对辖区内 834 户低保和低收入家庭进行入户走访和需求调研，在此基础上设计了一个精准扶困项目。该机构根据项目需要编制各项开支预算。从制定财务预算方法的角度看，该机构采用的是（　　）。
A. 单项预算法　　B. 零基预算法
C. 方案预算法　　D. 增量预算法

34. 社会工作服务机构在向企业开展定向募款的过程中，需要清楚企业捐款的内在动机。下列企业管理者的捐款动机中，属于追求“公共关系”效果的是（　　）。
A. 捐款可带来良好的自我感受　　B. 捐款可为企业巩固原有客户
C. 捐款可以提高企业的美誉度　　D. 捐款可以提升员工的责任感

35. 某社会工作服务机构在开展老旧社区治理项目时，发现一些高龄老人家中还在使用“蹲厕”，导致行动不便的老人普遍存在如厕难问题。为此，该机构拟联合具有公开募捐资格的慈善组织，通过某合规的互联网公开募捐平台，发起“为百户老人换马桶”的公益众筹项目。为了获得社会大众和企事业单位的支持，从项目服务方案设计的角度看，该机构应注重(　　)。

A. 在熟人圈中扩大项目认知度和知名度

B. 通过实际参与环节来获取公众的信任

C. 高质量图片、视频和文字等细节设计

D. 项目回应需求的精准度和创意新颖性

36. “阳光助学基金”的资金来源于本社区单位、企业和个人的捐赠，指定用于协助本社区的辍学青少年掌握一技之长。为促进组织发展，该基金计划采取一系列措施，其中会损害组织公信力的是(　　)。

A. 每年度向捐赠人报告捐款的使用情况

B. 定期公开服务内容和服务对象的满意度

C. 组织工作人员培训以提高服务的专业化水平

D. 将其他社区有同样需要的青少年纳入以拓展服务

37. 为了展现公信力，某社会工作服务机构在 2022 年的年度报告中，除了说明机构履行社会责任和义务的情况、机构内部组织结构建设、社会工作者的持证状况和工作表现以及年度财务报告等内容外，还应包括(　　)。

A. 政治交代　　　　B. 服务交代

C. 行政交代　　　　D. 专业交代

38. 某社会工作服务机构总干事老张在机构年度报告中，就机构理事会、监事会调整事宜向员工代表大会进行汇报说明，并接受质询。老张的做法属于(　　)。

A. 政治交代　　　　B. 专业交代

C. 服务交代　　　　D. 行政交代

39. 某市社会工作行业协会对 36 家社会工作服务机构进行评估，评估组通过实地走访机构业务主管部门代表、项目资助方代表、机构理事与监事、机构员工和服务对象，询问了他们对机构的评价意见，最终有 15 家机构获得优秀等级。下列评估指标中，属于评价社会工作服务机构“公信力”的是(　　)。

A. 机构规范的治理结构　　　　B. 机构人才队伍的建设

C. 机构使命宗旨的建立　　　　D. 机构发展的愿景规划

40. 某社会工作服务机构在其微信公众号的首页“功能介绍”一栏写道：本机构致力于推动社区发展与社区能力建设，通过帮扶弱势群体实现“与你同行，助人自助”的理念。上述表现展示了机构的(　　)。

A. 使命宗旨　　　　B. 策略目标

C. 运作目标　　　　D. 项目目标

41. 社会服务机构公共关系的对象除了服务对象、社会大众、传媒等外部人群，还包括机构的内部人群，如员工、志愿者、理事会成员等。机构开展公共关系，运用各种方法帮助内部人群(　　)。

A. 提高工作满足感　　　　B. 增进对机构的归属感

C. 理解机构的处境　　　　D. 缓解工作方面的压力

42. 经过多年实践探索，我国社会福利行政体系的运行方式呈现出多元主体互动的局面，其特点也在发生变化。关于我国社会福利行政体系的特点，下列说法正确的是（　　）。

A. 社会政策对象在参与政策过程中表现被动

B. 社会服务机构能够直接主导社会福利提供

C. 自上而下的政策主导模式限制了专业化发展

D. 逐渐形成政府主导下的政府与社会合作方式

43. 根据2018年国务院机构改革方案，下列职能中，属于民政部门的是（　　）。

A. 组织推进老年健康服务事业发展

B. 拟订养老服务体系建设规划

C. 拟订医养结合政策措施

D. 拟订养老保险全国统筹办法

44. 中共中央、国务院印发的《国家积极应对人口老龄化中长期规划》明确提出要建立和完善老年健康服务体系。依据我国现行的社会福利行政体系，该职能归属于（　　）。

A. 民政部　　B. 国家卫生健康委员会

C. 国家医疗保障局　　D. 人力资源和社会保障部

二、多项选择题（每题的备选项中，有2个或2个以上符合题意，至少有1个错项）

45. 某社会工作服务机构已运行10年。面对“十四五”规划发展的新形势，机构管理层召开研讨会，回顾机构成长历程，展望未来发展机遇，并形成决议，启动新一轮机构战略规划工作。从社会工作服务机构规划的基本步骤看，下列工作属于“准备阶段”的有（　　）。

A. 访谈机构的服务对象　　B. 精确地分析关键的利益相关者

C. 明确机构的使命和定位　　D. 全面描述机构所处的外部环境

E. 确定参与战略规划的人员

46. 社会工作者小余拟针对社区青年失业问题设计服务计划。为了对社区青年失业问题进行全面深入地了解和分析，小余适宜的做法有（　　）。

A. 运用资源点存法和使用分析法，了解社区可以动用的资源状况

B. 设计评估方法，检验服务活动是否能够有效满足服务对象需求

C. 根据青年失业的关键性影响因素，确立服务目标及其优先次序

D. 通过“问题认识工作表”了解目标对象数量，评估问题严重性

E. 开展头脑风暴，识别和讨论导致社区青年失业问题的主要原因

47. 社会工作者老李运用“问题认识工作表”分析某社区的认知障碍症老人走失问题，老李应该考虑的因素有（　　）。

A. 社区过去3年认知障碍症老人走失的数量有所增加

B. 认知障碍症老人走失主要发生在该社区的临街位置

C. 5名住在该社区且患轻度认知障碍症的老人有风险

D. 最大困难在于认知障碍症老人的家属对此重视不够

E. 认知障碍症老人家属觉得该问题迫切需要得到处理

48. 某社会工作服务机构主管收到社会工作者撰写的项目策划书，计划招募60名志愿者，为某养老院30名失能老人撰写回忆录。该主管审批这份策划书时，需要重点考虑的有（　）。

A. 该服务是否符合上级领导要求和机构的业务范围

B. 该养老院的老人和管理层是否支持开展此项服务

C. 机构能否在服务周期内招募到足够数量的志愿者

D. 该服务提供后的经济效益是否大于服务成本

E. 该服务结束后，机构是否有能力测量其效果

49. 社会工作服务机构在制订社会服务方案时，可用"可行性方案模型"来筛选理想的方案。根据该模型，需要考虑的指标有（　）。

A. 方案与本机构能力的匹配性　　B. 方案的经济效益

C. 方案目标之外的正负面效果　　D. 方案的效果

E. 方案服务提供的公平性程度

50. 某社会工作服务机构在易地搬迁集中安置社区开展服务，帮助搬迁群众融入新生活。最近，该机构对社区服务点的工作进行结果评估，主要内容应包括（　）。

A. 评估安置社区居民的数量变化　　B. 评估社区居民社区融合的改善情况

C. 评估社区居民对于服务的需求　　D. 评估服务社区居民的总体经费支出

E. 评估社区居民对服务的满意度

51. 在某社区服务中心运作过程中，属于授权行为的有（　）。

A. 机构领导向社会宣布"社区平安钟"服务计划

B. 机构主管临时让老曾代他负责"社区平安钟"项目

C. 机构领导指派老李协调志愿者管理工作

D. 机构领导要求小英在一周内完成志愿者招募计划

E. 机构领导让小张对一个个案进行评估

52. 社会服务机构常采用民主型领导方式，强调员工的共同参与，使员工对机构形成较强的归属感。下列做法中，符合该类型领导方式的有（　）。

A. 为员工设定具体的工作目标和实现路径，确保员工能顺利完成工作

B. 较少主动监控员工的具体工作执行情况，允许员工自行决定任务进度

C. 鼓励员工发挥团队协作精神，分配工作时，允许员工发表个人意见

D. 组织员工开展团建活动，推动互动合作，拉近负责人与员工的距离

E. 当工作计划发生改变时，向员工说明改变的原因及影响

53. 社会工作者老王担任某乡社工站站长，带领新入职的驻站社会工作者开展工作。为了与他们建立良好的关系，促进团队合作，老王可以组织开展的工作有（　）。

A. 带领大家探讨实现社工站服务目标的途径

B. 推动大家建立并认真落实社工站工作准则

C. 调整同事之间合作不畅的社会工作者岗位

D. 劝告主管部门勿更改社工站既定工作计划

E. 协助大家理解社工站与机构、乡镇的关系

54. 某社会工作服务机构的社会工作者队伍相对稳定，服务持续性较好，但也有部分社会工作者因为长期在同一岗位工作且内容重复性高，产生了枯燥感和倦怠感，以至

于近期有个别员工产生了离职的想法。对此，机构管理者应采取的措施有（　　）。

A. 建立轮岗制度为员工调整工作岗位　　B. 请员工为自己确定一个挑战性目标

C. 评估员工潜能并协助制订职业规划　　D. 协助员工评估工作并丰富工作内容

E. 提高有离职想法的员工的薪酬待遇

55. 规范的财务管理对于社会工作服务机构的正常运行意义重大，关于社会工作服务机构财务管理的说法，正确的有（　　）。

A. 组织的决策者同时也是财务决策者

B. 财务管理的目标应关注稳定及长期发展

C. 财务管理的目的是满足机构捐款人的需要

D. 通过风险投资使资本增值，为机构人发起分红

E. 通过成本分析和预算控制，提升项目运行效率

56. 近日，某社会工作服务机构的困境儿童服务项目获得政府资金支持。为了增进社会大众对项目的了解，扩大项目的社会影响力，吸引更多的社会资源，机构决定召开记者会。为此，该机构应做的准备工作有（　　）。

A. 筹备“困境儿童生活写实”图片展览

B. 将项目的启动仪式作为记者会的主题

C. 确定记者会的程序、发言稿和主持人

D. 联系当地的爱心企业为困境儿童捐款

E. 准备好项目的相关资料和新闻发布稿

57. 改革开放三十年以来，我国社会福利行政体系动作方式不断发展，正在形成政府与社会合作的社会福利行政模式。这一模式的特点有（　　）。

A. 鼓励社会力量参与社会政策实施　　B. 吸收政策对象参与政策效果评估

C. 政府全面主导政策实施过程　　D. 政策落实采用自上而下的考核方式

E. 讲究政策实施的科学程序和专业方法

答案速查

一、单项选择题									
1. B	2. C	3. B	4. D	5. A	6. C	7. C	8. B	9. D	10. C
11. D	12. C	13. C	14. A	15. D	16. D	17. A	18. B	19. C	20. D
21. A	22. D	23. D	24. C	25. C	26. B	27. A	28. C	29. D	30. D
31. A	32. C	33. C	34. C	35. D	36. D	37. B	38. D	39. A	40. A
41. B	42. D	43. B	44. B						
二、多项选择题									
45. ABE	46. DE	47. ABCE	48. ABCE	49. ACDE	50. BE	51. BCDE	52. BCDE	53. ABC	54. ACD
55. ABE	56. BCE	57. ABE							

温馨提示：试题详解，详见深度解析册。

本章错题统计清单

恭喜您，成功完成了本章的刷题挑战。然而，错题的梳理同样不可忽视，它们如同一面镜子，反映出您在复习中的薄弱环节。错题统计清单能助您快速有效地梳理错题，制订更加合理的复习计划，科学安排再次刷题的时间。相信每一次刷题都会带来全新的收获，让您离成功更近一步。

错题序号	错误分析				错题消灭计划		
	概念问题	方法问题	粗心问题	其他原因	一刷	二刷	三刷

第九章 社会工作督导

刷透真题

一、单项选择题(每题的备选项中,只有1个最符合题意)

1. 在社会服务机构中,建立社会工作专业督导制度有助于机构的正常运转,保障不同部门和员工个人的工作能够充分协调和整合。一般而言,机构都会赋予督导者(　　)的权威和责任,促进机构工作的顺利完成。

A. 知识上　　B. 技术上

C. 行政上　　D. 咨询上

2. 关于社会工作督导者与被督导者互动关系的说法中,正确的是(　　)。

A. 督导重点在于改变被督导者的行为,督导的成效取决于督导者的专业水平

B. 机构赋予督导者督导权力,因而双方互动关系不会随互动形态的改变而改变

C. 督导者有权执行督导工作,帮助被督导者为服务对象提供优质有效的服务

D. 社会工作督导关系中存在上下级关系,所以督导过程是一种单向指导过程

3. 某社会工作服务机构督导者老张正在为机构新员工分配工作任务。老张这一做法的权力来源是(　　)。

A. 老张对新员工的周到关怀　　B. 老张在机构中的职位

C. 老张与新员工的良好关系　　D. 老张的专业知识技能

4. 新冠肺炎疫情防控期间的志愿服务范围广、难度高,志愿者不仅要花费大量时间、精力,还要面临一定的健康风险。为此,受当地民政局委托,某市社会工作者协会组织多名资深社会工作者对志愿者进行督导。下列社会工作者的工作中,体现了"行政性督导"功能的是(　　)。

A. 向志愿者讲解特殊或紧急情况的处理流程

B. 向志愿者交代岗位职责、服务时间和频次

C. 向志愿者示范如何准确回答居民关心的问题

D. 向志愿者解读不同阶段防疫政策的工作要点

5. 某社会工作服务机构督导老张在督导中对社会工作者小马说:"你每周要对服务对象小李进行一次辅导,并及时撰写个案记录。另外,你每周还要对负责的青少年学

习互助小组开展一次小组活动，并及时做好小组记录交给我。”从行政性督导的角度看，老张的做法属于(　　)。

A. 工作协调　　B. 工作总结

C. 工作分配　　D. 工作授权

6. 社会工作者小林在为某困境儿童家庭服务时，孩子的奶奶因为小林没有给予她家物质帮助，对他十分冷淡，甚至恶语相向，还不断投诉他，导致小林在社区开展工作时困难重重。小林觉得自己不被理解，很委屈，向督导者老张求助。老张帮助小林分析了孩子奶奶的个人成长历程、情绪和认知状况，讲解了如何与服务对象建立专业关系的方法和技巧。从教育性督导的内容看，老张教导的是(　　)。

A. 工作过程知识　　B. 社会问题知识

C. 情绪管理方法　　D. 时间管理方法

7. 社会工作者小黄从事困境儿童服务，她在最近一次入户服务结束时，服务对象的家长送给她一袋水果表达感谢。小黄婉拒了该家长的馈赠，但是担心会给其留下“不近人情”的印象，影响专业关系，于是向机构督导者老陈求助。从教育性督导的角度看，老陈最应聚焦的督导议题是(　　)。

A. 工作过程回顾及其反思　　B. 专业伦理判断及其抉择

C. 信任关系维系及其沟通　　D. 服务对象认识及其理解

8. 服务对象向社会工作者小王借钱为妻子看病，小王感到十分为难，向机构督导者老张求教。下列老张的做法中，最能体现社会工作督导教育功能的是(　　)。

A. 安抚小王的情绪，劝她不要过于着急

B. 分享自己遇到类似问题时的处理方法

C. 亲自协调医疗资源，解决服务对象就医问题

D. 缓解小王的压力，协助她理解服务对象难处

9. 某社会服务机构申请了“社会工作能力精准救助”项目，面向某街道的低收入家庭开展社会工作服务。机构项目主管老李通过团体督导工作坊的形式，为项目团队的社会工作者和志愿者解读社会救助政策目标、流程和资格条件等内容。上述督导内容是(　　)。

A. 行政性督导　　B. 教育性督导

C. 支持性督导　　D. 研究性督导

10. 下列督导情境中，体现支持性督导的是(　　)。

A. 督导者为督导对象讲解服务提供中如何体现专业元素

B. 督导者和督导对象讨论与村委会主任建立关系的技巧

C. 督导者向督导对象了解服务进度及过程中遇到的困难

D. 督导者让督导对象回顾服务对象对其表达感谢的话语

11. 根据禁毒部门的要求，社会工作者需要排查机构服务辖区内登记在册的吸毒人员。社会工作者小薛在排查过程中时常遇到服务对象不配合的情况，为此他很苦恼，觉得工作压力大，向督导者老刘咨询。从支持性督导角度看，老刘适宜的做法是(　　)。

A. 与小薛探讨社会工作者职业定位和责任

B. 向小薛讲解服务对象的主要类型及特点

C. 向小薛示范与服务对象接触的沟通技巧

D. 与小薛梳理服务过程中产生的焦虑情绪

12. 为了激发志愿者参与服务的动机，社会工作者需要发挥支持性功能，督导志愿者为服务对象提供高品质的服务。下列志愿者督导的做法中，属于发挥支持性功能的是(　　)。

A. 帮助志愿者了解服务对象的特点　　B. 教导志愿者掌握服务的介入方法

C. 开展志愿者参加培训和资格认证　　D. 强化志愿者自我功能并建立自信

13. 某社会工作服务机构招募了一批大学生志愿者，帮助社区残障人士的孩子补习英语，每周一次，持续两个月。志愿者小华最近一个月因志愿服务时间与自己上课时间冲突，迟到了两次，每次迟到 15 分钟。针对这种情况，社会工作者在督导时最适宜的处理方式是(　　)。

A. 包容小华服务迟到行为　　B. 教导小华学习时间管理

C. 提议小华暂停志愿服务　　D. 建议小华调整服务时间

14. 关于志愿者督导的说法，正确的是(　　)。

A. 由于志愿者不领取工资，督导者可以对志愿者的服务伦理放宽要求

B. 督导者有责任教导志愿者有关服务对象特质及沟通技巧方面的知识

C. 督导者与志愿者具有上下级关系，督导者可根据机构需要给志愿者分配工作

D. 志愿者是服务团队成员之一，督导者应要求志愿者与专职人员一样完成任务

15. 小贾是某社会工作服务机构新招聘的员工。入职之初，他在开展服务过程中感到困难重重，压力很大。为此，督导老陈安排每周三下午和小贾单独见面讨论。老陈采用该督导方式的优点是(　　)。

A. 督导者可以向被督导者提供有效的服务示范

B. 督导者和被督导者容易达成比较一致的意见

C. 对被督导者服务的个案会有多方的信息交流

D. 督导者有充分督导时间且督导过程透明公开

16. 某区 5 个街道社工站的负责人都具有丰富的一线服务经验，他们每月定期开会，轮流组织督导活动，就所遇到的专业服务和管理议题进行讨论，互相激励，彼此借鉴，形成有价值的工作策略。该督导方式是(　　)。

A. 科际督导　　B. 团体督导

C. 个别督导　　D. 同辈督导

17. 某社会工作站新招聘的社会工作者服务经验较少，其负责人邀请资深社会工作者老王对新入职的社会工作者进行督导。老王在“督导前期”应做的工作是(　　)。

A. 与督导对象交流督导的目的

B. 帮助督导对象充分认识自我

C. 分享服务实践经验，支持督导对象做好服务

D. 了解督导对象的家庭、教育背景及从业经历

18. 某社会工作服务机构在社区为青少年提供学习辅导和社交能力提升服务，同时聘请了高校社会工作专业教师担任督导者。在督导服务的“工作期”，督导者适宜的做法是(　　)。

A. 与社会工作者分享青少年服务经历、经验与感受

B. 综述社会工作者开展专业服务的学习与成长过程

C. 清楚描述督导者与被督导者的角色、期望与要求

D. 了解社会工作者既往经验，明确督导目的和方式

19. 社会工作者小王一直觉得自己在个案服务方面进步较慢。小王的督导者老张虽然很有经验，但由于同时管理多个服务项目和督导多名社会工作者，所以每次个案督导的时间十分有限。老张得知小王的想法后，让小王在每次接受督导前明确自己的疑惑及需要讨论的内容，打印好个案服务记录，以便提高督导的针对性。从社会工作督导的一般过程看，上述活动属于的工作阶段是(　　)。

A. 督导前期　　B. 开展期

C. 工作期　　D. 结束期

20. 在某次团体督导中，实习生小兵对机构督导老刘说：“老师，实习都进行两周了，但我还是不知道怎么把课堂所学的理论知识与实践结合起来，我现在感到很郁闷。”针对这种状况，老刘首先应该采取的技巧是(　　)。

A. 同感与分享感受　　B. 开展话题

C. 分享资料与经验　　D. 协商议程

21. 社会工作者小颜正在对家庭暴力中的施暴者进行个案辅导。机构督导者老林在每次督导会谈中都详细了解小颜的服务进度和面临的困难，及时发现问题并与小颜共同面对，寻求解决办法。从社会工作者督导过程看，老林所运用的技巧是(　　)。

A. 分享感受　　B. 开展话题

C. 相互契合　　D. 订立协议

22. 社会工作者小林向督导老刘求助，表示在服务过程中有强烈的挫折感，反复诉说服务对象的不合作影响到了服务效果，询问应如何获得服务对象的合作，老刘想了解更多相关情况，适当的回应是(　　)。

A. “你做过哪些努力让服务对象与你合作？”

B. “是啊，很多服务对象是很难合作的。”

C. “你应该先取得服务对象家人的支持。”

D. “遇到这种问题真的很恼火。”

23. 街道社会工作站督导者老郭经常运用“提问”方式与督导对象会谈，从督导对象的反馈中了解其在服务过程中的观点与角色定位，以获得更深入丰富的资料。下列老郭的提问中，属于澄清督导对象观点的是(　　)。

A. “下个月的邻里节活动筹备进行得怎么样了？”

B. “你的具体服务措施是怎么体现服务目标的？”

C. “根据刚才的讨论，你觉得下一步该做什么？”

D. “你觉得服务对象面临的最核心问题是什么？”

24. 社会工作者小芳工作非常努力，但最近有两次活动收效不佳，令她有些气馁。督导老梁了解到这两次活动效果不佳主要是受到外在环境的影响，对小芳表示理解，此时，老梁最适宜采用的督导技巧是（　　）。

A. 角色扮演　　B. 分享感受

C. 保持沉默　　D. 摘要澄清

25. 社会工作者小鲁主要负责临终关怀服务。最近，小鲁的服务对象王爷爷去世了，他很沮丧地对督导老李说："我在王爷爷身上花了很多心思和精力，没想到他这么快就走了。"老李回应道："你看到王爷爷最后并没有受太多苦，走得很安静，也很平和，你的感受又是什么？"上述个别督导过程中，老李采用的督导技巧是（　　）。

A. 提出建议　　B. 提出疑问

C. 进行评价　　D. 情感慰藉

26. 为消除社会工作者在服务方案设计与评估方面的困惑，老张在开展团体督导时，组织大家就社会工作服务方案的需求评估、理论假设、服务内容设计与服务效果评估等进行了讨论，并带领大家对各部分的核心内容进行提炼；督导结束前再次进行归纳，帮助大家对社会工作服务方案形成了清晰、全面的认识。老张在此次团体督导中，主要运用的主持技巧是（　　）。

A. 分享经验　　B. 增进共识

C. 段落总结　　D. 提供示范

27. 新冠疫情期间，某市社会工作协会提议本市的社会工作者可以多开展同辈督导，提升社会工作者应对突发公共卫生事件的专业能力。在组成同辈督导团体时，适宜采用的技巧是（　　）。

A. 清楚了解参与成员的期待　　B. 强调定期且持续地进行

C. 关注参与成员的潜在感受　　D. 提供可行的方法和技术

二、多项选择题（每题的备选项中，有 2 个或 2 个以上符合题意，至少有 1 个错项）

28. 督导在社会工作专业发展中扮演着重要角色。具体而言，建立督导制度有助于（　　）。

A. 持续改善和更新服务技术　　B. 提供有效服务以满足社会需求

C. 促进机构运行和管理有序　　D. 促进机构和志愿者的良好沟通

E. 获得社会肯定和专业认可

29. 志愿者督导在维持志愿者参与动机、提升志愿者服务品质等方面发挥着不可或缺的作用。下列做法中，体现了志愿者督导行政功能的有（　　）。

A. 协助志愿者充实专业知识　　B. 口头称赞志愿者表现

C. 举办志愿者成长小组　　D. 召开志愿者骨干会议

E. 开展志愿者服务考核

30. 督导者老邱结合年度评估对某街道社工站进行本年度最后一次督导。下列督导内容中，属于行政性督导的有（　　）。

A. 解读街道社工站建设的相关政策文件

B. 推动街道社工站内工作人员团队合作

C. 教导时间管理、人际沟通以及冥想等技巧

D. 检查是否按照考核标准配备站点工作人员

E. 考核是否完成计划规定的个案和小组数量

31. 社会工作督导者在社会工作服务机构中是行政管理的联结点，在督导的过程中扮演着多种角色。下列社会工作督导者的做法中，体现“倡导者”角色的有（ ）。

A. 帮助机构管理者清楚地了解被督导者的利益、问题，提出改善的意见

B. 依据被督导者提供的社区服务缺失信息，向机构提出拓展服务的对策

C. 依据被督导者从直接服务中获取的信息，向机构提出改善程序的建议

D. 引导被督导者熟悉机构环境和服务环境，减少不确定性带来的压力感

E. 处理服务对象的申诉，避免让被督导者直接面对服务对象的不满情绪

32. 最近，社会工作者小李被派到某社区开展独居老人居家养老服务。为了更好地了解独居老人的需求，他设计了一份调查问卷。机构督导老杨发现，问卷的某些问题针对性不强，开放式问题较多，还有专业术语使用等问题。根据这一情况，老杨需要向小李督导的内容有（ ）。

A. 介绍为独居老人服务的技巧
B. 讲解独居老人的人际交往特征
C. 分析独居老人服务的政策
D. 帮助小李了解问卷设计的原则
E. 说明本机构的服务使命

33. 社区居民在参加居委会组织的游园活动时，因排队秩序混乱，与维持现场秩序的社区志愿者老李发生了争吵。为此，老李认为做志愿者“太不值了”，社会工作者老马对他进行了个别督导。老马督导的内容应包括（ ）。

A. 协助老李重新确认游园活动的程序安排

B. 协助老李澄清参与社区志愿服务的动机

C. 协助老李学习和掌握与居民沟通的技巧

D. 协助老李解决志愿服务时间与本职工作时间的冲突

E. 协助老李认识服务中的不足之处并接受建设性意见

34. 社会工作者小田最近开始负责项目志愿者的督导工作，他模仿自己的督导老师给志愿者提供督导服务，但发现效果并不理想，督导老师建议他根据志愿者的特点以及机构对志愿者的要求和期盼，改善督导服务，对此，小田正确的改进措施有（ ）。

A. 根据志愿者服务的公益性特点，对志愿者放宽要求，尽量不惩处

B. 对于志愿者之间发生的矛盾和冲突，要作为仲裁者去判断谁是谁非

C. 把志愿者当成是机构服务的对象，帮助其实现自我成长和能力提升

D. 依托自己与志愿者的上下从属关系，强化志愿者的服从意识和执行能力

E. 尊重志愿者的个人意愿，尽量配合其兴趣、专长、时间要求安排服务任务

35. 社区社会工作者老张负责社区社会组织培育和管理工作。社区环保志愿服务队队长吴大爷反映，最近部分志愿者参与热情降低，尤其是指导垃圾分类的志愿者抱怨，一些居民虽经多次指导但仍然“旧习不改”，还经常说志愿者多管闲事。为此，老张决定对志愿者进行团体督导，并与吴大爷商量定期举办志愿服务经验分享会，其目的有（ ）。

A. 疏导因服务而产生的负面情绪
B. 监测评估志愿服务质量和效果
C. 增强自我功能并协助建立自信
D. 了解居委会对志愿服务的期待
E. 激励和维护志愿者的工作士气

36. 某城区从事老人服务的六位社会工作者每月都聚在一起开督导会议，讨论在老人服务中遇到的困难、障碍及其应对方法，每次会议推选一位成员轮流主持，每位成员都有主持会议的机会。这种督导形式的特点包括（　　）。

A. 成员应是机构督导　　B. 成员以同等地位参与

C. 成员是新进机构人员　　D. 成员可以来自不同机构

E. 成员在专业上有共同需求

37. 社会工作者小梅告诉督导老吴，她发现与服务对象的谈话还只停留在嘘寒问暖的层面，没有办法精确回应服务对象的需求，也不知道该如何制订服务计划。针对这一情况，老吴运用了开展话题的技巧进行督导。下列做法中，属于开展话题技巧的有（　　）。

A. 收集小梅的面谈记录，敦促小梅提高服务的效率

B. 总结小梅面对的问题，向她介绍自己的面谈经验

C. 从最简单的事例开始，了解小梅面谈的具体情况

D. 对小梅的面谈情况提问，了解小梅对事件的反应

E. 聆听小梅关注的事件，协助小梅梳理当前的感受

38. 社会工作者小王告诉督导老张，她面对老年人信心不足，时常不知如何沟通交流，感到压力很大。在认真听完小王的诉说后，老张说："其实刚开始时，可能每个人都会遇到像你一样的情况。我第一次上门探访老人时，一敲门就开始紧张，进门寒暄后就不知道说什么了，和你一样不知所措，俗话说'熟能生巧'，一段时间后就能得心应手。我相信，你一定行的！"上述老张的做法运用的督导技巧有（　　）。

A. 由简入难　　B. 专注聆听

C. 分享感受　　D. 保持沉默

E. 适时提问

39. 小组活动结束后，督导者老叶首先认真听取了社会工作者小刘对小组过程的介绍，分享了与组员讨论小组契约的经验，接着评估此次活动目标是否实现，最后指出了下次活动的注意事项。上述做法中，老叶运用的督导技巧有（　　）。

A. 疑问　　B. 建议

C. 聆听　　D. 补充

E. 评价

40. 在个别督导过程中，督导在态度方面应注意的事项有（　　）。

A. 诚恳倾听被督导者的叙述

B. 及时提供示范，建议可行的方法

C. 仔细阅读服务报告，提出督导教育重点

D. 对被督导者直接提出评价和建议

E. 接纳被督导者的感受，鼓励其自主判断服务对象问题

41. 某社会工作站建立初期，面对社会工作发展的新要求，一线社会工作者感到压力很大，有时会产生焦虑、挫折和无意义感，影响了工作积极性。针对此种情况，社会工

作督导者老李开展了每周一次的团体督导，并在督导过程中充分运用了团体督导的技巧。下列老李的做法中，属于采用团体督导主持技巧的有(　　)。

A. 根据督导的议题决定团体督导的规模

B. 每次督导结束时都及时完成督导记录

C. 把握督导的进度、讨论的广度和深度

D. 针对所提出的问题采用温和、轻松和幽默的方式去处理

E. 在每个环节结束时都恰到好处地进行段落总结形成结论

42. 驻村社会工作者小王为了提升服务质量和专业能力，主动联系其他村的社会工作者每月聚会一次，开展同辈督导。为了保证督导服务的质量，在督导会议的组织方面，小王可采用的技巧有(　　)。

A. 设定规则让所有成员表达意见

B. 设定标准让成员专业背景相同

C. 安排一定的时间让同辈成员表达期望

D. 安排非正式交流时间让成员充分交流

E. 敏锐觉察并及时回应同辈成员的感受

43. 同辈督导团体的成员可能来自不同机构或团队，所以需要签订明确的督导契约。契约的内容应包括(　　)。

A. 团体成员的角色分工

B. 团体成员承诺提交相关服务记录

C. 每次会议持续的时间和会议程序

D. 团体成员承诺坚持参加督导会议

E. 会议主持人须完成团体督导记录

一、单项选择题									
1. C	2. C	3. B	4. B	5. C	6. A	7. B	8. B	9. B	10. D
11. D	12. D	13. D	14. B	15. A	16. D	17. D	18. A	19. B	20. A
21. C	22. A	23. B	24. B	25. B	26. C	27. A			
二、多项选择题									
28. ABE	29. DE	30. DE	31. AC	32. ABCD	33. BCE	34. CE	35. ACE	36. BDE	37. CDE
38. BC	39. BCE	40. ABCE	41. CDE	42. ACDE	43. ACD				

温馨提示：试题详解，详见深度解析册。

本章错题统计清单

恭喜您，成功完成了本章的刷题挑战。然而，错题的梳理同样不可忽视，它们如同一面镜子，反映出您在复习中的薄弱环节。错题统计清单能助您快速有效地梳理错题，制订更加合理的复习计划，科学安排再次刷题的时间。相信每一次刷题都会带来全新的收获，让您离成功更近一步。

错题序号	错误分析				错题消灭计划		
	概念问题	方法问题	粗心问题	其他原因	一刷	二刷	三刷

第十章
社会工作研究

刷透真题

一、单项选择题（每题的备选项中，只有1个最符合题意）

1. 根据社会工作研究的特性，下列议题最适宜归入社会工作研究范畴的是（　　）。

A. 政府官员责任承担　　B. 社会政绩效能改善

C. 居民家庭生活状况　　D. 住房价格快速上升

2. 社会工作者小郑计划研究留守女童自我保护能力建设项目的干预效果。下列研究功能中，属于服务对象层面的是（　　）。

A. 促进儿童保护理论的实践运用　　B. 丰富留守女童自我保护的知识

C. 倡导社会关注留守女童的权益　　D. 总结反思项目实施过程的不足

3. 社会工作者小刘负责留守儿童成长项目，在开展成效评估时，她采用多种方法评估留守儿童应对成长挑战所必备的15种核心能力的培育效果。同时，她还梳理了专业理论和技巧，提升了处理问题的能力。此外，小刘针对该计划进行专业反思，提出了适合留守儿童核心能力培育的建议。在专业层面上，上述小刘的研究具有的功能是（　　）。

A. 提高当地村民对留守儿童的认识　　B. 丰富青少年正面成长理论与实务

C. 减少留守儿童成长过程中的烦恼　　D. 协助社会工作者提升了服务能力

4. 在社会工作研究中，研究者必须遵循的伦理是（　　）。

A. 研究议题应有利于社会工作专业发展　　B. 搜集资料应有利于保证研究信度效度

C. 访谈分析应有利于研究结论积极正面　　D. 研究结果应有利于规避各类研究风险

5. 社会工作者老李对“乡村学校住校学生睡眠故事干预项目”的效果进行研究，发现该项目的实施不仅有效改善了乡村学校住校学生的睡眠状况，还提升了住校学生对校园欺凌行为的敏感性。对社会服务机构而言，该研究的间接功能是（　　）。

A. 该研究可以推动普惠型儿童福利制度的发展

B. 该研究可以丰富青少年抗逆力理论的适用性

C. 该研究可以预防乡村学校校园欺凌行为发生

D. 该研究可以优化乡村学校住校学生管理制度

6. 关于定性研究特点的说法，正确的是（　　）。
A. 定性研究强调应事先设定明确的研究假设
B. 定性研究强调运用标准化的工具收集资料
C. 定性研究的研究者注重研究成果的普遍指导意义
D. 定性研究的研究者注重将被研究对象视为自己人

7. 关于定量研究和定性研究的说法，正确的是（　　）。
A. 定量研究重在理解回答者所经历事实的含义、隐喻和象征，探索社会关系
B. 定量研究中研究者被研究对象视为自己人，这样获得的资料比较真实可靠
C. 定性研究不一定事先建立研究假设，其假设可在研究过程中逐步形成完善
D. 定性研究由于重在领悟事实的本质，因此其所得结论具有很好的可推广性

8. 下列研究中，属于定量研究适用范围的是（　　）。
A. 某市社区青少年就业障碍影响因素研究
B. 某社会工作师事务所运行机制研究
C. 某对夫妻离婚原因深入分析
D. 某患先天性心脏病儿童的家族史研究

9. 社会工作者老贾拟采用定量研究中的问卷调查法，了解青少年的不良行为及其原因。在研究的准备阶段，老贾应该（　　）。
A. 对“青少年不良行为”进行操作化，形成可测量的指标
B. 安排专人进行同步督导，以保证问卷的质量
C. 进行问卷编码的逻辑检查和幅度检查
D. 推论研究问题的普遍性和代表性

10. 定量研究是社会工作研究经常使用的科学方法之一，它由一系列逻辑上相互连接的工作组成。定量研究方法在研究分析阶段的主要工作是（　　）。
A. 在资料薄弱时进行补充调查
B. 对变量间的关系进行多重考察
C. 对原先的研究假设进行修订
D. 将理论概念转化为可测量指标

11. 社会工作服务机构中的五位社会工作者的月收入分别为 4500 元、6000 元、7000 元、6500 元和 4500 元。这些社会工作者月收入的中位数是（　　）。
A. 4500 元
B. 6000 元
C. 6500 元
D. 7000 元

12. 某社会工作服务机构 11 位社会工作者的工作年限，分别是 10 个月、29 个月、12 个月、41 个月、24 个月、18 个月、54 个月、24 个月、46 个月、30 个月、42 个月。这些社会工作者工作年限的众数和中位数分别是（　　）。
A. 24 个月和 29 个月
B. 30 个月和 29 个月
C. 54 个月和 24 个月
D. 54 个月和 30 个月

13. 社会工作者小苏对本社区部分 70 岁以上的老年人进行了问卷调查，了解他们的生活自理状况，以此评估社区老年人对居家养老服务的需求。在需求评估报告的研究方法部分，小苏应说明的内容是（　　）。
A. 老年人生活自理状况调查对于了解居家养老服务需求的意义

B. 影响老年人生活自理状况的各个变量的统计值及其推论情况

C. 本研究的新发现及其对理解老年人居家养老服务需求的贡献

D. 参加本次调查的老年人是按照怎样的标准和程序挑选出来的

14. 研究报告是社会工作研究的最终成果，它可以分为普通报告、学术报告和学位论文三种。其中普通报告至少必须包含的内容是(　　)。

A. 研究标题、研究发现、作者简介

B. 研究问题、讨论与建议、成果应用

C. 研究问题、研究方法、研究发现

D. 研究方法、讨论与建议、成果应用

15. 老董是某社会工作服务机构项目部主任，主要负责某街道社区工作者专业能力建设项目。下列内容中，应在项目总结报告中详尽说明的是(　　)。

A. 社区工作者专业能力的现状特点

B. 社区工作者专业能力的影响因素

C. 社区工作者专业能力建设项目的成效

D. 社区工作者专业能力建设项目的进度

16. 小汪负责撰写困难群众精准救助项目结项总结报告。与该项目计划书内容相比，结项总结报告需要重点增加的是(　　)。

A. 困难群众社会救助的现状　　B. 困难群众精准救助的成效

C. 困难群众精准救助的策略　　D. 困难群众精准救助的目标

17. 某社会工作服务机构将进行一项社区综合养老服务体系建设状况的调查，拟采用问卷调查法，调查对象大多为老年人。该社会工作服务机构最适合采取的问卷填写方法是(　　)。

A. 自填问卷法　　B. 集中填写法

C. 访问问卷法　　D. 邮寄填写法

18. 城市家庭调查问卷

尊敬的居民：

您好！我们正在进行一项有关家庭生活质量和社会服务方面的调查。每一个家庭都希望能幸福、美满地生活，并对社会做出贡献，您的希望也是我们的愿望。但每个家庭都会面临这样那样的困难，也需要各种帮助和支持。我们的调查正是为了征求您的意见，了解您的需求，为下一步制定相关政策和服务方案提供依据。访问结果将会绝对保密，请不必有任何顾虑。

希望得到您的支持和合作。谢谢！

某市城市调查研究中心

2023 年 4 月

根据封面信内容设计要求，以上封面信缺少的是(　　)。

A. 研究机构和保密原则　　B. 调查者身份和研究机构

C. 保密原则和对象选择方法　　D. 对象选择方法和调查者身份

19. 问卷调查是社会工作研究的常用方法，其中“问题”是问卷的核心，下列“问题”中，目的在于了解被调查者“状态”的是（　　）。

A. 性别：

(1)男　　(2)女

B. 您有几次求职经历？

(1)0次　　(2)1～2次　　(3)3～4次　　(4)5次及以上

C. 对于《社会工作导论》授课教师的讲授形式，您感到：

(1)很不满意　　(2)不太满意　　(3)一般　　(4)比较满意　　(5)很满意

D. 过去一个月，您接受过社会工作服务吗？

(1)是　　(2)否

20. 为了解社会工作专业硕士生的就业意向，某大学社会工作系设计了“社会工作专业硕士毕业生就业意向调查问卷”。下列问题和答案的设计中，正确的是（　　）。

A. 你的年龄？

(1)25岁及以下　　(2)26～30岁　　(3)31岁及以上

B. 你父母是否希望你回老家工作？

(1)是　　(2)否

C. 你最希望到哪里就业？

(1)政府部门　　(2)事业单位　　(3)福利机构　　(4)企业单位　　(5)社会组织　　(6)其他单位

D. 社会工作有利于提高综合素质，你愿意从事社会工作吗？

(1)愿意　　(2)不愿意

21. 根据问卷设计中问题的排序原则，下列正确的排列顺序是（　　）。

(1)您对社区养老服务日间照料中心的午餐满意吗？

①非常满意　②比较满意　③一般　④比较不满意　⑤非常不满意

(2)对于社区养老服务日间照料中心的工作，您有什么建议？

(3)您的性别：

①男性　　②女性

A. (2)(1)(3)　　B. (3)(2)(1)

C. (3)(1)(2)　　D. (1)(3)(2)

22. 某城区计划开展一次居民环保观念与行为调查。负责该调查的社会工作者在访问员培训会上讲道：“这次调查问卷主要包括三个部分，共20个调查问题。第一个部分是收集居民个人基本信息，第二个部分是了解居民的环保意识，第三个部分是考察居民关于垃圾分类的知识与行为……”。上述社会工作者讲解的内容是（　　）。

A. 介绍研究背景　　B. 演练访问技巧

C. 明确工作态度　　D. 说明问卷内容

23. 社会工作者老姚计划为某乡村小学三年级的20名留守儿童开展成长小组服务，旨在提高留守儿童的自信心。为科学评估小组工作的成效，老姚准备运用前后测控制组设计的方法开展研究。为此，老姚在开设小组之前需要做的是（　　）。

A. 运用自信量表对20名留守儿童进行测评，得分较低的作为实验组

B. 运用自信量表对20名留守儿童进行测评，得分较高的作为实验组

C. 随机将20名留守儿童分为实验组和控制组，并用量表测量儿童的自信水平

D. 将20名留守儿童作为实验组，再随机选出自信水平相近的儿童作为控制组

24. 为了研究就业培训项目对社区失业人员再就业的效果，社会工作者老赵挑选了情况较为相似的A、B两个社区，然后对A社区的失业人员进行就业技能培训。半年后，老赵就A、B两个社区失业人员再就业的状况进行比较，发现A社区的再就业比例明显高于B社区，老赵据此判定该就业培训项目有效。老赵采用的研究方法是（　　）。

A. 前后测控制组设计　　B. 单后测控制组设计

C. 非对等控制组设计　　D. 简单时间序列分析

25. 下列实验形式中，属于准实验设计的是（　　）。

A. 前后测控制组设计　　B. 非对等控制组设计

C. 单后测控制组设计　　D. 索罗门四组设计

26. 学校社会工作者小莉，为了解"有事小演讲家"沙龙活动对于小学生阅读能力体现的效果，她选择了三年级(1)班和三年级(2)班参与研究，这两个班的阅读平均成绩分别为73分和72分，三年级(1)班的全体同学均参与"有事小演讲家"沙龙活动，三年级(2)班则不参与，经过一学期的沙龙活动，期末这两个班的阅读平均成绩分别为83分和78分，根据上述描述，小莉所采取的研究方法是（　　）。

A. 非对等控制组设计　　B. 简单时间序列设计

C. 前后测控制组设计　　D. 单后测控制组设计

27. 社会工作者小魏计划运用焦点小组访谈法来了解残联工作人员、残障人士及其家属对现有助残服务的看法与期待。小魏的下列做法中，正确的是（　　）。

A. 在访谈前应告知访谈对象注意发言的分寸

B. 在开展访谈时应关注访谈对象之间的互动

C. 安排残联工作人员、残障人士及其家属一起共同参加访谈

D. 在引导访谈对象积极地表达意见时，主动分享自己的想法

28. 社会工作者小王采用深度访谈的方法，收集社会工作服务机构参与儿童保护服务的资料。小王在深度访谈时应该（　　）。

A. 通过随机抽样的方法来选择被访者　　B. 事先围绕研究的问题提出研究假设

C. 根据互动情况调整需要了解的问题　　D. 严格按照事先设计的问题进行访谈

29. 社会工作者运用个案研究方法可以实现多元研究目标。下列研究目标中，属于提出策略的是（　　）。

A. 通过研究，小林发现了影响初高中学生学业焦虑的家庭因素

B. 通过研究，小罗揭示了农村困境老年人实现自助的内在逻辑

C. 通过研究，小杨设计了促进中青年居民参与社区事务的方案

D. 通过研究，小曹总结了提升精神障碍患者服药依从性的方法

30. 在参与社会救助工作中，社会工作者采用个案研究方法了解情况，关于个案研究方法的说法，正确的是（　　）。

A. 个案研究排除了研究者对救助对象的影响

B. 个案研究能发现社会救助对象的普遍特征

C. 个案研究可以促进社会救助服务更加精准

D. 个案研究是社会救助个案工作的专用方法

31. 在政府购买社会工作服务背景下，项目申请书、中期报告、结项报告及佐证资料成为重要的社会工作服务资料。社会工作专业硕士研究生小张尝试运用某市 10 年来的项目服务资料揭示社会工作专业服务的特点与变迁。关于小张开展的研究的说法，正确的是(　　)。

A. 该研究可以同时采用定量与定性的研究分析方法

B. 该研究的研究步骤与实验研究的研究步骤相一致

C. 该研究对于显性内容进行类似于定性资料的编码

D. 该研究资料分析时依据的抽样单位是固定不变的

32. 社会工作专业硕士生小芳计划采用行动研究方法，进行失独老人专业社会工作服务介入研究，并以此作为毕业论文的选题。下列小芳的做法中，属于行动研究的是(　　)。

A. 独立设计、实施、评估与完善失独老人专业社会工作服务方案

B. 在为失独老人服务过程中与他们一起不断讨论和改进服务

C. 通过已有的失独老人项目的分析讨论专业社会工作介入服务

D. 跟踪不同机构失独老人专业社会工作服务并总结其服务经验

33. 汶川地震后，由各高校社会工作专业的教师和学生组成的社会工作服务队在灾区进行服务。同时，他们对自己的服务进行研究，并对研究成果进行了批判性反思，用于改进服务。这属于行动研究的(　　)。

A. 独立模式　　B. 支持模式

C. 合作模式　　D. 个案模式

二、多项选择题(每题的备选项中，有 2 个或 2 个以上符合题意，至少有 1 个错项)

34. 社会工作者小黄运用个案研究收集退休人员张大爷的资料，根据“人在情境中”的观点，小黄适宜的做法有(　　)。

A. 观察张大爷与其所处环境的互动关系

B. 将资料上升到理论层面，并推及社区其他老人

C. 弄清张大爷的家庭、朋友、原工作单位等方面的情况

D. 根据个人经验提出假设，并在资料收集过程中予以验证

E. 了解张大爷的生命历程，掌握其中重大事件的详细信息

35. 社会工作者小郑在养老院为失智老人提供服务，他通过 3 年的行动研究获得了一些减缓老人失智的方法。上述小郑的研究，具有的直接功能有(　　)。

A. 协助养老院反思为老服务　　B. 提升养老院在本地的知名度

C. 改善失智老人的照护实践　　D. 帮助公众了解失智老人特点

E. 帮助养老院其他老人预防失智

36. 关于社会工作研究报告撰写的说法，正确的有(　　)。

A. 研究报告的结构需要与方法论和研究方法呼应

B. 定量研究报告表明了其使用的就是量化的资料
C. 需求评估报告与研究报告的结构基本是相似的
D. 项目方案书的基本结构与需求评估报告有区别
E. 项目的总结报告是实务工作和研究的最终产品

37. 关于社会工作研究具体方法的说法,正确的有(　　)。
A. 观察法容易发现研究对象未报告的隐秘资料
B. 问卷调查法有助于发现研究对象的特殊性问题
C. 访谈法有利于及时回应变化,获得深入资料
D. 个案研究可以发挥辅助理论建构的重要功能
E. 实验研究可以有效控制实验场境和外在场境

38. 社会工作者老王采用个案研究方法,与服务对象小军一起回忆戒毒的心路历程,并总结成功戒毒的经验。关于上述研究的说法,正确的有(　　)。
A. 该研究能呈现小军戒毒过程的独特性
B. 该研究收集的资料必须使用量表测量
C. 该研究过程需要遵循严格的前测后测步骤
D. 该研究过程需要注重小军的主观感受
E. 研究中老王需要回顾反思与小军的关系

39. 社会工作研究中常常会使用一些统计资料。为了保证研究质量,社会工作者必须对这些统计资料进行审核。下列研究工作中,属于统计资料审核的有(　　)。
A. 选择统计资料的分析方法
B. 探究统计资料中指标转换的可能
C. 对统计资料进行逻辑检查
D. 明确统计资料中各项指标的含义
E. 了解统计资料的具体来源

40. 根据参与者对自己的行动所做的反思,行动研究还可以分成(　　)等类型。
A. 对行动进行反思
B. 行动中认识
C. 行动中反思
D. 事先对行动方案进行反思
E. 只行动不反思

41. 某社区推行垃圾分类工作已满3年,社会工作者通过观察和检查发现,社区居民仍然存在垃圾不分类或分错类的情况。为此,社会工作者尝试通过行动研究方法来解决社区垃圾分类工作中存在的问题。下列社会工作者的做法中,属于行动研究步骤的有(　　)。
A. 通过查阅文献,了解以往相关研究的理论、方法和研究发现,建立研究假设
B. 分析垃圾分类工作存在问题的表现及后果,剖析其影响因素,发现可控原因
C. 组织社区居民、物业公司等相关人员一起拟定针对垃圾分类问题的具体计划
D. 根据垃圾分类存在的问题,加强宣传和示范,对某些过程细节进行适当调整
E. 确认垃圾分类工作已有成果,并以此作为垃圾分类工作方案调整的重要参考

答案速查

一、单项选择题									
1. C	2. B	3. B	4. A	5. D	6. D	7. C	8. A	9. A	10. B
11. B	12. A	13. D	14. C	15. C	16. B	17. C	18. D	19. A	20. A
21. C	22. D	23. C	24. B	25. B	26. A	27. B	28. C	29. C	30. C
31. A	32. B	33. A							
二、多项选择题									
34. ACE	35. CE	36. ACDE	37. ACDE	38. ADE	39. CDE	40. ABC	41. BCDE		

温馨提示：试题详解，详见深度解析册。

本章错题统计清单

恭喜您，成功完成了本章的刷题挑战。然而，错题的梳理同样不可忽视，它们如同一面镜子，反映出您在复习中的薄弱环节。错题统计清单能助您快速有效地梳理错题，制订更加合理的复习计划，科学安排再次刷题的时间。相信每一次刷题都会带来全新的收获，让您离成功更近一步。

错题序号	错误分析				错题消灭计划		
	概念问题	方法问题	粗心问题	其他原因	一刷	二刷	三刷

全国社会工作者职业水平考试辅导用书

真题全刷

社会工作综合能力

全国社会工作者职业水平考试辅导用书编写组　编

深度解析册

光明日报出版社

目 录

Contents

第一章 社会工作的内涵、原则及主要领域 1

第二章 社会工作的价值观与专业伦理 12

第三章 人类行为与社会环境 20

第四章 社会工作理论的应用 28

第五章 个案工作方法 37

第六章 小组工作方法 51

第七章 社区工作方法 64

第八章 社会工作行政 76

第九章 社会工作督导 86

第十章 社会工作研究 95

第一章
社会工作的内涵、原则及主要领域

一、单项选择题									
1. C	2. C	3. B	4. C	5. B	6. A	7. D	8. B	9. A	10. D
11. B	12. B	13. B	14. C	15. D	16. A	17. A	18. D	19. B	20. B
21. C	22. D	23. A	24. D	25. B	26. B	27. D	28. A	29. D	30. C
31. D	32. D	33. A	34. B	35. B	36. D				
二、多项选择题									
37. BD	38. BE	39. AC	40. ABD	41. BE	42. ABDE	43. BCE	44. ABE	45. CD	46. AB
47. AB	48. AE	49. CDE	50. BC	51. CE	52. CD	53. BD	54. DE		

深度解析

一、单项选择题

1. C。

【解析】本题考查社会工作的定义。社会工作是以利他主义价值观为指导，以科学的知识为基础，运用科学方法助人的职业化的服务活动。该定义指出：(1)社会工作是以帮助他人(服务对象)为目的的活动，即以帮助有困难、有需要的人为出发点，是利他的。故A项错误。(2)社会工作是以科学知识为基础的活动。(3)社会工作是科学的助人方法。(4)社会工作是职业化的助人服务活动。助人活动不等同于助人为乐，故B项错误。社会工作在社会层面的目标是解决社会问题、促进社会公正，故D项错误。

2. C。

【解析】本题考查我国对社会工作的理解。正确辨析普通社会工作、行政性社会工作和专业社会工作，是答题的关键。A选项更符合行政性社会工作，B选项内容描述较为模糊且未体现出“畅通和规范途径、激发活力”等题眼，D选项更符合行政性社会工作且其“提高社会地位”偏离题眼，C选项属于专业社会工作，且“成立社工机构、提高服务水平”更符合题眼。

3. B。

【解析】本题考查我国对社会工作的理

解。专业社会工作是由受过社会工作专业训练的人开展的助人活动。改革开放以来，相继开展了一系列职业化的社会服务，这些主要针对困难人群的专业化服务比较多地秉持了国际上通行的社会工作理念，并运用了社会工作的专业知识和方法，在我国是一种新型的社会工作。

【知识拓展】普通社会工作是人们在本职工作之外承担的，不计报酬的思想政治教育性或公益服务性的活动。如工作单位内部的工会委员等兼职，社会上的关心下一代委员会成员的活动等。这些被认为是在本职工作之外、在社会上开展的、服务于社会的活动。

4. C。

【解析】本题考查专业社会工作的功能和目标。专业社会工作是由受过社会工作专业训练的人开展的助人活动。社会工作在社会层面的目标包括解决社会问题和促进社会公正两大方面。其最终目的是为了推动社会进步。专业社会工作对社会的功能是维持社会秩序、建构社会资本、促进社会和谐和推动社会进步。本题中，“促进社会组织、专业社会工作、志愿服务健康发展”都是为了“打造共建共治共享社会治理格局”。因此，专业社会工作在社会治理中发挥着重要作用。

5. B。

【解析】本题考查社会工作在服务对象层面上的目标。社会工作在服务对象层面上的目标包括解救危难、缓解困难、激发潜能和促进发展四个方面。本题中，培养小学生面对挫折的韧性体现了挖掘个人潜能，帮助服务对象更好地面对困难。

6. A。

【解析】本题考查社会工作的目标。社会工作在服务对象层面的目标有：解救危难、缓解困难、激发潜能和促进发展。其中促进发展是指在一个人或一个群体遇到困难时，社会工作者给予帮助，通过增加知识、学习技能等方式使个人得到发展，实现自己的人生目标，比如，对进城务工人员的子女的学习辅导就是为了帮助其发展。

7. D。

【解析】本题考查社会工作在文化层面的目标。社会工作文化层面的一个重要目标是促进社会团结。在社会工作和社会福利领域，社会团结被认为是人们之间因为利益和价值相关而形成的相互亲和、相互包容、协商共事、共同发展的状态。本题中，小孙的工作是为了促进邻里互助，增进居民之间的联系和交流，提高社区的凝聚力和活力，有利于促进社会团结。故D选项正确。

【知识拓展】社会工作在文化层面的目标包括弘扬人道主义和促进社会团结。

8. B。

【解析】本题考查社会工作的功能。社会学家默顿指出，那些明显的、被参与者所预期和认识到的后果是显功能，而那种未被预期和认识到的后果是潜功能。某些社会现象的某些后果是显而易见的，因此容易被认识到，这种社会现象的功能就是显功能。如最低生活保障制度对改善贫困群体的生活状况所发挥的作用就是显功能。正功能是指所发挥的是正面的、积极的、支持性的作用。负功能是指所产生的负面的、消极的作用。故本题选B。

9. A。

【解析】本题考查社会工作的功能。社会工作对服务对象的功能有：促进服务对象的正常生活、恢复弱化的功能、促进人的发展、促进人与社会环境的相互适应。本题中，小何为小娜提供的服务中，最能体现促进人与社会环境相互适应功能的是鼓励小娜参加学校开设的兴趣小组，因为这样可以帮助小娜拓展其社交圈子，增加其与同学之间的交流和互动，提高其自信心和自我价值感，从而适应学校生活。故A选项正确。

10. D。

【解析】本题考查社会工作对服务对象的功能。本题中，陈女士遇到了现实困难并产生压力，D选项的做法最符合题意；A、B选项的做法均未直接发挥社会工作的功能，可以排除；C选项属于社会层面的目标，不具有"首先"性，应排除。

11. B。

【解析】本题考查社会工作对服务对象的功能。社会工作对服务对象的功能包括：(1)促进服务对象的正常生活。通过提供服务来促进困难群体走出困境，走向正常生活。(2)恢复弱化的功能。恢复困难群体生理、心理及社会方面的能力，使其更好地参与社会生活。(3)促进人的发展。激发个体潜能，为其发展创造条件。(4)促进人与社会环境相互适应。人与社会环境是相互约束、相互依存的。社会工作的任务就是要促进困难群体与社会环境的良性互动。本题中，小刘由于校园适应不良导致心理和社会交往都出现了问题，社会工作者帮助其更多地参与学校集体生活，符合"恢复弱化功能"的内容，故选B。

12. B。

【解析】本题考查社会工作对社会的功能。社会资本是在一定的社会范围内存在的，人们基于信任、情感、共同体意识而形成的相互信赖和支持性的关系。社会工作以人为本，解决社会问题，通过举办公益活动和长期培育，可以促使人们之间社会资本的建立，或使社区的社会资本更加丰厚。

13. B。

【解析】本题考查社会工作对社会的功能。社会工作是现代社会制度体系不可缺少的组成部分，它通过提供服务、解决社会问题对社会运行发挥重要影响，具有积极意义。社会工作对社会的功能有：(1)维持社会秩序。(2)建构社会资本。(3)促进社会和谐。(4)推动社会进步。本题中，最能反映社会工作作用的表述是社会工作对社会治理创新具有重要作用。

【知识拓展】(1)维持社会秩序：社会工作通过服务化解矛盾、解决问题，从而达到维持社会秩序的效果。在解决问题的方法上，社会工作不但强调维持社会秩序的重要性，也强调要改变引起问题的、不尽合理的社会结构和制度环境。(2)建构社会资本：社会工作以人为本，解决社会问题，通过举办公益活动和长期培育，可以促使人们之间社会资本的建立，或使社区的社会资本更加丰厚。社会资本的增加能够促进社会成员之间的良好关系，增加他们的相互信任，有助于建立一个相互关怀的社会。(3)促进社会和谐：社会工作擅长面对面的、深入人心的、人性化的服务，这在化解矛盾和冲突时所产生的促进社会和谐的作用是一般行政方法所不能替代和比拟的。(4)推动社会进步：社会工作作为一种社会力量以其针对性强、服务细致、人性化和标本兼治的特点，对有需要人群特别是困难群体开展服务，能有效地解决他们的问题。一个社会的进步不在于强者的生活和地位，而在于困难群体、底层群体基本生活的改善和他们社会地位的提高。社会工作对困难群体问题的解决会更有力地促进社会进步。

14. C。

【解析】本题考查社会工作的产生。美国在国内战争时期出现了一些给薪的社会服务工作者，社会服务开始成为一种职业，并成为社会工作者的前身。故本题正确答案为 C。

【知识拓展】19 世纪末至 20 世纪初，英美等国家出现了许多民间的社会服务组织（慈善组织），弥补政府推行的济贫活动之不足，同时在更大范围内向失业者、贫民提供帮助，推动了社会救助事业的发展。这些社会服务组织在工作方法、组织服务的协调等方面积累了一些经验，也为社会工作的形成创造了条件。在这一过程中，英美国家的政府也制定社会政策，建立社会服务行政系统，促进了社会工作的发展。

15. D。

【解析】本题考查社会工作专业方法的发展。随着对社会问题复杂性的认识，社会工作者逐渐认识到，面对复杂问题应该综合运用多种方法。这样，社会工作者开始探讨将几种社会工作方法综合运用的可能性，这就是整合社会工作（或综合社会工作）的出现。故 D 项正确。

16. A。

【解析】本题考查社会工作的专业发展。在社会工作专业化的进程中，曾经出现将工作领域细分、强调某种专业方法的现象。后来，随着对社会问题复杂性的认识，社会工作者逐渐认识到，面对复杂问题应该综合运用多种方法。这样，社会工作者开始探讨将几种社会工作方法综合运用的可能性，这就是整合社会工作的出现。目前，在社会工作实践中以问题为本、灵活运用多种方法已经成为新的趋势。

17. A。

【解析】本题考查新发展阶段社会工作的新发展。根据常识，可以排除 D 选项。B、C 选项只涉及社会工作者服务机构和社会工作者能力方面，均未涉及参与社会治理，可以排除。故 A 选项正确。

【知识拓展】新发展阶段社会工作的新发展内容包括：(1) 党的社会工作部门建立，社会工作发展战略目标明确。中央社会工作部的基本职能是，负责统筹指导人民信访工作，指导人民建议征集工作，统筹推进党建引领基层治理和基层政权建设，统一领导全国性行业协会商会党的工作，协调推动行业协会商会深化改革和转型发展，指导混合所有制企业、非公有制企业和新经济组织、新社会组织、新就业群体党建工作，负责全国志愿服务工作的统筹规划、协调指导、督促检查，指导社会工作人才队伍建设等。(2) 社会工作广泛参与社会治理。《中共中央 国务院关于加强基层治理体系和治理能力现代化建设的意见》强调，要完善社会力量参与基层治理激励政策，创新社区与社会组织、社会工作者、社区志愿者、社会慈善资源的联动机制，支持建立乡镇（街道）购买社会工作服务机制和设立社区基金会等协作载体。(3) 社会工作助力实现共同富裕。党的二十大报告对中国式现代化进行了系统论述，指出中国式现代化的本质要求。(4) 健全社会工作体制机制，乡镇社会工作服务站快速发展。(5) 社会工作实践与研究相互促进。

18. D。

【解析】本题考查我国社会工作发展的基本原则。我国社会工作发展的基本原则包括：(1) 坚持中国共产党的领导。(2) 坚持社会主义核心价值观的引领。(3) 坚持以人民为中心的理念。(4) 坚持职业化、专业化、本土化的发展路径。

19. B。

【解析】本题考查社会工作的基本过程模式。社会工作作为一个过程是有丰富内涵的。首先,社会工作不是通过一次服务就可以解决问题的,它是一个渐进的、不断促使服务对象改变、逐渐达到目标的过程。其次,社会工作者的服务过程是双方互动的过程。就这个互动过程而言,无所谓主次,双方都要理解对方并做出反应,而且这种互动是持续的、连锁式的过程。故B选项正确。

20. B。

【解析】本题考查社会工作的特点。社会工作的特点包括:(1)专业助人活动。社会工作不是一般的助人活动,而是以困难群体为主要对象的、专业的、职业性的助人活动。在性质上,它是以服务于困难群体、以利他为目的的职业活动。(2)注重专业价值。专业价值是指社会工作者在从事社会服务时所遵循的理念、指导思想和伦理。社会工作强调平等之爱,要帮助所有有困难、有需要的人。(3)强调专业方法。经过长期的实践和积累,社会工作形成了个案工作、小组工作、社区工作、社会工作行政等一系列独特的工作方法。(4)注重实践。社会工作要具体地去做,即在科学理论指导下采取行动,社会工作的实践性不但要求社会工作者有理论联系实际的能力,而且要有根据情况的变化,合理运用工作方法与技巧的能力。(5)互动合作。社会工作并不是社会工作者单向地向服务对象提供服务,而是双方合作、共同面对困难、分析问题成因、寻找解决问题的方法,进而解决困难的过程。(6)多方协同。社会工作者介入的大多是比较复杂的问题,在解决这些问题的过程中常常既需要社会工作者之间的分工,也需要他们之间的合作。本题中,老魏的督导内容体现了社会工作的价值观,强调平等之爱,要帮助所有有困难、有需要的人。

21. C。

【解析】本题考查社会工作的基本要素。服务对象是在生活中遇到困难需要帮助以摆脱困难的个人或群体,不仅指个人,也指家庭、群体或社区。本题中,徐女士的“痛苦”源于其家庭关系,社会工作者应当以徐女士的家庭为服务对象开展干预服务,C选项最符合题意。A选项仅仅局限于徐女士本人的情绪疏导,不及C选项更适宜。B、D选项忽略了婆婆、丈夫与徐女士之间的家庭关系,比较片面。

22. D。

【解析】本题考查社会工作的基本要素。社会工作中的服务对象也称受助者(或案主),它指的是在社会工作过程中需要帮助的一方,是在正常的社会生活中遇到困难需要帮助从而解脱困难的个人或群体。服务对象的存在是社会工作得以发生的基本前提。没有服务对象或受助者,社会工作就失去了对象,也就不会发生。

23. A。

【解析】本题考查我国实际社会工作人员与专业社会工作者的区别。我国对社会工作有三种不同的理解:普通社会工作、行政性社会工作、专业社会工作。一般把在政府部门、人民团体、事业单位中,为困难群体和职工直接提供救助和帮助,帮助其解决困难、走出困境和促进其发展的工作称为行政性非专业社会工作,也把从事这类活动的人称为实际社会工作人员。题中小闫在街道办事处工作,属于政府公职人员,而后考取社工证书,与社会组织合作,并鼓励其参加招投标,实际上未参与真正的服务工作,而是自上而下的间接性工作,故A选项正确。

【知识拓展】实际社会工作人员与专业社会工作者的区别之处在于:(1)实际社会工作人员一般是行政部门、事业单位的干部和公职人员,而不是专业人员。(2)实际社会工作人员一般不要求受过系统的社

会服务方面的专业训练。(3)实际社会工作人员一般靠行政系统自上而下地开展工作,专业社会工作者则强调与服务对象的平等关系。(4)实际社会工作人员的活动或多或少地带有政治色彩。(5)实际社会工作人员所遵循的一般是行政权力和权威,而专业社会工作者遵循的是专业权威。

24. D。

【解析】本题考查社会工作者的直接服务角色。社会工作者面对服务对象(受助者)不但要提供直接服务或帮助,也要鼓励其在可能的情况下自强自立、克服困难,即“助人自助”。因此,社会工作者应该成为服务对象积极反应的支持者、鼓励者,并应尽量创造条件使其能够自立或自我发展。本题中,小姜策划小组活动帮助随迁老人尽快融入社区生活,最能体现支持者角色的是鼓励随迁老人了解当地的风俗,因为这样可以帮助他们消除对新环境的陌生感和恐惧感,增加他们与本地人的交流和沟通,提高他们的社会适应能力。故D选项正确。

25. B。

【解析】本题考查社会工作者的直接服务角色。在服务对象必须采取新的行动才能有助于其走出困境但服务对象对新的行动又不了解时,社会工作者应该成为服务对象采取某种行为的倡导者,即向服务对象倡导某种合理行为,并指导以使其成功。

26. B。

【解析】本题考查社会工作者的间接服务角色。资源筹措者又称资源链接者,是指社会工作者为了有效助人,常常需要联络政府部门、企事业单位、社会组织(包括基金会)和广大社会成员,向他们筹集服务对象所需要的资源。本题中,B选项符合题意。A选项属于研究者,C、D选项属于服务提供者。

27. D。

【解析】本题考查社会工作者的间接服务角色。社会工作者在服务过程中发现某些问题具有普遍性时,应该提出政策建议以影响和改善社会政策,解决社会问题,避免社会问题的再次发生。这种政策影响者常常有比较明确的政策主张,故又称政策倡导者。

28. A。

【解析】本题考查社会工作者的间接服务角色。社会工作者的角色分为直接服务角色(服务提供者、支持者、治疗者、使能者、关系协调者、倡导者)、间接服务角色(资源筹措者、政策影响者、行政管理者、研究者)以及合并服务角色。A选项“研究者”是指社会工作者对自己的服务实践进行研究,可以提高专业服务水准,发展社会工作专业知识与理论,也可以为社会政策的制定提供依据。B选项“行政管理者”是指社会工作者对社会工作过程进行的有效的管理控制,包括对人员、信息、活动、资源等的协调、管理和安排。C选项“倡导者”是指对服务对象行为的社会倡导和对政府行为的政策倡导。D选项“关系协调者”是指社会工作者需要对服务对象失调的人际关系和社会关系进行协调。在调动资源过程中,也需要对各方进行协调。C、D选项是直接服务角色,而题目问的是间接服务角色,因此可直接排除;根据“深度访谈”“记录资料”“分析”等字眼可以推断出是“研究者”角色,而不是“行政管理者”角色。

29. D。

【解析】本题考查社会工作者的角色。社会工作者的合并角色是指包含了多种功能的综合角色,提供心理咨询属于服务提供者的角色。使能者就是使服务对象有能力面对问题和解决问题。政策影响者是对普遍性的问题进行政策建议以对现有的政策或制度进行改变。行政管理者是对服务过程和与助人相关的诸多资源、信息进行协调、安排和管理,以实现过程的高效。

30. C。

【解析】本题考查社会工作者的知识素养。社会工作者要有效地达成助人目的,就必须掌握多种技术知识,包括调查研究的技术、口语和文字表达技术、现代资讯工具使用技术等。本题中,社会工作服务机构安排新入职社会工作者学习如何开展社区需求评估,正是为了让新入职社会工作者学习和补充技术知识。故 C 选项正确。

【知识拓展】社会工作者的知识素养包括:(1)学科知识。学科知识主要包括哲学、社会学、心理学、管理学等知识。(2)文化知识。社会工作者要帮助解决不同背景、不同信仰、不同经历、不同处境中有需要特别是困难群体的问题,帮助他们走出困境,就要了解他们的生活经历,明白他们的习俗语言,理解他们的行为诉求,知晓他们的信仰观念。要设法理解他们的文化,就要具备所要服务的族群的文化知识。(3)心理素质。社会工作者要同各种人打交道,要面对各种问题,特别是各种复杂的、难以解决的问题,就必须有良好的心理素质。这包括遇到问题要沉稳、冷静,要有良好的判断力和快速反应能力,要经得住困难和复杂问题的压力,要富有同情心又不感情化。(4)政策知识。社会工作者要想有效地开展工作,特别是解决与政策相关的问题,就必须熟悉政策。这包括理解社会政策的指导思想,熟悉某些政策规定,只有这样才能利用政策维护困难群体的利益。(5)技术知识。

31. D。

【解析】本题考查社会工作者的能力要求。题中四个选项均是社会工作者的能力要求,此外还包括提供服务和干预的能力、发展专业的能力。在组织中工作的能力是指社会工作者依靠组织化的运作来实现助人目标,要能够合理配置组织资源,有效地输送社会福利资源,监督这一过程的合理性与有效性,有效地促进服务任务的完成。故 D 选项正确。

32. D。

【解析】本题考查社会工作者的能力要求。除了直接的助人活动外,社会工作者有责任去宣传社会工作的价值观,总结服务经验,促进社会福利事业的发展。同时,要求社会工作者进行严格的专业自律、自我评估,这要求社会工作者要具有专业反思和提升自己专业素质的能力,这就是发展专业的能力。D 项体现的就是社会工作者老宋具备发展专业的能力。A 项体现的是他具备“评估和计划的能力”。B 项体现的是他具备“在组织中工作的能力”。C 项体现的是他具备“促进和使能的能力”。

33. A。

【解析】本题考查社区社会工作。社区社会工作是以社区为对象,解决与社区居民基本生活相关的公共问题、促进社区和谐与社区发展的专业社会服务。题中强调了立足社区需求,为社区居民和志愿者做健康宣讲,属于社区社会工作。故 A 选项正确。

34. B。

【解析】本题考查学校社会工作。学校社会工作主要有三种方式:治疗型学校社会工作、变迁型学校社会工作、社区—学校型学校社会工作。其中,变迁型学校社会工作是为了让学生适应社会的剧烈变迁而开展的工作，包括生活辅导、学业辅导和就业辅导等。本题中，为刚入校的打工子弟提供学业辅导和心理支持属于变迁型学校社会工作。

35. B。

【解析】本题考查学校社会工作。治疗型学校社会工作是针对"问题学生"失常的心理和行为而开展的工作。

【知识拓展】社区—学校型学校社会工作把社会工作延伸到学校外的社区，包括联系学生家长、支持学校的政策、实现家—校沟通、促进学校教育、对离校学生提供追踪服务、开展社区教育，以利于学生学习与成长等。学校社会工作把学生作为主体，对于学生问题的解决具有重要意义。

36. D。

【解析】本题考查家庭社会工作。家庭社会工作是对家庭因社会或家庭成员方面的原因陷入困境所进行的专业的支持性服务，它是以家庭整体为对象的服务。当因社会与经济变迁使家庭的正常生活遭遇困难进而家庭成员之间的关系出现问题，或者因夫妻不睦、亲子关系紧张、失业、疾病、迁移以及单亲等原因而出现较严重问题时，社会工作者可以帮助家庭解决困难和问题，促进家庭和谐，这就是家庭服务。

二、多项选择题

37. BD。

【解析】本题考查社会工作在服务对象层面的目标。社会工作在服务对象层面的目标包括：(1)解救危难，当个体的生命受到威胁、个人的基本生活能力受到严重削弱时，社会工作为其寻求物质资源和社会资源，包括衣食住行等物质支持、心理支持、社会支持网络的完善，解救处于危机状态的个体。(2)缓解困难，个体在遇到凭借自身能力和资源难以解决的困难时社会工作就要承担起解困的责任。(3)激发潜能，社会工作者配合外部条件，激发个体的潜能，发挥其解决问题的主观能动性。(4)促进发展，社会工作者可以通过增加知识、学习技能、学习建立人际关系来使个体、群体甚至社区得到综合发展。根据选项可知，B、D 选项都体现了"促进发展"的目标，A 选项体现了"缓解困难"的目标，C 选项体现了"解救危难"的目标，E 选项体现了"激发潜能"的目标。

38. BE。

【解析】本题考查社会工作的功能。社会工作对服务对象的功能包括：(1)促进服务对象的正常生活。(2)恢复弱化的功能。(3)促进人的发展。(4)促进人与社会环境的相互适应。社会工作对社会的功能包括：(1)维持社会秩序。(2)建构社会资本。(3)促进社会和谐。(4)推动社会进步。

【知识拓展】(1)促进服务对象的正常生活：对生活上有困难的人给予必要的帮助是社会工作的重要任务，社会工作的功能则是通过上述服务来恢复和促进困难群体、有需要群体的正常生活。(2)恢复弱化的功能：对于某些群体来说，由于生理、心理及社会方面的原因，他们的某些器官的正常功能在不正常的生活中衰退了。社会工作的介入，一方面可以通过开展活动恢复他们的自信、鼓励他们表达；另一方面也可以通过建立适宜的社会环境促使他们参与更广泛的社会生活。这在一定程度上会恢复他们被弱化的功能，促进了他们的社会融入。(3)促进人的发展：人是有潜能的，人的潜能的充分发挥有利于他们正常生活和自我实现。但是对于某些困难群体来说，由于生理、心理和社会的原因，他们的活动空间被压缩，在社会活动中受到排斥，进而产生社会问题。

此时，社会工作者可以通过开展多种活动促进他们的社会融入，为他们以后的发展奠定基础。(4)促进人与社会环境的相互适应：社会工作者帮助服务对象解决问题，不仅仅是提供简单的服务，而是把服务对象能力的发展、外部环境的改变作为工作目标。在此基础上，社会工作者希望促进人与社会环境的良性互动，主要表现在：解决问题、增强服务对象的能力以应对环境的压力；改变不良环境，保证人们的正常生活；改变个人的不良行为，以适应合理的制度；促进人与社会环境的相互适应，实现关系和谐。

39. AC。

【解析】本题考查的是社会工作的专业发展。在殡葬服务领域引入社会工作服务，为逝者家属开展哀伤辅导，对殡仪馆员工进行人文关怀和沟通技巧培训，体现的是社会工作服务对象的不断拓展。综合多种理论建构了本土化的服务方式，体现的是专业方法的发展。故 A、C 项正确。

40. ABD。

【解析】本题考查社会工作的专业发展。随着社会问题的变化和人们对人类生存问题认识的变化及社会的不断进步，社会工作的服务对象也在不断拓展。社会工作除了依然关注最困难群体之外，也关心在非物质生活领域遇到困难的人。故 A 项正确。随着社会问题的不断涌现和复杂化，社会工作就走出了单纯的治疗、救助的旧框架，治疗—预防、救助—发展就成了社会工作的基本思路，权利—服务也成了社会工作的一个目标模式。故 B 项正确。目前，在社会工作实践中以问题为本、灵活运用多种方法，即整合社会工作已经成为新的趋势。故 D 项正确。

41. BE。

【解析】本题考查我国社会工作发展的基本原则。我国社会工作发展的基本原则有：(1)坚持中国共产党的领导。(2)坚持社会主义核心价值观的引领。(3)坚持以人民为中心的理念。(4)坚持职业化、专业化、本土化的发展路径。

42. ABDE。

【解析】本题考查我国社会工作发展的基本原则。我国社会工作发展的基本原则之一是坚持社会主义核心价值观的引领。社会工作是为人民服务的专业活动，它在宏观上追求社会的民主与和谐、追求社会进步，在社会层面上追求社会公平正义和包容，社会工作在职业行动上崇尚敬业、诚信，真心实意为困难群体和有需要的人士服务。在这些方面，社会工作所遵循的与社会主义核心价值观是一致的。用社会主义核心价值观引领社会工作事业的发展，将会使社会工作得到更有力的政治认同和更广泛的社会认同，也会更好地促进社会工作的发展。

43. BCE。

【解析】本题考查社会工作的基本过程模式。社会工作是社会工作者与服务对象的互动过程，双方互为行动主体和客体。故 A 项错误。社会工作不是通过一次服务就可以解决问题的，而是一个渐进的、不断促使服务对象改变、逐渐达到目标的过程。故 B 项正确。社会工作是一个循环往复的过程：服务对象基于需要的求助行为→社会工作者根据自己对服务对象(求助)行为的理解而采取主动行为→服务对象的反应→社会工作者对服务对象反应的反应→服务对象的进一步反应……直至服务结束。应该注意的是，这里双方的每一个反应都包含了对对方行动的意义、处境的理解，因而这种活动是十分复杂的。故 C 项正确，D 项错误。社会工作是社会工作者与服务对象的持续互动过程，是社会工作者帮助、协助和协同服务对象改变的过程，是社会工作者帮助服务对象调适其与生存环境关系的过程。故 E 项正确。

【知识拓展】社会工作是协同达到目标的过程：在这一过程中，社会工作者既是帮助者也是协助者，社会工作者的责任是动员资源去满足服务对象的需要，这些资源既可能是物质的，也可能是精神的、社会关系的，还可能是社会政策方面的。另外需要说明的是，社会工作的助人活动是在一定的社会环境中进行的，而且这种环境有可能是处于变化之中的。因此，社会工作过程是充满动态的、双方和多方合作去达到目标的过程。

44. ABE。

【解析】本题考查社会工作的基本要素。在社会工作实践中，社会工作的主要服务对象是基本生活有困难的人群。故 A 项正确。社会工作通过求助、转介和外展方式发现服务对象。故 B 项正确。在社会工作中，个案工作、小组工作、社区工作是三种重要方法，它们分别被用来处理个人（家庭）的、有共同需求的小群体的和社区的问题。C 项说法片面，故错误。社会工作者是秉持社会工作价值观，运用社会工作专业方法，在社区、社会服务机构和社会组织中，从事社区建设、社会服务、社会组织发展和社会治理等工作的专业人员。故 D 项错误。在社会工作者的服务活动中，价值观融于其中、贯穿始终。故 E 项正确。

45. CD。

【解析】本题考查社会工作者的服务角色。根据题意，小安的工作体现了以下两种社会工作者角色：(1)服务提供者。社会工作者首先是向服务对象提供服务的人，这里的服务既包括提供物质帮助和劳务服务，也包括提供心理辅导、意见咨询和关系支持。由于社会工作面对的是困难人群，所以提供物质、劳务和心理方面的服务和帮助是社会工作者的首要职责。(2)行政管理者。在社会工作过程中，社会作者应该对该过程进行有效控制，同时必须对与助人相关的诸多资源、信息进行协调、安排和管理，以实现该过程的高效，特别是不要出现伤害服务对象的意外。

46. AB。

【解析】本题考查社会工作者的服务角色。社会工作者的角色可以概括为直接服务角色、间接服务角色和合并角色。本题中，A、B 选项均体现了服务提供者角色，属于直接服务角色；C、E 选项体现了资源筹措者角色，D 选项体现了政策影响者角色，均属于间接服务角色。

47. AB。

【解析】本题考查社会工作者的知识素养。社会工作者的基本素养包括价值观、知识素养、能力要求等三个方面。题中要求从知识素养的角度答题，答题的关键是能够区分其中的区别。A 选项属于开展服务的学科知识，B 选项是关于服务对象的认知，均属于知识素养的内容，C、D、E 选项均属于能力要求的内容。

48. AE。

【解析】本题考查社会工作者的心理素质。社会工作者必须具备良好的心理素质，包括遇到问题要沉稳、冷静，要有良好的判断力和快速反应能力，要经得住困难和复杂问题的压力，要富有同情心又不感情化。

49. CDE。

【解析】本题考查社会工作的服务领域。

社区社会工作的服务对象是社区。矫正社会工作的对象是罪犯、有犯罪危险的违法人员、吸毒人员。家庭社会工作的对象是家庭整体。学校社会工作的服务对象是学生。儿童及青少年社会工作是为了促进其健康成长。本题中，"某中学'成长天空'项目的社会工作者"体现了 D、E 选项，"亲子关系沟通组"体现了 C 选项。故选 CDE。

50. BC。

【解析】本题考查社会工作的服务领域。本题中，"定期探访独居、空巢老人"属于老年社会工作。"为该社区提供服务的社会工作服务机构动员社区志愿者组建'老来乐小分队'"属于社区社会工作。

51. CE。

【解析】本题考查学校社会工作。学校社会工作主要是以帮助学生正常学习和健康成长为目的的服务。变迁型学校社会工作，是为了让学生适应社会的剧烈变迁而开展的工作，包括生活辅导、学业辅导和就业辅导等。本题中，成立学习互助小组帮助学生熟悉当地教材和开展成长训练营以帮助学生融入城市生活，这是变迁型学校社会工作方式的典型服务内容，也是针对流动儿童的特殊需求和困境而设计的服务方式。通过这些服务，可以帮助流动儿童适应新的学习和生活环境，增强其自信心和归属感。故 C、E 项正确。

52. CD。

【解析】本题考查学校社会工作。学校社会工作主要有：(1) 治疗型学校社会工作，是针对"问题学生"失常的心理和行为而开展的工作。(2) 变迁型学校社会工作，是为了让学生适应社会的剧烈变迁而开展的工作，包括生活辅导、学业辅导和就业辅导等。(3) 社区—学校型学校社会工作，它把社会工作延伸到社区，包括联系学生家长、支持学校的政策、实现家—校沟通等。

53. BD。

【解析】本题考查学校社会工作。社区—学校型学校社会工作把社会工作延伸到学校外的社区，包括联系学生家长、支持学校的政策、实现家—校沟通、促进学校教育、对离校学生提供追踪服务、开展社区教育，以利于学生学习与成长等。

54. DE。

【解析】本题考查社会工作的服务领域。医务社会工作首先针对患病者进行服务，帮助患病者有效链接医疗资源、建立良好的医患关系、建立与社区之间的良好关系，协助医生解决患者的心理和社会关系方面的问题，宣传公共卫生政策等。故 D、E 选项符合题意，A、B、C 选项均是对医务社会工作者角色的误解。

【知识拓展】社会工作领域的扩展包括：(1) 从贫困群体到有需要人群。(2) 从关注社会问题到关注社会和谐发展。(3) 社会工作服务的新领域，主要包括就业促进工作、新兴领域社会工作、精神卫生社会工作、发展性社会工作。

第二章 社会工作的价值观与专业伦理

答案速查

一、单项选择题									
1. B	2. A	3. A	4. B	5. D	6. D	7. D	8. A	9. C	10. C
11. A	12. D	13. B	14. A	15. B	16. D	17. A	18. A	19. C	20. A
21. A	22. C	23. B	24. B	25. D	26. D				
二、多项选择题									
27. ABCE	28. BCDE	29. AE	30. CDE	31. CD	32. CDE	33. BDE	34. ACDE	35. BC	

深度解析

一、单项选择题

1. B。

【解析】本题考查对社会工作价值观的理解。社会工作价值观是在专业或职业范围内形成和发展起来的一整套对人、对事和对专业等的总体判断与核心理念，故A项错误。在理想上，中国传统文化强调的“大同”和现代政府所强调的“共同富裕”“和谐与发展”等理念，同西方社会工作价值观所主张的推进总体福利进步和实现个人潜能的提升并不矛盾。中国文化的很多元素同西方社会工作价值观并非是对立的。相反，两者之间在一定程度上可以彼此取长补短，故C、D项错误。

2. A。

【解析】本题考查社会工作价值观的作用。所谓“专业价值”是针对“个人价值”而言的，它是指一整套指导专业行为和认知活动的思想、观念和基本原则。社会工作专业价值观不同于个体的价值观，也不同于一般的社会价值观，它是社会工作者专业共同体内部的一种总体的价值偏好，代表着整个专业团体内部对社会正义、服务、个人价值与尊严、人类关系重要性、社会团结等的一般看法以及对专业活动标准的认定。故A选项正确。

3. A。

【解析】本题考查国际社会工作界认同的专业价值观。国际社会工作界把社会工作价值观归纳为如下六个方面：(1)服务大众。(2)践行社会公正。(3)强调服务对象个人的尊严和价值。(4)注重服务中人与人之间关系的重要性。(5)待人真诚和守信。(6)注重能力培养和再学习。故本题选A。

4. B。

【解析】本题考查社会工作价值观的操作原则。社会工作虽然是一种价值主导的专业实践,但社会工作者仍要避免将自己的价值观强加于服务对象,不应指责和批判服务对象的言行和价值观,更不应将自己的负面情绪发泄在服务对象身上。作为一种专业服务活动,社会工作者应坚持与服务对象一起工作,共同分享对问题和需要的看法,一起探讨解决问题的策略和方法。同时,在这些专业服务的各个环节,社会工作者应始终坚持力图实现自我决定的原则,不应直接或间接地强迫服务对象接受任何决定与服务。因此小李应申请转介王女士给其他同事。

5. D。

【解析】本题考查社会工作价值观的操作原则。对社会工作专业来说,尊重不仅是一种思想上的认知,还是一种道德上的实践。在服务过程中,社会工作者不应将自身的价值观强加于服务对象,更不应指责和批判服务对象的言行和价值观,也不能向服务对象发泄自己的负面情绪。非评判是指社会工作者要避免将自己的价值观强加于服务对象,不应指责和批判服务对象的言行和价值观,更不应将自己的负面情绪发泄在服务对象身上。本题中,社会工作者在服务过程中的做法体现的正是尊重与非评判。故D选项正确。

【知识拓展】社会工作价值观的基本信念包括:(1)尊重。(2)独特性。社会工作者相信每个服务对象都是独特的,每个人都有不同的生命经验、不同的人格特征和潜质,因此需要社会工作者认真和真诚对待。在服务过程中,社会工作强调针对每个服务对象的特点和个性,针对性地提供专业服务,真正落实"个别关怀,全面服务"的原则。(3)相信人能改变。社会工作是一个以信念为引导的专业,社会工作者坚信人有能动性,具备改变的潜力。作为一个促进变迁的专业服务过程,社会工作不断通过关怀、治疗和改变来促进人的变化和发展,这些实践的核心是社会工作者对服务对象的信任:相信服务对象可以改变,相信服务对象有能力去面对并解决自己的问题。

6. D。

【解析】本题考查社会工作价值观的实践原则。四个选项均属于社会工作价值观的实践原则,此外还有"非评判"原则。当事人自决是服务对象有权利在充分知情的前提下选择服务的内容、方式,并在事关服务对象利益的决策中起主导作用。如果服务对象没有能力进行选择和决策,社会工作者应根据法律或有关规定由他人代行选择和决策权力。题中强调了征得其监护人同意,让监护人选择服务内容,体现了"当事人自决"原则。故D选项正确。

7. D。

【解析】本题考查社会工作价值观的实践原则。社会工作价值观的实践原则包括接纳、非评判、个别化、保密、当事人自决等。本题中,A、C选项未经服务对象同意向妻子和居委会泄露信息,违背了保密原则,应排除;B选项误用了保密原则,应排除。D选项与小陆商议新的服务项目,保障了小陆在知情的前提下选择服务内容的权利,维护了个人尊严,遵循了"当事人自决"的原则。故D选项正确。

【知识拓展】接纳:在专业服务过程中,社会工作者要从内心接纳服务对象,将他们看作工作过程中的重要伙伴,对服务对

象的价值偏好、习惯、信仰等都应保持宽容与尊重的态度，绝不因为服务对象的生理、心理、种族（民族）、性别、年龄、职业、社会地位、信仰等因素对他们有任何歧视，更不能因为上述原因而拒绝为服务对象提供服务。个别化：每个人都应当有权利和机会发展个性，社会工作者应当尊重服务对象的个体差异，不应当使用统一的服务方法回应他们的独特需要，要充分考虑到服务对象在性别、年龄、职业、社会地位、政治信仰、宗教以及精神或生理残疾状况等方面存在的价值差异及其与社会主流价值之间可能存在的冲突，尊重个性化需求，充分挖掘个人潜能。保密：社会工作者应当保护服务对象的隐私。未经服务对象同意或允许，社会工作者不得向第三方透露涉及服务对象个人身份资料和其他可能危害服务对象权益的隐私信息。在特殊情况下必须透露有关信息时，社会工作者应向机构或有关部门报告，并告知服务对象有限度公开隐私信息的必要性及采取相关保护措施。如果在紧急情形下必须打破保密原则而来不及提出报告时，社会工作者事后应当提供相关的证据并补办手续，以记录必要的工作程序。

8. A。

【解析】本题考查社会工作价值观的操作原则。非评判是社会工作价值观的操作原则之一。社会工作虽然是一种价值主导的专业实践，但社会工作者仍要避免将自己的价值观强加于服务对象，不应指责和批判服务对象的言行与价值观，更不应将自己的负面情绪发泄在服务对象身上。

9. C。

【解析】本题考查社会工作价值观的实践原则。社会工作价值观的实践原则包括接纳、非评判、个别化、保密和当事人自决。其中当事人自决是指服务对象有权利在充分知情的情况下选择服务的内容、方式，并在事关自己利益的决策中起主导作用。若服务对象没有能力做出选择和决策，社会工作者应根据法律或有关规定由他人代行选择和决策权力。

10. C。

【解析】本题考查社会工作专业价值观的内容。社会工作专业价值观通过五个方面来体现：(1)社会工作者对服务对象的看法。(2)社会工作者对专业实践的看法。(3)社会工作者对服务机构的看法。(4)社会工作者对公共福利发展的看法。(5)社会工作者对社会发展与社会进步的看法。其中，社会工作者对公共福利发展的看法，要求社会工作者在实践中，应不断改进专业实践，提高专业服务水平，增进总的社会福利水平。在社会福利资源分配过程中，社会工作者要注重公平正义原则，对最困难人群的需求要给予优先满足。社会工作者在推进社会政策和提供社会服务过程中，要坚持效率与公平兼顾，减少资源浪费，提高服务效果，最大限度地满足服务对象的需要。本题中，小程的建议反映了社会工作者关注公共福利发展的理念。

【知识拓展】社会工作者对服务对象的看法：每个人都是值得尊重的；每个人都是独特的；个人的经验是其生命历程的一部分；对服务对象的人格/性格与生活方式采取包容的态度。社会工作者对专业实践的看法：社会工作者应推动社会工作专业实践不断发展；每个社会工作者都有责任不断完善自我的专业实践；专业实践的发展有利于维护服务对象的权益；社会工作者应开展与其他领域专业工作者的实践合作；社会工作者的继续教育是促进

专业实践发展的重要途径。社会工作者对服务机构的看法:社会工作者应维护服务机构的政策与立场;社会工作者有责任维护服务机构的形象并促进服务机构的发展;社会工作者有责任就服务机构中存在的问题与不足向机构负责人提出意见或建议;社会工作者应积极推动和促进服务机构与政府及其他非政府机构的合作。社会工作者对社会发展与社会进步的看法:社会工作者应对社会发展与社会进步持乐观态度;社会工作者应以理想主义的精神积极推动社会发展与社会进步;社会工作者认为通过社会服务和社会政策干预可以减少并预防社会问题,从而促进社会发展与社会进步。

11. A。

【解析】本题考查我国社会工作专业实践的价值观。社会工作者应该本着以人民为中心、为广大人民群众和服务对象着想的谦和态度,真诚地对待服务对象的问题和需要,及时地回应他们,并通过专业服务来满足服务对象的需要。以人民为中心不仅应体现在社会工作的具体服务实践中,还应体现在社会福利政策的制定和实施实践中。这体现了我国社会工作专业实践的价值观之一:以人民为中心,回应社会需要。

12. D。

【解析】本题考查我国社会工作价值观的实践原则。社会工作价值观的实践原则之一:接纳。在专业服务过程中,社会工作者要从内心接纳服务对象,将他们看作是工作过程中的重要伙伴,对服务对象的价值偏好、习惯、信仰等都应保持宽容与尊重的态度,绝不因为服务对象的生理、心理、种族(或民族)、性别、年龄、职业、社会地位、信仰等因素对他们有任何歧视,更不能因为上述原因而拒绝为服务对象提供社会服务。在这里,接纳不等于认同。它是指社会工作者对服务对象的价值观与个人背景特征等的一种包容,也是社会工作者对社会大众统一的服务态度,是建立专业助人关系的重要前提。

13. B。

【解析】本题考查我国社会工作专业实践的价值观。我国社会工作专业实践的价值观包括:以人民为中心,回应社会需要;接纳和尊重;个别化和非评判;平等待人,注重民主参与;注重和谐有序,促进社会共融与发展;权利与责任并重;个人的发展机遇、潜能提升与国家的社会发展进程相结合。A 选项“接纳与尊重”是指社会工作者在服务过程中要对服务对象保持宽容,尊重其差异性。B 选项“权利与责任并重”是指社会工作者要在服务过程中帮助服务对象解决问题、提高自身能力、促进自我改变,以实现“助人自助”的目标。C 选项“注重和谐与发展”是指社会工作实践对社会福利事业的发展与完善起到促进作用。首先排除 D 选项,其不属于社会工作价值观。题目中指出社会工作者不仅采取“救助”措施,还鼓励他们自立自强,体现了“权利与责任并重”的社会工作价值观,因此选 B。

14. A。

【解析】本题考查伦理守则的内涵。在社会工作的两个主要焦点,即个案工作和社会政策取向上,社会工作者处理问题的工作手法是不同的,受到的伦理约束也是不一样的。在个人治疗或心理辅导层面,社会工作者更多受到直接服务的伦理守则影响,更多是考虑到受助者的感受和个人权利及选择,工作方法是尽力排除受助者的心理困扰,提升其信心和自立能力。而在社会政策或社会改革的层面,社会工作者受到的伦理约束则是如何在专业目标和维护社会正义目标之间保持恰当的平衡。

【知识拓展】社会工作专业范围内的伦理守则主要是指通过专业价值观和专业共同体制定出的伦理守则，来约束社会工作者正确处理实践中的价值观问题。

15. B。

【解析】本题考查社会工作专业伦理的内容。社会工作者对服务对象的伦理责任有：尊重并保护服务对象最佳利益、尊重服务对象的自决、保密原则、公平合理的收费。因此小于应该保护服务对象的隐私，隐去可辨识的信息后再开始筹款，但因为患者只有4岁，没有民事行为能力，所以不必征求孩子意见，只要家长同意即可。

16. D。

【解析】本题考查社会工作者对同事的伦理责任。社会工作者对同事的伦理责任具体表现在：(1)秉持忠实与忠诚的态度。(2)团队内相互协助。

【知识拓展】社会工作者作为专业人员的伦理责任：适当的工作认知，专业能力的表现，提供专业服务，维持服务品质，公正与服务，专业知识的拓展。社会工作者对社会工作专业的伦理责任：保障专业的完整性，遵循专业的评估和研究。社会工作者对全社会的伦理责任：促进整体社会福祉，鼓励公民参与，倡导社会与政治行动。

17. A。

【解析】本题考查社会工作实践中的伦理难题。社会工作实践中的伦理难题本质上是价值多元性和矛盾性的结果，也是社会工作实践中责任与义务之间冲突的具体表现。伦理难题的产生是多方面原因造成的，包括目标的冲突、价值观的冲突、身份与角色的冲突以及利益冲突等。

【知识拓展】伦理议题就是在专业实践中，专业工作者遇到的诸多与助人实践相关的伦理问题，它们是在社会工作者面对服务对象的微观实践和保障服务对象权益的宏观实践中都将面临的重要伦理思考和抉择。这些伦理议题涉及服务对象的基本权益，也涉及社会工作者与服务对象、服务机构的关系等诸多方面的情形。对社会工作者而言，如果不能妥善处理好实践中的伦理议题，它们就很可能变成一种伦理难题。

18. A。

【解析】本题考查社会工作者面临的伦理难题。社会工作者与服务对象应当保持专业界限，即专业关系。当社会工作者与服务对象超越专业关系时，便会陷入双重关系的困境。本题中，社会工作者小黄面临的伦理难题是双重关系，因为小黄与小军父母之间既是社会工作者与服务对象的关系，又是同乡的关系，这可能会让小黄在服务过程中偏袒或忽视小军，影响服务质量和效果。故A选项正确。

19. C。

【解析】本题考查社会工作实践中的伦理议题——双重关系。社会工作者与服务对象应当保持专业界限，即专业关系，超越专业关系时有可能导致双重关系的困境，产生服务对象被利用、破坏伦理的实务界限、满足社会工作者的个人需求、削弱社会工作者的公正性与判断力等弊端。

20. A。

【解析】本题考查社会工作实践中面临的伦理议题和伦理决定。社会工作者在实践中面临着复杂的伦理议题与伦理难题，主要是价值观与行动选择之间的矛盾，主要包括服务对象自决、保密议题、双重关系、知情同意、多元文化、专业能力等。A 选项“双重关系”伦理议题是指在服务过程中常存在人情与法制规定冲突的问题,尤其是社会工作者在处理家庭邻里矛盾时,常会遇到情、法、理之间的纠葛。B 选项“隐私保密”伦理议题是指社会工作者在服务过程中要遵守保密原则,而受到环境、情境、对象、问题不同的影响,有时会面对难以决断的问题。C 选项“知情同意”伦理议题是指在服务过程中,社会工作者要将服务计划尤其是在活动中可能出现的伤害告知服务对象,并且在实施干预计划的每一个阶段都要得到服务对象的同意。D 选项“当事人自决”伦理议题是指在服务过程中,社会工作者要促成服务对象实现自我决定,而对于无能力自决的人,社会工作者要帮助服务对象进行自决,因而存在伦理困境。题目中社会工作者大刘对于求助的陈女士可能存在同情心理,但是在手术之前医院已经告知其风险,刘女士家属也签订了同意书,具有法律效益。因此,大刘在工作中可能会面临人情和法制冲突的“双重关系”议题。因此选 A 选项。B、C、D 选项在题目中均未体现。

21. A。

【解析】本题考查社会工作实践中的伦理决定。在社会工作实践中,保护生命原则高于其他所有伦理原则,社会工作者不仅有义务保护受助者的生命,也有义务保护其他所有人的生命。在此情形下,小秦首先要遵循的伦理原则是保护生命原则。故 A 选项正确。

22. C。

【解析】本题考查社会工作实践中的伦理决定。社会工作者遵循的自由自主原则主要体现为社会工作者充分调动服务对象在服务参与中的积极性和能动性,充分尊重服务对象的意见,鼓励服务对象表达不同意见,注重倾听服务对象的意见和声音,尊重服务对象在服务过程中的选择和决定。故 A 项错误。社会工作者遵循的隐私保密原则要求社会工作者正确处理服务对象在专业过程中透露和提供的个人信息,包括信息资料的安全存放和使用程序上的专业性,不向任何其他人士和公众透露或泄露服务对象的个人信息与隐秘资料,以确保服务对象的利益不受侵犯。故 C 项正确。B 选项中,在社会工作服务过程中,社会工作者应该是实施干预计划阶段应征得服务对象的同意,而不是每个阶段。D 选项中,应该是做到接纳,而不是认同。

23. B。

【解析】本题考查社会工作实践中的伦理决定。社会工作实践中的伦理决定之一是最小伤害原则。社会工作者在作伦理决定和提供服务中要尽力保护服务对象的利益不受侵害,要最大可能地减少甚至预防伦理决定和服务可能对服务对象的身体、心理和精神造成的伤害,尽可能实现利益最大化。

【知识拓展】(1)差别平等原则:社会工作者要在实践中以平等的方式对待服务对象,同时又要注重服务对象的差异,在助人过程中充分把握好平等待人和个别化服务的理念。(2)生命质量原则:专业工作者要尽量通过服务来改善服务对象的身体及心理状况,通过提供经济帮助、心理辅导服务满足服务对象的需要,从而改善服务对象的生活质量,提高服务对象的身体及心理健康指数,从而全方位地提高服务对象的生命质量。

24. B。

【解析】本题考查真诚原则和隐私保护原则。社会工作者的伦理守则是专业社会工作者在实践中的一般规定,它清晰地告诉社会工作者“应该做什么”和“不应该做什么”。社会工作者要与服务对象适当交心，在交流的过程中可以向服务对象适当袒露心声，分享自己的生命故事和人生经验等，通过真诚的沟通建立起互相信任的关系。社会工作者在个人治疗和心理辅导方面，要尽力排除受助者的心理困扰，提升信心和自立能力。社会工作者应正确处理服务对象在专业服务过程中透露和提供的个人信息，不向任何其他人士和公众透露或泄露个人信息与隐秘资料。

25. D。

【解析】本题考查社会工作专业伦理守则建立的原则。社会工作专业伦理守则建立的原则包括：(1)现实需要和未来发展相结合。社会工作专业化和职业化初期发展阶段要着力解决一些重大的制度问题和相关的社会问题，专业伦理应该反映时代的问题和任务，也应该与现存的社会福利制度保持联系。(2)本土社会的伦理实践与国际社会工作专业伦理规则相结合。源自西方发达国家的社会工作专业标准和伦理体系在中国文化和社会里应作出相应的调整，应与中国本土社会结合起来，在制定和确立我国的社会工作专业伦理的时候，要以务实的态度来处理好两者之间的差异。(3)专业实践与政治实践互不冲突。在中国特定的政治经济和社会制度里，社会工作专业的方法、伦理原则与实践模式同政府的政治治理及社会行政实践应该进行协调，以充分反映现实情况、要求与专业实践的标准。

26. D。

【解析】本题考查社会工作价值观的作用。在社会工作介入和服务过程中，社会工作者应在各方面保护服务对象的权益。这些权益主要包括：基本需要的满足、免于贫困的影响和暴力的侵害、促进人际沟通与交往、扩大就业与社会参与机会以及更好地融入社群。

二、多项选择题

27. ABCE。

【解析】本题考查社会工作价值观的操作原则。社会工作价值观的基本信念包括尊重、独特性、相信人能改变；社会工作价值观的实践原则包括接纳、非评判、个别化、保密、当事人自决。D选项虽然遵循了“当事人自决”的原则，但是不遵守机构部分规定的做法是错误的，不是恰当的服务行为。A、B、C、E选项中的做法均正确，符合社会工作价值观的基本信念和实践原则。

28. BCDE。

【解析】本题考查社会工作价值观。国际社会工作界认同的专业价值观有：服务大众；践行社会公正；强调服务对象个人的尊严和价值；注重服务中人与人之间关系的重要性；待人真诚和守信；注重能力培养和再学习。我国的社会工作价值观包括：以人民为中心，回应社会需要；接纳和尊重；个别化和非评判；注重和谐有序，促进社会共融与发展；平等待人，注重民主参与；权利与责任并重；个人的发展机遇、潜能提升与国家的社会发展进程相结合。A选项的做法违背了社会工作价值观中的接纳和尊重原则。

29. AE。

【解析】本题考查社会工作价值观的操作原则。作为一门服务人、帮助人的专业和职业，社会工作价值观主要包括基本信念和实践原则两个方面。基本信念有：(1)尊重。(2)独特性。(3)相信人能改变。实践原则有：(1)接纳。(2)非评判。(3)个别化。(4)保密。(5)当事人自决。A选项体现的是“尊重”的基本信念，E选项体现的是“当事人自决”的实践原则。B 选项“相同的问题”是可以统一回应的，错误。C 选项“认同与包容各种做法”错误，接纳并不等于认同和包容。D 选项“个人价值介入”错误，社会工作介入的是“社会工作价值观”，而不是“个人价值介入”，“个人价值介入”是违反服务对象的自我决定的实践原则的。故选 AE。

30. CDE。

【解析】本题考查社会工作专业价值观的实践原则。题中表述的请教、共同讨论、提炼“居民沟通五步工作法”等社会工作者的做法，体现了 C、D、E 选项。而 A、B 选项属于社会工作实践中面临伦理难题时应遵循的伦理决定原则，题中并未涉及伦理难题及决定，应排除。

31. CD。

【解析】本题考查社会工作专业伦理的基本内容。根据题意，“机构不允许 60 岁以上的老人担任护理员”体现了对服务机构的伦理责任；“告知老人，可以帮忙向机构申请让其儿子登记入住”体现了对服务对象的伦理责任。

32. CDE。

【解析】本题考查社会工作实践中的伦理决定。社会工作实践中伦理决定的“自由自主原则”是指社会工作者在具体实践中要保证服务对象的自由性和自主性，提高其能动性与参与能力，保障其合法权益。A 选项的做法并不正确，社会工作者应该积极与服务对象小刘进行充分的解释与沟通，提高其能动性，而不是立刻停止提供服务。B 选项的做法是一种强制性的要求，并没有遵循自由自主原则。而 C、D、E 选项通过解释、沟通与活动开展，不断提高小刘的能动性，为其提供更好的自由性和自主选择的空间。

33. BDE。

【解析】本题考查社会工作实践中伦理决定的生命质量原则。生命质量原则是指社会工作者要秉持通过专业服务不断提升服务对象生活质量的目标的精神，尽量改善服务对象的身体及心理状况，通过提供经济帮助、心理辅导服务满足服务对象的需要，提高服务对象的身体及心理健康指数，从而全方位地提高服务对象的生命质量。故 B、D、E 选项符合题意。

34. ACDE。

【解析】本题考查社会工作伦理守则的作用。社会工作伦理守则的主要作用包括：(1) 保护服务对象的权益。(2) 帮助社会工作者解决伦理难题。(3) 促进专业的健康发展。(4) 促进社会服务机构的能力建设。(5) 维护社会正义。

35. BC。

【解析】本题考查社会工作专业伦理在实践中的应用。小周宜采取的做法有为小李疏导情绪，减轻精神压力积极面对问题和征得小李同意后，为他介绍病友自助互助小组，这是符合社会工作专业伦理的做法，也是尊重服务对象自决和保密性的做法。故 B、C 项正确。

第三章

人类行为与社会环境

一、单项选择题									
1. B	2. C	3. C	4. D	5. C	6. D	7. A	8. B	9. D	10. C
11. C	12. C	13. A	14. B	15. D	16. D	17. B	18. B	19. C	20. C
21. A	22. D	23. B	24. B	25. A	26. A	27. C	28. B	29. D	30. B
31. A	32. A	33. A	34. B	35. A					
二、多项选择题									
36. BD	37. AD	38. ACDE	39. BC	40. ABDE	41. ABE				

深度解析

一、单项选择题

1. B。

【解析】本题考查人类需要的层次。ERG 理论与马斯洛需求层次论不同之处在于 ERG 理论不强调需要层次的顺序，某种需要得到满足时可能并不会去追求更高层次的需要，故 A 选项错误。马斯洛需求层次论认为最占优势的需要将支配个人的意识和行为，故 B 选项正确。按照需要迫切程度，人类需要分为生存性需要和发展性需要，生存性需要包括阳光、空气、水、食物等满足基本生存的物质，医疗属于发展性需要，故 C 选项错误。莱恩 · 多亚尔和伊恩 · 高夫认为人类存在共同的、客观的需要，并将其分为基本需要和中介需要，故 D 选项错误。

2. C。

【解析】本题考查马斯洛的需要层次理论。马斯洛认为人有生理需要、安全需要、归属与爱的需要、尊重的需要、自我实现的需要。其中，归属的需要是指人都有一种归属于一个群体的感情，希望成为群体中的一员，并互相关心和照顾。爱的需要是指人人都需要伙伴、同事之间的关系融洽或保持友谊和忠诚。

【知识拓展】(1)生理需要：这是人类维持自身生存的最基本需要，包括衣、食、住、行等方面的需要。如果这些需要得不到满足，人类的生存就成了问题。(2)安全需要：这是人类要求保障自身安全、摆脱失业和丧失财产威胁、避免职业病的侵袭、解除严酷的监督等方面的需要。(3)自我

实现的需要：这是最高层次的需要，它是指实现个人理想、抱负，发挥个人的最大潜能，完成与自己的能力相称的一切事情的需要，也是一种创造和自我价值得到体现的需要。

3. C。

【解析】本题考查阿尔德弗尔的 ERG 理论。阿尔德弗尔的 ERG 理论是指人类有三种基本需要：生存需要、关系需要和成长需要。本题中，小张因交友不慎吸毒，经过社会工作者帮助，小张成功戒毒，还加入了社区组织的“预防复吸，戒除毒瘾”活动，从受助者变成了助人者。经过社区活动，小张不仅满足了自己的生存需要和关系需要，还提高了自己的自信心和能力，体现了自我发展和自我完善，符合成长需要的特征。故 C 选项正确。

【知识拓展】(1) 生存的需要：这类需要关系到人的机体的存在或生存，包括衣、食、住以及工作组织为使其得到这些要素而提供的手段。(2) 关系的需要：这是指发展人际关系的需要。这种需要通过工作中或工作以外与其他人的接触和交往得到满足。(3) 成长的需要：这是个人自我发展和自我完善的需要。这种需要通过发展个人的潜力和才能，使个人得到满足。

4. D。

【解析】本题考查人类需要的层次。中介需要是指那些在所有文化中能够促进身体健康和人的自主的产品、服务、活动和关系的特性。莱恩 · 多亚尔和伊恩 · 高夫列举了 11 种中介需要，即有营养的食物和洁净的水、具有保护功能的住房、无害的工作环境、无害的自然环境、适当的保健、童年期的安全、重要的初级关系、环境上的安全、经济上的安全、适当的教育、安全的生育控制与分娩。故本题选 D 项。

【知识拓展】莱恩 · 多亚尔和伊恩 · 高夫把人类的需要分为基本需要和中介需要。基本需要包括身体健康和自主两个方面。身体健康是人类基本的需要，另一个基本需要是自主。一个身体健康的人只有具备自主性，才能自发、自动地从事某种活动。

5. C。

【解析】本题考查人类需要的类型。本题作答可使用排除法。A 选项应是马斯洛需要层次理论中的生理需要，或者是 ERG 理论的生存需要，可以排除。B 选项应属于马斯洛需要层次理论的归属与爱的需要，可以排除。D 选项应属于基本需要，可以排除。因此，C 选项正确。

6. D。

【解析】本题考查人类需要的类型。题中四个选项均属于人类需要的类型，D 选项最符合题意，发展性需要是人们平等、自由地参与政治、经济、社会发展所需要的各种条件，如教育、医疗、社会保障等。

7. A。

【解析】本题考查人类行为的含义。行为主义学派把人的行为看成是机械式的由刺激直接引起的，否认了人的心理因素，其行为公式是 S→R，S 指外界刺激，R 指反应行为。

8. B。

【解析】本题考查人类行为的类型。根据行为对社会的作用是积极还是消极，人类行为可分为亲社会行为和反社会行为。亲社会行为是指一切对社会有积极作用的行为，包括助人、遵守社会规范、友善、公共参与等，其中那些不求任何精神和物质回报的助人行为也被称为利他行为。反社会行为是一种攻击他人或社会的、有消极作用的行为，例如暴力行为、侵犯或攻击行为、伤害他人和破坏社会秩序等。

【知识拓展】按照人类行为的起源，可以把人类行为分为本能行为和习得行为。本能行为来自遗传，是一类不需要学习就可以出现的定型的行为模式，如吮吸、爬行等。习得行为是人类在后天与环境的互动中逐渐学习而形成的，也可以叫学习

行为，如工作、交往等。按照行为是否符合正常模式和社会规范，可将行为划分为正常行为和偏差行为。正常行为是指符合社会规范和正常模式的行为。偏差行为是指显著异于常态而妨碍个人正常生活适应的行为。

9. D。

【解析】本题考查人类行为的特点。题中四个选项均是人类行为的特点，此外还包括整合性。本题作答的关键是理解每个选项的含义，并根据题意作答。题中小雯锻炼身体、健身塑形是控制和调节自身的行为，体现出人类行为的可控性特点。故D选项正确。

10. C。

【解析】本题考查区分正常行为和偏差行为的标准。区分正常行为和偏差行为的常用标准包括：(1)统计学标准，与大多数人行为相似或一致是正常行为，反之则属于偏差行为。(2)社会规范与价值标准，正常行为是被社会普遍接受的，符合社会行为规范的，反之则是偏差行为。(3)行为适应性标准，正常情况下人能够依据社会生活的需要适应和改造环境，因此偏差行为是社会适应性不良或适应困难的行为，往往会给个人和社会造成危害。(4)个人主观体验，即观察者根据自己的经验作出某种行为是正常还是偏差的判断。题目中小敏通过自己的生活经验来判断自己的行为是否正常，没有依据科学知识，符合“个人主观体验”的判断标准，故C选项正确。

11. C。

【解析】本题考查正常行为和偏差行为。题目中所描述的行为属于校园欺凌行为，是一种由于个人情绪处理不当、家庭教育方式错误、不良文化引导等因素造成的学生间的攻击行为，对他人和社会造成不良影响。A选项本能行为是指来自遗传因素，不用通过学习就能出现的行为模式，如吮吸、爬行等，不符合题意。B选项利己行为是指为了维护自己的权益而不顾他人利益或集体利益的行为，与利他主义相对，不符合题意。C选项偏差行为指不符合社会规范的、不被大众所普遍接受的行为，符合题意。校园欺凌行为不严重时不构成犯罪行为，根据题意描述可排除D选项。故选C。

12. C。

【解析】本题考查人类行为的类型。划分正常行为和偏差行为的常用标准有个人主观体验、统计学标准、社会规范与价值标准和行为适应性标准。其中，行为适应性标准是指在正常情况下，人体维持着生理、心理的平衡状态，人能依照社会生活的需要适应环境和改造环境。因此，正常人的行为符合社会的准则，能根据社会要求和道德规范行事，就是适应性行为。如果由于器质的或功能的缺陷使个体能力受损，不能按照社会认可的方式行事，致使其行为后果对本人或社会带来不适，则被认为行为产生偏差。故本题选C。

13. A。

【解析】本题考查人类行为的特点。人类行为具有适应性、多样性、发展性、可控性、整合性等特点。人类行为的根本目的在于适应环境，维持个体及种族的繁衍，并在适应环境的同时不断改变自身的生存、生活环境。

14. B。

【解析】本题考查社会环境的特点。社会环境的特点包括：(1)多样性。社会环境包括影响人类行为的众多因素，小到家庭、学校、群体和组织，大到社区和国家。社会环境可能是实体性的社会群体或组织，有可能是客观存在的舆论、文化、社会制度和社会政策，涵盖了影响人类行为的不同层次和方方面面的因素。(2)复杂性。首先，社会环境要素中的每一个子系统都是复杂的。其次，社会环境中各子系统对人类行为的影响是相互交织在一起的，它们相互作用的机制非常复杂，这也决定了社会环境的复杂性。(3)层次性。对于人的具体生存或具体行为而言,社会环境有层次性。(4)稳定性。社会环境具有相对稳定性。从微观来讲,如一个人所生活的具体家庭环境、所在的社区的文化价值观念、风俗习惯等,在一定时期是相对稳定的;从宏观来讲,一个时代的制度、社会结构也具有相对的稳定性。(5)变动性。社会环境并不是一成不变的,应该说社会环境始终处于动态变化之中,它是稳定性和变动性的相对统一。

15. D。

【解析】本题考查家庭的类型。主干家庭是指由父母和一对已婚的子女共同居住生活的家庭类型。从题干中的图片看,这是父母与一对已婚儿子儿媳和未婚儿子一起居住,符合主干家庭的特征。

【知识拓展】(1)核心家庭:是指由一对夫妇及其未婚子女组成的家庭类型,这种家庭规模较小,家庭关系较为简单,是现代社会最主要的家庭形式。(2)联合家庭:是指父母与多对已婚子女共同居住生活的家庭类型,在联合家庭中,至少有两对同代的夫妇,除直系亲属关系外还存在着旁系亲属关系,比较容易产生家庭矛盾。(3)单亲家庭:是指父母一方与未婚子女共同居住生活的家庭类型。(4)丁克家庭:是指夫妇双方都有收入而没有孩子的家庭类型。

16. D。

【解析】本题考查家庭的教养方式。在家庭内互动方面,不同的家庭教养模式对孩子的影响不同,良好的教育模式可以使儿童、青少年向着积极主动的方向发展,不良的教育模式会导致他们向攻击性、反抗性等消极方向发展。比如,骄纵型、支配型、专制型、放任型、冲突型的教养模式都不利于孩子的成长,而民主型的教养模式有利于家庭成员的正常发展。其中,放任型指家长既缺少爱心,也缺乏责任感,对孩子放任自流。本题中,小军父母的教养方式就是放任型。

17. B。

【解析】本题考查家庭教养模式。家庭教养模式有娇纵型、支配型、专制型、放任型、冲突型、民主型。其中,民主型教养模式的特征是家庭成员间互相尊重、平等交流,对子女既有约束,又有鼓励,B 选项符合题意。A、D 选项属于专制型教养模式,C 选项属于娇纵型教养模式。

18. B。

【解析】本题考查家庭教养模式。娇纵型教养模式中的父母特征是盲目溺爱、疏于管束;支配型教养模式中的父母特征是过分溺爱与严加管束结合:一方面过度保护,一方面期望过高;冲突型教养模式中家庭成员间人际关系紧张、不和谐,家庭气氛失调,价值导向不一致;民主型教养模式中的父母特征是家庭成员间相互尊重、平等交流,对子女既有约束又有鼓励。根据题中案例可知小明父母对小明学习严苛,生活上又过分溺爱,导致孩子出现怯懦胆小的人格特征,其做法符合支配型教养模式。故选 B 选项。

【知识拓展】专制型教养模式中的家长缺少爱心或耐心,管理方式粗暴。在这种家庭中,孩子的人格、自尊、意志、权利等不被尊重,家庭亲子关系是一种命令与服从的关系。这种教养方式易使孩子产生不信任感、戒备心理严重、自卑、消极、暴躁、懦弱、依赖或反抗权威等人格特征。

19. C。

【解析】本题考查家庭的功能。家庭的功能是指家庭对其成员所起的积极作用。具体来讲,家庭的功能有情感支持、性爱满足、繁衍后代、社会化和经济功能等。其中,情感支持功能指的是家庭作为初级社会群体,成员之间日常互动频繁,情感交流充分,彼此之间容易相互理解和支持。通过提供情感支持,家庭可以帮助其成员缓解家庭之外社会生活带来的挫折和压力,获得情感的慰藉。

20. C。

【解析】本题考查社区对人类行为的影

响。社区对人类行为的影响主要有4个方面：(1)社区成员具有某些共同特征，如相似的社会经济地位、生活方式、文化和风俗习惯等。(2)社区成员之间存在着复杂的社会交往关系，在交往中彼此发生影响。(3)社区本身是一种社会组织，具有本身的社会规范，对社区成员的行为具有约束作用。(4)社区成员对社区具有强烈的认同感和归属感，这种认同感也会影响社区成员的行为。本题中，社区对居民行为的影响是社区自身的社会规范约束居民的停车行为。因为这样可以维持社区内部的秩序和和谐，避免因停车问题而引发邻里纠纷或冲突。故C选项正确。

21. A。

【解析】本题考查人类行为与社会环境的关系。人类行为与社会环境的基本关系主要表现为：(1)人的行为要适应社会环境，要改变人的行为也要从改变他所处的环境入手。故B选项错误。(2)社会环境影响人的行为，社会环境为人的行为提供了参照标准，能够起到参照作用的不只是社会群体，还包括阶级、阶层、社会集团等。故D选项错误。(3)社会环境和生物遗传共同对人类行为产生影响。(4)人类能够改变社会环境。(5)人类行为与社会环境关系的非平衡性，社会环境对人类行为的影响要大一些。故C选项错误，A选项正确。

22. D。

【解析】本题考查人类行为与社会环境的基本关系。人类行为和社会环境是相互影响的互动关系，主要包括：(1)人的行为要适应社会环境。(2)社会环境影响人的行为。(3)社会环境和生物遗传共同对人类行为产生影响。(4)人类能够改变社会环境。(5)人类行为与社会环境关系的非平衡性。根据题干描述可知人们的消费行为随着互联网的发展而被改变，体现了"社会环境影响人的行为"，D选项正确；A、B选项强调人类行为对社会环境的影响，不符合题意；C选项与题意无关，可直接排除，故选D选项。

23. B。

【解析】本题考查人类行为的心理学理论。埃里克森和弗洛伊德不同，埃里克森的人格发展学说既考虑到生物学的影响，也考虑到文化和社会因素。

24. B。

【解析】本题考查埃里克森的人类发展阶段论。埃里克森的人类发展阶段论将人的发展分为：婴儿期(0～1岁)、幼儿期(1～3岁)、儿童早期(3～6岁)、儿童中期(6～12岁)、青少年期(12～20岁)、成年早期(20～40岁)、成年中期(40～65岁)、成年晚期(老年)。其中，青少年期的重要联系是：同辈群体，角色模式；任务是：发展自我同一性。

25. A。

【解析】本题考查皮亚杰的认知发展理论。皮亚杰认为，在各个发展阶段，个体主要运用图式、同化和顺应三种原则来认识世界。图式是个体对世界的知觉、理解和思考的方式是一种思维或动作模式，图式的形成和变化是认知发展的实质。认知的本质是一种适应，适应包括同化与顺应这两个相辅相成的过程。当有新的事物和刺激出现时，个体先用同化原则使新事物与旧图式发生联系，使新的信息被吸收到已有的图式之中；同时再用顺应原则把旧图式加以改变，从而使之与新的环境与刺激相适应，并最终形成新图式。

26. A。

【解析】本题考查科尔伯格的道德发展阶段论。根据题干描述，可直接定位到后习俗水平阶段，后习俗水平阶段包括：(1)第一阶段：社会契约定向阶段。处于这一水平阶段的人看重法律效力，但认为法律可以应大多数人要求而改变，强调权利和义务的对等。(2)第二阶段：普遍性伦理准则阶段。表现为能以公正、平等、尊严这些最一般的原则为标准进行思考。故A选项正确。

27. C。

【解析】本题考查斯金纳的操作行为主义理论。美国心理学家斯金纳认为人类所学习到的社会行为绝大多数是由强化引起的，也就是由操作性行为的结果引起的。任何有机体都倾向于重复那些指向积极后果的行为，题中在小明按时完成作业时小李就及时给予表扬和鼓励，正是对小明养成按时完成作业良好习惯的正强化，该做法属于斯金纳的操作行为主义理论。

28. B。

【解析】本题考查婴儿依恋关系的形成阶段。形成中的依恋关系阶段的典型特征是强调促进与重要成人保持联系的行为。此时，婴儿显示出“选择性的社会微笑”，这发生在认出熟悉脸孔的过程中，对不熟悉脸孔则较少作出微笑反应。

29. D。

【解析】本题考查婴儿依恋关系的形成阶段。形成中的依恋行为特征是强调促进与重要成人保持联系的行为，婴儿会对熟悉脸孔显示出“选择性的社会微笑”。

30. B。

【解析】本题考查人类发展阶段中的青少年阶段。青少年阶段是抽象逻辑思维发展的关键期和成熟期。青少年的情绪发展比较丰富和强烈，出现两极发展特征。情绪发展的两极性是指情绪的内容、强度、稳定性、概括性和深刻性等方面具有两极性。情绪发展的两极性使青少年经常出现反抗情绪，需要加强情绪的自我调节。青少年社会化的核心任务是自我意识、道德观和社会交往的进一步发展。因此，本题中社会工作者的任务是协助小亮健全自我意识。

【知识拓展】**青少年阶段的主要特征包括：(1)生理发展。青少年阶段，各种生理机能逐步增强，身高、体重、骨骼、肌肉、皮下脂肪以及神经系统的发育处于儿童与成年人之间的水平，生殖系统和第二性征已经基本发育成熟，具备了生育的能力。(2)心理发展。青少年的思维与学龄儿童的思维不同，主要有两个方面的特点：一是青少年的抽象逻辑思维是假设的、形式的和反省的思维；二是青少年的逻辑思维处于由经验型向理论型过渡的阶段。(3)社会性发展。青少年阶段的社会性发展是由青少年社会化的任务决定的。**

31. A。

【解析】本题考查青年阶段面临的主要问题。青年阶段的个体适应主要表现在婚恋问题、性别歧视、就业问题上。就业是青年阶段重要的社会任务，是青年人从家庭、学校走向社会，从心理成熟走向社会成熟的重要标志。针对青年就业问题，社会工作者要帮助做好以下工作：(1)帮助青年提高自身的就业能力，准确定位自己的职业发展目标，有的放矢地进行求职择业。(2)推动政府不断完善就业的服务体系，健全就业市场、人才市场、劳动力市场的信息相互贯通和共享机制，营造有利于人才合理流动的大环境。(3)帮助在就业中受挫的青年宣泄其负面情绪，促使其冷静、理智和创造性的思考，协助其认识自身拥有的资源和潜能。

32. A。

【解析】本题考查青年阶段的主要特征。在青年阶段，青年人感知、记忆、想象能力均达到成熟水平，并且进入人生最佳时期。青年人的心理机能处于相对稳定的高水平阶段，他们的机械记忆能力、思维敏捷性虽略有下降，但心智活动的效率却达到最高水平。青年人的能力发展包括一般能力的发展和特殊能力的发展两个方面。一般能力由思维感知、观察、记忆、想象、语言和操作技能组成，主要表现为认识能力和实际操作能力。特殊能力包括职业能力、处理人际关系的能力、管理能力和适应能力。

33. A。

【解析】本题考查中年阶段社会性发展特征。中年人在许多方面发生了变化，这主要表现在：(1)情感趋于深沉稳定，性格也完全定型，意志成熟坚毅，情感控制能力加强，道德感和理智感上升。(2)婚姻中的责任感已经超越情感，婚姻更加务实。(3)处于事业成败的关键期。中年人在事业、地位和财富上基本达到人生的巅峰状态。本题中，林先生抽出时间照顾家庭，经常陪伴孩子、与妻子一起做家务，说明婚姻更加务实，婚姻中的责任感已经超越情感。故A选项正确。

【知识拓展】中年阶段的生理发展特征包括：中年阶段是个体各种生理机能发生不断变化的时期。人进入35岁以后，酮体细胞数目开始逐渐减少，致使人的各种生理功能发生变化。女性在50岁左右经历更年期，男性的更年期则要晚一些。更年期个体容易发生情绪波动、性格改变、烦躁易怒、消沉抑郁等一系列行为问题。中年阶段的心理发展特征包括：中年阶段，个体的认知发展错综复杂。个体的流体智力在青年期达到顶峰，20多岁时开始下降，而晶体智力在中年期一直稳定增长，这一增长趋势甚至会延续到生命的尾声。由于长期的学习、反思和积累，中年人能熟练处理各种社会关系，解决问题更加充满智慧。

34. B。

【解析】本题考查中年阶段的主要问题。中年阶段面临着更年期综合征的问题，容易发生情绪不稳定、性格改变、烦躁易怒、消沉抑郁等问题。社会工作者可以在以下方面进行干预：普及更年期健康知识、对消极情绪和压力进行疏导、营造舒心的生活工作环境等。题中王女士表现出焦虑、失眠、易怒等更年期综合征，B选项是最适宜采取的干预措施。A、C、D选项只着眼于局部问题，且未注意到王女士可能存在认知偏差，应排除。

【知识拓展】中年阶段面临的主要问题包括：早衰综合征、更年期综合征、婚外恋和家庭暴力。早衰综合征是指由于各种原因，中壮年人过早地出现生理上衰老、体质上衰退和心理上衰弱的现象。早衰综合征是中年人特别是中年知识分子常见的身心疾病，在生理心理各方面均有所表现。婚外恋是指已婚者与配偶之外的人发生恋情。中年期是婚外恋的高发期。家庭暴力是指在共同生活中，家庭成员对另一成员直接或间接的暴力行为，它所造成的伤害包括身体上的、精神上的以及对当事人各类权利的限制与侵犯。

35. A。

【解析】本题考查老年临终关怀服务的内容。老年临终关怀服务是指对临终病人及其家属进行生活护理、心理安慰及社会服务等全方位的缓解性、支持性关怀照顾。本题中，社会工作者的服务，最能反映出老年临终关怀服务内容的是哀伤辅导。故A选项正确。

【知识拓展】面对死亡问题，社会工作者可以为老年人提供的服务有：(1)丧偶与哀伤辅导。协助老年人在面临悲伤事件时，能够在合理的时间内抒发正常的悲伤，并健康地完成悲伤任务，以增进重新开始正常生活的能力。(2)帮助老年人形成对死亡的理性认识，使其积极地应对死亡。(3)为老年人提供临终关怀的服务。

二、多项选择题

36. BD。

【解析】本题考查人类需要的层次。根据马斯洛的需要层次论，该题目中共涉及以下两种需要：(1)归属与爱的需要。这一层次的需要包括两个方面的内容：一是归属的需要，即人都有一种归属于一个群体的感情，希望成为群体中的一员，并相互关心和照顾。二是友爱的需要，即人人都需要伙伴之间、同事之间的关系融洽或保持友谊和忠诚；人人都希望得到爱情，希望爱别人，也渴望接受别人的爱。(2)尊重的需要：人人都希望自己有稳定的社会地位，希望个人的能力和成就得到社会的承认。尊重的需要又可分为内部尊重和外部尊重。内部尊重，即自尊，是指一个人希望在各种不同情境中有实力、能胜任、充满信心、能独立自主。外部尊重是指一个人希望有地位、有威信,受到别人的尊重、信赖和高度评价。

37. AD。

【解析】本题考查同辈群体。同辈群体的特点有:(1)平等性,故 D 项正确。(2)开放性。(3)认同性。(4)独特性。同辈群体对个体行为的发展也具有重要作用,它对个体的认知发展、行为塑造、情绪表达、精神追求及支持系统均有直接影响。故 A 项正确。B 项明显错误,所以排除。C 项的前半句描述是错误的,也不选。E 项,题干中只是描述了宿舍同学帮助小王提升了睡眠质量,并没有体现小王对宿舍生活的认同性,故不选。

【知识拓展】同辈群体是由年龄、性别、志趣、职业、社会地位及行为方式大体相近的人所组成的一种非正式的群体。同辈群体的形成大部分出于偶然性因素,随着年龄的增长,同辈群体形成的主动选择性变得越来越多。

38. ACDE。

【解析】本题考查家庭暴力。对于家庭暴力,社会工作者可以从以下几个方面介入:(1)个别辅导。与家庭暴力受害者和施暴者进行面对面的沟通和交流。故 A 项正确。(2)小组辅导。将施暴者组成治疗小组,受害者组成支持小组,制定一个共同的小组目标,通过一系列的小组活动,使小组成员相互作用,学习重新审视自己和家庭,找到制止家庭暴力的途径和方法。故 C 项正确。(3)在社区层面。组织和发动居民关注本社区的家庭暴力问题,提高居民的反家庭暴力的意识;提高社会成员对家庭暴力的认知度和应对能力;建立家庭暴力庇护中心,为受家庭暴力伤害的妇女提供庇护服务。故 D、E 项正确。本题中,丽丽主要面临的问题是丈夫对她的家庭暴力,并没有涉及物质方面的救助问题。故 B 项错误。

39. BC。

【解析】本题考查老年阶段面临的主要问题。老年阶段主要面临的问题包括:(1)失智,即指渐进性认知功能退化且退化幅度高于正常老化速度。(2)失能,是指老年人日常生活操作能力和日常生活能力减弱,需要他人协助完成。(3)精神健康问题,例如孤独、抑郁、悲观心境、情绪低落等。(4)死亡问题,死亡是老年人面临的最大危机,是导致焦虑、恐惧的根源。(5)被歧视和被虐待,社会群体对老年人的偏见、刻板印象、差别待遇,导致老人被歧视和被虐待。本题中,李大爷的主要问题是“不能自理”“情绪低落”。A、E 选项未在题中有体现,可以排除。B、C 选项符合题意。D 选项具有很强的迷惑性,题中涉及“死亡”的仅仅是李大爷自怨自艾的一句话,属于情绪问题,并不符合“死亡问题”的含义,应排除。因此,本题正确答案为 B、C 选项。

40. ABDE。

【解析】本题考查老年阶段面临的问题。老年阶段面临的主要问题包括:失智和失能;精神健康问题;死亡问题;老年人被歧视和被虐待等问题。本题中,姚爷爷血糖指标有些异常,需要进行合理的健康管理,故 A 项正确。姚爷爷常常忘记吃饭,需要适当的生活照料,故 B 项正确。姚爷爷干脆把自己关在屋里几天不见人,需要有适当的安全保护,故 D 项正确。姚爷爷很少与人说话,情绪越发低落,需要精神慰藉,故 E 项正确。医疗救助是针对城乡贫困家庭身患疾病且存在经济困难的情况,与题干不符。故本题选 ABDE。

41. ABE。

【解析】本题考查面对死亡问题社会工作者可以为老年人提供的服务。针对死亡问题,社会工作者可以为老年人提供的服务有:(1)丧偶与哀伤辅导。协助老年人在面临悲伤事件时,能够在合理的时间内处理悲伤情绪,增进重新开始正常生活的能力。(2)帮助老年人形成对死亡的理性认识,使其积极地应对死亡。(3)为老年人提供临终关怀的服务。对临终病人及其家属进行生活护理、心理安慰及社会服务等全方位的缓解性、支持性关怀照顾。

第四章

社会工作理论的应用

一、单项选择题									
1. A	2. B	3. A	4. D	5. A	6. D	7. D	8. A	9. B	10. C
11. B	12. A	13. B	14. B	15. A	16. A	17. D	18. D	19. C	20. C
21. B	22. C	23. B	24. D	25. A	26. C	27. D	28. B	29. D	30. B
31. A	32. C	33. D	34. D	35. B					
二、多项选择题									
36. BCD	37. ABCE	38. ABCE	39. BCE	40. ABD	41. DE	42. ABCD	43. BCE		

一、单项选择题

1. A。

【解析】本题考查人格结构理论。弗洛伊德的精神分析理论将人格分为本我、自我和超我。本我由内驱力和欲望组成，遵循享乐原则。本我处于一种混沌状态，它不会随时间与经验的改变而发生改变。故B项错误。自我是本我由经验中发展出来的，包括意识和前意识，所以自我具有管理人格体系的能力，它遵循现实原则，调节本我的欲望以及超我与外界的要求。故A项正确、C项错误。超我由自我发展而来，包括意识和前意识，也包含部分潜意识。超我包括两个层面：良心和理想。当合乎超我的要求时，个人感到骄傲与自尊，反之则感到罪恶与羞耻。故D项错误。

2. B。

【解析】本题考查精神分析理论的主要观点。精神分析理论的核心观点是人的任何精神活动都是存在其根源的，这个根源就是潜意识，要想解释服务对象的问题就必须探寻潜意识的意义，故A项错误。弗洛伊德的精神分析理论将人的性心理发展作为人的心理发展的基础，故B项正确。超我是由自我发展而来的，故C项错误。防卫机制是一种自我调适的方法，包括正向和负向的，故D项错误。

【知识拓展】防卫机制是自我为了消除不愉快的情绪体验所采取的方法，包括阻

挠或掩饰不被允许的或不被赞同的欲望以减少内心冲突。自我普遍的防卫机制内容包括:(1)否认。拒绝相信或感知现实状况。(2)替代。将感受与行为转换到另一个替代对象。(3)认同。有意识或部分有意识地接受另一人的特质,以降低自我贬抑的感受。(4)投射。将自己无法接受的特质归诸他人。(5)合理化。为自己无法接受的行为寻找表面但合理的解释以维持。(6)反作用。压抑自己或社会无法接受的冲动并替代以相反的感受,如以爱代替恨。(7)退化。采用前一阶段的行为。(8)压抑。将对自我构成威胁的冲动和想法放入潜意识中。(9)升华。一种正常且非导致压抑的替代行为方式,如将性冲动转化为可接受的释放方式。

3. A。

【解析】本题考查精神分析理论在社会工作实务中的应用。精神分析理论认为个人的问题缘于内在的精神冲突,这些冲突与早期经验有关,并且潜藏于潜意识中,理性无法觉察潜意识的经验。本题中,赵先生可能存在对父亲的恐惧和怨恨等潜意识情感,影响了他与父亲的关系。老金在与赵先生建立良好关系时需特别注意让赵先生感受到支持与安全。因为这样可以减轻赵先生的焦虑和压力,增加他对老金的信任和合作意愿,为后续的心理分析创造有利条件。故 A 选项正确。

4. D。

【解析】本题考查焦虑与防卫机制。防卫机制是一种为减轻不良情绪体验、缓解内心冲突、进行自我调适的方法。故 D 选项正确。

【知识拓展】自由联想是精神分析治疗的一个基本方法。社会工作者鼓励服务对象说出心中最原始的想法或感受。精神分析理论认为这些未经理性思维过滤的闪念是潜意识的反映。社会工作者通过分析这些闪念能够发现服务对象潜意识的内容,找出其中造成服务对象出现问题的部分,帮助服务对象修正这些造成问题的潜意识,最终解决问题。在这个过程中,社会工作者必须保持高度敏感,因为服务对象潜意识中的防御机制随时会发挥作用,干扰服务对象的自由联想过程,使其变得不连贯。如果社会工作者缺乏足够的敏感,就很难发现哪些片段是出自潜意识、哪些是经过服务对象理性思维过滤的内容,从而影响治疗。

5. A。

【解析】本题考查精神分析理论在实务中运用的原则。精神分析社会工作应坚持以下原则:在治疗过程中坚持个别化原则;强调与服务对象签订治疗契约;治疗者要为服务对象提供一个安全与支持的环境;精神分析疗法采取的基本方法是自由联想;在治疗过程中要倾听和理解服务对象的想法和感受,并给予支持与接纳。

6. D。

【解析】本题考查精神分析社会工作遵循的原则。精神分析社会工作遵循以下原则:(1)在治疗过程中坚持个别化原则。强调每个人的早期经验都是不同的,这也是对社会工作专业早期发展产生重要影响的一点。(2)精神分析理论强调要与服务对象签订治疗契约。因为精神分析治疗过程是一个重温过往痛苦经验的过程,必定会引发不愉快的情绪体验,服务对象必须有充分的心理准备并同意。(3)治疗者要为服务对象提供一个安全与支持的环境,以保证能够顺利地了解他隐藏在潜意识中的经验,并保证治疗过程中产生的负面情绪不会给服务对象造成新的伤害。(4)精神分析治疗采用的基本方法是自由联想。服务对象在治疗过程中可以自由地讲出看起来毫无关联的事物，治疗者要在其中看到内在联系，发现内在冲突。故D项正确。(5)在治疗过程中治疗者要倾听和理解服务对象的想法与感受，要给予支持和接纳。

7. D。

【解析】本题考查精神分析理论在社会工作中的应用。诠释过程是指社会工作者向服务对象表达其对服务对象心灵世界的了解。诠释过程包括4个技巧：(1)面质，指出服务对象不自觉并且重复的特定行为或话语，引发服务对象思考其背后的含义。(2)澄清，协助服务对象了解其经验的详细内涵，主要涉及挖掘出过去对现在的心理现象的影响。面质与澄清有助于服务对象对其经验有更多认识，但是不能呈现潜意识的意义。(3)诠释，涉及潜意识内涵的呈现与说明，如愿望、情感与防卫机制。诠释的主要作用是帮助服务对象将潜意识转化为意识。(4)整合，帮助服务对象获得对经验的整体认识。题中社会工作者小林的回应采用了澄清、诠释等诠释过程的技巧。

【知识拓展】治疗性倾听：倾听是指社会工作者不是刻意针对特定部分注意听，而是“广泛注意”，也就是社会工作者事先并未预设想要探寻的主题与线索。社会工作者运用“同理倾听”，尝试将自己置身于服务对象的情境中，了解其想法与感受。社会工作者通过“广泛注意”和“同理倾听”逐渐建立起服务对象内心世界的“工作模型”，并在每次会谈之后修正这个模型。在这个过程中，社会工作者运用猜想达到对服务对象的某种程度的了解。这种猜想是进行诠释的前提。

8. A。

【解析】本题考查心理社会治疗模式的演变和基本概念。服务对象小华处于人生发展的关键时期，离家出走的行为不利于其健康成长。当服务对象面临危机时，社会工作者必须第一时间进行介入。A项属于直接介入，且体现了及时性，社会工作者倾听服务对象的想法，帮助其疏导情绪，有利于促进其正确面对困难。B、C、D项均属于间接介入。

【知识拓展】直接介入是针对服务对象开展的服务，间接介入则是针对服务对象所处的环境开展的服务。

9. B。

【解析】本题考查认知行为理论。认知行为理论认为，认知扮演着中介与协调的作用，个人的许多错误的想法、不理性的思考、荒谬的信念、零散或错置的认知等可能存在于个人的意识或察觉之外，社会工作者应协助服务对象自主觉察非理性的思维方式。

10. C。

【解析】本题考查认知行为理论的主要观点。认知行为理论认为，在认知、情绪和行为三者当中，认知扮演着中介与协调的作用。如果人们有正确的认知，他的情绪和行为就是正常的；如果他的认知是错误的，则他的情绪和行为就可能是错误的。因此，认知就成为治疗的焦点，简单归结来说就是要改变错误认知，建立正确认知，以达到改变人的情绪和行为的目的。本题中，C选项最符合题意。A选项更符合存在主义理论的指向，B选项本身做法错误，D选项更符合精神分析理论的应用。

11. B。

【解析】本题考查认知行为理论的主要观点。A项中，明确指出小沈特别看重外部评价的特点,协助她去探索内心深处的潜意识,这属于精神分析理论的做法。B项中,与小沈分析“必须抓住每个机会”的想法,引导她觉察自己的非理性思维,这属于认知行为理论的做法。C项中,指出小沈基本能够合格完成任务的事实,激发她掌握个人发展的更大潜能,这属于增强权能理论的做法。D项中,启发小沈反思追求“好前途”的意义,引导她洞察内心里最想追求的目标,这属于人本主义和存在主义理论的做法。

12. A。

【解析】本题考查认知行为理论在社会工作实务中的应用。认知行为理论确定助人目标的原则有:(1)改变错误的认知或不切实际的期待以及其他偏颇和不理性的想法。(2)修正不理性的自我对话。(3)加强解决问题和决策的能力。(4)加强自我控制和自我管理的能力。

13. B。

【解析】本题考查在认知行为学派的助人过程中社会工作者的角色。在运用认知行为理论进行帮助时,作为教育者,社会工作者要训练服务对象运用认知行为理论与技巧来检验自己的认知,训练修正其不当行为。

14. B。

【解析】本题考查认知行为理论在社会工作实务中的应用。认知行为学派助人的过程一般包括以下几个步骤:(1)确定不正确的、扭曲的思维方式或想法,确认它们是如何导致负面情绪和不良行为的。(2)要求受助人自我监控自己的错误思维方式或者进行自我对话。(3)探索受助人错误思维方式与潜在感觉或信念之间的关系。(4)尝试运用不同的、具有正面功能的、正常的思维方式。(5)检验受助人新建立的对自我、世界和未来的基本假定在调整行为和适应环境上的有效性。本题中,社会工作者通过引导性对话协助服务对象觉察自己的想法及自我对话,了解这些想法和行为背后隐藏的错误、非理性的认知,帮助服务对象澄清内在沟通。因此,B选项正确。

15. A。

【解析】本题考查的是认知行为理论中的逆向操作介入方法。所谓逆向操作就是让服务对象提前面对其所担心的行为或情境,让服务对象的焦虑提前发作,在提前体验焦虑情境的过程中澄清错误认知。在使用逆向操作时必须事前征得服务对象的同意,且社会工作者必须全程陪同服务对象,不可以安排服务对象自行完成。因此,A选项正确。

16. A。

【解析】本题考查系统理论的主要观点。系统理论把环境区分为微观环境、中观环境和宏观环境,微观环境的特征是个人与其能够直接互动,中观环境通常指各类组织,宏观环境指一个人处于其中的整个文化系统(例如语言、习俗、法律、道德等)。A选项符合题意,B选项属于中观环境,C和D选项属于微观环境。

17. D。

【解析】本题考查社会工作理论。存在主义理论强调对过去经验的解释,对于未来行动具有十分重要的意义。生态系统理论主要是通过改变系统来实现个人需要的满足。精神分析理论主要是帮助服务对象跳出来观察和反省自己的经验。认知行为理论是认为服务对象的问题不仅是外在层面的问题,更是认知的结果,需要通过调整个人的认知来促进行为的改变。

18. D。

【解析】本题考查生态系统理论。A项中,纠正不良行为,形成正确认知,这属于认知行为理论的做法。B 项中，疏导个人情绪，恢复理性思考，这属于认知行为理论的做法。C 项中，提高学习兴趣，发展个人潜能，这属于增强权能理论的做法。D 项中，调整家庭关系，营造健康环境，这属于生态系统理论的做法。

19. C。

【解析】本题考查生态系统理论。在生态系统理论观点看来，人生来就有与其环境互动的能力，能够从环境中获取有用的信息，并且能向环境传达自身的信息。人在其情境中是一个联合的交流系统，人与环境相互影响，形成互惠关系。

20. C。

【解析】本题考查生态系统理论。生态系统理论把人的发展看作是持续地适应环境的过程，并与环境的众多层面进行系统交换的过程。他们能改变环境，也能被环境改变，在人与环境之间形成交互性适应，而社会问题的出现则降低了这种交互适应性。对于社会工作来说，要理解个人就必须将其置于所生长的环境中，因为个人的人格形成是与其环境长期交互适应的结果。因此，不论是个人的正向发展还是生活过程中出现的问题，都是与其环境密不可分的。根据题意，C 选项正确。A 选项仅关注服务对象的心理层面，未从服务对象与环境的关系入手，不符合题意。B 选项本身错误。D 选项更符合存在主义理论在社会工作中的应用。

21. B。

【解析】本题考查生态系统理论。生态系统理论的关键在于将服务对象放在一个有层次的系统之中，将服务对象与其所生活的环境作为一个完整的整体来看待，通过改变系统来实现个人需要的满足。B 选项，为存在学习困难的学生链接志愿服务资源。这项服务使学生认识到学生的学习表现不仅受到他们个人因素的影响，还受到他们的家庭、学校和社区环境的影响。通过为他们提供来自志愿者的额外支持和资源，提高他们的学习成果和自尊心，以及促进不同系统之间的积极关系。故 B 选项正确。

22. C。

【解析】本题考查生态系统理论在社会工作实务中的应用。生态系统理论的关键在于将服务对象放在一个有层次的系统之中，将服务对象与其所生活的环境作为一个整体来看待，通过改变系统来实现个人需要的满足。本题中，C 选项整合了救助政策、免费培训等外部资源，符合题意。A 选项强调建立新观念，更符合认知行为理论。B、D 选项偏离题意且未涉及外部资源的整合。

23. B。

【解析】本题考查生态系统理论。生态系统理论认为，人们遇到的许多问题不完全是由个人原因引起的，社会环境中的障碍是导致问题产生的重要因素，社会工作者为服务对象提供帮助的着眼点要从与之相关的不同系统的角度分析问题着手，而不能将着眼点仅放在个人身上。题中晓晨的问题正是由于他刚到一个陌生的环境适应不良造成的。

【知识拓展】生态系统理论运用过程中的注意事项包括：(1)人们遇到的许多问题不完全是由个人原因引起的，社会环境中的障碍是导致问题产生的重要因素。(2)社会工作者为服务对象提供帮助的着眼点不能仅放在个人身上，还要从与之相关的不同系统的角度分析问题着手。(3)服务对象与各个系统的关系是动态的，社会工作者必须不断地对服务对象与环境的关系作出新的判断。(4)对服务对象的帮助要从整个生态系统出发，把他

们的问题放到不同层面的系统中去看待和解决。

24. D。

【解析】本题考查人本主义社会工作的主要观点。人本主义理论认为具有理性的人可以自主地选择行动。人本主义关注人类的理智能力，相信人有能力运用自己的理性控制自己的命运。

25. A。

【解析】本题考查人本主义社会工作的主要观点。人本主义关注人类的理智能力，相信人有能力运用自己的理性控制自己的命运。临床社会工作者吸收罗杰斯的观点，提出了社会工作专业治疗中的几个基本原则：诚实和真诚，温暖、尊重和接纳，同理（或同感），这也是社会工作专业关系的基本原则。

26. C。

【解析】本题考查人本主义社会工作实务的基本价值。人本主义社会工作实务的基本价值包括：(1)强调人的内在价值和能力。强调每一个人都要受到尊重，每一个小组成员都要协同社会工作者一起对每一个成员表现出关注。(2)在社会生活中，人们彼此负有责任。(3)个人具有归属与被包容的权利。在小组工作实践中，小组成员的归属权利要得到尊重，小组要能够包容每个人的个性。(4)人们具有参与和被聆听的权利。强调小组是全体成员的小组，每一个人都具有参与决定小组事务的权利。(5)人们具有自由表达的权利。小组要重视创造鼓励表达的气氛，让每一个成员能够充分表达自己的情感和意见。(6)群体成员之间是有差别的，每个人的差别都要得到尊重。(7)人们具有质疑和挑战专业人员的权利。专业人员是小组的参与者而非最后的决定者。本题中，社会工作者帮助新生开设成长小组，要帮助他们了解、认识和探索自我，就必须在小组过程中给每位学生自由的权利，充分表达自己的情感和意见，故选 C。

27. D。

【解析】本题考查存在主义理论。存在主义社会工作强调个人生命的意义，认为包括个人痛苦的经历都是有意义的。D 选项，引导刘女士对自己过往生活中的成功经验予以肯定，这项服务帮助刘女士认识到自己的优势和成就，并重新树立对生活的信心。让她认识到过去痛苦的经历是有意义的，当她克服、渡过了困难之后，她个人应对生活的能力就增强了，还可以支持她在生活中找到意义和方向。故 D 选项正确。

28. B。

【解析】本题考查存在主义理论在社会工作实务中的应用。存在主义社会工作强调个人生命的意义，强调个人的内在价值，认为包括个人痛苦的经历都是有意义的。本题中，社会工作者通过工作，可以让小周认识到家庭暴力对他来说是一个痛苦的经历，但当他克服并度过了这一痛苦经历之后，他将会比同龄人更加坚强和独立。

29. D。

【解析】本题考查存在主义社会工作的观点。存在主义理论强调个人的自由和责任，社会工作者应致力于将负面因素转化为积极正面的因素，鼓励服务对象肯定自己的独特性和内在价值，挖掘痛苦经历的积极意义。D 选项最符合题意。A 选项更符合增强权能理论的应用，B 选项更符合社会支持理论的应用，C 选项更符合生态系统理论的应用。

30. B。

【解析】本题考查增强权能理论。增强权能是指增强人的权利和能力。增强权能取向的社会工作认为，个人需求不足问题的出现是环境对个人的压迫造成的，社会工作者为受助人提供帮助时应该着重于增强服务对象的权能，以对抗外在环境和优势群体的压迫。本题中，提升小美应对其他人歧视的能力，这项服务赋予小美应对因其家庭背景而可能遭遇的负面态度和刻板印象的能力。帮助她培养应对技巧、自尊心和韧性，以及挑战她所面临的不公平待遇。支持她表达自己的感受和观点，并维护自己的权利和尊严。故 B 选项正确。

【知识拓展】增强权能理论的基本假设主要包括：(1)个人的无力感(没有权能)是由于环境的压迫而产生的。(2)社会环境中存在着直接或间接的障碍，使个人无法实现他们的权能，但这种障碍是可以改变的。(3)每个人都不缺少权能，但是，在现实生活中，许多人却表现为缺乏权能。(4)受助人是有能力、有价值的。受助人的权能不是社会工作者给予的。(5)社会工作者与服务对象的关系是一种合作性的伙伴关系。

31. A。

【解析】本题考查增强权能理论。小王为小薛提供个案服务时处于初步接触阶段。帮助小薛增强自我情绪管理能力可以缓解小薛因为输球而产生的失落感，增加他对自己的信心和自尊心，以及对未来的希望和乐观。同时，这项服务也可以让小薛感受到小王的支持和安全，增加他对小王的信任和合作意愿，为后续的个案服务创造有利条件。故 A 选项正确。

32. C。

【解析】本题考查增强权能理论在社会工作实务中的应用。增强权能理论认为，个人的无力感来源于外界的压迫，是环境压迫使个人的权能不能发挥。权能一般发生在三个层次上：(1)个人层次，包括个人感觉有能力去影响或解决问题。(2)人际层次，指的是个人和他人合作促成问题解决的经验。(3)环境层次，指能够改变那些不利于个人权能发展的制度安排。本题中，C 选项通过呼吁加强执法消除环境障碍，符合题意。A、D 选项行为不适当，应排除。B 选项更符合存在主义理论。

33. D。

【解析】本题考查增强权能社会工作的取向。权能一般发生在三个层次上：(1)个人层次，包括个人感觉有能力去影响或者解决问题。(2)人际层次，指的是个人和他人合作促成问题解决的经验。(3)环境层次，指能够改变那些不利于个人权能发展的制度安排。本题中，因为是从环境层面增强小王的权能，故选 D。

34. D。

【解析】本题考查增强权能理论的服务原则。增强权能理论的服务原则包括：所有压迫对于人们的生活都是破坏性的，社会工作者和服务对象应该挑战环境的压迫，社会工作者要与服务对象建立合作关系，满足服务对象眼前的需要，包括链接服务对象所需的资源、开始促进意识觉醒、寻找和申请资源。因此题中只有 D 项符合增强权能理论的服务原则。

35. B。

【解析】本题考查增强权能理论。对于家庭暴力，社会工作者要帮助服务对象建立自信和自我控制能力。社会工作者一方面采取措施控制其丈夫的施暴行为，另一方面要帮助服务对象认识自己在生活中的能力和长处。在环境层次上，改变那些不利于个人全能发展的制度安排。鼓励受害妇女积极呼吁社会关注，促进周围人增加对受害妇女的理解。

二、多项选择题

36. BCD。

【解析】本题考查认知行为理论。作为教育者和陪伴者，社会工作者必须完成的任务之一就是澄清内在沟通，即协助服务对象觉察自己的想法及自我对话，了解在这些想法和对话背后所隐藏的错误的、非理性的认知。服务对象只有能够自主地觉察到这些非理性的、错误的认知，才能改变这些错误的认知，建立新的正确的认知，并改正其错误的行为。

【知识拓展】作为教育者和陪伴者，社会工作者必须完成以下任务：(1)澄清内在沟通。(2)向服务对象解释认知行为模式的运作方式。帮助服务对象学习运用ABC情绪理论治疗模式，解释前置事件与行为结果之间的关系，确认造成情绪问题的错误认知。协助服务对象改变错误认知，逐步学习正确的行为。(3)布置家庭作业。要求服务对象按照认知治疗模式的要求，逐步完成社会工作者指定的任务，记录结果，以便从中找出错误认知，并进一步挑战和改变错误认知和错误的自我对话。(4)帮助服务对象实现经验学习。所谓经验学习就是强调服务对象不仅要在认知层面改变错误认知，更要在建立正确认知的同时，在行动上与正确认知保持一致，在行动中确认改变的成效，从而形成正向经验，直至最终达到治疗目标。(5)尝试使用逆向操作。(6)运用动态思考和存在的深思。所谓动态思考，其前提是强调知识是客观的，思考的过程就是要经过反复思考和验证最终确认问题和解决问题的方法、途径。

37. ABCE。

【解析】本题考查认知行为理论在社会工作实务中的应用。认知行为学派助人过程一般包括以下几个步骤：(1)确定不正确的、扭曲的思维方式或想法，确定它们是如何导致负面情绪和不良行为的。(2)要求受助人自我监控自己的错误思维方式或进行自我对话。(3)探索受助人的错误思维方式和潜在感受或信念之间的关系。(4)尝试运用不同的、具有正面功能的、正常的思维方式。(5)检验受助人新建立的对自我、世界和未来的基本假定在调整行为和适应环境上的有效性。本题中，老李应该协助小伟认识到打人是坏孩子才有的行为，坏脾气是可以自我控制的，学习与他人的有效语言沟通的技巧，发觉造成暴力行为的潜意识因素。

38. ABCE。

【解析】本题考查系统理论在家庭问题分析中的应用和内容。系统理论的核心观点在于它以整体的视角来看待人和社会，而不是将人和社会分割开来。在系统理论看来，系统在动态的变化过程中维持稳定和平衡，系统内部的子系统之间不是简单的线性联系，而是存在着多元互动或互为因果的循环关系。选项A、B、C、E从不同层面考查了陈先生家庭系统内外部各种因素对其功能性影响，也反映了系统理论的基本概念和原则，如整体性、互动性、开放性、适应性等。而D选项则没有从系统的角度分析，而是将问题归结于陈先生个人的认知系统失调，忽略了其他系统的作用和影响。

39. BCE。

【解析】本题考查增强权能取向社会工作的基本假设。增强权能是指增强人的权利和能力。增强权能取向的社会工作认为，个人需求不足和问题的出现是环境对个人的压迫造成的，社会工作者为受助人提供帮助时应该着重于增强服务对象的权能，以对抗外在环境和优势群体的压迫。A项错在“对外曝光家长的行为”，D项不符合社会工作价值观。

40. ABD。

【解析】本题考查存在主义在社会工作实务运用中的理念。存在主义在社会工作实务运用中的理念包括：(1)觉醒，即个人意识的觉醒。这个理念指的是人的自我意识要经历一个对自我不真实生活的幻灭，进而到对真实生活的正视过程。选项 B，小杨帮助侯女士正视目前困难的生活现状，正是体现了存在主义觉醒的理念，故 B 项正确。(2)痛苦是生命的一部分。存在主义认为痛苦是必然的，痛苦对人的生命具有指导性。存在主义强调对过去经验的解释，对未来行动具有十分重要的意义。故 A 项正确，C 项错误。(3)选择的自由。(4)对话的必要性。(5)实行。实行是指在社会工作治疗过程中，社会工作者如果希望服务对象能够肯定他自己的独特性，就必须通过社会工作者对服务对象的肯定来实现。故 D 项正确。选项 E 不符合存在主义理论观点。

41. DE。

【解析】本题考查增强权能理论在社会工作实务中的应用。增强权能是指增强人的权利和能力。增强权能取向的社会工作认为，个人需求不足和问题的出现是环境对个人的压迫造成的，社会工作者为受助人提供帮助时应该着重于增强服务对象的权能，以对抗外在环境和优势群体的压迫。本题中，D、E 选项着眼于改变环境、增强服务对象权能，符合题意。

【知识拓展】根据索罗门的总结，造成无力感的根源有 3 个：(1)受压迫团体的自我负向评价。所谓自我负向评价就是由于困难群体受到生活环境的负向评价，长此以往，他们不仅接受了环境的负向评价，并且他们自己对自己的行动也倾向于给出负向评价。(2)受压迫群体与外在环境互动过程中形成的负面经验。在接受并形成自我负向评价的基础上，困难群体在其参与社会事务的过程中，社会环境给予的反馈常常是负向的，而他们的行动结果常常是失败的，从而形成负向经验。(3)宏观环境的障碍使他们难以有效地在社会中行动。

42. ABCD。

【解析】本题考查增强权能社会工作的取向。增强权能理论对服务对象的赋能发生在三个层次：(1)个人层次，促进个人能力的增长。(2)人际层次，促进个人与他人合作以共同解决问题。(3)环境层次，促进不利于个人权能发展的制度安排的改变。A 选项指向个人层次的增能，B 选项指向人际层次的增能，C 和 D 选项指向环境层次的增能，这四个选项均符合题意。E 选项是错误的做法，可以排除。

43. BCE。

【解析】本题考查增强权能服务原则。增强权能服务原则包括：(1)所有压迫对于人们的生活都是破坏性的，社会工作者和服务对象应该挑战环境的压迫。(2)社会工作者应该对压迫的环境采用整体视角。(3)人们自己要增强自己的权能，社会工作者只是协助者。(4)推动具有共同基础的人们相互增加权能。(5)社会工作者与服务对象之间应建立互惠关系。(6)社会工作者鼓励服务对象以自己的语言进行表达。(7)社会工作者应该坚信人是胜利者而非受害者。(8)社会工作者应该聚焦于社会持续不断的变迁。(9)在社会工作服务实践中，社会工作者与服务对象是一种双向合作关系。(10)干预可以分为三个层面：第一，社会工作者与服务对象建立合作关系，满足服务对象眼前的需要，包括链接服务对象所需的资源、开始促进意识觉醒、寻找和申请资源；第二，教授技巧和知识，并评估服务对象的权能动态机制，包括各类小组或团体的活动；第三，集体行动，旨在形成集体、参与倡导或进行社会行动。

第五章 个案工作方法

一、单项选择题									
1. D	2. B	3. D	4. D	5. A	6. C	7. C	8. C	9. D	10. A
11. D	12. A	13. A	14. D	15. C	16. B	17. A	18. B	19. D	20. D
21. B	22. D	23. A	24. C	25. C	26. A	27. C	28. D	29. A	30. B
31. C	32. A	33. C	34. A	35. D	36. C	37. D	38. C	39. C	40. B
41. C	42. C	43. A	44. B	45. A	46. C				
二、多项选择题									
47. ACDE	48. ABE	49. CD	50. ABCE	51. ABCE	52. ACE	53. ACDE	54. ABCE	55. BCD	56. ABC
57. BD	58. BC	59. BCE	60. BCD	61. ABC	62. CD	63. ABCD	64. ACE	65. BC	66. CDE

深度解析

一、单项选择题

1. D。

【解析】本题考查个案工作的服务模式。个案工作的服务模式主要包括心理社会治疗模式、行为认知治疗模式、理性情绪治疗模式、任务中心模式、危机介入模式、人本治疗模式和家庭治疗模式。A 选项"人本治疗模式"是指以当事人为中心，注重感受和反应服务对象的内心变化。它认为如果注重分析和治疗服务对象的问题，就会把社会工作者自己的价值标准强加给服务对象，反而会阻碍其成长。因此，有效的辅导是创造一种有利的环境让服务对象更接近自己的真实需要，变成一个能够充分发挥自己潜能的人。B 选项"危机介入模式"是社会工作者针对服务对象的危机状态而开展的调适和治疗的工作方法。危机介入模式要求迅速了解服务对象的主要问题，快速做出危险性判断，并有效稳定服务对象的情绪，积极协助其解决当前问题。C 选项"萨提亚家庭治疗模式"认为人是善的，问题的出现来自于错误的应对方式，并且十分重视家庭对个人的影响。其治疗程序为追思往事、整理旧经验以及整合新经验。D 选项"理性情绪治疗模式"强调人的选择受到环境和周围他人的影响，其代表理论为“ABC 理性情绪疗法”，主要通过纠正非理性信念而到达解决问题的目标。本题中，小燕认为自己的命不好，并且对自己、对同学以及对农村和城市环境有着非理性的信念。对此社会工作者小顾鼓励其进行自我反思，反思自己的想法是否恰当，这是“理性情绪治疗模式”的体现。因此选 D。

2. B。

【解析】本题考查个案工作的心理社会治疗模式。心理社会治疗模式的理论始终围绕一个核心：心理因素和社会因素之间的关联，包括内部的心理、外部的环境以及两者之间的相互影响三个方面。心理社会治疗模式都从个人与环境之间的关系着手，了解两者之间失去平衡的原因，并且找到建立新平衡的方法。心理社会治疗模式将个人与环境之间的这种关系概括为“人在情境中”，要求社会工作者既需要深入个人的内心，了解他（她）的感受、想法和需求，还需要仔细观察周围环境对他（她）施加的影响，分析个人适应环境的具体过程。

3. D。

【解析】本题考查个案工作的心理社会治疗模式的治疗技巧。心理社会治疗模式的治疗技巧可以分为直接治疗技巧和间接治疗技巧，前者是指直接对服务对象进行辅导、治疗的具体方法，间接治疗技巧是指通过辅导第三者或者改善环境间接影响服务对象的具体技巧。本题中，A、B、C 选项是针对小玲的外部环境进行的介入，属于间接治疗技巧。D 选项是直接针对服务对象小玲进行的介入，属于直接治疗技巧。

【知识拓展】在直接治疗技巧中，可以根据社会工作者与服务对象的沟通交流状况，以及反映服务对象内在想法和感受的状况分为非反思性直接治疗技巧和反思性直接治疗技巧。非反思性直接治疗技巧是指社会工作者直接向服务对象提供各种必要的服务，而服务对象只处于被动服从位置的各种辅导技巧。非反思性直接治疗技巧主要包括支持、直接影响和“探索—描述—宣泄”。支持是指通过社会工作者的了解、接纳和同感等方式减轻服务对象的不安，给予服务对象必要的肯定和认可。直接影响则是社会工作者通过直接表达自己的态度和意见促使服务对象发生改变。“探索—描述—宣泄”是指社会工作者通过让服务对象解释和描述自己困扰产生的原因和发展过程，为服务对象提供必要的情绪宣泄的机会，以减轻服务对象内心的冲突，从而改善服务对象不良的行为。

4. D。

【解析】本题考查心理社会治疗模式中反思性直接治疗技巧。反思性直接治疗技巧主要包括现实情况反思、心理动力反思和人格发展反思。现实情况反思是指社会工作者帮助服务对象对自己所处的实际状况作出正确的理解和分析的技巧。D 选项的做法可以帮助万先生认识到他缺乏与外界交往和沟通的经验和能力，是因为他母亲过度地保护他，限制了他与其他人接触的机会。这样可以促进万先生对自己和母亲的情感和行为有更深入和全面的理解。同时，这项做法也可以激发万先生改变自己现状的动机和意愿，鼓励他尝试与其他人建立更多的联系和交流，提高他的社会适应能力和生活质量。故 D 选项正确。

5. A。

【解析】本题考查心理社会治疗模式的治疗技巧。心理动力反思是指社会工作者协助服务对象正确了解和分析自己内心的反应方式的技巧。比如，协助服务对象了解自己的情绪反应方式、认识事情的方式和动机的模式等。

【知识拓展】人格发展反思是社会工作者帮助服务对象重新认识和评价自己的以往经历、调整自己人格的技巧。

6. C。

【解析】本题考查个案工作中心理社会治疗模式的特点。心理社会治疗模式的诊断包括心理动态诊断、缘由诊断和分类诊断。心理动态诊断是对服务对象的人格的各部分之间的互动关系进行评估;缘由诊断是对服务对象困扰产生、变化的过程进行分析;分类诊断是对服务对象问题的生理、心理和社会三个方面的影响因素作出判断。题中老李经过深入交谈后,认为小张在生理、心理和社会等方面都出现了不同程度的问题,属于分类诊断。

7. C。

【解析】本题考查认知行为治疗模式的治疗技巧。认知行为模式的治疗技巧包括个案概念化、合作式的治疗关系、苏格拉底式的提问、结构化和心理教育、认知重塑。其中,苏格拉底式的提问是指通过采用对话式的提问方式调动服务对象的好奇心和探索能力,揭示服务对象的无效的思维方式和行为方式。C 选项通过质疑的方式询问,调动服务对象探索思维方式,符合题意。A、D 选项更符合认知重塑技巧,B 选项更符合结构化和心理教育。

【知识拓展】(1)个案概念化:根据服务对象的心理结构和问题的特性,将认知行为治疗模式的原理个别化,以适合具体的个案。(2)合作式的治疗关系:治疗师依据理解、友好、同理等原则与服务对象建立信任、平等的合作治疗关系,组成调查研究小组,一起观察、一起建立问题的假设、一起设计和执行服务治疗计划等。(3)结构化和心理教育:通过让服务对象设计日程的安排和提供反馈的方式,帮助服务对象规划自己的生活安排,提高服务对象的学习能力,最充分地发挥面谈辅导的治疗效果。而心理教育是指运用服务对象日常生活中的经验呈现治疗的概念和要点。(4)认知重塑:通过认知中错误的辨认、理性选择方式的列举以及认知排演等方法,帮助服务对象认识和改变无效的自动念头和图式,加强服务对象的理性认知的能力。

8. C。

【解析】本题考查认知行为治疗模式的治疗方法和技巧。题目的关键是"重塑服务对象的认知"。A 选项的回应会对服务对象造成伤害,是不适宜的,因此排除 A 选项。B 选项的回应侧重于"之后有什么打算",与重塑认知的目标相背离,因此排除 B 选项。C 选项的回应重新定义服务对象的"严格管教",并引导其重塑个人认知,因此选 C 项。选项 D,社会工作者试图运用对质的技巧让服务对象发现自己的行为、情感和认知不一致,但并未起到重塑认知的作用,因此排除 D 选项。

9. D。

【解析】本题考查理性情绪治疗模式。理性情绪治疗模式对人的心理失调的原因和机制进行了深入分析。通常认为,服务对象的认知、情绪和行为都是由引发事件直接导致的,但理性情绪治疗模式指出,服务对象的认知、情绪和行为的反应受到服务对象的信念的影响。如果服务对象用一些非理性的信念看待引发事件(A),像要求自己所遇到的人都喜欢自己,这种非理性信念(B)就会促使服务对象情绪和行为上出现困扰(C)。

10. A。

【解析】本题考查理性情绪治疗模式的内容。非理性信念是指那些把特定场境中的经验绝对、普遍、抽象化之后与实际情况不符的想法和观点。题中林老伯身体一直很好，因生病生活无法自理后就认为自己是家里的累赘，不如死掉算了，是因为存在“自己身体应该永远健康”这种非理性信念。

11.D。

【解析】本题考查非理性信念的辩论技巧。去灾难化是让服务对象尽可能设想最坏的结果，直接面对原来担心害怕的事件（灾难），从而使服务对象担心害怕的非理性信念显现出来。社会工作者通过问“那你可以跟我说说，你爸爸生气时会怎么样呢？”和“这么看，你觉得‘可怕’的事件会发生吗？”等问题，引导服务对象思考自己的预期和现实之间的差距，让服务对象意识到自己说得太过夸张了，缓解了服务对象的紧张情绪。故D选项正确。

【知识拓展】非理性信念的辩论技巧，即对产生服务对象情绪、行为困扰的非理性信念进行质疑和辨析的具体方法。非理性信念的辩论技巧主要包括：(1)辩论。让服务对象对自己的非理性信念的不合理的地方进行质疑，动摇非理性信念的基础。(2)理性功课。帮助服务对象改变非理性信念的语言模式，如“必须……”“应该……”等，从而形成理性的思维方式。(3)放弃自我评价。鼓励服务对象放弃用外在的标准评价自己，逐渐消除非理性信念的影响。(4)自我表露。借助社会工作者表露自己感受的方式，让服务对象观察和学习理性的生活方式。(5)示范。通过社会工作者的具体的示范行为，让服务对象理解和掌握理性的行为方式。(6)替代性选择。借助替代性方法的寻找，帮助服务对象逐渐克服喜欢极端化的非理性信念。(7)去灾难化。

12.A。

【解析】本题考查个案工作中理性情绪治疗模式的特点。检查非理性信念就是要让服务对象认识到真正导致自己情绪、行为困扰的原因是自己的非理性信念，要鼓励服务对象寻找这些情绪、行为困扰背后的非理性信念，并协助服务对象理解这些非理性信念与具体情绪、行为困扰之间的联系。题中小李出现了非理性的信念，而A选项有助于小李检查、改变非理性信念。故A选项正确。

【知识拓展】理性情绪治疗模式的特点包括：(1)明确辅导要求。在服务对象接触理性情绪治疗模式的开始阶段，社会工作者首先要做的，除了与服务对象建立良好的合作关系之外，还需要根据服务对象的具体情况清晰简洁地介绍理性情绪治疗模式的基本原理，让服务对象认识到，真正导致自己情绪、行为困扰的原因是自身拥有的非理性信念，而不是引发事件。(2)检查非理性信念。(3)与非理性信念辩论。找到了非理性信念之后，服务对象接着面临的任务是与这些非理性信念展开辩论，认识和了解这些非理性信念的不切实际的地方以及可能产生的危害，并且采取具体的行动改变目前的生活状况。(4)学会理性生活方式。了解了非理性信念以及可能产生的危害之后，服务对象就需要在社会工作者的指导下运用理性的信念替代原来的非理性信念，并且与具体合适的情绪和行为反应方式连接起来，逐渐建立理性的生活方式。(5)巩固辅导效果。通过一些具体的练习帮助服务对象在自己的实际生活中运用理性的生活方式，巩固辅导的效果。

13.A。

【解析】本题考查任务中心模式。任务中心模式在运用任务实现目标过程中非常关注服务对象的自主性，认为服务对象有处理自己问题的权利和义务，并有解决自己问题的潜在能力。

14.D。

【解析】本题考查任务中心模式的治疗

技巧。任务中心模式认为,有效的沟通必须具备两个要素:(1)有系统。(2)有反应。有反应即社会工作者需要给予服务对象及时的回应,鼓励服务对象积极表达自己的想法和意见,并让服务对象体会到社会工作者对他的关心和尊重,了解和分享社会工作者的经验和感受。故本题选 D。

15. C。

【解析】本题考查任务中心模式。问题的界定、服务对象的界定以及任务的界定是任务中心模式实施过程中需要关注的问题。本题中,“我们先来探讨……我会分阶段……”都是比较明确的内容,清晰地界定了服务对象“上课时集中注意力”的问题,故本题选 C。

16. B。

【解析】本题考查个案工作中的危机发展的阶段。题中四个选项是危机的发展阶段。危机阶段的特征是服务对象压力剧增、开始运用习惯的问题解决机制解决面临的生活困难。当服务对象处于极度的情绪困扰中,认知和解决问题的能力下降,平衡生活被打乱时,进入解组阶段。当服务对象开始调整自己的行为方式,寻找新的解决方法时,进入恢复阶段。当服务对象从混乱的生活中重新拾回自信,恢复新的平衡生活,即进入重组阶段。本题中,小路隔离期间的状态表明其处于解组阶段。故 B 选项正确。

17. A。

【解析】本题考查危机介入的基本原则。危机介入的基本原则包括:(1)及时处理。由于危机的意外性强、造成的危害性大,而且时间有限,需要社会工作者及时接案、及时处理,尽可能减少对服务对象及其周围他人的伤害,抓住有利的、可改变的时机。(2)限定目标。危机介入的首要目标是以危机的调适和治疗为中心,尽可能降低危机造成的危害,避免不良影响的扩大。(3)输入希望。当危机发生之后,服务对象通常处于迷茫、无助、失望的状态,所以在危机中帮助服务对象的有效方法是给服务对象输入新的希望,让服务对象重新找回行动的动力。(4)提供支持。(5)恢复自尊。(6)培养自主能力。本题中,社会工作者向李先生提议“别灰心,我们一起再看看是否有其他工作机会”,属于把精力集中在目前有限的目标上,即限定目标,故选 A。

18. B。

【解析】本题考查危机介入模式的特点。危机介入模式的特点包括迅速了解服务对象的主要问题、快速做出危险性判断、有效稳定服务对象的情绪、积极协助服务对象解决当前问题。面对题目中的情景,社会工作者在了解服务对象的过程中需要对服务对象采取破坏行为的可能性和危险程度进行评估,减少伤害。A、B、C、D 选项均为老韩需要帮助小曹解决的问题。但是题目中突出“首先”,相较于 A 选项的夫妻关系调解、C 选项的非理性信念的辨识以及 D 选项的帮助提高能力,B 选项判断自杀可能性显得更为重要和紧迫,否则会出现生命危险。因此选 B 选项。

19. D。

【解析】本题考查危机介入模式的特点。危机介入模式的特点是围绕着危机展开的。由于服务对象处于危机的状态中,所以社会工作者必须在非常有限的时间内快速、有效地解决服务对象的困扰,让服务对象摆脱危机的影响。危机介入模式的运用对社会工作者提出了很高的要求,这也形成了危机介入模式的自身特点:迅速了解服务对象的主要问题、快速作出危险性判断、有效稳定服务对象的情绪和积极协助服务对象解决当前问题。故选 D。

20. D。

【解析】本题考查人本治疗模式的治疗策略。人本治疗模式认为，如果注重分析和治疗服务对象的问题，就会把社会工作者自己的价值标准强加给服务对象，反而妨碍服务对象的自我成长，因此有效的辅导方式不是运用具体的辅导技巧消除服务对象的困扰，而是创造一种有利的辅导环境让服务对象接近自己的真实需要，变成一个能够充分发挥自己潜在能力的人。

21. B。

【解析】本题考查人本治疗模式的特点。人本治疗模式改变了以往个案辅导模式的工作重点，注重以服务对象为中心创造一种有利于服务对象自我发展的辅导环境，具有注重社会工作者自身的品格和态度、强调个案辅导关系以及关注个案辅导过程等特点。人本治疗模式把个案辅导工作的中心集中在社会工作者自身品格和态度的培养上，认为社会工作者只有提供真诚、同感和无条件的积极关怀，全身心地与服务对象交流，才能为服务对象创造和谐、信任、宽松的辅导环境，促进服务对象的自我发展。

22. D。

【解析】本题考查人本治疗模式的特点。人本治疗模式把个案辅导工作的中心集中在社会工作者自身品质和态度的培养上，认为社会工作者只有提供真诚、同感和无条件的积极关怀，全身心地与服务对象交流，才能为服务对象创造和谐、信任、宽松的辅导环境，促进服务对象的自我发展。本题中，社会工作者采用的个案工作模式就属于人本主义治疗模式。

23. A。

【解析】本题考查人本治疗模式中个案辅导关系的特点。表里如一：社会工作者需要对自己的感受开放，让自己的意见和态度与自己的真实感受相一致。不评价：社会工作者不应该按照自己的标准评价服务对象的感受和行为，把自己的价值作为标准强加给服务对象。同感：社会工作者把自己置于服务对象的处境中，从服务对象的角度体会和理解对方的各种内心感受，做到感同身受。无条件接纳：无论服务对象好的方面还是不好的方面，社会工作者都需要采取接纳的态度，关注服务对象本身。结合本题题干描述，只有选项 A 最适合。

【知识拓展】个案辅导关系的特点还包括：(1)无条件的爱。无论服务对象怎样表现，社会工作者都需要给予真正的关心和尊重，让服务对象能够利用自身的资源成长。(2)保持独立性。社会工作者需要让服务对象明白，每个人都是独立的个体，都需要关注自己的各种潜在能力的充分发挥。

24. C。

【解析】本题考查结构式家庭治疗模式的内容。结构式家庭治疗模式以家庭作为基本的治疗单位，假设家庭的动力和组织方式与个人的问题密切相关，通过家庭动力和组织方式的改变来解决个人和家庭的问题。它的基本概念涉及家庭系统、家庭结构、病态家庭结构以及家庭生命周期。病态家庭结构包括纠缠与疏离、联合对抗、三角缠和倒三角等。家庭系统中各子系统之间的边界不清晰就会出现纠缠与疏离的现象。如果子系统之间的关系过分密切，称为纠缠。如果子系统之间的关系过分疏远，称为疏离。本题中，小李父母之间很少沟通，属于疏离；小李与母亲之间属于纠缠。所以，社会工作者应帮助小李家庭成员分清交往的边界线，使家庭成员之间的交往变得更有弹性。故选 C。

【知识拓展】(1)联合对抗：当家庭成员之间出现相互冲突的现象时，有些成员就

会形成同盟，与其他成员对抗，这就是联合对抗。（2）三角缠：家庭成员之间通过第三方实现相互沟通交流，这样就把第三方带入两人的互动关系中，这种现象称为三角缠。（3）倒三角：有些家庭的权力并不集中在父母亲手里，而由孩子掌握，这时就会出现权力结构的倒置现象，称为倒三角。

25. C。

【解析】本题考查结构式家庭治疗模式的治疗技巧。结构式家庭治疗模式的治疗技巧包括重演、集中焦点、感觉震撼、划清界限、打破平衡、互动方式等。本题中，老安让王先生一家将家里真实的冲突场景模拟出来，这就是重演的技巧，目的是让家庭成员呈现出相互交往冲突的过程，了解家庭的基本结构和交往方式。老安也帮助他们厘清每个人在冲突中的表现是如何影响其他家庭成员的，这就是促进互动的技巧，目的是让家庭成员了解相互之间的关联方式，清楚自己是如何影响其他家庭成员的，关注家庭成员之间的互动方式。

26. A。

【解析】本题考查结构式家庭治疗模式的治疗技巧。结构式家庭治疗模式在每一实施阶段都有自己的治疗技巧，包括重演、集中焦点、感觉震撼、划清界限、打破平衡、互动方式、协助建立合理的观察视角、似是而非、强调优点。重演是指让家庭成员实际表现相互交往冲突的过程，呈现家庭基本结构和交往方式。划清界限是帮助家庭成员分清交往的界限，使家庭成员的交往变得有弹性。打破平衡是协助家庭成员挑战家庭的病态结构，改变家庭的权力运作方式，打破原来病态家庭结构的平衡。本题中，老李让母女俩呈现争吵过程，运用了重演的技巧。老李引导王女士认识到不应过多干涉小青的选择，运用了划清界限的技巧。因此选 A 选项。

【知识拓展】（1）集中焦点：让家庭成员的注意力集中在家庭交往方式与问题的关联上，避免家庭成员回避问题。（2）感觉震撼：利用重复、声调的高低和简洁的词语等方法让家庭成员明了社会工作者谈话的内容。（3）协助建立合理的观察视角：运用自己的专业知识和经验向家庭成员提供专业的意见和解释，协助服务对象建立合理的观察生活的视角。（4）似是而非：通过强化问题让家庭成员之间的冲突更加明显，使原来模糊不清的错误想法显现出来，从而为家庭成员了解和改变问题背后的错误想法提供机会。（5）强调优点：引导家庭成员关注整个家庭或者个人的优点，避免过分关注家庭的不足。

27. C。

【解析】本题考查结构式家庭治疗模式。结构式家庭治疗模式要求社会工作者进入服务对象的家庭，通过观察服务对象家庭成员之间的交往方式和过程，了解服务对象家庭的基本结构以及家庭成员之间的关系。结构式家庭治疗模式非常注重家庭结构的认识和把握，要求社会工作者进入实际的家庭环境中认识和了解服务对象家庭的基本结构和交往方式，并通过整个家庭结构和交往方式的改变消除服务对象的问题。就题中情形而言，结构式家庭治疗模式需要完成的首要任务是改变家庭成员的看法，其次是改变家庭结构，最后才能改变家庭错误观念。

28. D。

【解析】本题考查萨提亚家庭治疗模式。在萨提亚家庭治疗模式中，对家庭进行正确诊断是其工作的重要组成部分，主要涉及三个方面的内容：（1）自尊和自我价值的诊断。（2）沟通方式的诊断。（3）家庭规则的诊断。每个家庭都有自己的一些规则作为家庭成员行为调节的标准，因此社会工作者在观察家庭时,需要特别留意那些妨碍个人或者家庭功能发挥的家庭规则。本题中,小强与父母的沟通方式存在问题,社会工作者老张引导其相互沟通,理解相互之间的感受、想法,并重新理解家庭规则,属于萨提亚家庭治疗模式的内容。故选 D。

29. A。

【解析】本题考查个案工作中专业关系的建立。从初次与求助对象接触,倾听求助对象的要求到接受求助对象成为机构的服务对象,社会工作者在整个过程中有一项非常重要的任务,就是专业关系的建立。由于这是社会工作者与服务对象第一次正式接触,因此专业关系建立的成功与否将直接影响服务对象进一步寻求服务机构帮助的动力和信心。本题中,老江的朋友老刘得知情况后介绍他去找社会工作者小吴,但是他还是犹豫没去,所以此时社会工作者小吴需要激发老江寻求服务的动力和信心,故选 A。

30. B。

【解析】本题考查个案工作的预估与问题分析。预估与问题分析是指详细收集与服务对象问题有关的资料,并对服务对象问题的成因和发展变化过程进行评估,从而对服务对象的问题作出诊断的过程。它包括三个方面的工作重点:服务对象有关资料的收集、服务对象问题的预估以及服务对象问题的分析。

31. C。

【解析】本题考查个案发掘与转介。通过外展的方式发掘服务对象的机构,虽然不能够让服务对象自然进入服务机构,但却表明机构有足够资源为这些有需要的人群提供必要的服务。这里需要注意的是,不是每名求助者都会成为个案管理服务的服务对象,社会工作者在开始接触服务对象时,应尽可能协助服务对象表达自己的需求,以确认服务对象面临的问题,并且判定问题是否复杂到需要运用个案管理的方式。

32. A。

【解析】本题考查社会工作的结案。出现以下情况之一就可以结案:(1)社会工作者与服务对象都认为工作目标已经实现。(2)虽然问题没有彻底解决,但服务对象已经具备独立面对和解决问题的能力。故选 A。(3)社会工作者与服务对象的关系不和谐,希望结束服务。(4)服务对象出现了一些新的要求和问题,需要其他社会工作者或者服务机构解决。(5)因为一些不可预测的因素,需要结束服务。

33. C。

【解析】本题考查个案会谈。在会谈的中间阶段可以通过与服务对象的直接互动帮助服务对象调整想法、行为和感受,因此,会谈时时间及主题上有结构的互动过程。

34. A。

【解析】本题考查个案工作中个案会谈的技巧。题中四个选项均是个案会谈的技巧,对质是社会工作者通过直接提问等方式让服务对象面对自己在行为、情感和认识等方面不一致的地方;同理心即社会工作者设身处地体会服务对象的内心感受;澄清是社会工作者引导服务对象重新整理模糊不清的经验和感受;忠告是社会工作者向服务对象指出某些行为的危害性或者必须采取的行为。本题中,社会工作者的回复直接指出了服务对象的认识和行为不一致的地方,并把服务对象的注意力引导到可以改变的方面,故 A 选项正确。

35. D。

【解析】本题考查个案会谈的技巧。个案工作的会谈技巧包括支持性技巧、引导性技巧和影响性技巧。其中,引导性技巧是社会工作者主动引导服务对象探索自己过往经验的一系列技巧,主要包括澄清、对焦与摘要。A、C 选项是影响性技巧中的建议技巧,即针对具体情况为服务对象提供改善生活状况的建设性意见。B 选项是影响性技巧中的自我披露技巧,即社会工作者有选择地袒露自己的亲身经历或处理事情的方法,给服务对象提供参考。D 选项是引导性技巧中的摘要技巧,即对服务对象的长段对话进行整理,概括和归纳其中的要点。因此选 D 选项。

36. C。

【解析】本题考查个案会谈的技巧。个案工作的会谈技巧包括支持性技巧、引导性技巧和影响性技巧。支持性技巧主要包括专注、倾听、同理心与鼓励;引导性技巧主要包括澄清、对焦与摘要;影响性技巧主要包括提供信息、自我披露、建议、忠告与对质。A 选项建议技巧是指针对具体情况为服务对象提供改善生活状况的建设性意见。B 选项澄清技巧是指社会工作者引导服务对象重新整理模糊不清的经验和感受。C 选项对焦技巧是指社会工作者对偏离的话题或者宽泛的讨论进行引导,将讨论集中于某一个焦点。D 选项专注技巧是指社会工作者借助友好的视线接触、开放的姿势以及专心的态度关注服务对象。本题中,社会工作者引导服务对象从回顾童年往事聚焦到回顾其与父亲的事情上来,属于对焦技巧,因此选 C 选项。

37. D。

【解析】本题考查个案会谈的技巧。同理心即社会工作者设身处地体会服务对象的内心感受,理解服务对象的想法和要求。本题中,老王是因为低保申请被耽搁而产生抱怨情绪,D 项体现了设身处地为服务对象考虑。

38. C。

【解析】本题考查个案会谈的技巧。同理是指社会工作者设身处地体会服务对象的内心感受,理解服务对象的想法和要求。本题中,社会工作者的话表明了对服务对象感受的理解,故选 C。

39. C。

【解析】本题考查摘要技巧。社会工作者的摘要发言即社会工作者将服务对象长段谈话或者不同部分的话题进行整理,概括和归纳其中的要点。C 选项体现概括和归纳,符合题意。

40. B。

【解析】本题考查个案会谈的技巧。澄清即社会工作者引导服务对象重新整理模糊不清的经验和感受。例如,对于服务对象的模糊不清的表达,社会工作者可以进一步加以明确"您刚才说的意思是……是吗?"或者"听了您刚才的话。我的理解是……对吗?"故选 B。

【知识拓展】对质是指社会工作者通过直接提问等方式让服务对象面对自己在行为、情感和认识等方面不一致的地方。当服务对象发现自己的行为、情感和认识不一致时,通常会有一些不愉快的感受。因此,社会工作者需要通过对质,把服务对象的注意力集中在未来可改变的方面,而不是仅仅关注谁的责任。例如,社会工作者可以向服务对象提出自己的疑问:"您的想法与行动有一定的差距,您对此有什么打算吗?"

41. C。

【解析】本题考查非结构式调查表。非结构式调查表只有预先设计好的固定的调查问题,但没有调查问题的答案选项,调查对象需要根据自己的理解填写问题的答案。

42. C。

【解析】本题考查个案管理。个案管理

有两个工作重点。(1)为面临多重问题的服务对象寻找其所需的服务网络。(2)协调这个网络中的各项服务提供者，让他们彼此相互配合。

43. A。

【解析】本题考查个案工作中的个案管理。个案管理的实施原则有:服务对象参与、服务评估、服务协调、资源整合、包裹式服务与专业合作、服务监督等。本题中,A 选项体现了服务对象参与的原则，符合题意。B、C 选项应为 A 选项做法之后的可能备选项,应排除。D 选项做法错误。

44. B。

【解析】本题考查个案管理实施的原则。所谓包裹式服务,是指经过需求评估和可利用资源的确认后设计一整套服务,并且通过各种服务的联结最终促使服务对象学会独立自主。根据题目中的情景描述，王老师对丹丹的现状进行了评估,制定了详细的服务计划。这说明王老师是按照包裹式服务原则来实施个案管理的,故 B 选项正确。

45. A。

【解析】本题考查个案发掘。一般而言，服务对象通常都是通过各种转介以及外展等方式成为服务对象的。根据题目中的情景描述,老赵在社区走访中发现有位老人常坐在凉亭里发呆,并主动与老人交谈,得知她的情况后开始为她提供个案服务。这说明老赵是通过外展工作接触到这位老人的,因此该服务对象来源属于外展工作。

46. C。

【解析】本题考查个案管理的评估。服务结束后的评估主要包括以下几项指标:(1)服务是否符合服务对象的需要。(2)服务对象对整个服务是否满意。(3)服务提供的目标是否实现。如果这三项指标的评价结果不完全一致,社会工作者还可以进行追踪评估,包括了解服务对象改变的情况、提供转介的情况、满足服务对象的需要的状况、服务计划是否需要调整以及服务是否可以结束等。如果评估的结果显示服务对象的问题没有得到解决,则必须考虑重新回到“个案管理服务计划”阶段。故本题正确答案为 C。

二、多项选择题

47. ACDE。

【解析】本题考查心理社会治疗模式的内容。服务对象问题产生的原因可以概括为三个方面:不良的现实生活环境、不成熟的自我和超我功能以及过分严厉的自我防卫机制和超我功能。不良的现实环境表现为过大的现实生活压力或者缺乏个人社会功能发挥的机会。不成熟的自我和超我功能表现为服务对象像个没长大的孩子,缺乏对自己情绪和行为的控制和调整能力。过分严厉的自我防卫机制和超我功能与不成熟的自我和超我功能相反。自我概念是指个人对自己的看法未必与客观条件相符。本题中,不涉及自我概念,故 B 项不符合题意。

48. ABE。

【解析】本题考查理性情绪治疗模式的特点。理性情绪治疗模式的特点包括:(1)明确辅导要求。需要根据服务对象的具体情况清晰简洁地介绍理性情绪治疗模式的基本原理,让服务对象认识到，真正导致自己情绪、行为困扰的原因是自身拥有的非理性信念,而不是引发事件。故 A 项正确。(2)检查非理性信念。鼓励服务对象寻找这些情绪、行为困扰背后的非理性信念,并且协助服务对象理解这些非理性信念与具体的情绪、行为困扰之间的联系。故 B 项正确。(3)与非理性信念辩论。与这些非理性信念展开辩论，认识和了解这些非理性信念的不切实际的地方以及可能产生的危害,并且采取具体的行动改变目前的生活状况。(4)学会理性生活方式。需要在社会工作者的指导下运用理性的信念替代原来的非理性信念,并且与具体合适的情绪和行为反应方式连接起来,逐渐建立理性的生活方式。故 E 项正确。(5)巩固辅导效果。通过一些具体的练习帮助服务对象在自己的实际生活中运用理性的生活方式,巩固辅导的效果。

49. CD。

【解析】本题考查非理性信念的检查技巧。非理性信念的检查技巧,即对服务对象情绪、行为困扰背后的非理性信念的原因进行探寻和识别的具体方法。它主要包括:(1)反映感受。让服务对象具体描述自己的情绪、行为以及各种感受,从而识别出背后的非理性信念。故 C 项正确。(2)角色扮演。让服务对象扮演特定的角色,重新体会当时场景中的情绪和行为,了解情绪和行为背后的非理性信念。(3)冒险。让服务对象从事自己所担心害怕的事,从而使情绪、行为背后的非理性信念呈现出来。(4)识别。根据非理性信念的抽象、普遍和绝对等不符合实际的具体特征分析、了解服务对象情绪、行为背后的非理性信念。故 D 项正确。

50. ABCE。

【解析】本题考查任务中心模式中的有效沟通。有效的沟通行动需要达到的功能有:(1)探究。明确服务对象的问题和需要承担的任务。在确定了服务对象的任务之后,还需要进一步明确如何执行任务。故 E 项正确。(2)组织。规划与服务对象沟通的方式和目标,包括介入目标的解释、介入时间的安排、行动的规划和服务对象的参与方式等。故 B 项正确。(3)意识水平的提升。通过提供相关的资料,帮助服务对象提高对自身以及周围环境的认识和了解。故 C 项正确。(4)鼓励。强化或者激励服务对象有助于完成任务的行为和态度。(5)方向引导。向服务对象提供完成任务所需要的建议和忠告,让服务对象及时了解完成任务的有效途径。故 A 项正确。

51. ABCE。

【解析】本题考查任务中心模式的特点。任务中心模式认为,要成为可以处理的问题需要具备 4 个条件:(1)服务对象知道这个问题存在。(2)服务对象承认这是一个问题。(3)服务对象愿意处理这个问题。(4)服务对象有能力处理这个问题,并有可能在服务以外的时间尝试独立处理这个问题。

52. ACE。

【解析】本题考查危机介入模式的内容及特点。由于危机介入模式是围绕着服务对象的危机而展开的调适和治疗工作,所以社会工作者必须在有限的时间内快速、有效地帮助服务对象摆脱危机的影响。危机介入模式的特点有:迅速了解服务对象的主要问题、快速作出危险性判断、有效稳定服务对象的情绪和积极协助服务对象解决当前问题。

53. ACDE。

【解析】本题考查危机介入的基本原则。危机介入的基本原则包括:(1)及时处理。(2)限定目标。(3)输入希望。(4)提供支持。(5)恢复自尊。(6)培养自主能力。本题中,选项 A、C、D、E 是符合危机介入基本原则的做法,可以帮助小曼恢复平衡和自我控制。选项 B 属于认知行为理论,故排除。

54. ABCE。

【解析】本题考查服务对象问题的分析。在完成服务对象问题的预估之后,社会工作者还需要给服务对象的问题作一个分析，即从专业的角度对服务对象问题的成因作一个推断，并且就需要改善的方面提出建议。分析的内容通常包括四个方面：(1)服务对象问题的主要表现。故C项正确。(2)服务对象问题的成因。故E项正确。(3)服务对象的能力和环境中拥有的资源。故B项正确。(4)实施干预的建议。故A项正确。

55. BCD。

【解析】本题考查社会工作者的专业角色。教育者角色是指社会工作者指导服务对象学习处理问题的新知识、新方法，调整原来的行为方式。本题中，社会工作者对杨女士开展压力应对等方面的训练，扮演了教育者的角色，故B项正确。治疗者角色是指社会工作者运用专业的方法和技巧，消除或者减轻服务对象的困扰。本题中，社会工作者在辅导杨女士的过程中，进行了夫妻共同参与的面谈，运用专业方法减轻杨女士的心理压力，扮演了治疗者的角色，故C项正确。倡导者角色是指社会工作者利用自己的身份和权利倡议机构实行必要的改革，为缺乏资源的服务对象争取更合理的服务，或者动员服务对象一起争取一些合理的资源和服务。本题中，社会工作者推荐杨女士参加社区服务，扮演了倡导者的角色，故D项正确。

【知识拓展】社会工作者的专业角色还包括：(1)使能者。即社会工作者运用自身拥有的专业知识和技巧，调动服务对象自身的能力和资源，发挥服务对象的潜在能力，促使服务对象发生有效改变。(2)联系人。即社会工作者帮助服务对象与拥有资源的服务机构联系，保证服务对象能够获得合适的服务，特别是对于那些面临多重生活困扰或者需要转介的服务对象来说，社会工作者常常需要承担这种专业角色。

56. ABC。

【解析】本题考查链接正式资源的方式。正式社会资源是指由正式的社会服务机构和社会组织提供的社会资源，如社会服务机构、公益组织以及学校和医院等。

57. BD。

【解析】本题考查评估与结案。在结束阶段，服务对象面对专业服务的结束都会出现不同程度的心理矛盾。为了帮助服务对象顺利面对服务工作的结束，社会工作者需要做好以下4项工作：(1)预先告知服务对象，让服务对象对服务结束做好准备。故B项正确。(2)巩固服务对象在已经开展的服务工作中获得的改变和进步。(3)与服务对象一起进一步探讨影响问题解决的因素，为服务对象结案之后独立面对问题做好准备。(4)鼓励服务对象表达结案时的情绪，与服务对象一起探讨结案后的跟进服务。故D项正确。

58. BC。

【解析】本题考查个案会谈的技巧。摘要是指社会工作者将服务对象长段谈话或者不同部分的话题进行整理、概括和归纳其中的要点。本题中，“刚才你说了……，也说……”体现的是摘要技巧。对焦是指社会工作者对服务对象偏离的话题或者宽泛的讨论进行收窄，集中讨论焦点。本题中，“主要表现在哪些方面？”中的“主要”体现的是对焦技巧。故本题选BC。

59. BCE。

【解析】本题考查个案会谈的技巧。专注是指社会工作者借助友好的视线接触、开放的姿态以及专心的态度关注服务对象的表达。例如，社会工作者在与服务对象的对话交流过程中眼睛需要看着对方，保持视线的交流，同时身体略微前倾，让服务对象感受到社会工作者的关心和专注。

60. BCD。

【解析】本题考查个案会谈的技巧。“您家里发生了这么多事，让您非常操劳和担忧，我可以想象您承受着多大的压力。”体现了同理心的技巧。“您刚刚讲述了大儿子的家庭问题、小儿子的婚姻问题以及老伴的照顾问题。”体现了摘要的技巧。“这次我们先来谈谈您老伴的照顾问题，看看我们能为您做点什么，您看可以吗？”体现了对焦的技巧。

61. ABC。

【解析】本题考查个案会谈技巧。个案会谈的技巧可以分为支持性技巧、引导性技巧、影响性技巧，每一种技巧都有一系列的操作技术。本题作答的关键是按照题目要求选择出体现影响性技巧的做法，难点是容易混淆。A选项是提供信息的技巧，B选项是自我披露的技巧，C选项是建议的技巧，均属于影响性技巧。D选项是摘要的技巧，属于引导性技巧。E选项是同理心的技巧，属于支持性技巧。因此，本题A、B、C选项正确。

62. CD。

【解析】本题考查个案会谈的技巧。对质是指社会工作者通过直接提问等方式让服务对象面对自己在行为、情感和认识等方面不一致的地方。本题中，A项属于对焦技巧，B项属于忠告技巧，C、D项属于对质技巧，E项属于澄清技巧。

63. ABCD。

【解析】本题考查个案工作中收集资料的技巧。题中社会工作者小刘决定全面收集资料，可运用的资料收集工具和技巧包括会谈、调查表、观察、现有资料等。A选项属于观察的运用，B选项属于会谈的运用，C选项属于观察的运用，D选项属于现有资料的运用，这四个选项的资料收集工具和内容均是恰当的。E选项运用调查表收集资料，但选择抑郁量表的做法不恰当，应排除。故本题A、B、C、D选项正确。

【知识拓展】**(1)会谈是社会工作者直接收集资料的有效方法之一，这种方法需要根据所需要收集资料的特点进行调整。就一般情况而言，会谈的运用有两种常见的方式：自我陈述和对答方式。(2)调查表的运用也是社会工作者收集资料的一种常用方法，特别对于一些涉及隐私或者不便于在他人面前表达的资料，采用调查表收集资料比较方便。根据调查问题的安排方式，可以把调查表分为两种：结构式调查表和非结构式调查表。(3)运用观察收集资料也是社会工作者经常运用的一种资料收集方法，特别对于那些涉及人与人之间互动交流或者与个人生活场境紧密关联的资料，最好采用观察的方法，因为对这些资料把握依赖个人的观察、推断和理解。根据参与的方式，可以把观察分为参与观察和非参与观察。(4)根据资料呈现的方式，可以把这些现成的资料分为文献记录和实物两类。其中，文献记录是有关服务对象日常生活状况的文字记录，如学生的成绩单、低保家庭的低保证明、医院的健康检查证明等，都属于这种类型的资料，它们是社会工作者了解服务对象日常生活状况的重要资料。**

64. ACE。

【解析】本题考查个案管理的特点。与传统的个案工作方法相比，个案管理有以下特点：(1)服务对象的问题类型，多重且必须使用不同的资源和服务。故A项正确。(2)服务提供者，来自不同专业、不同层次的人员。故C项正确。(3)功能，强化或发展资源网络来满足服务对象的需求。故E项正确。(4)主要角色，包括教育者、协调者、倡导者。(5)服务目标，协助服务对象发展使用资源的知识和技巧，争取资源。（6）运用的技巧，社会工作者努力链接服务对象与链接资源，获取内、外资源的技术，针对不同系统层次处置的技术。

65. BC。

【解析】本题考查个案管理中社会工作者的角色。个案管理的协调者是指，社会工作者在个案管理中通过评估服务对象的问题，判断其需要得到的服务性质、内容、传送方式。社会工作者据此先拟订一个服务计划，然后帮助服务对象接触那些可能提供服务的专业人员。如果有必要，社会工作者也会促进这些服务提供者之间的相互沟通，以减少服务的重叠、冲突，提高服务资源网络的效率。

【知识拓展】个案管理的教育者是指，强调社会工作者在个案管理中，要了解服务对象并教导服务对象掌握相关知识和技巧，以便能够发展与维持自身拥有的资源网络系统。社会工作者通过与服务对象建立信赖关系，一方面帮助服务对象重新了解和认识自我，思考个人功能发挥不佳的原因；另一方面协助服务对象去建立健康的行为方式。个案管理的倡导者是指，个案管理中的服务对象一般具有多种问题和复杂需求，因此社会工作者作为倡导者有三方面任务：（1）为服务对象争取资源，或者争取资源的合理分配。（2）要努力帮助提供服务的系统（包括心理辅导师、学校老师、护理人员、家庭服务员、就业辅导师）持续介入服务过程，不会因为服务对象问题复杂，或服务对象缺乏改善动机和能力而放弃。（3）调整社会对服务对象过高的要求，使服务对象不会因为无法应付社会对自己的要求，而失去改变自己的信心，或放弃改变行动。

66. CDE。

【解析】本题考查个案管理的实施原则。资源整合可利用的资源既可能来自政府机构、非营利组织、商业机构等外在层面，也可能来自服务对象自身。题目要求识别获取外在资源的技巧。A 选项中“澄清需求”不属于资源，而是个案管理工作的一个步骤（评估服务对象及其家庭的需求），可以排除；B 选项不涉及外部资源问题，可以排除；C、D、E 选项中社会工作者分别帮助小刚及其家庭链接到“医疗救助基金会”“心外科医生”等外部资源，符合题意。

【知识拓展】个案管理的实施原则包括：（1）服务对象参与。个案管理强调服务对象与社会工作者一起工作，包括需求的评估、包裹式服务的规划与组织等，都是由双方共同作决定。服务对象不是单纯接受规划好的服务，而是需要参与整个个案管理过程。服务对象在其中要充分表达个人的需求和意见，同时具有相当程度的选择权和自决权。（2）服务评估。评估是个案管理的核心任务，包括服务对象的需求、生理状况、社会环境、非正式网络，甚至个人偏好。评估的目的是切实提供符合服务对象需求的服务，并维持服务的公平性。个案管理的评估分为：初始评估、需求评估、财务评估和社会工作专业评估。（3）服务协调。个案管理工作对社会工作者的角色要求与传统的直接服务提供者有较大区别，更注重协调能力。在服务设计过程中，这种角色的特点体现为强调社会工作者需要协调各方资源为服务对象提供“全人”的服务，并不局限对服务对象的特殊需要提供直接服务。（4）资源整合。（5）包裹式服务与专业合作。（6）服务监督。评估和监督是个案管理中的重要组成部分，其目的是确保所提供服务能够达到服务对象认可的标准。

第六章 小组工作方法

答案速查

一、单项选择题									
1. D	2. B	3. D	4. C	5. C	6. C	7. C	8. D	9. D	10. A
11. C	12. B	13. B	14. D	15. C	16. B	17. B	18. D	19. C	20. B
21. C	22. C	23. C	24. B	25. A	26. B	27. D	28. C	29. D	30. D
31. C	32. C	33. B	34. A	35. B	36. A	37. C	38. C	39. A	40. B
41. A	42. C	43. B							

二、多项选择题									
44. BDE	45. CDE	46. ADE	47. ADE	48. ACD	49. ABC	50. ABD	51. AD	52. ABDE	53. BCD
54. ACD	55. ABC	56. BCE	57. ACDE	58. ABE	59. ABE	60. ABCD	61. BCD	62. BC	63. BC
64. CD	65. BCE								

深度解析

一、单项选择题

1. D。

【解析】本题考查小组工作的类型。教育小组是通过帮助小组组员学习新知识、新方法,或补充相关知识之不足,促使成员改变其原来对于自己问题的不正确看法及解决方式,从而增进小组组员适应社会(生活)的知识和技能。支持小组一般是由具有某一共同性问题的小组组员组成的。通过小组组员彼此之间提供的信息、建议、鼓励和感情上的支持,达到解决某一问题和成员改变的效果。根据题目中的情景描述,学校社会工作者开展的一系列工作说明学校社会工作者针对家长开展了教育小组和支持小组两种类型的小组工作。

2. B。

【解析】本题考查小组工作的类型。治疗小组的组员一般是那些不适应社会环境,或其社会关系网络断裂破损而导致其行为出现问题的人群。题中高中生沉迷于手机游戏,服务计划目标是改变手机游戏成瘾行为,应开展治疗小组。

3. D。

【解析】本题考查教育小组。在社会工作比较成熟的国家和地区，教育小组被广泛地应用于社区、学校、医院等场所。教育小组的宗旨在于，通过帮助小组组员学习新知识、新方法，或补充相关知识之不足，促使成员改变其原来对于自己的问题的不正确看法及解决方式，从而实现小组组员的发展目标。故本题正确答案为 D。

4. C。

【解析】本题考查支持小组。支持小组一般是由具有某一共同性问题的小组组员组成的。通过小组组员彼此之间提供的信息、建议、鼓励和感情上的支持，达到解决某一问题和成员改变的效果。在支持小组中，最重要的是小组组员的关系建构、相互交流和相互支持。社会工作者的任务是指导和协助小组组员讨论自己生命中的重要事件，表达经历这些事件时的情绪感受，建立起能够互相理解的共同体关系，达到相互支持的目的。C 项属于支持小组。A、B、D 项均属于教育小组。

5. C。

【解析】本题考查小组工作的类型。支持小组一般是由具有某一共同性问题的小组组员组成的。通过小组组员彼此之间提供的信息、建议、鼓励和感情上的支持，达到解决某一问题和成员改变的效果。在支持小组中，最重要的是小组组员的关系建构、相互交流和相互支持。本题中的“外来媳妇小组”就属于支持性小组。

6. C。

【解析】本题考查小组工作的类型。支持小组一般是由具有共同性问题的小组组员组成的。通过小组成员彼此之间提供的信息、建议、鼓励和感情上的支持，达到解决某一问题和成员改变的效果。在支持小组中最重要的是小组组员的关系建构、相互交流和支持。题中为癌症晚期患者家属举办的小组即是支持小组。

【知识拓展】成长小组大多运用于各类学生及边缘群体的辅导工作。成长小组的工作旨在帮助组员了解、认识和探索自己，从而最大限度地启动和运用自己的内在资源及外在资源，充分发挥自己的潜能，解决所存在的问题并促进个人正常健康地发展。成长小组的焦点在于个人的成长和正向改变。在社会工作者看来，每个人的人生都有一定的逆境，也具有不断发展的潜能。小组成员所处的逆境是一种挑战性机会，在逆境中发展自己的潜能和提升自我的过程就是成长过程。因此，成长小组关注小组组员本身的成长，强调通过小组过程使小组组员增加敏感度，增强自我觉察的意识，发挥潜能和实现自我。

7. C。

【解析】本题考查小组工作的特点。小组工作的特点有：(1)小组组员问题的共同性或相似性。(2)强调小组组员的民主参与。(3)运用小组治疗性因素。(4)注重团体的动力。其中，运用小组治疗性因素是指小组工作者通过创建与改变小组，创造并尽力维持小组中的治疗性因素，再通过这些治疗性因素发挥作用促进个体的改变与成长。在许多实证研究中，很多小组工作者都确实在小组观察到某些治疗性因素，如植入希望、普遍性、资讯和建议的告知、利他主义、自我表露、互动中的学习、接纳等。

8. D。

【解析】本题考查社会目标模式的实施原则。社会目标模式的实施原则包括：(1)致力于培养并提升小组组员的社会意识和社会责任。(2)致力于发展小组组员的自我发展能力、社会参与和社会行动的能力。(3)致力于通过小组领袖的培养，提升他们推动社区和社会变迁的意识与能力。故D项正确。(4)致力于小组工作目标与社区发展目标的一致性。A、C项符合互动模式，B项符合治疗模式。

9. D。

【解析】本题考查小组工作的社会目标模式。社会目标模式的实施原则：(1)致力于培养并提升小组组员的社会意识和社会责任。(2)致力于发展小组组员的自我发展能力、社会参与和社会行动的能力。(3)致力于通过小组领袖的培养，提升他们推动社区和社会变迁的意识与能力。(4)致力于小组工作目标与社区发展目标的一致性。D项符合上述第(1)条原则，A、B项更符合互动模式，C项更符合治疗模式。

10. A。

【解析】本题考查治疗模式的实施原则。社会工作者在开展治疗模式的小组工作时，必须坚持和实施以下原则：(1)综合性原则。即综合运用精神病学、心理学、社会学和临床社会工作的知识和实务技巧，明确治疗的方向，设计和实践小组治疗的计划并控制小组的发展。故A项正确。(2)建构性原则。即带领小组组员建构和发展社会性的治疗关系，以替代原来的、有缺陷的社会关系网络，并运用各种治疗方法，帮助小组组员学习新的行为，适应新的社会关系网络。(3)个别性与共同性相结合的原则。即设定每一个组员的个别性治疗计划，同时通过对所有小组组员个别性问题的综合分析，寻找小组共同成长的目标，实施整体性的小组治疗计划。B、D项符合互动模式，C项符合发展模式。

11. C。

【解析】本题考查行为治疗小组。行为治疗是指以各学习理论流派为基础建立起来的多样化的技术和方法的应用。其基本假设是：所有的问题行为，非理性的认知方法、情绪都是后天学习的结果，它们可以经由新的学习历程而得以矫正，从而发展出一套控制自己的人生、有效处理当前和未来问题的方法。常见的行为治疗小组包括社会技能训练小组、肯定训练小组、压力管理小组、自我指导行为改变小组等。

【知识拓展】(1)精神分析小组：精神分析小组的目标在于重建个人的性格和人格系统，这一目标通过使潜意识的冲突进入意识层次，并对其进行检验而达到。该小组本身以一种象征的方式再现个人的原生家庭，以便使每一个成员的历史在小组面前重演。同时小组通过对原生家庭的再创造，帮助组员解决家庭给他们带来的问题，通过组员与带领者的关系，了解组员与家庭的重要任务之间关系的动力。(2)阿德勒式小组：阿德勒认为人主要是由社会因素所驱动的，而非生物性的因素。人们努力地“追求优越”，即一种认同和归属感，而这一追求与克服和弥补幼年时期由于弱小和不得不依赖成人所造成的自卑有关。他强调个体是独特的，但又是社会系统的一部分，人际因素与个体内在的因素对人有同样重要的影响意义。人不仅仅是由遗传和环境所决定的，个人有选择力和创造力，有能力成为自己的主人。(3)完型治疗小组：完型治疗小组理论的前提是个体必须找到自己的生活道路，并接受个人的责任。(4)其运作原则是：利用现时的小组经验、小组的觉察过程和小组参与者之间的积极互动，鼓励组员随时随地地觉察他们在小组中的角色和他们作为社会成员的角色。

12. B。

【解析】本题考查小组工作模式的互动模式。互动模式也称交互模式或互惠模式，是基于人与环境和人与人之间的关系而建立的一种小组模式。旨在通过组员之间、组员与小组及社会环境之间、小组与社会环境的互动关系，促使组员在小组这个共同体的相互依存中得到成长，增强组员的社会功能，提升其发展能力。本题中，“友你同行”小组是以角色扮演的形式再现人际冲突问题及其应对方式，并在小组中推动组员互动，缓解人际关系紧张，构建互助、支持的和谐人际关系。故B选项正确。

13. B。

【解析】本题考查小组工作的阶段。社会工作者在小组开始阶段的任务之一是协助小组组员彼此认识以消除陌生感。组员的初步了解，有助于彼此关系的拉近及共同完成小组任务。因此在开始阶段，社会工作者可以根据组员的个性特征以及小组的类型，设计出有创意的打破僵局的各种活动，恰当地使用一些游戏方法，帮助小组组员互相认识，催化相互之间的互动。本题中，根据“组员向大家介绍自己”字眼，可知该小组活动处于开始阶段。

【知识拓展】**（1）准备阶段：一般而言，小组工作的准备阶段属于制订计划的阶段，还不是小组组员参与过程的开始。在这个阶段，社会工作者必须精心遴选小组组员，了解他们的问题所在及真实需求，并在此基础上制订具体的工作方案。（2）转折阶段：小组工作的开始阶段完成之后，就进入小组工作的中期转折阶段。这个阶段是组员关系走向紧密化的时期，也是小组内部权力竞争开始的时期。这个阶段社会工作者的工作重点是，通过专业辅导，协调和处理组员之间的竞争及各种可能的冲突，促进小组内部的良性竞争与和谐，推动小组关系走向紧密化。（3）成熟阶段：小组的后期工作阶段也是小组的成熟阶段。这一阶段组员对小组的满意度增加了，并且能自主地处理小组内部的问题。这个时候，小组的关系结构稳定，小组活动运作状态良好，组员之间更愿意了解和被了解，更愿意接纳他人，更愿意相互合作、相互支持、相互肯定，提出的建议或计划也更加现实。所有这些，都标志着小组进入了良性的成熟阶段。**

14. D。

【解析】本题考查小组工作的过程。在小组工作的开始阶段，组员可能存在矛盾、困惑、焦虑等问题，因此社会工作者的任务包括：协助小组组员彼此认识并消除陌生感；提高组员对小组目标的认识；讨论保密原则和建立契约；制订小组规范；塑造信任的小组气氛；形成相对稳定的小组关系结构。D选项制定小组规范符合题意，故选D。

15. C。

【解析】本题考查小组工作的过程。本题解答首先应根据题意判断小组的问题以及小组工作所处的阶段。根据题中的“前两次活动组员不愿分享、彼此互动较少”，可以判断此时小组处于开始阶段，组员存在困惑和缺乏信任等问题，此时要塑造信任的小组气氛。

16. B。

【解析】本题考查小组规范。小组规范有三类：（1）秩序性规范，用来界定组员之间的互动准则。（2）角色规范，界定和明确组员所期望的具体角色和行为。（3）文化规范，澄清和说明小组的信念和基本价值，强调开放、平等、保密、非批判和团结合作等原则。结合题中规范的具体内容，该规范属于文化规范。

17. B。

【解析】本题考查小组工作的过程。转折阶段是组员关系走向紧密化的时期，也是小组内部权力竞争开始的时期。组员的常见特征包括：(1)对小组具有较强的认同感。(2)互动中的抗拒与防卫心理。(3)角色竞争中的冲突。

18. D。

【解析】本题考查小组工作转折阶段社会工作者的任务。小组工作转折阶段社会工作者的任务之一是协调和处理冲突。本题中，小组组员的讨论已经偏离主题，此时社会工作者最适宜的做法是对因组员小李的离开而给其他组员造成的负面情绪进行疏导，引导组员回归小组议题。

【知识拓展】社会工作者在转折阶段的任务包括：(1)处理抗拒行为。(2)协调和处理冲突。(3)保持组员对整体目标的意识。(4)协助组员重新建构小组。(5)适当控制小组的进程。

19. C。

【解析】本题考查小组工作的过程。小组工作的过程包括准备阶段、开始阶段、转折阶段、成熟阶段、结束阶段。A 选项描述的活动主要是增加组员相互之间的认识，提升信任，最符合开始阶段的任务。B、D 选项描述的活动主要是巩固已获得的经验和形成的人际关系，坦然面对小组解散后的新生活，最符合结束阶段的任务。C 选项协助组员解决相关问题，最符合成熟阶段的任务，故选 C 选项。

20. B。

【解析】本题考查小组工作的转折阶段社会工作者的任务。焦点回归法即将问题抛回给组员，让他们自己解决。故选 B。注意，D 项属于易错项，其只把问题抛给了其他人。

21. C。

【解析】本题考查小组工作的成熟阶段社会工作者的任务。根据题干中的描述，小组处于成熟阶段。成熟阶段社会工作者的任务之一为维持小组的良好互动。故 C 项正确，A 项属于中期转折阶段，B 项属于开始阶段，D 项属于结束阶段。

22. C。

【解析】本题考查小组工作成熟阶段社会工作者的角色。根据题干描述，该小组工作处于成熟阶段。在小组成熟阶段，社会工作者逐渐退移到边缘位置。这时有些小组角色已被组员自己承担，组员与社会工作者的地位逐渐接近甚至成为一个“同行者”和“旁观者”。

23. C。

【解析】本题考查小组工作结束阶段的内容。小组的结束阶段是小组的完结期，已达到预期目标，也是小组历程的最后阶段。不过这个阶段既是指小组最后结束的动态时期及过程，如最后一次聚会或活动，也包括社会工作者在小组结束后对一些组员的跟进服务。“最佳人缘奖”是一种肯定和鼓励的活动，可以帮助组员回顾并分享自己在小组中得到的安慰和帮助，增强归属感和自尊感。这种活动最适合安排在结束阶段，因此 C 选项正确。

24. B。

【解析】本题考查小组工作结束阶段社会工作者的任务。协助组员保持小组经验是社会工作者在小组工作结束阶段最主要的任务之一，其主要方法有模拟练习、树立信心和寻求支持等。其中，寻求支持是指帮助组员向其家人、社区或周围其他人寻求支持，以维持在组员身上已经产生的变化。本题中，社会工作者应当协助小王寻求家人和朋友的支持。故本题正确答案为 B。

25. A。

【解析】本题考查协助组员保持小组经验的方法。协助组员保持小组经验的主要方法有:(1)模拟练习。模拟现实的生活环境,让组员在小组中练习他们学到的行为规范等。故A项正确。(2)树立信心。观察组员的变化,鼓励和肯定,让他们对离开小组后的生活充满信心。(3)寻求支持。帮助组员得到其家人、社区或周围其他人的支持,以维持在组员身上已经产生的变化。(4)鼓励独立。鼓励组员独立地完成工作,逐步降低小组对组员的吸引力,以避免其在结束时对小组的过度依赖。(5)跟进服务,如转介、跟进聚会、安排探访等。

26. B。

【解析】本题考查小组工作的技巧。及时进行小结是对组员发言中散乱表达的信息进行小结,社会工作者要及时帮助小结,如通过若干要点的归纳,简明扼要地复述组员发言中的主要观点和重要信息,使其具有条理性和逻辑性。本题中,“通过讨论大家认识到……”说明社会工作者对于前面讨论内容进行了一个总结性地回顾和概括,帮助小组成员明确讨论的主题和目的,使其具有条理性和逻辑性。这说明社会工作者运用了及时进行小结的技巧,因此B选项正确。

【知识拓展】此外与组员沟通的技巧还有:(1)营造轻松、安全的氛围。社会工作者要以热情、友善的语言和亲切的表情等,向组员传递温暖、真诚、关怀等信息,为小组营造一个放松、自由、开放和安全的氛围。(2)专注与倾听。专注与倾听能有效地传达对组员的尊重和接纳的信息。社会工作者要通过语言的和非语言的专注,让组员感受到自己处在一个比较安全的关系之中,从而鼓励组员自由、放松地表达自己的感受。(3)积极回应。社会工作者在组员发言之后,要站在同理心的角度,向发言者表达对其发言的高度重视,认真了解和把握发言者的用意与感受,并伴以积极的回应。(4)适当自我表露。社会工作者可以有选择地将亲身的经历、体会、态度和感受向组员坦白,向组员传递真诚,让组员感受到社会工作者的信任。通过这种信任关系情境的建构,促使组员也能够坦陈自己的问题和需要,从而使得社会工作者和组员双方在组员的问题及需求上达成共识。(5)对信息进行磋商。当无法把握组员发言中的信息含义时,社会工作者有必要耐心地与发言者协商交流,直到信息能够被正确了解和能够取得共识。(6)适当帮助梳理。在组员发言过程中或发言之后,社会工作者要非评判性地帮助组员梳理其发言,使其讲述的内容和感受听起来更具条理性和逻辑性。

27. D。

【解析】本题考查小组工作的互动模式。互动模式下的小组目标是促使组员之间、组员与小组和社会系统之间达到开放,实现良性的互动。应该运用催化、刺激、示范、提供咨询、反应、质疑与开放讨论等方法和技巧,来促进小组互动频率的加快和小组互动质量的提高。故选D。

28. C。

【解析】本题考查小组讨论技巧。限制的技巧是指,当一些小组组员垄断小组讨论时,或当组员的发言太抽象时,或当小组讨论脱离主题范围时,社会工作者要采取限制的手段来处理组员的行为。这里的限制手段包括:社会工作者用“是不是”的言辞问询其他善于发言的组员或者其他未发言的组员;及时切断话题,给予适时的打岔;也可以限定发言时间,或者调整发言的次序。本题中,老韩的发言脱离了讨论主题,社会工作者及时切断话题,给予适时的打岔,采用的是限制技巧。

29. D。

【解析】本题考查小组工作中主持小组讨论的技巧。当组员陈述内容不清楚或忽略某些议题时,社会工作者运用澄清的技巧引导组员对模糊不清的陈述和信息作更详细、更清楚、更准确地表达和解说,使沟通信息能够清晰,也能使组员自我了解。本题中,社会工作者小吴追问"你说妈妈不理解你,指的是哪方面呢?是学习?交朋友?还是其他呢?"体现了澄清的技巧。

30. D。

【解析】本题考查小组工作中主持小组讨论的技巧。在"提问的技巧"中,通常有5种提问类型:(1)封闭式提问,如"是不是"。(2)深究回答型提问,如"描述""告诉""解释"。(3)重新定向型提问,如"刚才某某提到了此问题,其他组员对此问题的想法如何"。(4)反馈和阐述型提问,如"谁能总结一下我们刚才的讨论"。(5)开放式提问,如"怎样""为什么"。本题中,A项属于重新定向型提问,B、C项属于反馈和阐述型提问,D项属于深究回答型提问。故选D。

31. C。

【解析】本题考查小组工作中主持小组讨论的技巧。A项属于封闭式提问。B项要求组员进行描述,属于深究回答型提问。C项属于反馈和阐述型提问。D项属于开放式提问。故选C。

32. C。

【解析】本题考查小组工作中主持小组讨论的技巧。联结的技巧是指社会工作者应注意组员内在的相似性,协助组员将个人的经验与小组共同经验联结起来,或者把组员未觉察到的一些有关联的片段资料进行串联,整合经验,促进小组组员的成长。C选项的表述体现了联结的技巧。

33. B。

【解析】本题考查小组工作中主持小组讨论的技巧。中立的技巧要求在小组讨论针对一个问题观点不一致而发生争论时,社会工作者要保持中立,可以为组员提供资料信息,仅作分析利弊或事实论述,不予决断。本题中,双方出现争执的原因是没有明白两方的立场、价值观差异,因此社会工作者应该提供相应信息来引导两方的讨论,B选项是最恰当的做法。A、C、D选项不符合题意,对解决争论没有直接帮助。故选B选项。

34. A。

【解析】本题考查主持小组讨论的技巧。引导的技巧是指讨论中有时出现你一言我一语,场面气氛热烈但又偏离方向的情况,此时会议主持人要用某种方式暗示讨论的方向,提示讨论的重点,或再次强调讨论的程序,从而保证讨论会正常有序地进行。故本题选A。

35. B。

【解析】本题考查小组讨论的技巧。当小组讨论中遇到以下情况时,需要社会工作者进行摘述:讨论段落结束时,讨论主题被岔开时,变换主题时,组员发言过长时,发言过于复杂或宽泛时,组员意见对立或争执很久时,组员的发言声音过小时,组员在发言中语言出现障碍时。本题中,小组的关于"家庭关系"的讨论主题被岔开,社会工作者应该进行摘述,引导回归到讨论主题。

【知识拓展】主持小组讨论的技巧还包括:(1)了解的技巧。社会工作者在运用了解的技巧时应该做到随时观察和感觉

组员的语言、认知、情绪、行为，适时给予支持和鼓励；随时注意小组组员动力的运作，适时将自己对小组的感觉与思考反馈给组员；要给予组员安全的小组气氛，使每一名组员没有戒备地流露真实的自我，并勇于接受讨论中有时因证据不足而产生的挫折。(2)鼓励的技巧。在小组讨论中，对某些比较内向，或者容易害羞的成员要给予支持，不要逼他们发言，而是注意他们，投以鼓励的目光，等他们获得了勇气再发言。对他们的发言，社会工作者可以重复他们的意见，对正确的方面给予积极的鼓励，树立起他们的信心和安全感。(3)示范的技巧。社会工作者在小组开展过程中演示某些行为供组员模仿，应注意自身观念、行为对组员的影响。示范有关小组问题的应对方法，让小组成员在短时间内借助观摩而学习到解决问题的策略。(4)聚焦的技巧。当小组讨论出现话题游离、多元和分散的情况时，社会工作者采取聚焦的手段协助组员将话题、讨论范围、内容或者问题集中，指出重心和目标所在，再继续讨论。(5)总结的技巧。当小组讨论的一个段落结束或转换主题时，社会工作者运用总结的手段提纲挈领、简明扼要地整理、归纳、概括和阐明组员或小组讨论的要点。(6)沉默的技巧。可以适时在小组中形成真空，使组员自己进行判断；在接受意见和建议后，请组员自己进行判断。(7)讨论结束的技巧。当小组讨论进行到最后阶段，社会工作者需要对组员所提出的不同问题进行归纳，对组员所提出的各种意见和建议加以组织，形成结论。

36. A。

【解析】本题考查对小组整体的介入技巧。对小组整体的介入技巧包括：(1)改变沟通和互动模式。(2)改变小组对其组员的吸引力。(3)有效利用小组整合动力。(4)改变小组文化。本题中，A 项是改变小组文化的介入技巧，符合题意。B 项属于改变小组外部环境的介入技巧。C、D 项属于对小组组员的介入技巧。故选 A。

37. C。

【解析】本题考查对小组组员的介入技巧。B 项属于对小组整体的介入技巧，C 项属于对小组组员的介入技巧，D 项属于改变小组外部环境的介入技巧，A 项属于鼓励与正面强化的技巧，不属于小组介入技巧。

【知识拓展】对小组组员的介入技巧包括：(1)促进个体自我改变。(2)促进组员之间相互学习。当小组组员需要进一步发展与其他人相似的技能时，社会工作者需要采取促进组员之间相互学习的介入技巧。考虑到小组能够为组员提供展示其人际交往技巧和获得反馈的机会，因此，在小组中，反复观察其他人的行为和练习新的技能可以更有效地学习。社会工作者可以在小组工作中利用角色扮演的方式，促进组员之间通过观察的方式学习新的技能。(3)改善个体环境。当小组组员由于缺少资源而产生问题或者环境影响其实现生活目标时，社会工作者可以考虑介入组员个体的生活环境。环境的干预能够帮助组员修正或改善生理和心理状况，具体技巧包括链接具体的资源、扩大社会支持网络、建立应急事件管理程序以及改变身体质素。

38. C。

【解析】本题考查小组工作中小组活动的设计技巧。小组活动的设计要紧扣小组目标，设计好与小组工作各阶段相适应的小组活动。本题的解答首先要能够根据情境判断出小组所处的阶段，再根据小组所处阶段的特征以及社会工作者的任务作出选择。本题中，社会工作者老胡的"发现"表明小组处于成熟阶段，社会工作者的任务是维持小组良好的互动、协助组员把认知转变为行动。故C选项符合题意。A、B选项适合开始阶段，D选项适合结束阶段。

39. A。

【解析】本题考查小组活动设计技巧。每个阶段的小组活动方案都应该有经验分享环节，必须预留一定的时间让组员分享彼此的经验，鼓励组员发表参与小组活动的感受，讨论彼此在小组活动中的成长经验，总结有益的启示。故选A。

40. B。

【解析】本题考查小组活动的设计技巧。社会工作者在设计小组活动方案的时候，应该首先考虑清楚小组工作的目标。要围绕小组工作的总目标或最终目标，根据小组工作各个阶段的目标要求，设计好与这些阶段相适应的一系列小组活动方案。本题中，失独母亲参加"暖心之家"小组，社会工作者要按照小组工作第五节的目标"协助组员关注当下，了解并学习运用身边的资源，以缓解困境"组织适当的活动，只有选项B最适合本目标。

【知识拓展】在设计小组活动时，社会工作者还需要注意考虑组员的特征及能力，即在设计小组活动时，社会工作者需要综合分析每一名组员的生理、心理、情绪、教育程度等个体性特征，认识和把握组员的社会关系背景及文化背景，了解其以往的成长经历及成长过程中的主要问题。通过这些方面的综合考虑，设计出具有针对性的、组员当下的能力能够适应的小组活动。只有这样，小组活动方能做到有效和精彩。

41. A。

【解析】本题考查小组活动设计技巧。一般来看，任何一个小组活动的设计都必须包含如下的基本要素：小组活动的目标，包括总体性目标（最终目标）和阶段性目标；小组活动的参与者，包括年龄、性别、职业、文化背景等；小组活动的规模，即参加的人数；小组活动的时间分配；组员的角色扮演和角色互换；小组活动的环境设计，如活动场地、设施等；小组活动的资源供应与经费预算；小组活动的强度分布；小组活动的预期结果；防止和处理意外事件的预案；总结与奖励。

42. C。

【解析】本题考查社会工作中的小组需求评估。在小组需求评估中，必须考虑的因素包括小组整体需求、组员的需求和小组的环境需求。故C项正确。在需求评估时，一般需要注意以下几点：（1）利用多种渠道收集资料，以保证资料的专观性和准确性。故D项错误。（2）避免在需求评估中给组员贴上诊断性标签，特别是在使用一些标准化量表时，尤其要注意这一点。故B项错误。（3）明确评估重点，在某些小组中，应该将评估重点放在现在，而在另一些小组中，评估重点既放在现在又关注过去，这完全取决于小组的性质。故A项错误。

43. B。

【解析】本题考查小组工作的记录方式。记录方式有过程式记录、摘要式记录、问题导向记录、录音和录像等。录音和录像是记录小组过程、组员表现和社会工作者表现的重要资料。在得到组员同意的情况下，可以对小组过程进行录音或录像。它的特点是有助于获得准确、翔实而未经修改的原始资料，特别是一些重要细节。

【知识拓展】过程式记录是叙事性的，一步步将小组的发展情况记录下来，过程记录可以帮助社会工作者分析小组运作的整个过程，但是过程式记录非常费时费力，有经验的社会工作者较少使用，一般用于培训和督导初学小组工作者。摘要式记录的焦点放在小组中的重要事件，可以由社会工作者填写，可以由组员记录，也可以在每次小组活动后以一些开放式问题让组员填答。问题导向记录是一种焦点非常清楚的记录，针对某个问题，将探讨的问题、要达到的目标界定清楚，资料的收集与这个特定的问题有关。

二、多项选择题

44. BDE。

【解析】本题考查支持小组。支持小组一般是由具有某一共同性问题的小组组员组成的。通过小组组员彼此之间提供的信息、建议、鼓励和感情上的支持，达到解决某一问题和成员改变的效果。在支持小组中，最重要的是小组组员的关系建构、相互交流和相互支持。社会工作者的任务是，指导和协助小组组员讨论自己生命中的重要事件，表达经历这些事件时的情绪感受，建立起能够互相理解的共同体关系，达到相互支持的目的。

45. CDE。

【解析】本题考查社会目标模式的实施原则。社会目标模式的实施原则包括：(1)致力于培养并提升小组组员的社会意识和社会责任。(2)致力于发展小组组员的自我发展能力、社会参与和社会行动的能力。(3)致力于通过小组领袖的培养，提升他们推动社区和社会变迁的意识与能力。(4)致力于小组工作目标与社区发展目标的一致性。本题中，A 选项与题意无关，可以排除。B 选项超出了小组组员的范围，应排除。C、D、E 选项均符合题意。

46. ADE。

【解析】本题考查治疗模式的实施原则。治疗模式中小组实施的原则有综合性原则、建构性原则、个别性与共同性相结合的原则。综合性原则是综合运用精神病学、心理学、社会学等知识和实务技巧。故 E 项正确。建构性原则是通过带领小组组员建构和发展社会性的治疗关系，以替代原来的、有缺陷的社会关系网络。故 D 项正确。个别性与共同性相结合的原则是设定每一个组员的个别性治疗计划，同时通过对小组组员个别性问题的综合分析，寻找小组共同成长的目标，实施整体性的小组治疗计划。故 A 项正确。

47. ADE。

【解析】本题考查小组工作的治疗模式的实施原则。运用治疗模式应把握综合性原则、建构性原则、个别性和共同性相结合的原则。本题中，A 选项强调综合运用不同学科的知识，符合综合性原则。B 选项更符合互动模式的小组工作，与题意无关。C 选项与题意无关。D 选项符合个别性和共同性相结合的原则。E 选项符合建构性原则。故本题 A、D、E 选项正确。

48. ACD。

【解析】本题考查小组工作开始阶段组员的一般特点。开始阶段组员的一般特点为：(1)矛盾的心理与行为特征，既对小组充满好奇，又疑虑和焦虑，这种矛盾使不少组员陷入对小组活动既投入又逃避的情感困境中。故 A 项正确。(2)小心谨慎与相互试探，大多数组员的行为十分拘谨，说话做事显得十分小心谨慎、客气与礼貌。(3)沉默而被动，整个小组显得沉默，进程缓慢，缺乏自发性和流畅性。(4)对社会工作者的依赖性，视社会工作者为权威，以其为中心，非常容易产生对社会工作者较强的遵从倾向，而忽视了自己在小组中的角色和能力。故 C、D 项正确。

49. ABC。

【解析】本题考查社会工作者在小组开始阶段塑造信任的小组气氛的方法。社会工作者塑造信任的小组气氛有如下几种方法:(1)主动与组员沟通，建立信任关系。可以运用同理心，站在组员的角度考虑问题，倾听他们的问题，并作出真诚有效的回应。故 A 项正确。(2)创造机会让组员表达自己的想法，通过组员间的相互回馈和关怀自然地产生信任。故 B 项正确。(3)寻找并强调组员之间的相似性。可以邀请组员分享人生经验或感兴趣的事情等。故 C 项正确。(4)澄清组员之间的可能误解。在小组开始阶段，由于组员互相不熟悉，或不愿意与其他组员继续沟通，可能会出现一些误解。因此要积极引导组员相互沟通，并协助对方澄清误解。(5)培养组员积极倾听他人意见的良好习惯。

【知识拓展】开始阶段社会工作者应重点做好以下几项工作:(1)协助小组组员彼此认识以消除陌生感。(2)强化小组组员对小组的期望，提高他们对小组目标的认识。(3)讨论保密原则和建立契约。(4)制定小组规范。(5)塑造信任的小组气氛。(6)形成相对稳定的小组关系结构。

50. ABD。

【解析】本题考查小组开始阶段社会工作者扮演的角色。在小组开始阶段，社会工作者扮演的角色有:(1)领导者。(2)鼓励者。(3)组织者。

【知识拓展】领导者:社会工作者处于小组的核心位置，具有指导小组发展、制订小组活动计划、统筹小组活动具体程序、细节的责任和领导角色。鼓励者:社会工作者要鼓励组员主动表达自己对小组和其他组员的各种期望，尽快适应小组环境。组织者:社会工作者要组织一些能够有助于组员之间相互了解的活动，促进组员之间尽快建立相对的熟人关系。

51. AD。

【解析】本题考查中期转折阶段组员的常见特征。转折阶段是组员关系走向紧密化的时期，也是小组内部权力竞争开始的时期。在转折阶段，组员的常见特征有:(1)对小组具有较强的认同感。故 A 项正确。(2)互动中的抗拒与防卫心理。(3)角色竞争中的冲突。故 D 项正确。

52. ABDE。

【解析】本题考查小组工作中期转折阶段社会工作者的任务。在解决小组的冲突时，社会工作者可以运用这样一些具体措施:(1)帮助组员澄清冲突的本质，特别是澄清冲突背后的价值观差异。(2)增进小组组员对自我的理解，如运用角色扮演的方法，复制或重现类似冲突情境，以增进自我了解和对他人处境的敏感度。(3)重新调整小组规范和契约。(4)协助组员面对和解决由冲突带来的紧张情绪和人际关系紧张。(5)运用焦点回归法，即将问题抛回给组员，让他们自己解决。故本题选 A、B、D、E 选项。

53. BCD。

【解析】本题考查在小组工作的成熟阶段社会工作者的任务。在小组工作的成熟阶段，社会工作者的任务包括：（1）维持小组的良好互动。故B项正确。（2）协助组员从小组中获得新的认知。（3）协助组员把认知转变为行动。故D项正确。（4）协助组员解决有关问题。故C项正确。A项属于小组结束阶段社会工作者需要做的工作。E项中的组员变化一般出现在小组初期和中期。

54. ACD。

【解析】本题考查小组工作的过程。结束阶段小组成员会产生浓重的离别情绪，关系结构弱化，社会工作者的任务主要是：（1）帮助组员处理离别情绪和感受。告知小组结束日期并帮助组员逐渐接受分离事实，探讨离别的积极意义。（2）协助组员保持经验。协助组员巩固已经改变的行为和已经获得的经验，并在日常生活中运用，主要方法有模拟练习、树立信心、寻求支持、鼓励独立、跟进服务等。A、C、D选项均符合题意。

55. ABC。

【解析】本题考查协助组员将认知转变为行动的方法。在组员有了新的认知之后，社会工作者要协助组员将这种认知转化为实际行动，并协助组员意识到必须为自己的改变承担责任。要鼓励和支持组员不断尝试新的行动，在被期待的新行动出现时，不断予以强化，使组员更有信心、更有勇气去尝试和坚持，为将来运用于小组之外做好准备。

56. BCE。

【解析】本题考查社会工作者协助组员保持小组经验的方法。小组工作结束阶段，社会工作者协助组员保持小组经验的主要方法有：（1）模拟练习。模拟现实的生活环境，让组员在小组中练习他们学到的行为规范等。（2）树立信心。观察组员的变化，鼓励和肯定，让他们对离开小组后的生活充满信心。（3）寻求支持。帮助组员得到其家人、社区或周围其他人的支持，以维持在组员身上已经产生的变化。（4）鼓励独立。鼓励组员独立地完成工作，逐步降低小组对组员的吸引力，以避免其在结束时对小组的过度依赖。（5）跟进服务。如转介、跟进聚会、安排探访等。结合题干描述，本题选BCE。

57. ACDE。

【解析】本题考查小组工作中主持小组讨论的技巧。开场技巧包括：小组讨论开始前，社会工作者应介绍参与者，或运用其他的方式使成员互相认识。如果组员之间已经相互熟悉，社会工作者则要引出将要讨论的主题，或者讨论提纲。如无特定提纲，社会工作者要介绍讨论的背景、意义、目标、规则及要求，并且为小组设定一种情绪氛围，奠定小组的基调。

58. ABE。

【解析】本题考查小组工作中主持小组讨论的技巧。主持小组讨论的技巧包括开场的技巧、了解的技巧、提问的技巧、鼓励的技巧、限制的技巧、示范的技巧、澄清的技巧、聚焦的技巧、总结的技巧、催化的技巧、联结的技巧、沉默的技巧、中立的技巧、摘述的技巧、引导的技巧等。A、B选项属于提问的技巧，E选项属于鼓励的技巧，均是适宜的回应。C选项主观地默认了“隐藏自己的想法”是事实，是错误的。D选项带有否定和指责的情绪，是错误的。故本题A、B、E选项正确。

59. ABE。

【解析】本题考查对小组组员的介入技巧。C选项属于改变小组外部环境介入技巧。D选项属于对小组整体的介入技巧。均不符合题干“从个人层面”的要求。

【知识拓展】小组成员个体的介入技巧包括:(1)促进个体自我改变。(2)促进组员之间相互学习。(3)改善个体环境。

60. ABCD。

【解析】本题考查小组活动的设计。选项A、B、C、D均属于在开展小组活动之前社会工作者应采取的做法。选项E属于开展活动初期社会工作者应采取的做法。

61. BCD。

【解析】本题考查小组工作的小组评估技巧。题中社会工作者小欣在小组工作过程中有多次评估工作,题目要求识别这些评估工作的类型。作为工作方法的小组评估主要包括组前计划评估、小组的需求评估、小组过程评估、小组的效果评估。题中小组开设前期对中学生的问卷调查和访谈,属于小组的需求评估,B选项正确。小组进行时填写量表、监测认知变化,属于小组过程评估,C选项正确。请组员填写小组满意问卷,属于小组的效果评估,D选项正确。A、E选项在题中未有涉及。故本题B、C、D选项正确。

【知识拓展】组前计划评估:通常是评估小组的设计和计划过程。它主要包括收集相关资料。在进行组前计划评估时,社会工作者需要掌握下列信息:组员是否自愿参加小组;他们参加小组的动机;组员各自的能力;是否能够帮助小组实现目标等。通常在明确了参加小组的服务对象后,社会工作者要通过各种方式,如面谈、电话访谈等,直接与他们建立联系,以便全面了解组员的情况、问题与需求。

62. BC。

【解析】本题考查小组的效果评估。答题的难点是要区分小组过程评估和效果评估的资料收集范围。小组的效果评估发生在小组按计划完成任务后,常用方法有:(1)小组结束后的跟进访谈。(2)组员的自我评估报告。(3)小组目标实现表。(4)小组满意度量表。(5)小组感受卡。(6)小组领导技巧记录表。A选项是需求评估,属于过程评估的环节,可以排除。B选项符合第(4)条,正确。C选项符合第(2)条,正确。D选项属于过程评估,可以排除。E选项属于小组工作计划执行前的评估,可以排除。因此,本题答案是B、C选项。

63. BC。

【解析】本题考查小组的需求评估。在小组需求评估中,必须考虑的因素有:小组整体需求、组员的需求和小组的环境需求。准确评估小组需求,既能满足小组发展的需要又能满足组员的个体需要,是小组发展的关键环节。小组评估开始于小组设计阶段,并贯穿整个小组的过程。小组的需求评估由资料收集、资料分析、作出判断并制订干预计划3个步骤形成。选项A、E均属于小组的效果评估,选项D属于组前的计划评估。

64. CD。

【解析】本题考查小组的效果评估。小组的效果评估常用的方法包括小组结束后的跟进访谈、组员的自我评估报告、小组目标实现表、小组满意度量表、小组感受卡、小组领导技巧记录表等。

65. BCE。

【解析】本题考查小组的过程评估。小组过程评估指的是在小组发展中,收集相关资料,以显示组员变化和小组的发展过程。在对小组过程评估时注意评估内容需要根据小组的目标和进程来决定。如在一个治疗小组中,我们检测的内容与目标行为有关,如检测目标行为的频率、严重性和持续性,引起该行为的前因后果等。而在一个发展性小组中,检测的重点可能是组员参与的程度和完成家庭作业的情况。

第七章 社区工作方法

答案速查

一、单项选择题									
1. A	2. B	3. C	4. D	5. B	6. D	7. A	8. D	9. C	10. A
11. C	12. B	13. B	14. A	15. C	16. D	17. B	18. B	19. A	20. C
21. C	22. C	23. B	24. C	25. C	26. B	27. B	28. B	29. B	30. C
31. D	32. A	33. A	34. B	35. C	36. A	37. C	38. B	39. D	40. B
41. C	42. B								
二、多项选择题									
43. ACE	44. AC	45. BCDE	46. ACD	47. BCD	48. BC	49. AD	50. ABD	51. CE	52. ACE
53. CDE	54. BCD	55. ABD	56. ABCE	57. BCD	58. ABCD	59. ACE	60. AD		

深度解析

一、单项选择题

1. A。

【解析】本题考查社区工作的特点。社区工作的特点之一是:富有批判和反思精神。社会工作者善于从社会结构、社会政策、制度和资源分配角度分析和处理个人问题,加上社会工作专业本身的特点就是关注在社会急剧变迁中困难群体的权利,所以社区工作总是在关注问题,并且试图从根本上找出问题的症结,由此引发出对现存社会结构和政策的反思和评判,而不是一味地顺从。故本题选 A。

2. B。

【解析】本题考查社区工作的目标。所谓任务目标,是指解决一些特定的社会问题,包括完成一项具体的工作和服务,满足社区需要,达到一定的社会福利目标等,如修桥铺路、解决老旧小区停车难问题、安置无家可归者、照顾贫穷孤寡残障人士等。这些活动给社区及其居民所带来的改善是具体而实在的。故 D 项错误。所谓过程目标,是指在达到任务目标的过程中实现的中间目标,主要是指培养社区居民的一般能力,包括增强居民解决社区问题的能力、信心和技巧，提升其对公民权利和义务的认知能力，培养居民与社区邻里交流、协商与合作的能力，发掘和培育社区骨干的领导能力等。故 A 项错误。由于社区工作处理的问题较为宏观，每个居民在其中的利益和立场不完全一致，有些未必与所有社区成员都息息相关，所以社区工作任务目标与过程目标会出现不能完全契合的情况，社会工作者有时在工作实践中也感到难以兼顾。在这类情形下，社会工作者需要经常提醒自己：社区工作的最终理想是要帮助社区建立集体能力，通过群策群力的方式，促进社区的根本改变，社区居民的成长和进步是核心和长远的任务。故 C 项错误，B 项正确。

3. C。

【解析】本题考查社区工作的目标。社区工作的目标分为任务目标和过程目标。其中，过程目标是指促进社区居民的一般能力，包括增强解决社区问题的能力、信心和技巧，提升其对公民权利和义务的认知能力，培养居民与社区邻居交流、协商与合作的能力，发掘和培育社区骨干的领导能力等。具体来说包括：(1)以人为中心，促进社区居民的成长和进步。(2)推动社区居民参与，培养民主精神。(3)提高社区居民的社会意识，尊重社区自决。(4)善用社区资源，满足社区需求，培养相互关怀和社区照顾的美德。本题中，“促成他们向全社区 1200 多位老人发出倡议：主动与青年人接触，说明老年人对该问题的看法，消除社会误解，共同维护社会道德”，体现出的过程目标是提升社区居民的社会道德意识，故选 C。

4. D。

【解析】本题考查社会工作的内容。在社区工作的具体目标中，要推动社区居民参与，培养民主精神；提高社区居民的社会意识，尊重社区自决。故 A 项错误。在小组工作中，具有相同或相似问题的某些人或者具有共同或相似服务需求的人一起参与，能更好地解决问题。故 B 项错误。个案管理强调服务对象和社会工作者一起工作，对需求的评估、包裹式服务的规划等，都是由双方共同决定。服务对象在个案管理中要充分表达自己的需求和意见，同时具有相当程度的选择权和自决权。故 C 项错误。社会工作是一种价值主导的专业实践，社会工作者应避免将自己的价值观强加于服务对象，尊重服务对象。故 D 项错误。

5. B。

【解析】本题考查地区发展模式中社会工作者的角色。协调者角色是指，社会工作者在社区、社区组织和外界组织机构之间进行联络和沟通，增进互信和了解，减少误解和分歧，争取支持、合作，实现社区团结。本题中，小李在工作过程中扮演的就是协调者角色。A 项属于社区照顾模式中的角色，C、D 项属于社会策划模式中的角色。

6. D。

【解析】本题考查社区工作目标的分类。社区工作目标包括任务目标和过程目标。任务目标是指解决一些特定的社会问题，包括完成一项具体的工作和服务，满足社区需要，达到一定的社会福利目标等，如修桥铺路、解决老旧小区停车难问题、安置无家可归者、照顾贫穷孤寡残障人士等。过程目标是指在达到任务目标的过程中实现的中间目标，主要是指培养社区居民的一般能力，包括增强居民解决社区问题的能力、信心和技巧，提升其对公民权利和义务的认知能力，培养居民与社区邻里交流、协商与合作的能力，发掘和培育社区骨干的领导能力等。根据题干，居民刘阿姨说楼道变宽敞了，说明实现了任务目标。

7. A。

【解析】本题考查地区发展模式的实施特点。地区发展模式的实施特点包括：(1)较多关注社区共同性问题。(2)通过建立社区自主能力来实现社区的重新整合。(3)过程目标的重要性超过任务目标在地区发展模式看来，提升居民解决问题的能力来实现自助是最重要的发展目标。故A项正确。(4)特别重视居民的参与。B、C、D项均属于社会策划模式的特点。

8. D。

【解析】本题考查地区发展模式的实施特点。地区发展模式较多关注社区共同性问题，社区工作者常以共同性问题为契机，推动大多数居民参与，故A项错误，D项正确。B、C项均属于社会策划模式的特点。

9. C。

【解析】本题考查地区发展模式中社会工作者的角色。地区发展模式中使能者的角色是指在服务过程中，社会工作者要协助居民表达对社区问题的不满，鼓励和协助居民组织起来，帮助他们建立良好的沟通渠道及人际关系，促进共同目标的产生与实现。

10. A。

【解析】本题考查地区发展模式中社会工作者的角色。社会工作者在地区发展模式中扮演着使能者、教育者、中介者、协调者的角色。教育者角色强调社会工作者帮助居民掌握解决问题的技巧和组织合作的技巧，培养居民积极参与和自助互助精神。题中社会工作者的措施体现了教育者的角色。

【知识拓展】中介者：协调各方面的社区团体和个人，促进彼此之间的沟通和合作，调动社区内外资源，改善社区的问题。协调者：社会工作者在社区、社区组织和外界组织机构之间进行联络和沟通，增进互信和了解，减少误解和分歧，争取支持、合作，实现社区团结。

11. C。

【解析】本题考查社会策划模式的特点。社会策划模式强调运用理性原则处理问题。一方面强调过程的理性化，包括工作中秉持一定的价值取向并设定清晰的目标，设计可行性方案，预估方案的收益与代价，比较和选择代价最低、效果和效率最佳的方案实施等；另一方面强调技巧的科学化，特别是运用科学方法，包括运用定量和定性研究方法收集资料，运用相关理论分析和解释资料，并协助作出决定。故选C。

12. B。

【解析】本题考查社会策划模式的实施策略。在社会策划模式的实施策略中，分析环境和形势策略是指社会工作者要收集环境发展趋势资料，了解对计划有影响力的人士和团体，分析他们的利益和需要、他们与计划的关系及对计划的期望和要求。故选B。

13. B。

【解析】本题考查社会策划模式的实施策略。在社会策划模式中，目标建立后就需要列出所有可能达到目标的可行性方案和策略，并确定各个方案的理论依据，使问题的成因、解决方法和可能产生的效果连接起来，以便评估各个方案的收益与代价，掌握其效果和效率。故选 B。

14. A。

【解析】本题考查社会策划模式。社会策划模式的实施策略主要是完整地执行一个策划的过程，社会工作者主要扮演专家的角色，包括收集社区资料，进行社区分析及社区诊断，进行社会调查、资讯提供、组织运作及评估等。故选 A。

15. C。

【解析】本题考查由社区照顾。由社区照顾是指由家庭、亲友、邻居、志愿者等所提供的照顾和服务，其核心是强调动员社区内的资源，发动社区内的亲戚、朋友、邻居和志愿者，协助照顾有需要的人士。

16. D。

【解析】本题考查社区照顾模式的实施策略。对社区照顾是指，要成功地进行社区照顾，单靠社区及家人的力量是不够的，为了不使这些提供照顾的人被“耗尽”，还需要充足的支援性社区服务辅助措施才能使社区照顾持续下去，这些社区服务包括日间医院、日间护理中心、家务助理、康复护士、多元化的老人社区服务中心、暂托服务、关怀探访及定期的电话慰问等。本题中，老李组建了由护理人员与志愿者组成的服务小组，故选 D。

【知识拓展】“在社区照顾”是指将一些服务对象放在社区内并为其开展服务，即指有需要和依赖外来照顾的困难人士，在社区的小型服务机构或住所中获得专业人员的照顾。“在社区照顾”的核心是强调服务的“非机构化”，将照顾者放回社区内进行照顾，使他们在熟悉的社区环境中生活，协助他们融入社区生活。

17. B。

【解析】本题考查社区照顾模式的实施策略。A、C 项中涉及的是失业问题，服务对象需要重新就业，D 项中服务对象需要法律支持，只有选项 B 中的服务对象，亲戚、邻里、朋友、志愿者可以协助照顾。

18. B。

【解析】本题考查社区工作中社区照顾模式的实施策略——建立社会支持网络。服务对象的社会支持网络包括非正式照顾和正式照顾。非正式照顾通常包括由服务对象的家人、朋友、邻居来承担，正式照顾的提供方包括政府部门、非营利的社会组织和市场上的营利性机构。题中 B 选项属于正式照顾，其他选项均属于非正式照顾。

19. A。

【解析】本题考查社区照顾模式中的正式照顾。非正式照顾通常由服务对象的家人、朋友、邻居来承担的，如寻找、培训并分派志愿者提供长期服务，推动邻居在危急时提供临时性的、非长期的协助，组织情况相似的服务对象成立互助小组等。B、C、D 项属于非正式照顾服务。正式照顾的提供方包括政府部门、非营利的社会组织和市场上的营利性机构，正式照顾的对象包括服务对象及其家庭照顾者。为照顾者提供的正式照顾主要包括一些支援性服务，以帮助照顾者获得暂时休息并缓解长期照顾带来的焦虑和紧张感。A 项属于正式照顾服务。

20. C。

【解析】本题考查社区照顾模式中社会工作者的角色。社会工作者在社区照顾模式中的经纪人角色主要体现在：为服务对象寻找有关的服务，例如为智障儿童寻找特殊学校，协助其接受文化教育；为家庭照顾者小组的活动寻找场地、营养培训师等社区信息；推动家庭照顾者协助服务机构推行服务；向家庭照顾者自助小组提供经费，或提供社区资源的相关资料、告知申请渠道等。A 项为辅导者和教育者角色，B 项为治疗者角色，D 项为顾问角色，只有 C 项为经纪人角色。

【知识拓展】社区照顾模式中社会工作者的角色包括：(1)治疗者。为个别服务对象提供行为治疗或其他心理治疗，也开展家庭治疗和团体治疗。(2)辅导者和教育者。为家庭照顾者提供辅导服务，为家庭照顾者自助小组提供训练课程，帮助他们了解老人、精神障碍、儿童等服务对象的身心特点，教导与服务对象沟通的技巧、一般性的护理技巧等。(3)经纪人。(4)倡议者。为一些特殊的服务对象倡议和争取合适的服务；替家庭照顾者向有关部门提出意见，争取福利资源和措施；通过教育和培训，鼓励家庭照顾者自主争取权益。(5)顾问。就服务对象的情况向有关服务机构提供意见。

21. C。

【解析】本题考查进入社区的方式。社区工作的对象是整个社区，因此社会工作者进入社区之初的首要任务是让社区中的居民、团体和组织认识和熟悉自己，了解自己的角色和职责，接受自己来社区开展工作，与社区建立良好的专业关系。社会工作者让社区认识和熟悉自己的方式包括：(1)积极参与社区重要活动。(2)主办社区活动。(3)积极介入社区事务。(4)经常出现在社区居民之中。(5)报道社区活动。

22. C。

【解析】本题考查社区基本情况分析。社区基本情况分析中的社区地理环境分析是指，社区地理区域和地理环境资料一般可以通过区政府和街道办事处取得，主要包括区位与边界、环境设计与土地使用、交通、基础设施、社会服务、商业服务和经济等。结合题干中的描述，本题选 C。

23. B。

【解析】本题考查社区内的资源。社区内的资源主要包括社区里的公共设施、教育机构、医疗单位、社区组织、金融机构、商业场所等。此外，社会工作者也需要了解社区目前提供了哪些社会服务，这些服务是如何输送给社区居民的。

24. C。

【解析】本题考查认识社区。了解社区内的权力结构，对于社会工作者未来的组织及动员策略有重要意义。社会工作者可以通过街道办事处、社区居委会了解社区内各类组织情况，包括辖区单位、业主委员会、物业管理公司、社会团体、居民的自助小组和互助小组等，并了解和分析社区内的权力结构。通常，各类社区组织中的领导人对社区有重要的影响力。访问社区居民、拜访社区居委会主任、参与社区内的重要会议和活动都是了解社区内权力结构的渠道。

25. C。

【解析】本题考查社区问题分析。对问题的描述是认识问题的起点，意在弄清问题的表现或者问题的症状。社会工作者在描述问题时不应只关注客观存在的事实和状况，还要关注社区成员对现状的感知和察觉，清楚居民对问题的认识和描述，理解居民对问题的体验和感受。

26. B。

【解析】本题考查社区问题分析。在社区问题的分析中，社会工作者需要找出导致社区问题产生、蔓延和加剧的原因，并进而发掘和思考解决这一问题的可能的动力因素。比如,是否有可以解决问题的人或机构?行动的方法如何?在怎样的条件下可以行动?人们愿意为行动作哪些贡献?在此基础上,社会工作者可以初步形成有针对性的问题解决方案。

【知识拓展】社区问题分析的内容包括:(1)描述问题。(2)界定问题。在弄清社区问题的表现之后,还需要对问题进行界定,以明确问题的性质,为解决问题提供方向。(3)明确问题的范围。分析社区问题时还需要弄清楚问题的范围,以判断问题的大小和严重程度。为此,社会工作者有必要了解以下情况:受到这一社区问题影响的居民人数有多少;居民在社区生活的哪些方面受到了该问题怎样的影响;该问题持续的时间有多久;问题集中出现在哪些地点和哪些人群身上、涉及哪些价值观冲突;对现状的改变会对居民个体和社区整体带来怎样的得失和影响。(4)问题的起源和动力。

27. B。

【解析】本题考查制定社区工作计划的评估策略。评估社区工作计划有三个指标:符合性、可接受性、可行性。符合性指标关注行动策略是否符合机构的宗旨和目标,可接受性指标强调行动策略是否为社区成员所接受,可行性指标指该策略在现实中落实的可能性以及资源是否能保障计划的推行。题中强调了孩子初中毕业后没能升学,无所事事,经常在社区中聚众滋事,打架斗殴,破坏公物。故采用B项的方式最有利于社区居民接受。

28. B。

【解析】本题考查头脑风暴方法。采取“头脑风暴”方法让规划小组成员提出各种策略。小组成员中任何人表达意见、观点时,要禁止批评并延迟评判;与会人员都要提出意见,并尽情表达;鼓励“搭便车”,从他人的看法中衍生出自己的新意见。

29. B。

【解析】本题考查动员和管理社区资源。对社区资源的管理包括对资源现状的分析、资源开发、资源的链接以及维系等方面的工作。在社区工作中的资源开发通常涉及的是人力和资金,尤其是志愿者的招募和活动经费的筹措。招募志愿者时可以通过发布广告、张贴海报、散发传单等方式向社区或社会公开招募,也可以通过已有的志愿者或社区团体及组织进行招募。故选B。

30. C。

【解析】本题考查社区工作评估。根据评估的目的,可以将评估分为过程评估、结果评估、效益评估。其中,过程评估是对工作过程的质与量的评估,重点在于对有关的工作过程进行描述,包括投入的资源和人员配置、一系列工作的优先次序、各个程序的进展情况等。过程评估可以帮助社会工作者了解整个工作的进程和实施状况,有助于发现和改善工作过程中的问题。本题中,小张的工作小结对资源投入和分配进行了反思,分析了存在的问题,提出了改进方法,所以属于过程评估。

31. D。

【解析】本题考查结果评估。对结果的评估,主要是考查工作的成果,在多大程度上实现了预定的目标。

32. A。

【解析】本题考查建立和发展社区关系的技巧。建立和发展社区关系的技巧包括:(1)了解各类组织的运作情况。在与任何组织交往之前，社会工作者首先要了解影响组织内部运作的因素。一般来说，组织的行为受到组织的性质、目标、工作范围、组织结构、组织规模和组织文化等因素的影响。根据题中的“拜访了项目拟落地社区的居委会主任，向其介绍机构和项目概况，认为该居委会主任性格开朗、事业心强、基层工作经验丰富，愿意尝试新事物”等可知A项正确。(2)分析组织间的关系。(3)把握组织间交往准则。(4)活用组织接触的技巧。

33. A。

【解析】本题考查各类组织的运作情况。组织成员在工作中贯彻执行的目标、实际的决策过程、组织内部不同部门之间在实际运作中的地位高低和权力关系、通过工作气氛和行事风格而体现出的组织文化等，都是组织运作中的非正式（内隐）的要素。故A、B、C、D项均属于物业公司正式运作要素。

34. B。

【解析】本题考查社区工作中组织间交往的准则。组织间交往的一般准则有：(1)尽早与各组织交往，为未来可能的合作奠定基础。故A项错误。(2)交往时要协助各方了解各自可获得的利益，树立利益共享的印象。故C项错误。(3)交往各方可以签订合作协议，表达合作期望、目标和守则，强化和规范合作关系。故D项错误。(4)要注意主动维系组织间的交往关系。故B项正确。

【知识拓展】组织间交往的特殊准则包括：(1)具有交换关系的组织间的交往准则。社会工作者所在的机构在与有交换关系的组织交往时，要特别注意澄清彼此的期望，在合作目标、工作和责任分担以及利益均分等方面达成共识，避免给机构带来损失，或造成对方对合作的负面评价。(2)具有权力依赖关系的组织间的交往准则。当社会工作者所在的机构与有权力依赖关系的组织交往时，需要采取必要的策略维持利诱和压力的水平。(3)具有授权式关系的组织间的交往准则。在与有授权式关系的组织交往时，要尝试寻找在合作时各自可能获得的利益，以加大交往的动力，同时还要注意澄清组织间交往的规范、责任和权利，减少互相试探的行为，避免不必要的权力争夺，以使交往更加顺利。

35. C。

【解析】本题考查发展社区支持网络的目标和策略。在社区支持网络里，社会工作者除了要能够建立成员之间的关系，开创共同的行动动机之外，也要能够鼓励跨界的对话，以凭借对彼此状态与期待的理解，来促进社区支持网络的建构和维系。由题干可知，老刘和老李曾发生过争吵，因此社会工作者的首要任务应是帮助老刘和老李解开各自的矛盾心结，促进他们彼此的沟通和理解。

【知识拓展】发展社区支持网络的目标和策略包括：(1)增进情感与关怀。(2)促进沟通与理解。一个好的网络沟通者除了善用正式的沟通机制和渠道之外，更重要的是能够对跨文化的语言、态度和行动具有敏感度，以便能够在交谈和互动的过程中，让彼此理解对方所传递的信息的真实含义。(3)促成信任与尊重。在社区发展的过程中，社区内与组织间的人际关系需要给予较大的信任和尊重，唯有信任他人，并能够致力于了解不同的观点，建立对关系的尊重，确保社区支持网络能够达到其预期目标和真正的贡献。(4)维持弹性与适应性。社区支持网络必须要能

够打破惯例和传统规则,这需要社区居民能够坚守着弹性的态度与行为。

36.A。

【解析】本题考查发展社区支持网络的方法。正面强化技巧是通过赞赏服务对象的某些行为来增加这些行为再次出现的可能性,达到强化和巩固这些行为的目的。A项赞赏老人的行为是一个正面的刺激,能够让丧偶的老人增加伙伴和支持,是正面的强化技巧。B项是正确看待问题,直接让老人面对死亡接受事实。C项是联结,鼓励老人分享经验,缓解老人压抑的情绪状态。D项是体验式学习。

【知识拓展】社会工作者在发展自助小组时经常用到联结、鼓励与正面强化、组织活动与体验式学习和同辈榜样四项技巧。

37.C。

【解析】本题考查社区工作中的社区教育技巧。社区教育的目标是培养和塑造有知识、有能力、以社区发展为己任的优秀居民。必须在态度、知识和行为三个方面促进社区居民的改变和进步。本题中,社会工作者小沈通过实物模型展示和提问讲解的方式增加青少年有关毒品的相关知识,故选C。

38.B。

【解析】本题考查社区教育的目标。社区教育的目标是培养和塑造有知识、有能力、以社区发展为己任的优秀居民。在知识方面,帮助社区居民或服务对象提升理性思考能力,包括:掌握社区生活或共同问题的知识及资料;理解资料之间的相互关系,并能批判地分析问题。故B项正确。

【知识拓展】在态度方面,促进居民或服务对象形成积极正向的价值观。在行为方面,对于社区领袖或带头人而言,应熟练掌握与群众沟通的技能,善于表达对他人的关怀与爱护。能够理解文件和有关资料,懂得行政和会议技巧,拥有社会行动和基层动员的能力,具备谈判、游说、公关及与大众传媒合作的能力。对于一般的社区居民而言,应掌握公开演讲、请愿、谈判、游说的技巧。社会工作者一般会运用模拟、训练、实践引导社区居民边做边学,帮助其掌握这些复杂的技巧。

39.D。

【解析】本题考查社区带头人培训的内容。社区带头人培训的核心内容包括:(1)沟通技巧与人际关系技巧。(2)筹备、主持会议与演讲技巧。(3)小组带领技巧。(4)组织和管理技巧。(5)谈判、游说等政治技巧。(6)运用战略及战术技巧。(7)与传媒接触技巧。(8)资源动员技巧。

40.B。

【解析】本题考查动员群众的技巧。不知道居民的姓名及联络方法的动员群众技巧包括:(1)设立街头宣传站。(2)逐户拜访。(3)户外喊话。(4)召开居民大会。本题中,小张无法与近一半的居民取得联系,最适宜的动员方法是逐门逐户当面进行说明,这样可以直接与居民沟通,了解他们的想法和需求,增加他们的参与意愿和信任感。

【知识拓展】直接接触是指由社会工作者和志愿者与群众接触,是人与人之间直接的接触。已知居民的姓名及联络方法的动员群众技巧包括信件、家访、电话联络。

41.C。

【解析】本题考查选择动员方法应考虑的因素。一般来说,对动员方法的选择要考虑以下因素:(1)参加动员工作的人力。(2)动员居民参与的事务是否已经引起居民的广泛关注。(3)动员对象的覆盖范围。(4)动员对象的参与动机。

42. B。

【解析】本题考查说服居民参与的技巧。根据说服居民参与的技巧，当被动员的居民以自己能力不够为由拒绝参与时，社会工作者可以通过强调成功先例向对方说明参与社区事务可以获得能力的提升。本题中，从小李担心与别人合不来来看，最能体现组织吸引力的是锻炼社交能力。

二、多项选择题

43. ACE。

【解析】本题考查社区工作的特点。社区工作的基本特点有：(1)分析问题的视角更为结构取向，重点考虑社区环境及制度如何影响人的社会功能。故 D 项错误。(2)介入问题的层面更为宏观，解决问题的责任不应完全放在个人身上，政府、社区均有责任提供资源，协助处理和解决问题，牵涉社会政策分析以及政策改变。故 A 项正确，B 项错误。(3)具有一定的政治性，涉及资源和权力分配，关注困难群体的权力维护，采取多种行动为社区居民争取合理的资源。故 C 项正确。(4)富有批判和反思精神，社区工作善于从社会结构、社会政策、制度和资源分配角度分析和处理个人问题，从根本上找出问题的症结。故 E 项正确。

44. AC。

【解析】本题考查评估需要的方法。社会指标方法，即用社会或专业所认可的指标数字来推断出需要。故选项 A、C 正确。

【知识拓展】评估需要的主要方法有：(1)参与性方法，即由服务对象参与确定需要。(2)社会指标方法。(3)服务使用情况方法，即通过目前使用服务者的资料了解“需要”的情况，如使用率、等候人数等。(4)社区调查方法，即运用定量研究方法通过问卷调查等方法了解居民的需要。

45. BCDE。

【解析】本题考查认识社区。在与任何组织交往之前，社会工作者首先要了解影响组织内部运作的因素。一般来说，组织的行为受到组织的性质、目标、工作范围、组织结构、组织规模和组织文化等因素的影响。社会工作者在与不同组织交往时，常常会遇到决策性的问题，这时组织内有影响力的关键人士和主要成员的决定至关重要。因此，社会工作者还需要了解组织内部有影响力的关键人士以及主要成员的性格、经验、价值取向等。A 项属于单位的经营范围，不属于社会工作者的关注重点。

46. ACD。

【解析】本题考查实施社区工作计划中的动员和管理社区资源。维系社区资源应遵循的原则有：(1)以社区需要为前提使用资源，不要浪费或闲置资源。故 A 项正确。(2)应多方寻求资源，不要只依靠少数的个人或机构，造成其负担过重。(3)对资源使用要做到公开透明，协助赞助者或捐赠者树立良好的社会形象。(4)与资源提供者建立良好而稳定的关系，经常联系，定期向他们报告资源使用情况及效果。故 C 项正确。(5)加强对资源的统筹协调，减少重复使用，发挥资源的整合性效果。故 D 项正确。

47. BCD。

【解析】本题考查实施社区工作计划。计划执行的开展阶段主要是按照计划好的工作方案稳步推进的过程，其间要注意推进的策略、方法和节奏，并注意经费的管理和控制,避免顾此失彼。故 C 项正确。另外,社会工作者及其他核心成员也应做好分工,随时掌握各个环节的执行情况,注意根据实际情况的变化进行机动处理,作出弹性调整。同时,整个工作团队也应做好危机处理的准备。故 B、D 项正确。A 项属于筹备阶段的任务,E 项属于结束阶段的任务。

48. BC。

【解析】本题考查结果评估。对结果的评估,主要是考查工作的成果,在多大程度上实现了预定的目标。具体来说,结果评估应该回答以下问题:工作取得了哪些成果?这些成果是否达到了预期的目标?工作的成果是否由于工作之外的因素而达到?工作是否带来了预期之外的效果?

49. AD。

【解析】本题考查社区工作中组织接触的技巧。题目描述了工作室的做法与机构期望之间的不一致,并要求从"求同存异"的目标选择适宜的技巧。交往双方的共同点越多,关系就越容易建立,机构在与其他组织接触时要尽量发掘共识,减少涉及有分歧的话题,A 选项正确。当交往双方有争论时,可以尝试不断寻找和增强双方的共同点,力求缓和关系,C 选项施加压力做法错误。D 选项"对事不对人"的原则正确。E 选项做法错误。B 选项在表述上有一定的歧义和争论,"服务居民"的立场和共识,应该在求同存异、加强沟通中由交往双方达成,而不是单方面强调和重申能够达成的。故 A、D 选项正确。

50. ABD。

【解析】本题考查社区工作中组织接触的技巧。社会工作者所在的机构在与其他组织具体接触和交往时,可以考虑采用以下的技巧:(1)注意组织形象的平衡和统一。所谓平衡的形象,是指机构既要体现出理性和果断的领导能力,又要展示出温情和平易近人的一面,给人留下易于合作的印象。故 C 项错误。(2)增加接触的机会。一般来说,轻松的接触会为以后的交往打下良好的基础,因而社会工作者在与其他组织接触时可以"闲话一下家常",营造轻松随意的气氛,避免将话题局限于公事上而言语乏味。故 D 项正确。(3)求同存异,加强沟通。机构在与其他组织接触时要尽量发掘共同的地方,减少涉及有分歧的话题,更不宜在谈话时故意挑剔和刁难。当交往双方有争论时,可尝试不断寻找和增强双方的共同点,力求缓和关系。故 A、B 项正确,E 项错误。

51. CE。

【解析】本题考查发展社区支持网络的方法。发展社区支持网络的方法包括网络分析、发展自助小组、发掘和培育志愿者。

52. ACE。

【解析】本题考查社区支持网络。社区支持网络通常是非正式关系胜于正式关系,非正式关系往往含有一种情感的成分,这种基于情感和感情建立的网络关系让人们能够以平等与合作为基础,从事跨组织跨地域的直接对话,更能作为化解正式组织的冷漠和僵硬的润滑剂。促进社区支持网络的建构和维系,在于参与者可以在网络中取得或分享重要的资源、知识和影响力。故 A、E 项正确。一个好的网络沟通者除了善用正式的沟通机制和渠道之外,更重要的是能够对跨文化的语言、态度和行动具有敏感度,以便能够在交谈和互动的过程中,让彼此理解对方所传递的信息的真实含义。故 B 项错误。

在社区发展的过程中，社区内与组织间的人际关系需要给予较大的信任和尊重。故C项正确。社区支持网络必须要能够打破惯例和传统规则，这需要社区居民能够坚守着弹性的态度与行为。故D项错误。

53. CDE。

【解析】本题考查发展自助组织的技巧。将有特殊需要或者面对某些共同困难的人士联结到一起是社会工作者发展自助小组的首要技巧，也是最有效的技巧之一。通过某些组员之间的共同点而将他们联结起来是建立关系的第一步。以癌症病人的自助小组为例，相同的患病时间、治疗经历、康复阶段等都可以成为联结组员的共同点。故C项正确。此外，鼓励组员分享经验、释放情绪，同时提供适当的资源和信息，可以让组员体会到互相关怀的气氛，也是联结组员的手法。故D项正确。更重要的是，社会工作者要协助组员界定他们的共同需要，并以此作为联结点，增强组内的凝聚力，确定小组的功能和未来的发展方向。故E项正确。A项属于示范，B项属于结构化体验。

54. BCD。

【解析】本题考查发展自助组织的技巧。结构化体验通常是在社会工作者的带领和指导下，在模拟的环境中，由小组成员再现或重新创造特定情境中的语言、行为和态度，常见的手法包括角色扮演、成长游戏、心理剧、家庭雕塑等。A、E选项属于指引性体验。

55. ABD。

【解析】本题考查自助组织出现问题时的应对策略。当自助组织出现问题时，社会工作者可以采取以下策略：(1)扮演矛盾缓和者的角色，在适当的时机介入，避免偏袒任何一方，做到对事不对人。(2)协助自助组织重新界定其功能，也可以向自助组织建议一些未考虑到的发展方向、功能或活动。(3)与成员分享自助组织的发展过程以及可能出现的困难，鼓励大家共同努力，渡过难关。故B项正确。(4)与成员保持一定的距离，在自助组织有需要时才提出有建设性的建议和中肯的批评。故A项正确。(5)协助自助组织在社区中继续发掘新动力和新启示。故D项正确。

56. ABCE。

【解析】本题考查发展志愿者的技巧。发展社区支持网络的重要手段之一是发掘和组织志愿者参与，主要技巧包括：(1)主动邀请，由近及远。(2)建立平等合作关系。(3)提供参与和成长的机会。(4)明确方向、提供资源，回应需要、多加鼓励。

57. BCD。

【解析】本题考查社区带头人培训的内容。社区带头人是指能够把握社区社会组织期望和要求的实质，代表社区社会组织意愿，为社区社会组织行动提供方向和意见的核心人物。一个好的社区带头人往往拥有以下特点：热爱群体、善交朋友；重视聆听，容易与他人建立良好人际关系；勤奋工作；乐于助人；有良好的表达能力；思想开放，不故步自封；勇敢面对困难；严于律己；自我认同感强；能协助他人建立自信；有广阔视野，具有历史感和前瞻性；善于处理压力。故B、C、D项正确。

58. ABCD。

【解析】本题考查社区带头人培训的注意事项。社会工作者不应满足于培养一两名居民带头人，而应该持续发现和培训更多的社区带头人；在社区组织内要建立和完善民主参与和监察机制，做好权责分工,避免工作过分集中,鼓励社区组织成员通过分工学习新的技能,从而成为有潜质的居民带头人,在组织内不断灌输民主意识和观念;建立良好的沟通和互相支持的文化以加强彼此之间的支持。本题中,A、B、C、D 选项均是合适的做法。E 项过于简单粗暴,不符合社会工作服务理念,可排除。

【知识拓展】在培训时应注意以下几方面的事项:(1)每次学习的内容宜小不宜大,宜少不宜多。(2)每次学习宜集中学习一两种技巧,不宜过多。(3)从经验中学习得到的技巧效果最佳,所以应把学习的技巧尽可能应用于日常生活中。(4)学习的课题必须是社区带头人有兴趣的。(5)学习的目标是扬长避短,故学习的内容应根据不同带头人的特点而有不同的设计。

59. ACE。

【解析】本题考查动员群众的技巧。如果社会工作者没有群众的姓名和联系方式,可以通过其他方法与居民直接接触。常见的方法有:设立街头宣传站、逐户拜访、户外喊话、召开居民大会以及动员现有的社区团体和组织的成员参与。

60. AD。

【解析】本题考查说服居民参与的技巧。社会工作者要注意掌握居民的参与动机,了解阻碍他们参与的因素,针对不同情况采取不同的说服策略,才能起到事半功倍的效果。本题中,通过题干和选项的内在逻辑性可以梳理出,A、D 项明显正确。B 项,表明社会工作者在推动群众参与时用力不足,轻易放弃说服对方的机会,浪费了动员群众参与的机会,故排除。C 选项,“据理力争”的程度过重,明显不符合社会工作的专业价值观,故排除。E 选项做法明显不具备可操作性,故排除。综上,本题答案选 AD。

【知识拓展】社会工作者在动员群众时,要注意以下的常见问题:(1)不要言过其实。(2)推动群众参与时既不宜用力不足,也不宜用力过猛。(3)注意分辨动员对象的真实想法。(4)不要与持相反意见的居民争辩。

第八章
社会工作行政

一、单项选择题									
1. B	2. C	3. B	4. D	5. A	6. C	7. C	8. B	9. D	10. C
11. D	12. C	13. C	14. A	15. D	16. D	17. A	18. B	19. C	20. D
21. A	22. D	23. D	24. C	25. C	26. B	27. A	28. C	29. D	30. D
31. A	32. C	33. C	34. C	35. D	36. D	37. B	38. D	39. A	40. A
41. B	42. D	43. B	44. B						
二、多项选择题									
45. ABE	46. DE	47. ABCE	48. ABCE	49. ACDE	50. BE	51. BCDE	52. BCDE	53. ABC	54. ACD
55. ABE	56. BCE	57. ABE							

一、单项选择题

1. B。

【解析】本题考查社会服务机构的规划。机构的规划是指机构通过分析现在与未来的环境中存在的机会和威胁、可供使用的资源，确定机构的任务，设立目标和制定机构能够在环境中成功运行的战略。它描述了机构打算如何利用现有的环境条件和资源去实现服务和发展的目标。其特征是：(1)由机构最高管理层作出。(2)涉及大量资源的分配，如资金、人力或物力。(3)有长期效应(通常 3 ~ 5 年甚至更长时间)。(4)关注机构与外部环境的相互作用。故本题正确答案为 B。

2. C。

【解析】本题考查社会服务机构规划的内容。社会服务机构的规划包括三层内容：(1)使命和宣言，由社会服务机构的决策者和高层管理者拟定，内容一般反映机构本身的信念、价值观和社会地位。(2)战略性计划，由机构中高层和中层管理者共同拟订，是对未来 3 ~ 5 年的发展作出预估后而确定的方针。(3)运作性计划，由社会服务机构的中层和基层管理者共同拟订，是对机构目前的工作订立的具体可测量的短期服务指标，较为常见的是机构的年度计划。故本题正确答案为 C。

3. B。

【解析】本题考查运作性计划。运作性计划是由社会服务机构的中层和基层管理者共同拟订，是对机构目前的工作订立的具体可测量的短期服务指标，较为常见的是机构的年度计划，它是机构具体的行动计划。

4. D。

【解析】本题考查社会服务机构规划的基本步骤。社会服务机构规划的步骤分为准备阶段、分析阶段、制定阶段以及战略实施和监测阶段。本题中，A、B、C 项均属于分析阶段对于机构内外部环境的分析，通过题干描述可知，这些内容均已完成，接下来需要根据战略目标确定机构的具体服务目标，故选 D。

5. A。

【解析】本题考查社会服务方案策划。社会服务方案策划一般由评估服务对象的需要、建立具体的服务目标、选择最有效的行动策略、设计资源的筹集与分配方案以及向服务对象提供服务的构想组成。

6. C。

【解析】本题考查问题的认识和分析。采用分支法认识问题时，首先确定要解决的全面性问题，如老人被家属虐待问题；其次列明形成这个问题的“明确问题”，如被虐待的老人缺乏亲戚、朋友、邻里和志愿者的帮助和支持，老人对家属有高度的依赖，虐待老人的家属有情绪问题，社区居家养老等支持性服务不足；最后是逐一列明造成这些问题的原因。本题中，“导致该问题的原因很多，关键因素是行动不便老人缺乏相应的照顾支持网络”明显属于分支法的特点，故选 C。

7. C。

【解析】本题考查社会服务方案策划。策划分为问题的认识和分析阶段、目标制定阶段、方案安排阶段、考虑服务的评估等四个阶段，故 A 项错误。社会服务方案策划一般由评估服务对象的需要、建立具体的服务目标、选择最有效的行动策略、设计资源的筹集与分配方案以及向服务对象提供服务的构想组成，故 B 项错误。策划者确定理想、可行的方案后，就可以决定资源的总需求并进行资源的争取工作，故 C 项正确。方案制订者在制订各种可以实现目标的可行性方案过程中主要是讨论多种可行的方法，清晰地描述出各种限制，甄别哪些服务是可行的、有效率的，能有效满足服务对象需要的。故 D 项错误。

8. B。

【解析】本题考查影响性目标。方案策划者应制定要达到的总目标和影响性目标。总目标是指机构在社会服务方面希望达到的一些总体状态，此类目标比较抽象，难以测量。影响性目标是社会工作干预所要达到的目标。本题中，A、C、D 项均是社会工作者的行动，不涉及改变或影响了什么，均可排除。故选 B。

9. D。

【解析】本题考查社会服务方案策划的方案安排阶段。可行性是指该策略在现实中落实的可能性以及资源是否能保障计划的推行。策划者确定理想、可行方案后，就可以决定资源的总需求并进行资源的争取工作，那些处于优先的、最可行的方案比较容易获得资源。故选 D。

10. C。

【解析】本题考查服务的评估。方案策划者在设计服务方案的同时也应设计有效的评估方法，用来检验各项行动计划中要推行的方案活动是否根据原定计划和日期推行和完成，更重要的是看确定的方案活动是否能实现目标以及达到的程度如何。

11. D。

【解析】本题考查服务的评估。方案的评估一般采用两种方法:过程评估和结果评估。过程评估关注方案进行过程中服务对象和人数的变化,服务方案中必须完成的主要工作项目的完成情况、资源使用情况、经费支出情况是否按照预定的日期进行。结果评估主要测量的是方案实施后所产生的效果。

12. C。

【解析】本题考查社会服务机构的组织结构。本题解答的关键是理解直线式组织结构和职能式组织结构的特征。直线式组织结构由上而下分成若干等级,各层级中每一个部门地位相等、权责相符,层级间只有直线和垂直关系;职能式组织结构是将职能部门权力化,在特定工作范围内,职能部门可以直接对其他管理人员下达命令。题中机构决定由原来的直线式组织结构调整为职能式组织结构,C 选项符合职能式组织结构的特点,故本题 C 选项正确。

13. C。

【解析】本题考查社会服务机构的团队结构类型。团队结构类型包括多功能型团队、问题解决型团队和自我管理型团队。故 D 项错误。多功能型团队是由同一等级、不同专业领域成员组成,共同完成某一项任务。题目中并未体现多种工作领域,故 A 项错误。在问题解决型团队中,成员每周会用几个小时碰头开会,讨论如何提高服务效率、提升服务质量和改善工作环境等问题,具有临时性质,任务完成后团队解散。题目中工作团队长期合作,未体现临时性的特点,故 B 项错误。自我管理型团队集计划、指导、监督和控制于一身,不仅探讨问题如何解决,也亲自设计解决问题的方案并执行,故 C 项正确。

14. A。

【解析】本题考查社会服务机构的运作。授权是上级主管适当地将职权交给下属的过程。社会工作服务机构主管可授权的内容有:(1)授权任务。(2)授予“权力”。一项授权任务必须拥有足够的职权才能完成。

15. D。

【解析】本题考查社会服务机构的运作。协调是社会服务机构中各部门的活动化为一致性行动的过程,通过发挥团队精神,顺利执行各部门的活动,实现共同目标。协调的目的包括:(1)促进各部门的密切配合、分工合作,从而如期实现工作目标。(2)推动各部门和员工步调一致,化个别努力为集体合作的行动,增进组织效率。本题中,“充分发挥机构内医生、护士和社会工作者的优势,相互配合完成老年人身体、心理、社交等多方面的评估”很明显属于社会服务机构运作功能性环节中的协调。

【知识拓展】社会服务机构运作的功能性环节包括授权、协调、沟通、控制。其中,沟通是指通过各种渠道传播消息、事实、观念、感觉和态度,来达到共同了解的活动。控制是指社会行政组织在动态变化的环境中,为确保实现既定目标而进行的检查、监督、纠偏等管理活动。控制工作的目的就是保证机构服务活动的有序与高效。

16. D。

【解析】本题考查社会服务机构的项目化运作方式。社会服务项目的特征包括:(1)明确而具体的目标。(2)具有明显的时间周期特征。(3)多个行动主体共同协调的活动。(4)多种资源的动员和整合。本题中,A 项与社会服务项目特征中的多元主体相违背,故排除 A 项。B 项社会服务研究问责要关注服务效果,而非服务人数和服务次数。换句话说,社会工作服务研究要关注质,而非量,故排除B项。C项前半句正确,后半句错误,社会项目管理能够促使服务机构成员能力的发挥。故排除C项。

17. A。

【解析】本题考查社会服务机构的领导方式。民主型领导方式的特点是:所有的政策是在领导者的鼓励和协作下由团体成员讨论决定,政策是领导者和下属共同智慧的结晶;分配工作时,尽量照顾到个人的能力、兴趣和爱好;对下属的工作,安排得不那么具体,下属有相当大的工作自由、较多的选择性和灵活性;主要应用个人权力和威信,而不是依靠职位权力和命令使人服从,谈话时较多使用商量、建议和请求的口气,较少下达命令;积极参加团体活动,与下属没有心理上的距离。

【知识拓展】(1)专制型领导方式的特点是:把权力集中到自己手中,独断专行,从不考虑别人的意见,所有决策均由领导者作出,下属只能接受命令;从不把任何消息告诉下属,下属没有参与决策的机会,而只能察言观色、奉命行事;主要依靠行政命令、纪律约束、训斥和惩罚,只有偶尔的奖励;领导者预先安排一切工作程序和方法,下属只能服从;很少参与团体的社会活动,与下属保持相当的心理距离。(2)放任型领导方式的特点是:领导者满足于任务布置和物质条件的提供,对团体成员的具体执行情况既不主动协助,也不进行主动监督和控制,听任团队成员各行其是,自主进行决定;领导者对工作和团体成员的需要都不重视,团体无规章、无要求、无评估,工作效率不高;成员之间存在过多的与工作无关的争辩和讨论,人际关系淡漠,但很少发生冲突。

18. B。

【解析】本题考查社会服务机构的领导方式。一个成功的领导者要让员工了解组织的工作方向和目标,在计划和目标发生改变时,应及时、主动向员工说明改变了什么和为什么改变,使员工充分理解并积极合作。因此,题中在员工因多次加班感觉疲惫不堪时,服务机构的负责人应向员工解释加班的原因,争取员工的理解与合作。

【知识拓展】社会服务机构的领导方式包括:(1)获取员工的合作。(2)使用领导者的权威。社会服务机构的领导者有合法的权力行使其相应职权,只是在行使过程中要审慎考虑需要性、可行性和职责性。(3)引导与沟通。中层主管需要高层领导的鼓励和训练,以保证其工作能产生一贯性。同时,如果他们能进行双向沟通,则有利于提高执行能力和效果,以达到预期目标。(4)维持纪律与督导训练。对员工的纪律和督导训练,首要工作是把工作准则与规定向员工交代和说明清楚,并采取前后一致及合理的途径,监督员工遵照规定去执行。(5)发挥团队精神。主管要使每一名员工都能认识到,机构目标的实现有赖于每一名员工在团队工作中的积极表现和努力。而主管的首要任务是把每一名员工看成是有成就动机的人,并将这些成就动机整合在机构的目标之中。

19. C。

【解析】本题考查社会服务机构的激励措施。社会服务机构的员工长期在工作岗位上从事同样的工作会感到枯燥乏味,因此,机构管理者可以通过工作轮换、工作任务拓展和工作丰富化来降低枯燥的感觉,也可以借此机会评估员工潜能,协助构建未来人力资源的规划。

20. D。

【解析】本题考查社会服务机构的激励措施。社会服务机构中每个员工都有自我实现的愿望，因此，机构管理者要协助员工制订员工职业生涯发展计划，使其有机会评估自己的技能、潜能和事业前程，将个人目标和机构目标有机地结合起来。本题中，针对社会工作服务机构中入职时间较短员工对未来发展比较迷茫这一现象，机构最适宜采取的措施是协助员工进行职业生涯发展规划。

21. A。

【解析】本题考查社会服务机构的激励措施。题目要求从重视员工个别差异的角度出发，解答的关键是了解管理者如何认识员工的个别差异并尽可能根据员工个人特点分配工作。A选项体现了对能力强的员工的激励，B、C、D选项均未体现员工的个人差异，且均属于从“提供员工参与决策的机会”的角度的措施。故本题A选项正确。

【知识拓展】提供员工参与决策的机会是指为了提升员工的士气、促进机构上下级之间的沟通以及提高员工对工作的满足感，社会服务机构的管理者应提供机会让员工参与机构决策，并允许员工对自己的福利待遇、机构未来的发展方向、机构服务推行方式等提出建议。

22. D。

【解析】本题考查社会工作者激励的方法和效果。对于那些具有高度自主性和足够能力的员工，可以重新设计工作职位，让他们能够有更高的自主性自行决定工作的方法和步骤，由此来满足员工的高层次需求和提高其工作动力。从选项中可以看出，最适宜的做法是工作再设计，这是一种通过改变工作内容和方式来提高员工满意度和绩效的方法。

23. D。

【解析】本题考查社会服务机构人力资源管理的重要性。人力资源管理对社会服务机构而言是十分重要的，因为社会服务机构一直面对着内部压力和外部挑战。从机构内部压力看，社会服务机构经常面临员工工作动力不足、士气不高、欠缺成就感和工作无意义等内在压力；从机构的外部环境看，社会服务机构面临的是一个复杂多变的社会，如果不能适时调整和增进员工的工作技巧和能力，就有可能会因为与现实环境脱节而使工作遭受挫折，甚至降低服务的质量。

24. C。

【解析】本题考查社会服务机构人力资源管理的主要内容。员工关系是指提升管理单位和员工之间的和谐关系的过程，包括改善工会与管理层的关系、公平对待员工、员工辅导等重要的活动。本题中，A项属于训练与发展工作，B、D项属于绩效评估与激励工作，只要C项属于员工关系与维持的工作。

25. C。

【解析】本题考查志愿者管理的内容。志愿者人力资源的需求评定是指了解机构对人力资源需求的方向，调查所需要的人力及目前志愿者参与动机和形态。

26. B。

【解析】本题考查志愿者管理的内容。志愿者管理实际是一种人力资源管理。通过管理的组织功能来看，志愿者的管理主要包括：(1)志愿者组织的结构设计。(2)志愿者的分组、分工。(3)规范的制定。(4)制度的制定。(5)授权。(6)志愿者的工作流程。(7)志愿者的招募及甄选。(8)志愿者的教育训练。故本题正确答案为B。

27. A。

【解析】本题考查志愿管理的内容。志愿服务人力资源管理的规划职能内容包括需求评定、整体性的方案规划、阶段性的方案规划、经费和相关的策略。本题中，社会工作者已经完成了现状评估、目标的设定和服务方案的制定,故接下来还需要编制预算和进行宣传等,故选A。

28. C。

【解析】本题考查志愿管理的内容。志愿服务人力资源管理的控制职能内容包括建立志愿者工作评估标准和方法、志愿者基本资料建档、志愿者需求及满意度评估。本题中,A、D项属于规划职能,B项属于组织职能,只有C项属于控制职能。

29. D。

【解析】本题考查志愿服务管理的内容。本题解答的关键是能够区分志愿服务人力资源管理的规划、组织、领导、控制等四项功能的内容及其区别。A选项属于领导功能,B选项属于控制功能,C选项属于规划功能,D选项属于组织功能。

30. D。

【解析】本题考查志愿服务管理的内容。志愿服务人力资源管理内容中的组织职能包括以下几个方面:(1)志愿者组织的结构设计。(2)志愿者的分组、分工。(3)规范的制定。(4)制度的制定。(5)授权。(6)志愿者的工作流程。(7)志愿者的招募及甄选。(8)志愿者的教育训练。本题中,A、B项属于规划职能,C项属于控制职能,只有D项属于组织职能。

【知识拓展】志愿服务人力资源管理的领导职能内容包括:(1)督导形态。督导领导形态、督导与志愿者的关系。(2)沟通协调。志愿者组织间人际关系沟通。(3)福利及激励。如保险,表扬,其他志愿者联系活动。

31. A。

【解析】本题考查制定财务预算的方法。单项预算法是社会服务机构最基本的也是最常用的预算方法。它以当年的预算作为规划来年预算的基准,以渐进的方式为基础规划来年的预算。

32. C。

【解析】本题考查社会服务机构的财务预算方法。方案预算法是以某项活动计划为基础,根据方案的需要列明各项开支和资源设备等,编成一份预算方案。A、B项为单项预算法,C项为方案预算法,D项为零基预算法。故选C。

33. C。

【解析】本题考查社会服务机构的财务预算方法。制订财务预算的方法主要有:单项预算法、方案预算法和零基预算法。方案预算法是以某项活动计划为基础,根据方案的需要列明各项开支和资源设备等,编成一份预算方案,适用于向某些基金会申请资助。

【知识拓展】零基预算法是指社会服务机构每年开始制定下一年度的预算时,以没有钱为出发点,根据机构在来年的实际需要而作出预算。

34. C。

【解析】本题考查社会服务机构的筹资管理。企业捐款的动机可以归纳为市场营销、公共关系、自我利益、税法策略、社会联谊等五种。题目要求识别公共关系的动机,解答的关键是理解企业出于公共关系的动机捐款是为提升企业形象,展示自己是一家"有社会责任感"的企业,是为社会和民众尽义务的企业。这也是企业为了在本地赢得良好声誉的策略,故C项符合题意。

【知识拓展】(1)市场营销:企业愿意将钱财和实物捐给公益事业,认为这个过程可以为企业带来新的利益和新的顾客,让企业在市场上占有优势。(2)自我利益:在一些情况下,企业捐助(做善事)的原因是为了自己获利。有些企业的捐款并非是为了增加短期获利或是建立良好的公共关系,而是为了增加长期获利,以能使自己获利为最重要的考虑因素。(3)税法

策略:缴纳税款的额度也会影响公司的捐款行为,一些企业为了合理避税而捐赠。(4)社会联谊(俱乐部):公司捐款也可能被当作一种赢得他人赞赏和承认的理由。捐款者一方面希望自己心中能有良好感受,另一方面也希望捐赠能够成为自己独有的行为。

35. D。

【解析】本题考查社会服务机构的筹资方法。社会服务机构发起公益众筹时首先要重点加强项目服务方案的设计,着重描述项目产出的关键特征、前景,通过设计具有新颖性的服务来吸引公众。故本题D选项正确。

【知识拓展】在由社会服务机构作为发起方进行"公益众筹"时,重点应做好三方面工作:(1)加强项目服务方案的设计。(2)加强项目宣传方案的策划。项目宣传方案的策划应注意从细节入手,用高质量的图片、视频和真挚的文字去引导公众了解和体验众筹项目的意义、价值,激发起公众参与公益众筹的强烈欲望。(3)加强项目信息的传播。一般而言,项目发起者应该先在众筹平台发布项目,使自己的项目得到公益平台认可,增加自己项目的信任度,再充分调动朋友圈,通过朋友圈的扩散效应,扩大项目的知名度和认知度,以便在项目截止时间内完成众筹。

36. D。

【解析】本题考查组织的公信力。公信力是指社会服务机构获得政府、社会和公众信任的能力。社会服务机构的社会交代会直接影响社会和公众对该机构的信任,影响组织的公信力。这些交代包括财务交代、政治交代、专业交代、服务交代和行政交代。本题中,A项属于财务交代,B项属于服务交代,C项属于专业交代。题中明确指定该捐赠资金要用于本社区辍学青少年,故D选项会损害组织公信力。

37. B。

【解析】本题考查社会服务机构公信力的展现。社会服务机构公信力的展现,就是要求机构根据社会福利的多元交代特质,主动、积极和负责地向社会提供机构的经费使用情况资料、服务成效评估资料,以证明机构履行了社会职责、满足了服务对象的需要。具体而言,这些交代包括财务交代、政治交代、专业交代、服务交代和行政交代,所以题中机构除了说明机构履行社会责任和义务的情况(属于政治交代)、机构内部组织结构建设(属于行政交代)、社会工作者的持证状况和专业表现(属于专业交代)及年度财务报告(财务交代)等内容外,还应进行服务交代。故选B。

38. D。

【解析】本题考查社会服务机构公信力的展现。行政交代主要说明机构内部管理制度和程序的正常运作,包括向理事会、管理人员和前线工作人员等作交代。

【知识拓展】(1)财务交代:主要是向提供或赞助服务经费的政府、基金会、捐款人提供财政报告,证明资金使用的适当性和效益。(2)政治交代:主要是向立法和权力机构、社会媒体交代机构履行社会责任和义务的情况。(3)专业交代:机构要证明其聘用的社会工作者在服务中遵守社会工作守则、坚守专业操守并提供了达到良好专业水平的服务。

39. A。

【解析】本题考查社会服务机构公信力的评估。公信力评估是确保社会服务机构诚信的一种制度安排。一般来说,公信力评估包括以下4个方面:(1)资金的合理使用和运作。(2)服务和活动与组织使命和宗旨保持一致。(3)财务与信息的透明化。(4)规范的治理结构。故选项A正确。

40. A。

【解析】本题考查社会服务机构的使命和宗旨。社会服务机构的使命和宗旨是其对解决社会问题的公开承诺,具有较高的价值取向,反映的是期望实现的意图、努力从事的事业和志愿投入的精神,属理念层次。故选 A。

41. B。

【解析】本题考查社会服务机构公共关系的特点。公共关系的对象除了服务对象、社会大众、传媒等社会服务机构外部人群外,还包括社会服务机构的内部人群,如员工、会员、志愿者、董事会或委员会成员等。公共关系运用各种手法,让他们深入了解机构的工作及最新动向,培养其对机构的归属感。

42. D。

【解析】本题考查我国社会福利行政体系的特点。我国社会福利行政体系的特点主要表现在以下 3 个方面:(1)坚持"以人民为中心"的理念。(2)从政府主导向政府—社会合作的社会福利行政模式发展。(3)社会福利行政的专业化。(4)进一步加强党的领导。故选 D。

43. B。

【解析】本题考查民政部在社会福利和社会治理方面的职能。民政部在社会福利和社会治理方面的职能包括:(1)社会救助。(2)社会事务。(3)养老服务。(4)儿童福利。(5)慈善事业促进。(6)社会组织管理。选项 B 属于民政部在社会福利和社会治理方面的职能,选项 A、C 属于国家卫生健康委员会在社会福利方面的职能,选项 D 属于人力资源和社会保障部门在社会福利和社会保障方面的职能。故选 B。

44. B。

【解析】本题考查国家卫生健康委员会在社会福利方面的主要职能。国家卫生健康委员会在社会福利方面的主要职能包括:(1)国民健康政策规划。(2)医疗管理和服务工作。(3)疾病预防与公共卫生工作。(4)老年健康服务和计划生育工作。组织拟定并协调落实应对老龄化的政策措施。组织拟定医养结合的政策、标准和规范,建立和完善老年健康服务体系。承担全国老龄工作委员会的具体工作。承担人口监测预警工作并提出人口与家庭发展相关政策建议,完善生育政策并组织实施,建立和完善计划生育特殊家庭扶助制度。故 B 项正确。(5)基层卫生和妇幼保健卫生工作。

【知识拓展】人力资源和社会保障部在社会福利与社会保障方面的职能包括:(1)人力资源和社会保障规划工作。(2)促进就业工作。(3)城乡社会保障工作。(4)劳动保护工作。(5)农民工权益维护工作。

二、多项选择题

45. ABE。

【解析】本题考查社会服务机构规划的基本步骤。充分准备是进行有效战略规划的基础,准备阶段具体开展的活动包括:利益相关者分析(明确关键的利益相关者),故 B 项正确。关键利益相关者访谈;服务对象访谈(也可归为利益相关者访谈内容),故 A 项正确。准备相关问卷;了解战略规划及关键人员动员;确定参与战略规划人员及所需要的外部支持等,故 E 项正确。C、D 项属于分析阶段的内容。

46. DE。

【解析】本题考查社会服务方案策划的步骤。题目强调社会工作者小余在设计服务计划之前,想对社区青年失业问题进行全面深入的了解和分析。这表明社会服务计划的策划尚处于"问题的认识和分析"阶段,未进入"目标制定""方案安排""考虑服务的评估"等阶段。A、C 选项属于“目标制定”阶段的做法，B 选项属于“考虑服务的评估”阶段的做法，均不符合题意。D、E 选项属于“问题的认识和分析”阶段的做法。故本题 D、E 选项正确。

47. ABCE。

【解析】本题考查运用“问题认识工作表”分析社区问题。用“问题认识工作表”分析社区问题时，方案策划者应认真考虑以下几个问题：所关注的问题是什么（选项 A 正确），问题在哪里发生（选项 B 正确），谁受这个问题影响（选项 C 正确），这个问题是何时发生的，人们对这个问题的感受程度如何（选项 E 正确）。D 选项，属于“分支法”中考虑的问题。

48. ABCE。

【解析】本题考查社会服务方案策划。对于社会服务机构高层管理者而言，他们在决定是否采用某服务方案时，一般会考虑“经济上是否有效率”“社会上是否接纳”与“政治上的可行性”。具体而言，包括如下一些考虑：这项服务是否符合机构或服务方案的目标和优先次序，机构是否有足够的资源提供这项服务；所提供的服务是否被服务对象和社区成员接纳，是否可由现在的服务提供者继续给予干预；这项服务是否满足政策的要求，这项服务是不是机构所必须提供的，这项服务的可能效益是否比估计的成本更重要；能否测量这项服务的“服务效果”，被选择或批准的项目能否发展成“实践计划”，推行这项服务过程中是否有严重的危机存在等问题。

49. ACDE。

【解析】本题考查理想的可行方案。“可行性方案模型”中有以下 6 个筛查标准：(1)效率，指方案资源投入和服务产出比值。(2)效果，指方案实现目标的程度。(3)可行性，指方案达到成功的程度，包括方案是否实际可行、机构是否可以完成这个方案等。(4)重要性，指方案是否是唯一能达到目标及必须推行的程度。(5)公平，指方案公平地提供给有需要的个人或团体的程度。(6)附加结果，指方案产生的意外效果，包括正面和负面效果。

50. BE。

【解析】本题考查社会服务方案的服务评估。方案的评估一般采用两种方法：过程评估和结果评估。过程评估关注方案进行过程中服务对象和人数的变化，服务方案中必须完成的主要工作项目的完成情况、资源使用情况、经费支出情况是否按照预定的日期进行。结果评估主要测量的是方案实施后所产生的效果。故选项 B、E 正确，选项 A、D 属于过程评估，选项 C 属于需要评估。

51. BCDE。

【解析】本题考查社会服务机构的运作。社会服务机构主管可授权的内容包括：(1)授权任务，即指派下属或员工完成多项任务。(2)授予“权力”，一项授权任务必须拥有足够的职权来完成，如果只要求下属或员工完成某项任务，而不给予权力，不利于工作的开展。(3)所授权力要进行明确的限制，强调这个权力仅限于从事某一特定任务。故本题正确答案为 B、C、D、E 选项。

52. BCDE。

【解析】本题考查领导方式的类型。民主型领导方式的特点是：所有的政策是在领导者的鼓励和协作下由团体成员讨论决定，政策是领导者和下属共同智慧的结晶；分配工作时，尽量照顾到个人的能力、兴趣和爱好；对下属的工作，安排得不那么具体，下属有相当大的工作自由、较多的选择性和灵活性；主要应用个人权力和威信，而不是依靠职位权力和命令使人服从，谈话时较多使用商量、建议和请求的口气，较少下达命令；积极参加团体活动，与下属没有心理上的距离。

53. ABC。

【解析】本题考查社会服务机构的领导方式。一个成功的领导者,一般都表现为能与员工建立良好的合作关系。具体方法包括:(1)领导者要让员工了解组织的工作方向和目标,了解员工彼此之间的关系和工作团队的实质及其目标实现的途径。故选项 A 正确。(2)领导者必须能推动工作准则的建立,并使员工能够认同和执行。故选项 B 正确。(3)领导者应正视工作中出现的摩擦及不和,进行适当调整,以保障工作的顺利进行并达到预期的目标。故选项 C 正确。(4)领导者在计划与目标发生改变时,应及时、主动向员工说明改变了什么及为什么改变,使员工充分理解并积极合作。故选项 D 错误。选项 E 与本题无关。

54. ACD。

【解析】本题考查社会服务机构的激励措施。题目强调了部分社会工作者因长期在同一岗位工作产生了倦怠感,社会服务机构应运用目标引导员工,增进其对工作的兴趣。可以通过工作轮换、工作任务拓展和工作丰富化来降低倦怠感和枯燥感,也可以借此机会评估员工潜能,协助构建未来人力资源规划。故 A、C、D 选项符合题意。

55. ABE。

【解析】本题考查社会服务机构财务管理。组织的决策者同时也是一个财务决策者。故 A 项正确。社会服务机构只有拥有良好的财务管理与规划,保持机构财务稳定,才能使服务得以扩展、机构得以持续健康发展。故 B 项正确。社会服务机构财务管理的功能主要表现在:(1)提供经费支持方案执行,通过成本分析、监控预算等环节使执行更有效率、更节约成本的方案。故 E 项正确。(2)避免社会服务机构的财务危机,保障机构的正常运行。(3)强化机构的公信力,将使捐款人更愿意捐款。(4)通过“投资管理”使基金增值,开辟更多财源。

【知识拓展】社会服务机构财务管理的主要内容包括资本预算、长期融资和运作资金管理。

56. BCE。

【解析】本题考查社会服务机构开展公共关系的主要方法。记者会召开的基本前提是要有明确和有吸引力的主题,例如机构某项活动的启动仪式,对某个突发性社会议题的回应,或者是机构进行的某项研究的成果发布等。故 B 项正确。记者会的主讲人一般是机构中指定的新闻发言人,要求口才好,而且熟知有关问题。此外,也可找熟悉相关问题的不同职位或背景的人担任主讲人,有必要的话,找服务对象现身说法会更有吸引力。记者会召开前要准备文字资料,包括新闻稿以及记者会的程序、讲稿、相关的背景资料等。记者会后要收集有关的报道存档,并留意是否有误解或失实的报道。故 C、E 项正确。

【知识拓展】社会服务机构开展公共关系的主要方法:写新闻稿、开记者会、接受媒体采访、制作机构的刊物、建设机构网站等媒体平台、公开演讲、筹备特别活动。

57. ABE。

【解析】本题考查政府—社会合作的社会福利行政模式的特点。政府—社会合作的社会福利行政模式的特点是:政策理念上强调社会政策是政府—社会合作过程,强调并重视社会政策实施过程中社会力量的参与;社会政策的实施更多地运用社会力量,特别是社会服务机构的参与;政策的实施讲究科学程序和专业方法,注重效果评估,评估过程不完全是自上而下的行政化的检查,而是吸收专业方法,吸收社会组织和政策对象参与评估,关注的是政策实施后的实际效果。故 A、B、E 项正确。

第九章
社会工作督导

答案速查

一、单项选择题									
1. C	2. C	3. B	4. B	5. C	6. A	7. B	8. B	9. B	10. D
11. D	12. D	13. D	14. B	15. A	16. D	17. D	18. A	19. B	20. A
21. C	22. A	23. B	24. B	25. B	26. C	27. A			
二、多项选择题									
28. ABE	29. DE	30. DE	31. AC	32. ABCD	33. BCE	34. CE	35. ACE	36. BDE	37. CDE
38. BC	39. BCE	40. ABCE	41. CDE	42. ACDE	43. ACD				

深度解析

一、单项选择题

1. C。

【解析】本题考查社会工作督导的重要性。社会工作督导的重要性主要体现在保障服务机构的正常运行、提高社会工作服务质量、促进社会工作者成长和推动社会工作专业发展四个方面。其中,社会工作督导保障服务机构的正常运行主要表现在:社会工作是通过社会服务机构提供服务的专业,社会服务机构无论规模大小,都需要建立科层管理体系,来保证不同部门和个人的工作能够充分地协调和整合。机构通过建立督导制度,赋予督导以行政上的权威和责任,有助于工作的顺利完成。故本题正确答案为C。

2. C。

【解析】本题考查社会工作督导的含义。督导是一种双向互动的过程,互动的重点在于试图改变被督导者的行为,这种互动关系会随着督导者与被督导者互动形态的改变而有所不同。故B、D项错误。机构赋予督导者以权力代表着督导者有权执行督导工作,帮助被督导者为服务对象提供优质有效的服务,但督导工作是否有成效还要看被督导者的接受程度。故A项错误,C项正确。

3. B。

【解析】本题考查社会工作督导的功能。社会工作督导具有行政、教育和支持3个功能。所谓行政功能,是机构督导者通过招募、分配工作、工作监督和协调控制，促使被督导者认同机构并有效地完成工作任务。它的权利来源于地位、奖赏及惩罚能力。故B项正确。

【知识拓展】教育功能是指督导者指导被督导者运用相关知识和技能完成工作任务或服务的过程，并协助被督导者实现专业能力的提升。支持功能是指督导者向被督导者提供心理和情感上的支持，促使被督导者更好地认识自我的重要性与价值感，让被督导者能够以较高的意愿面对工作。

4. B。

【解析】本题考查社会工作者督导志愿者的功能。社会工作者督导志愿者的行政性督导功能的主要目的是使志愿者能够切实符合志愿服务机构的期望和政策，并能有效地实现工作目标。因此，“管理运作”和“工作表现”是志愿者督导最需要发挥的行政功能。志愿者督导必须执行如下职责和任务：协助拟订志愿者工作计划，建立清晰的工作说明书，完成志愿者的遴选、引导和安置工作，妥善进行工作分配和授权，开展持续性的工作监督、总结和评价，积极与各部门进行沟通、联系和调解冲突，发展评估志愿者管理体制等。故B选项正确。A、C、D选项属于教育性督导功能，即教导志愿者学习实务工作中所需要的知识和技巧，不符合题意。

5. C。

【解析】本题考查行政性督导。行政性督导的内容有：(1)社会工作者的招募和选择。(2)安置和引导工作人员。(3)工作计划和分配。工作分配是让社会工作者知道自己要做什么事，包括服务个案量的分配、工作完成时间安排与管理等。故C选项正确。(4)工作授权、协调与沟通。工作授权是让社会工作者知道自己可以做什么、不可以做什么、可以自主到什么程度、权限在哪里。工作协调是指将所有工作中的片段联系起来的过程。(5)工作监督、总结和评估。(6)督导者扮演多种角色。

6. A。

【解析】本题考查教育性督导的内容。社会工作督导的教育性功能要求督导者不仅要提供被督导者完成工作所需的知识，并要协助社会工作者由“知”转为“行”。从题干中可以看出，老张教导的是工作过程知识，这是教育性督导的重要内容之一，旨在教导助人的有关技巧。故A选项正确。

7. B。

【解析】本题考查教育性督导的内容。社会工作督导可以通过教育性督导，有效缓解社会工作者压力。工作内容之一就是培养价值伦理抉择能力，督导应该协助社会工作者厘清自我价值与专业价值、与其他团队成员价值存在的冲突，并帮助他(她)认识价值伦理判断的先后次序，引导其在服务时作出最适当的选择。故本题答案为B。

8. B。

【解析】本题考查社会工作督导的教育功能。教育功能是指督导者指导被督导者运用相关知识和技能完成工作任务或服务的过程，并协助被督导者实现专业能力的提升。本题中，A、D项属于支持功能，C项属于行政功能，只要B项属于教导工作过程方面的知识介入方法。故选B。

9. B。

【解析】本题考查教育性督导的内容。教育性督导的具体内容包括以下几个方面：(1)教导有关“服务对象群”的特殊知识。(2)教导“社会服务机构”的知识。

(3)教导有关“社会问题”的知识。不同的社会服务机构关注不同的社会问题。督导者要告诉被督导者这些特殊问题对人们生活的影响;造成这些问题的原因;国家、社会和社区对特殊社会问题的干预政策;机构服务与改善社会问题间的关系等的知识。(4)教导有关“工作过程”的知识。(5)教导有关“工作者本身”的知识。(6)提供专业性“建议和咨询”。题干所述内容属于教导有关“社会问题”的知识,故选B。

10. D。

【解析】本题考查支持性督导的内容。支持性督导指的是,通过提供压力疏导和情感支持,激发督导对象的工作热情,营造安全和信任的工作氛围,提高督导对象的工作成就感、自我价值感和专业归属感。D项,督导者让督导对象回顾服务对象对其表达感谢的话语,这是一种通过强化正面反馈来提升督导对象自信心和满意度的方法,也是支持性督导的常用技巧之一。A、B、C项均属于教育性督导,D项属于支持性督导中的发现成效相关内容。

11. D。

【解析】本题考查支持性督导的工作内容。支持性督导的工作内容包括:(1)疏导情绪:督导者协助被督导者适应和处理服务过程中感到的挫折、不满、失望、焦虑等各种情绪,增强被督导者的自我功能。故D项正确。(2)给予关怀:督导者通过给予关怀与支持,让被督导者在工作过程中有安全感,并愿意尝试新工作。(3)发现成效:督导者协助被督导者发现工作成效,并能自我欣赏,激发被督导者的工作情绪和士气,并对机构逐渐产生认同感和归属感。(4)寻求满足:督导者给予被督导者从事专业的满足感和价值感,促进其对专业的认同,进而愿意持续投身于社会服务工作。

12. D。

【解析】本题考查志愿者督导的支持性功能。志愿者支持性督导的目标包括:(1)及时给予鼓励与关怀。(2)持续激励志愿者的工作士气。(3)增强自我功能与建立自信。故D项正确。(4)疏解因为服务所造成的负面情绪。(5)协助志愿者认清自我角色和肯定服务价值。

【知识拓展】志愿者教育性督导的目标包括:(1)增进志愿者的专业知识与技能。(2)帮助志愿者认识和了解自我。(3)要求志愿者掌握专业伦理原则,提升服务动机。(4)了解机构和社区资源运用的策略。(5)了解服务对象的特征和所面临的问题。(6)了解机构政策和行政规定。

13. D。

【解析】本题考查社会工作者督导志愿者的工作内容。社会工作者在对志愿者进行督导时,要及时表扬志愿者优良的工作表现,对不良工作表现要给予建设性的批评。志愿者督导对那些服务未达到标准的志愿者,首先应明确告知他。如一个志愿者经常迟到,志愿者督导可以提议其更改服务时间,如果还有问题,可以与这名志愿者讨论迟到的原因与解决的办法,而不是苛责志愿者。故选D。

14. B。

【解析】本题考查社会工作者督导志愿者的工作态度。志愿者督导不能因为志愿者是不拿工资的人员,就予以宽待和放任,志愿者同样是服务团队的一分子,与专职人员一样需要面对服务对象、督导人员并向机构负责。虽然不能像专职人员那样严格要求,但是,如果有重大疏忽和过失,一样需要给予劝导、指正,并接受适当的惩处。故A、D项错误。志愿服务的督导工作虽在形式上具有上下从属的关系，但实质上因为志愿者不是机构正式员工而不必负行政责任，所以正式工作中的授权并不能发挥有效作用。故C项错误。

15. A。

【解析】本题考查个别督导。个别督导是由一名督导者对一名被督导者用面对面的方式，定期、定时举行讨论。其优点在于：(1)督导者和被督导者在不受任何干扰的情况下决定和解决服务对象的某一问题，督导者有充分的时间与被督导者就服务个案进行讨论，督导过程有较高的隐秘性。(2)督导者可以比较仔细地检查被督导者的工作记录，掌握工作进度，同时也可以概括地了解被督导者的情况，确定被督导者能承受服务的数量。(3)可以向被督导者提供充分、有效的服务示范。

【知识拓展】个别督导的不足包括：(1)被督导者仅仅接收一名督导者的信息，这些信息可能有时无助于被督导者的服务，甚至这些指导信息是有偏差的。(2)督导者和被督导者过于紧密地分享彼此共同的观点，容易在不知不觉中发展成共同谋划的关系。(3)被督导者没有机会接触其他的督导者，因此无法比较同一服务阶段、不同督导者的处理策略和技巧。

16. D。

【解析】本题考查社会工作督导的方式。同辈督导是指具有相同需求、观点或技术层次的个人和一群社会工作者，通过个别互惠方式或团体讨论方式进行的互动过程。题中所采用的督导方式即是同辈督导。

17. D。

【解析】本题考查社会工作督导的一般过程。督导前期是督导者与督导对象建立关系的基础期，这一阶段最重要的任务是相互熟悉。督导者一般通过直接面谈了解督导对象的家庭、所受专业教育、工作经验、过往经历等，督导者通过了解被督导者的处境找到督导的起始点，简单明白地说明自己的工作方法和目的，让被督导者放松心情、接受督导。A项属于开展期，B项属于终结期，C项属于工作期。故本题D项正确。

18. A。

【解析】本题考查社会工作督导的一般过程。社会工作者督导的工作期是督导历程的最重要阶段，在这一阶段，督导者要与被督导者分享实践经验与感受，解疑释惑，指导工作，促进其发展，支持被督导者做好服务。故A项正确。B项属于社会工作督导的终结期，C项属于社会工作督导的开展期，D项属于社会工作督导前期。

19. B。

【解析】本题考查社会工作督导的一般过程。开展期的重要任务是建立互相信任和双方同意的督导形式，并以口头或书面的形式确定。督导者要和被督导者一起分享督导的目的，清楚描述双方的角色、期望与要求，并征求被督导者的意见。

【知识拓展】终结期：督导历程结束时，督导者应总结督导过程中各个阶段所讨论过的事情，并综述被督导者的学习过程和成长过程，回顾被督导者的长处和弱点，帮助被督导者更加清醒地把握自我，加强自我改进。这样不但对被督导者的工作有益，对他们将来的专业发展也有好处。

20. A。

【解析】本题考查社会工作督导过程中的技巧。社会工作督导过程中的技巧主要有督导的相互契合技巧、订立协议、开展话题的技巧、同感与分享感受的技巧、要求被督导者努力工作和分享资料、督导会谈的结束技巧。同感是社会工作督导过程中最基本也最重要的技巧，当被督导者谈到感受时，督导者要勇于面对，并能够就被督导者的处境给予自然回应。本题中，强调"首先"采取的技巧，题干中"我现在感到很郁闷"是实习生小兵的感受，因此作为督导者要对他的感受有回应，故选 A。

21. C。

【解析】本题考查社会工作者督导过程中的技巧。督导的相互契合是督导前期的最重要技巧。相互契合是指督导者在每次督导中都要用一定的时间了解和关心被督导者的处境，并表示关心。题中老林所运用的技巧正是相互契合。相互契合的重点在于寻求问题和面对要处理的问题。故 C 选项正确。

【知识拓展】订立协议：这里的协议是指每次督导时所订立的协议。尽管督导者与被督导者已经就督导的整体、历程、目标和互相的角色订立了协议，但每次督导时应再为这次督导订立协议，将督导双方的要求和期望不断更新，并回顾上次的协议，根据督导的阶段和需求进行适当修正。这对双方都是非常有益的过程。督导者应把被督导者提交的议程作为暂时性的，随时可以修正。

22. A。

【解析】本题考查社会工作督导过程中的技巧。督导者在进行督导时要运用各种技巧，其中，开展话题的技巧包括以下几点：(1)由简入难，由常见事例开始，然后逐步发展到特殊问题。(2)包容，督导者要保持平静，不急于采取行动，而是积极聆听并尝试了解员工提出的问题。(3)专注聆听，督导者必须专注聆听被督导者最关注的事件，并梳理被督导者的感受，掌握被督导者最关注的事件及对事件的反应。(4)提问，提问是收集被督导者对某事件的反应及其所能提供的独特资料的好办法，让双方对事情有一个更清晰的看法。故 A 项正确。(5)保持沉默。

23. B。

【解析】本题考查社会工作督导过程中的技巧。提问是鼓励督导对象提出并探讨问题的常用技巧之一，是指收集督导对象对某事件的反应及其所能提供的独特资料的方法，让双方对事情有一个更清晰的看法。澄清是引导服务对象对模糊不清的陈述和信息作更详细、更清楚、更准确的表达和解说，使沟通信息能够清晰。故 B 项正确，A、C 项属于开放式的提问，D 项属于对焦。

24. B。

【解析】本题考查社会工作督导过程中分享感受的技巧。当被督导者谈到感受时，督导者要勇于面对，并能够就被督导者的处境给予自然回应。最后，督导者应能总结被督导者所面对的问题，这样才能使他知道你了解他的处境和感受。

25. B。

【解析】本题考查个别督导的技巧。个别督导的会谈技巧主要有：聆听、补充、提出疑问、进行评价、提出建议。其中，提出疑问是指督导者适时向被督导者提出问题，帮助其开阔思想与视野，激发其走向新的境界。本题中，"你的感受又是什么？"体现的是个别督导技巧中的提出疑问，故选 B。

26. C。

【解析】本题考查团体督导的主持技巧。督导者应在讨论的每个段落作"段落总结"形成结论，并在督导结束时进行归纳，形成清晰、具体的结论，以便被督导者能够领悟，并应用于服务实践中。

27. A。

【解析】本题考查同辈督导的技巧。同辈督导团体的组成技巧包括：(1)要注意价值的共同性。(2)团体成员一般不超过7人，以确保团体有充分的时间进行讨论，满足所有成员的需求。同辈督导会议还要清楚了解成员的各种期待，尝试发现潜在或隐藏的团体目标。故A项正确。(3)团体成员要签订明确的契约，契约必须清楚说明会议召开的周期、地点、每次会议持续时间、会议的程序等，签订契约的成员要有明确的承诺，保证能够坚持参加同辈督导会议；同时还要明确成员的角色分工，如谁来负责会议时间和场地的安排，谁来负责会议秩序的维持等。(4)注意同辈督导会议的反馈，包括对督导的过程进行全面反馈，既有正面的反馈，也有负面的反馈。此外，每三个月要进行一次全面总结，让团体成员分享在团体中的收获，探讨团体的动态并对契约进行重新协商。

二、多项选择题

28. ABE。

【解析】本题考查督导在社会工作专业发展中的重要性。社会工作督导可以推动社会工作专业发展。社会工作专业是一个持续发展的专业，社会工作者必须适应社会环境发展的变化和服务技术不断改善的变化，提供有效服务来解决社会问题和满足社会需求。只有这样，社会工作专业才能获得社会的持续肯定和认可。借助严格的督导制度，社会工作者可以获得相关知识和技能的训练，更好地胜任工作，从而也能促进社会工作专业的发展。故A、B、E项正确。

29. DE。

【解析】本题考查志愿者督导的功能。A项属于教育功能，B、C项属于支持功能，D、E项属于行政功能。

30. DE。

【解析】本题考查行政性督导的内容。行政性督导工作的主要内容包括：(1)社会工作者的招募和选择。(2)安置和引导工作人员。(3)工作计划和分配。(4)工作授权、协调与沟通。(5)工作监督、总结和评估。其中，工作评估的内容包括服务是否按照计划完成，检查服务团队人员配置是否合理、分配给工作人员的工作量是否合理。(6)督导者扮演多种角色。本题中，督导者老邱是结合年度评估对某街道社工站进行督导，结合第(5)条，只有选项D、E符合要求。选项A、C属于教育性督导的内容，选项B属于支持性督导的内容。

31. AC。

【解析】本题考查行政性督导中督导者扮演的角色。作为“倡导者”，督导者一方面要积极维护被督导者的权益，作为行政中间人，帮助社会服务机构管理者清楚地了解被督导者的利益、问题，提出改善建议。另一方面，督导者积极参与社会服务机构政策规划工作。督导者从被督导者的直接服务工作中了解到服务对象和社区的需求，了解到机构政策不足和缺陷，向上级主管传递相关资讯，并依据这些资讯负责任地提出改善机构政策和程序的建议。故选项A、C正确。选项B体现的是机构变迁推动人，选项D、E体现的是缓冲器角色。

【知识拓展】督导者扮演的角色包括缓冲器角色、倡导者角色、机构变迁推动人。其中，缓冲器角色是指督导者必须成为服

务对象与被督导者之间、被督导者与社会服务机构之间、机构内部各部门之间的缓冲器。其任务包括：处理服务对象的申述；接受那些不满被督导者的服务而要求与更高层社会工作者会谈的服务对象的申请；保护被督导者，使其不必处理服务对象对其所提供服务不满的强烈情绪；保护被督导者，使其不必承受行政管理者工作量分配不合理而产生的超负荷情况等。机构变迁推动人是指督导者的策略性地位决定了其可以作为机构变迁的推动人。督导者一方面积极地影响机构行政管理者进行改变，另一方面也应影响被督导的社会工作者接受这些改变。

32. ABCD。

【解析】本题考查社会工作督导的教育性功能。社会工作督导的教育性功能要求督导者不仅要提供被督导者完成工作所需的知识，并要协助社会工作者由"知"转为"行"，具体内容包括以下几个方面：(1)教导有关"服务对象群"的特殊知识。(2)教导"社会服务机构"的知识。(3)教导有关"社会问题"的知识。(4)教导有关"工作过程"的知识。(5)教导有关"工作者本身"的知识。(6)提供专业性"建议和咨询"。本题中，A、D项属于教导有关"工作过程"的知识，B项属于教导有关"服务对象群"的知识，C项属于教导有关"社会问题"的知识，E项不属于教导有关"社会服务机构"的知识。故本题选ABCD。

33. BCE。

【解析】本题考查社会工作督导的内容。本题中，老李认为做志愿者"太不值了"，所以B项正确。居民和老李发生了争吵，所以C项正确。个别督导的技巧之一是提出建议，即督导对被督导者提出处理服务对象问题和需求的具体建议和策略，协助被督导者拟定有效的工作计划，所以E项正确。游园活动的程序安排由居委会组织负责，所以A项错误。题中并未涉及志愿服务时间与本职工作时间冲突的问题，所以D项错误。

34. CE。

【解析】本题考查志愿者督导的工作态度。志愿者督导应具有的正确认识和心态有：(1)把志愿者当成与机构共同工作的伙伴。要认识到志愿者不是任何一名专职人员的下属，专职人员不愿意做、不容易做的事情不可以都交给志愿者处理。故D项错误。(2)把志愿者作为机构应提供服务的对象。这种做法是希望志愿者在接受服务的过程中实现自我成长，如学习服务中应有的态度，学习助人的知识和技巧等。故C项正确。(3)正确认识志愿者的基本心理需求和服务有限性。志愿者督导应因势利导，不要对志愿者作出过分要求，尊重志愿者的个人意愿，并尽量配合其兴趣、专长、时间要求来安排服务。故E项正确。(4)对志愿者不能过于放任，也不能过分苛求。如果志愿者有重大疏忽和过失，一样需要给予指正、劝导，并接受适当的惩处。故A、B项错误。

35. ACE。

【解析】本题考查团体督导的方式。团体督导是一名督导者和数名被督导者以小组讨论的方式，定期(通常是每周、每两周或每个月举行一次，每次一至两个小时)举行讨论会议。本题中，通过题干可以知晓，社区志愿者因社区居民不配合而积极性降低、产生负面情绪。因此老张的团体督导目的为A、C、E项。

36. BDE。

【解析】本题考查同辈督导。同辈督导是指具有相同需求、观点或技术层次的个人和一群社会工作者,通过个别互惠方式或团体讨论方式进行的互动过程。参与互动的成员不一定来自同一机构或同一工作团队。同辈督导的优点有:在督导过程中,专家的权威降到最低,没有权威现象;参与者可以在最方便的时间组织和安排督导会议;这种督导不需要付费;对于非常有经验的社会工作者,选择同辈督导方式更容易有收获。

【知识拓展】同辈督导也存在一些不足:如每名成员都没有最终的权利和义务;参与的成员会彼此避免与他人的争论;有时参与的成员缺乏必要的经验和技术,无法与他人分享;团体成员有时也会彼此形成同谋。

37. CDE。

【解析】本题考查开展话题的技巧。开展话题的技巧包括:(1)由简入难,由浅入深。故C项正确。(2)包容,积极聆听并尝试了解被督导者提出的问题。(3)专注地聆听,掌握被督导者最关注的事件及其对事件的反应。故E项正确。(4)提问,收集被督导者对某事件的反应及其所能提供的独特的资料,由此让被督导者更清楚自己的处境。故D项正确。(5)保持沉默。

38. BC。

【解析】本题考查社会工作督导过程中的技巧。专注聆听是指督导者必须专注聆听被督导者最关注的事件,并梳理被督导者的感受,掌握被督导者最关注的事件及其对事件的反应。分享感受是指当被督导者谈到感受时,督导者要勇于面对,并能够就被督导者的处境给予自然回应;督导者应能总结被督导者所面对的问题,这样才能使他知道你了解他的处境和感受。本题中,老张“认真听完小王的诉说”,分享了自己的经验“我第一次上门,和你一样不知所措”,符合专注聆听和分享感受,故选BC。

39. BCE。

【解析】本题考查个别督导的技巧要点。个别督导是一个一对一会谈的过程,其会谈技巧主要有:(1)聆听。督导者要从头到尾仔细聆听被督导者的谈话,以便在充分掌握信息的基础上作出判断。故C项正确。(2)补充。督导者要以资料、知识或归纳重点的方式补充被督导者谈话的信息。(3)提出疑问。督导者适时向被督导者提出问题,帮助其开阔思想与视野,激发其走向新的境界。(4)进行评价。督导者通过检查被督导者的工作情况,与其分享工作经验和想法。故E项正确。(5)提出建议。对被督导者提出处理服务对象问题和需求的具体建议和策略,协助被督导者拟订有效的工作计划。故B项正确。

40. ABCE。

【解析】本题考查个别督导的注意事项。个别督导中,督导在态度和工作内容方面需要注意的事项有:(1)督导者要诚恳地倾听被督导者的表述。故A项正确。(2)督导者应仔细研究和批阅被督导者的工作记录、服务报告,以便发现被督导者的不足,提出教育的重点。故C项正确。(3)督导者应采取接纳的态度,接纳被督导者的感受,经常鼓励被督导者对服务对象的问题和需求进行评价和判断,培养其自主思考和批判反思能力,最终实现推动被督导者自我学习和自我训练的目的。故E项正确。(4)督导者在提出评价和建议时语气应委婉，以免被督导者出现抗拒心态。故 D 项错误。(5)督导者要根据自己丰富的经验和扎实的理论知识基础，及时提供示范，建议可行的方法和技术，帮助被督导者更直接处理客观情境下服务对象的需求和问题。故 B 项正确。

41. CDE。

【解析】本题考查团体督导的主持技巧。团体督导技巧可以分为督导团体组成与运作技巧、团体督导的主持技巧两个方面。前者涉及督导团体的规模、成员、运作以及团体督导记录等，后者主要体现在团体督导会议的主持过程中。A、B 选项属于督导团体组成与运作技巧，不符合题意。C、D、E 选项均属于团体督导的主持技巧。故本题 C、D、E 选项正确。

【知识拓展】团体督导的主持技巧包括：(1)督导者须熟悉团体成员的姓名、性格，并与之建立良好关系。督导者在团体面前要体现出舒适状态，表现出对团体活动的兴趣和信心。(2)督导者必须能引导团体成员集中注意力和形成向心力。督导者必须用心倾听团体成员所说内容的核心含义，并把握其重点。(3)督导者应尽可能促使团体成员自动自发和自由自在地提出问题、观点和建议。督导者应有能力连接被督导者的各种不同观点，并进行综合和比较分析，从而得出团体成员共同认识和理解的结论。(4)督导者虽然事先有所准备，但讨论过程中宜富有弹性地进行适当修正。督导者必须把握讨论进度、掌握讨论议题的广度和深度，不宜在同一主题上停滞太长时间。(5)督导者应敏锐地察觉团体成员的潜在感受，并加以适当的处理和引导。督导者应以温和、轻松、婉转以及幽默的方式，向团体成员说明和修正其共同出现的错误。(6)督导者应善于应对"社会感情型"(感性)和"问题解决型"(理性)的成员所表述的观点，给予及时的回应和引导。(7)督导者应在讨论的每个段落作"段落总结"形成结论。

42. ACDE。

【解析】本题考查同辈督导会议组织的技巧。同辈督导会议组织的技巧有：(1)设定基本规则，如均衡分配时间给每名成员表达意见和反馈，避免无意义的奖励式意见等。故 A 项正确。(2)每一次会议都要安排一定时间让所有成员表达他们对团队的希望和需求，如需别人倾听自己的诉说、需要给予回应、希望给予下一步服务的建议、希望得到协助以便作出选择等。故 C、E 项正确。(3)安排一些非正式交流时间，这些非正式交流时间可以让成员在会议正式程序外有机会进行更加充分的交流。故 D 项正确。同辈督导团体成员专业背景太过一致会导致团体因为同质性过高而缺乏不同的观点。故 B 项错误。

43. ACD。

【解析】本题考查同辈督导团体组成的技巧要点。团体成员要签订明确的契约，契约必须清楚说明会议召开的周期、地点、每次会议持续时间、会议的程序等，签订契约的成员要有明确的承诺，保证能够坚持参加同辈督导会议；同时还要明确成员的角色分工，如谁来负责会议时间和场地的安排，谁来负责会议秩序的维持等。故选 ACD。

【知识拓展】同辈督导团体的组成技巧还包括：团体成员一般不超过 7 人，以确保团体有充分的时间进行讨论，满足所有成员的需求；注意同辈督导会议的反馈，包括对督导的过程进行全面反馈，既有正面的反馈，也有负面的反馈。

第十章
社会工作研究

答案速查

一、单项选择题									
1. C	2. B	3. B	4. A	5. D	6. D	7. C	8. A	9. A	10. B
11. B	12. A	13. D	14. C	15. C	16. B	17. C	18. D	19. A	20. A
21. C	22. D	23. C	24. B	25. B	26. A	27. B	28. C	29. C	30. C
31. A	32. B	33. A							
二、多项选择题									
34. ACE	35. CE	36. ACDE	37. ACDE	38. ADE	39. CDE	40. ABC	41. BCDE		

深度解析

一、单项选择题

1. C。

【解析】本题考查社会工作的研究对象。社会工作研究对象是社会问题或人们的需要，这些问题或需要可能涉及各类人群，但是困难群体及其需求始终是社会工作研究的核心对象。从不同角度来看，社会工作的研究对象包括以下几点：(1)以人群论，穷人、老人、病人、新移民、大学生等都可以是社会工作研究的对象。(2)以议题论，工作压力、家庭暴力、自我发展、机构管理等可以是社会工作研究的对象。(3)以视角论，个案工作、小组工作、社区工作、社会工作行政、社会政策等方面的议题也可以成为社会工作研究的对象。

2. B。

【解析】本题考查社会工作研究的主要功能。在对象层面上，社会工作研究可以治疗和预防社会问题乃至社会危机，并协助服务对象在能力和意识层面得以提升。本题中，A、D 项属于专业层面，C 项属于社会层面，只有 B 项属于服务对象层面，故选 B。

3. B。

【解析】本题考查社会工作研究的主要功能。社会工作研究的主要功能可以分为直接功能和间接功能。直接功能体现在对象层面、专业层面和社会层面这三个层面上，其中，专业层面的功能是指社会工作研究可以改善社会工作实践和提升社会理论。本题中，A、C 项属于在对象层面上的直接功能，B 项属于在专业层面上的直接功能，D 项属于社会工作研究的间接功能。故选 B。

4. A。

【解析】本题考查社会工作研究的伦理。研究选题的伦理包括：(1) 注意研究正当性。(2) 留意实务应用性。即对某问题的研究应该有利于发展社会工作和实现社会工作目标。故 A 项正确。(3) 清楚经费来源。本题中，要不隐瞒身份、不欺骗并在对方同意后再进行资料搜集，故 B 项错误。如果所做研究针对的是某些问题，那结论不一定是积极正面的，故 C 项错误。研究结果应该是客观全面地公开，而不该“规避风险”，有所隐瞒，故 D 项错误。

5. D。

【解析】本题考查社会工作研究的间接功能。社会工作研究的间接功能之一是对于社会服务机构而言，社会工作研究有利于优化对内管理和对外服务，加强项目过程的管理，提升机构服务的质量。故 D 项正确。A 项是在推进福利制度方面，属于社会层面的功能，是直接功能。B 项“丰富理论”属于提升理论方面的功能，是直接功能。C 项“预防行为发生”，是在服务对象层面上的作用，是直接功能。

6. D。

【解析】本题考查定性研究的特点。定性研究不一定事先设定研究假设，其假设可以在研究过程中逐步形成和完善。故 A 项错误。定量研究依托标准化测量工具收集资料，定性研究的研究设计则灵活多变。故 B 项错误。定量研究注重研究问题的普遍指导意义，定性研究注重发现研究问题的个别性和特殊性。故 C 项错误。在定性研究中，研究者要使自身被研究对象视为自己人。故 D 项正确。

7. C。

【解析】本题考查定量研究和定性研究的特点。定性研究是收集和分析非数字化的资料，描述和理解回答者所经历现实的含义、特征、隐喻、象征等，探索社会关系。故 A 项错误。定量研究中，研究者被视为外人。故 B 项错误。定性研究不一定事先设定研究假设，其假设可以在研究过程中逐步形成和完善。故 C 项正确。定量研究注重研究问题的普遍性、代表性及普遍指导意义。定性研究则注重研究对象、有助于发现研究问题的个别性和特殊性，以此发现问题或提出发现问题的新视角。故 D 项错误。

8. A。

【解析】本题考查定量研究和定性研究的适用场境。定量研究适用于研究问题已有大量资料、资料收集相对容易、需要探讨变量关系、宏观层面的大规模的调查与预测等场合。定性研究适用于不熟悉的社会系统、无权威和不受控制的场境，适用于在微观层面对个别事物进行细致、动态的描述和分析。B、C、D 项为微观层面的研究，属于定性研究。故本题选 A。

9. A。

【解析】本题考查定量研究的一般过程。定量研究的准备阶段必须完成确定研究问题、建立研究假设和进行研究设计等三项工作。其中，进行研究设计的内容之一是将理论概念转化为可测量指标。故本题正确答案为 A。

【知识拓展】进行研究操作化就是使得研究设想具体可行，具体包括：(1) 选取

调查对象。(2)确定分析单位,即确定资料的最终载体。(3)细化研究内容。(4)将理论概念转化为可测量指标。(5)假设的操作化。

10. B。

【解析】本题考查定量研究的一般过程。在定量研究的研究分析阶段,包含资料整理和统计分析两项工作。其中,统计分析是分析变量状况及其变量关系的主要手段,可以分为以下 4 个层面:(1)描述单变量的集中趋势和离中趋势。(2)发现双变量间关联状况。(3)探索多变量间的关系。故 B 项正确。(4)如果研究采用随机抽样选择被研究对象,就可以根据样本的指标值推论总体的相应指标值(参数值)。

11. B。

【解析】本题考查中位数。将一组数据按大小顺序排列,中位数就是最中间的那个数据。本题中,将这些社会工作者的月收入按从小到大的顺序排列为:4500、4500、6000、6500、7000,位于中间位置的是 6000 元,因此这些社会工作者月收入的中位数就是 6000 元。

12. A。

【解析】本题考查众数和中位数。平均数一般计算算术平均,中位数就是最中间的指标水平,众数就是出现最多的指标值。题中数据按从小到大的顺序排列为:10、12、18、24、24、29、30、41、42、46、54,故众数为 24 个月,中位数为 29 个月。

13. D。

【解析】本题考查研究报告的一般结构。质量良好的社会工作研究报告要大致体现如下的内容结构:(1)标题。(2)引论。(3)研究问题、目标和意义。(4)文献回顾。(5)研究方法。(6)研究发现。(7)讨论和建议。(8)附录。(9)参考文献。其中,研究方法就是说明本研究如何收集资料、分析资料。定量研究需要说明研究总体和调查总体、样本选择方法及样本特征、问卷或量表中具体测量指标的来源及其信度系数、资料的审核整理和变量形成及统计分析的主要技术、研究局限等。定性研究需要说明对象来源、选择方法及研究对象特征、粗略的访问或观察指引及其动态修订办法、资料的动态整理和分析、资料的可信度、研究局限等。本题中,A 项属于研究意义,B 项属于研究发现,C 项属于讨论和建议,D 项属于研究方法。

14. C。

【解析】本题考查研究报告的结构。研究报告的一般结构包括:(1)标题。(2)引论。(3)研究问题、目标和意义。(4)文献回顾。(5)研究方法。(6)研究发现。(7)讨论和建议。(8)附录。(9)参考文献。故本题正确答案为 C。

15. C。

【解析】本题考查社会工作实务研究报告的基本结构。项目总结报告是实务工作的总结,其基本结构包括主题、项目背景、需求评估、项目目标、工作模式、实务内容、服务效果、讨论和建议、附录、参考文献等部分。其中,研究者必须报告项目过程实际执行的任务,服务效果呼应工作目标,应该在总结研究报告中进行较详尽说明。故本题 C 选项正确。

【知识拓展】**工作模式及此前部分与项目方案书大致接近。实务内容可能因当时当地情况而有所修订从而与项目计划书有所差异,研究者必须报告项目过程实际执行的任务。讨论和建议是研究者基于对实务过程的反思而对社会工作者、社**

会工作机构、实务本身、政策等提出的完善思路。

16. B。

【解析】本题考查项目总结报告。在项目总结报告中，研究者必须报告项目过程实际执行的任务。服务效果呼应工作目标，应在总结研究报告中进行较详尽说明。

17. C。

【解析】本题考查问卷类型。访问问卷在收集资料时由访问员向被调查者提问并记录其回答，适合于被调查者文化水平不高、调查问题比较复杂的情况。题中调查对象大多为老年人，适合采取访问问卷法。

【知识拓展】根据填答方式，问卷分为自填问卷和访问问卷两种。自填问卷在收集资料时由被调查者填写答案。其问题和答案的用词应该精准和通俗易懂，题型不过于复杂，题量适度，版面设计利于激发被调查者的兴趣。如研究者在了解社区教育项目的效果时，就可以发出问卷，由参与者自行填答。

18. D。

【解析】本题考查调查问卷封面信的设计要求。封面信是研究者致被调查者的短信，旨在说明研究者身份、研究目的和内容、对象选择方法、保密原则，并标明研究机构。依据题中封面信的内容，缺少的是对象选择方法和调查者身份。故选 D。

19. A。

【解析】本题考查问卷结构。问卷的问题分为三个类型：态度、行为和状态。态度是对问题的看法，如，“你对社会工作者服务的满意度如何?”行为指实际行为状况，如，“你过去一个月有几次求职经历?”状态是指人口社会特征、个人经历及其他信息。本题中，A 项属于状态，B、项属于行为，C 项属于态度，故选 A。

20. A。

【解析】本题考查问题和答案的设计。问题和答案是问卷设计的核心，其设计应该注意如下技术要领：(1)关注问题特性。开放式问题应注意空间大小，封闭式问题在单项选择时应关注答案的穷尽性和互斥性，前者指答案包含所有可能(如男女就包含了所有性别类型)，后者指不同答案并不交叉(如年龄段划分就不应交叉)。故 A 项正确，C 项错误。(2)注意语言表达。问题语言应简明，避免多重含义与含混不清，提问不带倾向性，对敏感问题注意提问方式。例如，“你父母支持你读社会工作专业吗?”，就属于多重含义的问题，因为包含了父亲是否支持和母亲是否支持两个问题；“社会工作服务有益于个人提升自己权能，你愿意接受社会工作者服务吗?”，就属于倾向性问题。故 B、D 项错误。(3)数量时间适当。(4)问题按序排列。

21. C。

【解析】本题考查问题排列顺序。个人背景一般居首；客观题在前，主观题在后；熟悉、简单、对方感兴趣、封闭式问题置于前面；行为、态度、敏感的问题放在后面。

【知识拓展】问题多少和回答时间长短会影响回答质量。一般而言，问题数量能回答项目的研究问题即可。同时，被调查者回答所花时间越短越好，一般以 20 ~ 30 分钟为宜。

22. D。

【解析】本题考查访问员选拔和培训。研究者要对访问员进行培训。介绍研究背景、说明问卷内容、明确工作态度、演练访问技巧、现场提问互动是访问员培训的主要内容。根据题干中“第一部分是……第二部分是……第三部分是……”可知，社会工作者讲解的内容属于说明问卷内容，故选 D。

23. C。

【解析】本题考查前后测控制组设计。前后测控制组设计就是先把对象随机分配到实验组和控制组，然后测量两组某指标的水平，再对实验组进行某种干预，此后对两组再测。本题中，老姚在开设小组之前需要做的是随机将 20 名留守儿童分为实验组和控制组，并用量表测量儿童的自信水平，这是前后测控制组设计的基本要求，也是保证研究效度和可靠性的重要条件。

24. B。

【解析】本题考查单后测控制组设计。单后测控制组设计认为，随机分配过程已消除了实验组和控制组最初的重要差异，从而后测所得的两组间差异反映了自变量影响。如 20 名失业者被分为相似两组后，实验组参加求职技巧训练，而控制组没有接受任何训练。再测发现，实验组和控制组的自信心得分分别为 4.0 分和 3.0 分。根据单后测控制组设计的原理，研究者可以认为，求职技巧训练的效果为 1.0 分。故选 B。

【知识拓展】简单时间序列设计不要求有控制组或对照组。首先在多个时点对因变量进行测量，其次进行干预，最后在多个时点测量自变量的数值。如果干预前的因变量水平稳定，干预后的因变量水平变化且变化程度持续提高，就可认为干预达成一定效果。

25. B。

【解析】本题考查实验研究。实验设计包括标准实验设计、准实验设计、实地实验等。其中，准实验设计包括非对等控制组设计和简单时间序列设计两种类型，因此 B 选项符合题意。A、C、D 选项均属于标准实验设计的类型。

26. A。

【解析】本题考查标准实验设计和准实验设计。非对等控制组设计是发现一个与实验组表面相似的既存控制组，依托实验研究的技术进行分析。题中，研究者选取了成绩相近的两个班级，对其中一个班级进行刺激，使另一个班级保持不变，再次考试时，受到刺激的班级成绩出现明显变化，故 A 项正确。

27. B。

【解析】本题考查焦点小组访谈法的特点和技巧。焦点小组是将许多对象放在一起同时进行的集体访问。焦点小组的访问过程不仅是访问者和被访问者的互动过程，而且是被访问者之间的互动过程。故 B 选项正确。

28. C。

【解析】本题考查深度访谈。深度访问是访问的常用手段。深度访问就是研究者与研究对象间反复的面对面交往，从研究对象视角把握其用自己语言表达的生活、经历和状况。深度访问通过研究者在访问过程中与被访者的互动，由浅入深，把握研究对象面临问题的状况及后果、原因机制、核心原因、可变原因和可控原因，可较深入地搜寻对象的特定经历和动机的主观资料，体现个别化原则。深度访谈属于定性研究方法，具有定性研究方法的特点。故选 C。

29. C。

【解析】本题考查社会工作研究方法的个案研究。个案研究强调对事件的真相、原因等方面作深入、详细、历史的考察，了解其详细状况、发展过程以及与社会场境的联系，提出处理问题的方法。个案研究的目标包括寻找原因、提出策略、建构理论、协助发展和提升绩效等。本题中，A 选项属于寻找原因，B 选项属于建构理论，D 选项属于协助发展和提升绩效，C 选项属于提出策略建议。

30. C。

【解析】本题考查个案研究。个案研究是对单个对象的某项特定行为或问题进行探索研究。个案研究的优点包括：了解研究对象各方面的状况，进而对其有全面和深入的认识。由于资料广泛深入，有利于客观、深入、准确地把握研究对象的问题、需要及其原因机制，有利于提出有效和具体的处理办法或解题方案。本题中，A、B 项属于定量研究的特征，个案研究受研究者的影响，强调研究对象的个别性。故 A、B 项错误。个案研究可运用到多种研究当中，故 D 项错误。故选 C。

【知识拓展】个案研究的缺点包括：由于本方法讲究资料收集、整理和分析的尽量同步，并注重在过程中动态完善研究思路，因此需要花费许多时间。由于样本很少和对象缺乏代表性，研究发现不能进行推论。

31. A。

【解析】本题考查社会工作研究的内容分析法。题中强调了小张"尝试运用某市 10 年来的项目服务资料揭示社会工作专业服务的特点与变迁"，可以判断出小张采用的是内容分析法，属于非接触性研究方法，主要采用定量研究方法，但也可采用定性分析方法，故 A 项正确。内容分析的程序与调查研究的一般步骤相近，故 B 项错误。对于直接可见的显性内容，可进行类似于问卷的编码，故 C 项错误。在依据一类单位无法发现有价值信息时，可以变换为其他抽样单位，故 D 项错误。

32. B。

【解析】本题考查行动研究。行动研究就是被研究者不再简单地作为研究对象，而是与问题有关的所有其他人员一起参与研究和行动，并将研究发现直接应用于行动，对问题情境进行全程干预，进而提高自己改变社会实践的能力。行动研究有"对行动进行研究""为行动而研究""在行动中研究"和"由行动者研究"等多重含义。故选 B。

33. A。

【解析】本题考查行动研究的模式。根据参与研究的成员划分，行动研究可以有三种模式：(1)合作模式，研究者与实务工作者合作，共同参与整个研究过程。(2)支持模式，研究动力来自于实务工作者，他们提出问题，自己决定行动方案，专家则作为咨询者协助他们形成理论假设，计划具体行动及评价行动结果。(3)独立模式，实务工作者独立研究，摆脱研究理论和实践规范的限制，对自己的研究进行批判性思考，并采取相应行动改造社会现实。故本题正确答案为 A。

二、多项选择题

34. ACE。

【解析】本题考查社会工作研究的工作视角。社会工作研究作为社会工作的组成部分，主要采用整合视角探索问题。针对某个问题，社会工作不是简单地描述现状、探讨原因和提出对策，而是依托"人在情境中"的框架，探讨个人与环境两方面原因及其互动，发现其中的可控原因，提出针对可变原因的对策，并探索在此过程中使服务对象解决问题并提升能力的途径。故选 ACE。

35. CE。

【解析】本题考查社会工作研究的主要功能。社会工作研究的直接功能与其目的有关，在对象层面上，社会工作研究可以治疗和预防社会问题乃至社会危机，并协助服务对象在能力和意识层面得以提升，E选项为提升服务对象的能力，符合题意。在专业层面上，社会工作研究可以改善社会工作实践和提升社会理论，C选项符合题意。在社会层面上，社会工作研究可以推进福利和促进公正，B选项说法不符合题意。A、D选项属于间接功能，应排除。

36. ACDE。

【解析】本题考查社会工作研究报告撰写。定量研究与定性研究的研究报告应该风格不同，但这并不表明定量研究报告不能使用定性资料，反之亦然。故B项错误。撰写研究报告要与方法论和研究方法呼应。故A项正确。需求评估报告的结构与研究报告的一般结构大致相似，大致采用社会学的研究方法。项目方案书和项目总结的结构则另有特色。故C、D项正确。项目总结报告是实务工作和实务研究的最终产品，是研究者和社会工作者反思学习从而提升实力的关键载体。故E项正确。

37. ACDE。

【解析】本题考查社会工作研究的具体方法。问卷调查法收集了较多人士资料，有利于中和个别人士的极端回答。故B项错误。实验研究方法可有效控制实验场境和外在环境，排除影响自变量、因变量及实验过程的因素。故E项正确。观察法容易发现对象未报告的隐秘资料。故A项正确。访谈法对变化可及时回应，因此可获得比较深入的资料。故C项正确。个案研究依托分析性的概括，彰显了其辅助理论建构的重要力量。故D项正确。

38. ADE。

【解析】本题考查个案研究的特点。个案研究的特点包括：(1)凸显研究的“对象”维度。强调研究对象的个别性。故A项正确。(2)技术和资料多元化。研究者可以进行多角度测量，针对多类相关主体，运用多种工作技术，记载多方面资料。故B项错误。(3)研究步骤不甚严格。个案研究难以仅仅参照某种方法的操作步骤进行各项工作。故C项错误。(4)资料详尽深入。由于可以使用历史视角把握生活史及有关文献，且在过程中注重对象的主观感受，因此其资料比较深入。故D项正确。在个案研究过程中，需要取得研究对象的信任并建立友善关系。故E项正确。

39. CDE。

【解析】本题考查现存统计资料分析。审核和校订统计资料的内容包括：(1)了解其来源、目的、方法、整理和分析技术，以对其背景有全面把握。比如，服务对象自身对自己贫困的原因解读与居委会的说法就可能不同。故E项正确。(2)了解资料的指标定义、分组、统计范围等信息，从而判断其可比性。比如，街道贫困人口的变化可能与街道区划调整有关，也可能与贫困标准的界定有关。故D项正确。(3)对可疑资料进行逻辑检查和幅度检查。研究者可采用多角度测量法整合不同研究者、不同时间、不同方法获得的同一主题的资料，以发现可靠资料和校订有关信息。故C项正确。

40. ABC。

【解析】本题考查行动研究的类型。根

据参与者对自己的行动所做的反思，行动研究可以分为以下三种类型：(1)行动中认识。(2)行动中反思。(3)对行动进行反思。故选 ABC。

41. BCDE。

【解析】本题考查行动研究的步骤。行动研究与社会工作的一般过程包括：(1)分析问题，研究者意识到自己实践中存在的问题，分析问题的表现及其后果，剖析其影响因素，并基于自身的知识和能力，发现可控原因。故 B 项正确。(2)拟订方案，研究者、行动者及相关人员基于服务机构使命、项目目标、内外场境、资源情况等，组织相关人员一起设计针对上述问题的总体计划和具体细节，并预设根据过程情况调整细节的基本原则。故 C 项正确。(3)开展行动，在实际行动中，研究团队行动要基于拟订计划阶段的预设原则，灵活应变，以逐渐接近解题目标。故 D 项正确。(4)评估回馈，评估旨在收集资料从而对行动、结果、背景等有详细了解。在结果方面，主要了解行动取得何种结果，并以此作为行动调整的重要依据。故 E 项正确。

全国社会工作者职业水平考试辅导用书

核心笔记

社会工作实务

全国社会工作者职业水平考试辅导用书编写组　编

中级

看课做题扫我

课程题库激活码 XGWS1865

激活：微信扫描左侧小程序码❯输入激活码❯选课❯立即激活❯去听课❯增值课，点击对应科目增值套餐，在课程目录中即可看课做题。

使用：微信搜索“天一网校”小程序❯我的课程❯增值课，点击对应科目增值套餐，在课程目录中即可看课做题。

光明日报出版社

目　录
Contents

第一章　社会工作实务的通用过程模式 …… 1
第二章　社会工作实务的通用过程 …… 1
第三章　儿童社会工作 …… 3
第四章　青少年社会工作 …… 4
第五章　老年社会工作 …… 5
第六章　妇女社会工作 …… 6
第七章　残疾人社会工作 …… 7
第八章　矫正社会工作 …… 7
第九章　优抚安置社会工作 …… 8
第十章　社会救助社会工作 …… 9
第十一章　家庭社会工作 …… 10
第十二章　学校社会工作 …… 11
第十三章　社区社会工作 …… 11
第十四章　医务社会工作 …… 13
第十五章　企业社会工作 …… 13

第一章　社会工作实务的通用过程模式

核心笔记　通用过程模式中的四个基本系统

1. 改变媒介系统

“改变媒介”是指受雇于政府、非营利机构、组织和社区中的社会工作者，是“有计划变迁”的具体操作者，在“问题—解决”的改变过程中是促使服务对象发生改变的媒介。改变媒介促使个人完成生命任务及系统应对问题时能力的提高，促进服务对象与资源系统之间的良性互动，达到计划变迁的目标。然而，在很多情况下，服务对象的改变媒介并不只是社会工作者，而是由与服务对象有关的具有不同专长的助人者所组成，形成一个“改变媒介系统”。

2. 服务对象系统

服务对象系统是指社会工作服务的对象，也是社会工作服务的直接受益人。服务对象系统可以是个人、家庭、团体、组织或社区。

3. 目标系统

为了达到改变服务对象系统的目的所需要改变和影响的系统即是“目标系统”。

4. 行动系统

行动系统是指那些与社会工作者一起努力、实现改变目标的人，是社会工作者的合作者。为了实现与服务对象的协议，帮助服务对象达到改变的目标，社会工作者要进行各种努力，调动各种资源。在这个过程中，社会工作者不是孤立地进行这些改变的努力，而是与服务对象有关的人和系统一起，形成一个行动系统。这些人是社会工作者的同盟军，是与社会工作者一起进行改变努力的行动系统。改变媒介可以与一个或几个行动系统一起工作，完成不同的改变任务，实现不同的目标。

第二章　社会工作实务的通用过程

核心笔记 1　面谈

1. 面谈的主要任务

（1）界定服务对象的需要和问题。主要工作包括：了解服务对象寻求帮助的原因；了解服务对象对自己的看法；了解服务对象期望达到的目标。

（2）澄清角色期望和责任。主要工作包括：服务对象对自己的角色期望、对社会工作者的角色期望，社会工作者对服务对象的角色期望、对自己的角色期望，对比并找出双方想法的差异和距离，最终协商并达成一致看法。

（3）激励并帮助服务对象进入受助角色。包括两个方面：一是进行角色引导，二是训练并帮助服务对象逐渐接受其角色。

（4）促进和引导服务对象态度和行为的改变。接案面谈时双方的良好沟通会成为激励服务对象改变的动力。

2. 面谈的技巧

（1）主动介绍自己。要消除服务对象的戒心和防备，一个好的办法就是社会工作者主动介绍自己，向他们说明协助的目的，主动介绍机构的目标、功能，以及自己的工作经验和专长、对求助受助的看法等，这些都会有助于消除服务对象的疑虑，使他们顺利进入受助者的角色。

（2）通过治疗性沟通了解服务对象的需要和问题。治疗性沟通（或具有治疗效果的沟通）是指这样一种人际沟通，即社会工作者通过与服务对象的交流达到对其进行帮助的目的。

（3）倾听。倾听技巧的运用包括3个方面：①倾听即是通过语言和非语言行为向对方传达一个信息——“我正在很有兴趣地听着你的叙述，尝试理解你”，因此倾听包括社会工作者通过身体传达的对服务对象的专注，以及从态度上传达的内心的专注。②面谈中的倾听不仅是为了了解情况，也是为了建立专业关系，鼓励对方更加开放自己，以使社会工作者能够更多地了解服务对象的情况。倾听需要设身处地地感受，不但要听懂对方通过言语、行为表达出来的东西，还要听出对方在交谈中省略的和没有表达出来的内容。③倾听时不仅要“听”，还要有“参与”，即与服务对象互动，对服务对象的叙述给予适当的回应。回应既可以是言语性的，也可以是非言语性的。

核心笔记2 危机介入

危机是由于个人生活中的压力或突发事件使个人原有的满意状况有所改变，导致出现不平衡，或者失去稳定的一种状态。社会工作者可提供的支持与协助有：保护、接纳、提供希望与鼓励及教育与指导。危机介入的技巧包括：

（1）将焦点放在帮助服务对象恢复和发挥功能上，而不是解决整个问题。因为危机出现之前服务对象拥有满意的社会功能，所以危机介入要针对危机出现时的机制失灵问题，帮助服务对象恢复应对问题的能力以解除危机。

（2）帮助服务对象宣泄由危机带来的紧张情绪，给予其心理等方面的支持，以防精神崩溃。

（3）瞄准服务对象当前需要。介入目标要现实，对服务对象不能要求太高。

(4)担任教导角色。包括告诉服务对象应该做什么,同时也为他们做一些力所能及的事。当服务对象功能逐步恢复时,就可以结束介入行动。

核心笔记 3 结案时服务对象的反应及处理方法

1. 服务对象的正面反应

服务对象的正面反应包括对获得成长与成功的欣喜、对整个工作过程带给他们新认识的肯定、感觉视野开阔了、对与社会工作者关系的满意、对社会工作者的帮助充满感激、对未来充满信心等。

2. 服务对象的负面反应

服务对象的负面反应包括:

(1)否认——不愿承认已到结案期,避免讨论关于结案的话题,表现为不准时与社会工作者见面、心不在焉等。

(2)倒退——恢复到以前的状态,以此拖延结案的到来。

(3)依赖——对社会工作者过分依靠。

(4)抱怨——对社会工作者不满意。

(5)愤怒——表现为对社会工作者不满,批评、攻击和挑战其他人。

3. 结案反应的处理方法

(1)与服务对象一起讨论他们对结案的准备情况。

(2)提前让服务对象知道结案时间,使其早些做好心理准备。

(3)在结案阶段,社会工作者要逐渐减少与服务对象的接触,提醒服务对象要学会自立,给服务对象以心理支持,告诉他们在有需要时社会工作者将继续提供协助。

(4)社会工作者也要估计一些可能会破坏改变成果的因素,预防问题的产生,继续提供一些服务,并为服务对象提供能够对他们有帮助的资源系统的支持,待稳定了服务对象的改变成果后,再最后结束专业助人关系。

(5)必要时安排正式的结案活动,让服务对象分享各自的收获,以建设性的方式表达感受,相互鼓励,面向未来。

第三章　儿童社会工作

核心笔记 1 儿童面临的问题

1. 儿童生存的问题

主要包括:新生儿健康问题;儿童营养问题。

2. 儿童发展的问题

主要包括：身处困境的问题；辍学的问题。

3. 儿童保护的问题

主要包括：儿童被遗弃的问题；儿童遭受体罚和肢体虐待的问题；儿童被性侵的问题；儿童被忽视的问题；儿童被拐卖的问题；家庭监护的问题。

核心笔记 2 儿童友好社区建设倡导的内容

儿童友好社区建设倡导的内容不仅包括儿童友好的社区环境布局，也包括儿童友好的社区文化建设。主要包括以下 4 个方面：

（1）完善社区基本建设。

（2）建设安全、益智的儿童游戏场所和设施。

（3）健全社区儿童和家庭服务体系。

（4）创新社区儿童参与工作机制。

第四章 青少年社会工作

核心笔记 1 社会学习理论

根据班杜拉的社会学习理论，青少年通过观察历程就能进行学习，并不需要个人亲身体验而直接受到奖惩。观察学习的历程可概括为以下几个步骤：注意过程、保持过程、再生过程、增强过程。

班杜拉认为，青少年辅导与治疗的最终目标是“自我规划”，要使青少年实现自我规划需要 3 个阶段，分别是诱发改变、类化、维持。为了使青少年能达到自我规划的目的，班杜拉提出了以下几种治疗技术。

（1）实例楷模法。引导青少年观看实例，如电影、电视、录音带的示范，使当事人学习适当的行为。

（2）认知楷模法。由增加青少年的认知结构或自我效能着手，如提高青少年的信心，使他相信自己有改变的可能。

（3）激发自制力。要求青少年表现先前觉得自己无能的行为，或经治疗者的示范，使青少年发现事实并没有他想象的那么可怕，再逐步增加自我控制力与对事情的掌控或驾驭能力，经过试验而能面对困难，消除恐惧，进而消除不良行为。

核心笔记 2 青少年社会工作直接方法的主要特点

1. 个案工作的过程特点

青少年个案过程由接案和建立关系、预估、计划、介入、总结和评估等阶段组成。青少年个案工作过程有以下特点：

(1)青少年服务中,接案和建立关系阶段具有主动性、外展性和虚拟性等特点。

(2)青少年服务预估的焦点既包括青少年的需求评估,也包括开展专业服务所需要的资源评估。

(3)服务计划的制订必须充分尊重青少年的意愿。

(4)专业理论,特别是社会支持网络、优势视角和增能理论的运用,是开展青少年社会工作的科学基础。

2. 小组工作的功能特点

小组工作对于青少年的改变有非常重要的作用。小组工作的功能表现在以下几个方面:

(1)小组可以为青少年提供增强与同伴交往的机会。

(2)小组的过程更能刺激出大多数青少年真实的内心世界。

(3)小组规则会对规范青少年的行为起到很好的制约作用。

(4)小组能够提供很多的示范者、行为预演的协助者,小组也可以提供如实验室般模拟练习的机会,这些练习中不同性格的人相互交流和反馈,大家在小组内获得的经验将有助于青少年重新建立良好的人际交往和行为习惯。

(5)小组工作为青少年建立正面积极的伙伴关系提供了良好的支持,并创造了安全开放的交往环境。

第五章　老年社会工作

核心笔记 1　老年人的需要及问题

1. 老年人的需要

老年人的需要主要包括经济保障、健康维护、社会参与、就业休闲、婚姻家庭、居家安全、善终安排和一条龙照顾。

2. 老年人面临的问题

老年人面临的问题主要包括疾病及与医疗有关的问题、家庭照顾问题、宜居环境问题、代际隔阂问题、社会隔离问题。

核心笔记 2　老年人社会工作服务中的要点

1. 虐待和疏于照顾问题

虐待老人指的是恶意对待老人,在身体上、情感或心理上、性方面或经济方面对老人构成非人道对待或剥削。疏于照顾老人既包括主动也包括被动地让老人得不到所需的照顾,导致老人的身体、情绪或心理方面健康的衰退。社会工作者采取的介入措施主要包括:

(1)保护老年人免受经济方面的剥夺。

(2)提供支持性辅导。

(3)发展支持性服务。

(4)改变和调整环境。

2. 临终关怀

老年临终关怀社会工作是指具备相应专业价值观和拥有家庭功能维系、带领团队、渲染生命等知识的社会工作者，通过采用专业的照护方法与服务技巧对存在时间限制的老年服务对象(6个月或者更少)及其家庭提供缓解极端痛苦、维护死亡尊严、哀伤辅导等服务，最终拓展临终老年服务对象生命广度和生命质量的过程。

一般来说，临终关怀社会工作服务的主要内容包括：

(1)控制疼痛和症状，包括音乐治疗、艺术治疗、宠物治疗、戏剧治疗等。按摩和做运动也常用来缓解临终者及其家庭照顾人身体上承受的压力。

(2)协助老人及其家人解决医疗费用方面的问题。

(3)提供丧亲后续服务。后续服务认为尽管照顾濒临死亡的亲人不容易，但是处理亲人离去后的哀伤也需要得到社会支持和专业协助。

第六章 妇女社会工作

核心笔记 性别视角的妇女社会工作方法

1. 建立关系

建立信任关系的技巧有：

(1)具有性别敏感性地倾听、反映感受和表达同感。

(2)接受和协助妇女厘清责任归属，而不是责怪她们。

(3)鼓励妇女表达个人化的故事和经验。

(4)肯定妇女在家庭中所承担责任的价值。

(5)尊重妇女的语言表达逻辑、帮助妇女接纳自己的情绪。

(6)社会工作者和服务对象的平等关系。

2. 协助妇女重新界定问题，提升意识

3. 挖掘自身潜能，联络周围资源，解决所面对的问题

4. 协助类似处境的妇女建立支持小组

5. 社区层面

(1)宣传与教育。

(2)参与式方法。“参与式”强调的是参与者介入的程度和活动中权利的分享，特别关注参与者的参与动机、参与态度、参与热情、参与方式、参与效果等。“参与式”认为，每个人都有认识世界的方式，社会工作者不能将自己的信念或者看问题的方式强加给妇女。

（3）倡导。

（4）资源链接。

（5）多部门合作。

第七章　残疾人社会工作

核心笔记　教育康复模式

教育康复的主要对象是机构中和城乡社区的各类残疾人，也称为特殊教育。不仅在残疾类型上有肢体、智力、听力、语言、视力等类的残疾人，而且在年龄上包括从婴幼儿、学龄前到学龄期残疾儿童、青少年以及部分残疾成年人（含老年人）。作为特殊教育服务团队的重要一部分，社会工作者的角色和任务是多层面的，具体包括以下几方面：

（1）作为前期预防者与评估者，参与特殊需求儿童的发现、筛选与评估。

（2）作为专业咨询者和参与者，为家长、教师及服务团队提供专业意见并参与相关计划。

（3）作为直接服务者，为特殊需求儿童的安置提供建议，并提供个案管理服务。

（4）作为协调者和沟通者，为特殊教育专业团队提供管理和资源支持。

（5）作为增权者和倡导者，保护特殊需求儿童合法权益，促进特殊教育政策变迁。

第八章　矫正社会工作

核心笔记　理性情绪治疗模式

1. 理性情绪治疗模式的内容

理性情绪治疗模式以人本主义作为自己理论的基础，提出了比较有影响的ABC理论：

A代表引发事件，是指服务对象遇到的当前发生的事件。

B代表服务对象的信念系统，是指服务对象对当前所遭遇事件的认识和评价。

C代表引发事件之后出现的各种认知、情绪和行为。

2. 理性情绪治疗模式的治疗技巧

（1）非理性信念的检查技巧。主要包括：一是反映感受，让服务对象具体描述自己的情绪、行为以及各种感受，从而识别出背后的非理性信念。二是角色扮演，让服务对象扮演特定的角色，重新体会当时场景中的情绪和行为，了解情绪和行为背后的非理性信念。三是冒险，让服务对象从事自己所担心、害怕的事，从而使情绪、行为背后的非理性信念呈现出来。四是识别，根据非理性信念的抽象、普遍和绝对等不符合实际的具体特征分析、了解服务对象情绪、行为背后的非理性信念。

（2）非理性信念的辩论技巧。主要包括：一是辩论，让服务对象对自己的非理性信念的不合理地方进行质疑，动摇非理性信念的基础。二是理性功课，通过训练帮助服务对象修正非理性信念，建立科学的理性信念系统。三是放弃自我评价，鼓励服务对象放弃用外在的标准评价自己，逐渐消除非理性信念的影响。四是自我表露，借助社会工作者表露自己感受的方式，让服务对象观察和学习理性的生活方式。五是示范，通过社会工作者具体的示范行为，让服务对象理解和掌握理性的行为方式。六是替代性选择，借助替代性方法的寻找，帮助服务对象逐渐克服喜欢极端化的非理性信念。七是去灾难化，让服务对象尽可能设想最坏的结果，直接面对原来担心、害怕的事件（灾难），从而使服务对象担心、害怕中的非理性信念显现出来。八是想象，让服务对象想象自己处于困扰的处境中，并通过设法克服不合理的情绪和行为的反应方式学习和建立理性的生活方式。

第九章 优抚安置社会工作

核心笔记 增强权能视野下的督导过程

将增强权能视角引入督导，可将督导过程划分为以下 3 个步骤。

1. 辨识无力感

辨识无力感主要包括以下两个部分：

（1）辨识受督导者内心感受的无力感状态：①个人特质导致的无力感状态。个人特质如性别、年龄、身心障碍、性取向等，可能引起不平等对待。②挫折经历导致的无力感状态。

（2）辨识督导关系中的无力感状态：①督导者正式权力导致的无力感状态。正式权力来自督导者在督导关系中较高位置所获得的权力。②督导者非正式权力导致的无力感状态。非正式权力来自督导者的专家能力、个人特质等。

2. 增强权能

这一阶段主要是通过降低受督导者的无力感、促进其权能，协助其有效应对工作任务。增强权能主要如下：

（1）提高受督导者的权利意识。

(2)增强受督导者的能力感。这一阶段可采取的技巧包括:①富于同理心的倾听,协助宣泄负面情绪。②肯定受督导者的能力与付出,协助发现工作成效,提升价值感。③将问题归因外在化,减低失能感。

(3)发展受督导者的能力。可从培养受督导者4方面态度和能力入手:①改变和主动参与的态度。②批判性分析环境系统中权力与压迫的能力。③分析问题、制定行动策略的能力。④开展改变行动、解决问题的能力。这一阶段,社会工作者可以协助成立受督导者支持性小组。

3. 效果评估

效果评估主要包括过程取向和结果取向的评估。

(1)过程取向。着重于评估增强权能程度,即受督导者无力感的降低程度,主要包括权利意识增强程度、能力感提升程度以及能力增强程度等。

(2)结果取向。着重于评估服务目标完成程度,主要包括服务投入情况、产出情况、结果、效率、效能和质量评估。

第十章　社会救助社会工作

核心笔记 1　社会救助社会工作的主要内容

1. 教育救助

教育救助的具体方式主要包括:提供教育机会;提供教育补助;心理能力建设。

2. 就业救助

(1)转变就业观念。为了促进救助对象积极就业,社会工作者要帮助他们转变就业观念,积极参与就业培训,获取就业信息,通过就业改变生活状态。

(2)自我认知调整。社会工作者要协助救助对象认真分析就业形势和自身优势不足,调整自己的认知和心态,以更加务实和乐观的心态积极就业。

(3)职业技能培训。社会工作者要帮助就业救助的申请者按照当地公共就业服务机构免费提供的就业岗位、职业介绍、职业指导等信息积极参与就业培训。

(4)链接就业资源。社会工作者应当积极为社区困难群体寻找就业信息,协调就业资源,争取培训机会,向社会用人单位积极推荐,维护困难群众的就业权益。

核心笔记 2　社会支持网络的应用策略

1. 政府层面:参与政策倡导

作为政策的倡导者,社会工作者要积极发挥桥梁作用,促使各项社会救助政策的制定和实施更加合理，更符合救助对象的利益，能够充分满足其需求。

2. 社会层面：发挥组织影响

社会工作者在帮助服务对象建构社会支持网络时，要善于利用社会组织的影响和力量为救助对象提供服务，同时鼓励救助对象多参与公益性组织和团体开展的活动，通过参与获得更多的社会支持网络中的关系资源，获得更大的益处。

3. 社区层面：提供专业服务

首先，要恪守社工价值理念。其次，要以专业理论知识指导实践。最后，要运用专业方法与技巧。

4. 个人层面：强化网络效益

社会工作者可以从以下 4 个方面评估救助对象个人的社会支持网络状况：

（1）网络规模：即救助对象所拥有的可以给自己和家庭带来益处的关系人的数量。

（2）网络基础：主要分析救助对象的家庭、亲戚、朋友、邻里、同事和其他的援助者所能够提供援助的情况。

（3）网络质量：评估网络成员提供和运用资源的能力以及实际提供援助时的意愿强度等。

（4）网络强度：分析救助对象个人网络中成员之间的接触频率、耐久性以及强度等。

第十一章　家庭社会工作

核心笔记　家庭社会工作的常用方法

1. 家庭干预的常用技巧

（1）观察技巧是指运用系统记录实际行为表现的方式让受助家庭成员了解自己面临的问题以及改变的状况，从而帮助受助家庭成员随时调整自己的行为，增强行为的有效性。

（2）聚焦技巧是指社会工作者帮助受助家庭成员收窄注意的焦点，将受助家庭成员的注意力集中在需要解决的问题上，以便对问题进行深入的探索，保证服务介入活动的效率。

（3）社会工作者经常运用例子使用的技巧向受助家庭成员解释、描述和传递重要的信息和想法，让受助家庭成员了解困难解决的不同途径和经验，并且舒缓受助家庭成员的压力。

（4）再标签技巧则是指社会工作者帮助受助家庭成员从更为积极的角度界定问题，改变受助家庭成员以往的消极态度和认识，从而促使受助家庭成员产生新的、积极的行为。

2. 家庭社会工作的常用形式

(1)专题讲座。专题讲座是一种教学形式,多利用报告会、广播等方式进行。

(2)主题沙龙。主题沙龙强调的是参与者围绕一个核心问题展开讨论,以轻松和谐、平等交流、亲密合作的方式,在思维碰撞中发酵,依靠集体智慧来解决问题。

(3)社区活动。围绕家庭开展的社区活动类型包括亲子互动类、观念倡导类以及知识宣传等。

第十二章　学校社会工作

核心笔记　行为契约法——帮助学生形成良好的行为习惯

"行为契约法"是行为主义心理学常用的一种行为治疗技术,它的主要原理是通过行为契约的商定、执行过程中的"强化"训练而改善行为。行为契约是指服务者与被服务者经过双方共同协商后签订的对双方都具有约束力的书面协定。

行为契约由5个基本部分组成:确定目标行为、规定出如何测量目标行为、确定该行为必须执行的时间即行为有效期、确定强化与惩罚条件、契约双方签字。行为契约有两种类型:单方契约,由寻求一项行为目标改变的一方,与实施强化的契约管理者组成;双方契约,一项行为契约是由双方共同签写的,每一方都想改变一种目标行为,由双方来确定要改变的目标行为以及将要对目标行为实施的强化措施。通常而言,双方契约更有制约效果。

实际工作中,"行为契约法"的基本工作程序如下:

(1)确定目标行为。

(2)商定奖惩清单。

(3)书写行为契约。

(4)签字承诺。

(5)填写"执行记录表"。

第十三章　社区社会工作

核心笔记1　农村留守妇女社会服务

留守妇女在生活中往往面临不少问题,如生产负担重、家庭压力大、精神生活匮乏、幸福指数低、安全隐患大、维权意识弱、能力精力不够、子女疏于教育管理等。可以将农村留守妇女社会服务划分为以下几个方面：

(1)开展卫生保健服务。协助妇联组织和卫生医疗部门积极开展送医送药下乡活动，定期开展义诊、免费健康检查等活动，广泛宣传医疗卫生保健知识，提高留守妇女的健康意识。

(2)开展心理健康服务。针对留守妇女劳动强度大、心理压力大、孤独感强烈等问题，开展情绪疏导、心理咨询、成立互助小组等方式，促进留守妇女之间的交流，及时化解她们心中的郁闷，减轻她们的精神压力，维护心理健康。

(3)技能训练和创业支持服务。社区工作者联合劳动技能培训部门或相关民间培训组织开展各类培训班、主题讲座活动等，传授实用技术、法律维权、医疗健康、家庭教育等方面的知识，动员留守妇女参加，提升留守妇女的综合素质。另外，也有一些地方依托“小额担保贷款”项目，畅通融资渠道、支持妇女创业，如因地制宜地发展农副业生产，扶持妇女手工编织业，引导扶持“农家乐”特色休闲旅游农业等。

(4)组织文化娱乐活动。

核心笔记 2 社区社会工作的主要方法——推动居民参与

1. 影响社区居民参与的因素分析

(1)参与价值。社区居民对参与社区事务通常会有 3 种态度：第一种是不关心，其参与社会事务的热情就会较低；第二种是自责，认为问题的产生是因为自己无能；第三种是无用感，认为自己参与并不能影响和改变目前的状况，缺乏参与的热情。

(2)参与意愿。即使社区居民肯定参与的价值，但仍要看其是否愿意，或有动机参与其中，并身体力行。

(3)参与能力。参与能力可能受两个主要因素的影响：第一个是时间和金钱，社区居民参与是要付出代价的，居民是否有能力付出相应的时间和金钱，会影响其参与行为。第二个是知识与技巧，参与各种会议需要具备有关开会的知识和参与讨论的技巧，如果社区居民没有参与经验，又缺乏有关的组织技巧及决策的相关知识等，就会阻碍其参与社区事务。

2. 推动社区居民参与的策略

(1)促进社区居民对参与价值的肯定。

(2)提升社区居民的参与意愿。

(3)提高社区居民的参与能力。首先是进行参与知识和技巧的培训，其次是妥善处理时间与资源的缺乏问题。

核心笔记 3 社区社会工作的主要方法——建立社区支持网络

1. 个人网络

社区社会工作者集中服务对象个人现存的有联系且有支持

作用的成员，动员服务对象关系密切的重要人物提供支援，维持和扩大服务对象的社交关系和联系。

2. 志愿者联系网络

社区社会工作者寻找和动员社区内或社区外愿意成为志愿者的大学生、社区党员、辖区单位的职工，通过合理配置，让志愿者和服务对象建立联系，提供帮助和支持。

3. 互助网络

社区社会工作者为那些有共同问题、相同背景、相同兴趣的服务对象建立起朋辈支持小组或互助小组，加强同伴之间的支持，促进信息分享和经验交流，增强解决问题的能力。

4. 邻里协助网络

社区社会工作者通过举办各种活动召集和推动邻里了解服务对象，强化邻里和服务对象之间的联系，发展互助性支持，有效减低正规服务的烙印效果。

第十四章　医务社会工作

核心笔记　儿童医务社会工作的服务内容

（1）对患儿而言，医务社会工作者应该帮助其适应医院环境和治疗过程，降低其对于医院和治疗的恐惧感，采用适合患儿生理心理发展阶段的社会工作方法，如游戏治疗、艺术治疗等，与患儿建立良好的专业关系，通过促进患儿情感的表达，帮助其认识疾病、适应治疗环境，缓解其因疾病产生的心理和社会适应问题。

（2）对照顾者而言，医务社会工作者的工作重点是帮助个体或整个家庭从疾病造成的混乱中恢复正常，将整个家庭的功能调节至正常状态。用个案或者小组的方法帮助他们处理情绪上的问题，提升其患儿照护的能力，也可采用家庭治疗来处理家庭成员关系方面的问题。另外，还可以整合相应的社区资源帮助照顾者减轻照护或者经济方面的压力，建构患儿家庭的社会支持系统。

第十五章　企业社会工作

核心笔记 1　企业社会工作服务内容

企业社会工作服务内容主要包括：职工职业生涯规划；职工心理健康辅导与情绪管理；职工素质提升；职业安全与健康；组

织职工参与企业管理；职工的工作生活平衡与家庭辅导；劳动关系协调；企业文化和职工文化建设；困难群体关怀；企业履行社会责任。

核心笔记 2 小组工作方法在企业社会工作中的运用

1. 企业中小组的类型

（1）兴趣、娱乐小组。其目标主要是丰富职工的休闲生活、增加职工生活乐趣、陶冶职工性情。社会工作者对于此类型小组主要起到倡导与支持、资源的整合与协调作用。

（2）成长小组。企业职工组成的成长小组，目的在于让职工有了解自己及他人思想、行为的机会，通过小组体验，充分发挥自己的潜能，洞察自己的问题，寻求解决问题并促进个人成长。

（3）支持小组。这类小组的主要目标是协助成员应对充满压力的生活事件，恢复和提高应对能力。社会工作者的主要任务是指导和协助小组成员讨论自己生命中的重要事件，表达经历这些事件时的情绪感受，加强小组成员间的沟通及相互帮助。

（4）教育小组。教育小组的主要目标是帮助成员学习新的知识与技巧，补充相关知识，促使成员改变原来对自身问题的不正确看法及解决方式，从而实现小组成员的发展目标。

（5）治疗小组。治疗小组的主要目标是协助成员改变他们的行为，改善个人问题，修复生理、心理和情绪上的创伤。治疗小组对社会工作者的素质要求比较高，不仅要具备扎实的社会工作理论和娴熟的实务技能，还要具备一定的心理学、医学等方面的学术训练和临床经验。

2. 小组工作过程

（1）需求评估。社会工作者首先对企业工会、人力资源部门及相关职工进行了较深入的调查和了解，明确职工有什么样的需求。

（2）确定目标。

（3）招募组员。

（4）制订小组计划书，并按计划开展小组活动。

（5）评估。在小组的最后阶段需要进行评估，通过评估来检视小组活动有无达到预期目标。

全国社会工作者职业水平考试辅导用书

真题全刷

社会工作实务

全国社会工作者职业水平考试辅导用书编写组　编

中级

看课做题扫我

课程题库激活码　XGWS1865

激活：微信扫描左侧小程序码 › 输入激活码 › 选课 › 立即激活 › 去听课 › 增值课，点击对应科目增值套餐，在课程目录中即可看课做题。

使用：微信搜索“天一网校”小程序 › 我的课程 › 增值课，点击对应科目增值套餐，在课程目录中即可看课做题。

光明日报出版社

图书在版编目（CIP）数据

社会工作实务：中级／全国社会工作者职业水平考试辅导用书编写组编. －－北京：光明日报出版社，2023.12(2024.7 重印).

全国社会工作者职业水平考试辅导用书. 真题全刷

ISBN 978-7-5194-7663-2

Ⅰ. ①社… Ⅱ. ①全… Ⅲ. ①社会工作—中国—水平考试—习题集 Ⅳ. ①D632－44

中国国家版本馆 CIP 数据核字(2023)第 239915 号

目　录

Contents

	页码	参考答案
第一章　社会工作实务的通用过程模式	1	83
第二章　社会工作实务的通用过程	3	83
第三章　儿童社会工作	17	90
第四章　青少年社会工作	22	92
第五章　老年社会工作	28	94
第六章　妇女社会工作	35	97
第七章　残疾人社会工作	39	99
第八章　矫正社会工作	41	99
第九章　优抚安置社会工作	46	103
第十章　社会救助社会工作	48	105
第十一章　家庭社会工作	54	108
第十二章　学校社会工作	60	112
第十三章　社区社会工作	63	113
第十四章　医务社会工作	75	121
第十五章　企业社会工作	78	122

第一章
社会工作实务的通用过程模式

刷透真题

第一题（案例分析题）

为了加强社区治理，解决小区的高空抛物问题，社会工作者与居委会主任、社区志愿者一起，在小区以出板报、派发宣传品的形式开展了“杜绝高空抛物”的社区教育活动，并上门对部分有高空抛物行为的居民进行了劝诫，但工作效果并不明显。为此，社会工作者组织召开了社区协商会议，有居民代表提出，现在的家长都听孩子的，而孩子都听老师的，小区中学龄儿童较多，建议调整工作策略，从周边的学校入手。于是，社会工作者采纳了居民代表的建议，请周边学校的老师在学生中开展“杜绝高空抛物”的教育活动，并向学生发出积极参与劝导行动的倡议。很快，小区的高空抛物现象基本消失。

问题：

社会工作者调整工作策略前后的行动系统分别是什么？

第二题（案例分析题）

某大型社区内建有餐饮一条街，一些小饭馆开设室外大排档，营业到凌晨，有些顾客大声喧哗，严重影响了附近居民的正常休息。部分居民向居委会反映，居委会出面与商户沟通，但商户他们也只能提醒顾客，人家不听也没有办法。有居民给“110”、城管部门、工商部门打电话，有关人员出面后，情况略有改善，但几天后又恢复原样。实在无法忍受的居民开始直接找大声喧哗的顾客交涉，经常因言语不和而争吵起来，这段时间接连发生几起居民与顾客打架的事件，社区矛盾日趋突出。社会工作者了解情况后，计划进行调解介入。

问题：

结合案例，逐一列出在调解介入中可以和社会工作者一起努力的行动系统。

本章错题统计清单

恭喜您，成功完成了本章的刷题挑战。然而，错题的梳理同样不可忽视，它们如同一面镜子，反映出您在复习中的薄弱环节。错题统计清单能助您快速有效地梳理错题，制订更加合理的复习计划，科学安排再次刷题的时间。相信每一次刷题都会带来全新的收获，让您离成功更近一步。

错题序号	错误分析				错题消灭计划		
	概念问题	方法问题	粗心问题	其他原因	一刷	二刷	三刷

第二章
社会工作实务的通用过程

刷透真题

第一题（案例分析题）

李某结束了强制隔离戒毒回到社区，开始接受为期三年的社区戒毒康复服务。刚入职的社会工作者小王与李某进行了第一次接案面谈。

小王："你好，我是社会工作者小王，为你提供社区戒毒康复服务。现在你的主要任务是防止复吸，争取顺利实现社会康复！"

李某抬眼看了一下小王，低头不语……

小王："请问你有什么困难需要帮助吗？我们社会工作者是专门帮助服务对象解决问题的。"

李某："我没有工作，经济困难，你们能解决吗？"

小王："我可以帮你申请临时性补助。"

李某："其他的街道还可以帮助就业，你也必须帮我解决。"

小王："现在我已经了解了你的服务需求，我会想办法帮你解决的。"

李某："那你快点啊，我等着你早点给我送补助金，你也要尽快给我找到工作啊！"

……

机构督导老张看了小王与李某第一次面谈记录后，及时对小王进行了个别督导。

问题：

1. 分析小王"界定服务对象的需要和问题"的任务完成情况。

2. 小王在与李某澄清角色期望和责任方面存在哪些问题?

第二题（案例分析题）

小军,15 岁。其父工作繁忙,与小军很少交流;其母对小军要求严格,事事包办、处处操心。

期中考试时,小军的成绩降到了班级后几名,被母亲狠狠地训斥了一顿。父亲回家后,母亲又把矛头指向父亲,继而引起夫妻间的激烈争吵。小军觉得再也待不下去,第二天就离家出走了。两天后,父母在同学家里找到了小军,但小军对父母不理不睬,拒绝回家。母亲焦急万分,遂向社会工作者求助。

社会工作者与小军的母亲进行了第一次面谈,主要对话内容如下:

母亲:“辛辛苦苦养他这么大,现在他却离家出走,我实在伤心透了。请你帮帮我,尽快劝我儿子回家吧。”

社会工作者:“我很能理解你现在的心情,也愿意帮助你,我们是否可以商量一下具体该做些什么呢?”

母亲:“这是我儿子同学家的地址,你赶紧去劝劝他吧。”

社会工作者:“我听了你的讲述,觉得儿子的问题也与你平时的态度有关吧,能不能一起探讨一下呢?”

母亲:“我怎么会有问题?我对儿子倾注了这么多心血!要怪就怪我丈夫,一天到晚不在家,回家就骂儿子,一点也帮不了我,要谈你就找我丈夫去谈吧。”

社会工作者:“那你今天来找我,最希望的就是让我帮你说服儿子回家?”

母亲:“是的,请你尽快帮我吧,我实在走投无路了。”

社会工作者:“好的,我明白了你的需要,我会马上找他的。”

接案面谈就此结束。

问题：

结合本案例，指出社会工作者在上述接案面谈中没有完成的主要任务有哪些？并说明理由。

第三题（案例分析题）

社会工作者在一次走访中发现王老先生独自在家。对于社会工作者的到来，他很高兴，交谈中社会工作者了解到，王老先生现与儿子一家同住，儿子和儿媳外出工作时，家里只留下他一个人。社会工作者通过观察发现，王老先生的房间杂乱无章，身上衣服泛黄并发出异味，已经多日没有换洗。老人抱怨，退休工资都交给儿媳，身上没有任何零花钱。同时，社会工作者还注意到王老先生手臂上有多处瘀青，问其原因，王老先生沉默不答，表情紧张。社会工作者向社区居委会进一步了解情况，得知王老先生今年80岁，以前是老伴照顾他的饮食起居，老伴去世后，主要由儿媳照顾。儿媳觉得老人不做家务，不讲卫生，一起生活碍事，常常为此打骂老人，有时还不让老人吃饱，儿子去外地出差时，儿媳还经常将老人反锁家中。

问题：

社会工作者在本案例中运用了哪几种收集资料的方法？

第四题（案例分析题）

社区戒毒人员张某找到社会工作者，要求得到各类困难补助，但社会工作者认为其部分要求不符合政策规定，无法协助办理。张某声称要投诉社会工作者，并出言不逊，而社会工作者认为自己没有做错什么，双方关系陷入僵局。机构主管对社会工作者进行督导后，社会工作者主动约张某再次面谈。

社会工作者："对不起啊，上次我只考虑到政策规定，没有考虑到你的感受……"

张某一愣。

社会工作者："你一个人带孩子不容易，我也知道虽然生活很辛苦，但你在努力想办法克服困难……"

张某被触动了，低下了头。

社会工作者："这次我想进一步了解情况，看看我们可以采取哪些办法一起面对困难，好吗？"

张某："上次我发火也是因为着急，孩子最近……（张某叙述了孩子的近况）"

社会工作者："噢！孩子现在怎么样了？"

张某："情况好些了。"

社会工作者："嗯，确实很不容易的，你发火我很理解，但也不要太急，总有办法解决的，把你的困难和想法再具体谈一下，我会根据我了解及掌握的情况，与你共同商量，一起想办法解决，好吗？"

张某表示同意。

问题：

1. 逐一列出社会工作者在面谈中运用的建立专业关系的技巧及案例中对应的内容。

2. 案例体现了建立专业关系的哪些要素？

第五题（案例分析题）

某中学恢复线下教学后，学校社会工作者发现，部分学生沉迷于网络，出现了情绪低落、疲乏无力、食欲不振等状况，学习成绩和身心健康受到了严重影响。

社会工作者通过预估发现：这些学生平均每天上网超过4个小时；虽然大部分学生对长时间上网的危害有所认识，但总是控制不住自己；与现实世界相比，网络世界对他们更有吸引力；他们性格较为内向，在学校里很少参加集体活动；与同学、老师及家人的关系都比较疏离；由于疫情期间教学活动以线上形式为主，家长对孩子使用电子产品及网络疏于监督和引导，学校也没有就此与家长进行有效沟通。

基于上述情况，社会工作者按照行为契约法的五个工作步骤开展服务：第一步，与学生共同确定目标行为，即控制上网时间；第二步，商定奖惩清单，即成功控制上网时间将获得的奖励、没有控制上网时间将受到的惩罚。

问题：

本案例中，社会工作者在预估阶段完成了哪些任务？

第六题（案例分析题）

小美是初中二年级学生，学习成绩中等偏下，性格孤僻，平时在学校较少与班上同学说话，经常独来独往，放学后也不跟社区里的同龄人玩耍。小美的母亲是从外地农村嫁到城里的“外来媳”，与亲戚、邻居交往少。因为身体不好，主要在家接一些手工活贴补家用，小美的父亲是一线操作工人，三班倒，工作十分辛苦，收入较低。父亲对小美比较严厉，父女之间交流很少。因为工作时间关系，父母之间很少沟通，家里有什么事，都是父亲说了算，小美一家也不参加任何社区活动。社会工作者在一次“外来媳”家庭走访中遇到了小美，决定对其开展个案服务。在预估阶段，社会工作者只收集了小美对自己的看法，就认定小美的问题源于自信心不足。

问题：

1. 在本案例的预估阶段，社会工作者还应从小美家庭层面收集哪些资料？

2. 在本案例的预估阶段，社会工作者还应从小美与环境的互动层面收集哪些资料？

第七题（案例分析题）

社会工作者在为某企业提供服务时发现，员工小张的父亲最近遭遇严重车祸住院治疗，小张的生活和经济面临巨大压力，情绪低落，工作多次出错，还出现擅自离岗的情况，企业领导多次批评，并声称要扣发奖金。

社会工作者在预估中，绘制了小张的社会生态系统图：

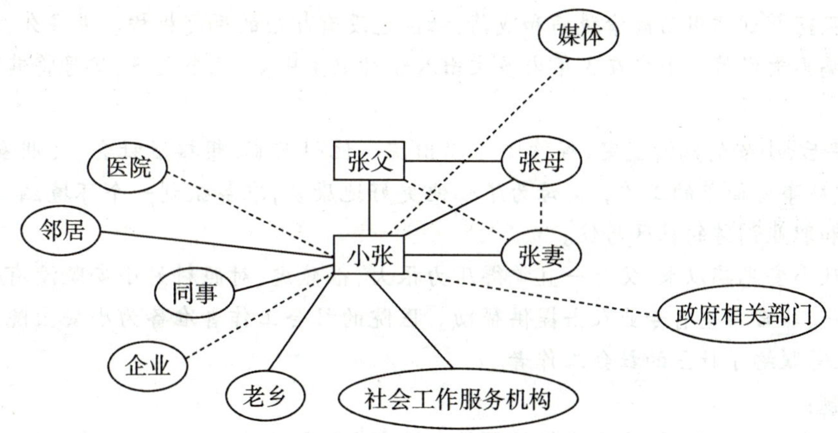

问题：

依据上图，分析小张的社会生态系统状况。

第八题（案例分析题）

小安，男，26岁，大学三年级时因精神疾病退学。退学后，小安在精神卫生中心接受了4周治疗后出院。小安的母亲提前退休后全身心地照顾他，但是，小安的某些社会机能仍在慢慢退化。朋友和同学开始疏远他，有些居民也因偏见而对他指指点点，这让原本就内向的小安备受情绪困扰，更加沉默寡言，越来越没有自信，整天不想出门。小安因为服药有副作用而偷偷藏药和减药，社区也没有相应的康复机构。没多久，小安的精神疾病再次发作。小安在3年内多次出入精神卫生中心，无奈之下，父母将其送入精神病院。

1年后，小安的病情稳定，经诊断可以出院。他想回家，想接触社会、交朋友，想学点技能、从事些简单的工作。父母为了让他更好地康复，准备搬到一个环境幽静、能提供康复和职业训练的社区居住。

自从小安患病以来，父母一直觉得压力很大，很焦虑，对照料好小安既没有信心也不懂技巧，非常希望有专业人士提供帮助。医院的社会工作者准备为小安出院回家提供服务，并联络了社区的社会工作者。

问题：

从社会支持来源看，小安康复的哪些支持存在不足？

第九题（案例分析题）

针对D街道老人和儿童缺乏社区照顾的问题，社会工作服务机构与基金会联合启动了"'五社联动'助力'一老一小'"项目。社会工作者充分发挥资源经纪人的角色作用，通过问卷调查、入户访谈、绘制社会生态系统图和社区资源图等方式，了解老人和儿童的需求、现存人际关系，识别社区中的服务资源。在此基础上，社会工作者动员与服务对象关系密切的亲友提供支持；将处于困境中的老人和儿童推介给社区志愿服务队，建立长期的陪伴服务关系；培育成立社区互助会，组织有参与意愿的老人和儿童互相认识，互相支持；定期举办社区公益资源集市，促进爱心企业、邻居与有需要的老人及儿童对接；协助老人、儿童掌握联系和使用服务资源的方法，定期回访了解服务对接和资源使用情况。

经过多方努力，针对"一老一小"的社区支持网络在D街道得以建立。

问题：

社会工作者在扮演资源经纪人角色时运用了哪些服务技巧？

第十题（案例分析题）

某大型社区内建有餐饮一条街，一些小饭馆开设室外大排档，营业到凌晨，有些顾客大声喧哗，严重影响了附近居民的正常休息。部分居民向居委会反映，居委会出面与商户沟通，但商户他们也只能提醒顾客，人家不听也没有办法。有居民给"110"、城管部门、工商部门打电话，有关人员出面后，情况略有改善，但几天后又恢复原样。实在无法忍受的居民开始直接找大声喧哗的顾客交涉，经常因言语不和而争吵起来，这段时间接连发生几起居民与顾客打架的事件，社区矛盾日趋突出。社会工作者了解情况后，计划进行调解介入。

问题：

社会工作者应采取哪些直接介入策略来调解矛盾？

第十一题（案例分析题）

社会工作者小罗在对李爷爷家评估时发现：李爷爷家房屋老旧，物品摆放杂乱，室内照明不足；李爷爷与老伴王奶奶以前经常参加社区活动；李爷爷的儿子每周会来探望一次；李爷爷夫妻二人的退休工资能满足日常开销。前段时间，李爷爷因不慎跌倒导致骨折，生活暂时不能自理，全靠王奶奶照顾；李爷爷担心不能康复，情绪十分低落。

针对评估中发现的问题，小罗采取了一系列行动：动员志愿者骨干定期探望李爷爷；邀请医护人员一同进行深入评估，制订上门照护与康复训练的计划；介绍王奶奶加入照顾者互助小组；协调相关部门对李爷爷家进行居家安全改造。

此外，为了更好地回应类似服务对象的需要，小罗总结服务经验，对机构的工作流程提出了改进建议。

问题：

在本案例中，小罗运用了哪些间接介入策略？

第十二题（案例分析题）

某社区有历史悠久的民俗文化：社区拥有各类活动场所和服务器材，每年有一定的社会服务经费；社区居民骨干、志愿者人数较多；辖区内有多家社会组织和便民服务商。然而，该社区的服务效率低下、质量较差，社区活动形式单一，难以满足居民日益多元的服务需求。

针对上述情况，社会工作服务机构受街道办事处委托，邀请了社区居委会人员、社区社会组织骨干和志愿者一起分析各自的优势、局限和角色差别，澄清了对社区服务的认识，达成了共同的目标，明确了各自职责，建立了信息搜集与共享制度、联席会议制度和服务联办制度，在该社区逐步形成了社区居委会、社会工作服务机构和社区社会组织分工合作的联动机制，社区服务效率和质量有了大幅提升。

问题：

本案例中，社会工作服务机构协调该社区各类服务资源时，把握了哪些原则？

第十三题（案例分析题）

大学毕业生小梅因车祸导致瘫痪，整天躺在床上无所事事，情绪十分低落。社会工作者小张介入后，对小梅进行了情绪疏导，并与她一起分析讨论，决定开办一家网上工艺品商店。一年来，在小张的协助下，网店发展走上了正轨，小梅已掌握了所有业务流程，情绪也恢复正常，在此情况下，小张觉得可以结案了。一天，小张在家访中对小梅说，自己的任务已完成，从明天开始将不再来小梅的家。小梅感到十分震惊，情绪又回落到服务前的状态，没有心思处理网店的业务了。

问题：

1. 分析导致小梅在结案时情绪回到以前状态的原因。

2. 结合案例，说明为避免小梅的负面反应，社会工作者小张在结案时应采取的处理方法。

第十四题（方案设计题）

周日下午，某校初三(2)班10多位同学结伴到郊外爬山。因天气突变，骤降暴雨，引发山体滑坡。小军、小勇和小楠被冲下山坡。同学们一边报警，一边积极下坡营救。

警察、家长和老师第一时间赶到了现场，2小时后发现了三人的遗体。大家非常悲伤，不少同学抱头痛哭。学校一边紧急处理相关事宜，一边积极安抚同学们的恐慌情绪。校长马上召开紧急会议，与老师及社会工作者商量如何处理因此事引发的学生情绪困扰问题。

要求：

以危机介入的基本原则为依据，列明以学生为对象的危机干预内容。

本章错题统计清单

恭喜您，成功完成了本章的刷题挑战。然而，错题的梳理同样不可忽视，它们如同一面镜子，反映出您在复习中的薄弱环节。错题统计清单能助您快速有效地梳理错题，制订更加合理的复习计划，科学安排再次刷题的时间。相信每一次刷题都会带来全新的收获，让您离成功更近一步。

错题序号	错误分析				错题消灭计划		
	概念问题	方法问题	粗心问题	其他原因	一刷	二刷	三刷

第三章
儿童社会工作

刷透真题

第一题（案例分析题）

小明今年10岁，一年前父亲因车祸去世，母亲离家不知所终。小明与70岁的爷爷相依为命。社会工作者小顾通过家庭走访和查阅资料了解到：小明因目睹了父亲的车祸惨状，常常半夜惊醒，有时会突然大声尖叫，并伴有攻击性行为；为补贴家用，爷爷捡拾废品，家中和楼道堆满杂物，小明身上总有异味；爷爷年事已高，对小明的照顾越来越力不从心；小明常常逃学，整日在外游荡，考试成绩差，经常遭到爷爷打骂。

为回应小明的多元化需求，小顾采用个案管理的方法，与小明和爷爷多次沟通，共同制订一整套服务计划，在征得他们的同意后开展服务：联系儿童医院的心理治疗师对小明的创伤后症状开展游戏辅导；推荐小明参加社区“四点半课堂”；动员社区志愿者为小明和爷爷提供生活照料；通过慈善总会对接爱心企业，为小明申请到一笔救助金，缓解了家庭的经济压力。小顾对上述服务进行了持续追踪和监督。

问题：

分析案例中小明的需要。

第二题(案例分析题)

小辉上小学二年级时,他的爸爸突发急病去世,妈妈因此受刺激得了间歇性精神疾病。妈妈病情发作时,不仅没有能力照顾小辉,而且会无故殴打他。最近,妈妈病情加重,试图自杀,被邻居及时发现并制止。

村儿童主任将小辉的情况紧急报告给镇政府。镇政府委托某社会工作服务机构入村支援。社会工作者评估发现,小辉今年刚满10岁,身体严重消瘦,已经半个多月没去上学了;小辉的妈妈需要立即入院治疗;小辉家在当地没有亲戚,当前亟需处理小辉的临时安置问题。

上级民政部门接到镇政府的报告后,决定依法对小辉实施临时监护,委托村委会采取家庭寄养的方式进行临时安置。村儿童主任和社会工作者在上级民政部门的指导下,征得小辉及其妈妈的知情同意,面向全村招募临时寄养家庭,并对报名的家庭进行筛选,最终评审出一个合格家庭。

问题:

1. 结合案例,分析小辉面临的主要问题。

2. 按照家庭寄养服务流程,本案例中社会工作者后续需要开展哪些工作?

第三题（案例分析题）

某小学的周老师发现，女学生小红最近上学经常迟到，上课注意力不集中，学习成绩快速下降；小红过去衣着整洁，现在变得邋里邋遢；学校召开家长会，小红家里无人参加；学校联系家长，家长的电话也无人接听。周老师家访时了解到，小红家居住在老旧小区，出租房较多，人员复杂；小红父亲酗酒成性，常打骂小红母亲；小红母亲不堪忍受，最近离家出走。

学校社会工作者接到周老师的转介后发现，小红性格内向，很少与班上同学交往；在谈及家庭情况时，小红神情紧张。社会工作者还注意到小红身上有多处瘀伤，问其原因，她不愿回答。

问题：

1. 从儿童保护的角度，列出小红所面临的风险。

2. 社会工作者可采用哪些收集信息的方法，进一步评估小红的服务需求？

第四题（案例分析题）

A社区发生了几起虐待儿童事件，社会工作服务机构应邀进驻该社区开展儿童保护服务。社会工作者通过入户走访，了解是否存在育儿行为不当、儿童照料缺失、家庭经济困难以及家庭关系紧张等情况，采用“红（高风险）—黄（中风险）—绿（低风险）”三色法对不同家庭进行标识；针对存在风险的家庭，组织社区志愿者定期上门了解近况；在社区张贴海报，宣传儿童保护知识；为存在不当育儿行为的家长开展亲职教育服务。

小江是高风险家庭的儿童，自从母亲去世后，他经常遭到父亲酒后殴打。某日，社区志愿者向社会工作者报告，小江又被父亲打了，这次情况特别严重，他被打得意识不清。社会工作者接到报告后，立即赶到小江家中，拨打“120”并护送他去医院紧急救治。

问题：

1. 分析社会工作者在本案例中开展了哪些方面的预防服务。

2. 在本案例中，社会工作者还应采取哪些危机干预措施？

本章错题统计清单

恭喜您，成功完成了本章的刷题挑战。然而，错题的梳理同样不可忽视，它们如同一面镜子，反映出您在复习中的薄弱环节。错题统计清单能助您快速有效地梳理错题，制订更加合理的复习计划，科学安排再次刷题的时间。相信每一次刷题都会带来全新的收获，让您离成功更近一步。

错题序号	错误分析				错题消灭计划		
	概念问题	方法问题	粗心问题	其他原因	一刷	二刷	三刷

第四章
青少年社会工作

刷透真题

第一题（案例分析题）

某社区青少年服务机构的社会工作者发现，该社区里有不少青少年以抽烟、喝酒、说脏话为时尚，行为也“匪里匪气”。因此，社会工作者以班杜拉（Albert Bandura）的观察学习历程的步骤顺序，组织了“什么是时尚”的主题活动，改善青少年对时尚的认识。

青少年“什么是时尚”主题活动大纲

节　次	主题活动内容
第一次	A. 通过情景剧表演，帮助青少年反思不良时尚观的由来，重新树立正确的时尚观
第二次	B. 引导青少年制订改善他们认知和行为方式的计划，并指导他们应用于日常生活中，增强其保持正确时尚观的动力
第三次	C. 组织青少年观看电影、电视，通过实例示范，引导他们注意影视剧中反映出来的正确时尚观
第四次	D. 组织青少年开展关于“什么是时尚”的辩论赛，并对不同的时尚观进行辨识，引导青少年初步树立正确的时尚概念

问题：

依据班杜拉（Albert Bandura）观察学习历程的要求，结合上述案例，分析该主题活动顺序中存在的错误，并用上表中与小组活动内容相对应的英文字母代码，重新排列小组活动节次的正确顺序。

第二题（案例分析题）

某中职学校为解决新生迟到、旷课和逃学等问题，委托社会工作服务机构开展服务。社会工作者调研发现，有的学生认为读职校“低人一等”；有的对所学专业了解不多，更谈不上认同，学习积极性不高；还有的觉得前途渺茫，不知道如何规划未来。

社会工作者为这些学生开展“自我规划”成长小组服务。在每节小组活动中，社会工作者设置“优点一箩筐”环节，鼓励组员发现并分享自己和他人的优点。组员们在相互肯定中更加自信了，也越来越愿意参与讨论。在每节小组活动后，社会工作者布置“勇敢者挑战”作业，要求组员每天在微信群打卡，鼓励大家按时上课、相互督促。社会工作者发现组员打卡越来越积极，还会在群里分享趣闻乐事，他们的自制力在潜移默化中得到了增强。此外，社会工作者专门邀请优秀校友分享就业创业的成功经历。组员们逐渐养成了良好的学习习惯，开始认真规划自己的学习生活，对未来也越来越有信心。

问题：

1. 依据班杜拉的社会学习理论，分析社会工作者在该成长小组中采用了哪些治疗技术。

2. 综合案例，分析小组工作在促进学生改变中发挥的作用。

第三题（案例分析题）

某社区一些家庭亲子关系紧张，冲突频发，家长十分焦虑。为此，社会工作者采用“父母效能训练模式”为这些家长开展亲职教育小组，小组共分为六节。以下对话节选自第一节和第六节的小组过程记录。

第一节：

社会工作者：“感谢家长A的分享，我们来听听其他家长在亲子关系中的问题，请大家畅所欲言。”

家长B：“我跟A一样，我这一天天苦口婆心，好言相劝，希望孩子能好好学习，可是她居然说我像唐僧一样，唠唠叨叨。”

家长C：“我儿子更过分，我只数落了他几句，他居然把门一摔，好几天不跟我说话。越这样，我越说！”

家长D：“这是典型的青春期叛逆，讲道理有什么用？我家孩子也是一样，就得打！”

第六节：

社会工作者：“咱们的小组快接近尾声了，请各位家长分享一下在小组中的收获吧。”

家长E：“我收获很大，以前与儿子沟通的时候总是缺乏耐心，控制不住自己的情绪，其实与孩子的关系中，我们家长的态度很重要。”

家长C：“是啊，咱们做家长的谁不为孩子好，但也得注意方式方法。要学会向孩子表达自己的感受，别一味指责孩子，也要听听孩子的心声。”

家长D：“而且不能随便给孩子贴上‘叛逆’的标签，这个阶段的孩子渴望独立，咱们做家长的应该给予更多的支持和理解。”

家长A：“我们做家长的要给孩子树立榜样，平时注意交流方式，夫妻之间不能一言不合就吵架。”

家长B：“一句话总结，我觉得我更会做家长了。”

问题：

结合案例说明该亲职教育小组实现了哪些具体目标？

第四题（案例分析题）

某社会工作服务机构承接的“城市低保家庭就业促进”项目结束后，该社会工作服务机构安排评估人员运用程序逻辑模式对项目进行成效评估。

评估人员通过查阅服务档案了解到，社会工作者为了让服务对象更积极地面对就业，举办了4次政策宣传活动，开展了2个“自力更生”就业促进小组；为协助屡次求职失败的服务对象认识就业形势和自身的优势与不足，完成了5个个案辅导；为提高服务对象就业能力，组织60名就业竞争力较弱的服务对象参加了技能培训；为增加服务对象就业机会，联系了一些企业提供就业岗位。

评估人员还对该项目采用的理论框架、处境分析的结果、影响项目推进的外在环境因素进行了评估。

问题：

该社会工作服务机构的评估人员运用程序逻辑模式对本项目开展成效评估时，还需要评估哪些要素？

第五题（方案设计题）

某社会工作服务机构发现，社区内一些十六七岁的未成年人，由于家庭贫困等因素的影响，形成了敏感、内向等性格特点，自我认同度较低，这些未成年人正处于进一步就学、就业的抉择关口，却不知道自己想做什么，也不了解社会上有哪些职业适合自己，对未来备感迷茫，该社会工作服务机构计划为这些未成年人提供服务，并希望通过申报政府购买服务项目获得资金支持。

要求：

依据生涯选择配合论，设计一份“未成年人职业规划服务”的项目计划书（只需把需求分析、具体目标、服务活动形式和预计成效四部分答案，依据下列表中所列字母的顺序，在答题卡中填写）。

项目名称	未成年人职业规划服务		
需求分析	A		
理论基础	生涯选择配合论认为，职业规划的先决条件是必须先对自己有充分的认识与了解，进而探索认识外在的职业世界。在了解了自己与外面的职业环境之后，作出抉择，制定未来的发展目标和开始采取必要的行动		
总目标	认识自我与职业之间的关系，提升职业规划能力		
项目实施	具体目标	服务活动（只列出形式）	预计成效（服务对象的改变）
	B_1	B_2	B_3
	C_1	C_2	C_3
	D_1	D_2	D_3
	E_1	E_2	E_3
	评估、管理、预算等（略）		

本章错题统计清单

恭喜您,成功完成了本章的刷题挑战。然而,错题的梳理同样不可忽视,它们如同一面镜子,反映出您在复习中的薄弱环节。错题统计清单能助您快速有效地梳理错题,制订更加合理的复习计划,科学安排再次刷题的时间。相信每一次刷题都会带来全新的收获,让您离成功更近一步。

错题序号	错误分析				错题消灭计划		
	概念问题	方法问题	粗心问题	其他原因	一刷	二刷	三刷

第五章
老年社会工作

刷透真题

第一题（案例分析题）

某社区里老街坊、老邻居多，老党员也不少，邻里关系比较融洽。该社区老龄化程度较高，60 岁及以上老人占总人口 19.5%，而且，高龄老人数量较多，社会工作者在日常工作中发现：一些老人年老体衰，行动不便；一些老人没有退休金，生活困难；一些老人经济条件虽好，子女却不在身边，时常感到孤独寂寞；一些老人反映社区文化活动太少，缺少展示才艺的舞台；一些老人被家人忽视，甚至受到虐待，合法权益难以得到保障。

针对以上情况，社会工作者拟订了一个社区老人服务计划，内容包括：一是协助生活困难老人获得经济补助；二是请青年志愿者为生活不便的老人提供照顾。

问题：

该服务计划满足了老年人的哪些需求？还有哪些需求没有得到满足？

第二题（案例分析题）

某日，王奶奶来到镇社工站向社会工作者倾诉，儿子儿媳两年前外出务工，平时很少回家，对家里的事不管不问，把10岁的孙女丢给自己和老伴照看，她对此感到非常无奈，但又不知道如何与儿子儿媳沟通。社会工作者了解到，最近王奶奶的老伴因意外摔倒卧床不起，她既要照顾老伴又要照看孙女，感到力不从心；王奶奶经常将孙女锁在家里写作业，节假日也不准她外出，生怕发生意外，孙女为此经常与她发生争执；年龄的增长，身体的变差，老伴受伤后医药费支出的增加，让她更加烦躁不安，经常为一些琐事与邻居争吵；现在她也没有时间参加社区活动，与原来的老姐妹逐渐疏远。王奶奶对现在的生活状况很不满意，觉得自己的晚年生活没有意思，却不知道该怎么办。

社会工作者在征得王奶奶同意后，计划为她开展服务。

问题：

列出本案例中王奶奶面临的问题。

第三题（案例分析题）

社会工作者在一次走访中发现王老先生独自在家。对于社会工作者的到来，他很高兴，交谈中社会工作者了解到，王老先生现与儿子一家同住，儿子和儿媳外出工作时，家里只留下他一个人。社会工作者观察发现，王老先生的房间杂乱无章，身上衣服泛黄并发出异味，已经多日没有换洗。老人抱怨，退休工资都交给儿媳，身上没有任何零花钱。同时，社会工作者还注意到王老先生手臂上有多处瘀青，问其原因，王老先生沉默不答，表情紧张。社会工作者向社区居委会进一步了解情况，得知王老先生今年80岁，以前是老伴照顾他的饮食起居，老伴去世后，主要由儿媳照顾。儿媳觉得老人不做家务，不讲卫生，一起生活碍事，常常为此打骂老人，有时还不让老人吃饱，儿子去外地出差时，儿媳还经常将老人反锁家中。

问题：

列举本案例中老人受到虐待和疏于照顾问题的类型及行为表现。

第四题（案例分析题）

李大爷因中风住院治疗，出院回家后，执意一个人居住。女儿放心不下，为李大爷申请了社区居家养老服务。

社会工作者通过李大爷的女儿了解到，李大爷中风前是社区志愿服务团队骨干，经常参加各类社区活动。现在，李大爷虽生活基本能自理，但身体状况大不如前，经常忘记吃药，而且他总担心自己会跌倒，不愿出门，脾气也越来越差。

社会工作者入户评估发现，李大爷的居家环境存在一定的安全隐患，对医疗和社区服务资源的使用较少。

当社会工作者进一步评估时，李大爷表现得很不耐烦，他认为自己不需要外人帮忙，对女儿没经过他同意就找人来调查，感到很生气。李大爷也担心社会工作者会把家里的情况随便告诉其他人。

问题：

1. 社会工作者对李大爷进行社区居家养老评估时，重点收集了哪几个方面的信息？

2. 社会工作者在为李大爷开展评估时应注意哪些事项？

第五题（案例分析题）

社会工作者小罗在对李爷爷家评估时发现：李爷爷家房屋老旧，物品摆放杂乱，室内照明不足；李爷爷与老伴王奶奶以前经常参加社区活动；李爷爷的儿子每周会来探望一次；李爷爷夫妻二人的退休工资能满足日常开销。前段时间，李爷爷因不慎跌倒导致骨折，生活暂时不能自理，全靠王奶奶照顾；李爷爷担心不能康复，情绪十分低落。

针对评估中发现的问题，小罗采取了一系列行动：动员志愿者骨干定期探望李爷爷；邀请医护人员一同进行深入评估，制订上门照护与康复训练的计划；介绍王奶奶加入照顾者互助小组；协调相关部门对李爷爷家进行居家安全改造。

此外，为了更好地回应类似服务对象的需要，小罗总结服务经验，对机构的工作流程提出了改进建议。

问题：

小罗对李爷爷家进行了哪些基础性评估？

第六题（案例分析题）

方婆婆,70岁,腿脚略有不便,喜欢一个人安静地听音乐。她很伤感,感觉自己对外面的世界失去了兴趣,虽然有生活自理能力却无心照顾自己。方婆婆的子女平时都要上班,家中没有人照顾她,方婆婆的儿子在征得母亲的同意后,将她送到了离家20公里远,收费比较高的养老院。

入住养老院半年后,方婆婆还难以适应定时吃饭和定时熄灯等管理制度,也不喜欢院方组织的郊游活动,她感到既没有人可以交流谈心,也不能经常请假回家,只能待在这个“小地方”。渐渐地她越发感到手脚没有力气,浑身不自在。针对方婆婆的情况,养老院没有提供具体的服务,方婆婆强烈要求回家。

方婆婆儿子发现社区开办了居家养老服务,内容包括家务助理、送餐、家庭病床等,价格也比较便宜,社区里有很多母亲的老朋友还有志愿者服务。方婆婆的儿子为母亲申请了居家养老服务,向社会工作者求助。

问题:

结合案例,指出该养老院服务存在哪些局限性?

本章错题统计清单

恭喜您，成功完成了本章的刷题挑战。然而，错题的梳理同样不可忽视，它们如同一面镜子，反映出您在复习中的薄弱环节。错题统计清单能助您快速有效地梳理错题，制订更加合理的复习计划，科学安排再次刷题的时间。相信每一次刷题都会带来全新的收获，让您离成功更近一步。

错题序号	错误分析				错题消灭计划		
	概念问题	方法问题	粗心问题	其他原因	一刷	二刷	三刷

第六章
妇女社会工作

刷透真题

第一题（案例分析题）

社会工作者在社区调研中发现，一些失去独生子女的家庭存在重重困难，家庭成员不愿意面对现实，长期沉浸在悲伤和自责中，有的夫妻关系变得紧张，有导致婚姻破裂的危机；有的老人疾病缠身，无人照顾；有的家庭缺乏稳定的收入，经济困难；有的家庭成员害怕无人养老送终，对未来充满担忧。社区居民虽然对失独家庭感到同情，但不知如何与其交往，也很少邀请这些家庭参加社区活动。

问题：

1. 列出本案例中家庭面临的问题。

2. 结合案例中的问题，从家庭、社区、社会三个层面，社会工作者应采取什么干预措施。

第二题（案例分析题）

社会工作者在某社区开展需求调研时发现：该社区的低收入家庭中有劳动意愿和能力的妇女共30名。她们大多从农村嫁到城里，婚后长期在家照顾老人和孩子，身边几乎没有能谈心的朋友。由于没有工作收入，她们的家庭地位较低，一旦发生家庭矛盾，只能忍气吞声。因此，她们希望学一些在家能做的手工编织技能，实现劳动创收和照顾家庭两不误，提升自身价值和家庭地位。

结合需求调研，社会工作者组织这些妇女成立了手工编织互助组。在开展手工编织技能培训时，她们认为应该由社会工作者制定培训内容和学习计划，因此几乎不发表自己的意见。由于不自信，她们在培训活动的讨论环节也很少主动分享自己的想法和经验。

问题：

1. 结合案例，分析该社区低收入家庭中的妇女主要有哪几个方面的需求？

2. 运用参与式学习方法，社会工作者在开展技能培训时，应采取哪些策略促进这些妇女的改变？

第三题（案例分析题）

丽芬是一位普通的农村妇女。丈夫长年在外打工，很少回家，经常抽烟喝酒，每年拿不了多少钱回家。丽芬除了种地、养猪、养牛之外，还要照顾上学的女儿以及多病的婆婆，是家庭的经济支柱。

婆婆和丈夫都希望丽芬再生一个男孩，可丽芬自己不想再生第二胎，也一直没有怀上。因此，丈夫和婆婆总是冷言冷语，丈夫甚至以生不出男孩就离婚来威胁，有时还会打她。丽芬得不到丈夫的关心，觉得自己很没用，在村里抬不起头来。

性格内向的丽芬找过村里要好的姐妹诉苦，大家都很同情她。村里像她这样挨打的妇女有不少，但大家认为家丑不可外扬，都选择了忍耐和沉默。丽芬曾找过妇联主任和派出所民警，他们都做过丽芬家人的工作，但没起什么作用。村里人背地里对丽芬将家事告诉外人有些议论，也以"清官难断家务事"为由，没有给丽芬什么帮助。

丽芬感觉活得很累，动过离婚的念头，可是，父母都住在弟弟家里，自己如果离婚带着女儿能去哪里呢？她想过自杀，但一想到女儿没了妈妈之后的日子，就打消了这个念头。她感到无助，自叹命不好，不得不认命。

不久前，某社会工作服务机构在丽芬所在的村庄开展服务。丽芬经过一段时间的观望和了解，前来该机构求助。

问题：

1. 在本案例中，社会工作者应该如何运用女性主义社会工作的基本原则？

2. 从个人、小组和社区三个层面，提出解决丽芬问题的简要策略。

本章错题统计清单

恭喜您，成功完成了本章的刷题挑战。然而，错题的梳理同样不可忽视，它们如同一面镜子，反映出您在复习中的薄弱环节。错题统计清单能助您快速有效地梳理错题，制订更加合理的复习计划，科学安排再次刷题的时间。相信每一次刷题都会带来全新的收获，让您离成功更近一步。

错题序号	错误分析				错题消灭计划		
	概念问题	方法问题	粗心问题	其他原因	一刷	二刷	三刷

第七章
残疾人社会工作

刷透真题

第一题（案例分析题）

小明，17 岁，某职校学生。不久前与母亲外出时，不幸遭遇车祸，导致双腿截肢。截肢后的小明变得沉默寡言，不愿主动与人交往，与父母关系日渐疏远。职校虽然表示愿意接受小明返校读书，但由于缺乏相关经验，针对小明残疾状况的特殊安排迟迟没有落实，因此，小明至今没有返校。母亲感到十分自责，对小明的任何要求都尽量满足，希望能够“赎罪”。父亲因为唯一的儿子成了残疾人，认为自己是世上最“倒霉”的人，整天唉声叹气，愁眉苦脸。小明感到前途渺茫，内心十分焦虑，了解到小明的情况后，社会工作者决定介入。

问题：

1. 本案例中的小明有哪些服务需求？

2. 依据残疾人社会工作的教育康复模式，本案例中的社会工作者应开展哪些工作？

本章错题统计清单

恭喜您，成功完成了本章的刷题挑战。然而，错题的梳理同样不可忽视，它们如同一面镜子，反映出您在复习中的薄弱环节。错题统计清单能助您快速有效地梳理错题，制订更加合理的复习计划，科学安排再次刷题的时间。相信每一次刷题都会带来全新的收获，让您离成功更近一步。

错题序号	错误分析				错题消灭计划		
	概念问题	方法问题	粗心问题	其他原因	一刷	二刷	三刷

第八章 矫正社会工作

刷透真题

第一题（案例分析题）

刘某，男，46岁，年幼时父母离异，跟父亲和姐姐一起生活，不再与母亲来往。刘某小学时特别调皮，经常惹事，父亲脾气暴躁，常对他拳脚相加。刘某与父亲的关系一直很紧张，和姐姐则比较贴心。1992年，刘某因严重犯罪被判无期徒刑，剥夺政治权利终身。服刑期间，刘某因表现良好多次被减刑，2008年底假释回家，按规定接受社区矫正。

回家后，刘某与父亲同住。父亲靠退休金生活，经济比较紧张，对刘某给家庭造成的影响耿耿于怀，常常冷嘲热讽。姐姐在大型超市当理货员，工作十分辛苦，家里经济条件不好，但她还是非常关心弟弟，常常送些生活用品并帮忙洗洗涮涮。刘某觉得姐姐生活不容易，不愿给姐姐添麻烦。

目前，刘某没有固定工作，仍单身一人。看着昔日的同学、朋友都已成家立业，他也很想做点事情，可是做生意没本钱，找工作没技能。在屡屡碰壁后，刘某牢骚满腹，情绪很不稳定，在接受社区矫正初期非常抵触。社会工作者安排他定期参加社区公益劳动，但刘某经常迟到。

问题：

刘某面临的问题和需要是什么？

第二题（案例分析题）

服刑人员李某假释回到社区后，感到难以适应，总觉得自己低人一等，被人瞧不起。面对家人的不接纳，以及自己无房住、无经济来源、无工作的窘境，李某十分悲观，觉得这辈子再也没有希望了。一天，李某在办理低保申请时，工作人员要求其补齐材料再来办理。李某为此很生气，与工作人员大吵大闹，并当场撕掉了申请材料。

社会工作者及时介入，为李某开展了个案服务。社会工作者运用理性情绪治疗模式（ABC 治疗模式），协助李某调整非理性信念；协调多方资源缓解李某的生计困难；并协调李某与家人的关系。在社会工作者的协助下，李某找到了工作和临时住房，家人重新接纳了李某。李某的生活状态有了明显好转。

问题：

1. 社会工作者为李某提供了哪些促进其社会适应的服务？

2. 运用理性情绪治疗模式，对李某申请低保时的 A、B、C 作具体说明，并分析其相互关系。

第三题（案例分析题）

服务对象张女士，40岁，从未正式工作过，目前在戒毒期。社会工作者了解到，她的儿子已到上学年龄，但由于非婚生育且身份信息不全，影响了入学手续的办理，她为此非常着急。社会工作者决定以此为契机，运用个案管理方法为张女士提供服务。

社会工作者运用“社会—心理”视角，在“情境中”观察张女士与环境的互动情况，与她一起尝试将生活中的问题转化为需求，并逐一讨论可使用的资源，归纳形成了《需求与资源分析表》（见下表）。接下来，社会工作者在征得张女士同意后，与相关资源逐一联络确认，并和警察、医生等各方紧密合作，提供了一整套服务，持续跟进资源运用的全过程，确保了服务效果。

需求与资源分析表

生活中的问题	需 求	资 源
张女士关切的问题：儿子身份信息不全，影响上学	承担抚育责任	教育与户籍管理资源
经济：无稳定正当的收入来源，生活困难	①	⑦
生理：长期吸毒导致身体状况差	②	⑧
情绪：常常不稳定，易怒	③	心理服务资源
行为：控制不住想吸毒	④	药物替代治疗与禁毒资源
朋辈交往：周围朋友大多是“毒友”，难以融入正常生活	⑤	社区服务资源
家庭关系：与父母几乎断了联系	⑥	家庭服务资源

问题：

1. 将张女士生活中的问题转化为需求，并列出她可以运用的资源，只需按照表格中的序号，写在答题卡上。

2. 结合本案例，分析社会工作者遵循了哪些个案管理的实施原则？

第四题（案例分析题）

张某，男，45 岁，初中文化程度，因犯故意伤害罪被判有期徒刑。服刑期间，张某表现良好，最近经法院裁定假释。

张某妻子已于几年前与其离婚，变卖房产后带着儿子移居外地。目前，张某只能与父母、兄嫂同住，但矛盾冲突不断，家庭关系十分紧张。回到社区后，张某感到不适应，对人高度戒备。他多次尝试找工作，但因文化程度低、没有专业技能等原因未能成功；户籍办理也不顺利；再加上最近又被查出患有肝病，张某感觉生活压力很大，十分自卑沮丧，却不知向谁求助。

对此，社会工作者计划以个案管理的方式为张某提供服务。

问题：

1. 本案例中的张某有哪些服务需求？

2. 在本案例中，社会工作者进行个案管理时需要注意哪些问题？

第五题（方案设计题）

禁毒社会工作者在开展吸毒人员社区康复服务时发现，不少服务对象陷入就业困境。有的服务对象表示，用工单位对他们存在歧视，自己根本无法找到工作，有的表示自己曾经吸毒，是个“废人”，不可能找到工作了；有的表示在求职面试时总是感到自卑，容易紧张不安。同时，社会工作者也发现，有一些服务对象走出了困境，顺利就业。

社会工作者计划运用标签理论，为陷入就业困境的服务对象开展就业辅导小组服务。小组共五节，总目标设定为协助组员“去标签”，提高就业能力。其中，第一节小组活动的主要内容有：与服务对象建立关系、澄清小组目标和签订小组契约。

要求：

依据标签理论，完成本小组的活动设计，只需列出理论要点，以及其余四节小组活动的目标和主要策略。

本章错题统计清单

恭喜您，成功完成了本章的刷题挑战。然而，错题的梳理同样不可忽视，它们如同一面镜子，反映出您在复习中的薄弱环节。错题统计清单能助您快速有效地梳理错题，制订更加合理的复习计划，科学安排再次刷题的时间。相信每一次刷题都会带来全新的收获，让您离成功更近一步。

错题序号	错误分析				错题消灭计划		
	概念问题	方法问题	粗心问题	其他原因	一刷	二刷	三刷

第九章
优抚安置社会工作

刷透真题

第一题（案例分析题）

新入职的社会工作者小范有积极为居民提供专业服务的意愿，但工作一段时间后，渐渐表现得有些消极，存在着较严重的无力感。在接受机构主管督导时，小范表示：最近的个案服务没有显著成效，虽然服务对象表示可以理解，但他还是非常自责，认为主要是自身的专业能力不足；个别服务对象的情况出现了反复，自己也会觉得可能是当时预估不够充分和全面；此外，由于自己是新入职的员工，缺乏经验，没有表达自己意见的资格，所以只好听从督导者的意见。

问题：

1. 导致社会工作者小范产生无力感的主要原因是什么？

2. 基于增强权能视角，督导者应对社会工作者小范开展哪些方面的督导服务？

第二题（方案设计题）

某社会工作服务机构进驻贫困山村，开展对口帮扶。社会工作者经过深入调查发现，当地的生产生活基础条件较几年前有了很大改善，不仅实现了通路、通水、通电、通网络，而且相关金融机构也给了特惠贷款政策。然而，还有部分村民仍然种植经济效益低的传统作物，不愿加入经济合作社，也不愿申请特惠贷款，生活依然贫困。究其原因，一是长期的“没米送米，没油送油，逢年过节送点钱”的输血式物质帮扶，使部分村民产生了依赖思想；二是一些扶贫工作人员认为村民文化素质低，干什么都不行，长期对村民采取命令式的工作方法，导致部分村民缺乏自信，无力感较强。

针对上述情况，该社会工作服务机构计划在当地开展“扶志增能——社区精准扶贫项目”。

要求：

依据增强权能理论，从个人、人际和环境三个层次，设计一份项目方案，只需列出理论要点、主要目标和实施策略。

本章错题统计清单

恭喜您，成功完成了本章的刷题挑战。然而，错题的梳理同样不可忽视，它们如同一面镜子，反映出您在复习中的薄弱环节。错题统计清单能助您快速有效地梳理错题，制订更加合理的复习计划，科学安排再次刷题的时间。相信每一次刷题都会带来全新的收获，让您离成功更近一步。

错题序号	错误分析				错题消灭计划		
	概念问题	方法问题	粗心问题	其他原因	一刷	二刷	三刷

第十章
社会救助社会工作

刷透真题

第一题（案例分析题）

城市居民张某的前妻病故，留有一子，现在的妻子李某是来自外地某村的“外来媳妇”，没有当地城市户籍。半年前，张某失业，被查出患有癌症，几轮治疗已花光家中积蓄，全家人为筹措治疗费用犯愁。张某的儿子刚考上初中。

目前，家庭重担全落在了李某一人肩上，她不仅要照顾卧床的丈夫，还要赚钱养家，由于缺乏相应的工作技能，李某一直找不到正式的工作，只能打零工，收入不高且不稳定，全家人均收入低于当地最低生活保障线。李某感到压力很大，一直渴望有人帮忙，但是她在当地没有亲戚，如今刚嫁过来，不会讲当地方言，也没有朋友可以倾诉，有的邻居认为她是外地人，不愿与她多交往，李某感到很难受，因此也较少参加社区活动。

社会工作者在调查时发现，张某所在的社区比较贫困，“外来媳妇”占很大的比例，其中很多人都有不同程度的困难，需要帮助。

问题：

1. 根据社会救助政策，张某一家可以申请哪些救助？

2. 除物质救助外，社会工作者针对李某的现状应着重提供哪些服务？

3. 在社区工作层面，社会工作者应组织哪些活动以促进“外来媳妇”群体与邻里、社区的互动融合？

第二题（案例分析题）

某地区经济社会发展相对滞后，领取城市最低生活保障金的家庭较多。最近，社会工作者发现“等、靠、要”的思想在该地区开始蔓延，申请享受低保待遇的家庭有所增长，甚至出现有的家庭两代都申请的现象。社会工作者在该地区了解到，有人觉得自己学历低、没技术，找不到工作；有人反映周边虽有一些工作岗位，但不理想；还有人认为，如果外出工作，路远、待遇低，还不如待在家。

问题：

1. 分析该地区申请享受低保待遇家庭数量较多的原因。

2. 从提升服务对象能力的角度，社会工作者可以开展哪些方面的服务？

第三题（案例分析题）

某社会工作服务机构承接的“城市低保家庭就业促进”项目结束后，该社会工作服务机构安排评估人员运用程序逻辑模式对项目进行成效评估。

评估人员通过查阅服务档案了解到，社会工作者为了让服务对象更积极地面对就业，举办了4次政策宣传活动，开展了2个“自力更生”就业促进小组；为协助屡次求职失败的服务对象认识就业形势和自身的优势与不足，完成了5个个案辅导；为提高服务对象就业能力，组织60名就业竞争力较弱的服务对象参加了技能培训；为增加服务对象就业机会，联系了一些企业提供就业岗位。

评估人员还对该项目采用的理论框架、处境分析的结果、影响项目推进的外在环境因素进行了评估。

问题：

该社会工作服务机构在本项目中为低保家庭提供了哪些方面的就业救助服务？

第四题（案例分析题）

在乡村振兴战略背景下，某镇社会工作站派遣社会工作者进驻移民搬迁新建社区开展专业服务，以巩固和拓展脱贫攻坚成果。

社会工作者通过家访发现：王老汉一家从缺乏基本生存条件的山区搬迁入住新建社区，老伴几年前过世。儿子、儿媳在外省打工，会定期寄钱回家，但人很少回来；孙儿由王老汉独自照顾。王老汉对社区不熟悉，遇到困难时也不知道该找谁来帮忙，为此他感到十分苦闷。由于搬迁的缘故，与王老汉关系密切的原住地乡亲中只剩下十几个人还保持着联系，经常来往的只有两三个人。这些乡亲表示，如果王老汉有需要的话，他们愿意提供力所能及的帮助。社会工作者还了解到，新建社区中的移民家庭大多有相互联系的意愿，而且不少热心居民愿意提供志愿服务。

针对上述情况，社会工作者决定采取社会支持网络的应用策略，从个人层面强化王老汉的网络效益。

问题：

1. 结合案例，分析社会工作者从哪些方面评估了王老汉的社会支持网络状况？

2. 社会工作者可以通过哪些具体步骤强化王老汉的社会支持网络效益？

第五题（案例分析题）

某社会工作机构计划为街道辖区内的低保家庭提供社会救助服务。社会工作者在调查中发现，有的家庭在遭受意外后没有得到及时有效的救助，因而陷入困境；有的长期病患者家庭缺乏健康保障，引发很多情绪问题；有的家庭怕被人看不起，不敢与邻里交往，不愿参加社区活动；有的家庭能力不足，对未来没有信心；有的家庭想为社区做点贡献，实现自我的价值。

针对低保家庭问题复杂多样的特点，社会工作者决定开展个案管理服务。在重点分析了服务对象的个人能力和支持网络状况后，社会工作者协助低保家庭了解本街道及周边地区各类服务资源分布情况，并将这些资源与他们有机对接；为陷入情绪危机的服务对象提供临床干预；为失能的服务对象持续开展身心健康和长期照顾等综合性服务；为有多重问题的家庭开展转介和跨领域的服务。同时，注重维护服务对象的尊严，协助服务对象提升参与服务和运用资源的能力。

问题：

1. 列出本案例中低保家庭的主要需求。

2. 本案例中的社会工作服务体现了个案管理的哪些特点？

第六题（方案设计题）

某地发生特大洪水，农田被淹，房屋被毁，企业停产，学校停课。社会工作服务机构协助政府部门及时疏散、转移和安置受灾群众。

社会工作者在救灾过程中发现，一些受灾群众因目睹家园被毁的场景而深陷痛苦，难以自拔；一些受灾群众害怕洪水再次来袭，时刻处于紧张、无助和恐惧的状态；一些受灾群众认为邻居分配到的饮用水、衣被等应急救助物资比自己多，心生不满，导致邻里关系紧张；还有一些受灾群众担心灾后生计问题，整日忧心忡忡，寝食难安。

要求：

设计一份灾害救助社会工作服务方案，只需列出灾后救助的不同阶段，以及各阶段对应的服务目标和主要服务策略。

本章错题统计清单

恭喜您，成功完成了本章的刷题挑战。然而，错题的梳理同样不可忽视，它们如同一面镜子，反映出您在复习中的薄弱环节。错题统计清单能助您快速有效地梳理错题，制订更加合理的复习计划，科学安排再次刷题的时间。相信每一次刷题都会带来全新的收获，让您离成功更近一步。

错题序号	错误分析				错题消灭计划		
	概念问题	方法问题	粗心问题	其他原因	一刷	二刷	三刷

第十一章 家庭社会工作

刷透真题

第一题（案例分析题）

某社区一些家庭亲子关系紧张，冲突频发，家长十分焦虑。为此，社会工作者采用"父母效能训练模式"为这些家长开展亲职教育小组，小组共分为六节。以下对话节选自第一节和第六节的小组过程记录。

第一节：

社会工作者："感谢家长A的分享，我们来听听其他家长在亲子关系中的问题，请大家畅所欲言。"

家长B："我跟A一样，我这一天天苦口婆心，好言相劝，希望孩子能好好学习，可是她居然说我像唐僧一样，唠唠叨叨。"

家长C："我儿子更过分，我只数落了他几句，他居然把门一摔，好几天不跟我说话。越这样，我越说！"

家长D："这是典型的青春期叛逆，讲道理有什么用？我家孩子也是一样，就得打！"

第六节：

社会工作者："咱们的小组快接近尾声了，请各位家长分享一下在小组中的收获吧。"

家长E："我收获很大，以前与儿子沟通的时候总是缺乏耐心，控制不住自己的情绪，其实与孩子的关系中，我们家长的态度很重要。"

家长C："是啊，咱们做家长的谁不为孩子好，但也得注意方式方法。要学会向孩子表达自己的感受，别一味指责孩子，也要听听孩子的心声。"

家长D："而且不能随便给孩子贴上'叛逆'的标签，这个阶段的孩子渴望独立，咱们做家长的应该给予更多的支持和理解。"

家长A:“我们做家长的要给孩子树立榜样,平时注意交流方式,夫妻之间不能一言不合就吵架。”

家长B:“一句话总结,我觉得我更会做家长了。”

问题:

运用家庭系统理论,分析案例中亲子关系问题产生的原因。

第二题(案例分析题)

某日,王奶奶来到镇社工站向社会工作者倾诉,儿子儿媳两年前外出务工,平时很少回家,对家里的事不管不问,把10岁的孙女丢给自己和老伴照看,她对此感到非常无奈,但又不知道如何与儿子儿媳沟通。社会工作者了解到,最近王奶奶的老伴因意外摔倒卧床不起,她既要照顾老伴又要照看孙女,感到力不从心;王奶奶经常将孙女锁在家里写作业,节假日也不准她外出,生怕发生意外,孙女为此经常与她发生争执;年龄的增长,身体的变差,老伴受伤后医药费支出的增加,让她更加烦躁不安,经常为一些琐事与邻居争吵;现在她也没有时间参加社区活动,与原来的老姐妹逐渐疏远。王奶奶对现在的生活状况很不满意,觉得自己的晚年生活没有意思,却不知道该怎么办。

社会工作者在征得王奶奶同意后,计划为她开展服务。

问题:

依据家庭生命周期理论,分析王奶奶所处的家庭阶段以及面临的主要任务。

第三题（案例分析题）

雅琴，50多岁，机关干部，丈夫在一家公司工作，收入较高，夫妇俩平时就感情不和，现在丈夫早出晚归，常在外“拈花惹草”，对家中的事不管不问，只把工资交给妻子，家里大小事情都由雅琴料理。

雅琴夫妇有两个孩子，儿子30岁，他从小在奶奶身边长大，与奶奶关系亲密，至今没有固定工作，常闲待在家，雅琴看他不顺眼，两人口角不断。女儿在雅琴身边长大，母女关系十分亲密，可女儿只谈朋友不结婚，也给雅琴增添了许多烦恼。

雅琴的丈夫在其父亲去世后，将没有收入、身体有病的母亲接到家中一起生活，这给雅琴增加了负担，雅琴内心十分不满，婆媳之间摩擦不断，婆婆和儿子站在一起抗衡雅琴，女儿则站在雅琴一边。雅琴的丈夫为了避免与雅琴冲突，逃离家庭矛盾，始终保持“中立”角色，两个孩子与父亲的感情也十分冷淡。

这个家庭每天都生活在紧张的气氛中，雅琴觉得家里人在躲避她，也担心丈夫有一天抛弃她，脾气越来越暴躁。雅琴感到很孤独无助，也无法向亲友诉说苦恼，所以来到社区家庭服务中心求助。

问题：

1. 用结构式家庭治疗模式，说明本案例中导致家庭问题的家庭结构状况（次系统、系统之间的边界、角色和责任分工、权力结构）。

2. 依据导致家庭问题的家庭结构状况，指出该家庭中的哪些关系需要改善？

第四题（案例分析题）

督导老张对助理社会工作师小李开展个别督导，以下对话节选自督导过程记录。

老张："小李，上次督导时我们谈了计划对王女士夫妇开展家庭社会工作服务，目前进展得怎么样？"

小李："我给他们打电话约定了第一次会谈的时间和地点，做好了会谈准备。初次会谈时，我首先介绍了自己和咱们社会工作站的基本情况，接着初步评估了他们的问题。感觉他们挺信任我的。我在介入前还需要做哪些工作呢？"

老张："听起来你已经完成了不少任务。在介入前确实还有一些工作需要开展，具体包括……除此之外，你觉得还有什么地方需要改进呢？"

小李："噢，怪不得我总觉得少做了点什么。我在评估时主要听了王女士的讲述，这样是不是不够呢？"

老张："确实不够。我们也要聆听其他家庭成员的讲述，还要观察王女士夫妇之间的交流，以及他们与周围环境的互动等，这样才能够更准确地把握他们的真实问题和需要。我们要认识到每个家庭都是独特的，应从服务对象的现实处境出发。此外，我们既要关注服务对象当前的需要，又要关注长远的要求……"

小李："好的，我会注意这些原则。我请教了很多同事，准备制定服务计划。对于服务，您还有什么提醒吗？"

老张："你做了这些功课很好，不过要注意鼓励王女士夫妇参与到解决问题的过程中来。"

问题：

1. 按照家庭社会工作的实施步骤，小李在介入阶段前已完成了哪些任务？还应完成哪些任务？

2. 分析说明老张的建议体现了家庭社会工作的哪些基本原则。

第五题（案例分析题）

林女士三年前从农村嫁到城里，全职在家照顾儿子。半年前，儿子发高烧被误诊，智力发展受到了影响。丈夫对此颇有怨言，指责林女士不负责任，连个孩子都照顾不好，认为林女士没文化难沟通。林女士则埋怨丈夫每天早出晚归，对自己极为冷漠；觉得在城里没人可以倾诉，常感自卑和无助，害怕被丈夫抛弃。夫妻间常为一些小事争吵，婚姻关系出现危机。

林女士向社会工作者小郭求助。小郭了解了林女士的情况后，决定对其家庭进行干预。小郭为夫妻双方提供咨询，帮助其分析面临的困难，引导双方将注意力集中在需要解决的婚姻问题上；改变对彼此的消极态度和看法，让夫妻双方从相互指责转变为共同努力解决面临的困难。同时，小郭挖掘林女士的优势和能力，引导她参与社区志愿服务，帮助她扩展社会支持网络。经过一段时间的努力，林女士的压力得到缓解，夫妻关系得到改善。

问题：

1. 本案例中小郭扮演了哪些专业角色？

2. 小郭运用了哪些家庭干预技巧？并列出对应的具体做法。

本章错题统计清单

恭喜您，成功完成了本章的刷题挑战。然而，错题的梳理同样不可忽视，它们如同一面镜子，反映出您在复习中的薄弱环节。错题统计清单能助您快速有效地梳理错题，制订更加合理的复习计划，科学安排再次刷题的时间。相信每一次刷题都会带来全新的收获，让您离成功更近一步。

<table>
<tr><th rowspan="2">错题序号</th><th colspan="4">错误分析</th><th colspan="3">错题消灭计划</th></tr>
<tr><th>概念问题</th><th>方法问题</th><th>粗心问题</th><th>其他原因</th><th>一刷</th><th>二刷</th><th>三刷</th></tr>
<tr><td></td><td></td><td></td><td></td><td></td><td></td><td></td><td></td></tr>
<tr><td></td><td></td><td></td><td></td><td></td><td></td><td></td><td></td></tr>
<tr><td></td><td></td><td></td><td></td><td></td><td></td><td></td><td></td></tr>
<tr><td></td><td></td><td></td><td></td><td></td><td></td><td></td><td></td></tr>
<tr><td></td><td></td><td></td><td></td><td></td><td></td><td></td><td></td></tr>
</table>

第十二章
学校社会工作

刷透真题

第一题（案例分析题）

在开展学校社会工作服务过程中，社会工作者经常遇到以下困惑：有些学生有求助解决个人问题的意愿，但由于学校学习任务重，作息制度严，无法接受较长时间的个案面谈辅导；有些学生有青春期困扰、异性交往、亲子关系等私密问题需要咨询辅导，但羞于与他人进行面对面的交流。社会工作者在进行疑难复杂的个案面谈辅导时，也会出现思考不周、应对欠妥的情况。

社会工作者结合以上实际情况，将传统的个案工作服务形式进行了延伸，在面对面辅导的同时，增加了“社工信箱”的服务形式，通过设置信箱和广泛宣传，邀请学生将自己的困扰和需求写在纸上投递到信箱，社会工作者阅读信件并组织回信，给予来信求助的学生以及时辅导。

问题：

1. 本案件中的“社工信箱”与传统的个案工作服务形式相比，有哪些创新点？

2. 社会工作者收到学生来信后，应采取哪些具体措施以保证服务质量？

第二题（案例分析题）

某中学恢复线下教学后，学校社会工作者发现，部分学生沉迷于网络，出现了情绪低落、疲乏无力、食欲不振等状况，学习成绩和身心健康受到了严重影响。

社会工作者通过预估发现：这些学生平均每天上网超过4个小时；虽然大部分学生对长时间上网的危害有所认识，但总是控制不住自己；与现实世界相比，网络世界对他们更有吸引力；他们性格较为内向，在学校里很少参加集体活动；与同学、老师及家人的关系都比较疏离；新冠疫情期间，由于教学活动以线上形式为主，家长对孩子使用电子产品及网络疏于监督和引导，学校也没有就此与家长进行有效沟通。

基于上述情况，社会工作者按照行为契约法的五个工作步骤开展服务：第一步，与学生共同确定目标行为，即控制上网时间；第二步，商定奖惩清单，即成功控制上网时间将获得的奖励、没有控制上网时间将受到的惩罚。

问题：

按照行为契约法的五个工作步骤，列出本案例中后续需完成的三个工作步骤。

第三题（方案设计题）

某校为落实《未成年人保护法》,更好地开展学校保护工作,成立了包括社会工作者在内的学生欺凌防治工作组。社会工作者通过调查发现,有欺凌行为的学生中,不少人缺乏基本的情绪管理能力:有的不能觉察自己的情绪状态;有的不善表达自己的情绪;有的用暴力方式释放负面情绪;有的虽知道欺凌行为不好,但无法自我控制。

在学校的支持下,社会工作者计划运用小组工作方法,帮助这些学生科学管理情绪。小组总体目标为:通过提升学生情绪觉察、情绪表达和情绪管理等能力,预防和消除欺凌行为。小组共分五节。

要求:

结合案例,完成本情绪管理小组计划的设计,只需列出每节活动的目标和主要内容。

本章错题统计清单

恭喜您,成功完成了本章的刷题挑战。然而,错题的梳理同样不可忽视,它们如同一面镜子,反映出您在复习中的薄弱环节。错题统计清单能助您快速有效地梳理错题,制订更加合理的复习计划,科学安排再次刷题的时间。相信每一次刷题都会带来全新的收获,让您离成功更近一步。

错题序号	错误分析				错题消灭计划		
	概念问题	方法问题	粗心问题	其他原因	一刷	二刷	三刷

第十三章 社区社会工作

刷透真题

第一题（案例分析题）

为缩小城乡公共服务差距，促进共同富裕，某社会工作服务机构采取“五社联动”策略，联合村民委员会、社会组织和企业，共同开展关爱留守老人志愿服务。社会工作者初步评估发现村民骨干的志愿服务能力欠缺，于是开展了村民骨干能力建设活动：社会工作者带领村民骨干上门开展服务，让他们边看边学为老服务的技巧；针对每个村民骨干的特点，指导他们练习与企业沟通的技巧；通过活动前演练和活动后回顾，提高村民骨干组织大型活动的能力。

一段时间后，村民骨干的志愿服务能力显著提升，但社会工作者发现本地村民仍参与不足，主要是现有乡村志愿服务体系不健全，包括志愿服务活动缺少物资；志愿者数量少，志愿服务内容和形式单一；志愿服务信息碎片化，供需信息对接不畅；有的留守老人想为其他老人提供力所能及的志愿服务，但缺少互助机制。

问题：

1. 在本案例中，社会工作者采取了哪些方法培养村民骨干参与关爱留守老人志愿服务的能力？

2. 在本案例中，为健全乡村关爱留守老人志愿服务体系，社会工作者应开展哪些方面的工作？

第二题（案例分析题）

某村大部分中青年男子外出打工，留守在村里的妇女不仅要承担农活，而且要照顾孩子和老人。留守妇女中，有些缺乏科学种植养殖技术，难以增产增收；农忙时，有些能够得到亲朋好友的帮助，而大多数人只能独自承担；有些整日劳作，无暇顾及孩子教育；个别妇女遇到性骚扰时，倍感无助。村里也没有多少娱乐活动。繁重的劳作加上情感孤独，严重影响到一些妇女的身心健康。

在村委会的支持下，某社会工作服务机构计划针对上述情况开展服务。

问题：

1. 列出本案例中留守妇女的服务需求。

2. 列出社会工作者可以为本案例中的留守妇女提供的具体服务。

第三题（案例分析题）

D社区没有物业服务单位，长期存在环境脏乱差的问题。为此，社区居委会委托某社会工作服务机构推动居民成立“物业自我管理委员会”。

社会工作者开展了社区分析：经过深入社区观察发现，D社区地处市中心，住房和基础设施年久失修，居住的主要是低收入家庭、空巢老人和流动人口，属于典型的老旧小区；借助查阅资料进一步分析了社区的历史、人口结构和社区资源等基本情况；通过访问居民了解到，D社区还存在居民的社区参与热情和水平不高、缺少居民骨干、没有成熟的社区社会组织、社区协商活动一直组织不起来等社区内共同性问题。

问题：

1. 本案例中社会工作者还需要开展哪些社区分析工作？

2. 从扩大社区参与的角度，本案例中社会工作者应从哪些方面开展服务？

第四题（案例分析题）

为了加强社区治理，解决小区的高空抛物问题，社会工作者与居委会主任、社区志愿者一起，在小区以出板报、派发宣传品的形式开展了“杜绝高空抛物”的社区教育活动，并上门对部分有高空抛物行为的居民进行了劝诫，但工作效果并不明显。为此，社会工作者组织召开了社区协商会议，有居民代表提出，现在的家长都听孩子的，而孩子都听老师的，小区中学龄儿童较多，建议调整工作策略，从周边的学校入手。于是，社会工作者采纳了居民代表的建议，请周边学校的老师在学生中开展“杜绝高空抛物”的教育活动，并向学生发出积极参与劝导行动的倡议。很快，小区的高空抛物现象基本消失。

问题：

在本案例中，社会工作者针对目标系统采取了哪些工作策略？

第五题（案例分析题）

某小区门口早晚出入车辆多，常常造成交通拥堵。社区热心人士陈阿姨出面组织几位居民当志愿者进行交通疏导。但让陈阿姨没有想到的是，第一次开会的场面就非常混乱，大家七嘴八舌：有的认为志愿值勤活动应仔细安排，明确分工；有的认为值勤活动需要占用很多时间，而且还要产生一些额外费用，自己心有余而力不足；有的提出值勤万一出了事儿怎么办，应当购买保险……在随后的交通疏导过程中，也出现了不少问题，甚至还出现志愿者与居民发生冲突的情况。陈阿姨为此头疼不已，不知如何是好，于是找到了社会工作者。

问题：

1. 从参与能力的角度，列出本案例中影响居民参与志愿服务的主要因素。

2. 为推动该社区志愿服务发展，社会工作者应开展哪些工作？

第六题（案例分析题）

某社区有历史悠久的民俗文化；社区拥有各类活动场所和服务器材，每年有一定的社会服务经费；社区居民骨干、志愿者人数较多；辖区内有多家社会组织和便民服务商。然而，该社区的服务效率低下、质量较差，社区活动形式单一，难以满足居民日益多元的服务需求。

针对上述情况，社会工作服务机构受街道办事处委托，邀请了社区居委会人员、社区社会组织骨干和志愿者一起分析各自的优势、局限和角色差别，澄清了对社区服务的认识，达成了共同的目标，明确了各自职责，建立了信息搜集与共享制度、联席会议制度和服务联办制度，在该社区逐步形成了社区居委会、社会工作服务机构和社区社会组织分工合作的联动机制，社区服务效率和质量有了大幅提升。

问题：

列出该社区自身拥有的资源。

第七题（案例分析题）

近年来，某小区养宠物狗的家庭越来越多。宠物狗给主人带来快乐的同时，也给小区带来了一些问题：狗的粪便随处可见；大型犬有时会惊吓小孩；夜晚狗的叫声经常会吵扰邻居；狗伤人事件时有发生……部分居民对此非常不满，常与养狗者发生冲突，社区的邻里关系受到了影响，尽管居委会通过调节暂时缓解了一些矛盾，但难以从根本上解决问题。

为此，社会工作者与居民代表讨论后，提出建立“养狗自律会”的设想。他们在居民区张贴拟成立“养狗自律会”的海报，发放宣传单，征求居民的意见；邀请居委会、业主委员会、物业公司、居民代表参加座谈会，讨论解决办法。两周后，“养狗自律会”正式成立，推举了会长、秘书长，明确了监督员、宣传员等分工。“养狗自律会”通过社区民意调查，形成了“错时遛狗、粪便自清”等自律公约。同时“养狗自律会”配合居委会、物业公司开展社区环境规划，修建狗便处理设施。一段时间后，不仅养狗扰民问题基本得以解决，邻里关系得到改善，而且居民参与解决社区问题的意识和能力也得到提高。

问题：

1. 在本案例中，社会工作者的做法实现了社区社会工作的哪些目标？

2. 结合案例指出社会工作者在推动告知、咨询、协商、共同行动和社区自治等不同层次的社区参与中采取的主要做法（将答案对应相应的序号填写在专用答题卡上）。

社区参与层次	主要做法
告知	A.
咨询	B.
协商	C.
共同行动	D.
社区自治	E.

第八题（案例分析题）

为提高社区环境治理水平，A社区发挥社会工作者的专业优势，重点解决生活垃圾分类活动中居民参与不足的问题。

社会工作者通过社区调查了解到以下信息：有些居民认为，垃圾分类是很重要的，但其他居民还是把没有分类的垃圾丢进垃圾桶，自己一个人也是白做；有些居民反映，因为宣传不到位，自己不太清楚垃圾分类的意义和价值；有些居民指出，目前垃圾分类设置的物质类奖品没有太大吸引力，建议把获得便民服务也作为奖励；有些居民表示，平时工作比较忙，没有时间参加垃圾分类的培训；有些居民提到，垃圾分类是新鲜事物，不太清楚究竟要怎么分类。

社会工作者基于社区调查掌握的信息，着手制定服务计划，以推动A社区居民积极参与垃圾分类活动。

问题：

1. 列出影响A社区居民参与垃圾分类活动的主要因素。

2. 为推动A社区居民积极参与垃圾分类活动，社会工作者可以采取哪些策略？

第九题（案例分析题）

针对D街道老人和儿童缺乏社区照顾的问题，社会工作服务机构与基金会联合启动了"'五社联动'助力'一老一小'"项目。社会工作者充分发挥资源经纪人的角色作用，通过问卷调查、入户访谈、绘制社会生态系统图和社区资源图等方式，了解老人和儿童的需求、现存人际关系，识别社区中的服务资源。在此基础上，社会工作者动员与服务对象关系密切的亲友提供支持；将处于困境中的老人和儿童推介给社区志愿服务队，建立长期的陪伴服务关系；培育成立社区互助会，组织有参与意愿的老人和儿童互相认识，互相支持；定期举办社区公益资源集市，促进爱心企业、邻居与有需要的老人及儿童对接；协助老人、儿童掌握联系和使用服务资源的方法，定期回访了解服务对接和资源使用情况。

经过多方努力，针对"一老一小"的社区支持网络在D街道得以建立。

问题：

分析社会工作者在本案例中运用了哪些建立社区支持网络的策略？

第十题（案例分析题）

因相邻市场发现了新冠确诊患者，某社区被划定为疫情高风险地区，紧急实施封闭式管理。

在该社区封闭式管理期间，有的残疾人暂时中断了康复治疗；有的独居老人日常生活受到严重影响，亲友也无法上门照顾；有的孩子因对病毒产生恐惧，无法正常学习和生活；部分辖区居民因生活诸多不便而情绪激动，甚至提出一些不合理的要求。

为了解决上述问题，社会工作者在社区党组织的领导下，积极发挥专业优势，推动多方联动，参与抗疫行动。社会工作者利用社区资源图和社区组织名录，动员社区商户为居民调配急需的生活用品；社会工作者认真分析社区各方力量的特点，创造机会，推动驻社区单位代表、社区社会组织代表和社区志愿者等为社区特殊人群提供服务；在此过程中，社会工作者尤其注重动员和培育社区居民骨干积极参与上述各项服务。

问题：

1. 社会工作者可以为该社区提供哪些服务？

2. 在本案例中，社会工作者从哪几个方面推动了多方联动？

第十一题（方案设计题）

某村被政府纳入易地搬迁规划，村民们被安置到县城的A社区。A社区有多家社区社会组织和多支志愿者队伍，社区党员也比较活跃。然而，搬迁一年后，有些村民依然不适应新的社区生活。一些老年村民表示，原来的老邻居被拆散了，感觉身边没有人可以交流。部分年轻村民到企业上班后，孩子放学回家无人照顾，家长们向社区多次反映，希望解决这个问题。与其他安置社区相比，A社区缺少专门为安置村民组织的社区文化活动。某社会工作服务机构在评估服务需求时，也发现这些村民缺乏城市生活适应能力。

要求：

设计一份社区支持网络建设方案，只需列出搬迁村民的服务需求（感觉性需求、表达性需求、规范性需求和比较性需求）、服务总目标与介入策略。

第十二题（方案设计题）

某老旧小区居民对社区服务有强烈需求，然而，该社区居委会人手紧张，服务供给有限。为此，社区居委会引进了一家社会工作机构，希望借助专业力量加强社区服务。该社会工作机构在社区走访中发现，社区中已有居民骨干自发组织了一些活动。进一步调查后了解到，有些居民骨干认为，大家组织起来就是为了自娱自乐，不要多管闲事；有的居民骨干虽然想为居民们多做点事，但不知道该怎么做，还有的居民骨干曾经尝试过开展社区服务，但看不到成效，感到很无力，没能坚持下去；同时，这些社区居民骨干开展活动面临缺少服务场地、设备、资金和人员等困难，也不知道该如何去争取资源。

针对该社区的实际情况，社会工作机构计划对本社区居民骨干开展能力建设服务。

要求：

分别从提升居民骨干的认知和思维、情感和价值观、行为和技巧等三个方面能力的角度，设计服务方案（分别列出三个方面的具体目标和主要实施策略）。

本章错题统计清单

恭喜您，成功完成了本章的刷题挑战。然而，错题的梳理同样不可忽视，它们如同一面镜子，反映出您在复习中的薄弱环节。错题统计清单能助您快速有效地梳理错题，制订更加合理的复习计划，科学安排再次刷题的时间。相信每一次刷题都会带来全新的收获，让您离成功更近一步。

错题序号	错误分析				错题消灭计划		
	概念问题	方法问题	粗心问题	其他原因	一刷	二刷	三刷

第十四章 医务社会工作

刷透真题

第一题（案例分析题）

某医院医务社会工作部积极承担社会责任，通过申请政府购买服务项目的方式进一步提升社会大众的公共卫生防范意识和预防能力。

在项目实施过程中，医务社会工作者与社区居委会合作，在社区内定期开展健康知识讲座，倡导居民采用健康的生活方式，为居民提供健康咨询和生活指导。医务社会工作者积极动员本院医生，在医院内成立了医务志愿者团队，为社区内有基础疾病的居民与新冠感染治愈患者进行定期体检，以提升他们的生活质量和健康水平。医务社会工作者通过收集各方面资料，建立了社区弱势居民的健康档案，以及时掌握社区内需要医疗服务的社区居民的情况。除此之外，医务社会工作者还与相关研究人员合作，总结项目实施经验，形成政策建议，提供给当地医疗部门和政策的制定部门。

问题：

1. 结合案例，说明医务社会工作者扮演了哪些专业角色？

2. 结合案例，说明医务社会工作者在公共卫生领域开展了哪些专业服务？

第二题（案例分析题）

某基金会为患有先天性心脏病的困难家庭儿童提供手术资金的支持，并指定医院实施手术。在患儿住院期间，大多数家长对患儿手术后的康复以及之后的升学、就业心存忧虑，心理压力很大。

针对上述情况，该医院社会工作部安排某社会工作专业实习生拟定一份“患儿家长互助小组”的活动方案，以协助家长更好地应对压力。

“患儿家长互助小组”第三次活动方案的初稿如下：

目　标	具体内容和过程
帮助患儿家长学习和掌握自我减压的方法与技巧	(1)暖身活动。 (2)对上次活动内容进行回顾。 (3)小组成员两两分组，讨论压力给生活带来的负面影响。 (4)观看介绍先天性心脏病患儿护理知识的录像片，传授家长护理患儿的知识。 (5)通过角色扮演，模拟在家庭中照顾患儿的场景，告知照顾患儿需要夫妻协同合作、共同完成。 (6)回顾本次小组活动内容，布置家庭作业

问题：

1. 根据该次活动的目标，指出该方案具体内容和过程中存在的问题，并说明理由。

2. 完善“患儿家长互助小组”第三次活动方案。

本章错题统计清单

恭喜您，成功完成了本章的刷题挑战。然而，错题的梳理同样不可忽视，它们如同一面镜子，反映出您在复习中的薄弱环节。错题统计清单能助您快速有效地梳理错题，制订更加合理的复习计划，科学安排再次刷题的时间。相信每一次刷题都会带来全新的收获，让您离成功更近一步。

错题序号	错误分析				错题消灭计划		
	概念问题	方法问题	粗心问题	其他原因	一刷	二刷	三刷

第十五章
企业社会工作

刷透真题

第一题（案例分析题）

社会工作者在为某企业提供服务时发现，员工小张的父亲最近遭遇严重车祸住院治疗，小张的生活和经济面临巨大压力，情绪低落，工作多次出错，还出现擅自离岗的情况，企业领导多次批评，并声称要扣发奖金。

社会工作者在预估中，绘制了小张的社会生态系统图：

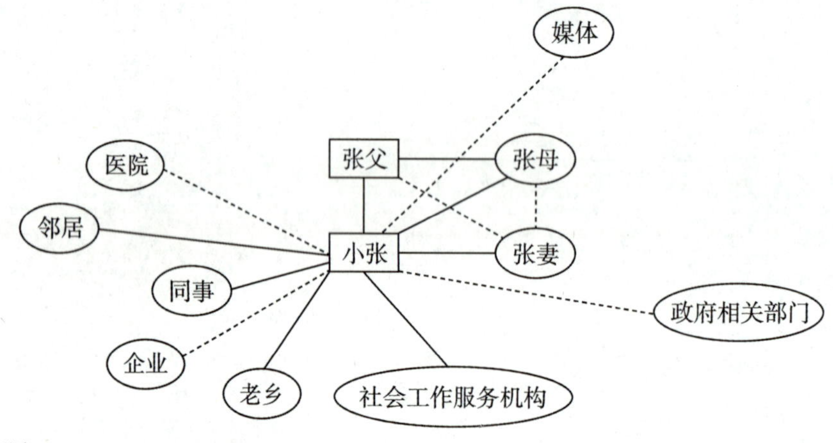

问题：

依据企业社会工作的服务内容，社会工作者可以为小张提供哪些服务？

第二题（方案设计题）

近年来，职场性骚扰事件频频爆出，其中大部分受骚扰者是女性，这引起了社会广泛关注。

某地工会联合社会工作服务机构计划在H企业中开展反职场性骚扰服务，服务前期的抽样调查显示，大部分企业员工对职场性骚扰问题有比较正确的认识，但也有少部分人认为受骚扰者女性“衣着暴露，是自找的”“男人难免有点不良习气”，甚至有人认为那些投诉上司有性骚扰行为的女性是“别有用心”。在对受害女性的深度访谈中发现，有的受害女性希望惩戒骚扰者，却不知如何投诉；有的受害女性因为担心遭受打击报复、被人嘲讽后失去工作而选择了忍气吞声；有的受害女性甚至出现了自卑、罪恶感、恐惧和自我封闭等较为严重的心理问题。

要求：

依据社会性别理论，设计一份反职场性骚扰的社会工作服务方案，需说明理论要点，并分别运用个人发展模式和社群权益模式，列出具体目标和干预策略。

第三题（方案设计题）

随着互联网共享经济模式的快速兴起，外卖骑手的需求以及他们面临的问题也日渐凸显。社会工作服务机构对某市骑手群体的生存与发展状况开展调查时发现，大部分骑手属于“新生代农民工”，他们处于相对弱势的地位，遇到困难时主要求助对象为亲友；很多骑手每天工作超过12个小时，业余生活单调枯燥；近四成骑手对目前的工作状态不满意，但又不知道未来能做什么；近三成骑手没有任何类型的保险；近五成骑手曾发生过不同程度的交通安全事故，除了受天气、路况和车辆状况等因素影响外，主要原因在于：担心订单超时而不得不违反交通安全规则，或担心独自在家的孩子而心神不宁，或不被消费者尊重和理解而心理压力大等。调查还发现，骑手群体在工作中积累了丰富的交通安全经验，大多数人也有帮助他人的意愿。

基于调查结果，该社会工作服务机构依据系统理论，从微观、中观和宏观三个层面，发起了“关爱骑手——社会工作在行动”服务。

要求：

依据系统理论，设计“关爱骑手——社会工作在行动”服务方案，只需列出理论要点、服务目标和服务策略。

第四题（方案设计题）

社会工作者在某工业区开展企业社会工作服务时了解到：有的工厂没有提供足够的安全防护用品；有的员工受伤后才意识到工作岗位存在危险因素；有的员工虽然对职业安全与健康知识有所了解，但是心存侥幸，觉得自己不会那么倒霉；有些企业管理者则抱怨员工缺少安全生产意识，不愿意佩戴防护用品。

针对上述情况，社会工作者计划在员工中开展职业安全与健康教育小组服务，学习了解相关知识，提升自我保护的意识和能力。

要求：

设计一份职业安全与健康教育小组方案（只需把需求评估、小组目标、招募组员和小组活动内容填入专用答题卡的相应表格内）。

职业安全与健康教育小组方案
需求评估：
小组目标：
理论基础：（略）
招募组员（只列出招募渠道）：
小组活动内容：
其他（评估、困难与应对、预算等）：略

本章错题统计清单

恭喜您，成功完成了本章的刷题挑战。然而，错题的梳理同样不可忽视，它们如同一面镜子，反映出您在复习中的薄弱环节。错题统计清单能助您快速有效地梳理错题，制订更加合理的复习计划，科学安排再次刷题的时间。相信每一次刷题都会带来全新的收获，让您离成功更近一步。

错题序号	错误分析				错题消灭计划		
	概念问题	方法问题	粗心问题	其他原因	一刷	二刷	三刷

参考答案

第一章　社会工作实务的通用过程模式

第一题

行动系统是指那些与社会工作者一起努力、实现改变目标的人，是社会工作者的合作者。

在本案例中，社会工作者为解决小区的高空抛物问题，一开始将有助于服务对象改变的人员组成行动系统，即与居委会主任、社区志愿者一起帮助社区居民改变不良行为，但成效不大。随后社会工作者通过调整工作策略，将与社区居民生活环境中相关的人与系统作为行动系统去加以影响和改变。即社会工作者与周边学校老师进行合作，在校内开展“杜绝高空抛物”教育活动，通过学校教育影响孩子，再通过孩子影响父母，最终使社区居民改变自己的不良行为，从而解决了小区的高空抛物问题。

【知识拓展】改变媒介可以与一个或几个行动系统一起工作，完成不同的改变任务，实现不同的目标。例如，在改善社区环境卫生的例子中，为寻求改变，社会工作者在不同阶段要与不同的行动系统工作，每一个子系统都可以扮演不同的角色，比如一个行动子系统可以做有关研究、收集资料的工作，另一个子系统负责与有关政府部门、新闻单位联络。此外，在帮助服务对象改变过程中，社会工作者也要善于将有助于服务对象改变的人员组成新的行动系统，去影响服务对象。当存在多个行动系统时，要注意协调各行动系统的工作步调。如在帮助越轨青少年的工作中，要注意协调街道干部、劳动用工部门、派出所等行动系统的工作。同时，要随时研究、评估行动系统是否有效运作。当行动系统不能发挥作用时，应及时研究其原因，并调整行动系统。

第二题

行动系统是指那些与社会工作者一起努力、实现改变目标的人，是社会工作者的合作者。为了实现与服务对象的协议，帮助服务对象达到改变的目标，社会工作者要进行各种努力，调动各种资源。针对本案例，在调解介入中可以和社会工作者一起努力的行动系统包括居委会、社区居民、城管部门、“110”、工商部门、媒体。

第二章　社会工作实务的通用过程

第一题

1. 小王“界定服务对象的需要和问题”的任务完成情况是：

(1) 界定问题的入手点在于服务对象所关注的问题和困惑。小王在与服务对象李某进行面谈时，关注了李某所说的个人遇到的基本生存条件问题，对李某期望达到的目标有了一定的认识。

(2) 小王并没有了解李某寻求帮助的原因，不了解其生活中发生了什么，并未问询李某所面对的个人问题和社会问题。

(3) 小王并没有了解李某对自己的看法。不清楚李某认为自己存在什么问题，以及问题的范围、持续时间和程度如何等。

(4) 界定问题是社会工作者和服务对象不断沟通信息的过程，是一个持续的过程，需要经过双方一系列的讨论和磋商来形成对问题的共同看法。从本次面谈来看，小王并没有与服务对象李某进行充分沟通和交流，双方没有一起探讨出所希望改变并共同为之努力的问题。可以说，小王并没有很好地完成“界定服务对象的需要和问题”的任务。

2. 小王在与李某澄清角色期望和责任方面存在以下问题：

(1) 小王在面谈中，并没有明确期望和责任，他只是表达了社会工作者对服务对象的期望，询问了服务对象对社会工作者的角色期望，而忽视了社会工作者对自己角色的期望和服务对象对自己的角色期望，双方并没有相互交流各自的想法，小王也无法帮助服务对象勇敢面对自己的问题。

(2) 小王在面谈中，未能重视与服务对象的专业关系建立，双方之间的认识和了解不够，信任感建立不充分，与服务对象没能建立专业关系。

第二题

在本案例中，社会工作者在接案面谈中没有完成的主要任务有：

(1) 界定服务对象的需要和问题。在此项中，社会工作者虽然有去了解小军母亲寻求帮助的原因和其期望达到的目标，但在引导小军母亲对自身存在的问题的认识上做得不到位，小军母亲没有认识到自己存在的问题，认为自己毫无责任，把过错都归咎于丈夫，没有认识到自己存在的问题。社会工作者应在面谈中深入了解小军母亲对自己的看法，找出问题的原因。

(2) 澄清角色期望和责任。面谈要澄清双方的期望和应尽的责任，通过协商减少差异，使双方彼此能坦诚相见、相互信任。案例中的小军母亲一直强调让社会工作者说服小军回家，但孩子出走的背后是因整个家庭矛盾和父母的教育方式造成的，不仅仅是促其回家了事。社会工作者应该讲清自己的期望和能做的事情，更多的是让小军父母意识到他们自身的问题，承担起他们应该有的责任。

(3) 激励并帮助服务对象进入受助角色。社会工作者在接案面谈时，要帮助并引导小军母亲逐渐接受自己作为服务对象的角色，以便双方能够相互配合，从根本上解决小军出走的问题。

(4) 促进和引导服务对象态度和行为的改变。接案面谈时双方的良好沟通会成为激励服务对象改变的动力。社会工作者应该在面谈时，对事件的原因进行必要的分析，孩子的出走是由于父母教育方式出现了问题，比如小军母亲对小军要求过于严格，重视学习成绩而轻视生活，不仅自己过于操心劳累，而且脾气很不好。父亲疏于与孩子交流,分担的责任过少。在面谈时应逐步进行引导,促使小军母亲改变认识和态度。

第三题

收集服务对象资料的方法有很多,主要包括:向服务对象进行询问;向服务对象的相关人进行咨询,如为服务对象进行过治疗的医生、给服务对象提供过帮助的人等;查阅服务对象的档案记录;进行家访;观察;利用已有资料等。本案例中,社会工作者运用了向服务对象进行询问、观察、利用已有资料等方法收集资料。

【知识拓展】资料收集的范围包括:(1)个人信息。(2)身体情况。(3)服务对象的特点与能力。(4)服务对象所处的社会环境。

第四题

1. 社会工作者在面谈中运用了以下建立专业关系的技巧:

(1)同感。同感是一个人进入另一个(群)人的情感与经历中的能力,即能够感受另一个(群)人的情感与生活,犹如自己身在其中,但在这个过程中又不会失去自己的能力。增进同感的能力可以从两个方面入手:一方面,在没有与服务对象正式接触前,通过阅读服务对象资料琢磨和投入他们的感受、所关心的事情中,借此增进对服务对象的认识和理解;另一方面,想象和感受服务对象面对的一般情况、特殊情况和目前所处的与社会工作者关系的阶段,问自己如果是自己,会有什么感觉和想法,以此增加对服务对象的同感。题中对应的内容为:“你一个人带孩子不容易,我也知道虽然生活很辛苦,但你在努力想办法克服困难……”和“嗯,确实很不容易的,你发火我很理解,但也不要太急,总有办法解决的……”

(2)诚恳。社会工作者要在专业关系中始终保持诚恳的、开放的、真实的态度。向服务对象实事求是地介绍机构的政策和社会工作者的角色,而不加以任何修饰;完全以服务对象的需要作为自己工作的出发点,接纳服务对象,全神贯注于服务对象的处境。题中对应的内容为:“对不起啊,上次我只考虑到政策规定,没有考虑到你的感受……”

(3)表达温暖与尊重。社会工作者要关心、关注服务对象的一切,并能够向服务对象传达这种情感,包括:对服务对象的责任感,关心、尊重、了解、希望促进服务对象提升生活的愿望,以及愿意为此提供协助的意愿。题中对应的内容为:“噢!孩子现在怎么样了?”和“嗯,确实很不容易的,你发火我很理解,但也不要太急,总有办法解决的,把你的困难和想法再具体谈一下,我会根据我了解及掌握的情况,与你共同商量,一起想办法解决,好吗?”

(4)积极主动。社会工作者积极主动的态度有助于与服务对象成功地建立关系。积极主动的态度表明你对服务对象有兴趣,关心他。但积极主动并不意味着对服务对象的控制和支配,而是要在适当的时间给服务对象适当的回应。这需要在服务对象主导和社会工作者积极主动之间取得平衡,既要以服务对象为中心,鼓励他们对自己的积极探索,同时又要让服务对象感觉社会工作者是与他在一起的,并积极寻求资源协助,以回应他们的需要。题中对应的内容为:“这次我想进一步了解情况,看看我们可以采取哪些办法一起面对困难，好吗？”和“……把你的困难和想法再具体谈一下，我会根据我了解及掌握的情况，与你共同商量，一起想办法解决，好吗？”

2. 要与服务对象建立良好的专业关系，社会工作者需要注意以下要素：
   (1) 与服务对象准确沟通想法和感受。
   (2) 与服务对象交流相互之间的资料。
   (3) 沟通充满亲切感和关怀。
   (4) 与服务对象角色互补。
   (5) 与服务对象建立信任。

第五题

本案例中，社会工作者在预估阶段完成了以下任务：

(1) 了解服务对象存在的问题，问题的性质、成因、程度及其对服务对象的影响。案例中，社会工作者通过预估发现，新冠疫情期间，由于教学活动以线上形式为主，家长对孩子使用电子产品及网络疏于监督和引导，学校也没有就此与家长进行有效沟通。学生平均每天上网超过 4 个小时，部分学生沉迷于网络，出现了情绪低落、疲乏无力、食欲不振等状况，学习成绩和身心健康受到了严重影响。

(2) 了解服务对象个人的生活经历及行为特征，包括服务对象的人格特征、能力、优势和弱点。案例中，社会工作者发现这些学生性格较为内向，在学校里很少参加集体活动，与同学、老师及家人的关系都比较疏离。

(3) 了解服务对象与环境的互动状况，以及其对自身问题的认识和改变的动力与能力。案例中，社会工作者发现这些学生性格较为内向，在学校里很少参加集体活动，与同学、老师及家人的关系都比较疏离。大部分学生对长时间上网的危害有所认识，但总是控制不住自己。

(4) 了解服务对象所处的环境系统的状况，包括家庭、朋友、工作单位、邻里及社区的情况，从中找出影响服务对象改变的有利和不利因素。案例中，社会工作者通过预估发现，这些学生与同学、老师及家人的关系都比较疏离，家长对孩子使用电子产品及网络疏于监督和引导，学校也没有就此与家长进行有效沟通。

【知识拓展】预估的原则包括：(1) 个别化原则。(2) 合作原则。(3) 避免片面。(4) 避免简单归因。(5) 兼顾服务对象的弱点与长处。(6) 不断循环往复。

第六题

1. 在本案例的预估阶段，社会工作者应从小美家庭层面收集以下资料：
   (1) 小美家庭成员的基本情况。小美的家庭成员主要包括父亲、母亲和小美三人。
   (2) 小美家庭的基本情况。小美家庭收入较低、母亲的身体不好等。
   (3) 小美家庭成员的角色和互动情况。小美父母之间、小美与父母之间的角色互动较少。
   (4) 小美的家庭规则。父亲对小美较为严厉，遇到分歧或冲突时父亲说了算。
   (5) 小美家庭成员间的沟通方式。小美父母之间很少沟通，父女之间交流很少等。
   (6) 小美的家庭关系。小美的家庭关系紧张，父母亲与小美之间关系不够亲密。
   (7) 小美家庭的决策和分工方式。小美的父亲负责挣钱养家，母亲主要负责照顾家里，小美则以学习为主，家里的事都是父亲一个人说了算。

2. 在本案例的预估阶段，社会工作者应从小美与环境的互动层面收集以下资料：

(1)小美的社会支持系统。包括家庭、学校和社区，这些社会支持系统对小美的影响。
(2)小美所生活的环境对小美需要满足的程度。家庭环境、校园环境、社区环境对小美学习、生活和社会交往等需要满足的程度。
(3)小美对周围环境资源的主观认知情况。
(4)小美的社会支持网络状况。

第七题

本案例中，小张的社会生态系统状况是：

(1)微观系统：员工小张与家庭紧密联系，表现在与配偶和父母关系亲近，但配偶与其父母有隔阂，家庭关系不是很和谐。其父亲最近遭遇严重车祸住院治疗，小张面临经济困难和照顾困窘，家庭和单位兼顾不暇，导致小张的情绪低落，负面情绪大。小张在工作中多次出错，还出现擅离岗位的情况，领导对小张的工作态度不满。
(2)中观系统：小张的社会功能并未丧失，小张有较好的人际关系，与同事、邻居、老乡保持良好的关系，能从这些外部力量中获得资源支持。
(3)宏观系统：小张与大环境的关系总体较为疏离，只与社会工作服务机构关系较为紧密，不能妥善处理与企业、医院、政府相关部门和媒体的关系，没能借助这四个渠道得到相关支持。

第八题

社会支持分为非正式社会支持网络和正式社会支持网络，对于小安的康复需求来说，存在着如下的资源支持不足：

(1)非正式的社会支持网络的不足。首先是家庭，小安的母亲虽然提前退休全身心照顾小安，但是小安父母不懂技巧，在生活和能力的双重缺乏下，对照料好小安没有信心。其次是小安的同学、朋友、邻里，小安的同学、朋友开始疏远他，有些居民也因偏见而对他指指点点，没有给予小安关怀和支持。
(2)正式的社会支持网络的不足。小安家所在的社区内没有相应的康复机构，不能为其提供就近治疗和出院后的辅助治疗。缺乏专业的支持，导致小安的精神病反复发作。

【知识拓展】社会网络在社会工作实务范畴里泛指社会支持系统，通常指由家庭、朋友、专业人士或其他社会系统提供的帮助、指导和关怀。其中，社会支持是指个人与社会环境的正面互动。社会网络是由正式和非正式支持系统组成的，正式的社会系统包括社会工作者、医生、律师和其他专业的助人者，而非正式的社会系统包括家庭、朋友、同事、邻居等。

第九题

本案例中，社会工作者在扮演资源经纪人角色时运用了以下服务技巧：

(1)评估服务对象的需要。案例中，社会工作者通过问卷调查、入户访谈、绘制社会生态系统图等方式，了解评估老人和儿童的需求。
(2)识别和找出相关的资源。案例中，社会工作者运用社区资源图等方式，从服务对象现存人际关系和社区中识别服务项目能够利用的资源。
(3)转介。案例中，社会工作者将处于困境中的老人和儿童推介给社区志愿服务队，建立长期的陪伴服务关系。
(4)确定服务对象得到了资源并能够使用它们。案例中，社会工作者协助老人、儿童掌握联系和使用服务资源的方法，定期回访了解服务对接和资源使用情况。

第十题

社会工作者应采取的直接介入策略包括：

(1)运用现有资源。对居民、商户和顾客建立专业关系，充分利用现有资源，动员居委会和社区居民给予情感支持，加强城管和工商部门的长效管理，志愿者、媒体进行监督。

(2)进行危机介入。收集资料，对打架的居民和顾客的问题初步认定，做出危险性判断，帮助解决问题，提供情感支持。

(3)运用活动作为介入的策略。通过开展小组活动，将居民、商户和顾客组成平行沟通小组，换位思考，各自阐明立场和观点，从对方的角度来看问题，考虑到各自的困难，最后达成理解，并制订解决问题的协议。

(4)调解行动。对居民与摊贩互动产生的问题进行分析，找出共同目标，协调资源满足需求。

(5)运用影响力。社会工作者要有意识地运用各种能够影响服务对象改变的力量。

第十一题

本案例中，小罗运用的间接介入策略有：

(1)小罗协调各种服务资源与系统，依据各专业的长处和差别，划分职责。如动员志愿者骨干定期探望李爷爷，邀请医护人员一起评估，制订上门和康复训练的计划，协调相关部门对李爷爷家进行居家安全改造，给李爷爷提供社会支持。

(2)小罗从家庭成员入手，发展照顾者互助小组，介绍王奶奶加入照顾者互助小组，确保对李爷爷的照顾，更好地帮助李爷爷。

(3)小罗在了解机构的基础上识别需要改进的地方。他总结服务经验，对机构的工作流程提出改进建议，促使机构能够更好地满足服务对象的需要。

【知识拓展】间接介入的行动及策略是社会工作者依据生态系统理论视角代表服务对象采取行动介入环境系统的工作。通常包括：(1)运用和发掘社区人力资源。(2)协调各种服务资源与系统以达到服务的目标。(3)制订计划创新资源。(4)改变环境。(5)改变组织与机构的政策、工作程序和工作方式。

第十二题

本案例中，社会工作服务机构协调该社区各类服务资源时，应把握以下原则：

(1)团结不同专业的服务人员以实现共同目标。

(2)了解各方不同观点，协助实现共同目标。

(3)识别各专业的长处和差别，划分职责。

(4)与各方沟通情况，为有效协调打下基础。

(5)协调前广泛收集资料，提高协调效率，减少协调成本。

第十三题

1.不管是哪一种社会工作的介入和协助，服务对象在整个过程中都会感受到社会工作者的真诚与关注、尊重、接纳和肯定，这是对社会工作者的专业要求，也是专业关系的特质。由于结案意味着社会工作专业关系的终止，意味着服务对象要回到自己的生活世界，也意味着其后社会工作者与服务对象就要停止接触，服务对象不再有社会工作者的陪伴，因此，终止关系可能会给服务对象带来“分离焦虑”等感受，表现为对这种即将到来的结案产生负面反应。本案例中的小张通知结案太过突然，没有给小梅一个心理缓冲时间，也没有帮助服务对象从助人工作到自助工作良好过渡，所以导致小梅在结案时情绪又回到了以前状态。

2. 为避免小梅的负面反应，社会工作者小张在结案时应采取的处理方法包括：
   (1)与小梅一起讨论他们对结案的准备情况。
   (2)提前让小梅知道结案时间，使其早些做好心理准备。
   (3)逐渐减少与小梅的接触，提醒她要学会自立，给她以心理支持，告诉她在有需要时他将继续提供协助。
   (4)估计一些可能会破坏改变成果的因素，预防问题的产生，继续提供一些服务，并为小梅提供能够对她有帮助的资源系统的支持，待稳定了小梅的改变成果后，再最后结束专业助人关系。
   (5)必要时安排正式的结案活动，让小梅分享自己的收获，以建设性的方式表达感受，鼓励其面向未来。

【知识拓展】常见的负面反应包括：(1)否认——不愿承认已到结案期，避免讨论关于结案的话题，表现为不准时与社会工作者见面、心不在焉等。(2)倒退——恢复到以前的状态，以此拖延结案的到来。(3)依赖——对社会工作者过分依靠。(4)抱怨——对社会工作者不满意。(5)愤怒——表现为对社会工作者不满，批评、攻击和挑战其他人。结案时的愤怒会因结案类别而有不同表现，那些因社会工作者离职而结案的服务对象，其愤怒表现得可能会更强烈些，极端情况下可能会有身体攻击。社会工作者要感知服务对象的愤怒情绪后面所隐藏的悲伤、难过等情绪，谨慎地处理这些负面情绪。(6)讨价还价——当发现没有可能阻止结案时，有些服务对象会寻找理由延长服务期限，有时还表现出倒退行为，很多已解决的问题又重新出现等。(7)忧郁——当所有延长结案时间的努力都无效时，有些服务对象会表现得无精打采、失落而无助，对结束关系充满焦虑。

第十四题

危机介入是一种特殊的介入，目的在于缓解服务对象的紧张情绪，恢复其功能，使他们走出危机。帮助服务对象采取处理危机的行动，目的在于帮助他们解决危机并恢复其社会功能。危机介入的基本原则有：

(1)及时处理。抓住有利的、可改变的时机，尽可能减少对服务对象及其周围其他人的伤害。

(2)限定目标。危机介入的首要目标是以危机的调适和治疗为中心，尽可能降低危机造成的危害，避免不良影响的扩大。

(3)输入希望。给服务对象输入新的希望，让服务对象重新找回行动的动力。

(4)提供支持。社会工作者需要充分利用服务对象自身拥有的周围他人的资源，为服务对象提供必要的支持。

(5)恢复自尊。危机的发生通常导致服务对象身心的混乱，使服务对象的自尊感下降。社会工作者需要了解服务对象对自己的看法，帮助其恢复自信。

(6)培养自主能力。整个危机介入过程就是社会工作者帮助服务对象增强自主能力、面对和克服危机的过程。

在本案例中，危机发生之后，学生们的身心受到极度的震撼，需要调适和心理抚慰，帮助学生解决由突发危机引起的情绪困扰问题。社会工作者可提供的支持与协助有：保护、接纳、提供希望与鼓励及教育与指导。危机干预的具体内容包括：

(1)将焦点放在帮助服务对象恢复和发挥功能上，而不是解决整个问题。本案例中，应将焦点放在同学们的恐慌情绪处理上，而不是马上解决这个意外事件。

(2)帮助服务对象宣泄由危机带来的紧张情绪,给予其心理等方面的支持,以防精神崩溃。本案例中的危机事件发生后,同学们非常悲伤,不少学生抱头痛哭。社会工作者应让他们自由发泄情绪,并采取一定的方式,帮助受到影响的学生缓解心理压力,给予安慰和支持。

(3)介入目标要现实,要瞄准服务对象当前的需要,对服务对象不能要求太高。本案例中,受到影响的学生当前的需要是消除恐慌感,平复情绪,社会工作者应满足他们的需要,并提供支持。

(4)担任教导角色,包括告诉服务对象应该做什么,同时也为他们做一些力所能及的事。当服务对象功能逐步恢复时,就可以结束介入行动。

第三章 儿童社会工作

第一题

案例中小明的需要包括:

(1)生存的需要。案例中,小明与爷爷相依为命,爷爷由于年事已高,对小明的照顾越来越力不从心。

(2)心理健康的需要。案例中,小明因目睹了父亲的车祸惨状,常常半夜惊醒,有时会突然大声尖叫,并伴有攻击性行为。

(3)受保护的需要。案例中,小明经常遭到爷爷打骂。

(4)学业辅导的需要。案例中,小明常常逃学,整日在外游荡,考试成绩差。

(5)社会化需要。案例中,小明身上总有异味。

(6)经济方面的需要。案例中,爷爷靠捡拾废品补贴家用。

第二题

1. 本案例中,小辉面临的主要问题有:

(1)基本生存问题。小辉身体严重消瘦,家庭变故,如何满足其衣食住行等基本需求是小辉面临的基础性问题。

(2)家庭关爱问题。小辉的原生家庭突发变故,母亲的康复和照护,在寄养家庭中的适应等是小辉面临的第二个问题。

(3)学习问题。学习是儿童的重要任务,小辉已经有半个多月没有上学了,如何让其重新入学,减少对学业、成绩的影响是小辉面临的第三个问题。

(4)家庭监护问题。小辉目前是暂时寄养,但作为一个问题,他的家庭监护需要有长期的设计。

2. 按照家庭寄养服务流程,社会工作者后续需要开展以下工作:

(1)寄养家庭培训。对于寄养家庭主要照料人进行系统的培训。

(2)儿童与寄养家庭适配。考虑儿童身体和智力的综合状况与寄养家庭环境之间的匹配情况,与寄养家庭签订寄养协议。

(3)寄养监督与支持。定期进入寄养家庭走访,了解和评估寄养家庭的监护状况和儿童生活及成长状况,及时发现问题,及时给予支持。

(4)寄养结案。从寄养家庭把孩子接出来,解除寄养关系。

第三题

1. 从儿童保护的角度来看，小红面临的风险主要包括：
   (1) 遭受体罚和肢体虐待。由小红身上有多处瘀伤可以看出，小红在家里曾经遭受并且可能仍在遭受暴力虐待。
   (2) 被忽视。由案例中小红近期的衣着及行为表现，以及其家长联系不上等等，都可以看出，小红在家里得不到应有的关爱和重视，处于被家庭成员忽视的境地。
2. 社会工作者可以采取以下收集信息的方法：
   (1) 询问。社会工作者可以直接向小红询问，或者向小红的老师、同学和邻居等人询问，来获取相关的信息资料。
   (2) 咨询。社会工作者可以向儿童工作者或者其他专业人士咨询意见，以求对小红的问题有全面、正确、科学的认识。
   (3) 观察。社会工作者可以通过观察小红的行为表现以及所处的环境等来获得相关的资料。
   (4) 家访。社会工作者可以对小红进行家访，以求获得在机构面谈中不能发现的东西。
   (5) 利用已有资料。社会工作者可以通过对小红的成绩单、品德鉴定表以及其他相关资料的综合分析，提取有用的信息。

【知识拓展】儿童保护的问题主要包括：(1) 儿童被遗弃的问题。(2) 儿童遭受体罚和肢体虐待的问题。(3) 儿童被性侵的问题。(4) 儿童被忽视的问题。(5) 儿童被拐卖的问题。(6) 家庭监护的问题。

第四题

1. 本案例中，社会工作者开展的预防服务主要有：
   (1) 风险识别。社会工作者通过入户走访，了解该社区是否存在育儿行为不当、儿童照料缺失、家庭经济困难以及家庭关系紧张等有可能诱发儿童受侵害行为的家庭风险。
   (2) 分类分级。社会工作者根据多方面的指标，将全社区家庭虐待儿童的风险分为高风险、中风险和低风险三类，为开展针对性的预防服务提供了基础。
   (3) 家庭监测。社会工作者通过上门探访，对存在虐待儿童风险的家庭进行实时监测，预防虐待儿童行为的发生。
   (4) 社区教育。社会工作者通过张贴海报，在社区居民中普及儿童保护的相关知识，预防家庭中虐待儿童行为的发生。
   (5) 行为干预。针对不当育儿行为的家长，社会工作者通过开展亲职教育，改变他们不当的家庭教育方式，预防虐待儿童行为的发生。
2. 针对小江的情况，社会工作者还可以采取的危机干预措施有：
   (1) 报警求助。为防止小江父亲再次做出过激行为，社会工作者可以向当地公安机关报告，寻求公安机关的协助，限制小江父亲的人身自由并进行谈话和笔录。
   (2) 伤情处理。与医院进行沟通和协调，以最简捷的方式办理入院手续，协调相关医疗资源，以最快的速度开展紧急救治，让小江尽快脱离生命危险。
   (3) 紧急庇护。联系小江的爷爷、奶奶等近亲属，安抚他们的情绪，协助他们承担起照顾小江的责任，协商确定小江的监护责任。

(4)协助申请人身安全保护裁定。向当地法院提出人身安全保护裁定的申请，从法律层面保护小江的人身安全。

第四章　青少年社会工作

第一题

根据班杜拉的社会学习理论，青少年通过观察历程就能进行学习，并不需要个人亲身体验而直接受到奖惩。班杜拉观察学习的历程可以概括为以下几个步骤：注意过程、保持过程、再生过程、增强过程。由此，案例中的主题活动的顺序调整如下：

第一次：C. 组织青少年观看电影、电视，通过实例示范，引导他们注意影视剧中反映出来的正确时尚观，这属于注意过程。

第二次：D. 组织青少年开展关于“什么是时尚”的辩论赛，并对不同的时尚观进行辨识，引导青少年初步树立正确的时尚概念，这是一种保持过程。

第三次：A. 通过情景剧表演，帮助青少年反思不良时尚观的由来，重新树立正确的时尚观，这是一种再生过程。

第四次：B. 引导青少年制订改善他们认知和行为的计划，并指导他们应用于日常生活中，增强其保持正确时尚观的动力，这是一种增强过程。

第二题

1. 班杜拉的社会学习理论认为，青少年通过观察榜样的行为就可获得学习。本案例中，社会工作者在小组活动采取的治疗技术有：

(1)认知楷模法。改变青少年的认知结构或自我效能感，让他们相信自己能够改变。本案例中，“优点一箩筐”环节，通过小组成员之间的相互赞赏，改变了长期在服务对象头脑中存在的“低人一等”的认知，增强了他们的自信心。

(2)实例楷模法。通过观看实例，引导青少年学习适当的行为。本案例中，社会工作者通过邀请优秀校友分享他们就业创业的成功经历，引导服务对象向这些优秀校友的行为看齐，让自身也变得优秀起来。

(3)激发自制力。呈现青少年无能为力的行为，通过示范引导，消除恐惧感，增强自我掌控的能力。本案例中，通过设计“勇敢者挑战”作业，让服务对象在群体监督的环境下，积极打卡，分享快乐，在轻松、友好的环境下，逐渐培养起对自身行为的控制力。

2. 本案中的小组工作，在促进学生改变中主要发挥了以下作用：

(1)为服务对象提供了增强与同伴交往的机会。本案例中，小组为服务对象搭建了一个友好交往的平台，在此平台中，大家积极参与，相互分享，相互监督，增强了感情，深化了互动。

(2)小组的过程刺激出服务对象真实的内心世界。本案例中，通过精心安排的小组活动，小组环境成为一种任务环境，在群体动力学的影响下，服务对象发现了不一样的自我。

(3)小组规则规范了服务对象的行为。本案例中，社会工作者为小组成员的活动开展制定了明确的小组规范，这些规范对于服务对象行为的约束起到了很好的控制作用。

(4)小组提供了示范者和行为预演的协助者。本案例中,小组工作提供了良好行为的示范者,为小组成员的行为转变提供了可以现场模仿的榜样,而且自身行为的改变,也得到了小组成员的协助。

(5)小组为服务对象建立良好伙伴关系提供支持。本案例中,融洽的关系为小组成员建立良好伙伴关系提供了支持。

第三题

该亲职教育小组实现了以下目标:

(1)协助父母有效地扮演好父母的角色。本案例中,家长 B:"一句话总结,我觉得我更会做家长了。"

(2)协助父母了解孩子成长过程中身心发展的特征以及发展中的阶段任务与危机。本案例中,家长 D:"而且不能随便给孩子贴上'叛逆'的标签,这个阶段的孩子渴望独立,咱们做家长的应该给予更多的支持和理解。"

(3)强化父母与子女之间的沟通技巧与沟通渠道。本案例中,家长 C:"是啊,咱们做家长的谁不为孩子好,但也得注意方式方法。要学会向孩子表达自己的感受,别一味指责孩子,也要听听孩子的心声。"

(4)改善父母对子女的管教态度。本案例中,家长 E:"我收获很大,以前与儿子沟通的时候总是缺乏耐心,控制不住自己的情绪,其实与孩子的关系中,我们家长的态度很重要。"

(5)了解家庭氛围对子女成长的影响。本案例中,家长 A:"我们做家长的要给孩子树立榜样,平时注意交流方式,夫妻之间不能一言不合就吵架。"

【知识拓展】"父母效能训练模式"教导家长如何成为一位有效的"辅导者",如何强化父母与子女之间的亲子关系,如何运用接纳、尊重、同理、倾听等辅导技巧与子女做有效的沟通。"父母效能训练模式"主要包括:(1)积极倾听。即训练父母的倾听能力,以便成为子女的心理辅导员。该技巧主要包括:能接纳子女、能从子女观点看问题、能尊重子女的自主性、能让子女承担自己问题的责任、提供子女探索自己问题的机会、关怀但不批判。(2)使用"我—信息"。即训练父母学习以我开头来传达信息与子女沟通。使用"我—信息"能传达父母的需求,展现父母对子女的同理心,使子女知道自己的行为适当与否,能正直、真诚、诚实地反映父母的内在感受,子女也能以此方式与父母沟通,不会伤害亲子情感或造成冲突。重点包括:说出父母本身的感受、说出为何有此感受、说出为何父母对孩子的某些行为不高兴。(3)积极沟通。即训练父母学习如何与子女作积极沟通。主要技巧包括:接纳,让子女自由表达思想观念与情感;专注,能专心致志地聆听子女心声,使用沉默技巧,适当沉默,不必多话;寻找共识,不必受限于小问题,排除障碍,避免分心、做白日梦,并把不必要的东西排除;避免矛盾,清楚表达思想观念,不混淆,有耐心,不急促、不催赶,有耐心地进行沟通。

第四题

社会工作服务成效评估的程序逻辑模式主要包含七个环节:资源投放、活动/服务、服务成效、处境分析、假设/理论基础、外在环境、逻辑联系。本案例中,评估人员对该项目采用的理论框架、处境分析的结果、影响项目推进的外在环境因素进行了评估,还需要进行评估的要素包括资源投放、活动/服务、服务成效、逻辑联系。

第五题

A:改善自我认知的需要和对未成年人开展生涯辅导教育的需要。

B_1:改善自我认知,正确认识自己。

B_2:量表测试和面对面的交流。

(1)通过量表测试,了解自己眼中的自己。

(2)面对面交流,互相指出对方对自己的第一印象,站在别人的角度,了解一下别人眼中的你。

(3)自我思考,不存偏见。

B_3:全面认识了自己眼中的自己和别人眼中的自己,得到新的感觉体验。

C_1:通过选择岛屿,洞察自己真正的职业兴趣,帮助自己在职业定位时把握好方向。

C_2:霍兰德职业岛。

(1)准备测试问卷,在规定时间完成问卷。

(2)社工公布答案和评分标准,根据得分情况查看自己所属岛屿类型。

(3)服务对象互相讨论。

(4)社工进行讲解。

C_3:了解了自己的兴趣和职业方向,使自己对未来的职业生涯有一个较为清晰的认识。

D_1:进行职业体验,认知职业特点。

D_2:情景模拟和角色扮演,通过制作简历,模拟招聘,进行面试和职业体验。

D_3:通过角色的扮演使自己对如何找工作和进行工作的流程有了简单了解,十分新奇。

E_1:增加未成年人面对困难的信心和行动力。

E_2:组织已工作人员和无工作人员进行经验的分享、交流,从榜样学习的角度提高未成年人的生涯自我效能。

E_3:增加了生活的信心和勇气,敢于直面生活的挑战,提高行动力。

第五章　老年社会工作

第一题

该服务计划满足的老年人的需求有:

(1)经济保障需求,如在服务计划中,社会工作者协助生活困难老人获得经济补助。

(2)健康维护需求,如在服务计划中,社会工作者请青年志愿者为生活不便的老人提供照顾。

该服务计划没有满足的老年人的需求有:

(1)一些老年人子女不在身边,时常感到孤独寂寞,家庭支持作用没有发挥出来,服务计划中没有涉及此项,老人的婚姻家庭需求未得到满足。

(2)一些老人反映社区文化活动太少,缺少展示才艺的舞台,服务计划中没有涉及此项,老人的就业休闲需求未得到满足。

(3)一些老人被家人忽视,甚至受到虐待,合法权益难以得到保障,服务计划中没有涉及此项,老人的居家安全需求未得到满足。

第二题

本案例中,王奶奶面临的问题包括:

(1)家庭照顾压力巨大。本案例中,王奶奶既要照看孙女又要照顾卧床不起的老伴,王奶奶年事已高,体力不支,尤其是孙女的学习,根本无法辅导,面临巨大的照顾压力。

(2)与儿子儿媳的沟通问题。本案例中,面对儿子儿媳长期不回家,家庭责任意识淡漠,王奶奶不知道如何与儿子儿媳沟通，只能默默忍受，导致心情不愉快，进而影响对生活意义的看法。

(3)人际关系紧张。本案例中，王奶奶由于管教方式不当导致孙女的不满，祖孙经常发生争执。同时，巨大的家庭压力导致王奶奶情绪不好，在与邻居的相处中也时常发生争吵。

(4)社会隔离问题。本案例中，王奶奶没有时间参加社区活动，与原来的老姐妹逐渐疏远，面临着老年人社会隔离的问题。

(5)晚年生活意义的缺失。本案例中，王奶奶对晚年生活的价值和意义产生怀疑，在社会交往方面显得消极，也不愿意参加公共活动。

第三题

虐待老人指的是恶意对待老人，在身体上、情感或心理上、性方面或经济方面对老人构成非人道或剥削。疏于照顾老人既包括主动也包括被动地让老人得不到所需的照顾，导致老人的身体、情绪或心理方面健康的衰退。结合题干，本案例中老人受到虐待和疏于照顾问题的类型及行为表现如下：

(1)身体虐待：王老先生手臂上有多处瘀青；儿子去外地出差时，儿媳还经常将老人反锁家中。

(2)情感或心理上的虐待：儿媳觉得老人不做家务，不讲卫生，一起生活碍事，常常为此打骂老人。

(3)经济虐待：老人将退休工资都交给儿媳，身上没有任何零花钱。

(4)他人疏于照顾：王老先生的居住环境不卫生；儿媳有时不让老人吃饱。

(5)自我忽视：王老先生的房间杂乱无章，身上衣服泛黄并发出异味，已经多日没有换洗。

第四题

1. 社会工作者对李大爷进行社区居家养老评估时，重点收集了以下方面信息：

(1)个人基本资料方面。如李大爷中风前是社区志愿服务团队骨干，经常参加各类社区活动，中风出院后独居。

(2)身体健康方面。如李大爷中风出院后，身体状况大不如前，经常忘记吃药。

(3)心理和情绪方面。如李大爷总担心自己会跌倒，脾气也越来越差；认为自己可以照顾自己，出院后执意独居。

(4)社交活动方面。如李大爷不愿出门；一个人居住，女儿放心不下；对医疗和社区服务资源的使用较少等。

(5)日常生活能力方面。如李大爷生活基本能自理。

(6)居家环境方面。如李大爷的居家环境存在一定的安全隐患；独居老人，有个女儿不住在一起；沟通存在问题，其女儿未经他同意为他安排社区居家养老服务并找人进行评估调查导致他很生气。

2. 在对李大爷开展评估时，社会工作者应该注意以下事项：

(1)平衡好服务对象自立和依赖他人的需要。在评估的时候应该注意李大爷目前生活基本能够自理，所以能自己完成的事情，要让他自己来完成，不能完成的，则劝导他接受别人帮助，以免造成伤害。

(2)尊重服务对象的隐私权。在对李大爷开展评估时，需要保护他的隐私，如需打破保密原则，需要征得他的同意。

(3)重视服务对象群体的异质性。在

评估时不能一刀切，针对不同的老年人要采用不同的方法进行评估。

(4)通过评估为老年人充权。接受评估容易使老年人在客观上陷入一种无力、无权的境地，在心理上产生无力的感觉，所以在评估过程中，既要评估李大爷的不足，也要评估其优势。

(5)关注最初提议作评估的人。社会工作者应该及时与李大爷女儿沟通，进一步详细了解他的情况。

第五题

小罗对李爷爷家进行了以下基础性评估：

(1)小罗评估了老人的居家环境的安全性，主要评估老人的居家环境对老人有无安全隐患。小罗发现李爷爷家房屋老旧，物品摆放杂乱，室内照明不足。

(2)小罗评估了老人的社会参与和社会支持情况，主要评估老人是否参与了社会活动，是否得到了社会支持。李爷爷和老伴以前经常参加社区活动，李爷爷的儿子每周会来探望一次，李爷爷因生病生活不能自理时，全靠王奶奶照顾。

(3)小罗评估了老人的经济情况，主要评估老人是否存在经济困难，影响老人的基本生活和健康维护。小罗发现李爷爷夫妻二人的退休工资能满足日常开销。

(4)小罗评估了老人的日常生活能力，主要评估老人独立照顾自己和独立生活的能力。小罗观察到李爷爷因不慎跌倒导致骨折，生活暂时不能自理。

(5)小罗评估了老人的心理和情绪方面的状况，主要评估老人的情绪状况。小罗发现李爷爷担心不能康复，情绪十分低落。

第六题

养老院应该严格按照老年人的需要来提供服务。本案例中的养老院的服务存在以下局限性：

(1)该养老院设置的定时吃饭和定时熄灯等管理制度，不符合个别老年人的需求和生活习惯，违背了社会工作中“以人为本，回应需要”的专业价值观。

(2)该养老院没有尊重老年人的个体差异，搞郊游类集体外出活动，没有考虑方婆婆腿脚不便的情况并照顾她的意愿，忽视了服务过程中的个别化原则和服务对象自决原则。

(3)该养老院限制了老年人请假回家的次数，忽视了老年人社会参与、就业休闲等层面的需要，形成社会隔离，对老年人的身心伤害极大。

(4)方婆婆在养老院里找不到人交流谈心，说明该养老院忽视了老年人的心理需求和精神慰藉。

(5)健康维护是老年人最为关注和渴望满足的需要。该养老院的行政管理刻板，缺乏人文关怀，使得方婆婆不仅长期不能适应，还在健康上受到影响，但是该养老院却没有及时发现和调整服务方式。

【知识拓展】长期照顾设施中的社会工作服务的具体目标包括：(1)协助居住者及其家庭在每个成员留在设施中的时候，最大限度地利用本设施和社区相应的社会资源和健康资源。(2)增强居住者、家庭、工作方案或设施的员工之间的沟通。(3)协助本设施获得并维护具有治疗作用的环境。(4)通过鼓励社区参与本设施的事宜以及居住者和员工参与社区的事务，推动本设施与社区的互动，与范围广泛的社区资源牵线搭桥，参与和其他的长期性的社会服务和健康照顾资源有关的服务计划评估工作和规划工作。

第六章 妇女社会工作

第一题

1. 本案例中,家庭面临的问题有:因独生子女死亡,家庭成员不能面对现实,长期沉浸在悲伤和自责中,丧失生活希望。有的夫妻关系变得紧张,婚姻陷入危机;有的老人疾病缠身,无人照顾,养老出现困境;有的家庭缺乏稳定的收入,经济困难;有的家庭成员害怕无人养老送终,对未来充满担忧。
2. 本案例中,社会工作者应采取的干预措施有:
   (1)家庭层面:通过家庭工作进行心理辅导,鼓励夫妻相互支持和互助,积极引导失独家庭重拾生活信心。可选择进行哀伤辅导,帮助他们排解心理压力和痛苦,使其能够面对现实,自我激励,跨越心理障碍,恢复健康的心理状态。转移注意力,培养夫妻双方的共同兴趣点,以共同的兴趣爱好增加夫妻双方生活重心的重合度,形成家庭关系新支点,鼓励并帮助失独家庭重新构建完整家庭。通过个案社会工作、家庭社会工作和小组社会工作等专业方法和专业技能,帮助失独家庭进行精神修复和赋权增能。
   (2)社区层面:通过社区公共教育让社区居民认识到失独家庭的困境,营造对失独家庭群体尊重、关怀和帮助的氛围。面向社会定期开展宣传,主流媒体以正面视角去报道失独者,唤起对失独者的尊重而不是单纯的怜悯。将失独家庭融入社会建设中来,充分发挥家庭成员的才能,与孤残儿童结对子、帮助困难群众参加社区志愿者活动。重构失独家庭成员的社会身份,通过参加社会事务转移注意力,积极引导和鼓励失独家庭参加社会活动,加强与外部环境的交流沟通,开展形式多样的文体活动。在社区开展工作,发展社区居家养老、服务站养老,通过社区支持网络完成社会养老网络的构建,志愿者定期做义工或建立互助小组,进行抱团取暖。
   (3)社会层面:倡导保障失独家庭的社会政策不断加强和完善。政府应有效整合社会资源,筹集社会资金,补偿失独父母,缓解他们的经济压力。帮助失独家庭成员落实好计划生育特别扶助制度,健全和完善社会保障制度,发挥福利救助作用,完善社会养老机制和救助机制,对特别困难无劳动行为能力的失独家庭成员进行帮助。政府相关部门应尽早建立专业机构,发挥社会组织、民间组织、社会团体和社会公益组织的作用,建立健全失独家庭社会公益服务体系。

第二题

1. 本案例中,低收入家庭妇女群体的需求主要有:
   (1)经济方面的需求。由于处在低收入家庭中,如何增加收入成为这些妇女的主要需求之一,她们很想通过工作来获得一份收入,减轻家庭经济负担。
   (2)家庭方面的需求。由于没有工作和收入,这些妇女的家庭地位普遍较低，这些妇女希望在不影响照顾家庭的前提下，通过自己的劳动收入改变自己在家庭中的地位。

(3)工作方面的需求。全职家庭妇女由于没有工作，会感到无力，无法满足对于自我实现的要求，她们对工作有强烈的需求。

(4)社会交往的需求。这些妇女由于是来自农村，在城市里缺乏朋友，她们对于多交朋友具有迫切的需求。

(5)价值实现的需求。由于家务劳动体现不出自身的社会价值，这些妇女很想从家庭走入社会，通过参与社会事务实现自身的价值。

2. 参与式学习法强调的是参与者介入的程度和活动中权利的分享，特别关注参与者的参与动机、参与态度、参与热情、参与方式、参与效果等。参与式学习理论认为，每个人都有认识世界的方式，社会工作者不能将自己的信念或者看问题的方式强加给妇女。本案例中，社会工作者可以通过以下方法促进妇女们的改变：

(1)让妇女们参与学习课程内容制定、课程主题和进程、课程评估等各个环节，而不是执行专家制订的学习计划。让手工编织技能好的妇女担任讲师，将学习者变为知识的传授者，改变妇女们被动化的地位认知。

(2)用角色扮演、案例讨论、游戏、情景剧、讲故事等方法调动妇女经验的分享，通过小活动引发大家的深入思考，使每名妇女充分表达自己的思想。

(3)不仅要让妇女学习到知识，更重要的是提升妇女的自信。敏锐地发现有积极表现的妇女，及时给予鼓励和肯定，增强她们的自信心。

【知识拓展】妇女应该参与对自己问题的界定，而不仅仅是依靠专家或者学者定义。妇女应参与制定问题解决的目标、进行讨论、制定解决策略的全部过程，而不是被动地等待解决。社会工作者和参与者的关系是合作关系，社会工作者是协助者的角色，而不是专家的角色。参与式学习的主要目标是赋权，确保妇女参与培训，实现权利关系的改变。参与过程要达到一起改变，而不只是妇女改变。

第三题

1. 本案例中，社会工作者可以运用的妇女社会工作的基本原则有：

(1)尊重丽芬作为独立的个体，而不是家庭角色的扮演者。社会工作者应该给丽芬的丈夫讲解“男女平等”的国策，改变其传统的观念，尊重自己的妻子。

(2)了解、理解和接纳丽芬的现实处境和她的生存选择，承认社会上的权利分配不均及资源不足的现象。丽芬担负了家庭全部的生活压力，而其丈夫却常年不在家，也拿不了多少钱回家。社会工作者应该让丽芬的丈夫看到、知道丽芬为家庭所做的努力与牺牲，使其悔悟。

(3)认识到丽芬本身的丰富资源，她有能力处理自己的问题。

(4)丽芬是发展的主体，而不是客体。

(5)将丽芬和村内同样遭遇的妇女联结起来，促进妇女之间特别是具有类似经历的妇女互助，为争取自己的幸福而敢于抗争，共同构建美满幸福的家庭。

(6)社会工作者与丽芬的关系是平等的。

2. 解决丽芬问题的策略如下：

(1)个人层面。帮助丽芬了解自己的

权益，分析自我优势和资源，建立和恢复自信心。

(2)小组层面。将村中有相同遭遇的妇女组织起来，进行妇女权益和法律意识宣传，通过分享生活经验，共同成长。

(3)社区层面。通过建立志愿者联系网络、妇女互助网络、邻居协助网络，进行自救和互救，使问题得到解决。

第七章　残疾人社会工作

第一题

1. 本案例中，小明的服务需求包括心理辅导和治疗、特殊教育和改善社会环境。
2. 本案例中，社会工作者应该与学校、家庭、社会人士配合，一同做好小明的教育康复工作，社会工作者具体开展的工作包括：

(1)对小明开展咨询服务及专门的心理辅导，配合小明所在学校进行针对小明的基础文化科学知识及劳动、职业技能的训练，开展个案工作。

(2)对于小明的父母，社会工作者要矫正他们过于负疚和消极的态度，让他们对小明的康复和发展树立信心，并向小明父母普及康复知识及残障护理训练，从而对小明产生一种正面影响。

(3)社会工作者在帮助小明和家属的同时，还要促使小明所在的学校、社区和其他帮助小明康复的工作者掌握有关知识，并使各种专业人员的知识、技能不断提高。

【知识拓展】教育康复的主要对象是机构中和城乡社区的各类残疾人，也称为特殊教育。不仅在残疾类型上有肢体、智力、听力、语言、视力等类的残疾人，而且在年龄上包括从婴幼儿、学龄前到学龄期残疾儿童、青少年以及部分残疾成年人(含老年人)。教育康复的重点是从出生到入学年龄前的残疾婴幼儿和少年儿童的早期干预，以及义务教育阶段后与职业康复、就业安置等工作相关的教育工作。

第八章　矫正社会工作

第一题

刘某面临的问题有：

(1)加害社会与加害他人的行为使其较难取得社会民众的同情。刘某假释回家后，与父亲同住，父亲靠退休金生活，经济比较紧张，对刘某给家庭造成的影响耿耿于怀，尝尝冷嘲热讽。

(2)社会功能缺失的严重程度增加其功能恢复与重建的难度。刘某没有固定工作，仍单身一人。看着昔日的同学、朋友都已成家立业，他也很想做点事情，可是做生意没本钱，找工作没技能。并且在其服刑期间，社会已发生巨大变化，但是刘某并没有提升相应的能力来应对这种变化，造成了他社会功能的严重缺失。

(3)受刑者的身份使其处于社会资源网络的边缘地位。刘某身份的特殊性使其处于社会资源网络的边缘地位，无法得到或很少得到一般社会民众可以得到的经济、物质、社会保障资源，在生活、教育、就业、卫生、住房、家庭婚姻、社会交往等方面，都将面临比一般社会民众更大的压力。

刘某的需要有：

(1)基本生存条件的保障需要。基本生存条件包括：维持基本生活所需的经济收入或最低生活保障救助；维持基本生活所需的住房条件等。

(2)教育、就业权益的保障需要。刘某要通过自身能力来维持基本生存条件，因此，教育、就业权益的保障就显得尤为重要。

(3)正常家庭生活的需要。刘某父亲常常对其冷嘲热讽，且仍单身一人，昔日同学、朋友都已成家立业。社会工作者要鼓励和协助刘某构建和恢复正常的家庭生活。

(4)再社会化的服务需要。刘某需要接受社会工作者在思想教育、心理辅导、行为纠正、信息咨询、就业培训、生活照顾以及社会环境改善等方面的服务，使其消除犯罪心理结构，修正行为模式，适应社会生活。

【知识拓展】矫正社会工作的特点包括：(1)特殊性：为社会特殊群体提供福利服务。(2)复杂性：强制性监管与人性化服务交织相伴。(3)长期性：服务期限与刑罚执行期限基本一致。(4)专业性：法律专业与社会工作专业相结合。

第二题

1. 社会工作者采取专业理论知识、方法和技术对假释人员李某进行了心理矫正、情绪辅导、家庭关系调和、促进就业、帮困解难和做好基本生活救助，促使其适应社会。

2. 理性情绪治疗模式对人的心理失调的原因和机制进行了深入的分析，提出了比较有影响的 ABC 理论。其中，A 代表引发事件，是指服务对象所遇到的当前发生的事件；B 代表服务对象的信念系统，是指服务对象对当前所遭遇事件的认识和评价；C 代表引发事件之后出现的各种认知、情绪和行为。

本案例中，A 指假释后的李某在办理低保申请时，工作人员要求其补齐材料后再进行办理。B 指李某假释后回到社区，难以适应，总觉得自己低人一等，被人看不起。C 指李某认为工作人员故意刁难，看不起他，十分生气，当场撕掉了申请材料。真正引发李某情绪失控和行为不当的原因是自身拥有的非理性信念，而不是引发事件。当李某了解到真正引发自己情绪、行为困扰的原因是自身拥有的非理性信念时，李某就需要在社会工作者的指导下运用理性的信念替代原来的非理性信念，并且与具体合适的情绪和行为反应方式连接起来，逐渐建立理性的生活方式。

第三题

1. ①基本生存条件保障需要、就业需要
   ②身体康复需要
   ③心理咨询和心理疏导
   ④认知行为治疗
   ⑤人际交往和社会融入
   ⑥家庭关系辅导
   ⑦政府救助和链接就业帮扶资源
   ⑧医疗保健资源

2. 本案例中，社会工作者的做法遵循了个案管理的以下实施原则：

   (1)服务对象参与。个案管理强调服务对象与社会工作者一起工作，包括需求的评估、一揽子服务的规划与组织等，都是由双方共同作决定。本案例中，社会工作者与张女士一起讨论问题和可能调用的资源，并形成了《需求与资源分析表》，在征得张女士同意之后再进行资源的确认，这都体现了服务对象参与的实施原则。

(2)服务评估。评估是个案管理的核心任务，包括服务对象的需求、生理状况、社会环境、非正式网络，甚至个人偏好。本案例中，社会工作者运用“社会—心理”视角，在“情境中”观察张女士与周围环境的互动情况，制作需求与资源分析表，这都体现了服务评估的实施原则。

(3)服务协调。在服务设计过程中，强调社会工作者需要协调各方资源为服务对象提供“全人”服务，并不局限对服务对象的特殊需要提供直接服务。本案例中，社会工作者针对张女士的问题和需求，协调警察、医生等各方资源为张女士提供“全人”服务，体现了服务协调的实施原则。

(4)资源整合。社会工作者要尽可能掌握有助于满足服务对象需求的各方面资源，并加以整合运用。本案例中，针对张女士的需求，社会工作者制作需求与资源分析表，分析资源情况，并整合了医生、警察等各方资源，体现了资源整合的实施原则。

(5)一揽子(包裹式)服务与专业合作。所谓一揽子服务，是指经过需求评估和可利用资源的确认后设计一整套服务，并且通过各种服务的联结最终促使服务对象学会独立自主。所谓专业合作，是指整合不同专业团队力量开展服务的工作方法。本案例中，社会工作者经过需求评估和资源分析确认后，并和警察、医生等不同领域的专业人员紧密合作，为张女士提供了一整套服务，体现了一揽子(包裹式)服务与专业合作的实施原则。

(6)服务监督。通过服务监督确保所提供的服务能够达到服务对象认可的标准。本案例中，社会工作者持续跟进资源运用的全过程以确保服务效果，体现了服务监督的实施原则。

第四题

1. 张某的服务需求主要包括以下几方面：

(1)基本生存条件的保障需要。基本生存条件包括：维持基本生活所需的经济收入或最低生活保障救助；维持基本生活所需的住房条件；维持身体健康的卫生医疗待遇等。

(2)教育、就业权益的保障需要。张某文化程度低、没有专业技能，无法通过自身能力来维持基本生存条件，因此，教育、就业权益的保障对其显得尤为重要。

(3)正常家庭生活的需要。张某离异，与父母、兄嫂同住，但矛盾冲突不断，家庭关系紧张。社会工作者要鼓励和协助张某建立和恢复正常的家庭生活。

(4)再社会化的服务需要。张某需要接受社会工作者在思想教育、心理辅导、行为纠正、信息咨询、就业培训、生活照顾以及社会环境改善等方面的服务，使其消除犯罪心理结构，修正行为模式，适应社会生活。

2. 社会工作者在进行个案管理时需要注意如下问题：

(1)要重视和善于与张某建立良好的专业关系。在个案管理开始阶段，张某可能会具有被动、不配合，甚至抗拒的心理和行为特点。社会工作者要用接纳、尊重、平等的态度来对待他，以便与其建立良好的专业关系。

(2)要有重点、分步骤地制订矫正工作计划。矫正是一个长期的工作过程，社会工作者需要协助矫正对象解决许多复杂和艰难的问题，所有这些问题很难在一个短时期内全部解决，所以矫正社会工作者必须引导张某共同参与，有重点、分步骤地制订矫正工作计划，逐步实现矫正工作的最终目标。

(3)要善于协调多部门、多机构提供整合性的服务。个案管理是一种资源的联系与整合的服务，其服务计划可能涉及许多部门和机构的人员、物资和财力的配合。个案管理社会工作者在此时要扮演协调联系者的角色，在必要的时候要召集包括服务使用者在内的各相关人员进行协商，既能为张某提供所需的充足服务，又能避免服务的重复和资源的浪费。

(4)要着眼于张某的潜能发掘，使其自己解决问题，切忌包办代替。从题中可知，张某比较自卑和消极，加上自己文化程度低、没有专业技能等原因，通过正常途径获得社会资源的机会比较贫乏和困难。社会工作者的目标就是帮助张某恢复或重建通过正常途径获得社会资源的意识与能力，但是，“帮助”并不是“包办代替”。因此，在工作过程中，要着眼于张某的潜能发掘，使其自己解决问题，切忌包办代替。

【知识拓展】个案管理也称照顾管理或服务管理，是指专业人员为一个或一群服务对象协调整合一切助益性活动的一种程序。这种程序使得来自相同或不同福利及相关机构中的各个工作人员能彼此沟通协调，以专业的团队合作方式提供服务对象所需的服务，并扩大服务的效果。其工作过程包括：(1)个案发掘与转介。(2)评估与选择。(3)个案管理服务计划与执行。(4)监督与评估。(5)结案。

第五题

1. 理论要点

标签理论认为，犯罪是社会互动的产物，当个人被社会上的重要他人(如警察、法官)贴上标签，描述为偏差行为或犯罪者，他就逐渐地自我修正，自我认定为偏差行为者或犯罪者。在标签理论指导下，社会工作的一个重要任务就是“去标签”，即通过一种重新定义或标定的过程，来使那些原来被认为或自认为“有问题的人”恢复为“正常人”。

2. 小组活动的目标和策略

(1)第二节。

目标：准确理解职场歧视，增强就业信心。

策略：

①邀请律师讲解职场歧视及其应对的基本知识。

②呈现服务对象遭遇职场歧视的真实经历。

③由律师对于是否真实存在职场歧视进行解答。

④小组成员分享对职场歧视的新看法。

(2)第三节。

目标：改变“废人”的错误认知，正确看待自我，消除自卑情绪。

策略：

①邀请吸毒康复人员成功创业者讲述自己的转变历程。

②对于曾经吸毒者是否是“废人”开展小组辩论。

③自我赞赏和相互赞赏，每个小组成员依据“优点参照表”找出自己的优点并说出他人的优点。

④小组成员分享新的自我认知。

(3)第四节。

目标:协助组员参加技能培训,链接就业资源。

策略:

①帮助他们转变就业观念,积极参与就业培训。

②通过参与技能培训,提高自身的能力,掌握一定的就业知识和技能,提高自己的素质和就业竞争力。

③为服务对象寻找就业信息,协调就业资源,争取培训机会,向社会用人单位积极推荐。

④协助了解劳动力市场的现状以及就业形势,避免他们产生不恰当的就业期望,鼓励申请者积极接受新岗位,勇于面对新挑战。

(4)第五节。

目标:总结与结案。

策略:

①工作回顾,社会工作者带领组员共同回顾小组工作的整个过程。

②总结成效,社会工作者对小组工作活动成效进行总结。

③分享感受,小组成员分享自己的感受。

④结案,合影留念并留下联系方式。

第九章　优抚安置社会工作

第一题

1.(1)由于挫折经历导致的无力感状态。受督导者在问题解决中经历的挫折可能导致强烈的无奈感和挫败感,受阻的日常生活功能和重复的受挫经验可能导致习得性无助,并最终使受督导者将挫败经验内化,导致无力感。本案例中,小范表示最近的个案服务没有显著成效,同时,个别服务对象的情况出现了反复,从而导致产生无力感。

(2)由于督导者正式权力导致的无力感状态。正式权力来自督导者在督导关系中较高位置所获得的权力。实际工作中,受督导者普遍认为只有地位与权力(正式权力的主要部分)才能驱使他们遵照督导者的指示行事。督导关系建立初期,受督导者可能因为在实务领域比督导者更具有经验而感受到权力剥夺。本案例中,小范由于自己是新入职的员工,缺乏经验,没有表达自己意见的资格,所以只好听从督导者的意见,从而导致产生无力感。

2.(1)提高受督导者的权利意识。为消除督导关系中的不平等状态,督导者与受督导者澄清彼此的角色期待。增强权能取向的督导关系基于平等的地位,强调虽然督导者身份和专业知识带来了正式或非正式权力的差异,但受督导者比督导者更接近服务对象及其生活情境,从而与服务对象共同成为后者问题解决的专家。

(2)增强受督导者的能力感。督导者向受督导者提供心理和情感上的支持,促使受督导者感到自我的重要性与价值,从而轻松面对工作挑战,体现督导的支持性功能。受督导者能力感提升以督导者与受督导者建立具有信任度的专业关系为基础,需要频繁且密切的互动支撑。

(3)发展受督导者的能力。集中体现社会工作督导的教育性功能,督导者对受督导者完成任务所需的知识、技能与程序予以指导，协助受督导者实现专业上的发展，可从培养受督导者四个方面的态度和能力入手：改变和主动参与的态度；批判性分析环境系统中权力与压迫的能力；分析问题、制定行动策略的能力；开展改变行动、解决问题的能力。

【知识拓展】在增强权能阶段，社会工作者可以协助成立受督导者支持性小组，支持性小组可以围绕特定的主题开展活动，诸如时间管理、个人技能、冲突化解、满足成员谈论照顾服务对象的努力和磨难方面的需要等。不管支持小组的重点是什么，关键是小组成员能有足够的时间相互交谈，有机会从有同样经历的人那里获得支持和理解。另外，社会工作者可以做一些切实的事情，提高受督导者自我保健意识，鼓励照顾好自己。同时，不要低估合理的薪酬水平与福利待遇以及可预期的职业生涯发展规划对增加工作满意度和减少压力的重要性，督导员要积极呼吁管理层为工作人员提高薪酬福利待遇、畅通职业生涯发展通道。

第二题

扶志增能——社区精准扶贫项目方案

理论要点：依据增强权能理论。增强权能观点认为，个人需求不足和问题的出现是由于环境对个人的排挤和压迫造成的，社会工作者为服务对象提供的帮助并不是“赋予”服务对象权利，而是挖掘和激发他们的潜能，以对抗外在环境的压力。该理论看重服务对象的长处、主体地位和个人价值，焦点在于消除服务对象的无力感。权能不是稀缺资源，经过人们的有效互动，权能是可以不断被衍生出来的。权能一般发生在三个层次上：一是个人层次，包括个人感觉有能力去影响或解决问题；二是人际层次，指的是增长个人和他人合作促成问题解决的经验；三是环境层次，是指促进改善社会政策的能力。

主要目标：

(1)提高村民的权利意识，消除扶贫工作人员与村民的不平等状态。

(2)增强村民的能力感，肯定村民的能力与付出，提升价值感。

(3)实现精准扶贫，减少贫困人口。

实施策略：

面对贫困山村的现状，社会工作者的干预措施应该从以下三个层次展开：

(1)个人层次。从优势视角出发，让村民发现自己现有的优势，主动采取措施参与到扶贫项目中，达到脱贫脱困的目的；肯定村民的能力和价值，对村民进行富有同理心地倾听，让村民积极参与到扶贫项目中。

(2)人际层次。建立支持网络，通过扶贫互助小组来建构新的社会支持网络，从中获得走出困境的经验；扶贫人员要与村民保持对等的状态，帮助村民做出决策，而不是权威的下达命令。扶贫人员通过教育的方式让村民认识到自助才是改变贫困生活的根本，依靠物质帮扶是不能解决问题的，帮助村民营造群体尊重、关怀的氛围；类似情况的村民可形成互帮互助团体，共同努力，走出贫困。

(3)环境层次。不断完善社会政策，倡导制定保障贫困人口的方针政策。当地政府可因地制宜地制定符合当地贫困人群脱贫的方针政策，从医疗卫生、教育、养老、就业等方面对贫困人群进行扶持，保障贫困村民的基本生活，从而帮助村民获得美好生活。

第十章 社会救助社会工作

第一题

1. 根据我国社会救助政策,张某一家可以申请的救助有:
   (1) 基本生活救助。根据张某家的情况,可以申请城市最低生活保障。
   (2) 医疗救助。张某是癌症患者,几轮治疗已花光家中积蓄,可以申请医疗救助,按照政策在看病时给予一定的医疗费用补助和减免。
   (3) 教育救助。张某的儿子刚考上初中,可以申请教育救助。
2. 除物质救助外,针对李某的现状,社会工作者应该着重提供以下服务:
   (1) 为李某提供心理辅导和支持,做李某倾诉的对象,缓解其心理压力,并教授其相应的舒缓压力的方法,鼓励李某树立积极的生活态度。
   (2) 李某找不到正式的工作,家庭收入不高且不稳定,社会工作者应该尽快帮助其解决就业问题,积极为她寻找就业信息,向社会用人单位积极推荐李某。
   (3) 李某缺乏相应的工作技能,社会工作者应该为其提供培训机会,在社区开发一些不需要很强的专业技能的工作,比如保洁、家政服务等。帮助李某在社区实习,不仅有利于社区服务,还能增加李某的收入,并且有助于她跟邻居沟通。
   (4) 李某是"外来媳妇",不会当地方言,造成她与别人交流、沟通不便,没有朋友倾诉,进而被排斥在正常的社会交往之外。社会工作者应该整合社会资源,发挥社区优势,建立邻里支持的网络,扩大李某的社会交往范围,修复她的社会关系。
3. 在社区工作层面,社会工作者可以组织如下活动以促进"外来媳妇"群体与邻里、社区的互动融合:
   (1) 在社区内为类似李某情况的"外来媳妇"群体寻找合适的工作机会,这样既能增加她们的经济收入,又能增加她们与社区邻里的交流机会,促进与社区的互动融合。
   (2) 建立邻里支持的网络。类似李某这样的"外来媳妇",大多社会交往范围较小,人际圈子同质性高。因此,社会工作者在实施社会救助时,要积极地将她们组织起来,自助与互助相结合。同时,可以使她们与其他邻里一对一地结对为互助小组,为她们修复社会关系,帮助其建立社会支持网络。

第二题

1. 该地区申请享受低保待遇家庭数量较多的原因主要包括:
   (1) 个人因素。贫困的产生是与社会成员个人的素质相关的。社会工作者在该地区了解到,有人觉得自己学历低、没技术,找不到工作,说明社区中一些人的贫困可能是因为文化水平和工作能力比较低造成的。而且也有人认为,如果外出工作,路远、待遇低,还不如待在家。同时,社会工作者发现"等、靠、要”的思想在该地区开始蔓延。这说明个人的不当认知也可能造成贫困。

(2)社会因素。社会结构和社会制度的不合理也会造成贫困。本题中提到某地区经济社会发展相对滞后，造成了地区整体经济水平不高的局面，也导致了个人的贫困。同时，有人反映周边虽有一些工作岗位，但不理想。也说明该地区为居民提供的岗位少，待遇差，间接造成了居民的贫困。

(3)文化因素。文化因素主要是指贫困文化对于社会成员个人、家庭和群体的影响。本题中提到最近社会工作者发现“等、靠、要”的思想在该地区开始蔓延，说明该地区出现了贫困文化；贫困文化在贫困群体之间通过交往而得到加强，形成文化的代际传递，这也是出现有的家庭两代都申请低保的原因。

(4)环境因素。造成贫困的原因与贫困群体居住的环境有关。本题中提到的某地区经济社会发展相对滞后，“等、靠、要”这种不良的思想观念在该地区蔓延，形成交叉影响，这都是领取城市最低生活保障金的家庭增多的原因。

2. 针对该地区居民存在的问题与需要，从提升服务对象能力的角度，社会工作者可以开展以下服务：

(1)改变该地区居民的错误认知，培养他们树立正确的择业观和劳动致富价值观。

(2)运用增能理论，开展发展性和支持性小组。通过协助社区居民寻找社会资源，扩大社会交往，构建新的社会支持网络和互动体系，发挥自身潜能和资源优势，增强自身对抗环境和解决问题的能力。

(3)对地区居民进行技能培训、知识讲座，提高他们的就业能力。

(4)联结地区内外企业资源，为地区居民提供更多的就业机会和良好的就业环境，并妥善处理留守的家人，使他们安心外出工作。

第三题

社会工作服务机构在本项目中为低保家庭提供的就业救助服务包括：

(1)转变就业观念。社会工作者为了让服务对象更积极地面对就业，举办了4次政策宣传活动，开展了2个“自力更生”就业促进小组。

(2)自我认知调整。社会工作者为协助屡次求职失败的服务对象认识就业形势和自身的优势与不足，完成了5个个案辅导。

(3)职业技能培训。社会工作者为提高服务对象就业能力，组织60名就业竞争力较弱的服务对象参加了技能培训。

(4)链接就业资源。社会工作者为增加服务对象就业机会，联系了一些企业提供就业岗位。

第四题

1. 本案例中，社会工作者主要从以下四个方面评估了王老汉的社会支持网络状况：

(1)网络规模。王老汉家庭支持网络中只有儿子、儿媳和孙子三个人，原住地乡亲中只剩下十几个人还保持着联系，经常来往的只有两三个人，新社区中没有熟悉的人。总的来看，王老汉的社会支持网络规模偏小。

(2)网络基础。网络基础是指个人社会支持网络中的成员能够为自己提供帮助的能力。在王老汉有限的社会支持网络中，儿子、儿媳在外地打工，不能给王老汉提供生活照料上的帮助，原住地社区的乡邻距离较远，而且家庭经济状况一般。总之，网络基础薄弱。

(3) 网络质量。网络质量指个体社会支持网络的成员愿意为自己提供帮助的情况。王老汉的社会支持网络中，无论是原住地的乡邻还是新社区的邻居，都愿意帮助王老汉。由此可见，王老汉社会支持网络的质量较高。

(4) 网络强度。网络强度指的是个体社会支持网络中成员之间的接触频率、耐久性以及强度等。王老汉的社会支持网络中，成员之间接触较少，呈分散化状态，网络强度较弱。

2. 社会工作者可以通过以下四个步骤强化王老汉的社会支持网络效益：

(1) 和王老汉一起分析网络中能提供支持的成员，比如原住地的乡邻以及新社区中愿意帮助王老汉的新邻居，鼓励和协助王老汉与他们加强联系。

(2) 发动志愿者网络资源，将救助对象和愿意提供志愿服务的成员联系在一起。社会工作者将愿意帮助王老汉的新、老乡邻与王老汉的服务需求进行一对一的对接。

(3) 结成互助和自助网络。发动王老汉所在社区内与王老汉有相似处境的居民组成互助小组。

(4) 发动邻里资源，通过多元化途径加强社会支持网络建设。联系社区居民中的骨干人员，通过传统乡邻互助观念的宣传，加强社会支持网络建设。

【知识拓展】社会支持网络是指由个人之间的接触所构成的关系网，通过这些接触(关系网)，个人得以维持其身份，并获得情绪、物质、服务、信息等支持。社会支持包括正式的社会支持系统和非正式的社会支持系统，前者是指社会正式组织(如政府、慈善组织等)给予的支持，后者是指来自亲友、邻里、同事等人际互助网络的支持。社会工作者通过干预服务对象的社会支持网络来改变其在个人生活中的作用，特别是对于那些社会网络资源不足或者利用社会网络能力不足的服务对象，社会工作者可以帮助他们扩大社会网络资源，提高其利用社会网络的能力。社会支持网络理论为社会工作者提供了系统分析问题的视角。它将服务对象置于个人、家庭、组织、社区、社会的关系网络之中，以社会支持和资源获取为重点，帮助服务对象构建新的社会支持网络。社会支持网络理论广泛应用于低保困难家庭服务、老年人照顾、流浪未成年人保护、农村妇女能力提升等多个社会工作服务领域。

第五题

1. 本案例中，低保家庭的主要需求包括生理需求、安全需求、社交需求、尊重需求和自我实现需求。

2. 本案例中的社会工作服务体现了个案管理以下特点：

(1) 它是一个过程，建立在服务对象和社会工作者信任的关系基础之上。

(2) 运用社会工作“人在情境中”的知识，协助陷于危机之中的服务对象。

(3) 主要目标在于确保对复杂、具有多重问题以及失能的服务对象提供持续性的照顾。

(4) 通过临床干预来减缓因为疾病和失能所带来的情绪问题。

(5)注重运用社会工作的转介和倡导技巧,是一种跨领域的服务传输方法。

(6)所服务的目标人群需要各种社区服务或长期照顾服务。

(7)需要对服务对象的功能性能力和支持网络加以评估,作为提供服务的依据。

(8)肯定服务对象自决、个人价值和尊严,以及参与决策的社会工作价值观。

【知识拓展】个案管理应用于社会救助的具体方法包括:(1)评估服务对象。(2)确定服务方式。(3)撰写服务报告。(4)制订服务计划。(5)实施服务计划。

第六题

第一阶段:灾后紧急救援到1个月内的临时安置阶段。

服务目标:维护生命安全;危机处理,预防进一步的伤害;临时生活庇护以及生活需求评估。

服务策略:社会工作者要协助安置受灾人员,积极参与疏散、转移和安置工作,并随时开展针对受灾人员的危机干预工作,在有限的时间内提供支持性的服务,使受灾人员迅速降低心理上的紧张、无助和恐惧的情绪。

第二阶段:灾后1个月至6个月内。

服务目标:建设临时住所,适应过渡期的生活。

服务策略:社会工作者要协助受灾民众迁入新居,并且要让受灾民众了解政府救助的内容以及如何寻求救助等,使之逐步适应过渡时期的生活。

第三阶段:灾后6个月至3年的中长期恢复重建阶段。

服务目标:家庭重建;社区重建;社会重建。

服务策略:组织和动员全体社区成员参与集体行动,寻找和利用资源,自助自救,通过多方整合资源为困难群众解决生活难题。同时,组织和参与恢复重建工作,开展社区活动,复建邻里关系。运用社会工作专业方法,通过团体工作以及社区发展的方式为受灾人员重建和修复社会关系,加强社会支持系统的力量。

【知识拓展】在从事受灾人员救助过程中,社会工作者的功能发挥主要体现在4个方面:(1)支持受灾个人及其家庭。(2)协助个人与资源的链接。(3)防止受灾民众出现更严重的身心健康问题。(4)预防个人、家庭、团体和社区的瓦解。

第十一章　家庭社会工作

第一题

家庭系统理论认为:

(1)家庭成员的问题是整个家庭不良的沟通交流方式导致的。家庭是一个社会系统,家庭成员之间相互依赖、相互影响。

(2)家庭所面临的危机既是机会,也是挑战。一旦某个家庭成员出现"问题"时,不仅这个家庭成员需要调整自己的行为和沟通交流方式,对"问题"作出回应,同时也会影响家庭中的其他成员,要求其他家庭成员作出相应的调整。如果家庭成员仍旧运用以往无效的"问题"解决方式,就会加深"问题"。

(3)因"问题"而导致的家庭功能的失调

能够有效解决。如果家庭出现了“问题”,通常这些“问题”会被理解成某个或者某些家庭成员导致的,其他家庭成员就会花费很多时间和精力责备那些有“问题”的家庭成员。这样,这个家庭的沟通交流方式就会转向相互指责、相互抱怨的不良循环中。

案例中,由于家长们不良的沟通交流方式以及粗暴、单一的教育方式(甚至打骂孩子)导致亲子关系问题不仅没有得到有效解决,而且加深了亲子关系的问题,甚至亲子之间的交流方式出现了相互指责、相互抱怨的不良循环。

第二题

家庭生命周期理论的核心观点是家庭像人一样有一个成长、发展的自然变化过程。家庭生命周期理论强调家庭成员的互动交流关系以及需要会随着家庭的发展在不同阶段呈现出不同的特征,每一家庭发展阶段都有不同的任务和要求需要家庭成员去面对,让家庭成员感受到一定的压力。根据家庭成员之间的互动关系和面临的任务,可以把家庭生命周期分为8个阶段:家庭组成阶段、学龄前子女家庭阶段、学龄子女家庭阶段、青少年家庭阶段、子女独立家庭阶段、家庭调整阶段、中年夫妇家庭阶段以及老年人家庭阶段。本案例中,王奶奶的家庭处于老年人家庭阶段,面临的主要任务有:

(1)学习与成年子女沟通。本案例中,儿子儿媳已经成家立业,他们应该承担其应有的家庭责任。面对儿子儿媳在家庭责任方面的不积极作为,王奶奶需要以适当的方式与儿子儿媳沟通此事,把各自的想法说出来,通过讨论和交流,找到解决的办法。

(2)学习与孙女的交流。本案例中,孙女在王奶奶身边生活,代沟会导致祖孙关系的紧张。王奶奶需要了解孙女一辈的观念和生活方式,不能用老眼光、传统方式来教育孙女,学会用适合时代发展的新观念、新方法教育孙女,用平等、包容的方式与孙女沟通交流。

(3)学习应对衰老带来的困难。本案例中,王奶奶面临的问题,部分是由于自己年老体衰带来的。此时,王奶奶需要做的不是“硬扛”,而是要在认清现实的基础上去不断学习,找到应对困难的方法。

(4)维持晚年生活的尊严、意义和独立。本案例中,在家庭关系紧张的时候,王奶奶对晚年生活的尊严和意义产生了怀疑,此时,需要通过人生回顾等方法,重构晚年生活的价值和意义,保持对美好生活的信心。

【知识拓展】家庭组成阶段的任务包括:(1)脱离原生家庭。(2)组建新的家庭。(3)形成夫妻的角色分工和规则。学龄前子女家庭阶段的任务包括:(1)学习父亲和母亲的角色。(2)调整夫妻的角色。学龄子女家庭阶段的任务包括:(1)培养子女的独立性。(2)对学校等新的机构和社会成员保持更大的开放性。(3)接纳家庭角色的变化。青少年家庭阶段的任务包括:(1)调整家庭界限满足青少年的独立要求。(2)适应家庭成员对个人自主性的新的要求。子女独立家庭阶段的任务包括:(1)为子女独立生活做准备。(2)接纳和促进子女的自立要求。家庭调整阶段的任务包括:(1)重新调整夫妻的角色。(2)学习把子女作为成人对待。中年夫妇家庭阶段的任务包括适应新的、不以子女为中心的角色要求。

第三题

1. 结构式家庭治疗模式认为每个家庭都具有一定的结构,这些结构涉及家庭系统中的次系统、系统之间的边界、角色和责任分工以及权力结构等。

(1)雅琴的家庭中儿子和婆婆关系亲密，雅琴和女儿关系亲密，分别形成一组更小范围的系统，形成两个次系统。

(2)雅琴与丈夫之间，雅琴与儿子、婆婆之间，雅琴、女儿与儿子、婆婆两个次系统之间，两个孩子与父亲之间，都关系冷淡、存在矛盾，存在明显的分割界限，形成家庭系统之间的边界。

(3)每个家庭成员都在家庭中占据一定的位置，扮演一定的角色，承担一定的责任。在雅琴的家庭中，雅琴扮演妻子、母亲和儿媳的三重角色，承担管理家务，照顾丈夫、孩子、老人的责任；丈夫同时也扮演父亲和儿子的角色，承担家中经济来源，照顾孩子、老人的责任；两个孩子和老人则都在自己的角色上，承担一定的责任。在功能正常的家庭中每个成员能够各司其职、相互配合。但在雅琴的家庭中，各成员间摩擦大、配合程度低，角色和责任分工存在缺陷，致使家庭功能失常。

(4)在雅琴的家庭中，丈夫早出晚归，家里大小事情都由雅琴料理，雅琴占据权力结构顶端位置；但婆婆进入家庭一起生活之后，婆媳之间摩擦不断，婆婆和儿子站在一起抗衡雅琴，说明婆婆或其所属次系统试图挑战以雅琴为主的家庭权力运作方式。

2. 病态家庭结构的基本方式主要包括纠缠与疏离、联合对抗、三角缠、倒三角等。

(1)家庭系统中各子系统之间的边界不清晰就会出现纠缠与疏离的现象。

①在雅琴的家庭中，儿子与婆婆关系密切，女儿与雅琴关系亲密，形成两组纠缠的关系。

②两个孩子与父亲之间，雅琴夫妻之间，婆媳之间，儿子与母亲之间都表现得关系疏远、冷淡甚至冲突，形成数组疏离的关系。

(2)当家庭成员之间出现相互冲突的现象时，有些成员就会形成同盟，与其他成员对抗。在雅琴的家庭中，婆婆和儿子站在一起抗衡雅琴，女儿则站在雅琴一边，家庭成员之间出现冲突时形成同盟与其他成员或同盟对立，形成联合对抗的关系。

(3)在雅琴的家庭中，由于婆媳关系的摩擦，把雅琴儿子、女儿也带入了双方的摩擦中，这就形成了三角缠的关系。

纠缠、疏离、联合对抗、三角缠这几种不良关系导致了雅琴家庭的病态家庭结构，严重妨碍家庭功能的正常发挥，需要社会工作者采取结构式家庭治疗模式协助雅琴，对家庭亲子关系、婆媳关系和夫妻关系进行改善。

第四题

1. 按照家庭社会工作的实施步骤，小李在介入阶段前已完成和未完成的任务分别有：

(1)已完成的任务：

①与受助家庭约定初次会谈的时间和安排。

②对于初次会谈做好了准备。

③与受助家庭进行初次会谈。

④对受助家庭的问题进行了初步评估。

⑤与受助家庭成员建立基本的信任关系。

(2)未完成的任务:

①全面评估受助家庭成员的问题。

②与受助家庭成员建立稳定的合作关系。

③明确服务介入的目标。

④明确服务介入的基本要求。

2. 本案例中,老张的建议体现了以下家庭社会工作的基本原则:

(1)家庭处境化原则。家庭处境化原则要求社会工作者将家庭成员放置在日常生活环境中进行理解。老张建议小李"从服务对象的现实处境出发",体现了家庭处境化原则。

(2)帮助家庭成员增能原则。帮助家庭成员增能原则要求社会工作者注重家庭成员的能力建设。老张建议小李"鼓励王女士夫妇参与到解决问题的过程中来",体现了帮助家庭成员增能原则。

(3)家庭个别化原则。家庭个别化原则要求社会工作者认识到每个家庭的独特性,不能千篇一律地提供同质化的服务。老张告诉小李"我们要认识到每个家庭都是独特的",体现了家庭个别化原则。

(4)满足家庭成员需要原则。满足家庭成员需要原则要求社会工作者将受助家庭成员的问题解决的需要与长远的预防和发展的需要结合起来。老张建议小李"既要关注服务对象当前的需要,又要关注长远的要求",体现了满足家庭成员需要原则。

第五题

1. 本案例中,小郭扮演了以下专业角色:

(1)小郭扮演了咨询者的角色。小郭为夫妻双方提供咨询,帮助其分析面临的困难。

(2)小郭扮演了教育者的角色。小郭积极改变夫妻双方对彼此的消极态度和看法,促使夫妻双方共同努力解决目前的困难。

(3)小郭扮演了支持者的角色。小郭积极挖掘林女士的优势和能力,推动其进行积极的转变。

(4)小郭扮演了资源的调动者的角色。小郭帮助林女士参与社区志愿服务,帮助其扩展社会支持网络。

2. 小郭运用了以下家庭干预技巧:

(1)小郭运用了聚焦技巧,将夫妻双方的注意力集中在需要解决的婚姻问题上,帮助夫妻双方收窄注意的焦点。

(2)小郭运用了再标签技巧,帮助夫妻双方从更加积极的角度界定问题,改变对彼此的消极态度和看法,促使夫妻双方产生积极的行为。

(3)小郭运用了问题外化技巧,将家庭成员的问题转化为需要整个家庭共同努力去解决的问题,促使夫妻双方从相互指责转向共同努力面对困难,提高家庭成员的互助能力。

【知识拓展】家庭干预的常用技巧还包括:(1)观察技巧,指运用系统记录实际行为表现的方式让受助家庭成员了解自己面临的问题以及改变的状况,从而帮助受助家庭成员随时调整自己的行为,增强行为的有效性。(2)社会工作者经常运用例子使用的技巧向受助家庭成员解释、描述和传递重要的信息和想法,让受助家庭成员了解困难解决的不同途径和经验,并且舒缓受助家庭成员的压力。

第十二章　学校社会工作

第一题

1. 本案件中的“社工信箱”与传统的个案工作服务形式相比，有以下创新点：
   (1)可较好解决学生学习压力较重、时间较紧张而导致无法长时间开展个案会谈的难题。
   (2)可较好解决学生在个案会谈中存在诸多当面无法表达的语言的难题，“社工信箱”的高度匿名性亦能够让学生感受到安全感，而愿意自由表达。
   (3)可较好避免个案会谈过程中学生反应及时性的障碍及社会工作者回应欠考虑的风险。
2. 社会工作者收到学生来信后，可采取以下具体措施以保证服务质量：
   (1)运用同感、共情、尊重、真诚等专业服务原则，对收到的信件，认真阅读，并进行分类整理，根据信件的轻重缓急决定回信次序。同时，要严格遵循社会工作理念和价值观，确保每次至少有两名以上的社会工作者阅读信件，并互相监督。
   (2)如遇到严重问题，社会工作者要及时与督导沟通，由督导组织同工讨论决定回信内容；如遇危机介入需求，也应请求督导支持，及时介入。
   (3)回信的内容应包括：感谢信任，澄清来信中提到的问题和需要，深入分析问题根源，提出没有风险的建议，提出相关的期望，表达祝福和信任。如果学生来信过多，学校社会工作者应接不暇，可以链接志愿者资源。
   (4)选择合适的回信放置处。

第二题

在实际工作中，“行为契约法”的基本工作程序包括：确定目标行为、商定奖惩清单、书写行为契约、签字承诺、填写“执行记录表”。本案例中，社会工作者还需要完成的三个步骤是：

(1)书写行为契约。与接受服务的学生一起商讨控制上网时间的各项具体要求，并将这些要求用文字呈现出来。

(2)签字承诺。让学生认真阅读行为契约，确认无误后郑重签字，并拍照作证。

(3)填写“执行记录表”。按照行为契约书的具体要求，每天根据控制上网时间的任务完成情况进行打卡记录。

【知识拓展】“行为契约法”是行为主义心理学常用的一种行为治疗技术，它的主要原理是通过行为契约的商定、执行过程中的“强化”训练而改善行为。行为契约是指服务者与被服务者经过双方共同协商后签订的对双方都具有约束力的书面协定。行为契约有两种类型：单方契约，由寻求一项行为目标改变的一方，与实施强化的契约管理者组成；双方契约，一项行为契约是由双方共同签写的，每一方都想改变一种目标行为，由双方来确定要改变的目标行为以及将要对目标行为实施的强化措施。通常而言，双方契约更有制约效果。

第三题

第一节——破冰

目标：小组成员互相认识，拉近距离。

活动内容：

(1)自我介绍。

(2)暖场游戏。

第二节——自我情绪的觉察

目标：觉察到自己的不良情绪。

活动内容：

(1)量表测量情绪状态。

(2)讨论不良情绪的具体表现。

第三节——情绪的表达及宣泄

目标：学会用适当的方式宣泄和表达不良情绪。

活动内容：

(1)观看心理学微电影。

(2)学习具体的不良情绪转移及宣泄技巧。

第四节——非暴力沟通

目标：运用和平方式进行文明沟通。

活动内容：

(1)文明沟通的专题讲座。

(2)讲解非暴力沟通原理，引导组员学习。

第五节——展望未来

目标：巩固成果，树立自信心。

活动内容：

(1)个人感受分享。

(2)未来规划讨论。

第十三章　社区社会工作

第一题

1. 本案例中，社会工作者培养村民骨干参与关爱留守老人志愿服务能力的方法主要有：

(1)动作示范。社会工作者带领村民骨干上门开展服务，通过亲身示范为老人服务的各项技巧，让村民骨干近距离地观察和模仿。

(2)个别训练和督导。针对不同村民骨干的特点，社会工作者设计出不同的沟通技巧提升训练计划，辅导村民骨干快速提升与企业的沟通能力。

(3)活动演练。为提升村民骨干组织大型活动的能力，社会工作者指导村民骨干开展活动前演练，让村民骨干在真实状态下学习大型活动的组织策划和应急处置等综合能力。

(4)复习。通过对实战演练整个过程的全面回顾，总结其中的经验，找出存在的不足，提出下一步改进的建议，有效强化了村民骨干的学习效果。

2. 本案例中，社会工作者为健全乡村关爱留守老人志愿服务体系应开展的工作有：

(1)壮大志愿者队伍。针对志愿者数量少的问题，社会工作者可以通过社区宣传教育，动员社区青少年、社区初老者以及社区之外的人士加入到关爱农村留守老人的志愿服务队伍中来。

(2)开发志愿服务项目。针对志愿服务内容和形式单一的问题，邀请专业公益组织，瞄准农村留守老人的需求，开发更多形式新颖、更具社会效益的志愿服务项目，打造关爱留守老人志愿服务项目的品牌。

(3)搭建志愿服务信息化平台。通过

建立网站、公众号等方式，搭建集需求信息和供给信息一体化的志愿服务信息化平台，解决信息碎片化的问题。

(4)完善志愿服务激励机制。通过建立志愿服务积分制、“志愿服务时间银行”等形式，完善志愿者之间的循环互助激励机制。

(5)扩大志愿服务筹资渠道。针对物资缺乏的问题，挖掘社区内部资源，链接社区外部资源，拓宽志愿服务筹资渠道，为关爱留守老人志愿服务提供充足的物资保障。

第二题

1. 本案例中，留守妇女的服务需求有：

(1)维持身心健康的需要。

(2)减轻生活负担及经济压力的需要。

(3)自身权益和发展得到保障的需要。

(4)家庭教育的需要。

(5)休闲娱乐的需要。

2. 本案例中，社会工作者可以为留守妇女提供以下具体服务：

(1)协助开展保健服务。协助妇联组织和卫生医疗部门积极开展送医送药下乡的活动，定期开展义诊、免费健康检查等活动，广泛宣传医疗卫生保健知识，提高留守妇女的健康意识。

(2)心理健康服务。通过开展情绪疏导、心理咨询、成立互助小组等方式，促进留守妇女之间的交流，及时化解她们心中的郁闷，减轻她们的精神压力，维护心理健康。

(3)技能训练和创业支持服务。联合劳动技能培训部门或相关民间培训组织开展各类培训班、主题讲座活动等，传授实用技术、法律维权、医疗健康、家庭教育等方面的知识，动员留守妇女参加，提升留守妇女的综合素质。另外，还可以通过畅通融资渠道、支持妇女创业，培育和扶持妇女互助合作组织，帮助留守妇女解决生产、生活困难。

(4)开展文化娱乐活动。在村里开展各种形式的文化娱乐活动，并增设相应的文化娱乐场所和设备，促进留守妇女之间、家庭成员之间的相互交流，培养留守妇女的多种兴趣、爱好。

第三题

1. 本案例中，社会工作者对D社区进行了社区类型分析、社区基本情况分析和社区内共同性问题的分析，还需要开展的社区分析工作有：

(1)社区内群体性问题分析。社会工作者需要通过社区走访、民意调查等方式，对低收入家庭群体、空巢老人群体或者流动人口群体等关键人群进行深度沟通，了解社区内这些特殊群体面临哪些迫切需要解决的问题。

(2)社区需求分析。了解社区居民的需求是开展社区服务的起点和基础。首先，社会工作通过与社区居民的交谈，了解社区居民的感觉性需求；其次，社会工作者通过与居委会、街道办等相关职能部门负责人交谈，了解社区居民的表达性需求；接下来，社会工作者通过咨询相关领域的专业人员，了解D社区有哪些规范性需求；最后，通过与其他社区居民或者跨社区居住的D社区居民交谈，了解D社区居民的比较性需求。

(3)社区优势和劣势分析。社会工作者可以运用SWOT分析法分析社区的优势和劣势、可能的机会与风险，对社区内外部条件等各方面进行综合和概括,将社区发展与之联系起来,在此基础上选择介入策略。

2. 为了扩大社区参与,社会工作者可以从以下五个方面开展服务:

(1)参与社区需求调查与社区服务开展。通过社区需求调查,设计出真正服务大多数社区居民需求的社区服务项目,吸引社区居民的参与。

(2)促进社区议事协商。社会工作者协助社区党组织和居委会,拓宽社区居民协商的渠道和范围,丰富社区居民协商的内容和形式,形成有事多协商的社区氛围。

(3)提高社区居民参与水平。改变居民对于社区参与的价值观念,通过宣传和倡导,让社区居民关心社区公共事务。培养居民的社区参与意愿,提高居民社区参与的能力。

(4)培育社区社会组织和社区骨干。培育社会事务类社区社会组织,为社区居民的参与提供更多的平台,挖掘社区骨干,以骨干的影响力带动更多社区居民的参与。

(5)组织社区志愿服务项目。针对居民职业特点,选择适当的活动时间和活动地点,设计社区服务项目,让更多的社区居民有时间、有空间来参与社区志愿事务。

第四题

本案例中,社会工作者针对目标系统采取了以下工作策略:

(1)通过社区教育和宣传的工作策略来推动居民参与,社会工作者以出板报的方式进行社区教育活动,并通过派发宣传品的形式进行"杜绝高空抛物"的宣传,且对部分有高空抛物行为的居民进行劝诫,唤醒居民对社区问题的关注。

(2)建立社区支持网络的工作策略。通过链接居委会主任、社区志愿者以及社区居民代表、教师等社会资源丰富社会支持网络,对"杜绝高空抛物"的活动进行介入,协助社区居民一起改变自己的不良行为,实现社会工作的目标。

第五题

1. 从参与能力的角度来看,本案例中影响居民参与志愿服务的主要因素有:

(1)时间与金钱。社区居民参与是要付出代价的,居民是否有能力付出这些时间和金钱会影响他们的参与行为。本案例中,有的人就认为值勤活动需要占用很多时间,而且还要产生一些额外费用,自己心有余而力不足。

(2)知识与技巧。参与各种会议需要具备有关开会的知识和参与讨论的技巧,如果社区居民没有参与经验,又缺乏有关的组织技巧、决策的相关知识等,就会妨碍其参与社区事务。本案例中,志愿者值勤活动的安排和交通疏导过程也需要一定的技巧,否则就会出现某些问题,如题中志愿者与居民发生冲突的情况。

2. (1)策划社区志愿服务项目,带领志愿者开展服务。许多社区居民自发组织起来开展了邻里互助、治安巡逻等群众性自我互助服务活动,社区社会工作者在协助这些活动开展的同时,也应设计实施一些社区志愿服务项目。

(2)发掘培养志愿者骨干,培育扶持社区志愿服务组织。目前,许多社区社会工作者在设计实施社区志愿服务项目的同时,注重发掘培养志愿者骨干,形成了社工带动志愿者骨干、志愿者骨干带动普通志愿者的工作模式。不少有条件的地方积极推动志愿者团队结构化、引导志愿者自发成立社区志愿服务组织，并在发展中予以多方位的支持。

(3)组织开展志愿者培训，提升服务水平。志愿服务的健康发展，有赖于志愿者服务水平的不断提升。近年来，许多社区社会工作者根据志愿服务的需要，对志愿者开展了服务态度、权利义务、服务技能等多方面的培训，引导志愿者不断改进服务态度，增强服务技能，提高服务质量，促进社区志愿服务队伍向专业化方向发展。

(4)做好志愿者管理，推动志愿服务事业持续发展。一方面，通过设立灵活多样的表彰奖项，开展社区志愿服务的评比，使志愿者的服务行为及时得到社会的肯定，对社区志愿者予以激励和表彰；另一方面，结合《志愿服务记录办法》和民政部“全国志愿服务信息管理平台”建设，积极推广“志愿服务时间银行”“互助服务”“服务转换”等有效形式，使志愿者在自身需要帮助时能够得到社会的回报。在有条件的地区，社区社会工作还积极创造条件，为社区志愿者就业、兼职、才智体现提供广阔的空间，切实维护社区志愿者的合法权益。

【知识拓展】社区居民是否积极参与社区事务，除受到参与能力的影响外，还受到以下2个因素的影响：(1)参与价值。社区居民对参与社区事务通常会有3种态度：第一种是不关心，即认同“各家自扫门前雪，不管他人瓦上霜”“事不关己，己不劳心”等观念，其参与社会事务的热情就会较低；第二种是自责，认为问题的产生是因为自己无能；第三种是无用感，认为自己参与并不能影响和改变目前的状况，缺乏参与的热情。显然，社区居民参与社区事务的兴趣，关键在于这些事务与他们的切身利益是否有密切关系，如果参与对其生活质量改善不大，他们就不会参与。(2)参与意愿。即使社区居民肯定参与的价值，但仍要看其是否愿意，或有动机参与其中，并身体力行。参与意愿受参与者的主观因素控制，通常是居民个人主观作出判断，决定参与并付诸行动，但居民有时候也会受客观环境的影响，如家人或朋友的赞成和支持，会推动居民有较高的意愿和动机参与社会事务。

第六题

该社区自身拥有的资源有：

(1)该社区的物力资源充足，拥有各类活动场所和服务器材。

(2)该社区活动财力资源充足，每年有一定的社会服务经费。

(3)该社区人力资源充足，居民骨干和志愿者人数较多。

(4)该社区组织资源丰富，拥有多家社会组织和便民服务商。

第七题

1. 本案例中，社会工作者的做法实现了社区社会工作的以下目标：

(1)促进居民参与，解决社区问题。本案例中，社会工作者在解决养狗扰民问题时，注重社区居民的参与，每一步都由居民商讨自行解决，社会工作者只是起到一个组织引导的作用，最终养狗扰民问题基本得到解决。

(2)改善社区关系，提升社区意识。本案例中，社会工作者注重协调居民与居委会、物业公司、业主委员会之间的关系，合理解决相应的问题，同时调解居民与居民之间的关系，促进居民社区意识的提高。

(3)挖掘社区资源，满足社区需求。社会工作者在处理问题时注重挖掘社区里的资源，培养社区骨干，“养狗自律会”即由社区居民骨干组成，同时利用社区居委会、物业公司等社区组织的相关优势，共同修建相关设施，满足社区的需求。

2. A. 提出建立“养狗自律会”的设想，在居民区张贴拟成立“养狗自律会”的海报。

B. 发放宣传单，征求居民的意见。

C. 邀请居委会、业主委员会、物业公司、居民代表参加座谈会，讨论解决办法。

D. “养狗自律会”正式成立，推举了会长、秘书长，明确了监督员、宣传员等分工。

E. “养狗自律会”通过社区民意调查，形成了“错时遛狗、粪便自清”等自律公约；同时“养狗自律会”配合居委会、物业公司开展社区环境规划，修建狗便处理设施。

【知识拓展】社区参与是指社区居民共同期望社区进步与发展，愿意投入思想、行为，投入个人有形或无形的资源，包括时间、金钱、劳力等，通过这种个人参与社区活动的过程，增强个人对社区的认同，而这种认同又能够转化为个人对社区环境的情感认知，也就是形成了对社区的归属感。可见，社区参与体现的是一种合作过程，通过社区居民的参与，分享决策权力，同时必须对决策后的结果承担共同责任。

第八题

1. 影响A社区居民参与垃圾分类活动的主要因素有：

(1)参与价值。社区居民参与社区事务的兴趣，关键在于这些事务与他们的切身利益是否有密切关系，如果参与对其生活质量改善不大，他们就不会参与。A社区的情况是“有些居民认为，垃圾分类是很重要的，但其他居民还是把没有分类的垃圾丢进垃圾桶，自己一个人也是白做；有些居民反映，因为宣传不到位，自己不太清楚垃圾分类的意义和价值”。因此他们对垃圾分类活动的参与价值并不是很了解。

(2)参与意愿。即使社区居民肯定参与的价值，但仍要看其是否愿意，或有动机参与其中，并身体力行。A社区的情况是“有些居民指出，目前垃圾分类设置的物质类奖品没有太大吸引力”，因奖品没有吸引力，参与意愿不高。

(3)参与能力。参与能力可能受两个主要因素的影响。第一个是时间和金钱，第二个是知识与技巧。A社区的情况是“有些居民表示，平时工作比较忙，没有时间参加垃圾分类的培训；有些居民提到，垃圾分类是新鲜事物，不太清楚究竟要怎么分类”。所以在参与时间和知识与技巧方面，都影响了参与能力。

2. 为推动A社区居民积极参与垃圾分类活动，社会工作者可以采取以下策略：

(1)促进社区居民对参与价值的肯定。具体方法包括：

①开展社区研讨会、居民大会等，邀请居民参与进来，对垃圾分类展开讨论，让居民了解到垃圾分类人人有责，每个人做一点点，环境改善就能进一大步。

②开展图片展或观影活动，通过图片或影片的方式，让社区居民看到垃圾分类能为改善环境带来的变化与影响，让居民了解垃圾分类的意义和价值，改变居民对垃圾分类的不重视态度。

(2)提升社区居民的参与意愿。具体方法包括：

①将与居民生活更相关的事物作为奖励，如“便民服务”，以提高居民个人的参与意愿。

②邀请相关人员的家人和朋友来参加活动，进一步感染社区居民。

(3)提高社区居民的参与能力。具体方法包括：

①开展垃圾分类主题培训，采用个别培训或小组训练的方式，帮助居民认识垃圾分类，了解如何进行垃圾分类，并现场实践演练日常生活场景的垃圾分类做法，让居民完全掌握日常生活中如何进行垃圾分类。

②妥善处理好时间的问题，相关活动策划期间，充分考虑到居民的时间，尽量安排在大部分人能参与的时间。同时优化活动流程，尽可能提高活动效率；最后提前做好规划并通知到居民，以便他们提前协调安排自己的时间。

【知识拓展】如果影响社区居民参与的原因来自制度方面，则较为棘手，因为要改变有关部门的政策和办事方法，往往需要更多的时间和更强大的力量去推动。具体策略是：一方面，要建立自主的基层组织，因为组织的力量大于个人，且能够形成相对持久的参与行动。要使基层组织能够独立自主且组织有力，重要的途径是发掘和训练社区的居民骨干，使之能够承担基层组织的领导和推动组织发展。另一方面，社会工作者可以借用媒体等社会舆论的压力，要求有关部门作出改变。

第九题

本案例中，社会工作者运用了以下社区支持网络的构建策略：

(1)建立个人网络。主要是针对服务对象个人的现存人际关系以及其所置身的环境内具有发展潜力的成员，例如家庭成员、朋友、邻居或者其他服务的提供者（如家政服务员）等，通过建立联系和提升助人能力，让这些成员来协助服务对象。本案例中，社会工作者动员与服务对象关系密切的亲友提供支持，壮大了服务对象的个人网络。

(2)建立志愿者联系网络。用于社区中拥有极少个人联系的服务对象，将他们与可以提供帮助的志愿者联系起来，建立一对一的帮助关系。本案例中，社会工作者将处于困境中的老人和儿童推介给社区志愿服务队，构建以服务对象为中心的志愿者联系网络。

(3)建立互助网络。把面对相同问题或具有相似兴趣或能力的人聚合在一起，帮助他们建立联系，促进他们互相帮助和互相支援。本案例中，社会工作者在D街道培育成立社区互助会，组织有参与意愿的老人和儿童互相认识，互相支持，建立其社区互助网络。

(4)建立邻里协助网络。社区社会工作者认为，社区中的邻里、社区商店员工、物业公司职工、保洁员、保安员等在为服务对象提供支援上扮演着重要角色，并且可以用最自然、最快捷的方式，为服务对象提供支持。本案例中，社会工作者定期举办社区公益资源集市，促进爱心企业、邻居与有需要的老人及儿童对接，构建邻里协助网络。

第十题

1. 社会工作者可以为该社区提供以下服务：

(1)残疾人的康复治疗服务。

(2)独居老人的日常生活照顾服务。

(3)孩子的学习和生活辅导服务。
(4)居民情绪疏导和困难缓解服务。
(5)资源链接服务。
(6)推动多方联动,动员社区商户代表、驻社区单位代表、社区社会组织代表和社区志愿者等为社区特殊人群提供服务。
(7)动员和培育社区居民骨干。

2. 本案例中,社会工作者从以下方面推动了多方联动:
(1)了解社区状况,熟悉社区资源,心目中要有一台账。在社区党组织的领导和社区自治组织的指导和支持下,全面梳理社区内各类组织机构、各方力量的基本情况、运行情况、参与社区服务和社区建设情况,做到心中有数、手中有账,这是多方联动的一项基础工作。如在本案例中,社会工作者利用社区资源图和社区组织名录,动员社区商户为居民调配急需的生活用品。
(2)与多方力量积极沟通,建立协同合作关系,工作中要有一盘棋。社区社会工作者要在服务中树立全局意识,为社区内各类组织机构、各方力量创造更多参与的机会,力求实现社区、相关组织机构、社区居民多方参与、互利共赢,使得多方联动具有更高的互惠性、可持续性。如在本案例中,社会工作者认真分析社区各方力量的特点,创造机会,推动驻社区单位代表、社区社会组织代表和社区志愿者等为社区特殊人群提供服务。
(3)发挥联系纽带、资源整合的作用,服务中要有一条线。社区社会工作者要抓住社区参与这条主线,通过发现培养社区居民骨干、培育社区社会组织等途径,着力提高社区参与意识、促进参与行动,将社区居民的主动参与和社区其他组织机构的协同配合联系起来,构建多方联动的社区社会工作服务机制。如在本案例中,社会工作者尤其注重动员和培育社区居民骨干积极参与各项服务。

第十一题

1. 服务需求
(1)感觉性需求:加强邻里之间的交流和沟通。感觉性需求是指社区居民或服务对象感受到或意识到,并用言语表述出来的需要。本案例中,一些老年村民表示,原来的老邻居被拆散了,感觉身边没有人可以交流,这是感觉性需求。
(2)表达性需求:孩子放学回家无人照顾。表达性需求是指社区居民或服务对象把自身的感觉通过行动表达出来的需要。本案例中,部分年轻村民到企业上班后,孩子放学回家无人照顾,家长们向社区多次反映,希望解决这个问题,这是表达性需求。
(3)规范性需求:强化城市生活适应能力。规范性需求是指由专家学者、专业人士、政府行政官员评估而决定的需求。本案例中,某社会工作服务机构在评估服务需求时,也发现这些村民缺乏城市生活适应能力,这是规范性需求。
(4)比较性需求:增加专门为安置村民组织的社区文化活动。比较性需求是指社区居民或服务对象将所得到的服务与其他类似社区进行比较,而认为有所差别的需求。本案例中,与其他安置社区相比,A社区缺少专门为安置村民组织的社区文化活动,这是比较性需求。

2. 服务总目标

(1)协助村民适应新的城市生活，提升他们适应城市生活的能力。

(2)改善社区居民的情感诉求，解决实际生活困难。

(3)丰富社区居民的文化娱乐活动。

3. 介入策略

(1)成立“四点半课堂”，解决孩子放学后无人看管的问题。

(2)组织丰富的文化娱乐活动。

(3)组织社区老人与孩子放学后无人照顾的家庭结成帮扶对子，相互帮助，这样既可以加强彼此之间的感情交流，也解决了孩子放学后无人看管的问题。

(4)成立提升城市生活适应力的小组。

(5)发动居民骨干，召开居民会议，鼓励社区居民自己解决社区问题。

第十二题

从题中材料可以看出部分居民骨干不愿意参与志愿服务，认为自娱自乐就好；部分居民骨干想参与，但之前组织过，参与人不多，现在失望了；还有部分居民骨干对自身的能力有所顾虑，不知道怎么做；此外，这些居民骨干对怎么争取人、财、物、场地等资源能力欠缺。针对以上的状况，社会工作机构对本社区居民骨干开展能力建设的服务方案如下：

(1)从提升居民骨干的认知和思维的角度出发。

①具体目标包括：

a. 使居民骨干能够掌握社区生活和共同问题的知识和资料。

b. 使居民骨干能够理解资料的相互关系，批判地分析问题。

c. 使居民骨干能够引申和推理。

d. 使居民骨干能够进行分析和评价，并提出创新的建议。

②主要实施策略包括：

a. 可以通过反复练习的方法让居民骨干学习知识和技能，使之逐步成为个人的常识和习惯。

b. 可以通过思考能力的训练，将个人的感觉经验提升进入概念层面的抽象思维中。

c. 可以通过鼓励居民骨干不断发现，让居民骨干学会总结经验和不断产生新体会。为了增强居民骨干的学习兴趣，降低居民骨干对学习的抗拒，社区社会工作者可经常利用个案阐释政策，或将资料简化成为容易记忆的或顺口流畅的口号和歌曲，来有效地帮助社区居民骨干掌握知识和资料。

(2)从提升居民骨干的情感和价值观的角度出发。

①具体目标包括：

a. 从感受、兴趣、态度取向和价值观四个方面下功夫，改变居民骨干对参与社会正义、居民权益的感观和价值取向。

b. 通过行动反思的方法，澄清价值观，分享个人经历和感受，引起居民骨干的共鸣，并巩固“服务社区”的精神。

②主要实施策略包括：

a. 社会工作者的工作是要不断给居民骨干灌输公民意识和价值，这些价值包括：为他人着想，以公众利益为归依，不损人利己，勇于承担责任等。培育价值观的方法也是多种多样的，如领悟法、辩证法、理性分析法、观念扩展法和模拟游戏法。社区社会工作者必须灵活运用组织过程，引起讨论，来巩固正面的价值观。

b. 建立“典型”和“模范”，这是塑造理想品德、行为和优秀居民骨干的有效方式。树立典范，宣传良好公民的行为,以提高居民骨干的素质。事实表明正面的典范比负面的典范在教育上更为直接,应尽量多多采用。

(3)从提升居民骨干的行为和技巧的角度出发。

①具体目标包括:

a.使居民骨干把握与基层居民沟通的技巧,善于表达对他人的关怀和爱护。

b.使居民骨干能理解文件和有关资料,懂得行政和会议技巧。

c.使居民骨干拥有基层动员的能力,具备谈判、游说、公共关系和与大众传媒合作的能力等。

②主要实施策略包括:

a.肯定模仿学习的重要性。社区工作者要以身作则,积极示范待人处世的行为、态度和技巧,让居民骨干观察社会工作者和其他居民骨干的表现,自觉或不自觉地吸收知识、技巧和掌握工作程序。

b.社会工作者可以采取个别训练和督导的方式,即根据居民骨干的水平和兴趣,设计训练内容。

c.社会工作者也可以采用示范、心理预习、自我引导、复习等方法,帮助居民骨干学习公开演讲、协商、游说等复杂技巧。

第十四章　医务社会工作

第一题

1.医务社会工作者扮演的专业角色如下:

(1)服务提供者和教育者。案例中提到"在社区内定期开展健康知识讲座""为社区内有基础疾病的居民与新冠感染治愈患者进行定期体检"等。

(2)倡导者。案例中提到"倡导居民采用健康的生活方式"。

(3)咨询者。案例中提到"为居民提供健康咨询和生活指导"。

(4)管理者。案例中提到"建立了社区弱势居民的健康档案"。

(5)研究者。案例中提到"医务社会工作者还与相关研究人员合作,总结项目实施经验"。

(6)政策影响人。案例中提到"形成政策建议,提供给当地医疗部门和政策的制定部门"。

2.医务社会工作者在公共卫生领域开展的专业服务如下:

(1)通过健康宣传、居民动员等方式,强调初级预防层面的干预。案例中提到"在社区内定期开展健康知识讲座,倡导居民采用健康的生活方式,为居民提供健康咨询和生活指导""医务社会工作者积极动员本院医生,在医院内成立了医务志愿者团队"。

(2)为社区特殊人群提供干预服务,强化社区、家庭及个人的健康水平,以此提高他们的健康、福祉和社会心理功能,尽量减少残疾的发生和院舍化的照顾。案例中提到"为社区内有基础疾病的居民与新冠感染治愈患者进行定期体检,以提升他们的生活质量和健康水平"。

(3) 建立居民健康档案,及时了解居民信息,推动信息化建设。案例中提到"医务社会工作者通过收集各方面资料,建立了社区弱势居民的健康档案,以及时常握社区内需要医疗服务的社区居民的情况"。

(4) 与专业人员合作，确保目标人群获得健康照顾和社会服务，确保社会福利政策的完善和有效执行。案例中提到“医务社会工作者还与相关研究人员合作，总结项目实施经验，形成政策建议，提供给当地医疗部门和政策的制定部门”。

第二题

1. 本案例中，活动目标是帮助患儿家长学习和掌握自我减压的方法和技巧，但是具体内容和过程显示是如何照顾患儿的一般基本常识，偏离了本次活动的目标。

2. (1) 暖身活动。

 (2) 组织心理辅导专家讲座，指导患儿家长学习和掌握自我减压的方法和技巧。

 (3) 请康复并成功融入社会的患儿家长介绍成功经验。

 (4) 阅读或者观看一些术后成功并康复良好的患儿升学就业的事迹记录。

 (5) 就如何更好地减压这个话题分组进行相互讨论。

 (6) 回顾本次活动内容，布置家庭作业。

【知识拓展】对患儿而言，医务社会工作者应该帮助其适应医院环境和治疗过程，降低其对于医院和治疗的恐惧感，采用适合患儿生理心理发展阶段的社会工作方法，如游戏治疗、艺术治疗等，与患儿建立良好的专业关系，通过促进患儿情感的表达，帮助其认识疾病、适应治疗环境，缓解其因疾病产生的心理和社会适应问题。对照顾者而言，医务社会工作者的工作重点是帮助个体或整个家庭从疾病造成的混乱中恢复正常，将整个家庭的功能调节至正常状态。用个案或者小组的方法帮助他们处理情绪上的问题，提升其患儿照护的能力，也可采用家庭治疗来处理家庭成员关系方面的问题。另外，还可以整合相应的社区资源帮助照顾者减轻照护或者经济方面的压力，建构患儿家庭的社会支持系统。

第十五章　企业社会工作

第一题

社会工作者应充分了解小张的困难和需求，采取专业方法对其进行帮助：

(1) 职工情绪管理。为员工小张提供心理疏导，帮助员工小张进行减压和调节情绪，以疏导和缓和其负面情绪，改善心理状态，并对其进行心理支持，协助其掌握情绪管理的技巧，调整好心态，积极工作。

(2) 职工的工作生活平衡。由企业社会工作者联合企业相关部门，通过个案、小组、社区等工作方法，关注员工小张的家庭成员，关注他的家庭困难，为员工小张及其家庭提供物质和精神帮助，协助小张摆脱困境。

(3) 劳动关系协调。针对员工小张和企业领导之间的冲突，把小张的情况反馈给领导，通过促使双方协调沟通，使员工小张和企业领导的关系得到调解，协调内外关系，增强企业组织的凝聚力。

(4) 困难群体关怀。例如，由职业社会工作者联合企业相关部门，积极整合社会资源，为陷入经济困境的员工小张提供社会救助等服务。发动家人和朋友给予心理和社会的支持，以帮助其更好地适应生活。

第二题

社会性别理论就是要从性别视角去看待女性在社会生活中的地位,必须要有性别平等的敏感性,关注女性是否受到来自社会各个方面的影响,是否造成了女性社会地位的不平等。

1. 服务模式上采用个人发展模式时,其具体目标如下:

(1)改变对性骚扰现象"合理化"的错误认知。

(2)改变对性骚扰投诉无门的现状。

(3)消除女性对维权报复的顾虑。

(4)疏导女性在遭遇性骚扰问题后的心理问题。

干预策略如下:

(1)通过教育宣传等方式,改变错误认知,增强女性的自我意识。

(2)建立多渠道多部门的合作,畅通女性在遭遇性骚扰问题时的投诉途径。

(3)通过引入法律咨询、法律服务,帮助女性维权,杜绝女性遭遇打击报复的情况发生。

(4)引入心理咨询、心理疏导,促进女性心理健康。

2. 服务模式上采用社群权益模式时,其具体目标如下:

(1)建立女性互助支持网络。

(2)形成对性骚扰零容忍的群体意识。

(3)扩大对职场性骚扰的社会关注。

干预策略如下:

(1)通过组建支持小组的形式,帮助女性形成互助支持网络。

(2)通过多元化的宣传和讲座,形成对性骚扰零容忍的群体意识。

(3)通过对相关案例的普法宣传,扩大对职场性骚扰的社会关注。

第三题

1. 理论要点:系统理论着眼于分析构成整个系统的各要素间存在的复杂联系和相互关系,以及存在于社会场境和外部环境中的其他相互影响的要素,即各子系统间的相互影响。系统理论认为,一个系统的改变会影响此系统的其他部分,反之亦然。在社会工作实践中,"系统"是指社会系统内各个成员之间的相互交流,如夫妻、家庭、邻居、医患关系、小组、机构、照顾系统等。系统理论分析组织、政策、社区和群体对个人的影响,认为个人处于环境中的各种系统不断的相互作用中。社会工作的目的就是要改善服务对象与其系统间的相互作用的形态和性质。

2. 服务目标和服务策略。

(1)微观层面。

服务目标:

①改善外卖骑手的心理情绪状况。

②加强对外卖骑手的安全教育。

③建立对外卖骑手的社会支持网络,减轻外卖骑手的后顾之忧。

④为外卖骑手做职业生涯规划辅导。

⑤丰富外卖骑手的业余生活。

服务策略:

①为外卖骑手开展个案辅导,通过心理疏导服务降低外卖骑手的焦虑、担心等不良情绪。

②开展对外卖骑手的安全教育讲座,提升外卖骑手的生命安全意识。

③在社区层面为外卖骑手搭建社会支持网络,如链接志愿者等,降低外卖骑手对家庭等状况的担忧。

④针对外卖骑手对自身工作不满,对未来迷茫的情况,开设职业生涯规划辅导服务。

⑤通过组织丰富多彩的文化娱乐活动，如：组织外卖骑手开展交通安全经验分享的活动等，改善外卖骑手业余生活单调枯燥的状况。

（2）中观层面。

服务目标：

①推动建立外卖骑手组织，构建外卖骑手支持网络。

②开展外卖骑手服务热线。

③搭建外卖骑手支持小组。

④强化企业对外卖骑手的关爱和保护。

服务策略：

①在企业层面推动建立外卖骑手组织，并推动组织与组织之间的增能赋权。

②开展服务热线，提供专业的热线辅导、危机干预、资源整合等服务。

③推动搭建外卖骑手支持小组，鼓励外卖骑手之间加强链接、共同解决问题。

④推动企业建立健全完善保障机制，为外卖骑手购买保险，督促履行关爱职工的法律责任。

（3）宏观层面。

服务目标：

①推动立法与政策完善(政策倡导)。

②营造关爱外卖骑手群体的社会氛围。

服务策略：

①通过政策倡导，出台专门针对外卖骑手的政策法规。

②通过社会倡导，营造关爱外卖骑手群体的社会氛围。

【知识拓展】农民工子女的社会工作服务介入包括：(1)介入的目的。解决服务对象迫在眉睫的生活与学习问题，改善其家庭的互动方式，增强其家庭的互动频率，增强服务对象的改变能力与自信心，在全社会营造关爱农民工子女的氛围，在政策层面倡导有利于改善农民工子女生活与学习条件的举措。(2)介入的目标。生活方面，寻求可替代的生活环境，让服务对象有一个满意合适的生活场所；学习方面，为服务对象寻找到适合匹配的接收学校和班级，提高其学习成绩；家庭方面，建立起新型健康的家庭互动方式，增强父母与子女之间交流沟通的次数，并教会双方沟通的技巧与倾听的重要性；社会层面，吸引越来越多的社会成员对农民工子女的关注与接纳。

第四题

需求评估：对该工业区员工进行访谈或问卷调查，了解他们的困惑。运用专业技巧与该工业区员工建立良好的专业关系，同时初步了解工厂在安全防护方面所采取的措施，员工对危险工作岗位的认识等。

小组目标：帮助员工了解相关的职业安全及健康教育知识，提升员工自我保护的意识和能力。

招募组员（只列出招募渠道）：可以通过面谈、会议、张贴海报、自愿报名等方式进行招募。

小组活动内容：本案例中，社会工作者开展小组活动的主要内容是帮助该工业区员工树立安全生产意识，对工作岗位中的危险因素有充分的了解并做好安全防范工作，同时督促工厂或企业管理者提供足够的安全防护用品，严防侥幸心理，切实保障员工的人身安全。具体活动可参照小组工作的五个阶段来开展。

全国社会工作者职业水平考试辅导用书

真题全刷

社会工作法规与政策

全国社会工作者职业水平考试辅导用书编写组　编

深度解析册

中级

看课做题扫我

课程题库激活码　XGFG5552

激活：微信扫描左侧小程序码➜输入激活码➜选课➜立即激活➜去听课➜增值课，点击对应科目增值套餐，在课程目录中即可看课做题。

使用：微信搜索“天一网校”小程序➜我的课程➜增值课，点击对应科目增值套餐，在课程目录中即可看课做题。

光明日报出版社

目录

Contents

第一章　我国社会工作法规与政策的特点与内容 …… 1

第二章　我国社会工作专业人才队伍建设的政策依据与保障 …… 4

第三章　我国社会救助法规与政策 …… 7

第四章　我国特定人群权益保护法规与政策 …… 18

第五章　我国婚姻家庭法规与政策 …… 25

第六章　我国人民调解、信访工作和突发事件应对的法规与政策 …… 36

第七章　我国社区矫正、禁毒和治安管理法规与政策 …… 42

第八章　我国烈士褒扬与优抚安置法规与政策 …… 47

第九章　我国城乡基层群众自治和社区建设法规与政策 …… 56

第十章　我国慈善事业与志愿服务法规与政策 …… 62

第十一章　我国社会组织法规与政策 …… 67

第十二章　我国劳动就业和劳动关系法规与政策 …… 75

第十三章　我国健康与计划生育法规与政策 …… 87

第十四章　我国社会保险法规与政策 …… 93

第一章 我国社会工作法规与政策的特点与内容

答案速查

一、单项选择题									
1. D	2. C	3. B	4. C	5. C	6. A	7. A	8. D		
二、多项选择题									
9. AD	10. ABE	11. ABE							

深度解析

一、单项选择题

1. D。

【解析】本题考查国务院部门规章。国务院部门规章是指国务院有关部门,根据法律和国务院的行政法规、决定、命令,在部门的职权范围内依法按照《规章制定程序条例》制定的规章。规章的名称一般称"规定""办法"等,但不得称"条例"。

2. C。

【解析】本题考查行政法规的含义。在我国,行政法规是指国务院根据宪法和法律制定的有关行政管理等方面的规范性文件。

【知识拓展】我国的法规体系是由多个层级、多种类型的法规构成的。根据《立法法》规定,我国的法规体系主要包括国家法律、行政法规、国务院部门规章和地方性法规、地方政府规章等。

3. B。

【解析】本题考查社会政策的对象。一个国家或地区的社会政策因其所惠及的人群范围和对象差异性的不同而分为普惠型和特惠型两种基本模式。

4. C。

【解析】本题考查社会政策的对象。社会政策的对象是指各项社会政策所针对的民众,即社会政策范围中各类社会福利项目的受益人和各项社会服务的接受者,故A选项错误。普惠型社会政策的优点是对象覆盖面广,社会效益大,不需要复杂的对象资格甄别程序,可以避免"贫困烙印"等问题,而特惠型社会政策与普惠型社会政策的优点刚好相反,故B选项错误,C选项正确。改革开放以来我国社会政策的普惠型特点弱化,特惠型特点上升。近十年来,我国社会政策的普惠型特点又再次上升。故D选项错误。

5. C。

【解析】本题考查党的十八届三中全会对社会建设的论述。党的十八届三中全会通过的《中共中央关于全面深化改革若干重大问题的决定》提出了要激发社会组织活力,适合由社会组织提供的公共服务和解决的事项,交由社会组织承担;提出了限期实现行业协会、商会与行政机关真正脱钩;行业协会商会类、科技类、公益慈善类、城乡社区服务类社会组织成立时直接依法申请登记的政策原则。

6. A。

【解析】本题考查我国有关社会建设的一般性法规与政策。党的十八届三中全会通过的《中共中央关于全面深化改革若干重大问题的决定》(简称十八届三中全会《决定》)采用了新的"社会治理"概念,提出社会治理的总体目标是"确保社会既充满活力又和谐有序",标志着我国由"社会管理"向"社会治理"转变。

7. A。

【解析】本题考查我国有关社会建设的一般性法规与政策。在加强和创新社会治理方面,党的十九大报告进一步强调了打造共建共治共享的社会治理格局,要求完善党委领导、政府负责、社会协同、公众参与、法治保障的社会治理体制,并且提出了要提高社会治理社会化、法治化、智能化、专业化水平。

8. D。

【解析】本题考查我国有关社会建设的一般性法规与政策。在党的十九届五中全会通过的《中共中央关于制定国民经济和社会发展第十四个五年规划和二〇三五年远景目标的建议》中,选项A、C、D都属于加强和创新社会治理方面的要求,但是只有D选项属于其最新的提法。选项A、C均在党的十九届四中全会通过的《中共中央关于坚持和完善中国特色社会主义制度　推进国家治理体系和治理能力现代化若干重大问题的决定》中提出过。选项B,"提高社会治理社会化、法治化、智能化和专业化水平"属于党的十九大报告中关于加强和创新社会治理的相关论述。故本题答案为D。

【知识拓展】党的二十大报告强调,要增进民生福祉,提高人民生活品质。必须坚持在发展中保障和改善民生,鼓励共同奋斗创造美好生活,不断实现人民对美好生活的向往。(1)完善分配制度。(2)实施就业优先战略。(3)健全社会保障体系。(4)推进健康中国建设。另外强调,要提高公共安全治理水平。坚持安全第一、预防为主,建立大安全大应急框架,完善公共安全体系,推动公共安全治理模式向事前预防转型。

二、多项选择题

9. AD。

【解析】本题考查法规的主要种类。行政法规的名称一般称"条例",也可以称为"规定""办法"等。国务院根据全国人民代表大会及其常务委员会的授权制定的行政法规称"暂行条例"或"暂行规定"。因此A、D项正确,B项属于国家法律,C项属于地方性法规,E项属于政策文件。

10. ABE。

【解析】本题考查社会政策的资源调动方式。在我国,政府与社会力量合作的资源供应有以下几种基本模式:一是动员各种社会力量参与社会福利事业,并在其中分担一定的资源供应责任。二是政府通过减免税收和其他各种优惠政策鼓励各类社会力量参与社会福利事业。三是通过政府购买服务等方式向参与社会福利事业和其他各类公益活动的社会力量投入资金，形成公共财政提供的资金与社会力量组织的人力相结合的资源供应模式。故选项 A、B、E 正确。

11. ABE。

【解析】本题考查我国有关社会建设的一般性法规与政策。《中共中央关于制定国民经济和社会发展第十四个五年规划和二〇三五年远景目标的建议》指出，完善社会治理体系，健全党组织领导的自治、法治、德治相结合的城乡基层治理体系，完善基层民主协商制度，实现政府治理同社会调节、居民自治良性互动，建设人人有责、人人尽责、人人享有的社会治理共同体。发挥群团组织和社会组织在社会治理中的作用，畅通和规范市场主体、新社会阶层、社会工作者和志愿者等参与社会治理的途径。推动社会治理重心向基层下移，向基层放权赋能，加强城乡社区治理和服务体系建设，减轻基层特别是村级组织负担，加强基层社会治理队伍建设，构建网格化管理、精细化服务、信息化支撑、开放共享的基层管理服务平台。加强和创新市域社会治理，推进市域社会治理现代化。故选项 A、B、E 正确，选项 C、D 错误。

【知识拓展】《中共中央关于制定国民经济和社会发展第十四个五年规划和二〇三五年远景目标的建议》从多个方面强调了保障和改善民生。如提高人民收入水平；强化就业优先政策；建设高质量教育体系；健全多层次社会保障体系；全面推进健康中国建设；实施积极应对人口老龄化国家战略。在每个方面都提出了一些具体的要求，具有很强的针对性、全局性和前瞻性，为我国未来 5 ~ 15 年民生建设规定了基本发展方向。

第二章

我国社会工作专业人才队伍建设的政策依据与保障

答案速查

一、单项选择题									
1. B	2. C	3. B	4. D	5. A	6. A	7. D	8. A	9. B	
二、多项选择题									
10. ABE	11. ABDE								

深度解析

一、单项选择题

1. B。

【解析】本题考查推动社会工作专业岗位开发和专业人才使用的七个具体要求。为了积极推动社会工作专业岗位开发和专业人才使用,《关于加强社会工作专业人才队伍建设的意见》提出:(1)研究制定社会工作专业岗位开发设置的政策措施。(2)以基层为重点配备社会工作专业人才。(3)明确相关事业单位社会工作专业岗位。(4)引导相关社会组织吸纳社会工作专业人才。(5)加大相关行政部门和群团组织使用社会工作专业人才力度。(6)建立社会工作专业人才流动机制。(7)建立社会工作专业人才和志愿者队伍联动服务机制。

【知识拓展】教育培训是培养社会工作专业人才的重要渠道,《关于加强社会工作专业人才队伍建设的意见》就加强社会工作专业教育培训提出了以下4点要求:(1)统筹规划社会工作专业教育培训。(2)切实加强社会工作专业人才职业道德建设。(3)大力开展社会工作专业培训。(4)大力发展社会工作专业教育。

2. C。

【解析】本题考查社会工作专业岗位开发的要求。根据《关于加强社会工作专业人才队伍建设的意见》的规定,对老年人福利机构、残疾人福利和服务机构、儿童福利机构、收养服务机构、妇女儿童援助机构、困难职工帮扶机构、婚姻家庭服务机构、青少年服务机构、社会救助服务和管理机构、优抚安置服务保障机构等以社会工作服务为主的事业单位,可将社会工作专业岗位明确为主体专业技术岗位。

3. B。

【解析】本题考查政府购买社会工作服务的主体。各级民政部门具体负责本级政府购买社会工作服务的统筹规划、组织实施和绩效评估;各级财政部门具体负责本级政府购买社会工作服务规划计划审核、经费安排与监督管理;各有关部门和群团组织负责本系统、本行业社会工作服务需求评估,向同级民政部门申报社会工作服务计划并具体实施。

4. D。

【解析】本题考查政府购买社会工作服务的对象。政府购买社会工作服务的对象主要为具有独立法人资格,拥有一支能够熟练掌握和灵活运用社会工作知识、方法和技能的专业团队,具备完善的内部治理结构、健全的规章制度、良好的社会公信力以及较强的公益项目运营管理和社会工作专业服务能力的社会团体、民办非企业单位和基金会。具备相应能力和条件的企事业单位可承接政府购买社会工作服务。本题中,选项 A、B、C 均不符合要求,故选 D。

5. A。

【解析】本题考查政府购买社会工作服务的程序。根据《民政部、财政部关于政府购买社会工作服务的指导意见》规定,政府购买社会工作服务,原则上应通过公开招标方式进行,但对只能从唯一服务提供机构购买的,向社会公示并经同级财政部门批准后,可以采取单一来源采购方式组织采购。

6. A。

【解析】本题考查政府购买社会工作服务的程序。根据《民政部、财政部关于政府购买社会工作服务的指导意见》规定,政府购买社会工作服务,原则上应通过公开招标方式进行。

7. D。

【解析】本题考查政府购买社会工作服务的程序。政府购买社会工作服务的程序包括以下 4 个环节:(1)编制预算。(2)组织购买。(3)签订合同。(4)指导实施。故选项 D 正确。

8. A。

【解析】本题考查完善民办社会工作服务机构管理制度。《民政部关于进一步加快推进民办社会工作服务机构发展的意见》提出通过改进登记方式、强化监督管理和推动信息公开三个措施来完善民办社会工作服务机构管理制度。在改进登记方式方面,成立民办社会工作服务机构,除要求符合《民办非企业单位登记管理暂行条例》规定的条件外,还要求专职工作人员中应有 1/3 以上取得社会工作者职业水平证书或社会工作专业本科及以上学历,章程中应明确社会工作服务宗旨、范围和方式。

9. B。

【解析】本题考查民办社会工作服务机构登记管理。根据《民政部关于进一步加快推进民办社会工作服务机构发展的意见》的规定,成立民办社会工作服务机构,应当符合《民办非企业单位登记管理暂行条例》规定的条件。所以选 B。

二、多项选择题

10. ABE。

【解析】本题考查完善民办社会工作服务机构管理制度。成立民办社会工作服务机构,应当符合《民办非企业单位登记管理暂行条例》规定的条件,专职工作人员中应有 1/3 以上取得社会工作者职业水平证书或社会工作专业本科及以上学历，章程中应明确社会工作服务宗旨、范围和方式。

11. ABDE。

【解析】本题考查加强民办社会工作服务机构能力建设。《民政部关于进一步加快推进民办社会工作服务机构发展的意见》提出了以下要求：(1)进一步增强民办社会工作服务机构内部治理能力。(2)着力提升民办社会工作服务机构服务水平。(3)建立健全民办社会工作服务机构联系志愿者制度。(4)加强民办社会工作服务机构党群组织建设。

【知识拓展】《民政部关于进一步加快推进民办社会工作服务机构发展的意见》提出的加快推进民办社会工作服务机构发展的主要目标涉及4个具体目标：第一，建立健全加快推进民办社会工作服务机构发展的政策制度，逐步形成协调有力的管理体制和规范高效的工作机制；第二，进一步完善登记服务和监督管理措施，为民办社会工作服务机构登记成立和健康发展创造有利条件；第三，加强民办社会工作服务机构能力建设，促进社会工作行业组织发展；第四，加快推进政府购买社会工作服务，建立健全民办社会工作服务机构支持保障体系。

第三章

我国社会救助法规与政策

一、单项选择题									
1. B	2. C	3. B	4. D	5. D	6. C	7. D	8. D	9. A	10. D
11. D	12. B	13. B	14. B	15. C	16. D	17. A	18. B	19. B	20. C
21. B	22. A	23. C	24. C	25. C	26. A	27. B	28. D	29. C	30. D
31. C	32. D	33. B	34. B	35. B	36. D	37. B	38. C	39. C	40. B
41. A									
二、多项选择题									
42. ACDE	43. ADE	44. ACE	45. ADE	46. ABCD	47. ACDE	48. ABE	49. ABCD	50. AC	51. ABCD
52. ABCD	53. ABC	54. ACDE	55. ACD	56. ABE	57. ACE	58. ABE	59. ABCE	60. CDE	61. ABC

深度解析

一、单项选择题

1. B。

【解析】本题考查社会救助协调机制。根据《社会救助暂行办法》规定，乡镇人民政府、街道办事处负责有关社会救助的申请受理、调查审核，具体工作由社会救助经办机构或者经办人员承担。

【知识拓展】《社会救助暂行办法》对社会力量参与社会救助作出了明确的规定。(1)形式：捐赠、设立帮扶项目、创办服务机构、提供志愿服务。(2)优惠政策：财政补贴、税收优惠、费用减免。(3)政府购买服务：委托、承包、采购。(4)社会工作服务：提供社会融入、能力提升、心理疏导等专业服务。(5)支持：建立社会力量参与社会救助的机制和渠道，提供社会救助项目、需求信息，为社会力量参与社会救助创造条件、提供便利。

2. C。

【解析】本题考查低保对象资格。共同生活的家庭成员包括：(1)配偶。(2)未成年子女。(3)已成年但不能独立生活的子女，包括在校接受本科及以下学历教育的成年子女。(4)其他具有法定赡养、扶养、抚养义务关系并长期共同居住的人员。本题中，张某的儿子，24周岁，是一名在读研究生，不符合共同生活的家庭成员要求。故选 C 项。

3. B。

【解析】本题考查最低生活保障的申请与审核。根据《最低生活保障审核确认办法》第八条规定，最低生活保障边缘家庭一般指不符合最低生活保障条件，家庭人均收入低于当地最低生活保障标准1.5倍，且财产状况符合相关规定的家庭。故选项 B 正确。

4. D。

【解析】本题考查最低生活保障的申请流程。根据《最低生活保障审核确认办法》规定，申请最低生活保障以家庭为单位，由申请家庭确定一名共同生活的家庭成员作为申请人，向户籍所在地乡镇人民政府（街道办事处）提出书面申请，故选项 B 错误。共同生活的家庭成员户籍所在地不在同一省（自治区、直辖市）的，可以由其中一个户籍所在地与经常居住地一致的家庭成员向其户籍所在地提出申请，故选项 D 正确。共同生活的家庭成员户籍所在地与经常居住地均不一致的，可由任一家庭成员向其户籍所在地提出申请，故选项 C 错误。共同生活的家庭成员申请有困难的，可以委托村（居）民委员会或者其他人代为提出申请。委托申请的，应当办理相应委托手续，故选项 A 错误。

5. D。

【解析】本题考查最低生活保障申请者的家庭经济状况调查。根据《最低生活保障审核确认办法》中关于低保申请者"家庭经济状况调查"规定，家庭收入指共同生活的家庭成员在规定期限内获得的全部现金及实物收入。主要包括：(1)工资性收入。(2)经营净收入。(3)财产净收入。(4)转移净收入。(5)其他应当计入家庭收入的项目。其中，经营净收入指从事生产经营及有偿服务活动所获得全部经营收入扣除经营费用、生产性固定资产折旧和生产税之后得到的收入。包括从事种植、养殖、采集及加工等农林牧渔业的生产收入，从事工业、建筑业、手工业、交通运输业、批发和零售贸易业、餐饮业、文教卫生业和社会服务业等经营及有偿服务活动的收入等。

【知识拓展】下列收入不计入家庭收入：(1)国家规定的优待抚恤金、计划生育奖励与扶助金、奖学金、见义勇为等奖励性补助。(2)政府发放的各类社会救助款物。(3)"十四五"期间，中央确定的城乡居民基本养老保险基础养老金。(4)设区的市级以上地方人民政府规定的其他收入。

6. C。

【解析】本题考查最低生活保障的动态管理。根据《最低生活保障审核确认办法》第三十一条规定，对收入来源不固定、家庭成员有劳动能力的最低生活保障家庭，每半年核查一次。本题题干中描述的老韩一家享受最低生活保障待遇，全家无固定收入来源，老韩身体残疾无法工作，依靠妻子外出打零工补贴家用，符合每半年核查一次的条件，故选项 C 正确。

7. D。

【解析】本题考查最低生活保障的动态管理。县级人民政府民政部门作出增发、减发、停发最低生活保障金决定，应当符合法定事由和规定程序；决定减发、停发最低生活保障金的，应当告知最低生活保障家庭成员并说明理由。本题中，老李一家收入比去年有所增加，故其低保金应相应减少。

8. D。

【解析】本题考查特困人员对象范围。城乡老年人、残疾人以及未满 18 周岁的未成年人，同时具备以下条件的，应当依法纳入特困人员救助供养范围:无劳动能力,无生活来源,无法定赡养、抚养、扶养义务人或者其法定义务人无履行义务能力。故选项A错误。《特困人员认定办法》中,无劳动能力认定条件为:60周岁以上的老年人;未满16周岁的未成年人;残疾等级为一、二、三级的智力、精神残疾人,残疾等级为一、二级的肢体残疾人,残疾等级为一级的视力残疾人,故选项B错误。无生活来源认定条件为收入低于当地最低生活保障标准,且财产符合当地特困人员财产状况规定,故选项C错误。只有选项D符合规定,故选项D正确。

9. A。

【解析】本题考查特困人员认定条件。根据《特困人员认定办法》第八条规定,法定义务人符合下列情形之一的,应当认定为本办法所称的无履行义务能力:(1)特困人员。(2)60周岁以上的最低生活保障对象。(3)70周岁以上的老年人,本人收入低于当地上年人均可支配收入,且其财产符合当地低收入家庭财产状况规定的。(4)重度残疾人和残疾等级为三级的智力、精神残疾人,本人收入低于当地上年人均可支配收入,且其财产符合当地低收入家庭财产状况规定的。(5)无民事行为能力、被宣告失踪或者在监狱服刑的人员,且其财产符合当地低收入家庭财产状况规定的。(6)省、自治区、直辖市人民政府规定的其他情形。本题中,王某虽为低保对象,但年龄不满60周岁;陶某虽为残疾人,但没有说明残疾等级和收入情况;李某虽为老年人,但年龄不满70周岁,且没有说明收入情况。只有张某符合条件,所以选A。

10. D。

【解析】本题考查特困人员申请的审批程序。县级人民政府民政部门应当全面审查乡镇人民政府(街道办事处)上报的申请材料、调查材料和初审意见,按照不低于30%的比例随机抽查核实,并在15个工作日内提出确认意见。

11. D。

【解析】本题考查特困人员救助供养办理程序。特困人员中的未成年人,满18周岁后仍在接受义务教育或在普通高中、中等职业学校就读的,可继续享有救助供养待遇。故选项D正确。

12. B。

【解析】本题考查特困人员供养的终止。《特困人员认定办法》第二十四条规定,特困人员有下列情形之一的,应当及时终止救助供养:(1)死亡或者被宣告死亡、被宣告失踪。(2)具备或者恢复劳动能力。(3)依法被判处刑罚,且在监狱服刑。(4)收入和财产状况不再符合本办法第六条规定。(5)法定义务人具有了履行义务能力或者新增具有履行义务能力的法定义务人。(6)自愿申请退出救助供养。特困人员中的未成年人,满18周岁后仍在接受义务教育或者在普通高中、中等职业学校就读的,可继续享有救助供养待遇。

13. B。

【解析】本题考查自然灾害救助总则。国家减灾委员会负责组织、领导全国的自然灾害救助工作,协调开展重大自然灾害救助活动。国务院应急管理部负责全国的自然灾害救助工作,承担国家减灾的具体工作。

14. B。

【解析】本题考查自然灾害的应急救助工作。在自然灾害救助应急期间,县级以上地方人民政府或者人民政府的自然灾害救助应急综合协调机构可以在本行政区域内紧急征用物资、设备、交通运输工具和场地,自然灾害救助应急工作结束后应当及时归还，并按照国家有关规定给予补偿。

15. C。

【解析】本题考查自然灾害的灾后救助工作。受灾地区县级人民政府应急管理部门应当在每年10月底前统计、评估本行政区域受灾人员当年冬季、次年春季的基本生活困难和需求，核实救助对象，编制工作台账，制订救助工作方案，经本级人民政府批准后组织实施，并报上一级人民政府应急管理部门备案。故本题选C。

16. D。

【解析】本题考查自然灾害的救助款物管理。根据《自然灾害救助条例》第二十二条规定，县级以上人民政府财政部门、应急管理部门负责自然灾害救助资金的分配、管理并监督使用情况。故选项A错误。根据第二十四条，自然灾害救助款物专款（物）专用，无偿使用。定向捐赠的款物，应当按照捐赠人的意愿使用。政府部门接受的捐赠人无指定意向的款物，由县级以上人民政府应急管理部门统筹安排用于自然灾害救助；社会组织接受的捐赠人无指定意向的款物，由社会组织按照有关规定用于自然灾害救助。故选项B、C错误。根据第二十八条，县级以上人民政府监察机关、审计机关应当依法对自然灾害救助款物和捐赠款物的管理使用情况进行监督检查，应急管理、财政等部门和有关社会组织应当予以配合。故选项D正确。

【知识拓展】《自然灾害救助条例》规定，行政机关工作人员违反本条例规定，有下列行为之一的，由任免机关或者监察机关依照法律法规给予处分；构成犯罪的，依法追究刑事责任：(1)迟报、谎报、瞒报自然灾害损失情况，造成后果的。(2)未及时组织受灾人员转移安置，或者在提供基本生活救助、组织恢复重建过程中工作不力，造成后果的。(3)截留、挪用、私分自然灾害救助款物或者捐赠款物的。(4)不及时归还征用的财产，或者不按照规定给予补偿的。(5)有滥用职权、玩忽职守、徇私舞弊的其他行为的。

17. A。

【解析】本题考查城乡医疗救助的申请与审批程序。最低生活保障家庭成员和特困供养人员的医疗救助，由县级人民政府医疗保障部门直接办理。故选项A正确。

18. B。

【解析】本题考查城乡医疗救助的申请与审批程序。根据《社会救助暂行办法》规定，申请医疗救助的，应当向乡镇人民政府、街道办事处提出，经审核、公示后，由县级人民政府医疗保障部门审批。

【知识拓展】下列人员可以申请相关医疗救助：(1)最低生活保障家庭成员。(2)特困供养人员。(3)县级以上人民政府规定的其他特殊困难人员。

19. B。

【解析】本题考查城乡医疗救助基金的使用。根据《城乡医疗救助基金管理办法》第八、九条的规定，城乡医疗救助基金应分别结合城镇居民基本医疗保险和新型农村合作医疗制度的相关政策规定，统筹考虑城乡困难群众的救助需求，首先确保资助救助对象全部参加基本医疗保险，其次对经基本医疗保险、大病保险和商业保险等补偿后，救助对象仍难以负担的符合规定的医疗费用给予补助，帮助困难群众获得基本医疗服务。对因各种原因未能参加基本医疗保险的救助对象个人自负医疗费用，可直接给予救助。救助方式以住院救助为主，同时兼顾门诊救助。本题中，除了救助对象购买商业医疗保险所需费用不予支付外，其他选项所列情形，医疗救助基金都会依据约定情形予以支付。所以选 B。

【知识拓展】《城乡医疗救助基金管理办法》规定，城乡医疗救助基金原则上实行财政直接支付。医疗保障部门向同级财政部门提交拨款申请，财政部门审核后将城乡医疗救助基金由社保基金专户直接支付到定点医疗机构、定点零售药店或医疗救助对象。

20. C。

【解析】本题考查疾病应急救助基金的支付。根据《社会救助暂行办法》规定，国家对需要急救但身份不明或者无力支付急救费用的急重危伤病患者给予救助。符合规定的急救费用由疾病应急救助基金支付。

21. B。

【解析】本题考查城乡医疗救助基金的管理。根据《城乡医疗救助基金管理办法》的相关规定，基金累计结余一般应不超过当年筹集基金总额的 15%。

22. A。

【解析】本题考查未成年人教育救助的目标。对城乡特殊困难未成年人教育救助工作的目标有：(1)对持有农村五保供养证和属于城市“三无”对象的未成年人，基本实现普通中小学免费教育。(2)对持有城乡最低生活保障证和农村特困户救助证家庭的子女在义务教育阶段基本实现“两免一补”(免杂费、免书本费、补助寄宿生活费)，高中教育阶段要提供必要的学习和生活补助。

23. C。

【解析】本题考查未成年人教育救助的对象。对城乡特殊困难未成年人实施教育救助的对象具体为：(1)持有农村五保供养证的未成年人。(2)属于城市“三无”对象(无劳动能力、无生活来源、无法定扶养义务人或虽有法定扶养义务人但扶养义务人无扶养能力)的未成年人。(3)持有城乡最低生活保障证和农村特困户救助证家庭的未成年子女。(4)当地政府规定的其他需要教育救助的对象。

24. C。

【解析】本题考查教育救助的含义。国家对在义务教育阶段就学的最低生活保障家庭成员、特困供养人员给予教育救助，对在高中教育(含中等职业教育)、普通高等教育阶段就学的最低生活保障家庭成员、特困供养人员，以及不能入学接受义务教育的残疾儿童，根据实际情况给予适当教育救助。本题中，C 项小丽既处于义务教育阶段，又是低保家庭成员，符合教育救助的条件。

25. C。

【解析】本题考查教育救助的形式与标准。教育救助根据不同教育阶段需求，采取减免相关费用、发放助学金、给予生活补助、安排勤工助学等方式实施，保障教育救助对象基本学习、生活需求。教育救助标准，由省、自治区、直辖市人民政府根据经济社会发展水平和教育救助对象的基本学习、生活需求确定并公布。申请教育救助，应当按照国家有关规定向就读学校提出，按规定程序审核、确认后，由学校按照国家有关规定实施。

26. A。

【解析】本题考查教育救助的形式与标准。根据《社会救助暂行办法》第三十六条规定，申请教育救助，应当按照国家有关规定向就读学校提出，按规定程序审核、确认后，由学校按照国家有关规定实施。本题中，小王属于在义务教育阶段就学的最低生活保障家庭成员，应当被纳入教育救助范围，申请教育救助时按照国家有关规定向就读学校提出即可。

27. B。

【解析】本题考查未成年人教育救助的重点。各地教育行政部门的助学工作应当以救助义务教育阶段特殊困难学生为重点。

28. D。

【解析】本题考查住房救助标准。《社会救助暂行办法》规定，国家对符合规定标准的住房困难的最低生活保障家庭、分散供养的特困人员，给予住房救助。本题中，李大爷被安置在养老院集中供养，不符合住房救助申请条件。

29. C。

【解析】本题考查住房救助标准。国家对符合规定标准的住房困难的最低生活保障家庭、分散供养的特困人员，给予住房救助。住房救助通过配租公共租赁住房、发放住房租赁补贴、农村危房改造等方式实施。

30. D。

【解析】本题考查住房救助的申请。根据《社会救助暂行办法》第四十条规定，城镇家庭申请住房救助的，应当经由乡镇人民政府、街道办事处或者直接向县级人民政府住房保障部门提出，经县级人民政府民政部门审核家庭收入、财产状况和县级人民政府住房保障部门审核家庭住房状况并公示后，对符合申请条件的申请人，由县级人民政府住房保障部门优先给予保障。

31. C。

【解析】本题考查住房救助的申请。城镇家庭申请住房救助的，应当经由乡镇人民政府、街道办事处或者直接向县级人民政府住房保障部门提出，经县级人民政府民政部门审核家庭收入、财产状况和县级人民政府住房保障部门审核家庭住房状况并公示后，对符合条件的申请人，由县级人民政府住房保障部门优先给予保障。

【知识拓展】各级人民政府按照国家规定通过财政投入、用地供应等措施为实施住房救助提供保障。

32. D。

【解析】本题考查就业救助。根据《社会救助暂行办法》规定，公共就业服务机构免费提供就业岗位信息、职业介绍、职业指导等就业服务。故选项 A 错误。吸纳就业救助对象的用人单位，按照国家有关规定享受社会保险补贴、税收优惠、小额担保贷款等就业扶持政策。故选项 B 错误。最低生活保障家庭中有劳动能力但未就业的成员，应当接受人力资源社会保障等有关部门介绍的工作；无正当理由，连续 3 次拒绝接受介绍的与其健康状况、劳动能力等相适应的工作的，县级人民政府民政部门应当决定减发或者停发其本人的最低生活保障金。故选项 C 错误。国家对最低生活保障家庭中有劳动能力并处于失业状态的成员，通过贷款贴息、社会保险补贴、岗位补贴、培训补贴、费用减免、公益性岗位安置等办法，给予就业救助。故选项 D 正确。

33. B。

【解析】本题考查临时救助的总体要求。临时救助工作要坚持应救尽救，确保有困难的群众都能求助有门，并按规定得到及时救助；坚持适度救助，着眼于解决基本生活困难、摆脱临时困境，既要尽力而为，又要量力而行；坚持公开公正，做到政策公开、过程透明、结果公正；坚持制度衔接，加强各项救助、保障制度的衔接配合，形成整体合力；坚持资源统筹，政府救助、社会帮扶、家庭自救有机结合。

34. B。

【解析】本题考查临时救助的对象。临时救助的对象包括家庭对象和个人对象。家庭对象是因火灾、交通事故等意外事件，家庭成员突发重大疾病等原因，导致基本生活暂时出现严重困难的家庭；因生活必需支出突然增加超出家庭承受能力，导致基本生活暂时出现严重困难的最低生活保障家庭；遭遇其他特殊困难的家庭。个人对象是因遭遇火灾、交通事故、突发重大疾病或其他特殊困难，暂时无法得到家庭支持，导致基本生活陷入困境的个人。本题中，B 项宋某突发重大疾病，暂时无法获得家庭支持，生活陷入困境，符合临时救助对象的要求。

35. B。

【解析】本题考查临时救助的申请、受理和审核审批。凡认为符合救助条件的城乡居民家庭或个人均可向所在地乡镇人民政府（街道办事处）提出临时救助申请，同时也可以委托其他人代为申请。故选项 A 错误。对于具有本地户籍、持有当地居住证的，由当地乡镇人民政府（街道办事处）受理。故选项 B 正确。因情况紧急无法在申请时提供相关证明材料的，乡镇人民政府（街道办事处）可先行受理。故选项 C 错误。对符合条件的救助对象，可采取发放临时救助金、发放实物、提供转介服务的方式提供临时救助。故选项 D 错误。

【知识拓展】《关于进一步做好最低生活保障等社会救助兜底保障工作的通知》强调，对受疫情影响无法返岗复工、连续 3 个月无收入来源，生活困难且失业保险政策无法覆盖的农民工等未参保失业人员，未纳入低保范围的，经本人申请，由务工地或者经常居住地发放一次性临时救助金。对其他受疫情影响暂未就业、基本生活面临困难的大学生，以及其他因疫情导致基本生活陷入临时困境的家庭或者个人，及时纳入临时救助范围。对经过应急期救助、过渡期生活救助后基本生活仍有较大困难的受灾群众，及时给予临时救助，防止因灾返贫。

36. D。

【解析】本题考查流浪乞讨人员救助的形式。《救助管理办法》指出，救助站对流浪乞讨人员的救助是一项临时性社会救助措施。

37. B。

【解析】本题考查终止救助。救助站对流浪乞讨人员的救助是一项临时性社会救助措施，一般不超过 10 天。

【知识拓展】《救助管理办法》规定，救助站对流浪乞讨人员实行救助的内容主要包括以下 5 项：(1) 提供符合食品卫生要求的食物。(2) 提供符合基本条件的住处。(3) 对在站内突发急病的，及时送医院救治。(4) 帮助与其亲属或者所在单位联系。(5) 对没有交通费返回其住所地或者所在单位的，提供乘车凭证。

38. C。

【解析】本题考查流浪乞讨人员救助的程序。根据《城市生活无着的流浪乞讨人员救助管理办法》规定，向救助站求助的流浪乞讨人员，应当如实提供本人的姓名等基本情况并将随身携带物品在救助站登记，向救助站提出求助需求。

39. C。

【解析】本题考查终止救助的情形。救助站已经实施救助或者救助期满，受助人员应当离开救助站。除此之外，在下列 3 种情况下，救助站也应终止救助：(1) 救助站发现受助人员故意提供虚假个人情况的，应当终止救助。(2) 受助人员自愿放弃救助离开救助站的，救助站不得限制。(3) 受助人员擅自离开救助站的，视同放弃救助，救助站应当终止救助。本题中，只有丙不属于救助站应当终止救助的情况。

40. B。

【解析】本题考查流浪乞讨人员救助的程序。《城市生活无着的流浪乞讨人员救助管理办法》的一个重要原则就是自愿原则，当流浪乞讨人员向救助站表达出求助意愿时，救助站才会考虑是否实行救助。本题中，刘大爷可以自行决定是否求助，故选项B正确，选项C错误。公安机关和其他有关行政机关的工作人员在执行职务时发现流浪乞讨人员的，应当告知其向救助站求助，对其中的残疾人、未成年人、老年人和行动不便的其他人员，还应当引导、护送到救助站。故选项A错误。对因年老、年幼、残疾等原因无法提供个人情况的，救助站应当先提供救助，再查明原因。故选项D错误。

41. A。

【解析】本题考查法律援助的范围。被告人是盲、聋、哑人或者未成年人而没有委托辩护人的，或者被告人可能被判处死刑而没有委托辩护人的，人民法院为被告人指定辩护时，法律援助机构应当提供法律援助，无须对被告人进行经济状况的审查。

【知识拓展】法律援助法规定，法律援助机构可以依法提供的法律援助服务形式包括：(1)法律咨询。(2)代拟法律文书。(3)刑事辩护与代理。(4)民事案件、行政案件、国家赔偿案件的诉讼代理及非诉讼代理。(5)值班律师法律帮助。(6)劳动争议调解与仲裁代理。(7)法律、法规、规章规定的其他形式。

二、多项选择题

42. ACDE。

【解析】本题考查社会力量参与社会救助。《社会救助暂行办法》第五十二条规定，国家鼓励单位和个人等社会力量通过捐赠、设立帮扶项目、创办服务机构、提供志愿服务等方式，参与社会救助。故选项C正确。第五十三条规定，社会力量参与社会救助，按照国家有关规定享受财政补贴、税收优惠、费用减免等政策。故选项A正确。第五十四条规定，县级以上地方人民政府可以将社会救助中的具体服务事项通过委托、承包、采购等方式，向社会力量购买服务。故选项B错误。第五十五条规定，县级以上地方人民政府应当发挥社会工作服务机构和社会工作者的作用，为社会救助对象提供社会融入、能力提升、心理疏导等专业服务。故选项D正确。第五十六条规定，社会救助管理部门及相关机构应当建立社会力量参与社会救助的机制和渠道，提供社会救助项目、需求信息，为社会力量参与社会救助创造条件、提供便利。故选项E正确。

43. ADE。

【解析】本题考查社会救助中的法律责任。《社会救助暂行办法》第六十八条规定，采取虚报、隐瞒、伪造等手段，骗取社会救助资金、物资或者服务的，由有关部门决定停止社会救助，责令退回非法获取的救助资金、物资，可以处非法获取的救助款额或者物资价值1倍以上3倍以下的罚款；构成违反治安管理行为的，依法给予治安管理处罚。

【知识拓展】违反《社会救助暂行办法》规定，有下列情形之一的，由上级行政机关或者监察机关责令改正，对直接负责的主管人员和其他直接责任人员依法给予处分：(1)对符合申请条件的救助申请不予受理的。(2)对符合救助条件的救助申请不予批准的。(3)对不符合救助条件的救助申请予以批准的。(4)泄露在工作中知悉的公民个人信息，造成后果的。(5)丢失、篡改接受社会救助款物、服务记录等数据的。(6)不按照规定发放社会救助资金、物资或者提供相关服务的。(7)在履行社会救助职责过程中有其他滥用职权、玩忽职守、徇私舞弊行为的。

44. ACE。

【解析】本题考查低保对象资格。根据《最低生活保障审核确认办法》规定，共同生活的家庭成员包括：(1)配偶。

(2)未成年子女。(3)已成年但不能独立生活的子女,包括在校接受全日制本科及以下学历教育的子女。(4)其他具有法定赡养、扶养、抚养义务关系并长期共同居住的人员。不计入共同生活的家庭成员的有:(1)连续3年以上(含3年)脱离家庭独立生活的宗教教职人员。(2)在监狱内服刑、在戒毒所强制隔离戒毒或者宣告失踪人员。(3)省级人民政府民政部门根据本条原则和有关程序认定的其他人员。本题中,B项魏某女儿虽未独立生活,但为全日制研究生;D项虽属于魏某的法定赡养人,但并不与魏某长期共同居住。故选项A、C、E正确。

45. ADE。

【解析】本题考查低保的申请、审核和审批。在核算申请人家庭收入时,申请人家庭按国家规定所获得的优待抚恤金、计划生育奖励与扶助金以及教育、见义勇为等方面的奖励性补助,一般不计入家庭收入,具体核算办法由地方人民政府确定。因此本题选ADE。

【知识拓展】家庭财产指共同生活的家庭成员拥有的全部动产和不动产。动产主要包括银行存款、证券、基金、商业保险、债权、互联网金融资产以及车辆等。不动产主要包括房屋、林木等定着物。对于维持家庭生产生活的必需财产,可以在认定家庭财产状况时予以豁免。

46. ABCD。

【解析】本题考查特困人员对象范围。根据《特困人员认定办法》的规定,收入低于当地最低生活保障标准,且财产符合当地特困人员财产状况规定的,应当认定为本办法所称的无生活来源。前款所称收入包括工资性收入、经营净收入、财产净收入、转移净收入等各类收入。选项A属于经营净收入,选项B属于财产净收入,选项C可以视作工资性收入,选项D属于转移净收入。中央确定的城乡居民基本养老保险中的基础养老金、基本医疗保险等社会保险和优待抚恤金、高龄津贴不计入在内。故本题答案为ABCD。

47. ACDE。

【解析】本题考查特困人员救助供养内容。特困人员救助供养主要包括以下内容:(1)提供基本生活条件,包括供给粮油、副食品、生活用燃料、服装、被褥等日常生活用品和零用钱。(2)对生活不能自理的给予照料,包括日常生活、住院期间的必要照料等基本服务。(3)提供疾病治疗。(4)办理丧葬事宜。(5)对符合规定标准的住房困难的分散供养特困人员,通过配租公共租赁住房、发放住房租赁补贴、农村危房改造等方式给予住房救助。(6)对在义务教育阶段就学的特困人员,给予教育救助;对在高中教育(含中等职业教育)、普通高等教育阶段就学的特困人员,根据实际情况给予适当教育救助。

48. ABE。

【解析】本题考查住房救助的形式。根据《社会救助暂行办法》的规定,住房救助通过配租公共租赁住房、发放住房租赁补贴、农村危房改造等方式实施。

【知识拓展】各地要结合租赁补贴申请家庭的成员数量和本地区人均住房面积等情况,合理确定租赁补贴面积标准,原则上住房保障家庭应租住中小户型住房,户均租赁补贴面积不超过60平方米,超出部分由住房保障家庭自行承担。

49. ABCD。

【解析】本题考查自然灾害救助法规和政策。根据《自然灾害救助条例》第二条规定,自然灾害救助工作遵循以人为本、政府主导、分级管理、社会互助、灾民自救的原则。

50. AC。

【解析】本题考查自然灾害救助准备工作。启动自然灾害预警响应或者应急响应，需要告知居民前往应急避难场所的，县级以上地方人民政府或者人民政府的自然灾害救助应急综合协调机构应当通过广播、电视、手机短信、电子显示屏、互联网等方式，及时公告应急避难场所的具体地址和到达路径。

51. ABCD。

【解析】本题考查自然灾害救助准备工作。县级以上地方人民政府应当加强自然灾害救助人员的队伍建设和业务培训，村民委员会、居民委员会和企业事业单位应当设立专职或者兼职自然灾害信息员。

【知识拓展】自然灾害救助应急预案应当包括：(1)自然灾害救助应急组织指挥体系及其职责。(2)自然灾害救助应急队伍。(3)自然灾害救助应急资金、物资、设备。(4)自然灾害的预警预报和灾情信息的报告、处理。(5)自然灾害救助应急响应的等级和相应措施。(6)灾后应急救助和居民住房恢复重建措施。

52. ABCD。

【解析】本题考查自然灾害救助款物的管理。根据《自然灾害救助条例》第二十四条规定，自然灾害救助款物专款（物）专用，无偿使用。定向捐赠的款物，应当按照捐赠人的意愿使用。政府部门接受的捐赠人无指定意向的款物，由县级以上人民政府应急管理部门统筹安排用于自然灾害救助；社会组织接受的捐赠人无指定意向的款物，由社会组织按照有关规定用于自然灾害救助。第二十五条规定，自然灾害救助款物应当用于受灾人员的紧急转移安置，基本生活救助，医疗救助，教育、医疗等公共服务设施和住房的恢复重建，自然灾害救助物资的采购、储存和运输，以及因灾遇难人员亲属的抚慰等项支出。本题中，E 选项的用途不是用来进行自然灾害救助。故选项 A、B、C、D 正确。

53. ABC。

【解析】本题考查教育救助的形式与标准。申请教育救助，应当按照国家有关规定向就读学校提出，按规定程序审核、确认后，由学校按照国家有关规定实施。选项 A 正确。教育救助根据不同教育阶段需求，采取减免相关费用、发放助学金、给予生活补助、安排勤工助学等方式实施，保障教育救助对象基本学习、生活需求。选项 B、C 正确。教育部是教育补助主要负责主体，选项 D 错误。教育救助金由学校统一发放，选项 E 错误。

54. ACDE。

【解析】本题考查教育救助的形式与标准。根据《社会救助暂行办法》的规定，教育救助根据不同教育阶段需求，采取减免相关费用、发放助学金、给予生活补助、安排勤工助学等方式实施，保障教育救助对象基本学习、生活需求。

55. ACD。

【解析】本题考查就业救助的申请与批准。吸纳就业救助对象的用人单位，按照国家有关规定享受社会保险补贴、税收优惠、小额担保贷款等就业扶持政策。

56. ABE。

【解析】本题考查流浪乞讨人员救助程序中的终止救助。救助站已经实施救助或者救助期满，受助人员应当离开救助站。对无正当理由不愿离站的受助人员，救助站应当终止救助。除此之外，在下列 3 种情况下，救助站也应终止救助：(1)救助站发现受助人员故意提供虚假个人情况的，应当终止救助。(2)受助人员自愿放弃救助离开救助站的，救助站不得限制。(3)受助人员擅自离开救助站的，视同放弃救助,救助站应当终止救助。

【知识拓展】流浪乞讨人员救助政策的对象包括:国家对生活无着的流浪、乞讨人员提供临时食宿、急病救治、协助返回等救助。公安机关和其他有关行政机关的工作人员在执行公务时发现流浪、乞讨人员的,应当告知其向救助管理机构求助。对其中的残疾人、未成年人、老年人和行动不便的其他人员,应当引导、护送到救助管理机构;对突发急病人员,应当立即通知急救机构进行救治。

57. ACE。

【解析】本题考查法律援助的相关规定。被告人是盲、聋、哑人或者未成年人而没有委托辩护人的,或者被告人可能被判处死刑而没有委托辩护人的,人民法院为其指定辩护时,无须审查经济状况,就应当提供法律援助。

58. ABE。

【解析】本题考查法律援助的程序。根据《法律援助法》第三十二条规定,有下列情形之一,当事人申请法律援助的,不受经济困难条件的限制:(1)英雄烈士近亲属为维护英雄烈士的人格权益。(2)因见义勇为行为主张相关民事权益。(3)再审改判无罪请求国家赔偿。(4)遭受虐待、遗弃或者家庭暴力的受害人主张相关权益。(5)法律、法规、规章规定的其他情形。故选项 A、B、E 正确。

59. ABCE。

【解析】本题考查法律援助的范围。公民对下列需要代理的事项,因经济困难没有委托代理人的,可以向法律援助机构申请法律援助:(1)依法请求国家赔偿的。(2)请求给予社会保险待遇或者最低生活保障待遇的。(3)请求发给抚恤金、救济金的。(4)请求给付赡养费、抚养费、扶养费的。(5)请求支付劳动报酬的。(6)主张因见义勇为行为产生的民事权益的。故选 ABCE。

60. CDE。

【解析】本题考查法律援助法规与政策。出现下列情形时,法律援助机构应当作出终止法律援助的决定:受援人以欺骗或者其他不正当手段获得法律援助;受援人故意隐瞒与案件有关的重要事实或者提供虚假证据;受援人利用法律援助从事违法活动;受援人的经济状况发生变化,不再符合法律援助条件;案件终止审理或者已经被撤销;受援人自行委托律师或者其他代理人;受援人有正当理由要求终止法律援助;法律法规规定的其他终止法律援助的情形。

61. ABC。

【解析】本题考查法律援助的审查程序。法律援助申请人有材料证明属于下列人员之一的,免予核查经济困难状况:无固定生活来源的未成年人、老年人、残疾人等特定群体;社会救助、司法救助或者优抚对象;申请支付劳动报酬或者请求工伤事故人身损害赔偿的进城务工人员;法律、法规、规章规定的其他人员。故选项 A、B、C 正确,选项 D、E 为干扰项。

第四章 我国特定人群权益保护法规与政策

一、单项选择题									
1. A	2. A	3. A	4. C	5. B	6. D	7. B	8. A	9. C	10. A
11. B	12. B	13. D	14. B	15. A	16. C	17. D	18. C	19. A	20. D
21. C	22. A	23. D	24. D	25. A	26. C	27. C	28. B	29. B	30. D
31. D									
二、多项选择题									
32. ABD	33. AC	34. ACD	35. ABCE	36. BC	37. ABDE	38. ABCD	39. ABDE	40. ABCD	

一、单项选择题

1. A。

【解析】本题考查老年人的家庭赡养与扶养。赡养人有义务耕种或者委托他人耕种老年人承包的田地,照管或者委托他人照管老年人的林木和牲畜等,收益归老年人所有。

2. A。

【解析】本题考查老年人权益的主要内容。根据《民政部关于加强农村留守老年人关爱服务工作的意见》规定,家庭是农村留守老年人赡养和关爱服务的责任主体,故选项 A 正确。

3. A。

【解析】本题考查老年人权益的主要内容。根据《老年人权益保障法》第五条规定。国家建立和完善以居家为基础、社区为依托、机构为支撑的社会养老服务体系。

4. C。

【解析】本题考查老年人权益的主要内容。根据《老年人权益保障法》的规定,赡养人不得以放弃继承权或者其他理由,拒绝履行赡养义务。赡养人不履行赡养义务,老年人有要求赡养人给付赡养费的权利。故 A 项错误,C 项正确。由兄、姐扶养的弟、妹成年后,有负担能力的,对年老无赡养人的兄、姐有扶养的义务。故 B 项错误。赡养人有义务耕种或者委托他人耕种老年人承包的田地,照管或者委托他人照管老年人的林木和牲畜等，收益归老年人所有。故 D 项错误。

5. B。

【解析】本题考查老年人的婚姻自主权。老年人的婚姻自由受法律保护。子女或者其他亲属不得干涉老年人离婚、再婚及婚后的生活。赡养人的赡养义务不因老年人的婚姻关系变化而消除。

【知识拓展】不得侵犯老年人对个人财产享有的权利：老年人对个人的财产，依法享有占有、使用、收益和处分的权利，子女或者其他亲属不得干涉，不得以窃取、骗取、强行索取等方式侵犯老年人的财产权益。

6. D。

【解析】本题考查家庭赡养与抚养。《老年人权益保障法》第二十四条规定，赡养人、扶养人不履行赡养、扶养义务的，基层群众性自治组织、老年人组织或赡养人、扶养人所在单位应当督促其履行。故选项 D 正确。经老年人同意，赡养人之间可以就履行赡养义务签订协议，基层群众性自治组织、老年人组织或者赡养人所在单位监督协议的履行。故选项 C 错误。选项 A 和 B 的描述明显不对。

7. B。

【解析】本题考查家庭赡养与扶养。根据《老年人权益保障法》的规定，赡养人是指老年人的子女以及其他依法负有赡养义务的人。由兄、姐扶养的弟、妹成年后，有负担能力的，对年老无赡养人的兄、姐有扶养的义务。本题中，谢某将未成年的妹妹抚养长大，妹妹成年后在有负担能力的情况下有对其扶养的义务。故本题答案为 B。

8. A。

【解析】本题考查依法兴办养老机构。根据《老年人权益保障法》的规定，设立公益性养老机构，应当依法办理相应的登记。设立经营性养老机构，应当在市场监督管理部门办理登记。养老机构登记后即可开展服务活动，并向县级以上人民政府民政部门备案。

【知识拓展】县级以上人民政府民政部门依法履行监督检查职责，可以采取以下措施：(1)向养老机构和个人了解情况。(2)进入涉嫌违法的养老机构进行现场检查。(3)查阅或者复制有关合同、票据、账簿及其他有关资料。(4)发现养老机构存在可能危及人身健康和生命财产安全风险的，责令限期改正，逾期不改正的，责令停业整顿。

9. C。

【解析】本题考查保障老年人合法权益的方法。《老年人权益保障法》规定，老年人合法权益受到侵害的，被侵害人或者其代理人有权依法向人民法院提起诉讼。故选 C。

10. A。

【解析】本题考查妇女合法权益的主要内容。妇女享有与男子平等的选举权和被选举权，故选项 A 正确。父母双方对未成年子女享有平等的监护权，故选项 B 错误。居民委员会、村民委员会成员中，应当保证有适当数量的妇女成员，故选项 C 错误。学校在录取学生时，除国家规定的特殊专业外，不得以性别为由拒绝录取女性或者提高对女性的录取标准，故选项 D 错误。

11. B。

【解析】本题考查妇女人身和人格权益保障。根据《妇女权益保障法》第二十九条规定，禁止以恋爱、交友为由或者在终止恋爱关系、离婚之后，纠缠、骚扰妇女，泄露、传播妇女隐私和个人信息。妇女遭受上述侵害或者面临上述侵害现实危险的，可以向人民法院申请人身安全保护令。

12. B。

【解析】本题考查妇女婚姻自主权。女方在怀孕期间、分娩后1年内或者终止妊娠后6个月内，男方不得提出离婚。故选项B正确。

13. D。

【解析】本题考查婚姻家庭权益。根据《民法典》第一千零九十二条规定，夫妻一方隐藏、转移、变卖、毁损、挥霍夫妻共同财产，或者伪造夫妻共同债务企图侵占另一方财产的，在离婚分割夫妻共同财产时，对该方可以少分或者不分财产。

【知识拓展】**夫妻双方应当共同负担家庭义务，共同照顾家庭生活。女方因抚育子女、照料老人、协助男方工作等担负较多义务的，有权在离婚时要求男方予以补偿。补偿办法由双方协议确定；协议不成的，可以向人民法院提起诉讼。**

14. B。

【解析】本题考查未成年人合法权益的主要内容。发展权是未成年人享有的以未成年人个体全面发展为目标，以保障未成年人公平公正地分享发展成果和平等参与社会实践为基本内容的发展权利。

【知识拓展】**《未成年人保护法》明确规定了未成年人享有生存权、发展权、受保护权和参与权等四大基本权利。**

15. A。

【解析】本题考查未成年人的委托照护。未成年人的父母或者其他监护人因外出务工等原因在一定期限内不能完全履行监护职责的，应当委托具有照护能力的完全民事行为能力人代为照护；无正当理由的，不得委托他人代为照护。

16. C。

【解析】本题考查保障未成年人合法权益的方法。任何组织或者个人不得招用未满16周岁的未成年人。故选项A错误。对违法犯罪的未成年人，实行教育、感化、挽救的方针，坚持教育为主、惩罚为辅的原则。故选项B错误。任何组织或者个人不得隐匿、毁弃、非法删除未成年人的信件、日记、电子邮件或者其他网络通信内容。故选项D错误。故本题选C。

17. D。

【解析】本题考查未成年人的政府保护。根据《未成年人保护法》第九十四条规定，具有下列情形之一的，民政部门应当依法对未成年人进行长期监护：(1)查找不到未成年人的父母或者其他监护人。(2)监护人死亡或者被宣告死亡且无其他人可以担任监护人。(3)监护人丧失监护能力且无其他人可以担任监护人。(4)人民法院判决撤销监护人资格并指定由民政部门担任监护人。(5)法律规定的其他情形。本题中，只有小飞符合第三种情形，需要政府保护，小美、小强、小明都具备可能寻找到其法定监护人的条件。

18. C。

【解析】本题考查未成年人的司法保护。根据《未成年人保护法》的规定，未成年人的父母或者其他监护人不依法履行监护职责或者严重侵犯被监护的未成年人合法权益的，人民法院可以根据有关人员或者单位的申请，依法作出人身安全保护令或者撤销监护人资格。

19. A。

【解析】本题考查未成年人的司法保护。被撤销监护资格的父母应当依法继续负担抚养费用。故选项A正确。

【知识拓展】**未成年人的司法保护包括：(1)加强司法机关专门化建设。(2)听取未成年人的意见。(3)保护未成年人的**

信息。(4)依法提供法律援助或司法救助。(5)检察院对未成年人受害人的保护。(6)法院对未成年人的保护。(7)审理涉及未成年人案件应适应未成年人身心发展特点。(8)对未成年人受害人的保护措施。(9)对违法犯罪的未成年人,坚持教育为主、惩罚为辅的原则。

20. D。

【解析】本题考查对未成年人严重不良行为的矫治。对有严重不良行为的未成年人,未成年人的父母或者其他监护人、所在学校无力管教或者管教无效的,可以向教育行政部门提出申请,经专门教育指导委员会评估同意后,由教育行政部门决定送入专门学校接受专门教育。

21. C。

【解析】本题考查孤儿安置的方式。机构养育是指对没有亲属和其他监护人抚养的孤儿,经依法公告后由民政部门设立的儿童福利机构收留抚养。有条件的儿童福利机构可在社区购买、租赁房屋,或在机构内部建造单元式居所,为孤儿提供家庭式养育。公安部门应及时为孤儿办理儿童福利机构集体户口。

22. A。

【解析】本题考查孤儿安置的方式。孤儿安置的方式有:(1)亲属抚养。(2)机构养育。(3)家庭寄养。(4)依法收养。在亲属抚养方式中,孤儿的祖父母、外祖父母、兄、姐要依法承担抚养义务、履行监护职责;鼓励关系密切的其他亲属、朋友担任孤儿的监护人;没有前述监护人的,未成年人的父、母所在单位或者未成年人住所地的居民委员会、村民委员会或者民政部门担任监护人。

23. D。

【解析】本题考查流浪未成年人救助保护。根据《国务院办公厅关于加强和改进流浪未成年人救助保护工作的意见》规定,流出地救助保护机构要对流浪未成年人的家庭监护情况进行调查评估:对确无监护能力的,由救助保护机构协助监护人及时委托其他人员代为监护;对拒不履行监护责任、经反复教育不改的,由救助保护机构向人民法院提出申请撤销其监护人资格,依法另行指定监护人。

24. D。

【解析】本题考查残疾儿童康复救助制度的工作流程。根据《国务院关于建立残疾儿童康复救助制度的意见》规定,残疾儿童监护人向残疾儿童户籍所在地(居住证发放地)县级残联组织提出康复救助申请,故选项D正确。

【知识拓展】残疾儿童康复救助对象为符合条件的0~6岁视力、听力、言语、肢体、智力等残疾儿童和孤独症儿童。包括城乡最低生活保障家庭、建档立卡贫困户家庭的残疾儿童和儿童福利机构收留抚养的残疾儿童;残疾孤儿、纳入特困人员供养范围的残疾儿童;其他经济困难家庭的残疾儿童。其他经济困难家庭的具体认定办法,由县级以上地方人民政府制定。

25. A。

【解析】本题考查事实无人抚养儿童保障。根据《关于进一步加强事实无人抚养儿童保障工作的意见》的规定,事实无人抚养儿童是指父母双方均符合重残、重病、服刑在押、强制隔离戒毒、被执行其他限制人身自由的措施、失联情形之一的儿童;或者父母一方死亡或失踪,另一方符合重残、重病、服刑在押、强制隔离戒毒、被执行其他限制人身自由的措施、失联情形之一的儿童。其中,重残是指一级二级残疾或三级四级精神、智力残疾;重病由各地根据当地大病、地方病等实际情况确定；失联是指失去联系且未履行监护抚养责任6个月以上；服刑在押、强制隔离戒毒或被执行其他限制人身自由的措施是指期限在6个月以上；死亡是指自然死亡或人民法院宣告死亡，失踪是指人民法院宣告失踪。本题中，只有选项A中的小吴符合规定中的第二种情形。

26. C。

【解析】本题考查残疾人康复。康复工作要从实际出发，以社区康复为基础，康复机构为骨干，残疾人家庭为依托。政府支持社会力量投资康复机构建设，鼓励多种形式举办康复机构。残疾预防工作应当覆盖全人群和全生命周期，以社区和家庭为基础，坚持普遍预防和重点防控相结合。

27. C。

【解析】本题考查残疾人的劳动就业。根据《残疾人就业条例》第十一条规定，集中使用残疾人的用人单位中从事全日制工作的残疾人职工，应当占本单位在职职工总数的25%以上。本题中，企业中从事全日制工作的残疾人职工至少应有200人×25%=50人。

28. B。

【解析】本题考查残疾人的劳动就业。根据《残疾人就业条例》的规定，用人单位安排残疾人就业的比例不得低于本单位在职职工总数的1.5%。用人单位安排残疾人就业达不到其所在地省、自治区、直辖市人民政府规定比例的，应当缴纳残疾人就业保障金。本题中，该企业目前至少应当已安排6名(400×1.5%=6)残疾人就业，才符合无须缴纳残疾人就业保障金的条件，故本题答案为B。

29. B。

【解析】本题考查困难残疾人社会保障权益。根据《国务院关于全面建立困难残疾人生活补贴和重度残疾人护理补贴制度的意见》的规定，残疾人两项补贴由残疾人向户籍所在地街道办事处或乡镇政府受理窗口提交书面申请。

【知识拓展】困难残疾人生活补贴主要补助残疾人因残疾产生的额外生活支出，对象为低保家庭中的残疾人，有条件的地方可逐步扩大到低收入残疾人及其他困难残疾人。重度残疾人护理补贴主要补助残疾人因残疾产生的额外长期照护支出，补贴对象为残疾等级被评定为一级、二级且需要长期照护的重度残疾人，有条件的地方可扩大到非重度智力、精神残疾人或其他残疾人，逐步推动形成面向所有需要长期照护残疾人的护理补贴制度。长期照护是指因残疾产生的特殊护理消费品和照护服务支出持续6个月以上时间。

30. D。

【解析】本题考查残疾人的托养。民办残疾人托养服务机构在政策知情和信息、数据等公共资源共享方面与公办残疾人托养服务机构享受同等权益。故选项A错误。国家鼓励企业、事业单位、社会团体以及个人等对各类残疾人托养服务机构进行捐赠。故选项B错误。民间资本举办的非营利性残疾人托养服务机构享受与公办托养服务机构相同的土地使用政策。故选项C错误。残疾人托养服务机构用水、用电、用气和用暖，按居民价格标准收费。故选项D正确。

31. D。

【解析】本题考查残疾人的法律救助。根据《残疾人法律救助工作站管理规定》，残疾人法律救助工作站设在同级残联。

二、多项选择题

32. ABD。

【解析】本题考查老年人合法权益的主要内容。根据《老年人权益保障法》规定,老年人的婚姻自由受法律保护。子女或者其他亲属不得干涉老年人离婚、再婚及婚后的生活,也不能因为老年人的婚姻关系变化而放弃赡养义务。赡养人的赡养义务是一项法定义务,赡养人不得以放弃继承权或者其他理由,拒绝履行赡养义务。倘若赡养人不依法履行赡养义务,老年人有要求赡养人付给赡养费等权利。

33. AC。

【解析】本题考查家庭赡养。赡养人是指老年人的子女以及其他依法负有赡养义务的人。老年人与配偶有相互扶养的义务。由兄、姐扶养的弟、妹成年后,有负担能力的,对年老无赡养人的兄、姐有扶养的义务。

34. ACD。

【解析】本题考查妇女维护自己合法权益的方式。根据《妇女权益保障法》第二十三条规定,禁止违背妇女意愿,以言语、文字、图像、肢体行为等方式对其实施性骚扰。受害妇女可以向有关单位和国家机关投诉。接到投诉的有关单位和国家机关应当及时处理,并书面告知处理结果。受害妇女可以向公安机关报案,也可以向人民法院提起民事诉讼,依法请求行为人承担民事责任。故选项C正确,选项B错误。根据第八十条,违反本法规定,对妇女实施性骚扰的,由公安机关给予批评教育或者出具告诫书,并由所在单位依法给予处分。故选项D正确,选项E错误。第七十三条规定,妇女的合法权益受到侵害的,可以向妇女联合会等妇女组织求助。故选项A正确。

35. ABCE。

【解析】本题考查妇女的婚姻家庭权利。根据《妇女权益保障法》第六十八条规定,女方因抚育子女、照料老人、协助男方工作等负担较多义务的,有权在离婚时要求男方予以补偿。补偿办法由双方协议确定;协议不成的,可以向人民法院提起诉讼。故D项错误。

【知识拓展】妇女的婚姻家庭权益包括:(1)妇女享有婚姻自主权。(2)婚姻登记机关应当提供婚姻家庭辅导服务。(3)禁止对妇女实施家庭暴力。(4)妇女对夫妻共同财产享有占有、使用、收益、处分的权利。(5)妇女享有离婚经济补偿请求权。(6)夫妻平等享有对未成年子女的监护权。

36. BC。

【解析】本题考查未成年人保护。营业性歌舞娱乐场所、酒吧、互联网上网服务营业场所等不适宜未成年人活动场所的经营者,不得允许未成年人进入;游艺娱乐场所设置的电子游戏设备,除国家法定节假日外,不得向未成年人提供。经营者应当在显著位置设置未成年人禁入、限入标志;对难以判明是否是未成年人的,应当要求其出示身份证件。

37. ABDE。

【解析】本题考查对违法犯罪未成年人进行的社会帮教。未成年人的父母或者其他监护人和学校、城市居民委员会、农村村民委员会,对因不满16周岁而不予刑事处罚、免予刑事处罚的未成年人,或者被判处非监禁刑罚、被判处刑罚宣告缓刑、被假释的未成年人,应当采取有效的帮教措施,协助司法机关做好对未成年人的教育、挽救工作。

38. ABCD。

【解析】本题考查孤儿安置。根据《国务院办公厅关于加强孤儿保障工作的意见》规定,地方各级政府要按照有利于孤儿身心健康成长的原则,采取多种方式,拓展孤儿安置渠道，妥善安置孤儿：亲属抚养、机构养育、家庭寄养、依法收养。

【知识拓展】困境儿童包括因家庭贫困导致生活、就医、就学等困难的儿童，因自身残疾导致康复、照料、护理和社会融入等困难的儿童，以及因家庭监护缺失或监护不当遭受虐待、遗弃、意外伤害、不法侵害等导致人身安全受到威胁或侵害的儿童。困境儿童保障基本原则包括：(1)坚持家庭尽责。(2)坚持政府主导。(3)坚持社会参与。(4)坚持分类保障。

39. ABDE。

【解析】本题考查残疾人的扶持政策。根据《残疾人就业条例》第十九条规定，国家鼓励扶持残疾人自主择业、自主创业。对残疾人从事个体经营的，应当依法给予税收优惠，有关部门应当在经营场地等方面给予照顾，并按照规定免收管理类、登记类和证照类的行政事业性收费。国家对自主择业、自主创业的残疾人在一定期限内给予小额信贷等扶持。

40. ABCD。

【解析】本题考查残疾人的环境友好权。有条件的公共停车场应当为残疾人设置专用停车位。E 项说法太绝对。

【知识拓展】残疾人的合法权益受到侵害的，可以向残疾人组织投诉，残疾人组织应当维护残疾人的合法权益，有权要求有关部门或者单位查处。有关部门或者单位应当依法查处，并予以答复。残疾人组织对残疾人通过诉讼维护其合法权益需要帮助的，应当给予支持。残疾人组织对侵害特定残疾人群体利益的行为，有权要求有关部门依法查处。

第五章
我国婚姻家庭法规与政策

一、单项选择题									
1. A	2. C	3. C	4. A	5. A	6. D	7. B	8. A	9. B	10. B
11. C	12. A	13. D	14. D	15. C	16. D	17. C	18. A	19. D	20. C
21. C	22. B	23. C	24. A	25. C	26. B	27. D	28. D	29. A	30. C
31. C	32. D	33. B	34. B	35. D	36. A	37. D	38. D	39. D	40. D
41. C	42. D	43. C	44. B	45. A					
二、多项选择题									
46. BDE	47. BCDE	48. BC	49. ADE	50. ACDE	51. CDE	52. BCE	53. ACE	54. ABCE	55. ABDE
56. ABCD	57. ABCD	58. ABC	59. ABCE	60. ABDE	61. ABD	62. ABCE	63. ABCE		

一、单项选择题

1. A。

【解析】本题考查无效婚姻。根据《民法典》第一千零五十一条规定,有下列情形之一的,婚姻无效:(1)重婚。(2)有禁止结婚的亲属关系。(3)未到法定婚龄。

2. C。

【解析】本题考查无效婚姻的情形。无效婚姻的情形包括:(1)违反一夫一妻制。(2)当事人为禁止结婚的亲属关系的。法律规定禁止直系血亲或三代以内旁系血亲结婚。(3)未到法定婚龄的。应当指出,一方或双方当事人在结婚时未达到法定结婚年龄,在发生婚姻效力争议时,当事人双方均已达到法定结婚年龄并已办理结婚登记的,则不对婚姻作无效认定。选项 C 明确说明当事人双方未达法定婚龄,因此属于无效婚姻。故选项 C 正确。

【知识拓展】根据民法典婚姻家庭编第一千零五十四条,婚姻无效的法律后果主要体现在四个方面:(1)无效婚姻当然不产生婚姻的法律效力,当事人不具有夫妻的权利和义务。(2)我国法律对无效婚姻的效力采取溯及既往的原则,无效婚姻经法院依法确认婚姻无效后,该无效婚姻自始没有法律约束力。(3)无效婚姻双方当事人同居期间所得的财产,除有证据证明为当事人一方所有的以外，按共同共有处理。由当事人协议处理，协议不成时，由人民法院根据照顾无过错方的原则判决。对重婚导致婚姻无效的财产处理，不得侵害合法婚姻当事人的财产权益。(4)无效婚姻当事人所生子女受法律保护，适用法律关于父母子女的规定。

3. C。

【解析】本题考查可撤销婚姻。因胁迫而缔结的婚姻属于可撤销婚姻，受胁迫的一方可以向人民法院请求撤销该婚姻。故选项 C 正确。

4. A。

【解析】本题考查可撤销婚姻。根据《民法典》规定，一方患有重大疾病的，应当在结婚登记前如实告知另一方；不如实告知的，另一方可以向人民法院请求撤销婚姻。请求撤销婚姻的，应当自知道或者应当知道撤销事由之日起一年内提出。

5. A。

【解析】本题考查夫妻财产关系。《民法典》一千零六十二条规定，夫妻在婚姻关系存续期间所得的下列财产，为夫妻的共同财产，归夫妻共同所有：(1)工资、奖金、劳务报酬。(2)生产、经营、投资的收益。(3)知识产权的收益。(4)继承或者受赠的财产，但是本法第一千零六十三条第三项规定的除外。(5)其他应当归共同所有的财产。第一千零六十三条规定，下列财产为夫妻一方的个人财产：(1)一方的婚前财产。(2)一方因受到人身损害获得的赔偿或者补偿。(3)遗嘱或者赠与合同中确定只归一方的财产。(4)一方专用的生活用品。(5)其他应当归一方的财产。

【知识拓展】我国的夫妻财产制由法定财产制和约定财产制组成。约定财产制的效力优于法定财产制，法定财产制与约定财产制的适用原则是“有约定，从约定；无约定，从法定”，即在夫妻对财产没有约定、约定不明确或约定无效的情况下，才适用法定财产制。但现实生活中，我国受传统观念影响，夫妻在结婚前后对财产进行约定的很少，因而我国的家庭以适用法定财产制为主。

6. D。

【解析】本题考查夫妻财产关系。根据《民法典》的规定，夫妻双方共同签名或者夫妻一方事后追认等共同意思表示所负的债务，以及夫妻一方在婚姻关系存续期间以个人名义为家庭日常生活需要所负的债务，属于夫妻共同债务。夫妻一方在婚姻关系存续期间以个人名义超出家庭日常生活需要所负的债务，不属于夫妻共同债务；但是，债权人能够证明该债务用于夫妻共同生活、共同生产经营或者基于夫妻双方共同意思表示的除外。本题中，5 万元属于婚姻存续期间借债且用于家庭日常生活，显然属于共同债务，故本题答案为 D。

7. B。

【解析】本题考查夫妻共同财产。根据《民法典》《关于适用〈中华人民共和国民法典〉婚姻家庭编的解释(一)》第二十五条规定，婚姻关系存续期间，下列财产属于民法典规定的“其他应当归共同所有的财产”：(1)一方以个人财产投资取得的收益。故选项 B 正确。(2)男女双方实际取得或者应当取得的住房补贴、住房公积金。(3)男女双方实际取得或者应当取得的基本养老金、破产安置补偿费。夫妻一方个人财产在婚后产生的收益，除孳息和自然增值外，应认定为夫妻共同财产。故选项 A、C、D 错误。

8. A。

【解析】本题考查夫妻财产关系。根据《民法典》第一千零六十四条规定，夫妻关系存续期间产生的如下债务，应认定为共同债务：夫妻双方共同签名或者夫妻一方事后追认等共同意思表示所负的债务；夫妻一方在婚姻关系存续期间以个人名义为家庭日常生活需要所负的债务。夫妻一方在婚姻关系存续期间以个人名义超出家庭日常生活需要所负的债务，不属于夫妻共同债务；但是，债权人能够证明该债务用于夫妻共同生活、共同生产经营或者基于夫妻双方共同意思表示的除外。本题中，B、C、D 选项所述情形均属于共同债务，A 选项属于丁某个人债务。

9. B。

【解析】本题考查夫妻财产关系。根据《民法典》第一千零六十二条规定，夫妻在婚姻关系存续期间所得的下列财产，为夫妻的共同财产，归夫妻共同所有：(1)工资、奖金、劳务报酬。(2)生产、经营、投资的收益。(3)知识产权的收益。(4)继承或者受赠的财产，但是本法第一千零六十三条第三项规定的除外。(5)其他应当归共同所有的财产。对哪些财产属于“其他应当归共同所有的财产”，婚姻家庭编司法解释(一)第二十五条规定，一方以个人财产投资取得的收益；男女双方实际取得或者应当取得的住房补贴、住房公积金；男女双方实际取得或者应当取得的基本养老金、破产安置补偿费。根据第二十六条、第二十七条规定，夫妻一方个人财产在婚后产生的收益，除孳息和自然增值外，应认定为夫妻共同财产。根据《民法典》第一千零六十三条规定，下列财产为夫妻一方的个人财产：(1)一方的婚前财产。(2)一方因受到人身损害获得的赔偿或者补偿。(3)遗嘱或者赠与合同中确定只归一方的财产。(4)一方专用的生活用品。(5)其他应当归一方的财产。本题中，A 项属于个人财产投资收益，C 项属于知识产权收益，D 项属于工资收益，前述各项均应认定为夫妻共同财产，B 项的法定孳息，当事人之间若没有特别的约定，原物与孳息的所有权应归属于同一人所有。

【知识拓展】夫妻约定财产制的客体，既包括夫妻一方的婚前个人财产，也包括夫妻双方在婚姻关系存续期间所得的财产。夫妻约定财产制的方式，应当采用书面形式，口头约定只有在夫妻双方均承认的情况下才能认定。

10. B。

【解析】本题考查父母子女关系中的权利和义务。父母对未成年子女的抚养义务是无条件的，而对成年子女的抚养义务是有条件的。一般情况下，父母抚养子女到 18 周岁为止，但对尚在校接受高中及其以下学历教育，或者因丧失或未完全丧失劳动能力等非主观原因而无法维持正常生活的成年子女，仍有抚养的义务。故选项 B 错误。

11. C。

【解析】本题考查法定继承人的范围。继父母和受其抚养教育的继子女间的权利和义务，适用《民法典》对父母子女关系的有关规定。小敏没有受继父的抚养教育，只是因为父母一方再婚而形成了名分上的父母子女关系，未形成法律抚育关系。故小敏不是遗产的法定继承人。

【知识拓展】父母和子女是最近的直系血亲，互为第一顺序的法定继承人，相互享有继承权。这里所指的父母包括生父母、养父母和形成抚养关系的继父母；这里所指的子女包括婚生子女、非婚生子女、养子女和形成抚养关系的继子女。需要指出的是：养父母与养子女有相互继承遗产的权利，但养子女无权继承生父母的遗产。形成抚养关系的继父母与继子女有相互继承遗产的权利，继父母继承继子女遗产的，不影响其继承生子女的遗产；继子女继承了继父母遗产的，不影响其继承生父母的遗产。

12. A。

【解析】本题考查老年人的婚姻家庭权。成年子女对父母的赡养扶助是法定的义务，不得附加任何条件，不得以放弃继承权或其他理由拒绝履行赡养扶助义务。自然血亲的父母子女关系只能因父母子女一方死亡或者父母依法将子女送给他人收养而终止。

13. D。

【解析】本题考查登记离婚的条件。登记离婚的条件包括：(1)双方自愿离婚。(2)双方对子女抚养、财产以及债务处理等事项协商一致。故选项D正确。选项A、B、C均为诉讼离婚的法定标准。

14. D。

【解析】本题考查诉讼离婚。《民法典》第一千零七十九条规定，有下列情形之一，调解无效的，应当准予离婚：(1)重婚或者与他人同居。(2)实施家庭暴力或者虐待、遗弃家庭成员。(3)有赌博、吸毒等恶习屡教不改。(4)因感情不和分居满二年。(5)其他导致夫妻感情破裂的情形。

15. C。

【解析】本题考查登记离婚的程序。根据《婚姻登记条例》第十一条规定，登记离婚时男女双方应持下列证件和证明：(1)本人的户口簿、身份证。(2)本人的结婚证。(3)双方当事人共同签署的离婚协议书。

【知识拓展】民法典婚姻家庭编第一千零七十七条第一款规定了离婚冷静期：自婚姻登记机关收到离婚登记申请之日起30日内，任何一方不愿意离婚的，可以向婚姻登记机关撤回离婚登记申请。民法典婚姻家庭编第一千零七十七条第二款规定，前款规定期限届满后30日内，双方应当亲自到婚姻登记机关申请发给离婚证；未申请的，视为撤回离婚登记申请。

16. D。

【解析】本题考查诉讼离婚的两项特别规定。女方在怀孕期间、分娩后1年内或终止妊娠后6个月内，男方不得提出离婚。女方提出离婚的，或人民法院认为确有必要受理男方离婚请求的，不在此限。故本题选D。

17. C。

【解析】本题考查关于现役军人离婚的特别规定。根据《民法典》第一千零八十一条规定，现役军人的配偶要求离婚，应当征得军人同意，但是军人一方有重大过错的除外。

【知识拓展】军人一方有重大过错是指具有以下情形之一：重婚或有配偶者与他人同居的；实施家庭暴力或虐待、遗弃家庭成员的；有赌博、吸毒等恶习屡教不改的。

18. A。

【解析】本题考查离婚后的子女抚养问题。离婚后，不满2周岁的子女，以由母亲直接抚养为原则。已满2周岁的子女，父母双方对抚养问题协议不成的，由人民法院根据双方的具体情况，按照最有利于未成年子女的原则判决。本题选A。

【知识拓展】对已满2周岁的未成年子女，父母均要求直接抚养，一方有下列情形之一的，可予优先考虑：已做绝育手术或者因其他原因丧失生育能力；子女随其生活时间较长，改变生活环境对子女健康成长明显不利；无其他子女，而另一方有其他子女；子女随其生活，对子女成长有利，而另一方患有久治不愈的传染性疾病或者其他严重疾病，或者有其他不利于子女身心健康的情形，不宜与子女共同生活。

19. D。

【解析】本题考查离婚后的子女抚养问题。A项，父母离婚后，在一定条件下，抚养关系可以根据父母双方或子女的实际情况的变化，依法予以变更。B项，对年满8周岁的未成年子女随父或随母生活发生争执的，应考虑该子女的意见。C项，子女抚养费的给付期限一般至子女18周岁为止。

【知识拓展】离婚只能消除夫妻关系，不能消除父母子女关系。具有下列情形之一，父母一方要求变更子女抚养关系的，人民法院应予支持：与子女共同生活的一方因患严重疾病或者因伤残无力继续抚养子女；与子女共同生活的一方不尽抚养

义务或者有虐待子女行为，或者其与子女共同生活对子女身心健康确有不利影响；已满8周岁的子女，愿随另一方生活，该方又有抚养能力；有其他正当理由需要变更。生父与继母离婚或者生母与继父离婚时，对曾受其抚养教育的继子女，继父或者继母不同意继续抚养的，仍应由生父或者生母抚养。

20. C。

【解析】本题考查离婚损害赔偿。离婚损害赔偿仅限于离婚时，如果当事人不离婚，则不适用离婚损害赔偿。离婚时，只有无过错方有权请求损害赔偿。

21. C。

【解析】本题考查被收养人的条件。18周岁以下的未成年人符合以下情形之一的，可以被收养：(1)丧失父母的孤儿。(2)查找不到生父母的未成年人。(3)生父母有特殊困难无力抚养的子女。

22. B。

【解析】本题考查收养人的条件。根据《民法典》第一千零九十八条规定，收养人应当同时具备下列条件：(1)无子女或者只有一名子女。(2)有抚养、教育和保护被收养人的能力。(3)未患有在医学上认为不应当收养子女的疾病。(4)无不利于被收养人健康成长的违法犯罪记录。(5)年满30周岁。第一千一百条规定，无子女的收养人可以收养两名子女；有子女的收养人只能收养一名子女。收养孤儿、残疾未成年人或者儿童福利机构抚养的查找不到生父母的未成年人，可以不受前述和《民法典》第一千零九十八条第一项规定的限制。第一千一百零二条规定，无配偶者收养异性子女的，收养人与被收养人的年龄应当相差40周岁以上。

【知识拓展】收养关系的成立，必须有当事人之间的合意。收养人收养与送养人送养，必须双方自愿。收养年满8周岁以上未成年人的，应当征得被收养人的同意。

23. C。

【解析】本题考查送养人的条件。根据《民法典》规定，下列个人、组织可以作送养人：(1)孤儿的监护人。(2)儿童福利机构。故选项A错误。(3)有特殊困难无力抚养子女的生父母。生父母送养子女，应当双方共同送养。生父母一方不明或者查找不到的，可以单方送养。故选项B错误。未成年人的父母均不具备完全民事行为能力且可能严重危害该未成年人的，该未成年人的监护人可以将其送养。故选项C正确。监护人送养未成年孤儿的，必须事先征得对其有抚养义务的人的同意。故选项D错误。

24. A。

【解析】本题考查特殊收养关系成立的条件。收养孤儿、残疾儿童或社会福利机构抚养的查找不到生父母的未成年人，可以不受收养人数的限制。

25. C。

【解析】本题考查收养成立的程序。根据《民法典》规定，收养应当向县级以上人民政府民政部门登记。收养关系自登记之日起成立。

【知识拓展】收养关系当事人愿意订立收养协议的，可以订立收养协议。收养关系当事人各方或者一方要求办理收养公证的，应当办理收养公证。收养协议和收养公证并不是收养成立的必经程序，是否签订收养协议和进行收养公证取决于当事人意愿。县级以上人民政府民政部门应当依法进行收养评估。

26. B。

【解析】本题考查收养的效力。《民法典》规定，自收养关系成立之日起，养父母与养子女间的权利义务关系，适用法律关于父母子女关系的规定。而养子女与亲生父母之间不再是法律意义上的父母子女，其原有的权利义务终止。

27. D。

【解析】本题考查解除收养关系的法律

后果。解除收养关系对养子女与生父母及其他近亲属的法律后果包括:(1)收养关系解除后,未成年的养子女与生父母及其他近亲属间的权利义务关系自行恢复。(2)成年养子女与生父母及其他近亲属间的权利义务关系是否恢复,可以由成年养子女与生父母协商确定。故本题选 D。

28. D。

【解析】本题考查解除收养关系的法律后果。根据《民法典》第一千一百一十八条规定,收养关系解除后,经养父母抚养的成年养子女,对缺乏劳动能力又缺乏生活来源的养父母,应当给付生活费。故本题选 D。成年养子女与生父母及其他近亲属的权利义务关系是否恢复,可以由成年养子女与生父母协商确定。题中小雨未与生父母恢复权利义务关系。故 A、B 项错误。

29. A。

【解析】本题考查继承权丧失的原因。继承权丧失的原因包括:(1)故意杀害被继承人的。(2)为争夺遗产而杀害其他继承人的。(3)遗弃被继承人或者虐待被继承人情节严重的。(4)伪造、篡改、隐匿或者销毁遗嘱,情节严重的。(5)以欺诈、胁迫手段迫使或者妨碍被继承人设立、变更或者撤回遗嘱,情节严重的。

30. C。

【解析】本题考查法定继承。小沈由沈某的哥哥收养,其与张某的父母与子女的权利与义务终止,小沈不再享有继承张某遗产的权利,而张某再婚后小李一直由张某抚养,故其可以继承张某的遗产,故选项 C 正确。

【知识拓展】根据继承人继承遗产的方式,继承可分为法定继承和遗嘱继承,这是最基本、适用最广泛的分类。根据继承人参与继承时的地位,可将继承分为本位继承、代位继承和转继承。

31. C。

【解析】本题考查法定继承。《民法典》规定,自收养关系成立之日起,养父母与养子女间的权利义务关系,适用本法关于父母子女关系的规定;养子女与养父母的近亲属间的权利义务关系,适用本法关于子女与父母的近亲属关系的规定。养子女与生父母以及其他近亲属间的权利义务关系,因收养关系的成立而消除。

32. D。

【解析】本题考查遗嘱继承和遗赠的接受与放弃。继承开始后,继承人放弃继承的,应当在遗产处理前,作出放弃继承的表示;没有表示的,视为接受继承。受赠人应当在知道受赠后 60 日内,作出接受或者放弃受遗赠的表示;到期没有表示的,视为放弃受遗赠。故选 D。

33. B。

【解析】本题考查法定继承人的范围。法定继承人的范围包括:(1)配偶。(2)子女。(3)父母。(4)兄弟姐妹。(5)祖父母、外祖父母。(6)符合法定条件的丧偶儿媳、女婿。孙子女、外孙子女不属于法定继承人的范围,但他们可以通过代位继承方式取得其祖父母、外祖父母的遗产。因为老李女儿女婿均已去世,其外孙女可以通过代位继承获得遗产。

34. B。

【解析】本题考查代位继承。代位继承的一种情形是被继承人的子女先于被继承人死亡的,由被继承人子女的直系晚辈血亲代替被继承人的子女继承被继承人遗产的一项法定继承制度。代位继承人取得遗产时不受辈分限制,被继承人的孙子女、外孙子女、曾孙子女、曾外孙子女都可代位继承。A 项中继子、C 项中丙的丈夫、D 项中养子均不属于被继承子女的直系晚辈血亲。故选 B 项。

【知识拓展】代位继承的另一种情形是:被继承人的兄弟姐妹先于被继承人死亡的,由被继承人的兄弟姐妹的子女代位继承。代位继承人一般只能继承被代位继承人有权继承的遗产份额。代位继承只

适用于法定继承。代位继承具有法律直接规定的性质，不允许他人变更，因而构成法定继承方式的一个内容。丧偶儿媳和丧偶女婿作为法定继承人时不影响其子女代位继承。

35. D。

【解析】本题考查法定继承人的顺序。根据《民法典》规定，遗产按照下列顺序继承：(1)第一顺序：配偶、子女、父母。(2)第二顺序：兄弟姐妹、祖父母、外祖父母。继承开始后，由第一顺序继承人继承，第二顺序继承人不继承；没有第一顺序继承人继承的，由第二顺序继承人继承。丧偶儿媳对公婆和丧偶女婿对岳父母尽了主要赡养义务的，可作为第一顺序继承人。对继承人以外的依靠被继承人扶养的人，或者继承人以外的对被继承人扶养较多的人，可以分给适当的遗产。

36. A。

【解析】本题考查法定继承人的继承顺序。继承开始后，先由第一顺序的继承人继承，只有没有第一顺序继承人或第一顺序继承人放弃继承权或丧失继承权而全部不能参加继承时，才由第二顺序的继承人继承。第一顺序法定继承人有配偶、子女、父母。丧偶的儿媳对公婆、丧偶的女婿对岳父母，尽了主要赡养义务的，可作为第一顺序法定继承人。本题中，蔡女士、招娣、天天和亮亮均作为第一顺序继承人继承老王的遗产，而大钢因母亲再婚时已成年，与老王构不成有扶养关系的父子，故不能继承老王的遗产。故本题选 A。

37. D。

【解析】本题考查法定继承人的范围和顺序。继承开始后，先由第一顺序继承人继承。只有没有第一顺序继承人或第一顺序继承人放弃继承权或丧失继承权而全部不能参加继承时，才由第二顺序继承人继承。第一顺序法定继承人包括配偶、子女、父母。这里的子女包括婚生子女、非婚生子女、养子女和有抚养关系的继子女。本题中，老赵的妻子、父母、儿子小明、养子小亮均作为第一顺序继承人享有继承权，且《民法典》第一千一百三十条规定，同一顺序继承人继承遗产的份额，一般应当均等。故小明只可以继承父亲五分之一的遗产。

38. D。

【解析】本题考查遗嘱的形式。根据《民法典》规定，遗嘱形式包括公证遗嘱、自书遗嘱、代书遗嘱、打印遗嘱、录音录像遗嘱和口头遗嘱六种。本题涉及四种，自书遗嘱由遗嘱人亲笔书写全部内部和签名，注明年、月、日。代书遗嘱应当有两个以上见证人在场见证，由其中一人代书，并由遗嘱人、代书人和其他见证人签名，注明年、月、日。打印遗嘱应当有两个以上见证人在场见证。遗嘱人和见证人应当在遗嘱每一页签名，注明年、月、日。以录音录像形式立的遗嘱应当有两个以上见证人在场见证。遗嘱人和见证人应当在录音录像中记录其姓名或者肖像，以及年、月、日。只有符合上述条件，遗嘱方为有效遗嘱。本题中的选项 A、B、C 错误，正确答案为 D。

39. D。

【解析】本题考查遗嘱的有效条件。遗嘱的有效条件包括：(1)立遗嘱人必须具有遗嘱能力。(2)遗嘱必须是遗嘱人的真实意思表示。(3)遗嘱的内容必须合法。(4)遗嘱必须符合法定形式。(5)遗嘱不得取消缺乏劳动能力又无生活来源的法定继承人必要的继承份额。A 项小芸和 B 项小强均属于不具有遗嘱能力。C 项老汪选择录音订立遗嘱，应当有两个以上见证人在场见证。D 项老齐具有完全民事行为能力，亲笔书写的遗嘱属于自书遗嘱，不需要见证人，且具有签名，形式合法。故选 D 项。

40. D。

【解析】本题考查财产继承中的遗嘱继

承。根据《民法典》第一千一百四十条的规定，下列人员不能作为遗嘱见证人：(1)无民事行为能力人、限制民事行为能力人以及其他不具有见证能力的人。(2)继承人、受遗赠人。(3)与继承人、受遗赠人有利害关系的人。根据继承编司法解释(一)第二十四条规定，继承人、受遗赠人的债权人、债务人，共同经营的合伙人，也应当视为与继承人、受遗赠人有利害关系，不能作为遗嘱的见证人。本题中，赵某为限制民事行为能力人，钱某为受遗赠人，孙某为王某债权人，均不能作为遗嘱见证人，只有李某既是完全民事行为能力人，又与王某没有利害关系。

41. C。

【解析】本题考查口头遗嘱。遗嘱人在危急情况下，可以立口头遗嘱。口头遗嘱应当有两个以上见证人在场见证。危急情况解除后，遗嘱人能够以书面形式或录音形式立遗嘱的，所立口头遗嘱无效。本题中，曲某脱离危险康复出院后能够再立书面或录音形式遗嘱，所以之前的口头遗嘱无效，其次子有权继承其遗产。

42. D。

【解析】本题考查有关遗赠的法律规定。遗赠的生效条件：(1)遗赠人须有遗嘱能力。(2)遗嘱必须是遗赠人的真实意思表示。(3)遗赠的内容必须合法。受遗赠人先于遗嘱人死亡的，遗产中的有关部分按照法定继承办理。受遗赠人应当在知道受遗赠后60日内，作出接受或者放弃受遗赠的表示；到期没有表示的，视为放弃受遗赠。执行遗赠不得妨碍清偿遗赠人依法应当缴纳的税款和债务。

【知识拓展】立遗嘱人为遗赠人，接受遗赠的人为受遗赠人。

43. C。

【解析】本题考查遗嘱继承的法律规定。根据《民法典》第一千一百五十四条规定，有下列情形之一的，遗产中的有关部分按照法定继承办理：(1)遗嘱继承人放弃继承或者受遗赠人放弃受遗赠的。(2)遗嘱继承人丧失继承权或者受遗赠人丧失受遗赠权的。(3)遗嘱继承人、受遗赠人先于遗嘱人死亡或终止的。(4)遗嘱无效部分所涉及的遗产。(5)遗嘱未处分的遗产。

44. B。

【解析】本题考查遗产处理的法律规定。《民法典》第一千一百六十一条规定，继承人以所得遗产实际价值为限清偿被继承人依法应当缴纳的税款和债务。超过遗产实际价值部分，继承人自愿偿还的不在此限。

45. A。

【解析】本题考查法定继承的遗产分配。根据《民法典》规定，同一顺序继承人继承遗产的份额，一般应当均等。对生活有特殊困难又缺乏劳动能力的继承人，分配遗产时，应当予以照顾。对被继承人尽了主要扶养义务或者与被继承人共同生活的继承人，分配遗产时，可以多分。有扶养能力和有扶养条件的继承人，不尽扶养义务的，分配遗产时，应当不分或者少分。继承人协商同意的，可以不均等分割。

【知识拓展】遗产分割的原则包括：(1)先遗嘱继承，后法定继承。(2)保留胎儿继承份额的原则。(3)互谅互让、协商分割的原则。(4)有利于生产和生活需要、发挥遗产效用的原则。

二、多项选择题

46. BDE。

【解析】本题考查结婚的必备条件。结婚的必备条件有：(1)必须男女双方完全自愿。(2)必须达到法定婚龄。(3)必须符合一夫一妻的基本原则。

【知识拓展】我国禁止结婚的血亲包括两类：一是所有的直系血亲，凡属上下各代的直系血亲，不论亲等，一律禁止结婚。二是三代以内的旁系血亲，指与己身同源于父母或者祖父母、外祖父母的直系血亲

以外的血亲，涵盖二代的旁系血亲和三代的旁系血亲。

47. BCDE。

【解析】本题考查婚姻家庭中的父母子女关系和其他近亲属关系。根据《民法典》第一千零七十五条规定，有负担能力的兄、姐，对于父母已经死亡或者父母无力抚养的未成年弟、妹，有扶养的义务。由兄、姐扶养长大的有负担能力的弟、妹，对于缺乏劳动能力又缺乏生活来源的兄、姐，有扶养的义务。故选项 B、C、D、E 正确。

48. BC。

【解析】本题考查祖孙关系。根据《民法典》规定，有负担能力的祖父母、外祖父母，对于父母已经死亡或者父母无力抚养的未成年的孙子女、外孙子女，有抚养的义务。有负担能力的孙子女、外孙子女，对于子女已经死亡或者子女无力赡养的祖父母、外祖父母，有赡养的义务。故选项 B、C 正确。

49. ADE。

【解析】本题考查婚姻解除的条件、程序和法律后果。根据《妇女权益保障法》规定，女方在怀孕期间、分娩后一年内或者终止妊娠后六个月内，男方不得提出离婚。女方提出离婚的，或者人民法院认为确有必要受理男方离婚请求的，不在此限。

50. ACDE。

【解析】本题考查离婚损害赔偿。根据《民法典》第一千零九十一条规定，有下列情形之一，导致离婚的，无过错方有权请求损害赔偿：(1)重婚。(2)与他人同居。(3)实施家庭暴力。(4)虐待、遗弃家庭成员。(5)有其他重大过错。

【知识拓展】离婚损害赔偿应符合以下要件：(1)有损害事实。离婚损害主要是指财产损害、人身损害以及精神损害。其中，财产损害是指由于对方的过错行为造成的财产利益的损害，如因身体受伤害而支出的医疗费等；人身损害、精神损害是指因对方的过错行为造成的身体上的损害或精神上的痛苦。(2)配偶一方有法定过错。构成离婚损害赔偿的法定过错行为包括：重婚，有配偶者与他人同居，实施家庭暴力，虐待、遗弃家庭成员等。(3)过错行为须与损害事实之间存在因果关系。(4)离婚损害赔偿仅限于离婚时，如果当事人不离婚，则不适用离婚损害赔偿。(5)请求权人无过错。行使损害赔偿的请求权人没有过错，即请求权人不存在重婚、有配偶者与他人同居、实施家庭暴力、虐待或遗弃家庭成员等法定过错行为。如果双方均有法定过错，根据过错相抵原则，任何一方均不得请求离婚损害赔偿。

51. CDE。

【解析】本题考查收养关系成立的条件和程序。收养年满 8 周岁以上未成年人的，应当征得被收养人的同意。故 A 项错误。根据《民法典》第一千一百零五条规定，收养应当向县级以上人民政府民政部门登记。收养关系自登记之日起成立。故 B 项错误。

52. BCE。

【解析】本题考查送养人的条件。生父母应履行抚养教育子女的义务，除确有特殊困难无力抚养子女的情况外，不得随意送养子女。有特殊困难无力抚养子女的生父母，必须双方共同送养。如果生父母一方下落不明或查找不到的，可以单方送养。

53. ACE。

【解析】本题考查被收养人的条件。《民法典》第一千零九十三条规定，下列不满 18 周岁的未成年人可以被收养：(1)丧失父母的孤儿。(2)查找不到生父母的未成年人。(3)生父母有特殊困难无力抚养的子女。故选 ACE。

54. ABCE。

【解析】本题考查协议解除。根据《民法

典》规定，养子女成年以前，一般不得解除收养关系，但收养人、送养人双方协议解除的除外。养子女成年后，养父母与成年养子女关系恶化、无法共同生活的，可以协议解除。协议解除须符合法定条件，履行法定程序。收养关系解除后，养子女与养父母之间的身份即行消除，彼此不再存在父母子女之间的权利义务。养子女与养父母的其他近亲属间的权利义务关系随收养关系解除而消除。收养关系解除后，未成年的养子女与生父母及其他近亲属的权利义务关系自行恢复。成年养子女与生父母及其他近亲属的权利义务关系是否恢复，可以由成年养子女与生父母协商确定。收养关系解除后，经养父母抚养的成年养子女，对缺乏劳动能力又缺乏生活来源的养父母，应当给付生活费。因养子女成年后虐待、遗弃养父母而解除收养关系的，养父母可以要求养子女补偿收养期间支出的生活费和教育费。

【知识拓展】当事人协议解除收养关系的，应当到民政部门办理解除收养关系登记。

55. ABDE。

【解析】本题考查继承权的丧失、接受与放弃。根据《民法典》第一千一百二十四条规定，继承开始后，继承人放弃继承的，应当在遗产处理前，以书面形式作出放弃继承的表示；没有表示的，视为接受继承。受遗赠人应当在知道受遗赠后60日内，作出接受或者放弃受遗赠的表示；到期没有表示的，视为放弃受遗赠。选项A，由于杨某父子是自然血亲，解除父子关系并不消除杨某和父亲相互之间遗产继承权，故选项A正确。选项E只是表述了杨某与其父亲生活关系的变化，不改变其继承权的享有。选项B符合接受继承的条件。选项D中“放弃继承”的行为发生在遗产处理之后，杨某放弃的是所有权，而非继承权。故选项A、B、D、E正确。

56. ABCD。

【解析】本题考查法定继承人的继承顺序。根据《民法典》规定，继承开始后，先由第一顺序继承人继承，只有没有第一顺序继承人或第一顺序继承人放弃继承或丧失继承权而全部不能参加继承时，才由第二顺序继承人继承。第一顺序法定继承人包括：配偶、子女、父母。丧偶的儿媳对公婆、丧偶的女婿对岳父母，尽了主要赡养义务的，作为第一顺序法定继承人。第二顺序法定继承人包括：兄弟姐妹、祖父母、外祖父母。本题中，郑阿姨的大儿子、小儿子有权继承另一半遗产，故选A、B项。二儿媳尽了主要赡养义务，依然有权继承，C项正确。孙子女、外孙子女不属于法定继承人的范围，但他们可以通过代位继承方式取得其祖父母、外祖父母的遗产。因为郑阿姨的二儿子已去世，其女儿小萌可以通过代位继承获得遗产。故D项正确。

57. ABCD。

【解析】本题考查法定继承人的继承顺序。根据《民法典》规定，遗产按照下列顺序继承：(1)第一顺序：配偶、子女、父母。(2)第二顺序：兄弟姐妹、祖父母、外祖父母。继承开始后，由第一顺序继承人继承，第二顺序继承人不继承；没有第一顺序继承人继承的，由第二顺序继承人继承。本题中，丙生前未订立遗嘱，按法定继承分割遗产。丙(未婚未育)的第一顺序继承人，父母均已故，遗产由第二顺序继承人继承，其中丙的祖父母、外祖父母也已经去世，故丙的法定继承人为丙的兄弟姐妹：甲、乙、丁。代位继承中的第二种情况，被继承人的兄弟姐妹先于被继承人死亡的，由被继承人的兄弟姐妹的子女代位继承。甲先于丙死亡，故甲的子女可以进行代位继承。故本题答案为ABCD。

58. ABC。

【解析】本题考查遗嘱继承的内容。根

据《民法典》规定，指定的继承人必须在法定继承人的范围内，但不受法定继承顺序的影响。故D、E项错误。

【知识拓展】遗嘱的内容是遗嘱人处分遗产及有关事务的意思表示。遗嘱通常包括以下内容：(1)指定继承人或受遗赠人。(2)明确遗产的名称、数量，指定遗产的分配方法和份额。(3)规定遗嘱继承人、受遗赠人的附加义务。(4)指定补充继承人。(5)指定遗嘱执行人。

59. ABCE。

【解析】本题考查遗嘱的效力。根据《民法典》规定，自书遗嘱由遗嘱人亲笔书写，签名，注明年、月、日。代书遗嘱应当有两个以上见证人在场见证，由其中一人代书，并由遗嘱人、代书人和其他见证人签名，注明年、月、日。以录音录像形式立的遗嘱，应当有两个以上见证人在场见证。遗嘱人和见证人应当在录音录像中记录其姓名或者肖像，以及年、月、日。下列人员不能作为遗嘱见证人：(1)无民事行为能力人、限制民事行为能力人以及其他不具有见证能力的人。(2)继承人、受遗赠人。(3)与继承人、受遗赠人有利害关系的人。无民事行为能力人或者限制民事行为能力人所立的遗嘱无效。遗嘱必须表示遗嘱人的真实意思，受欺诈、胁迫所立的遗嘱无效。

【知识拓展】遗嘱的无效包括：(1)无遗嘱能力的人所立遗嘱。(2)受胁迫、受欺诈所立的遗嘱。(3)伪造的遗嘱。(4)被篡改的遗嘱。(5)遗嘱人处分不属于自己财产的部分内容无效。

60. ABDE。

【解析】本题考查遗产管理人的职责。根据《民法典》规定，遗产管理人应当履行下列职责：(1)清理遗产并制作遗产清单。(2)向继承人报告遗产情况。(3)采取必要措施防止遗产毁损、灭失。(4)处理被继承人的债权债务。(5)按照遗嘱或者依照法律规定分割遗产。(6)实施与管理遗产有关的其他必要行为。

【知识拓展】继承开始后，遗嘱执行人为遗产管理人；没有遗嘱执行人的，继承人应当及时推选遗产管理人；继承人未推选的，由继承人共同担任遗产管理人；没有继承人或者继承人均放弃继承的，由被继承人生前住所地的民政部门或者村民委员会担任遗产管理人。

61. ABD。

【解析】本题考查继承通知。根据《民法典》第一千一百五十条规定，继承开始后，知道被继承人死亡的继承人应当及时通知其他继承人和遗嘱执行人。继承人中无人知道被继承人死亡或者知道被继承人死亡而不能通知的，由被继承人生前所在单位或者住所地的居民委员会、村民委员会负责通知。选项C、E中“由被继承人生前住所地的民政部门负责通知”的说法是不符合相关规定的。故选项A、B、D正确。

62. ABCE。

【解析】本题考查遗产分割的原则。遗产分割时，应当保留胎儿的继承份额。应当为胎儿保留的遗产份额没有保留的，应从继承人所继承的遗产中扣回。为胎儿保留的遗产份额，如胎儿出生后死亡的，由其继承人继承；如胎儿娩出时就是死体的，由被继承人的继承人继承。

63. ABCE。

【解析】本题考查法定继承的遗产分配原则。同一顺序继承人继承遗产的份额，一般应当均等。对生活有特殊困难又缺乏劳动能力的继承人，分配遗产时，应当予以照顾。对被继承人尽了主要扶养义务或者与被继承人共同生活的继承人，分配遗产时，可以多分。有扶养能力和有扶养条件的继承人，不尽扶养义务的，分配遗产时，应当不分或者少分。继承人协商同意的，可以不均等分割。

第六章
我国人民调解、信访工作和突发事件应对的法规与政策

答案速查

一、单项选择题									
1. B	2. D	3. C	4. C	5. D	6. B	7. D	8. C	9. D	10. A
11. C	12. C	13. B	14. C	15. B	16. C	17. C			
二、多项选择题									
18. ACDE	19. ABCE	20. ADE	21. ABCE	22. ABDE	23. ABC	24. BCD	25. ACD	26. ABC	27. CD

深度解析

一、单项选择题

1. B。

【解析】本题考查人民调解的原则和当事人在人民调解活动中的权利。人民调解的原则包括依法调解原则、自愿平等原则和尊重当事人权利的原则，其中自愿平等原则是人民调解的基础。人民调解委员会调解纠纷，必须出于双方当事人的自愿。题干中只提到小刚提出调解申请，并未表述妻子小敏是否接受调解的意见，故选项A错误。《人民调解法》中规定，当事人在调解过程中可以接受人民调解委员会指定的调解员，也可以选择自己喜欢和信任的调解员，当事人可以自主选择调解的方式是否公开，故选项B正确，选项D错误。调解情况应由调解员记录，故选项C错误。

【知识拓展】人民调解工作之所以要遵守自愿平等原则，首先是由调解组织的性质决定的。其次，人民调解委员会调解的纠纷大多属于一般民事纠纷，属于思想认识问题和是非性问题，对这类问题只能采取开导、感化、说服的办法，不能采取强迫命令的方式。最后，调解只有建立在双方当事人自愿和同意的基础上，才能彻底解决当事人之间的纠纷，消除争端。

2. D。

【解析】本题考查人民调解。人民调解是基层群众民主自治的重要形式，人民调解委员会是群众性组织，人民调解员来自

群众、代表群众、服务群众，人民调解工作是党和政府联系群众、服务群众的桥梁和纽带，是群众工作的重要组成部分。

3. C。

【解析】本题考查人民调解工作应遵循的原则。人民调解委员会调解纠纷，必须遵守自愿平等的原则。本题中，老张的行为违反了当事人自愿调解原则。

4. C。

【解析】本题考查人民调解。A 项，当事人可以接受人民调解委员会的调解，也可以拒绝调解。B 项，人民调解员根据调解纠纷的需要，在征得当事人的同意后，可以邀请当事人的亲属、邻里、同事等参与调解。C 项，当事人既可以接受人民调解委员会指定的调解员，也可以选择自己喜欢和信任的调解员。D 项，经人民调解委员会调解达成调解协议的，可以制作调解协议书；当事人认为无须制作调解协议书的，可以采取口头协议方式，人民调解员应当记录协议内容。

5. D。

【解析】本题考查人民调解的原则。尊重当事人的权利，不得因调解而阻止当事人依法通过仲裁、行政、司法等途径维护自己的权利，这是调解工作必须遵守的第三个原则，也是人民调解的保障。

6. B。

【解析】本题考查当事人在人民调解活动中的权利。当事人既可以接受人民调解委员会的调解，也可以拒绝调解，在调解活动进行过程中，还可以随时要求终止调解，充分尊重当事人的意愿。调解协议书自各方当事人签名、盖章或者按指印，人民调解员签名并加盖人民调解委员会印章之日起生效。经人民调解委员会调解达成的调解协议，具有法律约束力，当事人应当按照约定履行。经人民调解委员会调解达成调解协议后，当事人之间就调解协议的履行或者调解协议的内容发生争议的，一方当事人可以向人民法院提起诉讼。

7. D。

【解析】本题考查调解协议的内容。根据《人民调解法》规定，经人民调解委员会调解达成调解协议的，可以制作调解协议书。当事人认为无需制作调解协议书的，可以采取口头协议方式，人民调解员应当记录协议内容。故选项 A 错误。调解协议书自各方当事人签名、盖章或者按指印，人民调解员签名并加盖人民调解委员会印章之日起生效。故选项 B 错误。经人民调解委员会调解达成调解协议后，双方当事人认为有必要的，可以自调解协议生效之日起 30 日内共同向人民法院申请司法确认，人民法院应当及时对调解协议进行审查，依法确认调解协议的效力。故选项 C 错误。人民法院依法确认调解协议有效，一方当事人拒绝履行或者未全部履行的，对方当事人可以向人民法院申请强制执行。故选项 D 正确。

8. C。

【解析】本题考查调解协议的内容、效力及确认。根据《人民调解法》第三十二条规定，经人民调解委员会调解达成调解协议后，当事人之间就调解协议的履行或者调解协议的内容发生争议的，一方当事人可以向人民法院提起诉讼。

9. D。

【解析】本题考查人民调解的程序。人民调解员在调解纠纷过程中，发现纠纷有可能激化的，应当采取有针对性的预防措施；对有可能引起治安案件、刑事案件的纠纷，应当及时向当地公安机关或者其他有关部门报告。

【知识拓展】人民调解委员会受理纠纷

的方式通常有两种：申请调解和主动调解。其中，申请调解即当事人一方或双方主动要求人民调解委员会解决他们之间的纠纷。当事人既可以口头申请，也可以递交材料，形式不拘，以方便易行为原则。调解委员询问清楚具体纠纷内容，判明纠纷性质后，按照规定的管辖条件与范围作出受理或不受理的决定。

10. A。

【解析】本题考查信访事项的受理。对信访人直接提出的信访事项，有关机关、单位能够当场告知的，应当当场书面告知；不能当场告知的，应当自收到信访事项之日起15日内书面告知信访人，但信访人的姓名（名称）、住址不清的除外。信访工作的原则包括：(1)坚持党的全面领导。(2)坚持以人民为中心。(3)坚持落实信访工作责任。(4)坚持依法按政策解决问题。(5)坚持源头治理化解矛盾。

11. C。

【解析】本题考查信访事项的提出。根据《信访工作条例》第二十条规定，信访人采用走访形式提出信访事项的，应当到有权处理的本级或者上一级机关、单位设立或者指定的接待场所提出。多人采用走访形式提出共同的信访事项的，应当推选代表，代表人数不得超过5人。故选项C正确，选项A错误。第二十六条规定，信访人在信访过程中应当遵守法律、法规，不得损害国家、社会、集体的利益和其他公民的合法权利，自觉维护社会公共秩序和信访秩序，不得有下列行为：(1)在机关、单位办公场所周围、公共场所非法聚集，围堵、冲击机关、单位，拦截公务车辆，或者堵塞、阻断交通。(2)携带危险物品、管制器具。(3)侮辱、殴打、威胁机关、单位工作人员，非法限制他人人身自由，或者毁坏财物。(4)在信访接待场所滞留、滋事，或者将生活不能自理的人弃留在信访接待场所。(5)煽动、串联、胁迫、以财物诱使、幕后操纵他人信访，或者以信访为名借机敛财。(6)其他扰乱公共秩序、妨害国家和公共安全的行为。故选项B、D错误。

【知识拓展】信访人一般应当采用书面形式提出信访事项，并载明其姓名（名称）、住址和请求、事实、理由。对采用口头形式提出的信访事项，有关机关、单位应当如实记录。

12. C。

【解析】本题考查信访事项的办理。信访事项应当自受理之日起60日内办结；情况复杂的，经本机关、单位负责人批准，可以适当延长办理期限，但延长期限不得超过30日，并告知信访人延期理由。

13. B。

【解析】本题考查信访事项的办理。A项，信访事项应当自受理之日起60日内办结；情况复杂的，经本机关、单位负责人批准，可以适当延长办理期限，但延长期限不得超过30日，并告知信访人延期理由。C项，信访人对行政机关作出的信访事项处理意见不服的，可以自收到书面答复之日起30日内请求原办理机关、单位的上一级机关、单位复查；信访人对复查意见不服的，可以自收到书面答复之日起30日内向复查机关、单位的上一级机关、单位请求复核。D项，收到复核请求的机关、单位应当自收到复核请求之日起30日内提出复核意见。

14. C。

【解析】本题考查突发事件应急管理体制。国家建立统一领导、综合协调、分类管理、分级负责、属地管理为主的应急管理体制。县级人民政府对本行政区域内突发事件的应对工作负责。故选项 C 正确。

15. B。

【解析】本题考查突发事件应急管理体制。根据《突发事件应对法》第七条规定，县级人民政府对本行政区域内突发事件的应对工作负责；涉及两个以上行政区域的，由有关行政区域共同的上一级人民政府负责，或者由各有关行政区域的上一级人民政府共同负责。

【知识拓展】突发事件，是指突然发生，造成或者可能造成严重社会危害，需要采取应急处置措施予以应对的自然灾害、事故灾难、公共卫生事件和社会安全事件。突发事件应对法明确规定，按照社会危害程度、影响范围等因素，自然灾害、事故灾难、公共卫生事件分为特别重大、重大、较大和一般四级。

16. C。

【解析】本题考查突发事件应对的过程与方法。根据《突发事件应对法》规定，按照社会危害程度、影响范围等因素，自然灾害、事故灾难、公共卫生事件分为特别重大、重大、较大和一般四级。可以预警的自然灾害、事故灾难和公共卫生事件的预警级别，按照突发事件发生的紧急程度、发展势态和可能造成的危害程度分为一级、二级、三级和四级，分别用红色、橙色、黄色和蓝色标示，一级为最高级别。故选项 A、B 错误，选项 C 正确，没有选项 D 中的相关说法，选项 D 错误。

17. C。

【解析】本题考查突发社会安全事件的应急处置。社会安全事件发生后，组织处置工作的人民政府应当立即组织有关部门并由公安机关针对事件的性质和特点，依照有关法律、行政法规和国家其他有关规定，采取下列一项或者多项应急处置措施：(1)强制隔离使用器械相互对抗或者以暴力行为参与冲突的当事人，妥善解决现场纠纷和争端，控制事态发展。(2)对特定区域内的建筑物、交通工具、设备、设施以及燃料、燃气、电力、水的供应进行控制。(3)封锁有关场所、道路，查验现场人员的身份证件，限制有关公共场所内的活动。(4)加强对易受冲击的核心机关和单位的警卫，在国家机关、军事机关、国家通讯社、广播电台、电视台、外国驻华使领馆等单位附近设置临时警戒线。(5)法律、行政法规和国务院规定的其他必要措施。

二、多项选择题

18. ACDE。

【解析】本题考查当事人在调解中的权利和义务。根据《人民调解法》第二十三条规定，当事人在人民调解活动中享有下列权利：(1)选择或者接受人民调解员。(2)接受调解、拒绝调解或者要求终止调解。(3)要求调解公开进行或者不公开进行。(4)自主表达意愿、自愿达成调解协议。第二十四条规定，当事人在人民调解活动中履行下列义务：(1)如实陈述纠纷事实。(2)遵守调解现场秩序，尊重人民调解员。(3)尊重对方当事人行使权利。

19. ABCE。

【解析】本题考查人民调解的程序。根据《人民调解法》的规定，当事人可以接受人民调解委员会的调解，也可以拒绝调解。故选项 A 正确。调解民间纠纷，应当及时、就地进行，防止矛盾激化。故选项 B 正确。人民调解员应当记录调解情况，建立调解工作档案，将调解登记、调解工作记录、调解协议书等材料立卷归档。故选项 C 正确。结束调解分两种情况：一是在调解会上，纠纷当事人双方在平等协商、互谅互让的基础上提出纠纷解决方案，自愿达成调解协议，调解成立而结束调解；二是纠纷当事人双方经过反复协商不能达成协议，调解不能成立而结束调解。故选项D错误。人民调解员根据调解纠纷的需要，在征得当事人的同意后，可以邀请当事人的亲属、邻里、同事等参与调解，也可以邀请具有专门知识、特定经验的人员或者有关社会组织的人员参与调解。故选项E正确。

20. ADE。

【解析】本题考查调解协议的内容、效力及确认。经人民调解委员会调解达成调解协议后，双方当事人认为有必要的，可以自调解协议生效之日起30日内共同向人民法院申请司法确认。故B项错误。调解协议书自各方当事人签名、盖章或者按指印，人民调解员签名并加盖人民调解委员会印章之日起生效。经人民调解委员会调解达成的调解协议具有法律约束力。故C项错误。

【知识拓展】调解协议须载明下列事项：一是当事人的基本情况；二是纠纷的主要事实、争议事项以及各方当事人的责任；三是当事人达成调解协议的内容，履行的方式、期限。

21. ABCE。

【解析】本题考查信访工作条例的总则和原则。根据《信访工作条例》第三条规定，信访工作是党的群众工作的重要组成部分，是党和政府了解民情、集中民智、维护民利、凝聚民心的一项重要工作，是各级机关、单位及其领导干部、工作人员接受群众监督、改进工作作风的重要途径。故选项A、B、C正确。第五条规定，信访工作应当遵循的原则之一：坚持源头治理化解矛盾。多措并举、综合施策，着力点放在源头预防和前端化解，把可能引发信访问题的矛盾纠纷化解在基层、化解在萌芽状态。故选项E正确。第二十八条规定，各级机关、单位应当按照诉讼与信访分离制度要求，将涉及民事、行政、刑事等诉讼权利救济的信访事项从普通信访体制中分离出来，由有关政法部门依法处理。故选项D错误。

22. ABDE。

【解析】本题考查信访事项的提出。信访人一般应当采用书面形式提出信访事项，并载明其姓名（名称）、住址和请求、事实、理由。故选项A、B正确。多人采用走访形式提出共同的信访事项的，应当推选代表，代表人数不得超过5人。故选项C错误。信访人采用走访形式提出信访事项的，应当到有权处理的本级或者上一级机关、单位设立或者指定的接待场所提出。故选项D正确。信访事项已经受理或者正在办理的，信访人在规定期限内向受理、办理机关、单位的上级机关、单位又提出同一信访事项的，上级机关、单位不予受理。故选项E正确。

23. ABC。

【解析】本题考查信访事项的提出。多人采用走访形式提出共同的信访事项的，应当推选代表，代表人数不得超过5人。

24. BCD。

【解析】本题考查信访事项的提出。信访人在信访过程中应当遵守法律、法规，不得损害国家、社会、集体的利益和其他公民的合法权利，自觉维护社会公共秩序和信访秩序，不得有下列行为：（1）在机关、单位办公场所周围、公共场所非法聚集，围堵、冲击机关、单位，拦截公务车辆，或者堵塞、阻断交通。（2）携带危险物品、管制器具。（3）侮辱、殴打、威胁机关、单位工作人员，非法限制他人人身自由，或者毁坏财物。（4）在信访接待场所滞留、滋事,或者将生活不能自理的人弃留在信访接待场所。(5)煽动、串联、胁迫、以财物诱使、幕后操纵他人信访,或者以信访为名借机敛财。(6)其他扰乱公共秩序、妨害国家和公共安全的行为。

25. ACD。

【解析】本题考查信访工作责任追究。负有受理信访事项职责的机关、单位有下列情形之一的,由其上级机关、单位责令改正;造成严重后果的,对直接负责的主管人员和其他直接责任人员依规依纪依法严肃处理:(1)对收到的信访事项不按照规定登记。(2)对属于其职权范围的信访事项不予受理。(3)未在规定期限内书面告知信访人是否受理信访事项。

【知识拓展】因下列情形之一导致信访事项发生,造成严重后果的,对直接负责的主管人员和其他直接责任人员,依规依纪依法严肃处理;构成犯罪的,依法追究刑事责任:(1)超越或者滥用职权,侵害公民、法人或者其他组织合法权益。(2)应当作为而不作为,侵害公民、法人或者其他组织合法权益。(3)适用法律、法规错误或者违反法定程序,侵害公民、法人或者其他组织合法权益。(4)拒不执行有权处理机关、单位作出的支持信访请求意见。

26. ABC。

【解析】本题考查突发事件应对的过程与方法。根据《突发事件应对法》第二十六条规定,县级以上人民政府应当整合应急资源,建立或者确定综合性应急救援队伍。人民政府有关部门可以根据实际需要设立专业应急救援队伍。单位应当建立由本单位职工组成的专职或者兼职应急救援队伍。故选项A、B、C正确。第二十九条规定,居民委员会、村民委员会、企业事业单位应当根据所在地人民政府的要求,结合各自的实际情况,开展有关突发事件应急知识的宣传普及活动和必要的应急演练。故选项D错误。第三十条规定,各级各类学校应当把应急知识教育纳入教学内容,对学生进行应急知识教育,培养学生的安全意识和自救与互救能力。故选项E错误。

27. CD。

【解析】本题考查突发事件应对的过程与方法。根据《突发事件应对法》规定,地方各级人民政府应当按照国家有关规定向上级人民政府报送突发事件信息。县级以上人民政府有关主管部门应当向本级人民政府相关部门通报突发事件信息。专业机构、监测网点和信息报告员应当及时向所在地人民政府及其有关主管部门报告突发事件信息。有关单位和人员报送、报告突发事件信息,应当做到及时、客观、真实,不得迟报、谎报、瞒报、漏报。本题中,气象台(站)属于专业机构,只能向所在地政府及其有关主管部门报告突发事件,无权发布预警,故选项A、B错误。可以预警的自然灾害、事故灾难或者公共卫生事件即将发生或者发生的可能性增大时,县级以上地方各级人民政府应当根据有关法律、行政法规和国务院规定的权限和程序,发布相应级别的警报,决定并宣布有关地区进入预警期,同时向上一级人民政府报告,必要时可以越级上报,并向当地驻军和可能受到危害的毗邻或者相关地区的人民政府通报。故选项C、D正确,选项E错误。

第七章

我国社区矫正、禁毒和治安管理法规与政策

答案速查

一、单项选择题									
1. C	2. D	3. C	4. A	5. D	6. B	7. D	8. B	9. D	10. B
11. A	12. C	13. B	14. A	15. C	16. B	17. D	18. D	19. C	20. C
21. D	22. D	23. D							
二、多项选择题									
24. CE	25. BCD	26. ABCE	27. ACDE	28. ACD	29. ABE	30. ABC			

深度解析

一、单项选择题

1. C。

【解析】本题考查社区矫正对象的接收。根据《社区矫正法》规定，人民法院判处管制、宣告缓刑、裁定假释的社区矫正对象，应当自判决、裁定生效之日起10日内到执行地社区矫正机构报到。

【知识拓展】人民法院决定暂予监外执行的社区矫正对象，由看守所或者执行取保候审、监视居住的公安机关自收到决定之日起10日内将社区矫正对象移送社区矫正机构。监狱管理机关、公安机关批准暂予监外执行的社区矫正对象，由监狱或者看守所自收到批准决定之日起10日内将社区矫正对象移送社区矫正机构。

2. D。

【解析】本题考查社区矫正执行地。根据《社区矫正法》规定，社区矫正执行地为社区矫正对象的居住地。社区矫正对象在多个地方居住的，可以确定经常居住地为执行地。故选项D正确。

3. C。

【解析】本题考查社区矫正对象跨市、县活动及执行地变更规定。根据《社区矫正法实施办法》第二十九条规定，社区矫正对象确因正常工作和生活需要经常性跨市、县活动的，应当由本人提出书面申请，写明理由、经常性去往市县名称、时间、频次等，同时提供相应证明，由执行地县级社区矫正机构批准，批准一次的有效

期为6个月。在批准的期限内,社区矫正对象到批准市、县活动的,可以通过电话、微信等方式报告活动情况。到期后,社区矫正对象仍需要经常性跨市、县活动的,应当重新提出申请。故选项C正确。

4. A。

【解析】本题考查社区矫正小组。社区矫正对象为女性的,矫正小组应有女性成员。

5. D。

【解析】本题考查电子定位监管。根据《社区矫正法》规定,社区矫正对象有下列情形之一的,经县级司法行政部门负责人批准,可以使用电子定位装置,加强监督管理:(1)违反人民法院禁止令的。(2)无正当理由,未经批准离开所居住的市、县的。(3)拒不按照规定报告自己的活动情况,被给予警告的。(4)违反监督管理规定,被给予治安管理处罚的。(5)拟提请撤销缓刑、假释或者暂予监外执行收监执行的。本题中,选项A、B、C都不符合使用电子定位装置的情形,故本题答案为D。

6. B。

【解析】本题考查社区矫正的减刑。根据《社区矫正法》规定,社区矫正对象符合刑法规定的减刑条件的,社区矫正机构应当向社区矫正执行地的中级以上人民法院提出减刑建议,并将减刑建议书抄送同级人民检察院。

【知识拓展】人民法院应当在收到社区矫正机构的减刑建议书后30日内作出裁定,并将裁定书送达社区矫正机构,同时抄送人民检察院、公安机关。

7. D。

【解析】本题考查未成年人社区矫正的特别规定。根据《社区矫正法》对未成年人社区矫正的特别规定,对未成年人的社区矫正,应当与成年人分别进行。故选项A错误。社区矫正机构工作人员和其他依法参与社区矫正工作的人员对履行职责过程中获得的未成年人身份信息应当予以保密。故选项C错误。年满16周岁的社区矫正对象有就业意愿的,社区矫正机构可以协调有关部门和单位为其提供职业技能培训,给予就业指导和帮助。故选项B错误。未成年社区矫正对象在社区矫正期间年满18周岁的,继续按照未成年人社区矫正有关规定执行。故选项D正确。

8. B。

【解析】本题考查吸毒检测程序的规定。根据《吸毒检测程序规定》第五条规定,吸毒检测样本的采集应当使用专用器材。第六条规定,检测样本为采集的被检测人员的尿液、血液或者毛发等生物样本。第七条规定,被检测人员拒绝接受检测的,经县级以上公安机关或者其派出机构负责人批准,可以对其进行强制检测。故选项A错误。第八条规定,公安机关采集、送检、检测样本,应当由两名以上工作人员进行;采集女性被检测人尿液检测样本,应当由女性工作人员进行。采集的检测样本经现场检测结果为阳性的,应当分别保存在A、B两个样本专用器材中并编号,由采集人和被采集人共同签字封存,采用检材适宜的条件予以保存,保存期不得少于6个月。故选项B正确,选项C、D错误。

【知识拓展】根据《吸毒检测程序规定》,吸毒检测是运用科学技术手段对涉嫌吸毒的人员进行生物医学检测,为公安机关认定吸毒行为提供科学依据的活动。吸毒检测的对象,包括涉嫌吸毒的人员、被决定执行强制隔离戒毒的人员、被公安机关责令接受社区戒毒和社区康复的人员,以及戒毒康复场所内的戒毒康复人员。吸毒检测分为现场检测、实验室检测、实验室复检。

9. D。

【解析】本题考查吸毒检测程序规定。《吸毒检测程序规定》第十条规定,被检测人对现场检测结果有异议的,可以在被告知检测结果之日起3日内,向现场检测的公安机关提出实验室检测申请。

10. B。

【解析】本题考查自愿戒毒及戒毒医疗机构。根据《禁毒法》规定，设置戒毒医疗机构或者医疗机构从事戒毒治疗业务的，应当符合国务院卫生行政部门规定的条件，报所在地的省、自治区、直辖市人民政府卫生行政部门批准，并报同级公安机关备案。戒毒治疗应当遵守国务院卫生行政部门制定的戒毒治疗规范，接受卫生行政部门的监督检查。

11. A。

【解析】本题考查社区戒毒。根据《禁毒法》规定，对吸毒成瘾人员，公安机关可以责令其接受社区戒毒，A 项正确。社区戒毒的期限为 3 年，B 项错误。戒毒人员应当在户籍所在地接受社区戒毒；在户籍所在地以外的现居住地有固定住所的，可以在现居住地接受社区戒毒，C 项错误。城市街道办事处、乡镇人民政府负责社区戒毒工作，D 项错误。

12. C。

【解析】本题考查社区戒毒。对违反社区戒毒协议的戒毒人员，参与社区戒毒的工作人员应当进行批评、教育；对严重违反社区戒毒协议或者在社区戒毒期间又吸食、注射毒品的，应当及时向公安机关报告。

【知识拓展】对吸毒成瘾人员，公安机关可以责令其接受社区戒毒，同时通知吸毒人员户籍所在地或者现居住地的城市街道办事处、乡镇人民政府。

13. B。

【解析】本题考查戒毒措施中的强制隔离戒毒。根据《禁毒法》第三十八、三十九条规定，吸毒成瘾人员有下列情形之一的，由县级以上人民政府公安机关作出强制隔离戒毒的决定：(1)拒绝接受社区戒毒的。(2)在社区戒毒期间吸食、注射毒品的。(3)严重违反社区戒毒协议的。(4)经社区戒毒、强制隔离戒毒后再次吸食、注射毒品的。对于吸毒成瘾严重，通过社区戒毒难以戒除毒瘾的人员，公安机关可以直接作出强制隔离戒毒的决定。吸毒成瘾人员自愿接受强制隔离戒毒的，经公安机关同意，可以进入强制隔离戒毒场所戒毒。怀孕或者正在哺乳自己不满 1 周岁婴儿的妇女吸毒成瘾的，不适用强制隔离戒毒。不满 16 周岁的未成年人吸毒成瘾的，可以不适用强制隔离戒毒。本题中，小王是不满 16 周岁的未成年人，小张是怀孕的妇女，小赵是正在哺乳自己不满 1 周岁婴儿的妇女，属于不适用强制隔离戒毒的情形。

14. A。

【解析】本题考查强制隔离戒毒。根据《禁毒法》第四十七条规定，强制隔离戒毒的期限为 2 年。执行强制隔离戒毒 1 年后，经诊断评估，对于戒毒情况良好的戒毒人员，强制隔离戒毒场所可以提出提前解除强制隔离戒毒的意见，报强制隔离戒毒的决定机关批准。由此可见，小张接受强制隔离戒毒的期限不少于 1 年。

15. C。

【解析】本题考查禁毒的法律责任。走私、贩卖、运输、制造毒品，构成犯罪的，依法追究刑事责任；尚不构成犯罪的，依法给予治安管理处罚。故 A 项错误。为犯罪分子窝藏、转移、隐瞒毒品，构成犯罪的，依法追究刑事责任；尚不构成犯罪的，依法给予治安管理处罚。故 B 项错误。公安机关工作人员包庇、纵容毒品违法犯罪人员，构成犯罪的，依法追究刑事责任；尚不构成犯罪的，依法给予处分。故 D 项错误。

16. B。

【解析】本题考查禁毒的法律责任。根据《禁毒法》规定，容留他人吸食、注射毒品或者介绍买卖毒品，构成犯罪的，依法追究刑事责任；尚不构成犯罪的，由公安机关处 10 日以上 15 日以下拘留，可以并处 3000 元以下罚款；情节较轻的，处 5 日以下拘留或者 500 元以下罚款。

17. D。

【解析】本题考查部分特别人员违反治安管理的适用。根据《治安管理处罚法》规定，已满 14 周岁不满 18 周岁的人违反治安管理的，从轻或者减轻处罚；不满 14 周岁的人违反治安管理的，不予处罚，但是应当责令其监护人严加管教。

18. D。

【解析】本题考查治安管理处罚的适用。根据《治安管理处罚法》第二十一条规定，违反治安管理行为人有下列情形之一，依法应当给予行政拘留处罚的，不执行行政拘留处罚：(1)已满 14 周岁不满 16 周岁的。(2)已满 16 周岁不满 18 周岁，初次违反治安管理的。(3)70 周岁以上的。(4)怀孕或者哺乳自己不满 1 周岁婴儿的。

19. C。

【解析】本题考查治安管理处罚的适用。根据《治安管理处罚法》规定，有两种以上违反治安管理行为的，分别决定，合并执行。行政拘留处罚合并执行的，最长不超过 20 日。

20. C。

【解析】本题考查减轻处罚或不予处罚、从重处罚的情形。根据《治安管理处罚法》规定，违反治安管理有下列情形之一的，从重处罚：(1)有较严重后果的。(2)教唆、胁迫、诱骗他人违反治安管理的。(3)对报案人、控告人、举报人、证人打击报复的。(4)6 个月内曾受过治安管理处罚的。故选项 C 正确。

【知识拓展】违反治安管理有下列情形之一的，减轻处罚或者不予处罚：(1)情节特别轻微的。(2)主动消除或者减轻违法后果，并取得被侵害人谅解的。(3)出于他人胁迫或者诱骗的。(4)主动投案，向公安机关如实陈述自己的违法行为的。(5)有立功表现的。

21. D。

【解析】本题考查治安管理处罚的适用范围。根据《治安管理处罚法》第十三条规定，精神病人在不能辨认或者不能控制自己行为的时候违反治安管理的，不予处罚，但是应当责令其监护人严加看管和治疗。间歇性的精神病人在精神正常的时候违反治安管理的，应当给予处罚。

22. D。

【解析】本题考查《治安管理处罚法》中有关询问的规定。根据《治安管理处罚法》规定，对违反治安管理行为人，公安机关传唤后应当及时询问查证，询问查证时间不得超过 8 小时。情况复杂、依照《治安管理处罚法》规定可能适用行政拘留处罚规定的，询问查证时间不得超过 24 小时。公安机关应当及时将传唤的原因和处所通知被传唤人家属。故选项 A、B 错误。询问不满 16 周岁的违反治安管理行为人，应当通知其父母或者其他监护人到场。故选项 C 错误。询问聋哑的违反治安管理行为人、被侵害人或者其他见证人，应当有通晓手语的人提供帮助，并在笔录上注明。故选项 D 正确。

23. D。

【解析】本题考查暂缓行政拘留的执行。根据《治安管理处罚法》第一百零七条规定，被处罚人不服行政拘留处罚决定，申请行政复议、提起行政诉讼的，可以向公安机关提出暂缓执行行政拘留的申请。公安机关认为暂缓执行行政拘留不致发生社会危险的，由被处罚人或者其近亲属提出符合本法第一百零八条规定条件的担保人，或者按每日行政拘留 200 元的标准交纳保证金，行政拘留的处罚决定暂缓执行。根据第一百零八条规定，担保人应当符合下列条件：(1)与本案无牵连。(2)享有政治权利，人身自由未受到限制。(3)在当地有常住户口和固定住所。(4)有能力履行担保义务。本题中，赵某不享有政治权力，李某、王某与案件有牵连，只有孙某符合相关条件，所以选 D。

二、多项选择题

24. CE。

【解析】本题考查社区矫正的适用范围。

《关于开展社区矫正试点工作的通知》规定，社区矫正的适用范围包括以下五种：(1)被判处管制的。(2)被宣告缓刑的。(3)被暂予监外执行的。(4)被裁定假释的。(5)被剥夺政治权利，并在社会上服刑的。

【知识拓展】社区矫正工作坚持监督管理与教育帮扶相结合，专门机关与社会力量相结合，采取分类管理、个别化矫正，有针对性地消除社区矫正对象可能重新犯罪的因素，帮助其成为守法公民。

25. BCD。

【解析】本题考查强制隔离戒毒的范围。根据《禁毒法》第三十八条规定，吸毒成瘾人员有下列情形之一的，由县级以上人民政府公安机关作出强制隔离戒毒的决定：(1)拒绝接受社区戒毒的。(2)在社区戒毒期间吸食、注射毒品的。(3)严重违反社区戒毒协议的。(4)经社区戒毒、强制隔离戒毒后再次吸食、注射毒品的。对于吸毒成瘾严重，通过社区戒毒难以戒除毒瘾的人员，公安机关可以直接作出强制隔离戒毒的决定。吸毒成瘾人员自愿接受强制隔离戒毒的，经公安机关同意，可以进入强制隔离戒毒场所戒毒。第三十九条规定，怀孕或者正在哺乳自己不满1周岁婴儿的妇女吸毒成瘾的，不适用强制隔离戒毒。不满16周岁的未成年人吸毒成瘾的，可以不适用强制隔离戒毒。对依照前款规定不适用强制隔离戒毒的吸毒成瘾人员，依照本法规定进行社区戒毒，由负责社区戒毒工作的城市街道办事处、乡镇人民政府加强帮助、教育和监督，督促落实社区戒毒措施。本题中，选项A、E符合不适用于强制隔离戒毒的情形。故选项BCD正确。

26. ABCE。

【解析】本题考查戒毒措施。《禁毒法》规定的戒毒措施包括：(1)社区禁毒。(2)戒毒治疗。(3)强制隔离戒毒。(4)社区康复。

27. ACDE。

【解析】本题考查戒毒措施。吸毒人员可以自行到具有戒毒治疗资质的医疗机构接受戒毒治疗。故A项正确。戒毒治疗收取费用的，应当按照省、自治区、直辖市人民政府价格主管部门会同卫生行政部门制定的收费标准执行。故B项错误。怀孕或者正在哺乳自己不满1周岁婴儿的妇女吸毒成瘾的，不适用强制隔离戒毒。故C项正确。强制隔离戒毒的期限为2年。故D项正确。戒毒人员可以自愿在戒毒康复场所生活、劳动。戒毒康复场所组织戒毒人员参加生产劳动的，应当参照国家劳动用工制度的规定支付劳动报酬。故E项正确。

28. ACD。

【解析】本题考查治安管理处罚的适用。违反治安管理行为人有下列情形之一，依法应当给予行政拘留处罚的，不执行行政拘留处罚：(1)已满14周岁不满16周岁的。(2)已满16周岁不满18周岁，初次违反治安管理的。(3)70周岁以上的。(4)怀孕或者哺乳自己不满1周岁婴儿的。

29. ABE。

【解析】本题考查治安管理处罚中检查的规定。根据《治安管理处罚法》规定，公安机关对与违反治安管理行为有关的场所、物品、人身可以进行检查。检查时，人民警察不得少于2人，并应当出示工作证件和县级以上人民政府公安机关开具的检查证明文件。

30. ABC。

【解析】本题考查当场处罚的适用。根据《治安管理处罚法》的规定，违反治安管理行为事实清楚、证据确凿，处警告或者200元以下(包括本数)罚款的，可以当场作出治安管理处罚决定。

【知识拓展】当场作出治安管理处罚决定的，经办的人民警察应当在24小时内报所属公安机关备案。

第八章
我国烈士褒扬与优抚安置法规与政策

答案速查

一、单项选择题									
1. B	2. C	3. D	4. D	5. D	6. C	7. C	8. A	9. C	10. C
11. D	12. A	13. B	14. C	15. A	16. C	17. B	18. B	19. C	20. C
21. D	22. A	23. B	24. B	25. A	26. A	27. C	28. C	29. B	30. A
31. C	32. A	33. D	34. B	35. C	36. D	37. D			
二、多项选择题									
38. ACDE	39. ABCE	40. ACDE	41. AE	42. AE	43. ACE	44. AD	45. BD	46. ABD	47. AC
48. ABDE	49. ACD	50. BCE							

深度解析

一、单项选择题

1. B。

【解析】本题考查烈士的评定。根据《烈士褒扬条例》第九条规定，申报烈士的，由死者生前所在工作单位、死者遗属或者事件发生地的组织、公民向死者生前工作单位所在地、死者遗属户口所在地或者事件发生地的县级人民政府退役军人事务部门提供有关死者牺牲情节的材料，由收到材料的县级人民政府退役军人事务部门调查核实后提出评定烈士的报告，报本级人民政府审核。属于“在依法查处违法犯罪行为、执行国家安全工作任务、执行反恐怖任务和处置突发事件中牺牲的”或者“抢险救灾或者其他为了抢救、保护国家财产、集体财产、公民生命财产牺牲的”，由县级人民政府提出评定烈士的报告并逐级上报至省、自治区、直辖市人民政府审查评定。

【知识拓展】根据《烈士褒扬条例》的规定，公民牺牲符合下列情形之一的，评定为烈士：(1)在依法查处违法犯罪行为、执行国家安全工作任务、执行反恐怖任务和处置突发事件中牺牲的。(2)抢险救灾或者其他为了抢救、保护国家财产、集体财产、公民生命财产牺牲的。(3)在执行外交任务或者国家派遣的对外援助、维持国际和平任务中牺牲的。(4)在执行武器装备科研试验任务中牺牲的。(5)其他牺牲情节特别突出，堪为楷模的。

2. C。

【解析】本题考查烈士褒扬金标准。烈士褒扬金标准为烈士牺牲时上一年度全国城镇居民人均可支配收入的30倍。

3. D。

【解析】本题考查烈士褒扬金。根据《烈士褒扬条例》第十四条规定，烈士褒扬金由领取烈士证书的烈士遗属户口所在地县级人民政府退役军人事务部门发给烈士的父母或者抚养人、配偶、子女；没有父母或者抚养人、配偶、子女的，发给烈士未满18周岁的兄弟姐妹和已满18周岁但无生活来源且由烈士生前供养的兄弟姐妹。

4. D。

【解析】本题考查烈士证书的发放。烈士证书以党和国家功勋荣誉表彰工作委员会办公室名义制发。县级以上人民政府每年在烈士纪念日举行颁授仪式，向烈士遗属颁授烈士证书。故选项D正确。

【知识拓展】烈士遗属中的持证人由烈士遗属协商确定，协商不通的，按照下列顺序确定持证人：父母（抚养人）、配偶、子女。有多个子女的，由长子女持证。无前述亲属的，由烈士兄弟姐妹持证，有多个兄弟姐妹的发给年长的兄弟姐妹。以上亲属均没有的，不发烈士证书。

5. D。

【解析】本题考查一次性抚恤金。烈士遗属除享受烈士褒扬金外，属于《军人抚恤优待条例》以及相关规定适用范围的，还享受因公牺牲一次性抚恤金；属于《工伤保险条例》以及相关规定适用范围的，还享受一次性工亡补助金以及相当于烈士本人40个月工资的烈士遗属特别补助金。

【知识拓展】不属于上述规定范围的烈士遗属，由县级人民政府退役军人事务部门发给一次性抚恤金，标准为烈士牺牲时上一年度全国城镇居民人均可支配收入的20倍加40个月的中国人民解放军排职少尉军官工资。

6. C。

【解析】本题考查烈士遗属优待。烈士子女接受学前教育和义务教育的，应当按照国家有关规定予以优待；在公办幼儿园接受学前教育的，免交保教费。烈士子女报考普通高中、中等职业学校、高等学校研究生的，在同等条件下优先录取；报考高等学校本、专科的，可以按照国家有关规定降低分数要求投档；在公办学校就读的，免交学费、杂费，并享受国家规定的各项助学政策。

7. C。

【解析】本题考查烈士纪念设施的保护和管理。根据《退役军人保障法》的规定，国家统筹规划烈士纪念设施建设，通过组织开展英雄烈士祭扫纪念活动等多种形式，弘扬英雄烈士精神。退役军人工作主管部门负责烈士纪念设施的修缮、保护和管理。

8. A。

【解析】本题考查烈士纪念设施的保护和管理。未经批准，不得迁移烈士纪念设施。因重大建设工程确需迁移地方各级烈士纪念设施的，须经原批准等级的人民政府同意，并报上一级人民政府的退役军人事务部门备案。迁移国家级烈士纪念设施的，应当由所在地省级人民政府报国务院批准。

【知识拓展】符合下列基本条件之一的，可以申报国家级烈士纪念设施：(1)为纪念在革命斗争、保卫祖国和建设祖国等各个历史时期的重大事件、重要战役和主要

革命根据地斗争中牺牲的烈士而修建的烈士纪念设施。(2)为纪念在全国有重要影响的著名烈士而修建的烈士纪念设施。(3)为纪念为中国革命斗争中牺牲的知名国际友人而修建的纪念设施。(4)位于革命老区、少数民族地区的规模较大的烈士纪念设施。

9. C。

【解析】本题考查烈士安葬、祭扫和烈士纪念日。根据《英雄烈士保护法》第五条规定,每年9月30日为烈士纪念日,国家在首都北京天安门广场人民英雄纪念碑前举行纪念仪式,缅怀英雄烈士。县级以上地方人民政府、军队有关部门应当在烈士纪念日举行纪念活动。故选项C正确。

10. C。

【解析】本题考查烈士荣誉保护。根据《英雄烈士保护法》第二十五条规定,对侵害英雄烈士的姓名、肖像、名誉、荣誉的行为,英雄烈士的近亲属可以依法向人民法院提起诉讼。英雄烈士没有近亲属或者近亲属不提起诉讼的,检察机关依法对侵害英雄烈士的姓名、肖像、名誉、荣誉,损害社会公共利益的行为向人民法院提起诉讼。

11. D。

【解析】本题考查现役军人死亡性质的认定。现役军人死亡,符合下列情形之一的,确认为因公牺牲:在执行任务中或者在上下班途中,由于意外事件死亡的;被认定为因战、因公致残后因旧伤复发死亡的;因患职业病死亡的;在执行任务中或者在工作岗位上因病猝然死亡,或者因医疗事故死亡的;其他因公死亡的。此外,现役军人在执行对敌作战、边海防执勤或者抢险救灾以外的其他任务中失踪,经法定程序宣告死亡的,按照因公牺牲对待。

12. A。

【解析】本题考查一次性抚恤金。根据《军人抚恤优待条例》规定,现役军人死亡,根据其死亡性质和死亡时的月工资标准,由县级人民政府民政部门发给其遗属一次性抚恤金,标准是:烈士和因公牺牲的,为上一年度全国城镇居民人均可支配收入的20倍加本人40个月的工资;病故的,为上一年度全国城镇居民人均可支配收入的2倍加本人40个月的工资。月工资或者津贴低于排职少尉军官工资标准的,按照排职少尉军官工资标准计算。

13. B。

【解析】本题考查一次性抚恤金。获得荣誉称号或者立功的烈士、因公牺牲军人、病故军人,其遗属在应当享受的一次性抚恤金的基础上,由县级人民政府退役军人事务部门按照下列比例增发一次性抚恤金:获得中央军事委员会授予荣誉称号的,增发35%;获得军队军区级单位授予荣誉称号的,增发30%;立一等功的,增发25%;立二等功的,增发15%;立三等功的,增发5%。

【知识拓展】除按照一定的标准外,发放一次性抚恤金还要遵循一定的顺序。一次性抚恤金发给烈士、因公牺牲军人、病故军人的父母(抚养人)、配偶、子女;没有父母(抚养人)、配偶、子女的,发给未满18周岁的兄弟姐妹和已满18周岁但无生活费来源且由该军人生前供养的兄弟姐妹。发放一次性抚恤金时,有第一顺序亲属的,第二顺序亲属不享受。没有第一顺序的亲属可以享受抚恤的,由第二顺序的亲属享受。同一顺序中的亲属各自领取一次性抚恤金的数额由遗属协商确定,可以均等;经协商一致,也可不均等。如果军人死亡前有遗嘱的,应按照遗嘱载明的顺序发放一次性抚恤金。

14. C。

【解析】本题考查残疾抚恤的具体规定。根据《退役军人保障法》规定，残疾退役军人依法享受抚恤。残疾退役军人按照残疾等级享受残疾抚恤金，标准由国务院退役军人工作主管部门会同国务院财政部门综合考虑国家经济社会发展水平、消费物价水平、全国城镇单位就业人员工资水平、国家财力情况等因素确定。残疾抚恤金由县级人民政府退役军人工作主管部门发放。正确选项为 C。

15. A。

【解析】本题考查残疾抚恤的对象。《军人抚恤优待条例》规定，现役军人残疾被认定为因战致残、因公致残或因病致残的，依照规定享受抚恤。其中，因战、因公致残，残疾等级被评定为一级至十级的，均可享受抚恤。义务兵和初级士官因病致残，残疾等级被评定为一级至六级的，可享受抚恤。故选 A。

16. C。

【解析】本题考查抚恤优待对象的确定。现役军人因战、因公致残，残疾等级被评定为一级至十级的，均可享受抚恤。义务兵和初级士官因病致残，残疾等级被评定为一级至六级的，可享受抚恤。故 A 项错误。一次性抚恤金的发放要遵循一定的顺序。第一顺序是烈士、因公牺牲军人、病故军人的父母（抚养人）、配偶、子女。没有父母（抚养人）、配偶、子女的，发给未满 18 周岁的兄弟姐妹和已满 18 周岁但无生活费来源且由该军人生前供养的兄弟姐妹。故 B 项错误。在服役期间患病，尚未达到评定残疾等级条件并有军队医院证明的退伍人员才能享受抚恤优待。故 D 项错误。

17. B。

【解析】本题考查残疾军人抚恤的标准及待遇。退出现役的因战、因公致残的残疾军人因旧伤复发死亡的，由县级人民政府民政部门按照因公牺牲军人的抚恤金标准发给其遗属一次性抚恤金，其遗属享受因公牺牲军人遗属抚恤待遇。

18. B。

【解析】本题考查残疾军人抚恤的标准及待遇。根据《军人抚恤优待条例》，残疾军人需要配制假肢、代步三轮车等辅助器械，正在服现役的，由军队军级以上单位负责解决；退出现役的，由省级人民政府退役军人事务部门负责解决。

19. C。

【解析】本题考查残疾军人抚恤的标准及待遇。残疾军人死亡，其遗属享受的抚恤待遇分为两种情形：一是退出现役因战、因公致残的残疾军人因旧伤复发死亡的，由县级人民政府退役军人事务部门按照因公牺牲军人的抚恤金标准发给其遗属一次性抚恤金，其遗属享受因公牺牲军人遗属抚恤待遇。二是退出现役因战、因公、因病致残的残疾军人因病死亡的，对其遗属增发 12 个月的残疾抚恤金，作为丧葬补助费；其中，因战、因公致残的一级至四级残疾军人因病死亡的，其遗属享受病故军人遗属抚恤待遇。因此，本题选 C。

【知识拓展】残疾抚恤金的标准以及一级至十级残疾军人享受残疾抚恤金的具体办法，由国务院退役军人事务部门会同国务院财政部门规定。

20. C。

【解析】本题考查义务兵的相关优待。义务兵服现役期间，其家庭由当地人民政府发给优待金或者给予其他优待。故选 C。

21. D。

【解析】本题考查军人优待的具体内容。

《军人抚恤优待条例》第三十六条规定，现役军人凭有效证件、残疾军人凭《中华人民共和国残疾军人证》优先购票乘坐境内运行的火车、轮船、长途公共汽车以及民航班机；残疾军人享受减收正常票价50%的优待。

22.A。

【解析】本题考查退出现役残疾军人和其他优抚对象享受的医疗优待。国家对七级至十级残疾军人的医疗费用，分旧伤复发的医疗费用和旧伤复发以外的医疗费用分别予以保障。对于旧伤复发的医疗费用，已经参加工伤保险的，由工伤保险基金支付；未参加工伤保险，有工作的由工作单位解决，没有工作的由当地县级以上地方人民政府负责解决。对于旧伤复发以外的医疗费用，未参加医疗保险且本人支付有困难的，由当地县级以上地方人民政府酌情给予补助。故正确答案选A。

【知识拓展】国家对一级至六级残疾军人的医疗费用按照规定予以保障，由所在医疗保险统筹地区社会保险经办机构单独列账管理。

23.B。

【解析】本题考查烈士遗属的抚恤优待。根据《烈士褒扬条例》规定，国家对烈士遗属给予的抚恤优待应当随经济社会的发展逐步提高，保障烈士遗属的生活不低于当地居民的平均生活水平。全社会应当支持烈士褒扬工作，优待帮扶烈士遗属。

24.B。

【解析】本题考查随军家属安置优待。经军队师（旅）级以上单位政治机关批准随军的现役军官家属、文职干部家属、士官家属，由驻军所在地的公安机关办理落户手续。

25.A。

【解析】本题考查退役士兵安置的基本原则。根据《退役士兵安置条例》第三条规定，国家建立以扶持就业为主，逐月领取退休金、自主就业、安排工作、退休、供养等多种方式相结合的退役士兵安置制度，妥善安置退役士兵。

【知识拓展】自主就业的退役士兵应当自被批准退出现役之日起30日内，持退出现役证件、介绍信到安置地县级人民政府退役士兵安置工作主管部门报到。退役士兵无正当理由不按照规定时间报到超过30天的，视为放弃安置待遇。

26.A。

【解析】本题考查退役士兵安置主要方式。根据《退役军人保障法》第二十三条规定，对退役的义务兵，国家采取自主就业、安排工作、供养等方式妥善安置。故选项A正确。

27.C。

【解析】本题考查退役士兵安置法规与政策相关内容。根据《退役军人保障法》第五条规定，退役军人的政治、生活等待遇与其服现役期间所做贡献挂钩。故选项C正确。

28.C。

【解析】本题考查退役士兵安置主要方式。根据《退役士兵安置条例》第二十一条规定，县级以上地方人民政府退役士兵安置工作主管部门应当组织自主就业的退役士兵参加职业教育和技能培训，经考试考核合格的，发给相应的学历证书、职业资格证书并推荐就业。故选项D错误。退役士兵退役1年内参加职业教育和技能培训的，费用由县级以上人民政府承担；退役士兵退役1年以上参加职业教育和技能培训的，按照国家相关政策执行。故选项A、B错误。自主就业退役士兵的职业教育和技能培训经费列入县级以上人民政府财政预算。故选项 C 正确。

29. B。

【解析】本题考查退役士兵安置主要方式。根据《退役军人保障法》的规定，现役军人入伍前已被普通高等学校录取或者是正在普通高等学校就学的学生，服现役期间保留入学资格或者学籍，退役后 2 年内允许入学或者复学，可以按照国家有关规定转入本校其他专业学习。达到报考研究生条件的，按照国家有关规定享受优惠政策。本题中，肖某在 2021 年 9 月退役，故可以最迟在 2023 年 9 月前到该大学办理入学手续。

30. A。

【解析】本题考查退役士兵安置。根据《退役士兵安置条例》第三十三条规定，安置地县级以上地方人民政府应当按照属地管理的原则，对符合安排工作条件的退役士兵进行安置，保障其第一次就业。

31. C。

【解析】本题考查退役士兵的工作安排。承担安排退役士兵工作任务的单位应当按时完成所在地人民政府下达的安排退役士兵工作任务，在退役士兵安置工作主管部门开出介绍信 1 个月内安排退役士兵上岗，并与退役士兵依法签订期限不少于 3 年的劳动合同或者聘用合同。故 A、B 项错误。由人民政府安排工作的退役士兵，服现役年限和符合本条例规定的待安排工作时间计算为工龄，享受所在单位同等条件人员的工资、福利待遇。故 C 项正确。非因退役士兵本人原因，接收单位未按照规定安排退役士兵上岗的，应当从所在地人民政府退役士兵安置工作主管部门开出介绍信的当月起，按照不低于本单位同等条件人员平均工资 80% 的标准逐月发给退役士兵生活费至其上岗为止。故 D 项错误。

32. A。

【解析】本题考查退役士兵安置办法。退役士兵符合下列条件之一的，由人民政府安排工作：(1)士官服现役满 12 年的。(2)服现役期间平时荣获二等功以上奖励或者战时荣获三等功以上奖励的。(3)因战致残被评定为五级至八级残疾等级的。(4)是烈士子女的。

【知识拓展】退休的退役士官，其生活、住房、医疗等保障，按照国家有关规定执行。中级以上士官因战致残被评定为五级至六级残疾等级，本人自愿放弃退休安置选择由人民政府安排工作的，可以依照安排工作的规定办理。因战、因公致残被评定为一级至四级残疾等级的中级以上士官，本人自愿放弃退休安置的，可以选择由国家供养。

33. D。

【解析】本题考查军队干部离休、退休的条件和待遇。军队的现役干部，男年满 55 周岁、女年满 50 周岁，或因战、因公致残，积劳成疾，基本丧失工作能力的，可办理退休。已达上述年龄的专业技术干部以及其他干部，因工作需要，身体又能坚持正常工作的，退休时间可以适当推迟。故选项 A 错误。党员军队离休退休干部逝世后骨灰盒可覆盖党旗，军队离休干部逝世后骨灰盒可覆盖军旗。故选项 B 错误。军队退休干部移交地方后，对其服务管理坚持“基本政治待遇不变，生活待遇还要略为从优”的原则。故选项 C 错误。根据国务院和中央军委规定，军队退休干部和部分离休干部（主要是解放战争时期入伍的团职以下和抗日战争时期入伍的营职以下以及相当职级的离休干部）移交地方后，由退役军人事务部门管理。故选项 D 正确。

34. B。

【解析】本题考查军休干部服务管理基本原则。根据《军队离休退休干部服务管理办法》第四条规定，军休干部服务管理应当与经济发展相协调，与社会进步相适应，实行国家保障与社会化服务相结合。

35. C。

【解析】本题考查军休干部服务管理基本原则。军休干部服务管理坚持政治关心、生活照顾、服务为先、依法管理的原则。故选项 C 正确。

36. D。

【解析】本题考查军休干部管理委员会。军休干部管理委员会是在军休服务管理机构内军休干部自我教育、自我管理、自我服务的群众性组织。军休服务管理机构内设有军休干部管理委员会的，军休服务管理机构应当加强对军休干部管理委员会的领导，按照有关规定组织开展活动，发挥军休干部管理委员会的作用，定期听取军休干部管理委员会工作情况报告，研究解决其反映的问题。

37. D。

【解析】本题考查军休干部服务管理的内容。根据《军队离休退休干部服务管理办法》第十一条规定，军休机构应当做好以下服务保障工作：(1)举行新接收军休干部迎接仪式。故选项 A 正确。(2)按时发放军休干部离退休费和津贴补贴，帮助符合条件的军休干部落实优抚待遇。故选项 C 正确。(3)协调做好军休干部的医疗保障工作，落实体检制度，建立健康档案，开展医疗保健知识普及活动，引导军休干部科学保健、健康养生。故选项 B 正确。(4)培育军休干部文化队伍，开展军休文化体育活动，引导和鼓励军休干部参与社会文化活动。(5)开展经常性走访探望，定期了解军休干部情况和需求，提供必要的关心照顾。(6)协助办理军休干部去世后的丧葬事宜，按照政策规定落实遗属待遇。故选项 D 错误。

二、多项选择题

38. ACDE。

【解析】本题考查军人牺牲批准为烈士的情形。根据《军人抚恤优待条例》规定，现役军人死亡，符合下列情形之一的，批准为烈士：(1)对敌作战死亡，或者对敌作战负伤在医疗终结前因伤死亡的。(2)因执行任务遭敌人或者犯罪分子杀害，或者被俘、被捕后不屈遭敌人杀害或者被折磨致死的。故选项 A 正确。(3)为抢救和保护国家财产、人民生命财产或者执行反恐怖任务和处置突发事件死亡的。(4)因执行军事演习、战备航行飞行、空降和导弹发射训练、试航试飞任务以及参加武器装备科研试验死亡的。(5)在执行外交任务或者国家派遣的对外援助、维持国际和平任务中牺牲的。故选项 C 正确。(6)其他死难情节特别突出，堪为楷模的。现役军人在执行对敌作战、边海防执勤或者抢险救灾任务中失踪，经法定程序宣告死亡的，按照烈士对待。故选项 D、E 正确。

39. ABCE。

【解析】本题考查公民牺牲评定为烈士的机关。按照《烈士褒扬条例》公民牺牲情形评定烈士的，由死者生前所在工作单位、死者遗属或者事件发生地的组织、公民向死者生前工作单位所在地、死者遗属户口所在地或者事件发生地的县级人民政府退役军人事务部门提供有关死者牺牲情节的材料，由收到材料的县级人民政府退役军人事务部门调查核实后提出评定烈士的报告，报本级人民政府审核。

40. ACDE。

【解析】本题考查烈士遗属优待。烈士子女接受学前教育和义务教育的，应当按照国家有关规定予以优待；在公办幼儿园接受学前教育的，免交保教费。烈士子女报考普通高中、中等职业学校、高等学校研究生的，在同等条件下优先录取；报考高等学校本、专科的，可以按照国家有关规定降低分数要求投档；在公办学校就读的，免交学费、杂费，并享受国家规定的各项助学政策。故选项 A、C、D、E 正确。

【知识拓展】对烈士遗属的优待主要包括：(1)医疗优待。(2)入伍优待。(3)教育优待。(4)就业优待。(5)住房优待。(6)供养优待。

41. AE。

【解析】本题考查烈士荣誉保护。根据《英雄烈士保护法》规定，对侵害英雄烈士的姓名、肖像、名誉、荣誉的行为，英雄烈士的近亲属可以依法向人民法院提起诉讼。英雄烈士没有近亲属或者近亲属不提起诉讼的，检察机关依法对侵害英雄烈士的姓名、肖像、名誉、荣誉，损害社会公共利益的行为向人民法院提起诉讼。负责英雄烈士保护工作的部门和其他有关部门在履行职责过程中发现侵害英雄烈士的姓名、肖像、名誉、荣誉行为，需要检察机关提起诉讼的，应当向检察机关报告。故选项 A、E 正确。

42. AE。

【解析】本题考查现役军人家属。根据《军人地位和权益保障法》第二条规定，本法所称军人，是指在中国人民解放军服现役的军官、军士、义务兵等人员。第六十八条规定，本法所称军人家属，是指军人的配偶、父母（扶养人）、未成年子女、不能独立生活的成年子女。故选项 B、C 错误。根据《民法典》第一千一百二十七条规定，本编所称子女，包括婚生子女、非婚生子女、养子女和有扶养关系的继子女。故选项 E 正确。本编所称父母，包括生父母、养父母和有扶养关系的继父母。故选项 A 正确。最高人民法院关于适用《民法典》婚姻家庭编的解释(一)第四十一条规定，尚在校接受高中及其以下学历教育，或者丧失、部分丧失劳动能力等非因主观原因而无法维持正常生活的成年子女，可以认定为民法典中规定的“不能独立生活的成年子女”。故选项 D 错误。

43. ACE。

【解析】本题考查自主就业的退役士兵的安置。获得荣誉称号或者立功的退役士兵，由部队按照下列比例增发一次性退役金：获得中央军事委员会、军队军区级单位授予荣誉称号，或者荣获一等功的，增发 15%；荣获二等功的，增发 10%；荣获三等功的，增发 5%。小张荣获三等功 2 次，应按标准增发 5%，故 A 选项正确。自主就业的退役士兵根据服现役年限领取一次性退役金。服现役年限不满 6 个月的按照 6 个月计算，超过 6 个月不满 1 年的按照 1 年计算，故 B 选项错误，C 选项正确。地方人民政府可以根据当地实际情况给予经济补助，经济补助标准及发放办法由省、自治区、直辖市人民政府规定，D 选项表述错误。一次性退役金和一次性经济补助按照国家规定免征个人所得税。故 E 选项正确。

44. AD。

【解析】本题考查退役残疾军人的抚恤待遇。残疾军人的待遇除了抚恤金外，还包括：退出现役的一级至四级残疾军人由国家供养终身，供养终身有集中供养和分散安置两种方式。其中，对分散安置的一级至四级残疾军人发给护理费。残疾军人需要配置假肢、代步三轮车等辅助器械，正在服现役的，由军队军级以上单位负责解决；退出现役的，由省级人民政府退役军人事务部门负责解决。

45. BD。

【解析】本题考查残疾军人的医疗优待。国家对七级至十级残疾军人的医疗费用，分旧伤复发的医疗费用和旧伤复发以外的医疗费用分别予以保障。对于旧伤复发的医疗费用，已经参加工伤保险的，由工伤保险基金支付；未参加工伤保险，有工作的由工作单位解决，没有工作的由当地县级以上地方人民政府负责解决。对于旧伤复发以外的医疗费用，未参加医疗保险且本人支付有困难的，由当地县级以上地方人民政府酌情给予补助。

46. ABD。

【解析】本题考查有工作单位的残疾军人享受的生活福利、医疗待遇以及劳动关系保护。在国家机关、社会团体、企业事业单位工作的残疾军人，享受与所在单位工伤人员同等的生活福利和医疗待遇。所在单位不得因其残疾将其辞退、解聘或者解除劳动关系。

47. AC。

【解析】本题考查优待的具体内容。根据《关于加强军人军属、退役军人和其他优抚对象优待工作的意见》规定，博物馆、纪念馆、美术馆等公共文化设施和实行政府定价或指导价管理的公园、展览馆、名胜古迹、景区，对现役军人、残疾军人、“三属”、现役军人家属按规定提供减免门票等优待。现役军人、残疾军人、“三属”乘坐境内运行的火车（高铁）、轮船、客运班车以及民航班机时，享受优先购买车（船）票或值机、安检、乘车（船、机），可使用优先通道（窗口），随同出行的家属可一同享受优先服务。现役军人、残疾军人免费乘坐市内公共汽车、电车和轨道交通工具；残疾军人乘坐境内运行的火车、轮船、长途公共汽车和民航班机享受减收正常票价50%的优惠。

48. ABDE。

【解析】本题考查退役安置。根据《退役军人保障法》规定，对退役的军官，国家采取退休、转业、逐月领取退役金、复员等方式妥善安置。

49. ACD。

【解析】本题考查退役安置。根据《退役军人保障法》的规定，对退役的义务兵，国家采取自主就业、安排工作、供养等方式妥善安置。

【知识拓展】自主就业适用于退出现役的义务兵和服现役不满12年的士官，其享受的待遇主要如下：（1）退役金。（2）职业教育和技能培训。（3）就业指导和服务。（4）税收优惠。（5）土地承包。（6）复工、复学入学、考录。

50. BCE。

【解析】本题考查军休干部管理委员会。根据《军队离休退休干部服务管理办法》第二十二条规定，军休干部管理委员会是在军休服务管理机构内军休干部自我教育、自我管理、自我服务的群众性组织。军休服务管理机构内设有军休干部管理委员会的，军休服务管理机构应当加强对军休干部管理委员会的领导，按照有关规定组织开展活动，发挥军休干部管理委员会的作用，定期听取军休干部管理委员会工作情况报告，研究解决其反映的问题。

第九章

我国城乡基层群众自治和社区建设法规与政策

答案速查

一、单项选择题									
1. D	2. B	3. A	4. D	5. C	6. D	7. B	8. B	9. C	10. A
11. D	12. B	13. D	14. D	15. C	16. A	17. B	18. A	19. C	20. D
21. B	22. C	23. D	24. B	25. A					
二、多项选择题									
26. BCD	27. ABD	28. ABD	29. ABDE	30. CD	31. ACE	32. ACD	33. ABCD	34. ABC	35. ABE
36. ABCE									

深度解析

一、单项选择题

1. D。

【解析】本题考查居民委员会的组织设置。居民委员会的设立、撤销、规模调整，由不设区的市、市辖区的人民政府决定。

【知识拓展】居民委员会是居民自我管理、自我教育、自我服务的基层群众性自治组织，它具有以下几个显著特征：群众性、自治性和地域性。

2. B。

【解析】本题考查居民委员会的组织设置。居民委员会既不是一级政权组织，也不是基层政府的派出机构，而是一种群众性组织。故选项 A 错误。《关于加强和改进城市社区居民委员会建设工作的意见》规定，新建住宅区居民入住率达到 50% 的，应及时成立社区居民委员会，在此之前应成立居民小组或由相邻的社区居民委员会代管，实现对社区居民的全员管理和无缝隙管理。故选项 D 错误。健全社区居民委员会下属的委员会设置。故选项 B 正确。社区居民委员会一般配置 5 至 9 人，辖区人口较多、社区管理和服务任务较重的社区居民委员会可适当增加若干社区专职工作人员。故选项 C 错误。

3. A。

【解析】本题考查居民委员会的组织设

置。根据《城市居民委员会组织法》，居民委员会可以分设若干居民小组，小组长由居民小组推选产生。

【知识拓展】居民委员会的主要职能包括：（1）依法组织居民开展自治活动。（2）依法协助城市基层人民政府或其派出机关开展工作。（3）依法依规组织开展有关监督活动。

4. D。

【解析】本题考查居民自治的基本内容。根据《城市居民委员会组织法》规定，居民委员会的设立、撤销、规模调整，由不设区的市、市辖区的人民政府决定。故选项 A 错误。居民委员会主任、副主任和委员，由本居住地区全体有选举权的居民或者由每户派代表选举产生；根据居民意见，也可以由每个居民小组选举代表 2～3 人选举产生。故选项 B 错误。居民委员会向居民会议负责并报告工作。故选项 C 错误。居民委员会每届任期 5 年，其成员可以连选连任。故选项 D 正确。

5. C。

【解析】本题考查居民自治的内容。根据《城市居民委员会组织法》第九条规定，居民会议由 18 周岁以上的居民组成。居民会议可以由全体 18 周岁以上的居民或者每户派代表参加，也可以由每个居民小组选举代表 2～3 人参加。居民会议必须有全体 18 周岁以上的居民、户的代表或者居民小组选举的代表的过半数出席，才能举行。会议的决定，由出席人的过半数通过。本题中，选项 A、B 均未达到该类参加人员的半数，选项 D 不符合参加人身份，所以选 C。

6. D。

【解析】本题考查居民委员会的主要职能。《城市居民委员会组织法》规定，市、市辖区的人民政府有关部门，需要居民委员会或者它的下属委员会协助进行的工作，应当经市、市辖区的人民政府或者它的派出机关同意并统一安排。

7. B。

【解析】本题考查居民自治的主要内容。居民会议由居民委员会召集和主持，居民委员会向居民会议负责并报告工作。

8. B。

【解析】本题考查居民会议。《城市居民委员会组织法》规定，居民会议由居民委员会召集和主持。有 1/5 以上的 18 周岁以上的居民、1/5 以上的户或者 1/3 以上的居民小组提议，应当召集居民会议。本题中，该城市社区的居民会议可由 1300 名以上年满 18 周岁的居民、600 个以上的户或者 4 个以上居民小组提议。

9. C。

【解析】本题考查居民自治基本内容中的民主监督。居民会议讨论制定居民公约，其内容不得与宪法、法律、法规和国家的政策相抵触，并报不设区的市、市辖区的人民政府或者它的派出机关备案，由居民委员会监督执行。

10. A。

【解析】本题考查村民委员会的组织构成。村民委员会的设立、撤销、范围调整，由乡、民族乡、镇的人民政府提出，经村民会议讨论同意，报县级人民政府批准。

【知识拓展】关于村民委员会成员的构成，村民委员会组织法规定：村民委员会由主任、副主任和委员共 3～7 人组成。并且要求村民委员会成员中，应当有妇女成员，多民族村民居住的村应当有人数较少的民族的成员。

11. D。

【解析】本题考查关于选民登记的相关规定。根据《村民委员会组织法》第十三条规定，年满 18 周岁的村民，不分民族、种族、性别、职业、家庭出身、宗教信仰、教育程度、财产状况、居住期限，都有选举权和被选举权；但是，依照法律被剥夺政治权利的人除外。故选项 A 错误。村民委员会选举前，应当对下列人员进行登记，列入参加选举的村民名单：（1）户籍在本村并且在本村居住的村民。故选项 D 正确。(2)户籍在本村，不在本村居住，本人表示参加选举的村民。故选项B错误。(3)户籍不在本村，在本村居住一年以上，本人申请参加选举，并且经村民会议或者村民代表会议同意参加选举的公民。已在户籍所在村或者居住村登记参加选举的村民，不得再参加其他地方村民委员会的选举。故选项C错误。

12. B。

【解析】本题考查村民委员会选举中选民登记的相关规定。村民委员会主任、副主任和委员由村民直接选举产生，可以连选连任。故选项B正确。根据《村民委员会组织法》规定，年满18周岁的村民都有选举权和被选举权。故选项A错误。户籍不在本村，在本村居住1年以上的村民可以申请参加选举，故选项C错误。户籍所在村或者居住村登记参加选举的村民，不得再参加其他地方村民委员会的选举。故选项D错误。

【知识拓展】对参加选举的村民进行登记，既可以村民小组为单位设立登记站，村民到站登记，也可由登记员入户登记。村民选举委员会应当对登记参加选举的村民名单进行造册。登记参加选举的村民名单应当在选举日的20日前由村民选举委员会公布。对登记参加选举的村民名单有异议的，应当自名单公布之日起5日内向村民选举委员会申诉，村民选举委员会应当自收到申诉之日起3日内作出处理决定，并公布处理结果。

13. D。

【解析】本题考查村民委员会的选举。村民委员会实行民主选举，每届任期5年，届满应当及时举行换届选举。

14. D。

【解析】本题考查村民选举委员会的若干规定。根据《村民委员会组织法》规定，村民委员会的选举，由村民选举委员会主持。村民选举委员会由主任和委员组成，由村民会议、村民代表会议或者各村民小组会议推选产生，并实行少数服从多数的议事原则。

15. C。

【解析】本题考查委托投票。登记参加选举的村民，选举期间外出不能参加投票的，可以委托本村有选举权的近亲属代为投票。每一登记参加选举的村民接受委托投票不得超过3人。

16. A。

【解析】本题考查村民委员会的选举。选举村民委员会，有登记参加选举的村民过半数投票，选举有效。故选项A正确。候选人获得参加投票的村民过半数的选票，始得当选。故选项B错误。当选人数不足应选名额的，不足的名额另行选举。故选项C错误。候选人的名额应当多于应选名额。故选项D错误。

【知识拓展】有下列情形之一的，选举无效：村民选举委员会未按照法定程序产生的；候选人的产生不符合法律规定的；参加投票的村民人数未过登记参加选举的村民半数的；违反差额选举原则，采取等额选举的；收回的选票多于发出选票的；没有公开唱票、计票的；没有当场公布选举结果的；其他违反法律、法规有关选举程序规定的。

17. B。

【解析】本题考查村民会议。召开村民会议，应当有本村18周岁以上村民的过半数，或者有本村2/3以上的户的代表参加。

18. A。

【解析】本题考查村民会议。村民会议由本村18周岁以上的村民组成。召开村民会议，应当有本村18周岁以上村民的过半数，或者本村三分之二以上的户的代表参加，村民会议所作决定应当经到会人员的过半数通过。故选项A正确，选项C、D错误。村民会议由村民委员会召集。故选项B错误。

19. C。

【解析】本题考查民主评议。根据《村民

委员会组织法》第三十三条规定，村民委员会成员以及由村民或者村集体承担误工补贴的聘用人员，应当接受村民会议或者村民代表会议对其履行职责情况的民主评议。民主评议每年至少进行一次，由村务监督机构主持。

20. D。

【解析】本题考查农村村民自治中的村民代表会议。根据《村民委员会组织法》第二十六条规定，村民代表会议由村民委员会召集。村民代表会议每季度召开一次。有1/5以上的村民代表提议，应当召集村民代表会议。村民代表会议有2/3以上的组成人员参加方可召开，所作决定应当经到会人员的过半数同意。召集村民会议，应当提前10天通知村民。

【知识拓展】村民代表会议由村民委员会成员和村民代表组成，村民代表应当占村民代表会议组成人员的4/5以上，妇女村民代表应当占村民代表会议组成人员的1/3以上。村民代表由村民按每5～15户推选1人，或者由各村民小组推选若干人。村民代表应当向其推选户或者村民小组负责，接受村民监督，其任期与村民委员会的任期相同，亦可连选连任。

21. B。

【解析】本题考查城市社区党的建设。根据《关于加强和改进城市基层党的建设工作的意见》的规定，提升党组织领导基层治理工作水平应当包括：(1)健全党组织领导下的社区居民自治机制。在社区党组织领导下，以社区居民委员会和居务监督委员会为基础，完善协同联动的社区治理架构。推进在业主委员会中建立党组织，符合条件的社区“两委”成员通过法定程序兼任业主委员会成员。故选项C错误。(2)领导群团组织和社会组织参与基层治理。推动党的建设有关要求写入社会组织章程，善于使党组织推荐的人选通过法定程序成为社会组织负责人。故选项A错误。(3)做实网格党建，促进精细化治理。根据地域、居民、驻区单位、党组织和党员等情况，调整优化网格设置，整合党建、综治、城管等各类网格。故选项B正确。(4)建设覆盖广泛、集约高效的党群服务中心。依托楼宇、园区、商圈、市场或较大的企业，建设特色鲜明、功能聚焦的区域性党群服务中心（站点）。故选项D错误。

22. C。

【解析】本题考查城市社区综合服务设施建设。老城区和已建成居住区没有社区居民委员会工作用房和居民公益性服务设施的或者不能满足需要的，由区（县、市）人民政府负责建设，也可以从其他社区设施中调剂置换，或者以购买、租借等方式解决，所需资金由地方各级人民政府统筹解决。

23. D。

【解析】本题考查城市社区综合服务设施建设。根据《关于加强和改进城市社区居民委员会建设工作的意见》规定，服务设施的供暖、水电、煤气、电信等费用应按照当地居民使用价格标准收取。

24. B。

【解析】本题考查社区社会工作服务。根据《民政部、财政部关于加快推进社区社会工作服务的意见》规定，按照和谐社区建设总体要求，本着理顺关系、理清职能、整合资源的原则，逐步在街道社区服务中心、社区服务站、社区矫正机构等社区公共服务平台设置社会工作专业岗位，配备社会工作专业人才，鼓励社会工作专业人才通过选举进入城市社区党组织、社区居民自治组织、业主委员会。

25. A。

【解析】本题考查志愿服务激励保障制度。根据《志愿服务记录办法》规定，志愿服务记录时间累计达到100小时、300小时、600小时、1000小时和1500小时的志愿者，可以依次申请评定为一星级、二星级、三星级、四星级、五星级志愿者。故选项 A 正确。志愿者组织、公益慈善类组织和社会服务机构应当利用民政部志愿者队伍建设信息系统以及其他网络平台，实现志愿服务记录的网上录入、查询、转移和共享。经志愿者本人同意，志愿服务记录可以在其加入的志愿者组织、公益慈善类组织和社会服务机构之间进行转移和共享。故选项 B、D 错误。志愿服务记录应当记载志愿者的个人基本信息、志愿服务信息、培训信息、表彰奖励信息、被投诉信息等内容。故选项 C 错误。

二、多项选择题

26. BCD。

【解析】本题考查居民委员会的工作人员。根据《城市居民委员会组织法》第七条规定，居民委员会由主任、副主任和委员共 5 ~ 9 人组成。多民族居住地区，居民委员会中应当有人数较少的民族的成员。

27. ABD。

【解析】本题考查居民自治的基本内容。根据《城市居民委员会组织法》第八条规定，居民委员会主任、副主任和委员，由本居住地区全体有选举权的居民或者由每户派代表选举产生；根据居民意见，也可以由每个居民小组选举代表 2 ~ 3 人选举产生。

28. ABD。

【解析】本题考查居民自治中的民主协商。涉及行政村、社区公共事务和居民切身利益的事项，由村（社区）党组织、村（居）民委员会牵头，组织利益相关方进行协商。故选项 A 正确。涉及两个以上行政村、社区的重要事项，单靠某一村（社区）无法开展协商时，由乡镇、街道党委（党工委）牵头组织开展协商。故选项 B 正确，选项 C 错误。人口较多的自然村、村民小组，在村党组织的领导下组织居民进行协商。故选项 D 正确，选项 E 错误。

29. ABDE。

【解析】本题考查居民委员会与政府组织的关系。《关于加强和改进城市社区居民委员会建设工作的意见》明确提出，要将社区居民委员会的工作经费、人员报酬以及服务设施和社区信息化建设等项经费纳入财政预算。

【知识拓展】街道办事处要将社区居民委员会工作经费纳入街道办事处银行账户管理，实行专款专用，分账核算，不得挪用、挤占、截留，并定期向社区居民委员会及居民公开使用情况，接受居民监督。社区居民委员会成员、社区专职工作人员报酬问题由县级以上地方人民政府统筹解决，其标准原则上不低于上年度当地社会平均工资水平。

30. CD。

【解析】本题考查居民自治的基本内容。根据《城市居民委员会组织法》规定，居民会议由居民委员会召集和主持。有1/5以上的 18 周岁以上的居民、1/5 以上的户或者 1/3 以上的居民小组提议，应当召集居民会议。涉及全体居民利益的重要问题，居民委员会必须提请居民会议讨论决定。故选项 A、E 错误。选项 B，根据题干，18 周岁以上的居民有 1500 人，1/5 以上的 18 周岁以上的居民为：1500 ×（1/5）=300（人），故选项 B 错误。选项 C，题中社区共有住户 600 户，1/5 以上的户为：600 ×（1/5）= 120（户），故选项 C 正确。选项 D，题中社区共分设 30 个居民小组，1/3 以上的居民小组为：30 ×（1/3）=10（个），故选项 D 正确。

31. ACE。

【解析】本题考查居民委员会与驻社区单位的关系。根据《城市居民委员会组织法》第十九条规定，机关、团体、部队、企业事业组织，不参加所在地的居民委员会,但是应当支持所在地的居民委员会的工作。所在地的居民委员会讨论同这些单位有关的问题,需要他们参加会议时,他们应当派代表参加,并且遵守居民委员会的有关决定和居民公约。前款所列单位的职工及家属、军人及随军家属,可参加居住地区的居民委员会。

32. ACD。

【解析】本题考查村民委员会的性质。我国农村的村民委员会是村民自我管理、自我教育、自我服务的基层群众性自治组织。

33. ABCD。

【解析】本题考查村民会议的职责。涉及村民利益的下列事项,必须经村民会议讨论决定方可办理:(1)本村享受误工补贴的人员及补贴标准。(2)从村集体经济所得收益的使用。(3)本村公益事业的兴办和筹资筹劳方案及建设承包方案。(4)土地承包经营方案。(5)村集体经济项目的立项、承包方案。(6)宅基地的使用方案。(7)征地补偿费的使用、分配方案。(8)以借贷、租赁或者其他方式处分村集体财产。(9)村民会议认为应当由村民会议讨论决定的涉及村民利益的其他事项。故选 ABCD。

34. ABC。

【解析】本题考查村民委员会的经济责任审计。村民委员会成员实行任期和离任经济责任审计。审计事项包括:本村财务收支情况;本村债权债务情况;政府拨付和接受社会捐赠的资金、物资管理使用情况;本村生产经营和建设项目的发包管理以及公益事业建设项目招标投标情况;本村资金管理使用以及本村集体资产、资源的承包、租赁、担保、出让情况,征地补偿费的使用、分配情况;本村 1/5 以上的村民要求审计的其他事项。

35. ABE。

【解析】本题考查健全基层群众自治制度。加强村(居)民委员会规范化建设的主要内容有:坚持党组织领导基层群众性自治组织的制度,建立基层群众性自治组织法人备案制度,加强集体资产管理。故选项 A、B、E 正确。

【知识拓展】健全基层群众自治制度的内容包括:(1)加强村(居)民委员会规范化建设。(2)健全村(居)民自治机制。(3)增强村(社区)组织动员能力。(4)优化村(社区)服务格局。

36. ABCE。

【解析】本题考查《志愿者服务记录办法》的相关规定。根据《志愿服务记录办法》规定,志愿服务记录应当记载志愿者的个人基本信息、志愿服务信息、培训信息、表彰奖励信息、被投诉信息等内容。志愿者个人基本信息应当包括姓名、性别、出生年月、身份证号、服务技能、联系方式等。培训信息应当包括志愿者参加志愿服务有关知识和服务技能培训的内容、组织者、日期、地点、学时等。志愿服务信息应当包括志愿者参加志愿服务活动(项目)的名称、日期、地点、服务对象、服务内容、服务时间、服务质量评价、活动(项目)负责人、记录人等。志愿服务时间是指志愿者实际提供志愿服务的时间,以小时为计量单位,不包括往返交通时间。志愿者因志愿服务表现突出、获得表彰奖励的,志愿者组织、公益慈善类组织和社会服务机构应当及时予以记录。

第十章 我国慈善事业与志愿服务法规与政策

一、单项选择题									
1. C	2. A	3. C	4. D	5. B	6. A	7. A	8. C	9. D	10. A
11. B	12. D	13. B	14. C	15. B	16. B	17. C	18. C	19. A	20. A
21. A	22. C	23. C	24. A	25. D					
二、多项选择题									
26. BCD	27. ABDE	28. AC	29. ABDE						

一、单项选择题

1. C。

【解析】本题考查公益慈善的领域。根据《公益事业捐赠法》规定,公益事业是指非营利的下列事项:(1)救助灾害、救济贫困、扶助残疾人等困难的社会群体和个人活动。(2)教育、科学、文化、卫生、体育事业。(3)环境保护、社会公共设施建设。(4)促进社会发展和进步的其他社会公共和福利事业。

2. A。

【解析】本题考查社会组织申请公开募捐资格的条件。根据《慈善组织公开募捐管理办法》规定,依法登记或者认定为慈善组织满2年的社会组织,申请公开募捐资格,应当符合下列条件:(1)根据法律法规和本组织章程建立规范的内部治理结构,理事会能够有效决策,负责人任职符合有关规定,理事会成员和负责人勤勉尽职,诚实守信。(2)理事会成员来自同一组织以及相互间存在关联关系组织的不超过1/3,相互间具有近亲属关系的没有同时在理事会任职。(3)理事会成员中非内地居民不超过1/3,法定代表人由内地居民担任。(4)秘书长为专职,理事长(会长)、秘书长不得由同一人兼任,有与本慈善组织开展活动相适应的专职工作人员。(5)在省级以上人民政府民政部门登记的慈善组织有3名以上监事组成的监事会。(6)依法办理税务登记,履行纳税义务。(7)按照规定参加社会组织评估,评估结果为3A及以上。(8)申请时未纳入异常名录。(9)申请公开募捐资格前2年,未因违反社会组织相关法律法规受到行政处罚,没有其他违反法律、法规、国家政策行为的。故选项 D 错误。《慈善法》公布前设立的非公募基金会、具有公益性捐赠税前扣除资格的社会团体,登记满 2 年,经认定为慈善组织的,可以申请公开募捐资格。故选项 B、C 错误。《慈善法》公布前登记设立的公募基金会,凭其标明慈善组织属性的登记证书向登记的民政部门申领公开募捐资格证书。故选项 A 正确。

3. C。

【解析】本题考查慈善组织分类。根据《慈善组织认定办法》规定,申请认定为慈善组织,社会团体应当经会员(代表)大会表决通过,基金会、社会服务机构应当经理事会表决通过;有业务主管单位的,还应当经业务主管单位同意。

【知识拓展】慈善组织应当符合下列条件:(1)以开展慈善活动为宗旨。(2)不以营利为目的。(3)有自己的名称和住所。(4)有组织章程。(5)有必要的财产。(6)有符合条件的组织机构和负责人。(7)法律、行政法规规定的其他条件。

4. D。

【解析】本题考查慈善募捐。根据《慈善法》第二十二条规定,慈善组织开展公开募捐,应当取得公开募捐资格。慈善组织符合内部治理结构健全、运作规范的条件的,发给公开募捐资格证书;不符合条件的,不发给公开募捐资格证书并书面说明理由。法律、行政法规规定自登记之日起可以公开募捐的基金会和社会团体,由民政部门直接发给公开募捐资格证书。

5. B。

【解析】本题考查慈善募捐中的定向募捐。慈善组织开展定向募捐,应当在发起人、理事会成员和会员等特定对象的范围内进行,并向募捐对象说明募捐目的、募得款物用途等事项。故选项 B 正确。

【知识拓展】慈善组织举办定向募捐,自登记之日起就可以开展。定向募捐不得采取或变相采取慈善法规定的公开募捐方式。

6. A。

【解析】本题考查捐赠人的权利。根据《公益事业捐赠法》规定,捐赠应当是自愿和无偿的,禁止强行摊派或者变相摊派,不得以捐赠为名从事营利活动。

7. A。

【解析】本题考查捐赠留名权。捐赠人对于捐赠的公益事业工程项目可以留名纪念;捐赠人单独捐赠的工程项目或者主要由捐赠人出资兴建的工程项目,可以由捐赠人提出工程项目的名称,报县级以上人民政府批准。

8. C。

【解析】本题考查公益事业的捐赠规定。根据《公益事业捐赠法》规定,对捐赠人进行公开表彰,应当事先征求捐赠人的意见。故选项 D 错误。捐赠人单独捐赠的工程项目或者主要由捐赠人出资兴建的工程项目,可以由捐赠人提出工程项目的名称,报县级以上人民政府批准。故选项 B 错误。公益事业对捐赠人负有出具收据和接受查询的义务。捐赠人有权向受赠人查询捐赠财产的使用、管理情况。故选项 C 正确。受赠人与捐赠人订立了捐赠协议的,应当按照协议约定的用途使用捐赠财产,不得擅自改变捐赠财产的用途。故选项 A 错误。

9. D。

【解析】本题考查公益事业捐赠人和受赠人的权利和义务。根据《公益事业捐赠法》规定,公益事业捐赠受赠人分为三类。第一类是公益性社会团体。第二类是公益性非营利的事业单位。第三类是在发生自然灾害时或者境外捐赠人要求县级以上人民政府及其部门作为受赠人时,县级以上人民政府及其部门可以接受捐赠,并依照本法的有关规定对捐赠财产进行管理。故县教育局不能作为受赠人,D 项错误。捐赠人对于捐赠的公益事业工程项目可以留名纪念;捐赠人单独捐赠的工程项目或者主要由捐赠人出资兴建的工程项目，可以由捐赠人提出工程项目的名称，报县级以上人民政府批准。故选项A、B正确。华侨向境内捐赠的，县级以上人民政府侨务部门可以协助办理有关入境手续，为捐赠人实施捐赠项目提供帮助。故选项C正确。

【知识拓展】公益性社会团体受赠的财产及其增值为社会公共财产，受国家法律保护，任何单位和个人不得侵占、挪用和损毁。

10. A。

【解析】本题考查捐赠财产的使用和管理。受赠人每年度应当向政府有关部门报告受赠财产的使用、管理情况，接受监督。必要时，政府有关部门可以对其财务进行审计。故选项A正确。对于不易储存、运输和超过实际需要的受赠财产，受赠人可以变卖，所取得的全部收入，应当用于捐赠目的。故B项错误。受赠人与捐赠人订立了捐赠协议的，应当按照协议约定的用途使用捐赠财产，不得擅自改变捐赠财产的用途。故C项错误。捐赠人有权向受赠人查询捐赠财产的使用、管理情况，受赠人应当如实答复，接受社会监督。故D项错误。

11. B。

【解析】本题考查公益性捐赠税前扣除规定。根据《公益事业捐赠法》第二十四条规定，公司和其他企业依照本法的规定捐赠财产用于公益事业，依照法律、行政法规的规定享受企业所得税方面的优惠。根据《企业所得税法》第九条规定，企业发生的公益性捐赠支出，在年度利润总额12%以内的部分，准予在计算应纳税所得额时扣除。本题中，泽恩集团2022年公益性捐赠支出为500 + 300 = 800（万元），占其年度利润总额的16%，因此有5000 × 12% = 600（万元）的公益性捐赠支出在计算应纳税所得额时予以扣除，所以其2022年的应纳税所得额为5000 − 600 = 4400（万元）。

12. D。

【解析】本题考查公益性捐赠税前扣除规定。根据《公益事业捐赠法》第二十五条规定，自然人和个体工商户依照本法的规定捐赠财产用于公益事业，依照法律、行政法规的规定享受个人所得税方面的优惠。根据《个人所得税法》第六条规定，个人将其所得对教育、扶贫、济困等公益慈善事业进行捐赠，捐赠额未超过纳税义务人申报的应纳税所得额30%的部分，可以从其应纳税所得额中扣除；国务院规定对公益慈善事业捐赠实行全额税前扣除的，从其规定。本题中，刘某捐赠的6万元都可以从应纳税所得额中扣除。

13. B。

【解析】本题考查对境外捐赠的优惠措施。境外向公益性社会团体和公益性非营利的事业单位捐赠的用于公益事业的物资，依照法律、行政法规的规定减征或者免征进口关税和进口环节的增值税。

14. C。

【解析】本题考查慈善组织负责人的任职要求。根据《慈善法》规定，有下列情形之一的，不得担任慈善组织的负责人：(1)无民事行为能力或者限制民事行为能力的。(2)因故意犯罪被判处刑罚，自刑罚执行完毕之日起未逾5年的。(3)在被吊销登记证书或者被取缔的组织担任负责人，自该组织被吊销登记证书或者被取缔之日起未逾5年的。(4)法律、行政法规规定的其他情形。

15. B。

【解析】本题考查申请公益性捐赠税前扣除的资格条件。根据《关于公益性捐赠税前扣除有关问题的通知》规定，社会组织评估等级必须为3A(含)，且符合其他有关要求的，才可按程序申请公益性捐赠税前扣除资格。

16. B。

【解析】本题考查慈善信托的设立。根据《慈善法》第四十五条规定，设立慈善信托、确定受托人和监察人，应当采取书面形式。受托人应当在慈善信托文件签订之日起7日内，将相关文件向受托人所在地县级以上人民政府民政部门备案。

【知识拓展】对信托设立的规定主要包括：必须有合法的信托目的；必须有确定的信托财产，并且该信托财产必须是委托人合法所有的财产；应当采取书面形式（包括信托合同、遗嘱或者法律、行政法规规定的其他书面文件等）。

17. C。

【解析】本题考查受托人的权利和义务。受托人有权依照信托文件的约定取得报酬。故A项错误。受托人应当自己处理信托事务，但信托文件另有规定或者有不得已事由的，可以委托他人代为处理。故B项错误。公益事业管理机构违反规定的，委托人、受托人或者受益人有权向人民法院起诉。故D项错误。公益信托的受托人未经公益事业管理机构批准，不得辞任。故C项正确。

18. C。

【解析】本题考查彩票的发行与销售。根据《彩票管理条例》规定，国务院财政部门负责全国的彩票监督管理工作。民政部、体育行政部门按照各自的职责分别负责全国的福利彩票、体育彩票管理工作。故应选C。

19. A。

【解析】本题考查彩票发行管理。根据《彩票管理条例》第三条规定，国务院特许发行福利彩票、体育彩票。未经国务院特许，禁止发行其他彩票。禁止在中华人民共和国境内发行、销售境外彩票。

20. A。

【解析】本题考查志愿服务法规与政策。《志愿服务条例》第五条规定，国务院民政部门负责全国志愿服务行政管理工作；县级以上地方人民政府民政部门负责本行政区域内志愿服务行政管理工作。县级以上人民政府有关部门按照各自职责，负责与志愿服务有关的工作。

21. A。

【解析】本题考查志愿服务的特征。志愿服务的特征包括：(1)自愿性。(2)无偿性。(3)公益性。

22. C。

【解析】本题考查志愿服务组织的义务。组织安排志愿者参与志愿服务活动，应当与志愿者的年龄、知识、技能和身体状况相适应，不得要求志愿者提供超出其能力的志愿服务。开展专业志愿服务活动，应当执行国家或者行业组织制定的标准和规程。

23. C。

【解析】本题考查志愿者的相关知识。《中国注册志愿者管理办法》在注册志愿者的基本条件中规定，年满18周岁或16至18周岁以自己劳动收入为主要生活来源者；14至18周岁者，须经其法定代理人同意；未满18周岁的在校学生申请注册的，按所在学校有关规定办理。故选项A错误。志愿者可以将其身份信息、服务技能、服务时间、联系方式等个人基本信息，通过国务院民政部门指定的志愿服务信息系统自行注册，也可以通过志愿服务组织进行注册。故选项B错误。志愿者应当按照约定提供志愿服务。志愿者因故不能按照约定提供志愿服务的，应当及时告知志愿服务组织或者志愿服务对象。故选项C正确。不得向志愿服务对象收取或者变相收取报酬。故选项D错误。

24. A。

【解析】本题考查志愿服务记录相关内容。根据《志愿服务记录与证明出具办法（试行）》第四条规定，志愿服务组织可以通过国务院民政部门指定的志愿服务信息系统记录志愿服务信息，也可以通过其他志愿服务信息系统或者纸质载体等形式记录。故选项A正确。

25. D。

【解析】本题考查志愿服务激励保障制

度。根据《志愿服务条例》规定，县级以上人民政府应当将志愿服务事业纳入国民经济和社会发展规划，合理安排志愿服务所需资金，促进广覆盖、多层次、宽领域开展志愿服务。

二、多项选择题

26. BCD。

【解析】本题考查公益事业捐赠的主要规定。根据《公益事业捐赠法》规定，捐赠人包括境内外具备民事行为能力的自然人、法人或其他组织。受赠人主要包括依法成立的公益性社会团体、公益性非营利的事业单位；另外，在发生自然灾害时或者境外捐赠人要求县级以上人民政府及其部门作为受赠人时，县级以上人民政府及其部门也可以接受捐赠。故选项B正确。A项中的小王是自然人，不是公益事业的受赠人，因此，社会各界向小王捐款的行为不属于公益事业捐赠，故选项A错误。受赠人接受捐赠后，应当向捐赠人出具合法、有效的收据，将受赠财产登记造册，妥善保管。故选项C正确。捐赠人有权向受赠人查询捐赠财产的使用、管理情况，并提出意见和建议。故选项D正确。受赠人应当公开接受捐赠的情况和受赠财产的使用、管理情况，接受社会监督。故选项E错误。

27. ABDE。

【解析】本题考查公益事业捐赠人和受赠人的权利和义务。捐赠人应当依法履行捐赠协议，按照捐赠协议约定的期限和方式将捐赠财产转移给受赠人。故选项A正确。捐赠人有权向受赠人查询捐赠财产的使用、管理情况，并提出意见和建议。故选项B正确。公司和其他企业依照本法的规定捐赠财产用于公益事业，依照法律、行政法规的规定享受企业所得税方面的优惠。故选项C错误。受赠人与捐赠人订立了捐赠协议的，应当按照协议约定的用途使用捐赠财产，不得擅自改变捐赠财产的用途。如果确需改变用途的，应当征得捐赠人的同意。故选项D正确。受赠人应当公开接受捐赠的情况和受赠财产的使用、管理情况，接受社会监督。故选项E正确。

【知识拓展】企业慈善捐赠支出超过法律规定的准予在计算企业所得税应纳税所得额时当年扣除的部分，允许结转以后三年内在计算应纳税所得额时扣除。

28. AC。

【解析】本题考查彩票的兑奖。彩票中奖奖金应当以人民币现金或者现金支票形式一次性兑付。

29. ABDE。

【解析】本题考查志愿服务组织的权利与义务。根据《志愿服务条例》第十二条规定，志愿服务组织可以招募志愿者开展志愿服务活动；招募时，应当说明与志愿服务有关的真实、准确、完整的信息以及在志愿服务过程中可能发生的风险。故选项D正确。第十五条规定，志愿服务组织安排志愿者参与志愿服务活动，应当与志愿者的年龄、知识、技能和身体状况相适应，不得要求志愿者提供超出其能力的志愿服务。故选项E正确。第十六条规定，志愿服务组织安排志愿者参与的志愿服务活动需要专门知识、技能的，应当对志愿者开展相关培训。故选项B正确。第十九条规定，志愿服务组织安排志愿者参与志愿服务活动，应当如实记录志愿者个人基本信息、志愿服务情况、培训情况、表彰奖励情况、评价情况等信息，按照统一的信息数据标准录入国务院民政部门指定的志愿服务信息系统，实现数据互联互通。故选项A正确。志愿服务是指志愿者、志愿服务组织和其他组织自愿、无偿向社会或者他人提供的公益服务。故选项C错误。

第十一章
我国社会组织法规与政策

答案速查

一、单项选择题									
1. B	2. A	3. D	4. D	5. D	6. C	7. C	8. C	9. C	10. A
11. B	12. C	13. C	14. B	15. A	16. C	17. A	18. A	19. C	20. A
21. A	22. D	23. D	24. C	25. D	26. A	27. C	28. B	29. B	30. D
31. D									
二、多项选择题									
32. ABCE	33. ABCE	34. AB	35. ACE	36. BD	37. BCE	38. BCD	39. ABD		

深度解析

一、单项选择题

1. B。

【解析】本题考查社会团体登记事项的管理。根据《社会团体登记管理条例》第十七条规定，社会团体的分支机构、代表机构是社会团体的组成部分，不具有法人资格，应当按照其所属的社会团体的章程所规定的宗旨和业务范围，在该社会团体授权的范围内开展活动、发展会员。社会团体的分支机构不得再设立分支机构。社会团体不得设立地域性的分支机构。

2. A。

【解析】本题考查社会团体的成立条件。社会团体的会员数量要求：如果会员全部为单位会员，则会员数应在30个以上；如果会员全部由个人会员组成，则会员数应在50个以上；如果会员由个人会员和单位会员混合组成，则会员总数不得少于50个。

3. D。

【解析】本题考查成立社会团体的条件。根据《社会团体登记管理条例》规定，国家机关以外的组织可以作为单位会员加入社会团体。D项属于国家机关，不得加入社会团体。

【知识拓展】按照民政部的有关规定，以下四类社会团体可以免予登记：(1)机关、团体、企业事业单位内部经本单位批准成立、在本单位内部活动的团体。(2)参加中国人民政治协商会议的人民

团体。(3)由国务院机构编制管理机关核定,并经国务院批准免予登记的团体,可以免予社团登记。(4)其他免予登记的社会团体。除上述社会团体外,其他社会团体均需要依法登记。

4. D。

【解析】本题考查社会团体的变更登记。根据《民政部关于社会团体登记管理有关问题的通知》规定,社会团体换届产生新一届理事长(会长)、副理事长(副会长)、秘书长后,无论是否发生人员、职务变动,均应按照相关规定,及时到登记管理机关办理负责人变更备案手续。

5. D。

【解析】本题考查社会团体管理的财务制度。根据民政部、财政部《关于取消社会团体会费标准备案规范会费管理的通知》的规定:第一,经社会团体登记管理机关批准成立的社会团体,可以向个人会员和单位会员收取会费。第二,会费标准的额度应当明确,不得具有浮动性。故 A 项错误。第三,社会团体制定或者修改会费标准,应当召开会员大会或者会员代表大会,应当有 2/3 以上会员或者会员代表出席,并经出席会员或者会员代表 1/2 以上表决通过,表决采取无记名投票方式进行。故 B 项错误,D 项正确。第四,社会团体应当自通过会费标准决议之日起 30 日内,将决议向全体会员公开。故 C 项错误。

【知识拓展】社会团体的资金来源主要来自捐赠人的捐赠、会员缴纳的会费、向服务对象收取的服务费等。

6. C。

【解析】本题考查社会团体的管理。根据《社会团体登记管理条例》规定,社会团体的章程须明确的事项,包括名称、住所,宗旨、业务范围和活动地域,会员资格及其权利、义务等。故 A 项正确。社会团体的分支机构、代表机构是社会团体的组成部分,不具有法人资格,应当按照其所属于的社会团体的章程所规定的宗旨和业务范围,在该社会团体授权的范围内开展活动、发展会员。故 B 项正确。社会团体成立、注销或者变更名称、住所、法定代表人,由登记管理机关予以公告。故 C 项错误。社会团体的经费以及按照国家有关规定所取得的合法收入,必须用于章程规定的业务活动,不得在会员间分配。故 D 项正确。

7. C。

【解析】本题考查税收政策。非营利组织免税优惠资格的有效期为 5 年。故 A 项错误。财政、税务部门按照管理权限对非营利组织享受免税的资格联合进行审核确认,并定期予以公布。故 B 项错误。纳税信用等级由税务部门评定为 C 级或 D 级的非营利组织,其免税资格应在该情形发生年度起予以取消。故 C 项正确。工作人员平均工资薪金水平不得超过税务登记所在地的地市级(含地市级)以上地区的同行业同类组织平均工资水平的 2 倍。故 D 项错误。

【知识拓展】非营利组织应在免税优惠资格期满后 6 个月内提出复审申请,不提出复审申请或复审不合格的,其享受免税优惠的资格到期自动失效。需注意的是,取得免税资格的非营利组织,应按照规定向主管税务机关办理免税手续。免税条件发生变化的,应当自发生变化之日起 15 日内向主管税务机关报告;不再符合免税条件的,应当依法履行纳税义务。

8. C。

【解析】本题考查民办非企业单位。民办非企业单位是指企业事业单位、社会团体和其他社会力量以及公民个人利用非国有资产举办的,从事非营利性社会服务活动的社会组织。故A、B项错误。《民办非企业单位登记管理暂行条例》明确规定，民办非企业单位不得设立分支机构。故D项错误。

【知识拓展】民办非企业单位的分类有两种：一是行业分类，二是民事责任分类。

9. C。

【解析】本题考查民办非企业单位的财产及其管理。民办非企业单位合法财产中的非国有资产份额不得低于总财产的2/3。故A项错误。民办非企业单位必须执行国家规定的财产管理制度，接受财政部门的监督；资产来源属于国家资助或者社会捐赠、资助时，应当接受审计机关的监督。民办非企业单位变更法定代表人或者负责人时，登记管理机关、业务主管单位应当组织对其进行财务审计。故B项错误，C项正确。验资报告由会计师事务所或其他有验资资格的机构出具。故D项错误。

10. A。

【解析】本题考查民办非企业单位成立登记。根据《民办非企业单位登记暂行办法》规定，个人出资且担任民办非企业单位负责人的，可申请办理民办非企业单位(个体)登记；两人或两人以上合伙举办的，可申请办理民办非企业单位(合伙)登记；两人或两人以上举办且具备法人条件的，可申请办理民办非企业单位(法人)登记。需要注意的是，由企业事业单位、社会团体和其他社会力量举办的或由上述组织与个人共同举办的，应当申请民办非企业单位(法人)登记。

11. B。

【解析】本题考查民办非企业单位的申请登记条件。民办非企业单位名称应当符合法律、法规的规定，不得含有"中国""全国""中华"等字样，A选项错误。民办非企业单位必须拥有与其业务活动相适应的合法财产，且其合法财产中的国有资产份额不得超过总财产的1/3，D选项错误。民办非企业单位的活动场所须有产权证明或1年期以上的使用权证明，C选项只有9个月，不符合题意。章程草案或合伙协议中须载明该单位的盈利不得分配，因此B选项正确。

【知识拓展】与社会团体章程类似，民办非企业单位的章程也应包括下列事项：(1)名称、住所。(2)宗旨和业务范围。(3)组织管理制度。(4)法定代表人或者负责人的产生、罢免的程序。(5)资产管理和使用的原则。(6)章程的修改程序。(7)终止程序和终止后资产的处理等。

12. C。

【解析】本题考查民办非企业单位登记程序。根据《民办非企业单位登记管理暂行条例》第五条规定，国务院民政部门和县级以上地方各级人民政府民政部门是本级人民政府的民办非企业单位登记管理机关。

13. C。

【解析】本题考查成立民办非企业单位的条件。根据《民办非企业单位登记暂行办法》规定，民办非企业单位必须拥有与其业务活动相适应的合法财产，且其合法财产中的非国有资产份额不得低于总财产的2/3。本题中，"王某共筹集了价值120万元的合法财产"，那么，王某这些财产中的非国有资产份额不得低于80万元。

14. B。

【解析】本题考查民办非企业单位的民事责任分类。民办非企业单位根据其依法承担民事责任的不同方式分为民办非企业单位(法人)、民办非企业单位(合伙)和民办非企业单位(个体)三种。

15. A。

【解析】本题考查民办非企业单位的登记程序。登记民办非企业单位,应当向登记管理机关提交下列文件:(1)登记申请书。(2)业务主管单位的批准文件。(3)场所使用权证明。(4)验资报告。(5)拟任法定代表人或单位负责人的基本情况、身份证明。

16. C。

【解析】本题考查民办非企业单位的变更登记。民办非企业单位的住所、业务范围、法定代表人或单位负责人、开办资金、业务主管单位等登记事项如果需要变更,应当自业务主管单位审查同意之日起30日内向登记管理机关申请变更登记。C项是住所的变更,应该申请变更登记。

【知识拓展】如果是变更业务主管单位,须在原业务主管单位出具不再担任业务主管的文件之日起90日内找到新的业务主管单位,并到登记管理机关申请变更登记。

17. A。

【解析】本题考查民办非企业单位的财务制度。民办非企业单位属非营利组织,应按照《民间非营利组织会计制度》的规定,进行会计核算,编制财务会计报告。故A项正确。民办非企业单位在开展业务需要收取有关费用时,应按照现行行政事业性收费审批管理的有关规定,履行收费审批程序,即申请设立收费项目须经中央和省级财政主管部门会同价格主管部门审批,收费标准须由中央和省级价格主管部门会同财政主管部门核定。故B项错误。经核准登记的民办非企业单位,应开立银行账户,并将银行账号报登记管理机关备案。故C项错误。民办非企业单位的资产来源于国家资助或者社会捐赠、资助时,应当接受审计机关的监督。故D项错误。

18. A。

【解析】本题考查民办非企业单位的财务制度。根据《民办非企业单位登记管理暂行条例》第二十二条规定,民办非企业单位必须执行国家规定的财务管理制度,接受财政部门的监督;资产来源属于国家资助或者社会捐赠、资助的,还应当接受审计机关的监督。民办非企业单位变更法定代表人或者负责人,登记管理机关、业务主管单位应当组织对其进行财务审计。

19. C。

【解析】本题考查民办非企业单位的年检和评估。民办非企业单位于每年3月31日前向业务主管单位报送年检材料,经业务主管单位出具初审意见后,于5月31日前报送登记管理机关。故选项A错误。“年检基本合格”和“年检不合格”的民办非企业单位,应当进行整改,整改期限为3个月。故选项B错误。对连续2年不参加年检或连续2年“年检不合格”的民办非企业单位,予以撤销登记。故选项C正确。民办非企业单位更换登记证书,应当保留原有年检记录。故选项D错误。

【知识拓展】经登记管理机关核准登记的民办非企业单位,应当按规定接受登记管理机关的年检。但截至上年度12月31日,成立登记时间未超过6个月(上一年7月1日以后登记成立的)的民办非企业单位,不参加当年的年检。

20. A。

【解析】本题考查基金会的设立条件。原始基金必须为到账货币资金,且应达到规定的额度。全国性公募基金会的原始基金不低于800万元人民币,地方性公募基金会的原始基金不低于400万元人民币，非公募基金会的原始基金不低于200万元人民币。

【知识拓展】要经一定的登记程序才能成立慈善组织；已有的基金会或其他社会组织也需要经过申请认定程序，经民政部门认定后才能成为慈善组织。依法登记满2年的慈善组织，可以向其登记的民政部门申请公开募捐资格。法律、行政法规规定自登记之日起可以公开募捐的基金会和社会团体，由民政部门直接发给公开募捐资格证书。

21. A。

【解析】本题考查基金会的登记管理。根据《基金会管理条例》第六条规定，国务院民政部门和省、自治区、直辖市人民政府民政部门是基金会的登记管理机关。国务院民政部门负责下列基金会、基金会代表机构的登记管理工作：(1)全国性公募基金会。(2)拟由非内地居民担任法定代表人的基金会。(3)原始基金超过2000万元，发起人向国务院民政部门提出设立申请的非公募基金会。(4)境外基金会在中国内地设立的代表机构。省、自治区、直辖市人民政府民政部门负责本行政区域内地方性公募基金会和不属于前款规定情况的非公募基金会的登记管理工作。故选项A正确。

22. D。

【解析】本题考查基金会理事会的组成及职责。根据《基金会管理条例》第二十条规定，基金会设理事会，理事为5人至25人，理事任期由章程规定，但每届任期不得超过5年。理事任期届满，连选可以连任。用私人财产设立的非公募基金会，相互间有近亲属关系的基金会理事，总数不得超过理事总人数的1/3；其他基金会，具有近亲属关系的不得同时在理事会任职。在基金会领取报酬的理事不得超过理事总人数的1/3。

23. D。

【解析】本题考查理事会的组成。根据《基金会管理条例》规定，基金会理事长、副理事长和秘书长不得由现职国家工作人员兼任。故选项A错误。作为基金会的法定代表人，理事长不得同时担任其他组织的法定代表人。故选项B错误。担任基金会理事长、副理事长或者秘书长的香港居民、澳门居民、台湾居民、外国人以及境外基金会代表机构的负责人，每年在中国内地居留时间不得少于3个月。故选项C错误。因犯罪被判处管制、拘役或者有期徒刑，刑期执行完毕之日起未逾5年的，因犯罪被判处剥夺政治权利正在执行期间或者曾经被判处剥夺政治权利的，以及曾在因违法被撤销登记的基金会担任理事长、副理事长或者秘书长，且对该基金会的违法行为负有个人责任，自该基金会被撤销之日起未逾5年的，不得担任基金会的理事长、副理事长或者秘书长。故选项D正确。

24. C。

【解析】本题考查境外基金会代表机构的设立。境外基金会在中国内地设立代表机构，应当经有关业务主管单位同意后，向登记管理机关提交下列文件：(1)申请书。(2)基金会在境外依法登记成立的证明和基金会章程。(3)拟设代表机构负责人身份证明及简历。(4)住所证明。(5)业务主管单位同意在中国内地设立代表机构的文件。

25. D。

【解析】本题考查基金会的监事及其职责。基金会设监事，关于监事，有如下规定：(1)监事任期与理事任期相同。

(2)理事、理事的近亲属和基金会财会人员不得兼任监事。(3)监事不得从基金会获取报酬。(4)监事及其近亲属不得与其所在的基金会有任何交易行为。故本题选 D。

26. A。

【解析】本题考查基金会的理事会的职责。理事会决议须经出席理事过半数通过方为有效。故 A 项正确。下列重要事项的决议,须经出席理事表决,2/3 以上通过方为有效:(1)章程的修改。(2)选举或者罢免理事长、副理事长、秘书长。(3)章程规定的重大募捐、投资活动。(4)基金会的分立、合并。本题中,B、C、D 三项都为重要事项的决议,须经出席理事的 2/3 以上通过方为有效,即至少 12 人。

【知识拓展】关于理事会决策,《基金会管理条例》明确规定:(1)基金会理事遇有个人利益与基金会利益关联时,不得参与相关事宜的决策。(2)理事会违反法律法规的规定和章程规定决策不当,致使基金会遭受财产损失的,参与决策的理事应当承担相应的赔偿责任。

27. C。

【解析】本题考查基金会财产的管理。非公募基金会每年用于从事章程规定的公益事业支出,不得低于上一年基金余额的 8%。2005 年基金余额为 1 亿元,则 2006 年的公益事业支出至少应为 800 万元。2006 年基金余额为 1 亿 500 万元,则 2007 年公益事业支出至少应为 840 万元。2007 年基金余额为 1 亿 1700 万元,则 2008 年公益性支出至少应为 936 万元。2008 年基金余额为 1 亿 2200 万元,则 2009 年公益支出事业至少应为 976 万元。因此,2006 年、2007 年、2009 年的财务状况均不符合要求。

28. B。

【解析】本题考查基金会财产的管理。根据《慈善法》第六十条规定,慈善组织中具有公开募捐资格的基金会开展慈善活动的年度支出,不得低于上一年总收入的 70% 或者前 3 年收入平均数额的 70%;年度管理费用不得超过当年总支出的 10%,特殊情况下,年度管理费用难以符合前述规定的,应当报告其登记的民政部门并向社会公开说明情况。本题中,该慈善组织 2021 年的总支出为 1800 万元,大于 2021 年总收入的 70%,即 2000 × 70% = 1400 万元,所以管理费用最高为 180 万元。故选项 B 正确。

29. B。

【解析】本题考查基金会财产的管理。根据《慈善法》第六十条规定,慈善组织中具有公开募捐资格的基金会开展慈善活动的年度支出,不得低于上一年总收入的 70% 或者前 3 年收入平均数额的 70%;年度管理费用不得超过当年总支出的 10%,特殊情况下,年度管理费用难以符合前述规定的,应当报告其登记的民政部门并向社会公开说明情况。

【知识拓展】基金会应当根据章程规定的宗旨和公益活动的业务范围使用其财产;捐赠协议明确了具体使用方式的捐赠,根据捐赠协议的约定使用。接受捐赠的物资无法用于符合其宗旨的用途时,基金会可以依法拍卖或者变卖,所得收入用于捐赠目的。

30. D。

【解析】本题考查基金会的专项审计。重大公益项目,有下列 3 种情形之一的,应当实施专项审计:(1)当年该项目的捐赠收入占基金会当年捐赠总收入的 1/5 以上且金额超过人民币 50 万元的。(2)当年该项目的支出占基金会当年总支出的1/5以上且金额超过人民币50万元的。(3)持续时间超过3年的。

31. D。

【解析】本题考查基金会的终止。《基金会管理条例》第三十三条规定,基金会注销后的剩余财产应当按照章程的规定用于公益目的;无法按照章程规定处理的,由登记管理机关组织捐赠给与该基金会性质、宗旨相同的社会公益组织,并向社会公告。

【知识拓展】基金会在办理注销登记前,应当在登记管理机关、业务主管单位的指导下成立清算组织,完成清算工作。在清算结束之日起15日内,基金会应当向登记管理机关办理注销登记。基金会注销的,其分支机构、代表机构同时注销。

二、多项选择题

32. ABCE。

【解析】本题考查成立社会团体的条件。根据《社会团体登记管理条例》规定,成立社会团体,应当具备下列条件:(1)有50个以上的个人会员或者30个以上的单位会员;个人会员、单位会员混合组成的,会员总数不得少于50个。(2)有规范的名称和相应的组织机构。(3)有固定的住所。(4)有与其业务活动相适应的专职工作人员。(5)有合法的资产和经费来源,全国性的社会团体有10万元以上活动资金,地方性的社会团体和跨行政区域的社会团体有3万元以上活动资金。(6)有独立承担民事责任的能力。本题中,赵某拟发起成立的是地方性社会团体,故选项D错误。其他选项均正确。

33. ABCE。

【解析】本题考查行业协会商会与行政机关脱钩的要求、原则与任务。根据《行业协会商会与行政机关脱钩总体方案》规定,脱钩任务和措施主要有:机构分离,规范综合监管关系;职能分离,规范行政委托和职责分工关系;资产财务分离,规范财产关系;人员管理分离,规范用人关系;党建、外事等事项分离,规范管理关系。

【知识拓展】行业协会商会与行政机关脱钩的基本原则可概括为“四个坚持”:坚持社会化、市场化改革方向;坚持法治化、非营利原则;坚持服务发展、释放市场活力;坚持试点先行、分步稳妥推进。

34. AB。

【解析】本题考查民办非企业单位的分类。根据《民办非企业单位登记暂行办法》规定,举办民办非企业单位,应按照下列所属(事)业申请学位:教育事业,如民办幼儿园,民办小学、中学、学校、学院、大学,民办专修(进修)学院或学校,民办培训(补习)学校或中心等。民办职业培训中心属于劳动事业;民办科学研究中心属于科技事业;民办人才交流中心属于社会中介服务业。

35. ACE。

【解析】本题考查民办非企业单位的登记程序。根据《中共中央关于全面深化改革若干重大问题的决定》规定,成立行业协会商会类、科技类、公益慈善类、城乡社区服务类社会组织,直接向民政部门依法申请登记,不再需要业务主管单位审查同意。

36. BD。

【解析】本题考查我国民间组织的管理。民办非企业单位的资产必须用于合法用途,任何单位和个人均不得侵占、私分或者挪用民办非企业单位的资产。故A项错误。非公募基金会是不得面向公众募捐的基金会。故C项错误。除根据规定可以免予登记的社会团体,其他社会团体必须依法进行登记才能成立。故 E 项错误。

【知识拓展】民办非企业单位接受捐赠、资助，必须符合章程规定的宗旨和业务范围，必须根据与捐赠人、资助人约定的期限、方式和合法用途使用。民办非企业单位应当向业务主管单位报告接受和使用捐赠、资助的有关情况，并应当将有关情况以适当方式向社会公布。

37. BCE。

【解析】本题考查基金会管理法规与政策。章程的修改、秘书长的罢免须经出席理事表决，且 2/3 以上通过方为有效。故 A 项错误，C 项正确。非公募基金会每年用于从事章程规定的公益事业支出，不得低于上一年基金余额的 8%。故 B 项正确。在基金会领取报酬的理事不得超过理事总人数的 1/3。故 D 项错误。理事任期有章程规定，但每届任期不得超过 5 年。故 E 项正确。

38. BCD。

【解析】本题考查基金会的监事及其职责。根据《基金会管理条例》第二十二条规定，监事任期与理事任期相同；理事、理事的近亲属和基金会财会人员不得兼任监事；监事依照章程规定的程序检查基金会财务和会计资料，监督理事会遵守法律和章程的情况；监事列席理事会会议，有权向理事会提出质询和建议，并应当向登记管理机关、业务主管单位以及税务、会计主管部门反映情况。第二十三条规定，基金会理事、监事及其近亲属不得与其所在的基金会有任何交易行为。监事和未在基金会担任专职工作的理事不得从基金会获取报酬。

39. ABD。

【解析】本题考查社会团体的评估。根据《社会组织评估管理办法》第二十七条规定，获得评估等级的社会组织在开展对外活动和宣传时，可以将评估等级证书作为信誉证明出示。评估等级牌匾应当悬挂在服务场所或者办公场所的明显位置，自觉接受社会监督。故 A、B 项正确。第二十八条规定，社会组织评估等级有效期为 5 年。获得 3A 以上评估等级的社会组织，可以优先接受政府职能转移，可以优先获得政府购买服务，可以优先获得政府奖励。获得 3A 以上评估等级的基金会、慈善组织等公益性社会团体可以按照规定申请公益性捐赠税前扣除资格。获得 4A 以上评估等级的社会组织在年度检查时，可以简化年度检查程序。故 C、E 项错误。第二十九条规定，评估等级有效期满前 2 年，社会组织可以申请重新评估。符合参加评估条件未申请参加评估或者评估等级有效期满后未再申请参加评估的社会组织，视为无评估等级。故 D 项正确。

【知识拓展】社会团体和基金会的评估实行综合评估，评估内容包括基础条件、内部治理、工作绩效和社会评价。评估结果分为 5 个等级，由高至低依次为 5A 级（AAAAA）、4A 级（AAAA）、3A 级（AAA）、2A 级（AA）、1A 级（A）。

第十二章
我国劳动就业和劳动关系法规与政策

一、单项选择题									
1. B	2. A	3. A	4. A	5. C	6. B	7. B	8. C	9. A	10. D
11. C	12. A	13. A	14. D	15. C	16. A	17. D	18. B	19. D	20. D
21. A	22. C	23. A	24. B	25. C	26. C	27. B	28. D	29. B	30. B
31. C	32. B	33. C	34. A	35. C	36. B	37. D	38. D	39. D	40. C
41. D	42. D	43. B	44. D	45. D	46. D	47. D	48. C	49. D	50. D
51. B									
二、多项选择题									
52. CD	53. CE	54. ACE	55. BCE	56. ABCE	57. ABCE	58. ACD	59. BCDE	60. ABC	61. CDE
62. ACDE	63. ACE	64. ABCD	65. ABCD						

深度解析

一、单项选择题

1. B。

【解析】本题考查促进就业的原则。根据《就业促进法》第二十七条规定，国家保障妇女享有与男子平等的劳动权利。用人单位招用人员，除国家规定的不适合妇女的工种或者岗位外，不得以性别为由拒绝录用妇女或者提高对妇女的录用标准。用人单位录用女职工，不得在劳动合同中规定限制女职工结婚、生育的内容。

2. A。

【解析】本题考查通过税费政策促进就业。根据《就业促进法》规定，国家鼓励企业增加就业岗位，扶持失业人员和残疾人就业，对下列企业、人员依法给予税收优惠：(1)吸纳符合国家规定条件的失业人员达到规定要求的企业。(2)失业人员创办的中小企业。(3)安置残疾人员达到规定比例或者集中使用残疾人的企业。(4)从事个体经营的符合国家规定条件的失业人员。(5)从事个体经营的残疾人。(6)国务院规定给予税收优惠的其他企业、人员。对上述第(4)项、第(5)项规定的人员，有关部门应当在经营场地等方面给予照顾，免除行政事业性收费。

3. A。

【解析】本题考查公共就业服务。公共就业服务机构为劳动者免费提供下列服务：(1)就业政策法规咨询。(2)职业供求信息、市场工资指导价位信息和职业培训信息发布。(3)职业指导和职业介绍。(4)对就业困难人员实施就业援助。(5)办理就业登记、失业登记等事务。(6)其他公共就业服务。

【知识拓展】公共就业服务机构应当不断提高服务的质量和效率，不得从事经营性活动。公共就业服务经费纳入同级财政预算。

4. A。

【解析】本题考查职业中介机构不得有的行为。根据《就业服务与就业管理规定》的规定，职业中介机构不得有下列行为：(1)提供虚假就业信息。(2)发布的就业信息中包含歧视性内容。(3)伪造、涂改、转让职业中介许可证。(4)为无合法证照的用人单位提供职业中介服务。(5)介绍未满16周岁的未成年人就业。(6)为无合法身份证件的劳动者提供职业中介服务。(7)介绍劳动者从事法律、法规禁止从事的职业。(8)扣押劳动者的居民身份证和其他证件，或者向劳动者收取押金。(9)以暴力、胁迫、欺诈等方式进行职业中介活动。(10)超出核准的业务范围经营。(11)其他违反法律、法规规定的行为。

【知识拓展】职业中介机构是指由法人、其他组织和公民个人举办，为用人单位招用人员和劳动者求职提供中介服务以及其他相关服务的经营性组织。政府部门不得举办或者与他人联合举办经营性的职业中介机构。

5. C。

【解析】本题考查就业服务和管理。根据《就业促进法》第六十六条规定，违反本法规定，职业中介机构向劳动者收取押金的，由劳动行政部门责令限期退还劳动者，并以每人500元以上2000元以下的标准处以罚款。

6. B。

【解析】本题考查劳动合同的订立。根据《劳动合同法》规定，用人单位自用工之日起超过1个月不满1年未与劳动者订立书面劳动合同的，应当向劳动者每月支付2倍的工资。

7. B。

【解析】本题考查订立无固定期限劳动合同的条件以及用人单位提前解除劳动合同的情形。根据《劳动合同法》第十四条规定，用人单位与劳动者协商一致，可以订立无固定期限劳动合同。连续订立2次固定期限劳动合同，且劳动者没有本法第三十九条和第四十条第一项、第二项规定的情形，劳动者提出或者同意续订、订立劳动合同的，除劳动者提出订立固定期限劳动合同外，应当订立无固定期限劳动合同。《劳动合同法》第四十条规定，劳动者不能胜任工作，经过培训或者调整工作岗位，仍不能胜任工作的，用人单位提前30日以书面形式通知劳动者本人或者额外支付劳动者1个月工资后，可以解除劳动合同。本题中，公司与杨某连续订立了2次固定期限的合同，且虽然在2020年12月被公司认定为不能胜任工作。但经公司培训后，已经重新上岗，说明不满足第四十条的条件，故杨某可以要求与公司签订无固定期限的劳动合同。故选项B正确。

【知识拓展】按照劳动合同的期限，劳动合同可分为有固定期限合同、无固定期限合同和以完成一定的工作为期限的劳动

合同。劳动者在同一用人单位连续工作满10年以上，当事人双方同意续延劳动合同的，如果劳动者提出订立无固定期限的劳动合同，应当订立无固定期限的劳动合同。

8. C。

【解析】本题考查劳动合同的内容。劳动合同应当以书面形式或可视为书面形式的电子劳动合同订立，并具备以下条款：(1)用人单位的名称、住所和法定代表人或者主要负责人。(2)劳动者的姓名、住址和居民身份证或者其他有效身份证件号码。(3)劳动合同期限。(4)工作内容和工作地点。(5)工作时间和休息休假。(6)劳动报酬。(7)社会保险。(8)劳动保护、劳动条件和职业危害防护。(9)法律、法规规定应当纳入劳动合同的其他事项。

9. A。

【解析】本题考查劳动合同的内容。根据《劳动合同法》规定，劳动合同期限1年以上不满3年的，试用期不得超过2个月。

【知识拓展】3年以上固定期限和无固定期限的劳动合同，试用期不得超过6个月。同一用人单位与同一劳动者只能约定一次试用期。以完成一定工作任务为期限的劳动合同或者劳动合同期限不满3个月的，不得约定试用期。试用期包含在劳动合同期限内。劳动合同仅约定试用期的，试用期不成立，该期限为劳动合同期限。劳动者在试用期的工资不得低于本单位相同岗位最低档工资或者劳动合同约定工资的80%，并不得低于用人单位所在地的最低工资标准。

10. D。

【解析】本题考查劳动合同的种类。用人单位自用工之日起满1年不与劳动者订立书面劳动合同的，视为用人单位与劳动者已订立无固定期限劳动合同。

11. C。

【解析】本题考查劳动合同的法律效力。根据《劳动合同法》第二十六条规定，下列劳动合同无效或者部分无效：(1)以欺诈、胁迫的手段或者乘人之危，使对方在违背真实意思的情况下订立或者变更劳动合同的。(2)用人单位免除自己的法定责任、排除劳动者权利的。(3)违反法律、行政法规强制性规定的。

12. A。

【解析】本题考查无效劳动合同的种类。根据《劳动合同法》规定，用人单位免除自己的法定责任、排除劳动者权利的，劳动合同无效或者部分无效。工伤保险待遇是劳动者依法享有的权利，故“如发生工伤事故，公司最多赔偿3万元”的条款无效。

13. A。

【解析】本题考查无效劳动合同。无效劳动合同是指依法不具有法律约束力的劳动合同。无效的劳动合同，从订立的时候起，就没有法律约束力。

14. D。

【解析】本题考查无效劳动合同。劳动合同被确认无效，劳动者已付出劳动的，用人单位应当向劳动者支付劳动报酬。劳动报酬的数额，参照本单位相同或者相近岗位劳动者的劳动报酬确定。

【知识拓展】对劳动合同的无效或者部分无效有争议的，由劳动争议仲裁机构或者人民法院确认。

15. C。

【解析】本题考查劳动合同的解除。根据《劳动合同法》规定，由于公司未按照劳动合同约定提供劳动保护或者劳动条件，劳动者可以解除劳动合同，并获得经济补偿。

【知识拓展】劳动者提前30日以书面形式通知用人单位，可以解除劳动合同。劳

动者在试用期内提前3日通知用人单位，可以解除劳动合同。

16. A。

【解析】本题考查集体合同。根据《集体合同规定》第二十八条规定，职工一方协商代表在其履行协商代表职责期间劳动合同期满的，劳动合同期限自动延长至完成履行协商代表职责之时，除出现下列情形之一的，用人单位不得与其解除劳动合同：(1)严重违反劳动纪律或用人单位依法制定的规章制度的。(2)严重失职、营私舞弊，对用人单位利益造成重大损害的。(3)被依法追究刑事责任的。故选项C错误。根据第三十条规定，工会可以更换职工一方协商代表；未建立工会的，经本单位半数以上职工同意可以更换职工一方协商代表。故选项B错误。企业内部的协商代表参加集体协商视为提供了正常劳动，应享受正常劳动工资。故选项A正确。在《集体合同规定》中没有对协商代表休假问题的表述，可以判断D为干扰项。

17. D。

【解析】本题考查劳动合同的解除与终止。有下列情形之一的，用人单位提前30日以书面形式通知劳动者本人或者额外支付劳动者1个月工资后，可以解除劳动合同：劳动者患病或者非因工负伤，在规定的医疗期满后不能从事原工作，也不能从事由用人单位另行安排的工作的；劳动者不能胜任工作，经过培训或者调整工作岗位，仍不能胜任工作的；劳动合同订立时所依据的客观情况发生重大变化，致使劳动合同无法履行，经用人单位与劳动者协商，未能就变更合同内容达成协议的。故本题选D。

18. B。

【解析】本题考查劳动合同的解除。根据《劳动合同法》第四十二条规定，劳动者有下列情形之一的，用人单位不得依照该法第四十条、第四十一条的规定解除劳动合同：从事接触职业病危害作业的劳动者未进行离岗前职业健康检查，或者疑似职业病病人在诊断或者医学观察期间的；在本单位患职业病或者因工负伤并被确认丧失或者部分丧失劳动力的；患病或者非因工负伤，在规定的医疗期内的；女职工在孕期、产期、哺乳期的；在本单位连续工作满15年，且距法定退休年龄不足5年的。因此只有B项可以解除劳动合同。

19. D。

【解析】本题考查劳动合同的解除。根据《劳动合同法》第三十八条规定，用人单位以暴力、威胁或者非法限制人身自由的手段强迫劳动者劳动的，或者用人单位违章指挥、强令冒险作业危及劳动者人身安全的，劳动者可以立即解除劳动合同，不需事先告知用人单位。

20. D。

【解析】本题考查劳动合同的解除。《劳动合同法》第四十二条规定，劳动者有下列情形之一的，用人单位不得依照本法第四十条、第四十一条的规定解除劳动合同：(1)从事接触职业病危害作业的劳动者未进行离岗前职业健康检查，或者疑似职业病病人在诊断或者医学观察期间的。(2)在本单位患职业病或者因工负伤并被确认丧失或者部分丧失劳动能力的。(3)患病或者非因工负伤，在规定的医疗期内的。(4)女职工在孕期、产期、哺乳期的。(5)在本单位连续工作满15年，且距法定退休年龄不足5年的。(6)法律、行政法规规定的其他情形。本题中，老张今年57岁，在本单位连续工作满15年，且距法定退休年龄不足5年，因此公司不得终止与老张的劳动合同，但经协商可以变更老张的工作岗位。

【知识拓展】用人单位解除劳动合同，工会认为不适当的，有权提出意见。如果用人单位违反法律、法规或者劳动合同，工会有权要求重新处理；劳动者申请仲裁或者提起诉讼的，工会应当依法给予支持和帮助。用人单位单方解除劳动合同，应当事先将理由通知工会。用人单位违反法律、行政法规规定或者劳动合同约定的，工会有权要求用人单位纠正。用人单位应当研究工会的意见，并将处理结果书面通知工会。

21. A。

【解析】本题考查用人单位对劳动者的经济补偿。根据《劳动合同法》规定，用人单位依照本法第三十六条规定向劳动者提出解除劳动合同并与劳动者协商一致解除劳动合同的，应当向劳动者支付经济补偿。其中，第三十六条的规定是，用人单位与劳动者协商一致，可以解除劳动合同。故选项A正确。选项B中，钱某主动要求与公司解除劳动合同，且履行了在规定时间内告知公司的义务，公司无需向其支付经济补偿。选项C属于劳动合同按期终止的情形，选项D属于劳动合同自动终止的情形，公司都无需向孙某和李某支付经济补偿。

22. C。

【解析】本题考查集体合同的效力。集体合同由工会代表企业职工一方与用人单位订立；尚未建立工会的用人单位，由上级工会指导劳动者推举的代表与用人单位订立。故A项错误。用人单位与劳动者订立的劳动合同中劳动报酬和劳动条件等标准不得低于集体合同规定的标准。故B项错误。集体合同订立后，应当报送劳动行政部门；劳动行政部门自收到集体合同文本之日起15日内未提出异议的，集体合同即行生效。故D项错误。

【知识拓展】企业职工一方与用人单位通过平等协商，可以就劳动报酬、工作时间、休息休假、劳动安全卫生、保险福利等事项订立集体合同。集体合同草案应当提交职工代表大会或者全体职工讨论通过。

23. A。

【解析】本题考查劳务派遣。根据《劳动合同法》第五十八条规定，劳务派遣单位是本法所称用人单位，应当履行用人单位对劳动者的义务。劳务派遣单位应当与被派遣劳动者订立2年以上的固定期限劳动合同，按月支付劳动报酬；被派遣劳动者在无工作期间，劳务派遣单位应当按照所在地人民政府规定的最低工资标准，向其按月支付报酬。第六十三条规定，被派遣劳动者享有与用工单位的劳动者同工同酬的权利。第六十六条规定，劳务派遣只能在临时性、辅助性或者替代性的工作岗位上实施。

24. B。

【解析】本题考查非全日制用工。非全日制用工双方当事人可以订立口头协议，故选项A错误。非全日制用工双方当事人不得约定试用期，任何一方都可以随时通知对方终止用工。故选项B正确，选项C错误。非全日制用工小时计酬标准不得低于用人单位所在地人民政府规定的最低小时工资标准，故选项D错误。

25. C。

【解析】本题考查劳务派遣。根据《劳动合同法》第六十三条规定，被派遣劳动者享有与用工单位的劳动者同工同酬的权利。用工单位应当按照同工同酬原则，对被派遣劳动者与本单位同类岗位的劳动者实行相同的劳动报酬分配办法。用工单位给被派遣劳动者造成损害的，劳务派遣单位与用工单位承担连带赔偿责任。故选项C正确。

26. C。

【解析】本题考查工资水平和工资支付。根据《劳动法》第五十条规定，工资应当以货币形式按月支付给劳动者本人。不得克扣或者无故拖欠劳动者的工资。故A、B项错误。第五十一条规定，劳动者在法定休假日和婚丧假期间以及依法参加社会活动期间，用人单位应当依法支付工资。故C项正确。根据《职工带薪年休假条例》第五条规定，单位确因工作需要不能安排职工休年假的，经职工本人同意，可以不安排职工休年假。对职工应休未休假天数，单位应当按照该职工日工资收入的300%支付年休假工资报酬。故D项错误。

27. B。

【解析】本题考查最低工资保障制度。最低工资标准一般采取月最低工资标准和小时最低工资标准的形式。月最低工资标准适用于全日制就业劳动者，小时最低工资标准适用于非全日制就业劳动者。

【知识拓展】国家实行最低工资保障制度。最低工资的具体标准由省、自治区、直辖市人民政府规定，报国务院备案。用人单位支付劳动者的工资不得低于当地最低工资标准。最低工资标准每两年至少调整1次。

28. D。

【解析】本题考查工资水平和工资支付。根据《劳动法》规定，工资应当以货币形式按月支付给劳动者本人。不得克扣或者无故拖欠劳动者的工资。故选项A、B、C错误，选项D正确。

29. B。

【解析】本题考查工作时间和休息休假的规定。劳动者每日工作时间不超过8小时。根据《劳动法》第四十一条规定，用人单位由于生产经营需要，经与工会和劳动者协商后可以延长工作时间，一般每日不得超过1小时；因特殊原因需要延长工作时间的，在保障劳动者身体健康的条件下延长工作时间每日不得超过3小时，但是每月不得超过36小时。第四十二条规定，有下列情形之一的，延长工作时间不受本法第四十一条的限制：(1)发生自然灾害、事故或者因其他原因，威胁劳动者生命健康和财产安全，需要紧急处理的。(2)生产设备、交通运输线路、公共设施发生故障，影响生产和公众利益，必须及时抢修的。(3)法律、行政法规规定的其他情形。

30. B。

【解析】本题考查休息休假。根据《职工带薪年休假条例》第三条规定，职工累计工作已满1年不满10年的，年休假5天；已满10年不满20年的，年休假10天；已满20年的，年休假15天。国家法定休假日、休息日不计入年休假的假期。第四条规定，职工有下列情形之一的，不享受当年的年休假：(1)职工依法享受寒暑假，其休假天数多于年休假天数的。故选项A错误，教师已享受寒暑假。(2)职工请事假累计20天以上且单位按照规定不扣工资的。(3)累计工作满1年不满10年的职工，请病假累计2个月以上的。故选项C错误。(4)累计工作满10年不满20年的职工，请病假累计3个月以上的。故选项D错误。(5)累计工作满20年以上的职工，请病假累计4个月以上的。依照排除法，选项B正确。

31. C。

【解析】本题考查延长工作时间的工资支付。用人单位延长工作时间，应当按照下列标准支付高于劳动者正常工作时间工资的工资报酬：休息日安排劳动者工作又不能安排补休的，支付不低于工资的200%的工资报酬；法定休假日安排劳动者工作的，支付不低于工资的300%的工资报酬。即 $100\times3\times300\%+100\times4\times200\%=1700$(元)。

32. B。

【解析】本题考查女职工的特殊保护。女职工在孕期、产期、哺乳期内,用人单位一般不得解除劳动合同。A 项错误。用人单位不得在女职工怀孕期、产期、哺乳期降低其基本工资。B 项正确。对怀孕 7 个月以上的女职工,用人单位不得延长劳动时间或者安排夜班劳动。C 项错误。女职工产假期间的生育津贴,对已参加生育保险的,按照用人单位上年度职工月平均工资计发,由生育保险基金支付。D 项错误。

33. C。

【解析】本题考查退役士兵安排工作的相关内容。《退役士兵安置条例》第三十七条规定,由人民政府安排工作的退役士兵,服现役年限和符合本规定的待安排工作时间计算为工龄,享受所在单位同等条件人员的工资、福利待遇。《职工带薪年休假条例》第三条规定,职工累计工作已满 1 年不满 10 年的,年休假 5 天;已满 10 年不满 20 年的,年休假 10 天;已满 20 年的,年休假 15 天。本题中,关某的工作年限应为 2009 年 9 月至 2019 年 10 月,累计工作已满 10 年。

34. A。

【解析】本题考查平等就业。国家保障妇女享有与男子平等的劳动权利。用人单位招用人员,除国家规定的不适合妇女的工种或者岗位外,不得以性别为由拒绝录用妇女或者提高对妇女的录用标准。

【知识拓展】工资分配应当遵循按劳分配原则,实行同工同酬。用人单位不得因女职工怀孕、生育、哺乳降低其基本工资、予以辞退、与其解除劳动或聘用合同。

35. C。

【解析】本题考查未成年工的特殊保护。未成年工是指年满 16 周岁未满 18 周岁的劳动者。用人单位不得安排未成年工从事矿山井下、有毒有害、国家规定的第四级体力劳动强度的劳动和其他禁忌从事的劳动。

36. B。

【解析】本题考查女职工的特殊保护。根据《女职工劳动保护特别规定》第七条规定,女职工生育享受 98 天产假,其中产前可以休假 15 天;难产的,增加产假 15 天;生育多胞胎的,每多生育 1 个婴儿,增加产假 15 天。女职工怀孕未满 4 个月流产的,享受 15 天产假;怀孕满 4 个月流产的,享受 42 天产假。

37. D。

【解析】本题考查对女职工的特殊保护。根据《女职工劳动保护特别规定》规定,怀孕满 4 个月流产的,享受 42 天产假。故 A 项错误。怀孕女职工在劳动时间内进行产前检查,所需时间计入劳动时间。故 B 项错误。对怀孕 7 个月以上的女职工,用人单位不得延长劳动时间或者安排夜班劳动,并应当在劳动时间内安排一定的休息时间。故 C 项错误。对哺乳未满 1 周岁婴儿的女职工,用人单位不得延长劳动时间或者安排夜班劳动。用人单位应当在每天的劳动时间内为哺乳期女职工安排 1 小时哺乳时间;女职工生育多胞胎的,每多哺乳 1 个婴儿每天增加 1 小时哺乳时间。故 D 项正确。

38. D。

【解析】本题考查职业培训的规定。国家采取措施建立健全劳动预备制度。故 A 项错误。县级以上人民政府根据经济社会发展和市场需求,制订并实施职业能力开发计划。故 B 项错误。地方各级人民政府鼓励和支持开展就业培训,帮助失业人员提高职业技能,增强其就业能力和创业能力。故 C 项错误。

39. D。

【解析】本题考查劳动保障监察机构的监察事项。劳动保障行政部门对下列事项实施劳动保障监察：(1)用人单位制定内部劳动保障规章制度的情况。(2)用人单位与劳动者订立劳动合同的情况。(3)用人单位遵守禁止使用童工规定的情况。(4)用人单位遵守女职工和未成年工特殊劳动保护规定的情况。(5)用人单位遵守工作时间和休息休假规定的情况。(6)用人单位支付劳动者工资和执行最低工资标准的情况。(7)用人单位参加各项社会保险和缴纳社会保险费的情况。(8)职业介绍机构、职业技能培训机构和职业技能考核鉴定机构遵守国家有关职业介绍、职业技能培训和职业技能考核鉴定的规定的情况。(9)法律法规规定的其他劳动保障监察事项。

【知识拓展】劳动保障监察的对象范围有：企业和个体工商户；职业介绍机构、职业技能培训机构和职业技能考核鉴定机构。

40. C。

【解析】本题考查劳动保障监察的程序。劳动保障行政部门对违反劳动保障法律、法规或者规章的行为的调查，应当自立案之日起60个工作日内完成；对情况复杂的，经劳动保障行政部门负责人批准，可以延长30个工作日。

41. D。

【解析】本题考查劳动争议处理的规定。根据《劳动争议调解仲裁法》规定，发生劳动争议，当事人不愿协商、协商不成或者达成和解协议后不履行的，可以向调解组织申请调解；不愿调解、调解不成或者达成调解协议后不履行的，可以向劳动争议仲裁委员会申请仲裁；对仲裁裁决不服的，除本法另有规定的外，可以向人民法院提起诉讼。劳动争议中，仲裁是起诉的必经程序。故选项A、B、C错误，选项D正确。

【知识拓展】劳动争议处理机构包括：劳动争议调解组织（如企业劳动争议调解委员会、基层人民调解委员会）、劳动争议仲裁委员会和人民法院。

42. D。

【解析】本题考查劳动保障监察的程序。违反劳动保障法律、法规或者规章的行为在2年内未被劳动保障行政部门发现，也未被举报、投诉的，劳动保障行政部门不再查处。

43. B。

【解析】本题考查劳动争议处理的范围。根据《劳动争议调解仲裁法》第二条的规定，我国劳动争议调解仲裁的范围包括：(1)因确认劳动关系发生的争议。(2)因订立、履行、变更、解除和终止劳动合同发生的争议。(3)因除名、辞退和辞职、离职发生的争议。(4)因工作时间、休息休假、社会保险、福利、培训以及劳动保护发生的争议。(5)因劳动报酬、工伤医疗费、经济补偿或者赔偿金等发生的争议。(6)法律、法规规定的其他劳动争议。因此本题选B。

44. D。

【解析】本题考查劳动争议调解。根据《劳动争议调解仲裁法》第十六条规定，因支付拖欠劳动报酬、工伤医疗费、经济补偿或者赔偿金事项达成调解协议，用人单位在协议约定期限内不履行的，劳动者可以持调解协议书依法向人民法院申请支付令。人民法院应当依法发出支付令。故选项D正确。

45. D。

【解析】本题考查劳动争议仲裁。劳动争议申请仲裁的时效期间为1年。故A项错误。当事人对仲裁裁决不服的，可以自收到仲裁裁决书之日起15日内向人民法院提起诉讼。故B项错误。仲裁庭裁决劳动争议案件,应当自劳动争议仲裁委员会受理仲裁申请之日起 45 日内结束;案情复杂需要延期的,经劳动争议仲裁委员会主任批准,可以延期并书面通知当事人,但是延长期限不得超过 15 日。故 C 项错误。

46. D。

【解析】本题考查仲裁时效期间。根据《劳动争议调解仲裁法》第二十七条规定,劳动争议申请仲裁的时效期间为 1 年。仲裁时效期间从当事人知道或者应当知道其权利被侵害之日起计算。但是,劳动关系终止的,应当自劳动关系终止之日起 1 年内提出。故选 D 项。

47. D。

【解析】本题考查集体协商的原则和内容。根据《集体合同规定》第二条规定,中华人民共和国境内的企业和实行企业化管理的事业单位与本单位职工之间进行集体协商,签订集体合同,适用本规定。故 A 项错误。第六条规定,符合本规定的集体合同或专项集体合同,对用人单位和本单位的全体职工具有法律约束力。故 B 项错误。用人单位与职工个人签订的劳动合同约定的劳动条件和劳动报酬等标准,不得低于集体合同或专项集体合同的规定。故 C 项错误。第八条规定,集体协商双方可以就相关事项进行集体协商,签订集体合同或专项集体合同。故 D 项正确。

【知识拓展】集体协商是指劳动者通过工会或其代表与雇主或雇主组织的代表为签订集体合同而进行的商谈行为。集体协商主要采取协商会议的形式,其目的是签订集体合同或专项集体合同。

48. C。

【解析】本题考查集体协商的程序。集体协商任何一方均可就签订集体合同或专项集体合同以及相关事宜,以书面形式向对方提出进行集体协商的要求。一方提出进行集体协商要求的,另一方应当在收到集体协商要求之日起 20 日内以书面形式予以回应,无正当理由不得拒绝进行集体协商。

49. D。

【解析】本题考查集体协商的程序。集体协商双方的代表人数应当对等,每方至少 3 人,并各确定 1 名首席代表。故选项 A 错误。职工一方的协商代表由本单位工会选派。故选项 B 错误。用人单位一方的协商代表,由用人单位法定代表人指派,首席代表由单位法定代表人担任或由其书面委托的其他管理人员担任。故选项 C 错误。首席代表不得由非本单位人员代理。故选项 D 正确。

【知识拓展】集体协商双方首席代表可以书面委托本单位以外的专业人员作为本方协商代表。委托人数不得超过本方代表的 1/3。

50. D。

【解析】本题考查集体合同的订立。职工代表大会或者全体职工讨论集体合同草案或专项集体合同草案,应当有 2/3 以上职工代表或者职工出席,且须经全体职工代表半数以上或者全体职工半数以上同意,集体合同草案或专项集体合同草案方获通过。

51. B。

【解析】本题考查集体合同的相关规定。集体合同签订后,由用人单位一方报送劳动保障行政部门审查,A 选项错误。用人单位因被兼并、解散、破产等原因,致使集体合同无法履行,可以变更或解除集体合同,B 选项正确。集体协商过程中发生争议,双方当事人不能协商解决的,当事人一方或双方可以书面向劳动保障行政部门提出协调处理申请，C 选项错误。因履行集体合同发生的争议，当事人协商解决不成的，可以依法向劳动争议仲裁委员会申请仲裁，D 选项错误。

二、多项选择题

52. CD。

【解析】本题考查平等就业和自主择业原则。根据《关于进一步规范招聘行为促进妇女就业的通知》规定，各类用人单位、人力资源服务机构在拟定招聘计划、发布招聘信息、招用人员过程中，不得限定性别（国家规定的女职工禁忌劳动范围等情况除外）或性别优先，不得以性别为由限制妇女求职就业、拒绝录用妇女，不得询问妇女婚育情况，不得将妊娠测试作为入职体检项目，不得将限制生育作为录用条件，不得差别化地提高对妇女的录用标准。国有企事业单位、公共就业人才服务机构及各部门所属人力资源服务机构要带头遵法守法，坚决禁止就业性别歧视行为。

53. CE。

【解析】本题考查劳动合同解除的法律责任。根据《劳动合同法》第二十一条规定，在试用期中，除劳动者有本法第三十九条和第四十条第一项、第二项规定的情形外，用人单位不得解除劳动合同。用人单位在试用期解除劳动合同的，应当向劳动者说明理由。故选项 A 错误。第四十六条规定，用人单位依照本法第三十六条规定向劳动者提出解除劳动合同并与劳动者协商一致解除劳动合同的，用人单位应当向劳动者支付经济补偿。选项 B 缺少了“与劳动者协商一致”的条件，故错误。第八十二条规定，用人单位自用工之日起超过 1 个月不满 1 年未与劳动者订立书面劳动合同的，应当向劳动者每月支付 2 倍的工资。用人单位向劳动者每月支付 2 倍工资的起算时间为用工之日起满 1 个月的次日，截止时间为补订书面劳动合同的前 1 日。故选项 D 错误，选项 E 正确。第八十七条规定，用人单位违反本法规定解除或者终止劳动合同的，应当依照本法规定的经济补偿标准的 2 倍向劳动者支付赔偿金。故选项 C 正确。

54. ACE。

【解析】本题考查劳动合同的解除。《劳动合同法》第四十二条规定，劳动者有下列情形之一的，用人单位不得解除劳动合同：(1)从事接触职业病危害作业的劳动者未进行离岗前职业健康检查，或者疑似职业病病人在诊断或者医学观察期间的。(2)在本单位患职业病或者因工负伤并被确认丧失或者部分丧失劳动能力的。(3)患病或者非因工负伤，在规定的医疗期内的。(4)女职工在孕期、产期、哺乳期的。(5)在本单位连续工作满 15 年，且距法定退休年龄不足 5 年的。(6)法律、行政法规规定的其他情形。第四十一条规定，裁减人员时，应当优先留用下列人员：(1)与本单位订立较长期限的固定期限劳动合同的。(2)与本单位订立无固定期限劳动合同的。(3)家庭无其他就业人员，有需要扶养的老人或者未成年人的。

55. BCE。

【解析】本题考查劳务派遣。《劳动合同法》第五十八条规定，劳务派遣单位应当与被派遣劳动者订立 2 年以上的固定期限劳动合同，按月支付劳动报酬；被派遣劳动者在无工作期间，劳务派遣单位应当按照所在地人民政府规定的最低工资标准，向其按月支付报酬。第六十条规定，劳务派遣单位和用工单位不得向被派遣劳动者收取费用。第六十六条规定，劳务派遣只能在临时性、辅助性或者替代性的工作岗位上实施。第九十二条规定，用工单位给被派遣劳动者造成损害的，劳务派遣单位与用工单位承担连带赔偿责任。

56. ABCE。

【解析】本题考查非全日制用工的相关规定。非全日制用工，是指以小时计酬为主，劳动者在同一用人单位一般平均每日工作时间不超过4小时，每周工作时间累计不超过24小时的用工形式，非全日制用工双方当事人不得约定试用期，工资必须在15日内发放一次。本题中，临时工老陈的每天工作时间超时，工资要每月发放一次，而且有固定期限，属于全日制用工。故A、C项正确。劳动合同期限超过3个月不满1年的，试用期不得超过1个月。故B项正确。以欺诈、胁迫的手段或者乘人之危，使双方在违背真实意思的情况下订立或者变更劳动合同的规定的情形致使劳动合同无效的，解除劳动合同时，用人单位需要支付经济补偿金，故D项错误，E项正确。

57. ABCE。

【解析】本题考查最低工资标准的确定。确定和调整最低工资标准应当综合参考下列因素：(1)劳动者本人及平均赡养人口的最低生活费用。(2)社会平均工资水平。(3)劳动生产率。(4)就业状况。(5)地区之间经济发展水平的差异。

58. ACD。

【解析】本题考查工作时间和休息休假的规定。企业因生产特点不能实行标准工时制度的，经劳动行政部门批准，可以实行其他工作和休息办法。故B项错误。因特殊原因需要延长工作时间的，在保障劳动者身体健康的条件下延长工作时间每日不得超过3小时，但是每月不得超过36小时。故E项错误。

59. BCDE。

【解析】本题考查工作时间和休息休假的规定。根据《劳动法》第四十一条规定，因特殊原因需要延长工作时间的在保障劳动者身体健康的条件下延长工作时间每日不得超过3小时，但是每月不得超过36小时。第四十二条规定，有下列情形之一的，延长工作时间不受本法第四十一条的限制：(1)发生自然灾害、事故或者因其他原因，威胁劳动者生命健康和财产安全，需要紧急处理的。(2)生产设备、交通运输线路、公共设施发生故障，影响生产和公众利益，必须及时抢修的。故A项错误，B项正确。(3)法律、行政法规规定的其他情形。第四十四条规定，有下列情形之一的，用人单位应当按照下列标准支付高于劳动者正常工作时间工资的工资报酬：(1)安排劳动者延长工作时间的，支付不低于工资的150%的工资报酬。(2)休息日安排劳动者工作又不能安排补休的，支付不低于工资的200%的工资报酬。(3)法定休假日安排劳动者工作的，支付不低于工资的300%的工资报酬。故C、D、E项正确。

60. ABC。

【解析】本题考查年休假的相关规定。职工累计工作已满1年不满10年的，年休假5天，因此A、B选项正确。已满10年不满20年的，年休假10天，因此C选项正确，D选项错误。已满20年的，年休假15天，因此E选项错误。

61. CDE。

【解析】本题考查劳动争议调解仲裁的范围。我国劳动争议调解仲裁的范围包括：因确认劳动关系发生的争议；因订立、履行、变更、解除和终止劳动合同发生的争议；因除名、辞退和辞职、离职发生的争议；因工作时间、休息休假、社会保险、福利、培训以及劳动保护发生的争议；因劳动报酬、工伤医疗费、经济补偿或者赔偿金等发生的争议；法律、法规规定的其他劳动争议。

【知识拓展】发生劳动争议，劳动者可以与用人单位协商，也可以请工会或者第三方共同与用人单位协商，达成和解协议。发生劳动争议，当事人不愿协商、协商不成或者达成和解协议后不履行的，可以向调解组织申请调解；不愿调解、调解不成或者达成调解协议后不履行的，可以向劳动争议仲裁委员会申请仲裁；对仲裁裁决不服的，除法律另有规定的外，可以向人民法院提起诉讼。

62. ACDE。

【解析】本题考查劳动争议仲裁员的条件。仲裁员应公道正派并符合以下条件之一：(1)曾任审判员的。(2)从事法律研究、教学工作并具有中级以上职称的。(3)具有法律知识、从事人力资源管理或者工会等专业工作满5年的。(4)律师执业满3年的。

63. ACE。

【解析】本题考查劳动仲裁的开庭和裁决。仲裁庭对专门性问题认为需要鉴定的，可以交由当事人约定的鉴定机构鉴定；当事人没有约定或者无法达成约定的，由仲裁庭指定的鉴定机构鉴定。故B项错误。申请人收到书面通知，无正当理由拒不到庭或者未经仲裁庭同意中途退庭的，可以视为撤回仲裁申请。被申请人收到书面通知，无正当理由拒不到庭或者未经仲裁庭同意中途退庭的，可以缺席裁决。故D项错误。

64. ABCD。

【解析】本题考查集体协商的内容。集体协商双方可以就下列多项或某项内容进行集体协商，签订集体合同或专项集体合同：劳动报酬，工作时间，休息休假，劳动安全与卫生，补充保险和福利，女职工和未成年工特殊保护，职业技能培训，劳动合同管理，奖惩，裁员，集体合同期限，变更、解除集体合同的程序，履行集体合同发生争议时的协商处理办法，违反集体合同的责任，双方认为应当协商的其他内容。

65. ABCD。

【解析】本题考查集体协商争议的协调处理的程序。根据《集体合同规定》第五十三条规定，协调处理集体协商争议应当按照以下程序进行：(1)受理协调处理申请。(2)调查了解争议的情况。(3)研究制定协调处理争议的方案。(4)对争议进行协调处理。(5)制作《协调处理协议书》。

第十三章
我国健康与计划生育法规与政策

一、单项选择题									
1. A	2. A	3. A	4. D	5. B	6. D	7. D	8. A	9. B	10. B
11. A	12. D	13. A	14. C	15. C	16. D	17. D			
二、多项选择题									
18. ACDE	19. ABCE	20. ABE	21. ACE	22. ABCD	23. ABDE	24. ABDE	25. ABCD		

深度解析

一、单项选择题

1. A。

【解析】本题考查实施健康中国战略。根据《国务院关于实施健康中国行动的意见》的规定，到2022年和2030年，全国居民健康素养水平分别不低于22%和30%，故选项A正确。到2022年和2030年，全面无烟法规保护的人口比例分别达到30%及以上和80%及以上，故选项B错误。到2022年和2030年，婴儿死亡率分别控制在7.5‰及以下和5‰及以下，孕产妇死亡率分别下降到18/10万及以下和12/10万及以下，故选项C错误。到2022年和2030年，以乡（镇、街道）为单位，适龄儿童免疫规划疫苗接种率保持在90%以上，故选项D错误。

2. A。

【解析】本题考查实施健康中国战略。根据《“健康中国2030”规划纲要》规定，我国要创新医疗卫生服务供给模式，完善家庭医生签约服务，全面建立成熟完善的分级诊疗制度，形成基层首诊、双向转诊、上下联动、急慢分治的合理就医秩序，健全治疗—康复—长期护理服务链。

3. A。

【解析】本题考查医疗服务法规与政策。根据《基本医疗卫生与健康促进法》第五十六条规定，国家建立医疗卫生人员定期到基层和艰苦边远地区从事医疗卫生工作制度。执业医师晋升为副高级技术职称的，应当有累计1年以上在县级以下或者对口支援的医疗卫生机构提供医疗卫生服务的经历。

【知识拓展】国家采取定向免费培养、对口支援、退休返聘等措施，加强基层和艰苦边远地区医疗卫生队伍建设。对在基层和艰苦边远地区工作的医疗卫生人员，在薪酬津贴、职称评定、职业发展、教育培训和表彰奖励等方面实行优惠待遇。国家加强乡村医疗卫生队伍建设，建立县乡村上下贯通的职业发展机制，完善对乡村医疗卫生人员的服务收入多渠道补助机制和养老政策。

4. D。

【解析】本题考查突发公共卫生事件的应对机制建设。突发事件发生后，省、自治区、直辖市人民政府成立地方突发事件应急处理指挥部，省、自治区、直辖市人民政府主要领导人担任总指挥，负责领导、指挥本行政区域内突发事件应急处理工作。县级以上地方人民政府卫生行政主管部门，具体负责组织突发事件的调查、控制和医疗救治工作。

5. B。

【解析】本题考查突发公共卫生事件的应对机制建设。有下列情形之一的，省、自治区、直辖市人民政府应当在接到报告1小时内，向国务院卫生行政主管部门报告：(1)发生或者可能发生传染病暴发、流行的。(2)发生或者发现不明原因的群体性疾病的。(3)发生传染病菌种、毒种丢失的。(4)发生或者可能发生重大食物和职业中毒事件的。

6. D。

【解析】本题考查突发公共卫生事件的应对机制建设。根据《突发公共卫生事件应急条例》的规定，国家建立突发事件应急报告制度。有下列情形之一的，省、自治区、直辖市人民政府应当在接到报告1小时内，向国务院卫生行政主管部门报告：(1)发生或者可能发生传染病暴发、流行的。(2)发生或者发现不明原因的群体性疾病的。(3)发生传染病菌种、毒种丢失的。(4)发生或者可能发生重大食物和职业中毒事件的。国务院卫生行政主管部门对可能造成重大社会影响的突发事件，应当立即向国务院报告。突发事件监测机构、医疗卫生机构和有关单位发现有本条例上述规定情形之一的，应当在2小时内向所在地县级人民政府卫生行政主管部门报告。接到报告的卫生行政主管部门应当在2小时内向本级人民政府报告，并同时向上级人民政府卫生行政主管部门和国务院卫生行政主管部门报告。

7. D。

【解析】本题考查突发公共卫生事件应急预案的启动和执行。根据《突发公共卫生事件应急条例》规定，医疗机构收治传染病病人、疑似传染病病人，应当依法报告所在地的疾病预防控制机构。

【知识拓展】接到报告的疾病预防控制机构应当立即对可能受到危害的人员进行调查，根据需要采取必要的控制措施，对传染病做到早发现、早报告、早隔离、早治疗，切断传播途径，防止扩散。

8. A。

【解析】本题考查艾滋病治疗与救助的规定。根据《艾滋病防治条例》第四十一条规定，医疗机构不得因就诊的病人是艾滋病病毒感染者或者艾滋病病人，推诿或者拒绝对其其他疾病进行治疗。故B项错误。第四十二条规定，对确诊的艾滋病病毒感染者和艾滋病病人，医疗卫生机构的工作人员应当将其感染或者发病的事实告知本人；本人为无行为能力人或者限制行为能力人的，应当告知其监护人。故C项错误。第四十三条规定，医疗卫生机构应当按照国务院卫生主管部门制定的预防艾滋病母婴传播技术指导方案的规定，对孕产妇提供艾滋病防治咨询和检测，对感染艾滋病病毒的孕产妇及其婴儿，提供预防艾滋病母婴传播的咨询、产前指导、阻断、治疗、产后访视、婴儿随访和检测等服务。故A项正确。未经本人或者其监护人同意，任何单位或者个人不得公开艾滋病病毒感染者、艾滋病病人及其家属的姓名、住址、工作单位、肖像、病史资料以及其他可能推断出其具体身份的信息。故D项错误。

9. B。

【解析】本题考查职业病诊断与职业病病人保障。根据《职业病防治法》第五十五条规定，医疗卫生机构发现疑似职业病病人时，应当告知劳动者本人并及时通知用人单位。用人单位应当及时安排对疑似职业病病人进行诊断；在疑似职业病病人诊断或者医学观察期间，不得解除或者终止与其订立的劳动合同。疑似职业病病人在诊断、医学观察期间的费用，由用人单位承担。

10. B。

【解析】本题考查精神卫生工作。根据《精神卫生法》第三十条规定，精神障碍的住院治疗实行自愿原则。诊断结论、病情评估表明，就诊者为严重精神障碍患者并有下列情形之一的，应当对其实施住院治疗：(1)已经发生伤害自身的行为，或者有伤害自身的危险的。(2)已经发生危害他人安全的行为，或者有危害他人安全的危险的。第三十一条规定，精神障碍患者有本法第三十条第二款第一项情形的，经其监护人同意，医疗机构应当对患者实施住院治疗；监护人不同意的，医疗机构不得对患者实施住院治疗。监护人应当对在家居住的患者做好看护管理。故选项B正确。

11. A。

【解析】本题考查乡镇卫生院建设。根据《乡镇卫生院管理办法(试行)》的规定，按照精简高效的原则设置临床和公共卫生等部门。故选项A正确。严格按照核准登记的诊疗科目开展诊疗活动。故选项B错误。严格执行国家财务、会计和审计监督等相关法律法规制度。严禁设立账外账、“小金库”，以及出租、承包内部科室。故选项C错误。县级人民政府卫生行政部门负责组织乡镇卫生院绩效考核工作。

12. D。

【解析】本题考查社区卫生服务机构需要具备的条件。根据《城市社区卫生服务站基本标准》规定，至少设日间观察床1张，不设病床。在人员方面，至少配备2名执业范围为全科医学专业的临床类别、中医类别执业医师。至少有1名中级以上任职资格的执业医师；至少有1名能够提供中医药服务的执业医师。每名执业医师至少配备1名注册护士。在用房方面，建筑面积不少于150平方米，布局合理，充分体现保护患者隐私、无障碍设计要求，并符合国家卫生学标准。

【知识拓展】城市社区卫生服务站应按照国家有关规定提供社区基本公共卫生服务和社区基本医疗服务。至少设有以下科室：全科诊室、治疗室、处置室、预防保健室、健康信息管理室。

13. A。

【解析】本题考查社区卫生服务机构需要具备的条件。根据《城市社区卫生服务中心基本标准》规定，根据当地医疗机构设置规划，可设一定数量的以护理康复为主要功能的病床，但不得超过50张。至少有6名执业范围为全科医学专业的临床类别、中医类别执业医师，9名注册护士。至少有1名中级以上任职资格的中医类别执业医师。每名执业医师至少配备1名注册护士,其中至少具有1名中级以上任职资格的注册护士。建筑面积不少于1000平方米,布局合理,充分体现保护患者隐私、无障碍设计要求,并符合国家卫生学标准;设病床的,每设一床位至少增加30平方米建筑面积。

14.C。

【解析】本题考查社区卫生服务机构的服务对象。社区卫生服务机构的服务对象是社区、家庭和居民。社区卫生服务机构的重点服务对象是妇女、儿童、老年人、慢性病人、残疾人和贫困居民等人群。

15.C。

【解析】本题考查发展城市社区卫生服务机构的创新实践方式。社区卫生服务机构使用统一的专用标识,专用标识由国家卫生和计划生育委员会制定。故A项错误。社区卫生服务中心的命名原则是:所在区名(可选)+所在街道办事处名+识别名(可选)+社区卫生服务中心。故B项错误。要按照平等、竞争、择优的原则,统筹社区卫生服务机构发展,鼓励社会力量参与发展社区卫生服务,充分发挥社会力量举办的社区卫生服务机构的作用。故C项正确。社区卫生服务从业人员的收入不得与服务收入直接挂钩。故D项错误。

16.D。

【解析】本题考查食品安全事故报告制度。发生食品安全事故的单位应当立即予以处置,防止事故扩大。事故发生单位和接收病人进行治疗的单位应当及时向事故发生地县级卫生行政部门报告。

【知识拓展】农业行政、质量监督、工商行政管理、食品药品监督管理部门在日常监督管理中发现食品安全事故,或者接到有关食品安全事故的举报,应当立即向卫生行政部门通报。发生重大食品安全事故的,接到报告的县级卫生行政部门应当按照规定向本级人民政府和上级人民政府卫生行政部门报告。任何单位或者个人不得对食品安全事故隐瞒、谎报、缓报,不得毁灭有关证据。

17.D。

【解析】本题考查完善积极生育支持措施。托育机构有虐待婴幼儿行为的,其直接负责的主管人员和其他直接责任人员终身不得从事婴幼儿照护服务;构成犯罪的,依法追究刑事责任。

【知识拓展】国家鼓励和引导社会力量兴办托育机构,支持幼儿园和机关、企业事业单位、社区提供托育服务;托育机构的设置和服务应当符合托育服务相关标准和规范;托育机构应当向县级人民政府卫生健康主管部门备案。同时强调:托育机构违反托育服务相关标准和规范的,由卫生健康主管部门责令改正,给予警告;拒不改正的,处5000元以上5万元以下的罚款;情节严重的,责令停止托育服务,并处5万元以上10万元以下的罚款。

二、多项选择题

18.ACDE。

【解析】本题考查健康中国建设。根据《基本医疗卫生与健康促进法》第三十九条规定,医疗卫生机构不得对外出租、承包医疗科室。非营利性医疗卫生机构不得向出资人、举办者分配或者变相分配收益。故选项B错误。根据第四十条规定,国家鼓励政府举办的医疗卫生机构与社会力量合作举办非营利性医疗卫生机构。故选项C正确。根据第四十一条规定,社会力量举办的医疗卫生机构在基本医疗保险定点、重点专科建设、科研教学、等级评审、特定医疗技术准入、医疗卫生人员职称评定等方面享有与政府举办的医疗卫生机构同等的权利。故选项 D 正确。社会力量可以选择设立非营利性或者营利性医疗卫生机构。故选项 A 正确。社会力量举办的非营利性医疗卫生机构按照规定享受与政府举办的医疗卫生机构同等的税收、财政补助、用地、用水、用电、用气、用热等政策，并依法接受监督管理。故选项 E 正确。

19. ABCE。

【解析】本题考查职业病诊断与职业病保障。根据《职业病防治法》第五十六条规定，用人单位应当按照国家有关规定，安排职业病病人进行治疗、康复和定期检查。用人单位对不适宜继续从事原工作的职业病病人，应当调离原岗位，并妥善安置。用人单位对从事接触职业病危害的作业的劳动者，应当给予适当岗位津贴。第五十七条规定，职业病病人的诊疗、康复费用，伤残以及丧失劳动能力的职业病病人的社会保障，按照国家有关工伤社会保险的规定执行。第五十九条规定，劳动者被诊断患有职业病，但用人单位没有依法参加工伤保险的，其医疗和生活保障由该用人单位承担。第六十条规定，职业病病人变动工作单位，其依法享有的待遇不变。

【知识拓展】职业病病人除依法享有工伤保险外，依照有关民事法律，尚有获得赔偿的权利的，有权向用人单位提出赔偿要求。用人单位在发生分立、合并、解散、破产等情形时，应当对从事接触职业病危害的作业的劳动者进行健康检查，并按照国家有关规定妥善安置职业病病人。用人单位已经不存在或者无法确认劳动关系的职业病病人，可以向地方人民政府民政部门申请医疗救助和生活等方面的救助。

20. ABE。

【解析】本题考查职业病诊断。根据《职业病防治法》第四十四条规定，劳动者可以在用人单位所在地、本人户籍所在地或者经常居住地依法承担职业病诊断的医疗卫生机构进行职业病诊断。故选项 A、B、E 正确。

21. ACE。

【解析】本题考查精神卫生法的主要内容。疑似精神障碍患者发生伤害自身、危害他人安全的行为，或者有伤害自身、危害他人安全的危险的，其近亲属、所在单位、当地公安机关应当立即采取措施予以制止，并将其送往医疗机构进行精神障碍诊断。

22. ABCD。

【解析】本题考查乡村医生的相关规定。乡村医生聘用应当遵循“县聘、乡管、村用”的原则，因此 A 选项正确。原则上年满 60 岁的乡村医生不再在村卫生室执业，因此 B 选项正确。乡村医生主要为农村居民提供公共卫生和基本医疗服务，因此 C 选项正确。对乡村医生提供的基本医疗服务，主要由个人和新农合基金支付，因此 D 选项正确。对乡村医生提供的基本公共卫生服务，主要通过政府购买服务的方式进行合理补助，故 E 选项错误。

23. ABDE。

【解析】本题考查社区卫生服务机构的服务内容。公共卫生服务包括健康教育、传染病和慢性病防治、计划免疫、妇幼保健、老年保健、康复、计划生育技术指导等 12 项具体内容。

24. ABDE。

【解析】本题考查社区卫生服务机构的基本标准。城市社区卫生服务中心的基本标准包括：至少设日间观察床 5 张，故 A 项正确。根据当地医疗机构设置规划，可设一定数量的以护理康复为主要功能的病床，但不得超过50张。故C项错误。至少有6名执业范围为全科医学专业的临床类别、中医类别执业医师，9名注册护士。故E项正确。至少有1名中级以上任职资格的注册护士。故D项正确。建筑面积不少于1000平方米。故B项正确。

25. ABCD。

【解析】本题考查食品安全事故处置。根据《食品安全法》第一百零二条规定，国务院组织制定国家食品安全事故应急预案。县级以上地方人民政府应制定本行政区域的食品安全事故应急预案，并报上一级人民政府备案。故选项A正确。第一百零三条规定，发生食品安全事故的单位应当立即采取措施，防止事故扩大。故选项C正确。事故单位和接收病人进行治疗的单位应当及时向事故发生地县级人民政府食品安全监督管理、卫生行政部门报告。故选项B正确。第一百零五条规定，县级以上人民政府食品安全监督管理部门接到食品安全事故的报告后，应当立即会同同级卫生行政、质量监督、农业行政等部门进行调查处理，并采取下列措施，防止或者减轻社会危害：(1)开展应急救援工作，组织救治因食品安全事故导致人身伤害的人员。故选项D正确。(2)封存可能导致食品安全事故的食品及其原料，并立即进行检验；对确认属于被污染的食品及其原料，责令食品生产经营者依照规定召回或者停止经营。(3)封存被污染的食品相关产品，并责令进行清洗消毒。(4)做好信息发布工作，依法对食品安全事故及其处理情况进行发布，并对可能产生的危害加以解释、说明。发生食品安全事故，县级以上疾病预防控制机构应当对事故现场进行卫生处理，并对与事故有关的因素开展流行病学调查，有关部门应当予以协助。县级以上疾病预防控制机构应当向同级食品安全监督管理、卫生行政部门提交流行病学调查报告。故选项E错误。

第十四章 我国社会保险法规与政策

答案速查

一、单项选择题									
1. A	2. D	3. B	4. A	5. C	6. D	7. B	8. C	9. A	10. B
11. C	12. B	13. A	14. D	15. D	16. C	17. A	18. B	19. D	20. D
21. D	22. C	23. D	24. C	25. D	26. C	27. D	28. A	29. A	30. C
31. B	32. A	33. B	34. B	35. C	36. A	37. C	38. B	39. B	40. A
41. C	42. C	43. D							
二、多项选择题									
44. AC	45. ACDE	46. ABDE	47. ABDE	48. ABCD	49. CDE	50. ABCE	51. ACDE	52. BCD	53. BDE
54. CDE	55. ABCD	56. ABCE	57. BC	58. ACDE	59. ACD	60. BCD	61. ABDE	62. ABCE	

深度解析

一、单项选择题

1. A。

【解析】本题考查基础养老金的计发办法。根据《国务院关于完善企业职工基本养老保险制度的决定》，基础养老金以职工退休时当地上年度在岗职工月平均工资与本人指数化月平均缴费工资的算术平均数为基数，缴费每满 1 年发给 1%。

2. D。

【解析】本题考查基本养老金计发办法。职工基本养老保险个人账户不得提前支取。个人在达到法定的领取基本养老金条件前离境定居的，其个人账户予以保留，达到法定领取条件时，按照国家规定享受相应的养老保险待遇。其中，丧失中华人民共和国国籍的，可以在其离境时或者离境后书面申请终止职工基本养老保险关系。社会保险经办机构收到申请后，应当书面告知其保留个人账户的权利以及终止职工基本养老保险关系的后果，经本人书面确认后，终止其职工基本养老保险关系，并将个人账户储存额一次性支付给本人。参加职工基本养老保险的个人死亡后，其个人账户中的余额可以全部依法继承。

3. B。

【解析】本题考查基本养老金计发办法。

参加基本养老保险制度的个人,达到法定退休年龄时,累计缴费满 15 年的,按月领取基本养老金。故选项 B 正确。

【知识拓展】达到法定退休年龄和累计缴费满 15 年,是参保者领取基本养老金的两个前提条件。与此同时,参加基本养老保险的个人,在达到法定退休年龄时累计缴费不满 15 年的,可以缴费至满 15 年,按月领取基本养老金,也可以转入新型农村社会养老保险或城镇居民社会养老保险(以上两项制度已经合并为城乡居民基本养老保险),并享受相关待遇。

4. A。

【解析】本题考查基本养老金计算和支付方式。根据《社会保险法》规定,个人跨统筹地区就业的,其基本养老保险关系随本人转移,缴费年限累计计算。个人达到法定退休年龄时,基本养老金分段计算、统一支付。

5. C。

【解析】本题考查参保者退休后的养老保险待遇领取地。《城镇企业职工基本养老保险关系转移接续暂行办法》第六条规定,跨省流动就业的参保人员达到待遇领取条件时,按下列规定确定其待遇领取地:(1)基本养老保险关系在户籍所在地的,由户籍所在地负责办理待遇领取手续,享受基本养老保险待遇。(2)基本养老保险关系不在户籍所在地,而在其基本养老保险关系所在地累计缴费年限满 10 年的,在该地办理待遇领取手续,享受当地基本养老保险待遇。(3)基本养老保险关系不在户籍所在地,且在其基本养老保险关系所在地累计缴费年限不满 10 年的,将其基本养老保险关系转回上一个缴费年限满 10 年的原参保地办理待遇领取手续,享受基本养老保险待遇。(4)基本养老保险关系不在户籍所在地,且在每个参保地的累计缴费年限均不满 10 年的,将其基本养老保险关系及相应资金归集到户籍所在地,由户籍所在地按规定办理待遇领取手续,享受基本养老保险待遇。

6. D。

【解析】本题考查职工基本养老保险关系的转移、接续。根据《城镇企业职工基本养老保险关系转移接续暂行办法》第七条规定,参保人员转移接续基本养老保险关系后,符合待遇领取条件的,以本人各年度缴费工资、缴费年限和待遇领取地对应的各年度在岗职工平均工资计算其基本养老金。

7. B。

【解析】本题考查城乡居民基本养老保险参保范围。根据相关规定,年满 16 周岁(不含在校学生)、非国家机关和事业单位工作人员及不属于职工基本养老保险制度覆盖范围的城乡居民,可以在户籍地参加城乡居民养老保险。

【知识拓展】对于参保范围的规定,有三点需要特别说明。其一,对于灵活就业人员、个体工商户等职工基本养老保险制度的自愿参保者而言,既可以选择参加职工基本养老保险,也可以选择参加城乡居民基本养老保险,但不可以同时参加两项制度。其二,职工养老保险的参保与劳动关系特征密切相关,凡是签订了劳动合同的职工必须参加职工基本养老保险,但城乡居民基本养老保险则与户籍相关,城乡居民只能在户籍所在地参加居民养老保险。其三,职工基本养老保险有义务参保人和自愿参保人,而城乡居民养老保险则是非强制性的,所有参保人均是自愿参保人。

8. C。

【解析】本题考查城乡居民基本养老保险参保范围。根据《国务院关于建立统一的城乡居民基本养老保险制度的意见》规定,年满 16 周岁(不含在校学生),非国家机关和事业单位工作人员及不属于职工基本养老保险制度覆盖范围的城乡居民,可以在户籍地参加城乡居民养老保险。但城乡居民基本养老保险与户籍相关,城乡居民只能在户籍所在地参加居民养老保险。故选项 C 正确。

9. A。

【解析】本题考查养老保险待遇。城乡居民养老保险待遇由基础养老金和个人账户养老金构成，支付终身。故A项错误。

10. B。

【解析】本题考查城乡基本养老保险制度的衔接。根据《城乡养老保险制度衔接暂行办法》规定，参保人员从城乡居民养老保险转入城镇职工养老保险的，城乡居民养老保险个人账户全部储存额并入城镇职工养老保险个人账户，城乡居民养老保险缴费年限不合并计算或折算为城镇职工养老保险缴费年限。故选项A错误，选项B正确。参保人员若在同一年度内同时参加城镇职工养老保险和城乡居民养老保险的，其重复缴费时段（按月计算，下同）只计算城镇职工养老保险缴费年限，并将城乡居民养老保险重复缴费时段相应个人缴费和集体补助退还本人。故选项C错误。参保人员不得同时领取城镇职工养老保险和城乡居民养老保险待遇。故选项D错误。

【知识拓展】参保人员从城镇职工基本养老保险转入城乡居民基本养老保险的，城镇职工基本养老保险个人账户全部储存额并入城乡居民基本养老保险个人账户，参加城镇职工基本养老保险的缴费年限合并计算为城乡居民基本养老保险的缴费年限。

11. C。

【解析】本题考查职工基本医疗保险制度。基本医疗保险统筹基金和个人账户要划定各自的支付范围，分别核算，不得相互挤占。故A项错误。统筹基金的起付标准原则上控制在当地职工年平均工资的10%左右。故B项错误。起付标准以上、最高支付限额以下的医疗费用，主要从统筹基金中支付，个人也要负担一定比例。故D项错误。

12. B。

【解析】本题考查职工基本医疗保险制度。基本医疗保险基金由统筹基金和个人账户构成。故D项错误。职工个人缴纳的基本医疗保险费，全部计入个人账户。故B项正确。用人单位缴纳的基本医疗保险费分为两部分，一部分用于建立统筹基金，一部分划入个人账户。故A项错误。统筹基金和个人账户要划定各自的支付范围，分别核算，不得互相挤占。故C项错误。

【知识拓展】统筹基金最高支付限额原则上控制在当地职工年平均工资的4倍左右。起付标准以下的医疗费用，从个人账户中支付或由个人自付。超过最高支付限额的医疗费用，可以通过商业医疗保险等途径解决。统筹基金的具体起付标准、最高支付限额以及在起付标准以上和最高支付限额以下医疗费用的个人负担比例，由统筹地区根据以收定支、收支平衡的原则确定。

13. A。

【解析】本题考查城镇居民基本医疗保险基金待遇支付。《关于开展城镇居民基本医疗保险试点的指导意见》指出，城镇居民基本医疗保险基金的使用要坚持以收定支、收支平衡、略有结余的原则。

14. D。

【解析】本题考查城镇居民基本医疗保险的参保范围。根据《关于开展城镇居民基本医疗保险试点的指导意见》规定，不属于城镇职工基本医疗保险制度覆盖范围的中小学阶段的学生（包括职业高中、中专、技校学生）、少年儿童和其他非从业城镇居民都可自愿参加城镇居民基本医疗保险。

15. D。

【解析】本题考查女职工产假期间的生育津贴。根据《女职工劳动保护特别规定》第八条第一款的规定，女职工产假期间的生育津贴，对已经参加生育保险的，按照用人单位上年度职工月平均工资的标准由生育保险基金支付；对未参加生育保险的，按照女职工产假前工资的标准由用人单位支付。

【知识拓展】女职工生育或者流产的医疗费用，按照生育保险规定的项目和标准，对已经参加生育保险的，由生育保险基金支付；对未参加生育保险的，由用人单位支付。

16. C。

【解析】本题考查生育保险待遇。生育保险待遇包括生育医疗费用和生育津贴，所需资金从职工基本医疗保险基金中支付。

17. A。

【解析】本题考查生育保险基金。根据《企业职工生育保险试行办法》规定，生育保险费用实行社会统筹。生育保险根据“以支定收，收支基本平衡”的原则筹集资金，由企业按照其工资总额的一定比例向社会保险经办机构缴纳生育保险费，建立生育保险基金。生育保险费的提取比例由当地人民政府根据计划内生育人数和生育津贴、生育医疗费等项费用确定，并可根据费用支出情况适时调整，但最高不得超过工资总额的1%。职工个人不缴纳生育保险费。

18. B。

【解析】本题考查生育保险待遇。产假期间的生育津贴按照本企业上年度职工月平均工资计发，由生育保险基金支付。女职工生育的检查费、接生费、手术费、住院费和药费由生育保险基金支付。女职工生育出院后，因生育引起疾病的医疗费，由生育保险基金支付。

19. D。

【解析】本题考查失业保险制度的法规与政策。根据《人力资源社会保障部、财政部关于调整失业保险金标准的指导意见》的规定，各省要在确保基金可持续前提下，随着经济社会的发展，适当提高失业保障水平，分步实施，循序渐进，逐步将失业保险金标准提高到最低工资标准的90%。

20. D。

【解析】本题考查失业保险基金。城镇企事业单位职工按照本人工资的1%缴纳失业保险费。故A项错误。城镇企业事业单位按照本单位工资总额的2%缴纳失业保险费。故B项错误。失业保险基金可用于支付失业人员在领取失业保险金期间的医疗补助金。故C项错误。

21. D。

【解析】本题考查失业保险金标准。失业保险金的标准由省、自治区、直辖市人民政府确定，不得低于城市居民最低生活保障标准。

22. C。

【解析】本题考查失业保险基金。根据《失业保险条例》第十条规定，失业保险基金用于下列支出：(1)失业保险金。(2)领取失业保险金期间的医疗补助金。(3)领取失业保险金期间死亡的失业人员的丧葬补助金和其供养的配偶、直系亲属的抚恤金。(4)领取失业保险金期间接受职业培训、职业介绍的补贴，补贴的办法和标准由省、自治区、直辖市人民政府规定。(5)国务院规定或者批准的与失业保险有关的其他费用。

23. D。

【解析】本题考查失业保险待遇。失业人员领取失业保险金应当符合以下条件：(1)失业前用人单位和本人已经缴纳失业保险费满1年。(2)非因本人意愿中断就业。(3)已经进行失业登记，并有求职要求。

24. C。

【解析】本题考查失业保险待遇计发。根据《社会保险法》第四十六条规定，失业人员失业前用人单位和本人累计缴费满1年不足5年的，领取失业保险金的期限最长为12个月；累计缴费满5年不足10年的，领取失业保险金的期限最长为18个月；累计缴费10年以上的，领取失业保险金的期限最长为24个月。重新就业后，再次失业的，缴费时间重新计算，领取失业保险金的期限与前次失业应当领取而尚未领取的失业保险金的期限合并计算,最长不超过24个月。

25. D。

【解析】本题考查失业保险待遇。根据《失业保险条例》第十五条规定,失业人员在领取失业保险金期间有下列情形之一的,停止领取失业保险金,同时停止享受其他失业保险待遇:(1)重新就业的。(2)应征服兵役的。(3)移居境外的。(4)享受基本养老保险待遇的。(5)被判刑收监执行或者被劳动教养的。(6)无正当理由,拒不接受当地人民政府指定部门或者机构介绍的工作的。(7)有法律、行政法规规定的其他情形的。

26. C。

【解析】本题考查失业保险待遇。失业人员失业前用人单位和本人累计缴费满1年不足5年的,领取失业保险金的期限最长为12个月。故A项错误。失业保险金应从办理失业登记之日起计算。故B项错误。失业人员在领取失业保险金期间或期满后,符合享受当地城市居民最低生活保障条件的,可以按照规定申请享受城市居民最低生活保障待遇。故D项错误。

27. D。

【解析】本题考查工伤保险制度的法规与政策。根据《工伤保险条例》第十九条规定,社会保险行政部门受理工伤认定申请后,根据审核需要可以对事故伤害进行调查核实,用人单位、职工、工会组织、医疗机构以及有关部门应当予以协助。职业病诊断和诊断争议的鉴定,依照职业病防治法的有关规定执行。对依法取得职业病诊断证明书或者职业病诊断鉴定书的,社会保险行政部门不再进行调查核实。职工或者其近亲属认为是工伤,用人单位不认为是工伤的,由用人单位承担举证责任。

28. A。

【解析】本题考查工伤保险制度的法规与政策。根据《进一步做好建筑业工伤保险工作的意见》规定,建设单位在办理施工许可手续时,应当提交建设项目工伤保险参保证明,作为保证工程安全施工的具体措施之一;安全施工措施未落实的项目,各地住房城乡建设主管部门不予核发施工许可证。

29. A。

【解析】本题考查工伤保险基金。根据《社会保险法》第三十五条规定,用人单位应当按照本单位职工工资总额,根据社会保险经办机构确定的费率缴纳工伤保险费。

30. C。

【解析】本题考查劳动能力鉴定。劳动能力鉴定由用人单位、工伤职工或者其直系亲属向设区的市级劳动能力鉴定委员会提出申请,并提供工伤认定决定和职工工伤医疗的有关资料。

31. B。

【解析】本题考查各项保险的构成。城镇企业事业单位按照本单位工资总额的2%缴纳失业保险费,城镇企业事业单位职工按照本人工资的1%缴纳失业保险费。城镇企业事业单位招用的农民合同制工人本人不缴纳失业保险费。城镇职工基本医疗保险费由用人单位和职工共同缴纳,用人单位缴费率控制在工资总额的6%左右,职工缴费率为本人工资收入的2%。职工基本养老保险是由企业与职工个人共同缴纳。根据《工伤保险条例》规定,用人单位应当按时缴纳工伤保险费,职工个人不缴纳工伤保险费。故选B。

32. A。

【解析】本题考查工伤保险费用的支付。在因工伤发生的费用中,由用人单位支付的包括:(1)治疗工伤期间的工资福利。(2)五级、六级伤残职工按月领取的伤残津贴。(3)终止或者解除劳动合同时,应当享受的一次性伤残就业补助金。

【知识拓展】在职工因工伤发生的费用

中，从工伤保险基金中支付的包括：(1)治疗工伤的医疗费用和康复费用。(2)住院伙食补助费。(3)到统筹地区以外就医的交通食宿费。(4)安装配置伤残辅助器具所需费用。(5)生活不能自理的，经劳动能力鉴定委员会确认的生活护理费。(6)一次性伤残补助金和一至四级伤残职工按月领取的伤残津贴。(7)终止或者解除劳动合同时，应当享受的一次性医疗补助金。(8)因工死亡的，其遗属领取的丧葬补助金、供养亲属抚恤金和因工死亡补助金。(9)劳动能力鉴定费。

33. B。

【解析】本题考查工亡待遇。根据《工伤保险条例》第三十九条规定，其近亲属领取的一次性工亡补助金标准为上一年度全国城镇居民人均可支配收入的20倍。

34. B。

【解析】本题考查社会保险费征缴。根据《深化党和国家机构改革方案》规定，为提高社会保险资金征管效率，将基本养老保险费、基本医疗保险费、失业保险费等各项社会保险费交由税务部门统一征收。

35. C。

【解析】本题考查社会保险基金。根据《社会保险法》第六十九条规定，社会保险基金在保证安全的前提下，按照国务院规定投资运营实现保值增值。社会保险基金不得违规投资运营，不得用于平衡其他政府预算，不得用于兴建、改建办公场所和支付人员经费、运行费用、管理费用，或者违反法律、法规规定挪作其他用途。故选项A、B错误。第三十条规定，下列医疗费用不纳入基本医疗保险基金支付范围：(1)应当从工伤保险基金中支付的。(2)应当由第三人负担的。(3)应当由公共卫生负担的。(4)在境外就医的。故选项D错误，选项C正确。

36. A。

【解析】本题考查社会保险费征缴。根据《社会保险法》规定，用人单位应当自行申报、按时足额缴纳社会保险费，非因不可抗力等法定事由不得缓缴、减免。职工应当缴纳的社会保险费由用人单位代扣代缴，用人单位应当按月将缴纳社会保险费的明细情况告知本人。故选项B、C错误。无雇工的个体工商户、未在用人单位参加社会保险的非全日制从业人员以及其他灵活就业人员，可以直接向社会保险费征收机构缴纳社会保险费。故选项A正确，选项D错误。

【知识拓展】如果用人单位未按规定申报应当缴纳的社会保险费数额的，则按照该单位上月缴费额的110%确定应当缴纳数额；缴费单位补办申报手续后，由社会保险费征收机构按照规定结算。

37. C。

【解析】本题考查社会保险费征缴。根据《社会保险法》规定，用人单位未按时足额缴纳社会保险费的，由社会保险费征收机构责令其限期缴纳或者补足。用人单位账户余额少于应当缴纳的社会保险费的，社会保险费征收机构可以要求该用人单位提供担保，签订延期缴费协议。故选项C正确。

【知识拓展】用人单位逾期仍未缴纳或者补足社会保险费的，社会保险费征收机构可以向银行和其他金融机构查询其存款账户；并可以申请县级以上有关行政部门作出划拨社会保险费的决定，书面通知其开户银行或者其他金融机构划拨社会保险费。用人单位未足额缴纳社会保险费且未提供担保的，社会保险费征收机构可以申请人民法院扣押、查封、拍卖其价值相当于应当缴纳社会保险费的财产，以拍卖所得抵缴社会保险费。

38. B。

【解析】本题考查职工社会保险的登记。用人单位应当自用工之日起30日内为其职工向社会保险经办机构申请办理社会保险登记。

39. B。

【解析】本题考查社会保险经办与监督。缴费单位未按照规定办理社会保险登记、变更登记或者注销登记,或者未按照规定申报应缴纳的社会保险费数额的,由劳动保障行政部门责令限期改正;情节严重的,对直接负责的主管人员和其他直接责任人员可以处1000元以上5000元以下的罚款;情节特别严重的,对直接负责的主管人员和其他直接责任人员可以处5000元以上1万元以下的罚款。

40. A。

【解析】本题考查社会保险监督。用人单位或者个人对社会保险经办机构不依法办理社会保险登记、核定社会保险费、支付社会保险待遇、办理社会保险转移接续手续,或者有侵害其他社会保险权益的行为,可以依法申请行政复议或者提起行政诉讼。

41. C。

【解析】本题考查退役医疗保险。根据《军人保险法》第二十条规定,参加军人退役医疗保险的军官、文职干部和士官应当缴纳军人退役医疗保险费,国家按照个人缴纳的军人退役医疗保险费的同等数额给予补助。义务兵和供给制学员不缴纳军人退役医疗保险费,国家按照规定的标准给予军人退役医疗保险补助。

42. C。

【解析】本题考查基本养老保险关系转移、接续。根据《关于印发城镇企业职工基本养老保险关系转移接续若干具体问题意见的通知》中"关于参保缴费年限"的规定:在确定参保人员待遇领取地时,一地(省、自治区、直辖市为单位,下同)的累计缴费年限应包括在本地的实际缴费年限和计算在本地的视同缴费年限。其中,曾经在机关事业单位和企业工作的视同缴费年限,计算在首次建立基本养老保险关系所在地,只有临时基本养老保险缴费账户的,计算在户籍所在地;曾经在部队服役的军龄,按国家规定安置就业的,计算为本人退出现役后首次就业参保所在地的视同缴费年限,按国家规定不安置就业的(不包括自主择业的军队干部),计算为本人达到待遇领取条件时户籍所在地的视同缴费年限。故选项C正确。

43. D。

【解析】本题考查随军未就业的军人配偶保险。根据《中国人民解放军军人配偶随军未就业期间社会保险暂行办法》第八条规定,军人所在单位后勤机关按照缴费基数11%的规模,为未就业随军配偶建立养老保险个人账户,所需资金由个人和国家共同负担,其中,个人按6%的比例缴费,国家按5%的比例给予个人账户补贴。缴费基数参照上年度全国城镇职工月平均工资60%的比例确定。

【知识拓展】军人所在单位后勤机关为未就业随军配偶建立医疗保险个人账户,医疗保险个人账户资金由个人和国家共同负担。未就业随军配偶按照本人基本生活补贴标准全额1%的比例缴费,国家按照其缴纳的同等数额给予个人账户补贴。

二、多项选择题

44. AC。

【解析】本题考查基本养老保险待遇的类型。参加基本养老保险的个人,因病或者非因公死亡的,其遗属可以领取丧葬补贴和抚恤金。

【知识拓展】参加基本养老保险的个人,在未达到法定退休年龄时因病或非因工致残完全丧失劳动能力的,可以领取病残津贴。

45. ACDE。

【解析】本题考查职工基本养老保险关系的转移、接续。参保人员未返回户籍所在地就业参保的,由新参保地的社保经办机构为其及时办理转移接续手续。但对男性年满50周岁和女性年满40周岁的,应在原参保地继续保留基本养老保险关系,同时在新参保地建立临时基本养老保险缴费账户，记录单位和个人全部缴费。故选项 A 正确。未达到待遇领取年龄前，不得终止基本养老保险关系并办理退保手续。故选项 B 错误。基本养老保险关系不在户籍所在地，而在其基本养老保险关系所在地累计缴费年限满 10 年的，在该地办理待遇领取手续，享受当地基本养老保险待遇。故选项 C 正确。参保人员跨省流动就业的，由原参保所在地社会保险经办机构开具参保缴费凭证，其基本养老保险关系应随同转移到新参保地。参保人员达到基本养老保险待遇领取条件的，其在各地的参保缴费年限合并计算，个人账户储存额累计计算。故选项 D、E 正确。

46. ABDE。

【解析】本题考查职工基本养老保险关系的转移、接续。根据《城镇企业职工基本养老保险关系转移接续暂行办法》的规定，参保人员跨省流动就业的，按下列程序办理基本养老保险关系转移接续手续：(1)参保人员在新就业地按规定建立基本养老保险关系和缴费后，由用人单位或参保人员向新参保地社保经办机构提出基本养老保险关系转移接续的书面申请。故选项 A 正确。(2)新参保地社保经办机构在 15 个工作日内，审核转移接续申请，对符合本办法规定条件的，向参保人员原基本养老保险关系所在地的社保经办机构发出同意接收函，并提供相关信息；对不符合转移接续条件的，向申请单位或参保人员作出书面说明。故选项 B 正确，选项 C 错误。(3)原基本养老保险关系所在地社保经办机构在接到同意接收函的 15 个工作日内，办理好转移接续的各项手续。故选项 D 正确。(4)新参保地社保经办机构在收到参保人员原基本养老保险关系所在地社保经办机构转移的基本养老保险关系和资金后，应在 15 个工作日内办结有关手续，并将确认情况及时通知用人单位或参保人员。故选项 E 正确。

47. ABDE。

【解析】本题考查基本养老保险的规定。根据《社会保险法》第十条规定，无雇工的个体工商户、未在用人单位参加基本养老保险的非全日制从业人员以及其他灵活就业人员可以参加基本养老保险，由个人缴纳基本养老保险费。根据《农民工参加基本养老保险办法》规定，在城镇就业并与用人单位建立劳动关系的农民工，应当参加基本养老保险。根据《在中国境内就业的外国人参加社会保险暂行办法》规定，与境外雇主订立雇佣合同后，被派遣到在中国境内注册或者登记的分支机构、代表机构工作的外国人，应当依法参加职工基本养老保险、职工基本医疗保险、工伤保险、失业保险和生育保险，由境内工作单位和本人按照规定缴纳社会保险费。故选 ABDE。

48. ABCD。

【解析】本题考查城乡居民养老保险的制度模式与基金筹集。个人账户则由个人缴费、地方人民政府对参保人的缴费补贴、集体补助及其他社会经济组织、公益慈善组织、个人对参保人的缴费资助共同构成。

【知识拓展】城乡居民基本养老保险采取的是统筹账户与个人账户相结合的模式，其中，统筹账户用于支付基础养老金。基础养老金全部来源于政府财政，其中，中央财政对中西部地区按中央确定的基础养老金标准给予全额补助，对东部地区给予 50% 的补助。

49. CDE。

【解析】本题考查职工基本养老保险制度。根据《社会保险法》第二十八条规定，符合基本医疗保险药品目录、诊疗目录、医疗服务设施标准以及急诊、抢救的费用，按照国家规定从基本医疗保险基金中支付。

50. ABCE。

【解析】本题考查生育保险待遇。根据《企业职工生育保险试行办法》第五条规定，产假期间的生育津贴按照本企业上年度职工月平均工资计发，由生育保险基金支付。第六条规定，女职工生育的检查费、接生费、手术费、住院费和药费由生育保险基金支付。超出规定的医疗服务费和药费（含自费药品和营养药品的药费）由职工个人负担。

51. ACDE。

【解析】本题考查城乡居民基本医疗保险制度。根据《社会保险法》第二十五条规定，享受最低生活保障的人、丧失劳动能力的残疾人、低收入家庭60周岁以上的老年人和未成年人等所需个人缴费部分，由政府给予补贴。

52. BCD。

【解析】本题考查生育保险待遇。生育保险费由企业缴纳，职工个人不缴纳。故A项错误。女职工怀孕未满4个月流产的，享受15天产假。故E项错误。

【知识拓展】女职工生育享受98天产假，其中产前可以休假15天；难产的，增加产假15天；生育多胞胎的，每多生育1个婴儿，增加产假15天。女职工怀孕未满4个月流产的，享受15天产假；怀孕满4个月流产的，享受42天产假。

53. BDE。

【解析】本题考查失业保险基金。我国失业保险基金的来源包括：(1)城镇企业事业单位和职工缴纳的失业保险费。(2)失业保险基金的利息。(3)财政补贴。(4)依法纳入失业保险基金的其他资金。

54. CDE。

【解析】本题考查社保缴纳的主体。职工个人需要缴纳的是养老保险、医疗保险、失业保险。工伤保险和生育保险由企业缴纳。

55. ABCD。

【解析】本题考查失业保险待遇计发。根据《社会保险法》第五十一条规定，失业人员在领取失业保险金期间有下列情形之一的，停止领取失业保险金，并同时停止享受其他失业保险待遇：(1)重新就业的。(2)应征服兵役的。(3)移居境外的。(4)享受基本养老保险待遇的。(5)无正当理由，拒不接受当地人民政府指定部门或者机构介绍的适当工作或者提供的培训的。

56. ABCE。

【解析】本题考查工伤认定。根据《工伤保险条例》第十四条规定，职工有下列情形之一的，应当认定为工伤：(1)在工作时间和工作场所内，因工作原因受到事故伤害的。(2)工作时间前后在工作场所内，从事与工作有关的预备性或者收尾性工作受到事故伤害的。(3)在工作时间和工作场所内，因履行工作职责受到暴力等意外伤害的。(4)患职业病的。(5)因工外出期间，由于工作原因受到伤害或者发生事故下落不明的。(6)在上下班途中，受到非本人主要责任的交通事故或者城市轨道交通、客运轮渡、火车事故伤害的。(7)法律、行政法规规定应当认定为工伤的其他情形。第十五条规定，职工有下列情形之一的，视同工伤：(1)在工作时间和工作岗位，突发疾病死亡或者在48小时之内经抢救无效死亡的。(2)在抢险救灾等维护国家利益、公共利益活动中受到伤害的。(3)职工原在军队服役，因战、因公负伤致残，已取得革命伤残军人证，到用人单位后旧伤复发的。故选项A、B、C、E正确。

【知识拓展】职工有下列情形之一的，不得认定为工伤或者视同工伤：(1)故意犯罪的。(2)醉酒或者吸毒的。(3)自残或者自杀的。

57. BC。

【解析】本题考查工伤保险待遇。若用人单位有缴纳工伤保险的，用人单位需支付停工留薪期工资、按月支付伤残津贴（五至六级），一次性伤残就业补助金（五至十级解除或终止劳动合同时），故A、D项错误。若用人单位未缴纳工伤保险的，则全部工伤赔偿待遇均由用人单位支付，故B、C项正确。职工在用人单位未依法缴纳工伤保险费的，发生工伤事故的，由用人单位支付工伤保险待遇，故E项错误。

58. ACDE。

【解析】本题考查工伤保险待遇。从工伤保险基金中支付的包括：(1)治疗工伤的医疗费用和康复费用。(2)住院伙食补助费。(3)到统筹地区以外就医的交通食宿费。(4)安装配置伤残辅助器具所需费用。(5)生活不能自理的，经劳动能力鉴定委员会确认的生活护理费。(6)一次性伤残补助金和一至四级伤残职工按月领取的伤残津贴。(7)终止或者解除劳动合同时，应当享受的一次性医疗补助金。(8)因工死亡的，其遗属领取的丧葬补助金、供养亲属抚恤金和因工死亡补助金。(9)劳动能力鉴定费。

【知识拓展】**在因工伤发生的费用中，由用人单位支付的包括：(1)治疗工伤期间的工资福利。(2)五级、六级伤残职工按月领取的伤残津贴。(3)终止或者解除劳动合同时，应当享受的一次性伤残就业补助金。**

59. ACD。

【解析】本题考查工亡待遇。根据《工伤保险条例》规定，职工因工死亡的，其直系亲属可按照规定从工伤保险基金中领取丧葬补助金、供养亲属抚恤金和一次性工亡补助金。

60. BCD。

【解析】本题考查社会保险费征缴。用人单位应当自成立之日起30日内，持营业执照或者登记证书等有关证件，到当地社会保险经办机构申请办理社会保险登记，故A选项不正确。用人单位应当自用工之日起30日内为其员工向社会保险经办机构申请办理社会保险登记，故B选项正确。用人单位应自行申报、按时足额缴纳社会保险费，非因不可抗力等法定事由不得缓缴、减免，故C选项正确。用人单位的社会保险登记事项发生变更，应当自变更之日起30日内，到社会保险经办机构办理变更，故D选项正确。用人单位未按规定申报应当缴纳的社会保险费数额的，则按照该单位上月缴费额的110%确定应当缴纳数额，故E选项错误。

61. ABDE。

【解析】本题考查社会保险的监督。个人与所在用人单位发生社会保险争议的，可以依法申请调解、仲裁，提起诉讼。用人单位侵害个人社会保险权益的，个人也可以要求社会保险行政部门或者社会保险费征收机构依法处理。

【知识拓展】**用人单位或者个人认为社会保险费征收机构的行为侵害自己合法权益的，可以依法申请行政复议或者提起行政诉讼。用人单位或者个人对社会保险经办机构不依法办理社会保险登记、核定社会保险费、支付社会保险待遇、办理社会保险转移接续手续，或者有侵害其他社会保险权益的行为，可以依法申请行政复议或者提起行政诉讼。**

62. ABCE。

【解析】本题考查随军未就业的军人配偶保险。军人所在单位后勤机关按照缴费基数11%的规模，为未就业随军配偶建立养老保险个人账户，所需资金由个人和国家共同负担，其中，个人按6%的比例缴费，国家按5%的比例给予个人账户补贴。缴费基数参照上年度全国城镇职工月平均工资60%的比例确定。故A、B、C选项正确，D项错误。未就业随军配偶被判刑收监执行或者被劳动教养的，停止享受军人配偶随军未就业期间基本生活补贴和养老、医疗保险个人账户补贴待遇。故E项正确。

全国社会工作者职业水平考试辅导用书

核心笔记

社会工作法规与政策

全国社会工作者职业水平考试辅导用书编写组　编

中级

看课做题扫我

光明日报出版社

目录

Contents

第一章　我国社会工作法规与政策的特点与内容 …… 1
第二章　我国社会工作专业人才队伍建设的政策依据与保障 …… 1
第三章　我国社会救助法规与政策 …… 2
第四章　我国特定人群权益保护法规与政策 …… 4
第五章　我国婚姻家庭法规与政策 …… 5
第六章　我国人民调解、信访工作和突发事件应对的法规与政策 …… 6
第七章　我国社区矫正、禁毒和治安管理法规与政策 …… 7
第八章　我国烈士褒扬与优抚安置法规与政策 …… 7
第九章　我国城乡基层群众自治和社区建设法规与政策 …… 8
第十章　我国慈善事业与志愿服务法规与政策 …… 9
第十一章　我国社会组织法规与政策 …… 10
第十二章　我国劳动就业和劳动关系法规与政策 …… 11
第十三章　我国健康与计划生育法规与政策 …… 13
第十四章　我国社会保险法规与政策 …… 13

第一章　我国社会工作法规与政策的特点与内容

核心笔记　法规的含义及主要种类

1. 法规的含义

在我国，广义上的法规包含"法"和"规"两个层次的含义。其中，"法"是指国家及地方立法机构制定的法律，而"规"则是指除正式的法律之外的其他规范性文件。

2. 法规的主要种类

我国的法规体系是由多个层级、多种类型的法规构成的。根据《立法法》规定，我国的法规体系主要包括国家法律、行政法规、国务院部门规章和地方性法规、地方政府规章等。

(1)国家法律是由全国人民代表大会及其常务委员会制定的各种法律的总称。

(2)在我国，行政法规是指国务院根据宪法和法律制定的有关行政管理等方面的规范性文件。

(3)国务院部门规章是指国务院有关部门，根据法律和国务院的行政法规、决定、命令，在部门的职权范围内依法按照《规章制定程序条例》制定的规章。

(4)地方性法规是指根据《宪法》和《立法法》等有关法律的规定，由省、自治区、直辖市和较大的市的人民代表大会及其常务委员会，根据本行政区域的具体情况和实际需要，在不与宪法、法律、行政法规相抵触的前提下制定的规范性文件。

(5)地方政府规章是指省、自治区、直辖市和较大的市的人民政府，根据法律、行政法规和本省、自治区、直辖市的地方性法规，依照《规章制定程序条例》制定的规章。

第二章　我国社会工作专业人才队伍建设的政策依据与保障

核心笔记 1　政府购买社会工作服务的主体和对象

1. 政府购买社会工作服务的主体

各级政府是购买社会工作服务的主体。各级民政部门具体负责本级政府购买社会工作服务的统筹规划、组织实施和绩效评估；各级财政部门具体负责本级政府购买社会工作服务规划计划审核、经费安排与监督管理；各有关部门和群团组织负责本系统、本行业社会工作服务需求评估，向同级民政部门申报社会工作服务计划并具体实施。

2. 政府购买社会工作服务的对象

政府购买社会工作服务的对象主要为社会团体、民办非企业单位和基金会以及企事业单位。对它们的条件要求为：社会团体、民办非企业单位和基金会须具有独立法人资格，拥有一支能够熟练掌握和灵活运用社会工作知识、方法和技能的专业团队，具备完善的内部治理结构、健全的规章制度、良好的社会公信力以及较强的公益项目运营管理和社会工作专业服务能力；具备相应能力和条件的企事业单位可承接政府购买社会工作服务。

核心笔记 2 完善民办社会工作服务机构管理制度

《民政部关于进一步加快推进民办社会工作服务机构发展的意见》提出通过改进登记方式、强化监督管理和推动信息公开三个措施来完善民办社会工作服务机构管理制度。

（1）改进登记方式。在改进登记方式方面，成立民办社会工作服务机构，除要求应当符合《民办非企业单位登记管理暂行条例》规定的条件外，还要求专职工作人员中应有三分之一以上取得社会工作者职业水平证书或社会工作专业本科及以上学历，章程中应明确社会工作服务宗旨、范围和方式。

（2）强化监督管理。

（3）推动信息公开。

第三章 我国社会救助法规与政策

核心笔记 1 最低生活保障制度法规与政策

1. 低保对象资格

低保资格条件包括：户籍状况、家庭收入和家庭财产是认定低保对象的 3 个基本要件。持有当地常住户口的居民，凡共同生活的家庭成员人均收入低于当地低保标准，且家庭财产状况符合当地人民政府规定条件的，可以申请低保。

共同生活的家庭成员包括：配偶；未成年子女；已成年但不能独立生活的子女，包括在校接受本科及以下学历教育的成年子女；其他具有法定赡养、扶养、抚养义务关系并长期共同居住的人员。

2. 低保的申请

申请人有下列情况之一的，可以单独提出申请：最低生活保障边缘家庭中持有中华人民共和国残疾人证的一级、二级重度残疾人和三级智力残疾人、三级精神残疾人；最低生活保障边缘家庭中患有当地有关部门认定的重特大疾病的人员；脱离家庭、在宗教场所居住3年以上(含3年)的生活困难的宗教教职人员;县级以上人民政府民政部门规定的其他特殊困难人员。其中,最低生活保障边缘家庭一般指不符合最低生活保障条件,家庭人均收入低于当地最低生活保障标准1.5倍,且财产状况符合相关规定的家庭。

3. 低保申请者的家庭经济状况调查

家庭收入指共同生活的家庭成员在规定期限内获得的全部现金及实物收入。主要包括:工资性收入;经营净收入;财产净收入;转移净收入;其他应当计入家庭收入的项目。

4. 低保动态管理

对短期内经济状况变化不大的最低生活保障家庭,乡镇人民政府(街道办事处)每年核查一次;对收入来源不固定、家庭成员有劳动能力的最低生活保障家庭,每半年核查一次。

县级人民政府民政部门作出增发、减发、停发最低生活保障金决定,应当符合法定事由和规定程序;决定减发、停发最低生活保障金的,应当告知最低生活保障家庭成员并说明理由。

核心笔记2　特困人员供养法规与政策

1. 特困人员对象范围

城乡老年人、残疾人以及未成年人,同时具备以下条件的,应当依法纳入特困人员救助供养范围:无劳动能力,无生活来源,无法定赡养、抚养、扶养义务人或者其法定义务人无履行义务能力。

符合下列情形之一的,应当认定为无劳动能力:60周岁以上的老年人;未满16周岁的未成年人;残疾等级为一、二、三级的智力、精神残疾人,残疾等级为一、二级的肢体残疾人,残疾等级为一级的视力残疾人;省、自治区、直辖市人民政府规定的其他情形。

法定义务人符合下列情形之一的,应当认定为无履行义务能力:特困人员;60周岁以上的最低生活保障对象;70周岁以上的老年人,本人收入低于当地上年人均可支配收入,且其财产符合当地低收入家庭财产状况规定的;重度残疾人和残疾等级为三级的智力、精神残疾人,本人收入低于当地上年人均可支配收入,且其财产符合当地低收入家庭财产状况规定的;无民事行为能力、被宣告失踪或者在监狱服刑的人员,且其财产符合当地低收入家庭财产状况规定的;省、自治区、直辖市人民政府规定的其他情形。

2. 特困人员救助供养办理程序

县级人民政府民政部门应当全面审查乡镇人民政府(街道办事处)上报的申请材料、调查材料和初审意见,按照不低于30%的比例随机抽查核实,并在15个工作日内提出确认意见。

第四章 我国特定人群权益保护法规与政策

核心笔记 1 老年人家庭赡养与扶养

不得干涉老年人婚姻自由权：老年人的婚姻自由受法律保护。子女或者其他亲属不得干涉老年人离婚、再婚及婚后的生活。赡养人的赡养义务不因老年人的婚姻关系变化而消除。

老年人与配偶有相互扶养的义务。由兄、姐扶养的弟、妹成年后，有负担能力的，对年老无赡养人的兄、姐有扶养的义务。

赡养人的赡养义务是一项法定义务，赡养人不得以放弃继承权或者其他理由，拒绝履行赡养义务。赡养人不得要求老年人承担力不能及的劳动，禁止对老年人实施家庭暴力。

核心笔记 2 妇女合法权益的主要内容

1. 政治权利

主要包括：妇女有权参与公共事务管理；妇女享有选举和被选举权；国家积极培养和选拔妇女干部、支持女性人才成长。

2. 人身和人格权益

主要包括：妇女享有人身自由权；妇女的人格尊严不受侵犯；妇女享有生命权、身体权、健康权；禁止拐卖、绑架妇女；禁止对妇女实施性侵害；妇女享有姓名权、肖像权、名誉权、荣誉权、隐私权等人格权益；恋爱等亲密关系中的女性可依法申请人身安全保护令；国家建立健全妇女健康服务体系；妇女享有生育权；国家逐步建立妇女全生育周期系统保健制度；政府在规划、建设基础设施时应考虑妇女的特殊需求。

3. 婚姻家庭权益

主要包括：妇女享有婚姻自主权；婚姻登记机关应当提供婚姻家庭辅导服务；禁止对妇女实施家庭暴力；妇女对夫妻共同财产享有占有、使用、收益、处分的权利；妇女享有离婚经济补偿请求权；夫妻平等享有对未成年子女的监护权。

核心笔记 3 残疾人劳动就业的方式

政府和社会举办残疾人福利企业、盲人按摩机构和其他福利性单位，集中安排残疾人就业；集中使用残疾人的用人单位中从事全日制工作的残疾人职工，应当占本单位在职职工总数的25%以上。国家实行按比例安排残疾人就业制度。用人单位安排残疾人就业的比例不得低于本单位在职职工总数的1.5%。

第五章　我国婚姻家庭法规与政策

核心笔记 1　婚姻家庭关系

1. 结婚的必备条件及禁止条件

结婚的必备条件包括:必须男女双方完全自愿;必须达到法定婚龄,男不得早于22周岁,女不得早于20周岁;必须符合一夫一妻的基本原则。

民法典婚姻家庭编规定,直系血亲或者三代以内的旁系血亲禁止结婚。

2. 无效婚姻和可撤销婚姻

无效婚姻的情形包括:违反一夫一妻制;当事人为禁止结婚的亲属关系的;未到法定婚龄的。

可撤销婚姻的情形包括:胁迫的可撤销婚姻;隐瞒重大疾病的可撤销婚姻。

3. 夫妻财产关系

《民法典》规定,夫妻在婚姻关系存续期间所得的下列财产,为夫妻的共同财产,归夫妻共同所有:工资、奖金、劳务报酬;生产、经营、投资的收益;知识产权的收益;继承或者受赠的财产(遗嘱或在赠与合同中确定只归一方的财产除外);其他应当归共同所有的财产。下列财产为夫妻一方的个人财产:一方的婚前财产;一方因受到人身损害获得的赔偿或者补偿;遗嘱或者赠与合同中确定只归一方的财产;一方专用的生活用品;其他应当归一方的财产。

4. 诉讼离婚

《民法典》规定,有下列情形之一,调解无效的,应当准予离婚:重婚或者与他人同居;实施家庭暴力或者虐待、遗弃家庭成员;有赌博、吸毒等恶习屡教不改;因感情不和分居满二年;其他导致夫妻感情破裂的情形。

核心笔记 2　一般收养关系成立的条件

1. 被收养人的条件

18周岁以下的未成年人只要具备如下条件之一,均可以被收养:丧失父母的孤儿;查找不到生父母的未成年人;生父母有特殊困难无力抚养的子女。

2. 送养人的条件

送养人包括:孤儿的监护人;儿童福利机构;有特殊困难无力抚养子女的生父母。

3. 收养人的条件

收养人应当同时具备下列条件:无子女或者只有一名子女;

有抚养、教育和保护被收养人的能力；未患有医学上认为不应当收养子女的疾病；无不利于被收养人健康成长的违法犯罪记录；年满30周岁。

核心笔记3 继承的相关规定

1.继承权丧失的原因

继承权丧失的原因包括：故意杀害被继承人的；为争夺遗产而杀害其他继承人的；遗弃被继承人或者虐待被继承人情节严重的；伪造、篡改、隐匿或者销毁遗嘱，情节严重的；以欺诈、胁迫手段迫使或者妨碍被继承人设立、变更或者撤回遗嘱，情节严重的。

2.法定继承人的顺序

继承开始后，由第一顺序继承人继承。没有第一顺序继承人的，由第二顺序继承人继承。

（1）第一顺序法定继承人包括配偶、子女、父母。此外，丧偶儿媳对公婆和丧偶女婿对岳父母尽了主要赡养义务的，可以作为第一顺序法定继承人，继承公婆或岳父母的遗产。

（2）第二顺序法定继承人包括兄弟姐妹、祖父母、外祖父母。

3.遗嘱继承的形式

民法典继承编规定的遗嘱形式包括公证遗嘱、自书遗嘱、代书遗嘱、打印遗嘱、录音录像遗嘱和口头遗嘱六种。

第六章 我国人民调解、信访工作和突发事件应对的法规与政策

核心笔记 信访事项的受理

各级党委和政府信访部门收到信访事项，应当予以登记，并区分情况，在15日内分别按照下列方式处理：

（1）对依照职责属于本级机关、单位或者其工作部门处理决定的，应当转送有权处理的机关、单位；情况重大、紧急的，应当及时提出建议，报请本级党委和政府决定。

（2）涉及下级机关、单位或者其工作人员的，按照“属地管理、分级负责，谁主管、谁负责”的原则，转送有权处理的机关、单位。

（3）对转送信访事项中的重要情况需要反馈办理结果的，可以交由有权处理的机关、单位办理，要求其在指定办理期限内反馈结果，提交办结报告。

第七章　我国社区矫正、禁毒和治安管理法规与政策

核心笔记 1　电子定位监管

根据《社区矫正法》的规定，社区矫正对象有下列情形之一的，经县级司法行政部门负责人批准，可以使用电子定位装置，加强监督管理：违反人民法院禁止令的；无正当理由，未经批准离开所居住的市、县的；拒不按照规定报告自己的活动情况，被给予警告的；违反监督管理规定，被给予治安管理处罚的；拟提请撤销缓刑、假释或者暂予监外执行收监执行的。

核心笔记 2　吸毒检测对象、形式及强制隔离戒毒

1. 吸毒检测对象和形式

吸毒检测的对象，包括涉嫌吸毒的人员、被决定执行强制隔离戒毒的人员、被公安机关责令接受社区戒毒和社区康复的人员，以及戒毒康复场所内的戒毒康复人员。吸毒检测分为现场检测、实验室检测、实验室复检。

2. 强制隔离戒毒

禁毒法规定，吸毒成瘾人员有下列情形之一的，由县级以上人民政府公安机关作出强制隔离戒毒的决定：拒绝接受社区戒毒的；在社区戒毒期间吸食、注射毒品的；严重违反社区戒毒协议的；经社区戒毒、强制隔离戒毒后再次吸食、注射毒品的。

第八章　我国烈士褒扬与优抚安置法规与政策

核心笔记　军人抚恤优待法规与政策

1. 死亡抚恤

我国现役军人的死亡性质分为烈士、因公牺牲和病故三种。

一次性抚恤金的发放标准是：烈士和因公牺牲的，为上一年度全国城镇居民人均可支配收入的20倍加本人生前40个月的基本工资；病故的，为上一年度全国城镇居民人均可支配收入的2倍加本人生前40个月的基本工资。

2. 残疾抚恤

退出现役的一级至四级残疾军人，由国家供养终身，即按照有关政策对其生活、住房、医疗等问题予以保障。供养终身有两种方式，即集中供养和分散安置。其中，对分散安置的一级至四

级残疾军人发给护理费，标准为：因战、因公一级和二级残疾的，为当地职工月平均工资的50%；因战、因公三级和四级残疾的，为当地职工月平均工资的40%；因病一级至四级残疾的，为当地职工月平均工资的30%。

3. 优待

国家对一级至六级残疾军人的医疗费用按照规定予以保障，由所在医疗保险统筹地区社会保险经办机构单独列账管理。七级至十级残疾军人旧伤复发的医疗费用，已经参加工伤保险的，由工伤保险基金支付；未参加工伤保险，有工作的由工作单位解决，没有工作的由当地县级以上地方人民政府负责解决；七级至十级残疾军人旧伤复发以外的医疗费用，未参加医疗保险且本人支付有困难的，由当地县级以上地方人民政府酌情给予补助。

第九章 我国城乡基层群众自治和社区建设法规与政策

核心笔记 1 城市社区居民自治法规与政策

1. 居民委员会的组织设置

居民委员会的设立、撤销、规模调整，由不设区的市、市辖区的人民政府决定，这是居民委员会组织法对居民委员会设置的明确规定。

新建住宅区居民入住率达到50%的，应及时成立社区居民委员会，在此之前应成立居民小组或由相邻的社区居民委员会代管，实现对社区居民的全员管理和无缝隙管理。

居民委员会可以分设若干居民小组，小组长由居民小组推选产生。

2. 居民自治的基本内容

可将居民自治的基本内容概括为“五个民主”，即民主选举、民主协商、民主决策、民主管理、民主监督。

居民委员会每届任期5年。召开居民会议主要有以下规定或要求：一是居民会议由居民委员会召集和主持，居民委员会向居民会议负责并报告工作。二是居民会议由18周岁以上的居民组成。既可以由全体18周岁以上的居民参加，也可以由每户派代表参加，还可以由每个居民小组选举代表2～3人参加。但不管是哪种形式，居民会议必须由全体18周岁以上的居民、户的代表或者居民小组选举的代表的过半数出席，才能举行。会议的决定，由出席人的过半数通过。三是有五分之一以上的

18 周岁以上的居民、五分之一以上的户或者三分之一以上的居民小组提议，应当召集居民会议。四是规定了居民会议行使一系列职能。

核心笔记 2 村民委员会选举

村民委员会实行民主选举，每届任期 5 年，届满应当及时举行换届选举。村民委员会主任、副主任和委员由村民直接选举产生，可以连选连任，任何组织或者个人不得指定、委派或者撤换村民委员会成员，这是村民委员会组织法对村民委员会选举的明确要求。

村民委员会组织法规定，年满 18 周岁的村民都有选举权和被选举权（但是，依照法律被剥夺政治权利的人除外）。为了保障广大村民依法行使选举权利，村民委员会选举前，应当对下列人员进行登记，列入参加选举的村民名单：一是户籍在本村并且在本村居住的村民；二是户籍在本村，不在本村居住，本人表示参加选举的村民；三是户籍不在本村，在本村居住一年以上，本人申请参加选举，并且经村民会议或者村民代表会议同意参加选举的公民。

第十章　我国慈善事业与志愿服务法规与政策

核心笔记　公益慈善事业募捐与捐赠的规定

1. 慈善募捐

慈善募捐包括面向社会公众的公开募捐和面向特定对象的定向募捐。慈善组织举办定向募捐，自登记之日起就可以开展。慈善组织开展定向募捐，应当在发起人、理事会成员和会员等特定对象的范围内进行，并向募捐对象说明募捐目的、募得款物用途等事项。而且，定向募捐不得采取或变相采取慈善法规定的公开募捐方式。

2. 捐赠人的权利与义务

慈善捐赠，是指自然人、法人和其他组织基于慈善目的，自愿、无偿赠与财产的活动。捐赠应当遵守法律、法规，不得违背社会公德，不得损害公共利益和其他公民的合法权益。

根据公益事业捐赠法，受赠人主要包括依法成立的公益性社会团体、公益性非营利的事业单位；另外，在发生自然灾害时或者境外捐赠人要求县级以上人民政府及其部门作为受赠人时，县级以上人民政府及其部门也可以接受捐赠。

第十一章 我国社会组织法规与政策

核心笔记 1 社会团体的管理

1. 登记事项的管理

社会团体的分支机构、代表机构是社会团体的组成部分，不具有法人资格，应当按照其所属于的社会团体的章程所规定的宗旨和业务范围，在该社会团体授权的范围内开展活动、发展会员。

社会团体的登记事项需要变更时，应当自业务主管单位审查同意之日起30日内，向登记管理机关申请变更登记。社会团体修改章程，应当自业务主管单位审查同意之日起30日内，报登记管理机关核准。

2. 财务制度

社会团体的财务管理必须做到以下几点：依法建账、规范会计行为、接受审计监督和依法管理资产。其中，依法管理资产有两方面的要求：

（1）社会团体的资产来源必须合法。社会团体的资金来源主要来自捐赠人的捐赠、会员缴纳的会费、向服务对象收取的服务费等。

（2）社会团体的资产必须用于合法用途，任何单位和个人不得侵占、私分或者挪用社会团体的资产。

核心笔记 2 基金会的治理结构

1. 理事会的组成

关于理事会的组成，有如下规定：

（1）理事会的规模为5～25人。

（2）理事任期由章程规定，但每届任期不得超过5年。理事任届期满，连选可以连任。

（3）理事选任限制。用私人财产设立的非公募基金会，相互间有近亲属关系的基金会理事，总数不得超过理事总人数的1/3；其他基金会，具有近亲属关系的不得同时在理事会任职。未在基金会担任专职工作的理事不得从基金会获取报酬，在基金会领取报酬的理事不得超过理事总人数的1/3。

（4）理事会设理事长、副理事长和秘书长，从理事中选举产生。需要注意的是，为了保证基金会的公益性和民间性，基金会理事长、副理事长和秘书长不得由现职国家工作人员兼任。

（5）理事长是基金会的法定代表人。作为基金会的法定代表人，理事长不得同时担任其他组织的法定代表人。公募基金会和原始基金来自中国内地的非公募基金会，应当由内地居民担任法定代表人(理事长)。

2. 理事会的职责

《基金会管理条例》明确规定,理事会每年至少召开两次会议。理事会会议须有2/3以上理事出席方能召开;理事会决议须经出席理事过半数通过方为有效。但下列重要事项的决议,须经出席理事表决,2/3以上通过方为有效:章程的修改;选举或者罢免理事长、副理事长、秘书长;章程规定的重大募捐、投资活动;基金会的分立、合并。

第十二章　我国劳动就业和劳动关系法规与政策

核心笔记1　劳动合同的规定

1. 劳动合同的种类和内容

根据不同的标准,劳动合同可以划分为不同的种类。根据劳动法和劳动合同法的规定,按照劳动合同的期限,劳动合同可分为有固定期限合同、无固定期限合同和以完成一定的工作为期限的劳动合同。劳动者在同一用人单位连续工作满10年以上,当事人双方同意续延劳动合同的,如果劳动者提出订立无固定期限的劳动合同,应当订立无固定期限的劳动合同。

用人单位自用工之日起满1年不与劳动者订立书面劳动合同的,视为用人单位与劳动者已订立无固定期限劳动合同。

关于试用期,劳动合同法规定:劳动合同期限3个月以上不满1年的,试用期不得超过1个月;劳动合同期限1年以上不满3年的,试用期不得超过2个月;3年以上固定期限和无固定期限的劳动合同,试用期不得超过6个月。同一用人单位与同一劳动者只能约定一次试用期。以完成一定工作任务为期限的劳动合同或者劳动合同期限不满3个月的,不得约定试用期。试用期包含在劳动合同期限内。劳动合同仅约定试用期的,试用期不成立,该期限为劳动合同期限。劳动者在试用期的工资不得低于本单位相同岗位最低档工资或者劳动合同约定工资的80%,并不得低于用人单位所在地的最低工资标准。

2. 劳动合同的解除

劳动者提前30日以书面形式通知用人单位,可以解除劳动合同。劳动者在试用期内提前3日通知用人单位,可以解除劳动合同。

裁减人员时,应当优先留用下列人员:与本单位订立较长期限的固定期限劳动合同的;与本单位订立无固定期限劳动合同的;家庭无其他就业人员,有需要扶养的老人或者未成年人的。

用人单位不得解除劳动合同的情形包括：从事接触职业病危害作业的劳动者未进行离岗前职业健康检查，或者疑似职业病病人在诊断或者医学观察期间的；在本单位患职业病或者因工负伤并被确认丧失或者部分丧失劳动能力的；患病或者非因工负伤，在规定的医疗期内的；女职工在孕期、产期、哺乳期的；在本单位连续工作满 15 年，且距法定退休年龄不足 5 年的；法律、行政法规规定的其他情形。

3. 非全日制用工

非全日制用工，是指以小时计酬为主，劳动者在同一用人单位一般平均每日工作时间不超过 4 小时，每周工作时间累计不超过 24 小时的用工形式。非全日制用工双方当事人可以订立口头协议。从事非全日制用工的劳动者可以与一个或者一个以上用人单位订立劳动合同；但是，后订立的劳动合同不得影响先订立的劳动合同的履行。非全日制用工双方当事人不得约定试用期，任何一方都可以随时通知对方终止用工。终止用工，用人单位不向劳动者支付经济补偿。非全日制用工小时计酬标准不得低于用人单位所在地人民政府规定的最低小时工资标准。非全日制用工劳动报酬结算支付周期最长不得超过 15 日。

核心笔记 2 工资、工作时间和休息休假

1. 最低工资保障制度

《劳动法》规定，国家实行最低工资保障制度。最低工资的具体标准由省、自治区、直辖市人民政府规定，报国务院备案。用人单位支付劳动者的工资不得低于当地最低工资标准。确定和调整最低工资标准应当综合参考下列因素：劳动者本人及平均赡养人口的最低生活费用；社会平均工资水平；劳动生产率；就业状况；地区之间经济发展水平的差异。

按《最低工资规定》，省、自治区、直辖市劳动保障行政部门应将本地区最低工资标准方案报省、自治区、直辖市人民政府批准，并在批准后 7 日内在当地政府公报上和至少一种全地区性报纸上发布。省、自治区、直辖市劳动保障行政部门应在发布后 10 日内将最低工资标准报人力资源和社会保障部。

2. 工作时间

《劳动法》规定，国家实行劳动者每日工作时间不超过 8 小时、平均每周工作时间不超过 44 小时的工时制度。

用人单位延长工作时间，应当按照下列标准支付高于劳动者正常工作时间工资的工资报酬：安排劳动者延长工作时间的，支付不低于工资的 150% 的工资报酬；休息日安排劳动者工作又不能安排补休的，支付不低于工资的 200% 的工资报酬；法定休假日安排劳动者工作的，支付不低于工资的 300% 的工资报酬。

第十三章　我国健康与计划生育法规与政策

核心笔记 1　突发公共卫生事件的应对机制建设

关于突发公共卫生事件的预防以及应急准备，国务院卫生行政主管部门和省、自治区、直辖市人民政府应分别制定全国和本地的突发事件应急预案，以及预案的内容和对预案的修订、补充措施。全国突发事件应急预案的主要内容包括：突发事件应急处理指挥部的组成和相关部门的职责；突发事件的监测与预警；突发事件信息的收集、分析、报告、通报制度；突发事件应急处理技术和监督机构及其任务；突发事件的分级和应急处理工作方案；突发事件预防，现场控制，应急设施、设备、救治药品和医疗器械以及物资和技术的储备与调度；突发事件应急处理专业队伍的建设和培训。

核心笔记 2　社区卫生服务机构的基本标准

在人员方面，要求每个社区卫生服务中心至少配备6 名从事全科医学专业工作的执业医师、9 名注册护士。每个社区卫生服务站至少配备 2 名从事全科医学专业工作的执业医师。在床位方面，不鼓励社区卫生服务中心设置住院病床，如确需设置，可设一定数量以护理康复为主要功能的病床，但不能超过 50 张；社区卫生服务站不设病床。业务用房方面，明确提出了满足最低限度需要的建筑面积要求，社区卫生服务中心建筑面积不低于1000 平方米，社区卫生服务站不低于 150 平方米。设备方面，提出了与社区卫生服务功能相适应的最低限度设备配备要求，突出了满足社区基本需要、装备轻型化的特点。

第十四章　我国社会保险法规与政策

核心笔记 1　基本养老保险的相关规定

根据社会保险法的规定，基本养老保险待遇有三种类型：其一，参加基本养老保险制度的个人，达到法定退休年龄时，累计缴费满 15 年的，按月领取基本养老金。其二，参加基本养老保险的个人，因病或者非因公死亡的，其遗属可以领取丧葬补贴和抚恤金。其三，参加基本养老保险的个人，在未达到法定退休年龄时因病或非因工致残完全丧失劳动能力的，可以领取病残津贴。

领取城乡居民基本养老保险待遇的条件是，参加城乡居民基本养老保险的个人，年满 60 周岁、累计缴费满 15 年，且未领取国家规定的职工基本养老保障待遇的，可以按月领取城乡居民基本养老保险待遇。

核心笔记 2 基本医疗保险和生育保险的相关规定

1. 基本医疗保险

基本医疗保险基金由统筹基金和个人账户构成。职工个人缴费率一般为本人工资收入的2%。用人单位缴费率应控制在职工工资总额的6%左右，具体比例由统筹地区根据个人账户的支付范围和职工年龄等因素确定。

基本医疗保险统筹基金和个人账户要划定各自的支付范围，分别核算，不得互相挤占。要确定统筹基金的起付标准和最高支付限额，起付标准原则上控制在当地职工年平均工资的10%左右，最高支付限额原则上控制在当地职工年平均工资的4倍左右。起付标准以下的医疗费用，从个人账户中支付或由个人自付。

2. 生育保险

生育保险待遇包括生育医疗费用和生育津贴，所需资金从职工基本医疗保险基金中支付。

核心笔记 3 失业保险和工伤保险的相关规定

1. 失业保险

失业人员领取失业保险金应当符合以下条件：失业前用人单位和本人已经缴纳失业保险费满一年；非因本人意愿中断就业；已经进行失业登记，并有求职要求。以上三个条件必须同时符合才可以领取失业保险金。

失业人员在领取失业保险金期间有下列情形之一的，停止领取失业保险金，同时停止享受其他失业保险待遇。这些情形包括：重新就业的；应征服兵役的；移居境外的；享受基本养老保险待遇的；无正当理由，拒不接受当地人民政府指定部门或者机构介绍的适当工作或者提供的培训的。

2. 工伤保险

在职工因工伤发生的费用中，从工伤保险基金中支付的包括：治疗工伤的医疗费用和康复费用；住院伙食补助费；到统筹地区以外就医的交通食宿费；安装配置伤残辅助器具所需费用；生活不能自理的，经劳动能力鉴定委员会确认的生活护理费；一次性伤残补助金和一至四级伤残职工按月领取的伤残津贴；终止或者解除劳动合同时，应当享受的一次性医疗补助金；因工死亡的，其遗属领取的丧葬补助金、供养亲属抚恤金和因工死亡补助金；劳动能力鉴定费。

在因工伤发生的费用中，由用人单位支付的包括：治疗工伤期间的工资福利；五级、六级伤残职工按月领取的伤残津贴；终止或者解除劳动合同时，应当享受的一次性伤残就业补助金。

全国社会工作者职业水平考试辅导用书

真题全刷

社会工作法规与政策

全国社会工作者职业水平考试辅导用书编写组　编

中级

光明日报出版社

图书在版编目（CIP）数据

社会工作法规与政策：中级 / 全国社会工作者职业水平考试辅导用书编写组编. －－ 北京：光明日报出版社，2023.12(2024.7 重印).

全国社会工作者职业水平考试辅导用书. 真题全刷

ISBN 978-7-5194-7663-2

Ⅰ. ①社… Ⅱ. ①全… Ⅲ. ①社会工作—法规—中国—水平考试—习题集②社会政策—中国—水平考试—习题集 Ⅳ. ①D922.11－44②D601－44

中国国家版本馆 CIP 数据核字(2023)第 239913 号

社会工作法规与政策(中级)

Shehui Gongzuo Fagui Yu Zhengce (Zhongji)

编　　者:全国社会工作者职业水平考试辅导用书编写组

责任编辑:曹　杨　　　　责任校对:靳鹤琼

封面设计:天　一　　　　责任印制:曹　净

出版发行:光明日报出版社

地　　址:北京市西城区永安路 106 号,100050

电　　话:010-63169890(咨询),010-63131930(邮购)

传　　真:010-63131930

网　　址:http://book.gmw.cn

E - mail:gmrbcbs@gmw.cn

法律顾问:北京市兰台律师事务所龚柳方律师

印　刷:新乡市华夏印务有限责任公司

装　订:新乡市华夏印务有限责任公司

本书如有破损、缺页、装订错误,请与本社联系调换,电话:010-63131930

开　本:185mm×260mm　　　　印　张:37

字　数:888 千字

版　次:2023 年 12 月第 1 版

印　次:2024 年 7 月第 2 次印刷

书　号:ISBN 978-7-5194-7663-2

定　价:128.00 元(全三册)

目 录

Contents

		答案速查
第一章 我国社会工作法规与政策的特点与内容	1	3
第二章 我国社会工作专业人才队伍建设的政策依据与保障	4	6
第三章 我国社会救助法规与政策	7	16
第四章 我国特定人群权益保护法规与政策	18	24
第五章 我国婚姻家庭法规与政策	25	34
第六章 我国人民调解、信访工作和突发事件应对的法规与政策	36	40
第七章 我国社区矫正、禁毒和治安管理法规与政策	41	45
第八章 我国烈士褒扬与优抚安置法规与政策	47	53
第九章 我国城乡基层群众自治和社区建设法规与政策	55	60
第十章 我国慈善事业与志愿服务法规与政策	61	65
第十一章 我国社会组织法规与政策	67	73
第十二章 我国劳动就业和劳动关系法规与政策	74	84
第十三章 我国健康与计划生育法规与政策	86	90
第十四章 我国社会保险法规与政策	91	100

第一章
我国社会工作法规与政策的特点与内容

刷透真题

一、单项选择题(每题的备选项中,只有1个最符合题意)

1. 根据《规章制定程序条例》,下列词语中,可用作国务院部门规章名称的是(　　)。

A. 法　　B. 条例

C. 暂行条例　　D. 办法

2. 根据《立法法》,关于我国行政法规的说法,正确的是(　　)。

A. 行政法规是行政部门内部管理的规范性文件的总称

B. 行政法规是国务院组成部门制定的有关行政管理方面的规范性文件的总称

C. 行政法规是国务院根据宪法和法律制定的有关行政管理等方面的规范性文件

D. 行政法规是全国人民代表大会或其常务委员会制定的针对行政部门行为的规范

3. 根据社会政策惠及的人群范围和对象的差异性,可以将社会政策划分为(　　)两种基本模式。

A. 整合型和碎片型　　B. 普惠型和特惠型

C. 广义型和狭义型　　D. 政府主导型和民间推动型

4. 关于社会政策的说法,正确的是(　　)。

A. 社会政策对象是指具体实施社会政策的组织

B. 特惠型社会政策无需复杂的对象甄别程序

C. 普惠型社会政策易于避免"贫困烙印"问题

D. 改革开放以来我国社会政策的普惠型特点呈持续加强趋势

5. 《中共中央关于全面深化改革若干重大问题的决定》中,关于激发社会组织活力的举措是(　　)。

A. 行业协会、商会类组织不用登记

B. 限期实现事业单位与行政主管部门脱钩

C. 适当将社会服务交由社会组织实施

D. 所有依法成立的社会组织都纳入到政府购买服务的范围中

6.《中共中央关于全面深化改革若干重大问题的决定》提出加快形成科学有效的社会治理体制，确保社会既充满活力又和谐有序。这标志着自党的（　　），我国由“社会管理”向“社会治理”转变。

A. 十八届三中全会　　B. 十八届四中全会

C. 十九届三中全会　　D. 十九届四中全会

7. 党的十九大报告明确提出要加强社会治理制度建设，完善党委领导、政府负责、社会协同、公众参与、法治保障的社会治理体制，提高社会治理（　　）水平。

A. 社会化、法治化、智能化、专业化　　B. 精细化、标准化、规范化、专业化

C. 法治化、专业化、智能化、信息化　　D. 公开化、透明化、多元化、体系化

8.《中共中央关于制定国民经济和社会发展第十四个五年规划和二〇三五年远景目标的建议》在加强和创新社会治理方面提出的新要求是（　　）。

A. 建设人人有责、人人尽责、人人享有的社会治理共同体

B. 提高社会治理社会化、法治化、智能化、专业化水平

C. 完善社会治理体系，健全党组织领导的自治、法治、德治相结合的城乡基层治理体系

D. 畅通和规范市场主体、新社会阶层、社会工作者和志愿者等参与社会治理的途径

二、多项选择题（每题的备选项中，有2个或2个以上符合题意，至少有1个错项）

9. 根据《立法法》，下列法规与政策中，属于行政法规的有（　　）。

A.《社会救助暂行办法》　　B.《老年人权益保障法》

C.《浙江省志愿服务条例》　　D.《城市居民最低生活保障条例》

E.《社会工作专业人才队伍建设中长期规划(2011—2020年)》

10. 当前，我国政府与社会力量在社会福利事业方面开展合作的主要方式有（　　）。

A. 社会力量通过资金投入参与政府主办的社会福利事业

B. 政府通过减免税收方式鼓励社会力量参与社会福利事业

C. 鼓励大型企业向政府捐款以弥补政府社会福利行政经费的不足

D. 地方政府将社会力量捐赠的资金纳入公共财政预算

E. 政府通过购买服务方式向参与社会福利事业的社会力量投入资金

11. 某市在制定社会治理发展规划时收集到多方面建议。下列建议，符合《国民经济和社会发展第十四个五年规划和二〇三五年远景目标纲要》的有（　　）。

A. 进一步完善基层民主协商制度

B. 进一步畅通和规范市场主体参与社会治理的途径

C. 加强村级组织的责任负担并向其放权赋能

D. 强化县(区)乡(街)社会治理，弱化市域社会治理

E. 更好地发挥群团组织在社会治理中的作用

答案速查

一、单项选择题									
1. D	2. C	3. B	4. C	5. C	6. A	7. A	8. D		
二、多项选择题									
9. AD	10. ABE	11. ABE							

温馨提示:试题详解,详见深度解析册。

本章错题统计清单

恭喜您,成功完成了本章的刷题挑战。然而,错题的梳理同样不可忽视,它们如同一面镜子,反映出您在复习中的薄弱环节。错题统计清单能助您快速有效地梳理错题,制订更加合理的复习计划,科学安排再次刷题的时间。相信每一次刷题都会带来全新的收获,让您离成功更近一步。

错题序号	错误分析				错题消灭计划		
	概念问题	方法问题	粗心问题	其他原因	一刷	二刷	三刷

第二章 我国社会工作专业人才队伍建设的政策依据与保障

刷透真题

一、单项选择题(每题的备选项中,只有1个最符合题意)

1.《关于加强社会工作专业人才队伍建设的意见》提出,为了积极推动社会工作专业岗位开发和专业人才使用,应当(　　)。

A. 引导机关干部到社会工作机构中挂职

B. 引导相关社会组织吸纳社会工作专业人才

C. 鼓励高校社会工作院系兴办社会工作机构

D. 鼓励高校社会工作专业教师到社会工作机构中兼职

2. 根据《关于加强社会工作专业人才队伍建设的意见》,对老年人福利机构、儿童福利机构、婚姻家庭服务机构、青少年服务机构等以社会工作服务为主的事业单位,可将社会工作专业岗位明确为主体(　　)岗位。

A. 管理　　B. 工勤

C. 专业技术　　D. 专业技能

3. 根据《民政部、财政部关于政府购买社会工作服务的指导意见》,具体负责本级政府购买社会工作服务的统筹规划、组织实施和绩效评估的部门是(　　)。

A. 审计部门　　B. 民政部门

C. 人力资源和社会保障部门　　D. 财政部门

4. 根据《民政部、财政部关于政府购买社会工作服务的指导意见》,政府部门可以直接向(　　)购买社会工作服务。

A. 无独立法人资格但具备相应能力的企业分支机构

B. 无独立法人资格但具备相应能力的事业单位所属部门

C. 具备社会工作专业经验和能力的资深社会工作者个人

D. 具备相应能力和条件的社会组织

5. 某市拟通过政府购买方式为失独老人开展社会工作服务,但当地只有一家社会工作服务机构符合条件。根据《民政部、财政部关于政府购买社会工作服务的指导意见》,若该市民政部门采取单一来源采购方式组织采购,则应事先向社会公示并经同级(　　)部门批准。

A. 财政　　B. 审计

C. 纪检　　D. 发展改革

6. 根据《民政部、财政部关于政府购买社会工作服务的指导意见》,政府购买社会工作服务,原则上应采用的方式是(　　)。

A. 公开招标　　B. 邀请招标

C. 竞争性谈判　　D. 单一来源采购

7. 根据《民政部、财政部关于政府购买社会工作服务的指导意见》,政府购买社会工作服务的程序是(　　)和指导实施。

A. 拟订计划、申报预算、组织购买　　B. 拟订计划、组织购买、签订合同

C. 编制预算、拟订计划、组织购买　　D. 编制预算、组织购买、签订合同

8. 根据《民政部关于进一步加快推进民办社会工作服务机构发展的意见》,成立民办社会工作服务机构,专职工作人员中取得社会工作者职业水平证书或社会工作专业本科及以上学历的应达到(　　)以上。

A. 1/3　　B. 1/4

C. 1/5　　D. 1/6

9. 高某、张某和舒某取得社会工作者职业资格证书后,拟共同出资10万元,创办社会工作服务机构,提供青少年社会工作服务。根据社会组织登记管理相关规定,创办该机构应当申请(　　)登记。

A. 社会团体　　B. 民办非企业单位

C. 基金会　　D. 特别法人

二、多项选择题(每题的备选项中,有2个或2个以上符合题意,至少有1个错项)

10. 根据《民政部关于进一步加快推进民办社会工作服务机构发展的意见》,关于成立民办社会工作服务机构的说法,正确的有(　　)。

A. 成立民办社会工作服务机构,章程中应明确社会工作服务宗旨、范围和方式

B. 成立民办社会工作服务机构,应当符合《民办非企业单位登记管理暂行条例》规定的条件

C. 成立民办社会工作服务机构,负责人应具有5年以上专业社会工作服务经历

D. 成立民办社会工作服务机构,应当有10名以上专职工作人员

E. 成立民办社会工作服务机构,专职工作人员中应有1/3以上取得社会工作者职业水平证书或社会工作专业本科及以上学历

11. 根据《民政部关于进一步加快推进民办社会工作服务机构发展的意见》,下列关于加强民办社会工作服务机构能力建设的措施,正确的有(　　)。

A. 加强民办社会工作服务机构党群组织建设

B. 着力提升民办社会工作服务机构服务水平

C. 大力推动民办社会工作服务机构市场化发展

D. 建立健全民办社会工作服务机构联系志愿者制度

E. 进一步增强民办社会工作服务机构内部治理能力

答案速查

一、单项选择题									
1. B	2. C	3. B	4. D	5. A	6. A	7. D	8. A	9. B	
二、多项选择题									
10. ABE	11. ABDE								

温馨提示：试题详解，详见深度解析册。

本章错题统计清单

恭喜您，成功完成了本章的刷题挑战。然而，错题的梳理同样不可忽视，它们如同一面镜子，反映出您在复习中的薄弱环节。错题统计清单能助您快速有效地梳理错题，制订更加合理的复习计划，科学安排再次刷题的时间。相信每一次刷题都会带来全新的收获，让您离成功更近一步。

错题序号	错误分析				错题消灭计划		
	概念问题	方法问题	粗心问题	其他原因	一刷	二刷	三刷

第三章
我国社会救助法规与政策

刷透真题

一、单项选择题(每题的备选项中,只有1个最符合题意)

1. 根据《社会救助暂行办法》,负责社会救助申请受理、调查审核的是(　　)。

A. 村民委员会、居民委员会　　B. 乡镇人民政府、街道办事处

C. 县级人民政府民政部门　　D. 县级人民政府财政部门

2. 张某是企业职工,收入不高;其妻身体不好,无工作;其母年事已高,多年来一直与其共同居住;其子,24周岁,在读研究生;其女,19周岁,大学一年级在校生。张某拟申请低保,根据《最低生活保障审核确认办法》,应当认定为与张某共同生活的家庭成员是张某的(　　)。

A. 妻子、儿子、女儿、母亲　　B. 妻子、儿子、母亲

C. 妻子、女儿、母亲　　D. 妻子、儿子、女儿

3. 根据《最低生活保障审核确认办法》,最低生活保障边缘家庭一般指不符合最低生活保障条件,家庭人均收入低于当地最低生活保障标准(　　),且财产状况符合相关规定的家庭。

A. 1.2倍　　B. 1.5倍

C. 1.8倍　　D. 2倍

4. 根据《最低生活保障审核确认办法》,关于申请最低生活保障的说法,正确的是(　　)。

A. 不得委托他人代为提出申请

B. 应当由户主向户籍所在地村(居)民委员会提出书面申请

C. 共同生活的家庭成员户籍所在地不在同一省,且与经常居住地均不一致的,家庭成员可单独向其经常居住地提出申请

D. 共同生活的家庭成员户籍所在地不在同一省的,可以由其中一个户籍所在地与经常居住地一致的家庭成员向其户籍所在地提出申请

5. 受理最低生活保障申请后，应当核查家庭收入。根据《最低生活保障审核确认办法》，农林牧渔业的生产收入，属于家庭收入中的（　　）。

A. 工资性收入　　B. 财产净收入

C. 转移净收入　　D. 经营净收入

6. 城市居民老韩一家享受最低生活保障待遇，全家无固定收入来源，老韩身体残疾无法工作，依靠妻子外出打零工补贴家用。根据《最低生活保障审核确认办法》，当地街道办事处对老韩一家的家庭经济状况应当（　　）核查一次。

A. 每月　　B. 每季度

C. 每半年　　D. 每年

7. 老李一家享受农村最低生活保障待遇。今年老李一家的总收入比去年增加了 200 元，但人均年纯收入仍低于当地最低生活保障标准。在当地最低生活保障标准未变的情况下，根据《国务院关于在全国建立农村最低生活保障制度的通知》，乡镇人民政府和县级民政部门要及时按程序为老李一家办理（　　）最低生活保障金的手续。

A. 补发　　B. 增发

C. 停发　　D. 减发

8. 根据《特困人员认定办法》，财产符合当地特困人员财产状况规定的下列人员，应当纳入特困人员救助供养范围的是（　　）。

A. 朱某，19 周岁，无直系亲属，生活困难，以打零工为生

B. 秦某，35 周岁，四级肢体残疾，与父母相依为命，依靠父母工资生活

C. 尤某，60 周岁，丧偶，生活困难，唯一的儿子常年在外打工

D. 许某，67 周岁，无亲无故，承包地收入低于当地最低生活保障标准，无其他生活来源

9. 特困人员的法定义务人是否具备履行赡养、抚养、扶养义务能力，是特困人员认定条件之一。根据《特困人员认定办法》，下列人员作为法定义务人，应当认定为无履行义务能力的是（　　）。

A. 张某，35 周岁，特困人员

B. 王某，50 周岁，最低生活保障对象

C. 陶某，60 周岁，农村专业合作社成员，听力残疾

D. 李某，65 周岁，退休职工

10. 根据《最低生活保障审核确认办法》，对于特困人员，县级人民政府民政部门应当全面审查乡镇人民政府（街道办事处）上报的申请材料、调查材料和初审意见，按照不低于（　　）的比例随机抽查核实。

A. 10%　　B. 15%

C. 20%　　D. 30%

11. 根据《特困人员认定办法》，下列特困人员，可以继续享有救助供养待遇的是（　　）。

A. 周某，65 周岁，走失后被宣告失踪

B. 吴某，48 周岁，经康复训练恢复了劳动能力

C. 郑某，30 周岁，依法被判处刑罚且在监狱服刑

D. 王某，18 周岁，考入某中等职业学校

12. 根据《特困人员认定办法》,下列已依法办理特困人员供养的人员中,应当及时终止供养的是(　　)。

A. 小华,16 周岁,品学兼优,刚刚考入某市重点高中

B. 小丽,19 周岁,肢体残疾,近期到某福利企业就业

C. 老王,65 周岁,因盗窃罪被判缓刑 2 年

D. 老李,70 周岁,经过康复治疗恢复了生活自理能力

13. 根据《自然灾害救助条例》,负责全国自然灾害救助工作,承担国家减灾具体工作的职能部门是(　　)。

A. 国务院应急办公室　　B. 国务院应急管理部

C. 国家减灾中心　　D. 中国地震局

14. 甲市发生特大山洪泥石流灾害,该市救灾办紧急征用有关单位和个人的 30 余辆卡车运送救灾日常生活类物资,并征用 7 家单位的场地用于存放、转运救灾帐篷。自然灾害救助应急工作结束后,对征用的卡车和场地,市救灾办应当(　　)。

A. 及时归还即可,因属应急征用无须付费

B. 及时归还即可,并按照国家有关规定给予补偿

C. 归还场地,保留卡车,待全部救灾工作结束后归还

D. 归还卡车,保留场地,待全部救灾工作结束后归还

15. 自然灾害发生后的当年冬季、次年春季,受灾地区人民政府应当为生活困难的受灾人员提供基本生活救助。受灾地区县级人民政府应急管理部门应当在每年(　　)底前统计、评估本行政区域受灾人员当年冬季、次年春季的基本生活困难和需求,核实救助对象。

A. 8 月　　B. 9 月

C. 10 月　　D. 12 月

16. 某县遭受重大洪涝灾害,社会各界积极捐款捐物,根据《自然灾害救助条例》,关于该县救助款物管理的说法,正确的是(　　)。

A. 自然灾害救助专项资金应由县民政局调拨、分配、管理

B. 政府部门接受的捐赠人无指定意向的捐款,应由县财政局统筹安排用于自然灾害救助

C. 社会组织接受的捐赠人无指定意向的救灾物资,应转交县应急管理局统筹调拨使用

D. 县纪委监委、县审计局应当依法对自然灾害救助款物和捐赠款物的管理使用情况进行监督检查

17. 老赵,甲县乙镇丙村最低生活保障对象,因病在丁医院住院手术,经报销后仍难以承担符合规定的基本医疗自付费用,欲申请医疗救助。根据《社会救助暂行办法》,老赵的医疗救助应当由(　　)。

A. 甲县医疗保障局直接办理　　B. 乙镇人民政府审批

C. 丙村村委会审核　　D. 丁医院向主管部门申请

18. 根据《社会救助暂行办法》,医疗救助的审批部门是县级人民政府(　　)。

A. 民政部门　　B. 医疗保障部门

C. 财政部门　　D. 卫生健康主管部门

19. 根据《城乡医疗救助基金管理办法》，关于医疗救助基金支付救助对象相关费用的说法，正确的是（　　）。

A. 门诊医疗费用，医疗救助基金不予支付

B. 参加基本医疗保险所需费用，医疗救助基金予以支付

C. 购买商业医疗保险所需费用，医疗救助基金予以支付

D. 因故未参加基本医疗保险，个人自负医疗费用，医疗救助基金不予支付

20. 某市急救中心收治了一名需要急救但身份不明的重病患者，根据《社会救助暂行办法》，该患者符合规定的急救费用由（　　）支付。

A. 医疗救助资金　　B. 大病保险资金

C. 疾病应急救助基金　　D. 基本医疗保险基金

21. 某市城乡医疗救助基金 2022 年筹集金额为 1000 万元。根据《城乡医疗救助基金管理办法》，该基金 2022 年底累计结余数额一般不应超过（　　）万元。

A. 120　　B. 150

C. 200　　D. 240

22. 小丽，13 岁，初一学生，父母双亡，又无其他亲属抚养，被民政部门认定为城市"三无"对象。根据《民政部、教育部关于进一步做好城乡特殊困难未成年人教育救助工作的通知》，小丽应当获得的教育救助是（　　）。

A. 免费教育

B. 必要的学习补助

C. 必要的生活补助

D. "两免一补"（免杂费、免书本费、补助寄宿生活费）

23. 根据《民政部、教育部关于进一步做好城乡特殊困难未成年人教育救助工作的通知》，下列人员中，属于城乡特殊困难未成年人教育救助对象的是（　　）。

A. 身有残疾的未成年人　　B. 大学阶段的特殊困难学生

C. 城乡低保家庭中的未成年子女　　D. 被收养人合法收养的孤儿

24. 根据《社会救助暂行办法》，下列人员中，符合教育救助条件的是（　　）。

A. 小华，5 周岁，幼儿园学童，特困供养人员子女

B. 小梦，9 周岁，小学生，父母是福利企业残疾职工

C. 小丽，13 周岁，初中生，低保家庭成员

D. 小君，19 周岁，在职夜大学生，低保家庭成员

25. 根据《社会救助暂行办法》，关于教育救助的说法，正确的是（　　）。

A. 教育救助标准由县级民政部门和教育行政部门共同确定、公布

B. 教育救助应当由申请人向其所在地的民政部门申请

C. 教育救助由申请人就读学校按照国家有关规定实施

D. 教育救助应以减免相关费用、发放助学金的方式实施

26. 小王，甲县乙乡丙村最低生活保障家庭成员，初中三年级学生。根据《社会救助暂行办法》，小王申请教育救助，应当向（　　）提出。

A. 就读学校　　B. 丙村民委员会

C. 乙乡人民政府　　D. 甲县教育局

27. 国家对城乡特殊困难未成年人实施教育救助。根据《民政部、教育部关于进一步做好城乡特殊困难未成年人教育救助工作的通知》,教育行政部门的助学工作应当以救助(　　)阶段特殊困难学生为重点。

A. 学前教育　　B. 义务教育

C. 职业教育　　D. 继续教育

28. 李大爷为特困供养人员,被安置在养老院集中供养。某日,李大爷听说还有住房救助政策,便准备申请。根据《社会救助暂行办法》,关于李大爷住房救助申请的说法,正确的是(　　)。

A. 李大爷符合公共租赁住房申请条件

B. 李大爷符合领取住房租赁补贴条件

C. 李大爷符合领取农村危房改造补贴条件

D. 李大爷不符合住房救助申请条件

29. 根据《社会救助暂行办法》,国家对符合规定标准的住房困难的最低生活保障家庭、分散供养的特困人员,给予住房救助。下列关于住房救助方式的说法,正确的是(　　)。

A. 配租经济适用房　　B. 帮助搭建临时住房

C. 发放住房租赁补贴　　D. 降低购房贷款首付比例

30. 根据《社会救助暂行办法》,城镇家庭申请住房救助的,应当向(　　)提出。

A. 社区居民委员会　　B. 乡镇人民政府、街道办事处

C. 县级人民政府民政部门　　D. 县级人民政府住房保障部门

31. 夏某一家享受城市低保待遇,因住房困难通过街道办事处向区人民政府住房保障部门提交了住房救助申请。根据《社会救助暂行办法》,在审核阶段,应由(　　)审核确认其家庭收入、财产状况。

A. 社区居民委员会　　B. 街道办事处

C. 区人民政府民政部门　　D. 区人民政府住房保障部门

32. 根据《社会救助暂行办法》,关于就业救助的说法,正确的是(　　)。

A. 公共就业服务机构为就业救助对象提供职业介绍服务应当按规定合理收取费用

B. 吸纳就业救助对象的用人单位享受免征企业所得税、免除行政事业性收费的待遇

C. 就业救助对象拒绝接受介绍的工作,民政部门可以取消其最低生活保障待遇并收回已发放的低保金

D. 就业救助的方式包括贷款贴息、社会保险补贴、岗位补贴、培训补贴、费用减免、公益性岗位安置等

33. 根据《国务院关于全面建立临时救助制度的通知》,临时救助要着眼于解决基本生活困难、摆脱临时困境,既要尽力而为,又要量力而行,这一要求体现的是(　　)。

A. 公开透明　　B. 适度救助

C. 资源统筹　　D. 制度衔接

34. 根据《国务院关于全面建立临时救助制度的通知》，下列人员中，属于临时救助对象的是（　　）。

A. 刘某，65 周岁，退休工资低，患多种慢性疾病

B. 宋某，35 周岁，突发重大疾病，家庭无力负担医疗费，基本生活陷入困境

C. 张某，20 周岁，低保家庭成员，有劳动能力但处于失业状态

D. 朱某，12 周岁，因智力残疾不能接受义务教育

35. 根据《国务院关于全面建立临时救助制度的通知》，关于临时救助的说法，正确的是（　　）。

A. 临时救助申请须本人提出，不得委托他人

B. 对于持有当地居住证的个人提出的临时救助申请，由当地乡镇人民政府（街道办事处）受理

C. 申请人提供相应证明材料后，方可受理临时救助申请

D. 临时救助金应当支付到救助对象个人账户，不得直接发放现金

36. 根据《城市生活无着的流浪乞讨人员救助管理办法》，救助站对流浪乞讨人员的救助是一项（　　）措施。

A. 长期性庇护　　B. 临时性管制

C. 长期性救助　　D. 临时性社会救助

37. 根据《城市生活无着的流浪乞讨人员救助管理办法实施细则》，流浪乞讨人员救助站应当根据受助人员的情况确定救助期限，一般不超过（　　）。

A. 5 天　　B. 10 天

C. 15 天　　D. 30 天

38. 社区里的四位老人谈论起“救助站”的话题。吴大爷说：“我的养老金不高，以后到外地旅游，可以找救助站免费吃住。”李大爷脑袋一晃，说道：“想得美，那吃住可不是免费的，要干活，得劳动。”章大爷接过话茬：“进了救助站，还得说出自己的真名实姓……”陈大爷抢着说：“救助站也就给个吃住，犯个心脏病什么的，就不管了。”根据《城市生活无着的流浪乞讨人员救助管理办法》，四位老人的说法，正确的是（　　）。

A. 吴大爷的说法　　B. 李大爷的说法

C. 章大爷的说法　　D. 陈大爷的说法

39. 甲、乙、丙、丁四人在某市流浪乞讨人员救助管理站接受救助。甲隐瞒了自己在该市还有一个哥哥；乙因与父母争吵离家出走，其父母来到救助管理站寻找；丙在救助期满当天突患阑尾炎，需入院治疗；丁觉得在救助管理站受约束，私自离开。以上四人中，救助管理站应当继续实施救助的是（　　）。

A. 甲　　B. 乙

C. 丙　　D. 丁

40. 小田偶遇年近 70 的刘大爷沿街乞讨。根据《城市生活无着的流浪乞讨人员救助管理办法》《城市生活无着的流浪乞讨人员救助管理办法实施细则》，关于救助刘大爷的说法，正确的是（　　）。

A. 小田应联系公安机关将刘大爷送到救助站，不得私自护送
B. 小田告知刘大爷向救助站求助，刘大爷可自行决定是否求助
C. 刘大爷若不同意向救助站求助，救助站应当主动为刘大爷提供救助
D. 刘大爷向救助站求助后，若无法提供个人情况，救助站应先查明再提供救助

41. 根据《法律援助条例》，公诉人出庭公诉的案件，被告人因经济困难或者其他原因没有委托辩护人，人民法院为被告人指定辩护时，法律援助机构应当提供法律援助。下列被告人中，人民法院为其指定辩护时，法律援助机构应当提供法律援助，无须进行经济状况审查的是（　　）。
A. 被告人是未成年人而没有委托辩护人的
B. 被告人肢体残疾而没有委托辩护人的
C. 被告人可能被判处无期徒刑而没有委托辩护人的
D. 被告人可能被判处 10 年以上有期徒刑而没有委托辩护人的

二、多项选择题（每题的备选项中，有 2 个或 2 个以上符合题意，至少有 1 个错项）

42. 根据《社会救助暂行办法》，下列关于社会力量参与社会救助的说法，正确的有（　　）。
A. 社会力量参与社会救助，按照国家有关规定享受财政补贴、税收优惠、费用减免等政策
B. 县级以上地方人民政府可以将社会救助中审批事项通过委托、承包、采购等方式，向社会力量购买服务
C. 国家鼓励单位和个人等社会力量通过捐赠、设立帮扶项目、创办服务机构、提供志愿服务等方式，参与社会救助
D. 县级以上地方人民政府应当发挥社会工作服务机构和社会工作者作用，为社会救助对象提供社会融入、能力提升、心理疏导等专业服务
E. 社会救助管理部门及相关机构应当建立社会力量参与社会救助的机制和渠道，提供社会救助项目、需求信息，为社会力量参与社会救助创造条件、提供便利

43. 根据《社会救助暂行办法》，对采取虚报、隐瞒、伪造等手段，骗取社会救助资金、物资或者服务的，有关部门可以采取的措施有（　　）。
A. 停止社会救助
B. 3 年内不予受理低保申请
C. 责令提供 1 个月的社区公益服务
D. 责令退回非法获取的救助资金、物资
E. 处非法获取的救助款额或者物资价值 1 倍以上 3 倍以下的罚款

44. 某镇社会救助经办机构受理了魏某一家的最低生活保障申请，遂组织开展家庭经济状况调查。根据《最低生活保障审核确认办法》，下列人员，应当计入魏某共同生活家庭成员的有（　　）。
A. 魏某妻子，48 周岁，因病失业在家
B. 魏某女儿，23 周岁，全日制研究生
C. 魏某儿子，20 周岁，全日制本科生

D. 魏某母亲,72 周岁,一直在魏某妹妹家生活

E. 魏某父亲,75 周岁,中风偏瘫后一直在魏某家生活

45. 根据《国务院关于在全国建立农村最低生活保障制度的通知》,核算申请人家庭收入时,一般不计入家庭收入的项目包括(　　)。

A. 优待抚恤金　　B. 离退休金

C. 赡养费　　D. 计划生育奖励与扶助金

E. 教育方面的奖励性补助

46. 农村居民张某,65 周岁,孤身一人,经济困难,申请特困人员救助供养。根据《特困人员认定办法》,在审核张某家庭收入时,张某的下列收入应计入在内的有(　　)。

A. 卖菜收入

B. 土地流转收入

C. 村民委员会发放的治安巡逻志愿者补贴

D. 政府发放的种粮补贴

E. 中央确定的城乡居民养老保险中的基础养老金

47. 根据《社会救助暂行办法》,国家给予特困人员供养的内容有(　　)。

A. 办理丧葬事宜　　B. 提供交通补贴

C. 提供疾病治疗　　D. 提供基本生活条件

E. 对生活不能自理的给予照料

48. 根据《社会救助暂行办法》,实施住房救助可采取的方式有(　　)。

A. 配租公共租赁住房　　B. 发放住房租赁补贴

C. 降低购房首付比例　　D. 减免购房贷款利息

E. 农村危房改造

49. 根据我国《自然灾害救助条例》,自然灾害救助工作应遵循的原则包括以人为本和(　　)。

A. 政府主导　　B. 分级管理

C. 社会互助　　D. 灾民自救

E. 分散安置

50. 启动自然灾害预警响应,需要告知居民前往应急避难场所。根据《自然灾害救助条例》,县级以上地方人民政府的自然灾害救助应急综合协调机构应当通过广播、电视等方式,及时公告应急避难场所的(　　)。

A. 具体地址　　B. 水源状况

C. 到达路径　　D. 所属单位

E. 容纳人数

51. 根据《自然灾害救助条例》,下列组织机构应当设立专职或兼职的自然灾害信息员的有(　　)。

A. 某村民委员会　　B. 某居民委员会

C. 某煤矿企业　　D. 某公办中学

E. 某户外救援协会

52. 某地发生洪涝灾害后收到了一批社会捐赠的无指定意向的救助款物。根据《自然灾害救助条例》,对这批救助款物的使用,正确的有(　　)。

A. 将收到的帐篷、棉被发放给受灾人员

B. 将收到的发电机、柴油发放到受灾停电的医院

C. 向因灾遇难人员亲属发放慰问品

D. 租赁库房存储部分救助物资

E. 将结余的部分捐款发放给参加救灾工作的志愿者

53. 最低生活保障家庭成员小王,在某职业高中就读。根据《社会救助暂行办法》,关于小王教育救助的说法,正确的有(　　)。

A. 小王应当向就读学校提出教育救助申请

B. 学校可以根据实际需要安排小王勤工助学

C. 教育救助应当保障小王基本学习、生活需求

D. 民政部门应当根据小王的申请给予教育补助

E. 小王所获得的教育救助金,由其户籍所在地街道办事处统一发放

54. 根据《社会救助暂行办法》,基于不同教育阶段需求,可以采取的教育救助方式有(　　)。

A. 减免学杂费用　　B. 发放学业奖学金

C. 给予生活补助　　D. 安排勤工俭学

E. 发放助学金

55. 某企业在一年时间内聘用了多名有劳动能力、处于失业状态的低保家庭成员。根据《社会救助暂行办法》,该企业可以享受的就业扶持政策有(　　)。

A. 税收优惠　　B. 住房补贴

C. 社会保险补贴　　D. 小额担保贷款

E. 减免残疾人就业保障金

56. 根据《城市生活无着的流浪乞讨人员救助管理办法实施细则》,受助人员出现下列情形,救助站应当终止对其救助的有(　　)。

A. 被发现故意提供虚假信息、误导救助站工作人员

B. 以住宿条件差为由,自行离开救助站

C. 患急病送医救助,已度过危险期

D. 与其他受助人员发生口角,扰乱救助站秩序

E. 救助期已满,无正当理由不愿离站

57. 某法律援助机构拟对人民法院指定辩护的被告人提供法律援助。根据《法律援助条例》,下列被告人中,无须审查其经济状况,就应当提供法律援助的有(　　)。

A. 李某,盲人　　B. 杨某,双腿残疾

C. 曲某,16 周岁　　D. 孔某,65 周岁

E. 吕某,可能被判处死刑

58. 根据《法律援助法》,下列人员申请法律援助,不受经济困难条件限制的有(　　)。

A. 小赵,烈士赵某的儿子,为维护赵某的人格权益

B. 小王，因再审改判无罪，请求国家赔偿

C. 小李，请求支付劳动报酬

D. 小张，请求工伤事故人身损害赔偿

E. 小刘，因见义勇为行为主张民事赔偿

59. 根据《法律援助条例》，公民在（　　）需要代理时，因经济困难没有委托代理人的，可以向法律援助机构申请法律援助。

A. 依法请求国家赔偿　　B. 请求支付劳动报酬

C. 请求发给抚恤金　　D. 请求申请廉租住房

E. 请求给予最低生活保障待遇

60. 根据《法律援助法》，下列经法律援助机构审查核实的案件中，应当终止法律援助的有（　　）。

A. 甲案，案情复杂

B. 乙案，耗时较长

C. 丙案，被人民法院终止审理

D. 丁案，当事人有正当理由要求终止法律援助

E. 戊案，当事人申请法律援助后又自行委托了律师

61. 根据《法律援助法》，下列人员申请法律援助，免予核查经济困难状况的有（　　）。

A. 小张，特困人员，持有特困人员供养相关证明

B. 小李，优抚对象，持有因公牺牲军人遗属优待证

C. 小王，进城务工人员，持有请求工伤事故人身损害赔偿的材料和相关证明

D. 老赵，退休职工，持有请求交通事故人身损害赔偿的材料和相关证明

E. 老吴，农民，持有请求支付生态破坏损害赔偿的材料和相关证明

一、单项选择题									
1. B	2. C	3. B	4. D	5. D	6. C	7. D	8. D	9. A	10. D
11. D	12. B	13. B	14. B	15. C	16. D	17. A	18. B	19. B	20. C
21. B	22. A	23. C	24. C	25. C	26. A	27. B	28. D	29. C	30. D
31. C	32. D	33. B	34. B	35. B	36. D	37. B	38. C	39. C	40. B
41. A									
二、多项选择题									
42. ACDE	43. ADE	44. ACE	45. ADE	46. ABCD	47. ACDE	48. ABE	49. ABCD	50. AC	51. ABCD
52. ABCD	53. ABC	54. ACDE	55. ACD	56. ABE	57. ACE	58. ABE	59. ABCE	60. CDE	61. ABC

温馨提示：试题详解，详见深度解析册。

本章错题统计清单

恭喜您，成功完成了本章的刷题挑战。然而，错题的梳理同样不可忽视，它们如同一面镜子，反映出您在复习中的薄弱环节。错题统计清单能助您快速有效地梳理错题，制订更加合理的复习计划，科学安排再次刷题的时间。相信每一次刷题都会带来全新的收获，让您离成功更近一步。

错题序号	错误分析				错题消灭计划		
	概念问题	方法问题	粗心问题	其他原因	一刷	二刷	三刷

第四章
我国特定人群权益保护法规与政策

刷透真题

一、单项选择题(每题的备选项中,只有1个最符合题意)

1. 东北某村赵老汉62岁,身体硬朗,平时自己耕种承包田;其独子小赵在深圳工作多年,今年春节时小赵回老家将父亲接到深圳共同生活,同时委托自己在老家的中学同学欧阳耕种父亲的承包田。根据《老年人权益保障法》,老赵承包田今年的收益应当(　　)。
A. 归老赵所有
B. 归小赵所有
C. 归欧阳所有
D. 由欧阳与小赵协商分配

2. 根据《民政部关于加强农村留守老年人关爱服务工作的意见》,农村留守老年人赡养和关爱服务的责任主体是(　　)。
A. 家庭
B. 村民委员会
C. 乡镇人民政府
D. 为老服务组织

3. 根据《老年人权益保障法》,我国建立和完善以(　　)为基础的社会养老服务体系。
A. 居家
B. 社区
C. 机构
D. 社会工作服务站

4. 根据我国《老年人权益保障法》的规定,下列关于老年人赡养和扶养的说法中,正确的是(　　)。
A. 赡养人如果放弃继承权,可以少承担赡养义务
B. 由兄、姐扶养的弟、妹对年老的兄、姐有无条件扶养的义务
C. 赡养人不履行赡养义务,老年人有要求赡养人给付赡养费等权利
D. 赡养人耕种老年人的承包田地,应当获得该承包田地的收益

5. 老王丧偶后由儿子赡养。近期,老王经人介绍认识经济条件较好的老陈,两人感情发展顺利,准备结婚,但小王不赞成父亲再婚。根据《老年人权益保障法》,下列说法正确的是(　　)。
A. 未经小王的同意,老王不能再婚
B. 小王对老王的赡养义务不因老王再婚而解除
C. 老王若再婚后去世,老陈无权继承老王的遗产
D. 因老陈经济条件好,老王再婚后,小王可以不用赡养老王

6. 根据《老年人权益保障法》，下列关于家庭赡养的说法，正确的是(　　)。
A. 赡养人表示放弃继承权的，可以不再履行赡养老人的义务
B. 赡养人有义务耕种老年人承包的田地，照管老年人的林木和牲畜，收益归赡养人所有
C. 经老年人同意，赡养人之间可以就履行赡养义务签订协议，基层派出所监督协议的履行
D. 赡养人不履行赡养义务的，基层群众性自治组织、老年人组织或赡养人所在单位应当督促其履行

7. 谢某是家中长女，有一弟一妹，父母去世后，她将未成年的妹妹扶养长大，谢某婚后无子女，目前年事已高，配偶去世，生活困难；其弟在外经商，有一女已成年；其妹在家务农，有一子已成年并就业。根据《老年人权益保障法》，下列有负担能力的人员，应当对谢某履行赡养或扶养义务的是谢某的(　　)。
A. 弟弟　　B. 妹妹
C. 侄女　　D. 外甥

8. 根据《老年人权益保障法》，设立经营性养老机构应当在(　　)办理登记。
A. 市场监督管理部门　　B. 民政部门
C. 卫生健康主管部门　　D. 人力资源社会保障部门

9. 某村丁先生和老伴均已丧失劳动能力，同村的两个儿子却长期拒不支付赡养费。根据《老年人权益保障法》的规定，丁先生和老伴有权(　　)，要求两个儿子支付赡养费。
A. 向当地公安机关请求调解　　B. 向当地仲裁机构申请仲裁
C. 向当地人民法院提起诉讼　　D. 向当地律师事务所请求调解

10. 根据《妇女权益保障法》，下列关于妇女合法权益的说法中，正确的是(　　)。
A. 妇女享有与男子平等的选举权和被选举权
B. 母亲比父亲对未成年子女拥有更多的监护权
C. 居民委员会、村民委员会成员中，妇女名额应占有30%以上
D. 学校在录取学生时，任何专业不得以性别为由拒绝录取女性

11. 女职工小丽与男友小强相恋，双方分手后，小强一直纠缠、骚扰小丽并泄露小丽的隐私和个人信息。根据《妇女权益保障法》，小丽可以向(　　)申请人身安全保护令。
A. 公安机关　　B. 人民法院
C. 民政部门　　D. 妇女联合会

12. 根据《妇女权益保障法》，下列情形，男方不得提出离婚的是(　　)。
A. 妻子因病休假3个月　　B. 妻子怀孕刚满5个月
C. 妻子终止妊娠已满7个月　　D. 妻子分娩已满13个月

13. 离婚时，一方隐藏、转移、变卖、毁损、挥霍夫妻共同财产的，根据《民法典》，分割夫妻共同财产时，对隐藏、转移、变卖、毁损、挥霍夫妻共同财产的一方，法院裁判的原则是(　　)。
A. 应当少分　　B. 应当不分
C. 可以平分　　D. 可以少分或不分

14. 未成年人享有的以未成年人个体全面发展为目标，以保障未成年人公平公正地分享发展成果和平等参与社会实践为基本内容的发展权利是（　　）。

A. 生存权　　B. 发展权

C. 参与权　　D. 受保护权

15. 小林，17 岁，独自一人在农村老家生活和学习。父母外出务工，无法履行对小林的监护职责。根据《未成年人保护法》，关于对小林监护职责的说法，正确的是（　　）。

A. 小林父母应当委托有监护能力的其他成年人代为监护

B. 小林父母可以不委托监护人，但要保证小林的生活学习费用

C. 如果小林父母没有委托监护人，应当由小林所在学校承担监护职责

D. 如果小林父母没有委托监护人，应当由小林所在村民委员会承担监护职责

16. 根据《未成年人保护法》，下列关于未成年人合法权益保护的说法中，正确的是（　　）。

A. 任何组织或者个人不得招用未满 18 周岁的未成年人

B. 除犯重罪外，对未成年人犯罪，不予追究法律责任

C. 父母或者其他监护人应当依法履行对未成年人的监护职责和抚养义务

D. 除父母外，其他个人和组织不得隐匿未成年人的信件

17. 根据《未成年人保护法》，下列未成年人，民政部门应当依法对其进行长期监护的是（　　）。

A. 小美，父亲去世，母亲下落不明

B. 小强，监护人怠于履行监护职责，导致无人照料

C. 小明，流浪乞讨，暂时查找不到其父母或者其他监护人

D. 小飞，监护人丧失监护能力且无其他人可以担任监护人

18. 小李的父母吸毒成瘾，对 12 周岁小李的学习、生活不管不问，还动辄打骂，小李的爷爷申请撤销小李父母的监护资格，根据《未成年人保护法》，有权撤销小李父母监护人资格的部门是（　　）。

A. 民政部门　　B. 公安机关

C. 人民法院　　D. 人民检察院

19. 小红，5 岁，甲县乙村人，多次遭受父母殴打，致四级残疾。人民法院依法撤销了小红父母的监护人资格，并指定小红的姑姑为其监护人。根据《未成年人保护法》，下列人员、组织，有义务负担小红成年前抚养费的是（　　）。

A. 小红的父母　　B. 乙村村民委员会

C. 甲县民政局　　D. 甲县残疾人联合会

20. 小程父母常年在外务工，很早就把小程送到农村老家一所寄宿中学上学。从初二开始，小程因交友不慎，多次参与盗窃活动并屡教不改。此种情形下，除小程父母外，（　　）可以向教育行政部门提出申请，由教育行政部门决定送小程进入专门学校接受专门教育。

A. 当地公安机关　　B. 当地司法行政部门

C. 当地村民委员会　　D. 小程就读的中学

21. 小萌,7 岁,父母因遭遇车祸双亡,当地民政部门依法将小萌安置在某儿童福利院。该福利院为了促进小萌和其他孤儿融入社区,在附近小区租了一套单元房,为孩子们提供家庭式养育。根据《国务院办公厅关于加强孤儿保障工作的意见》,小萌的安置方式属于(　　)。

A. 家庭寄养　　B. 依法收养

C. 机构养育　　D. 亲属抚养

22. 小亮,12 周岁,父母双亡,被县民政局认定为孤儿。爷爷是其唯一在世的亲人,身体健康,经济宽裕。根据《国务院办公厅关于加强孤儿保障工作的意见》等有关规定,小亮应当由(　　)抚养。

A. 爷爷　　B. 居民委员会

C. 儿童福利机构　　D. 父母所在单位

23. 小皮,13 岁,从甲市流浪到乙市,后在乙市救助保护机构帮助下返回甲市。甲市的救助保护机构到小皮家进行调查评估,发现小皮母亲已去世,父亲有监护能力,但经反复教育仍拒绝履行监护责任。根据《国务院办公厅关于加强和改进流浪未成年人救助保护工作的意见》,甲市救助保护机构可以采取的措施是(　　)。

A. 直接承担对小皮的监护责任

B. 委托其他人对小皮代为监护

C. 要求当地居委会承担对小皮的监护责任

D. 向人民法院申请撤销小皮父亲的监护人资格,并依法另行指定监护人

24. 苗苗,3 岁,户籍所在地为甲县乙镇,患先天性听力障碍。为照顾年幼的苗苗,其父母一直未外出工作,全家享受最低生活保障待遇。近期,父母想为她申请残疾儿童康复救助,植入人工耳蜗。根据《国务院关于建立残疾儿童康复救助制度的意见》,苗苗父母应当向(　　)提出申请。

A. 乙镇人民政府　　B. 甲县民政局

C. 甲县卫生健康委员会　　D. 甲县残疾人联合会

25. 根据《关于进一步加强事实无人抚养儿童保障工作的意见》,下列未成年独生子女,属于事实无人抚养儿童的是(　　)。

A. 小吴,父亲病故,母亲四级智力残疾

B. 小王,父亲服刑在押,母亲体弱多病

C. 小赵,父亲常年外出打工,母亲三级精神残疾

D. 小李,父亲强制隔离戒毒,母亲失去联系 3 个月

26. 根据《残疾预防和残疾人康复条例》,残疾预防工作应当(　　)。

A. 以社会力量为主导　　B. 以社区和康复机构为基础

C. 覆盖全人群和全生命周期　　D. 坚持重点预防和节点防控相结合

27. 某市拟兴办一家残疾人福利企业,配备职工 200 人。根据《残疾人就业条例》,该企业中从事全日制工作的残疾人职工至少应有(　　)名。

A. 20　　B. 40

C. 50　　D. 100

28. 某企业现有在职职工 400 人，安排残疾人就业的比例达到法定要求，无须缴纳残疾人就业保障金，根据《残疾人就业条例》，该企业目前至少已安排（　　）名残疾人就业。

A. 4　　B. 6

C. 8　　D. 10

29. 甲县乙镇丙村残疾人贺某欲申领困难残疾人生活补贴。根据《国务院关于全面建立困难残疾人生活补贴和重度残疾人护理补贴制度的意见》，贺某应当向（　　）受理窗口提交书面申请。

A. 丙村民委员会　　B. 乙镇人民政府

C. 甲县残疾人联合会　　D. 甲县民政局

30. 某民营企业有意投资兴建残疾人托养服务公寓——“暖巢”，经反复论证，认为可以通过提升服务档次、扩大服务品种，实现微利或更好效益，遂决定将“暖巢”申办为营利性机构。根据《关于加快发展残疾人托养服务的意见》，下列关于“暖巢”享受扶持政策的说法，正确的是（　　）。

A. 与公办残疾人托养机构享受相同的财政投入

B. 可以接收单位捐赠，不得接收个人捐赠

C. 与非营利性残疾人托养机构享受相同土地政策

D. 用水、用电、用气、用暖，按居民价格标准收费

31. 某县拟建立残疾人法律救助工作站。根据《残疾人法律救助工作站管理规定》，该救助站应设立在（　　）。

A. 县民政局　　B. 县司法局

C. 县人民法院　　D. 县残疾人联合会

二、多项选择题（每题的备选项中，有 2 个或 2 个以上符合题意，至少有 1 个错项）

32. 老张（男）早年丧偶，独自一人将儿子小张抚养成人，现已衰老且丧失劳动能力。2018 年年底，老张认识了谢某。交往一段时间后，老张准备与谢某结婚，小张担心老张结婚后财产被谢某占有，极力反对。下列说法正确的有（　　）。

A. 小张的做法干涉了老张的婚姻自由

B. 不管老张结婚与否，小张均应赡养老张

C. 老张与谢某结婚后，小张不必履行赡养老张的义务

D. 如果小张不履行赡养义务，老张有要求小张付给赡养费的权利

E. 老张结婚后，小张应承担赡养老张和谢某的义务

33. 父母去世后，老夏把未成年的弟弟扶养成人。老夏夫妇育有一子一女，均已结婚生子、生活富裕。老夏现年事已高，丧失劳动能力。根据《老年人权益保障法》，下列人员中，对老夏有赡养或扶养义务的有其（　　）。

A. 儿子　　B. 儿媳

C. 女儿　　D. 女婿

E. 弟弟

34. 徐某，女，外贸公司职员，工作期间，公司老板丁某经常对徐某实施性骚扰，根据《妇女权益保障法》，徐某可以采取的维权措施包括（　　）。

A. 向当地妇女组织投诉

B. 依法向人民法院提起刑事诉讼
C. 依法向人民法院提起民事诉讼
D. 提请公安机关依法给予丁某批评教育
E. 提请公安机关吊销该外贸公司营业执照

35. 根据《妇女权益保障法》,下列关于妇女婚姻家庭权益的说法中,正确的有(　　)。
A. 国家保护妇女的婚姻自主权,禁止干涉妇女结婚、离婚自由
B. 妇女有按照国家有关规定生育子女的权利,也有不生育的自由
C. 父亲丧失行为能力不能担任未成年子女监护人的,任何人不得干涉母亲的监护权
D. 在夫妻财产共同所有的情况下,女方因抚育子女等承担较多义务的,有权在离婚时要求男方予以补偿
E. 妇女对夫妻共同财产享有与配偶平等的占有、使用、收益、处分的权利

36. 根据《未成年人保护法》,不得允许未成年人进入的场所有(　　)。
A. 私人美术馆
B. 营业性网吧
C. 营业性歌舞厅
D. 营业性游乐场
E. 经营性电影院

37. 根据本区居住人员复杂、青少年人口比例大的特点,某社区决定对违法犯罪未成年人开展帮教工作。下列社区居民属于社会帮教对象的有(　　)。
A. 因不满16周岁而不予刑事处罚的未成年人
B. 因不满16周岁而免予刑事处罚的未成年人
C. 被判处刑罚正在少年犯管教所服刑的未成年人
D. 被判处非监禁刑罚的未成年人
E. 被假释的未成年人

38. 根据《国务院办公厅关于加强孤儿保障工作的意见》,地方各级政府要按照有利于孤儿身心健康成长的原则,采取(　　)方式,妥善安置孤儿。
A. 亲属抚养
B. 机构养育
C. 家庭寄养
D. 依法收养
E. 单位代养

39. 小顾是残疾人,自主创业,从事个体经营,根据《残疾人就业条例》,小顾可以享受的扶持政策有(　　)。
A. 税收优惠
B. 小额信贷
C. 免缴土地使用费
D. 免收登记类行政事业性收费
E. 免收管理类行政事业性收费

40. 根据《残疾人保障法》的有关规定,下列关于残疾人无障碍环境建设的说法中,正确的有(　　)。
A. 无障碍设施的建设和改造应当符合残疾人实际需要
B. 国家应当采取措施为残疾人信息交流无障碍创造条件
C. 组织选举的部门应当为残疾人参加选举提供便利
D. 盲人携带导盲犬可以出入公共场所
E. 公共停车场都应当为残疾人设置专用停车位

答案速查

一、单项选择题									
1. A	2. A	3. A	4. C	5. B	6. D	7. B	8. A	9. C	10. A
11. B	12. B	13. D	14. B	15. A	16. C	17. D	18. C	19. A	20. D
21. C	22. A	23. D	24. D	25. A	26. C	27. C	28. B	29. B	30. D
31. D									
二、多项选择题									
32. ABD	33. AC	34. ACD	35. ABCE	36. BC	37. ABDE	38. ABCD	39. ABDE	40. ABCD	

温馨提示：试题详解，详见深度解析册。

本章错题统计清单

恭喜您，成功完成了本章的刷题挑战。然而，错题的梳理同样不可忽视，它们如同一面镜子，反映出您在复习中的薄弱环节。错题统计清单能助您快速有效地梳理错题，制订更加合理的复习计划，科学安排再次刷题的时间。相信每一次刷题都会带来全新的收获，让您离成功更近一步。

错题序号	错误分析				错题消灭计划		
	概念问题	方法问题	粗心问题	其他原因	一刷	二刷	三刷

第五章
我国婚姻家庭法规与政策

刷透真题

一、单项选择题(每题的备选项中,只有1个最符合题意)

1. 根据《民法典》,下列情形中,属于无效婚姻的是(　　)。
A. 未到法定婚龄的
B. 因胁迫结婚的
C. 因欺骗结婚的
D. 婚前患有医学上认为不应当结婚的疾病,婚后已治愈的

2. 根据《民法典》,下列情形,应认定为无效婚姻的是(　　)。
A. 赵某在婚外与钱某维系的同居关系
B. 孙某与李某结婚,孙某的父亲与李某的外祖母是堂兄妹
C. 周某与吴某结婚时,周某未到法定婚龄,目前仍未到法定婚龄
D. 郑某与王某已婚,郑某在婚前确诊不孕症,在结婚登记前未如实告知王某

3. 根据《民法典》,一方受胁迫缔结的婚姻,可以请求撤销婚姻的请求权人是(　　)。
A. 双方当事人
B. 双方当事人的近亲属
C. 受胁迫的一方
D. 受胁迫一方的近亲属

4. 根据《民法典》,一方患有重大疾病,应当在结婚登记前如实告知另一方;不如实告知的,另一方可以向人民法院请求撤销婚姻。请求撤销婚姻的,应当自知道或应当知道撤销事由之日起(　　)内提出。
A. 一年
B. 二年
C. 三年
D. 六个月

5. 根据《民法典》,下列婚姻关系存续期间所得但未作约定的财产中,归夫妻共同所有的是(　　)。
A. 一方生产、经营的收益
B. 一方专用的生活必需品
C. 一方父母出全资购买并登记在出资人子女名下的房产
D. 一方因身体受到伤害获得的医疗费、残疾人生活补助费

6. 贾某与尹某于2017年结婚,2020年6月,贾某以个人名义向邵某借款5万元,用于夫妻家庭日常生活,2021年7月,邵某向贾某夫妇催债,尹某称自己不知情,拒绝用夫妻共同财产清偿,根据《民法典》,关于该5万元债务性质的说法,正确的是(　　)。
A.5万元因是贾某以个人名义所借债务,应认定为贾某个人债务
B.5万元债务因尹某不知情,应认定为贾某个人债务
C.5万元因是贾某在婚姻关系存续期间所借债务,应认定为夫妻共同债务
D.5万元债务因用于贾某夫妻家庭日常生活,应认定为夫妻共同债务

7. 冯某、陈某于2018年结婚。根据《民法典》《关于适用〈中华人民共和国民法典〉婚姻家庭编的解释(一)》,下列财产,应当认定为夫妻共同财产的是(　　)。
A. 冯某于婚前存款50万元,婚后所得的利息4.8万元
B. 冯某用婚前存款50万元投资经营餐厅,婚后盈利的13.5万元
C. 陈某婚前个人所有的一处住房,婚后自然增值的50万元
D. 陈某婚前个人收藏的古玩,婚后自然增值的30万元

8. 丁某拟与妻子协议离婚,双方就丁某在婚姻关系存续期间所借债务是否为丁某个人债务产生分歧。根据《民法典》,下列债务,应认定为丁某个人债务的是(　　)。
A. 丁某与他人赌博所借的债务
B. 丁某以个人名义所借的购置家用电视的债务
C. 丁某以个人名义所借的用于自家装修的债务
D. 丁某以个人名义所借的用于夫妻共同生产经营的债务

9. 秦某、晋某结婚后,没有进行财产约定。根据《民法典》及相关司法解释,秦某、晋某在婚姻关系存续期间所得的下列财产,属于夫妻一方个人财产的是(　　)。
A. 秦某用婚前个人存款投资取得的收益
B. 晋某婚前个人存款于婚后所得的法定孳息
C. 秦某出版著作所获得的稿费
D. 晋某的个人工资

10. 根据《民法典》,下列关于父母子女权利义务关系的说法中,错误的是(　　)。
A. 子女不履行赡养义务时,生活困难的父母有要求子女给赡养费的权利
B. 父母对子女的抚养义务是无条件的,子女对父母的赡养义务也是无条件的
C. 父母不履行抚养义务时,不能独立生活的子女有要求父母付给抚养费的权利
D. 父母有保护和教育未成年子女的权利和义务

11. 2010年,索某与蒋某结婚,双方均为再婚。索某与前妻育有一子小强8岁;蒋某与前夫育有一儿一女,儿子小峰9岁,女儿小敏6岁。婚后,索某夫妇一直与小强、小峰共同生活,小敏一直与生父共同生活。2023年索某意外身亡。根据《民法典》,索某遗产的法定继承人是(　　)。
A. 小强一人　　B. 小强、蒋某二人
C. 小强、蒋某、小峰三人　　D. 小强、蒋某、小峰、小敏四人

12. 婚后的小李与患病的母亲产生矛盾,于是和母亲达成口头协议,一次性给付母亲医疗费等共3万元,从此双方脱离母子关系。此后母亲因需继续治疗,要求儿子继续承担赡养义务。下列关于小李与母亲协议效力的说法中,正确的是(　　)。
A. 小李和母亲达成的协议无效

B. 小李和母亲达成的协议须经过公证后方为有效

C. 小李和母亲达成的协议有效,小李无须继续履行赡养义务

D. 小李和母亲达成的协议有效,但小李应视情况给予母亲资助

13. 根据《民法典》,男女双方到婚姻登记机关申请离婚,婚姻登记机关查明双方确属自愿离婚,并查明(　　),予以登记,发给离婚证。

A. 一方有家庭暴力行为的

B. 一方有赌博恶习屡教不改的

C. 双方因感情不和分居满两年的

D. 双方对子女抚养、财产以及债务处理等事项协商一致的

14. 根据《民法典》,人民法院审理的以下离婚案件,经调解无效,符合准予离婚法定情形的是(　　)。

A. 小丽与公婆关系冷漠并时有争执,丈夫起诉离婚,小丽以感情未破裂为由不同意

B. 小云的丈夫是军人,双方聚少离多,感情日益冷淡,小云起诉离婚,丈夫以感情未破裂为由不同意

C. 小强长期无业,家庭经济压力较大,妻子起诉离婚,小强以感情未破裂为由不同意

D. 小军沉溺赌博屡教不改,妻子起诉离婚,小军以感情未破裂为由不同意

15. 邓某(男)与田某(女)因感情不和准备到婚姻登记机关登记离婚。下列不属于离婚登记必须提交的材料是(　　)。

A. 本人的户口簿、身份证　　B. 本人的结婚证

C. 本人所在单位出具的婚姻状况证明　　D. 双方当事人共同签署的离婚协议书

16. 根据我国《妇女权益保障法》,下列夫妇中,丈夫提出离婚请求不受法律限制的是(　　)。

A. 甲夫妇,妻子怀孕四个月　　B. 乙夫妇,妻子流产五个月

C. 丙夫妇,育有一子九个月　　D. 丁夫妇,一岁幼子病亡三个月

17. 小周的丈夫张某是现役军人,两人结婚多年。现小周提出离婚。根据《民法典》,下列关于小周提出离婚要求的说法中,正确的是(　　)。

A. 小周要求离婚必须征得张某同意

B. 小周要求离婚无须征得张某同意

C. 如果张某有重大过错,小周要求离婚无须征得张某同意

D. 小周要求与张某离婚必须征得张某所在部队的同意

18. 根据《民法典》,法院处理离婚后两周岁内的子女抚养问题,应当以(　　)为原则。

A. 随母亲抚养　　B. 随有住房的一方抚养

C. 随收入高的一方抚养　　D. 随离婚中无过错一方抚养

19. 根据《民法典》和《人民法院审理离婚案件处理子女抚养问题的若干具体意见》,下列关于离婚案件中子女抚养的说法,正确的是(　　)。

A. 夫妻离婚后,孩子的抚养关系不可变更,抚养费数额可以变更

B. 夫妻离婚时,6 周岁以上的子女,抚养归属应当征求该子女的意见

C. 夫妻离婚后,子女抚养费的给付期限一般至子女独立生活为止

D. 夫妻离婚后,不直接抚养子女的一方享有探望子女的权利,另一方有协助的义务

20. 根据《民法典》，下列关于离婚损害赔偿请求权人的说法中，正确的是（　　）。
A. 只有原告有权请求离婚损害赔偿
B. 只有被告有权请求离婚损害赔偿
C. 只有无过错方有权请求离婚损害赔偿
D. 过错方有权请求离婚损害赔偿

21. 根据《民法典》，下列18周岁以下的未成年人中，可以被收养的是（　　）。
A. 小红，住院治疗期间，父母弃之不顾，联系不上
B. 小芳，父母健在，但重男轻女，想生男孩
C. 小明，父母均身患重病，无力抚养
D. 小兰，母亲去世，父亲外出打工，现由外祖母抚养

22. 女孩小丽，孤儿，5岁，生活在社会福利机构。根据《民法典》，下列具有抚养教育能力的人员中，可以收养小丽的是（　　）。
A. 赵某，男，未婚，38岁，已收养一子
B. 钱某，女，离婚，38岁，已收养一女，无其他子女
C. 孙某，男，已婚，28岁，育有一子
D. 李某，女，离婚，28岁，无子女

23. 根据《民法典》，关于送养未成年人的说法，正确的是（　　）。
A. 儿童福利机构不可以作为未成年人的送养人
B. 生父母因家庭经济困难无力抚养未成年子女的，可以单方送养
C. 未成年人的父母均不具备完全民事行为能力且可能严重危害该未成年人的，该未成年人的监护人可以将其送养
D. 监护人送养孤儿的，无须征得对其有抚养义务的人的同意

24. 根据《民法典》的规定，收养子女，可以不受收养人数限制的情形是（　　）。
A. 收养孤儿
B. 无配偶男性收养女童
C. 收养三代以内同辈旁系血亲的子女
D. 收养生父母有特殊困难无力抚养的儿童

25. 根据《民法典》，收养关系成立的必经程序是（　　）。
A. 订立收养协议　　B. 办理收养公证
C. 办理收养登记　　D. 办理户口登记

26. 2022年老张夫妇收养了3岁的豆豆，并依法办理了收养手续。关于豆豆与其亲生父母及老张夫妇之间的权利义务关系，下列说法正确的是（　　）。
A. 豆豆与其亲生父母之间的权利义务关系仍适用法律关于父母子女关系的规定
B. 豆豆与老张夫妇之间的权利义务关系适用法律关系关于父母子女关系的规定
C. 豆豆与其亲生父母之间的权利义务关系由豆豆的亲生父母与老张夫妇协商确定
D. 豆豆与老张夫妇之间的权利义务关系由人民法院裁定

27. 根据《民法典》的规定，收养关系解除后，成年养子女与生父母间的权利义务关系（　　）。
A. 自行恢复　　B. 由成年养子女确定
C. 由生父母确定　　D. 可以协商确定

28. 小雨自幼因生父母无力抚养，被王老伯依法收养。成年后，小雨与王老伯依法协议解除了收养关系，但未与生父母恢复权利义务关系。近日，小雨生父病故，留下一笔债务。王老伯缺乏劳动能力又缺乏生活来源。根据《民法典》，小雨应当（　　）。

A. 代偿生父留下的债务　　B. 给付生母生活费

C. 补偿收养期间王老伯支出的教育费　　D. 给付王老伯生活费

29. 根据《民法典》，下列继承人的行为中，导致继承人丧失继承权的情形是（　　）。

A. 销毁遗嘱，情节严重的　　B. 故意伤害其他继承人的

C. 过失致被继承人死亡的　　D. 虐待被继承人，情节轻微的

30. 张某与丈夫沈某生育大沈、小沈二子。沈某早逝，沈某的哥哥依法收养了小沈。2014 年 6 月，张某与李某再婚。之后，李某与前妻所生的 8 岁儿子小李一直由张某与李某抚养。2021 年 8 月，张某与李某因车祸去世，二人未订立遗嘱，且双方父母均已去世。根据《民法典》，张某的遗产应当由（　　）继承。

A. 大沈　　B. 大沈、小沈

C. 大沈、小李　　D. 大沈、小沈、小李

31. 甲在 3 岁时被乙（男）收养，由乙抚养成人。2022 年，甲的生父丙、养父乙先后去世，各留下若干遗产。下列关于甲的生父、养父遗产法定继承的说法中，正确的是（　　）。

A. 甲有权作为第一顺序法定继承人继承丙的遗产

B. 甲有权作为第二顺序法定继承人继承丙的遗产

C. 甲无权继承丙的遗产，有权继承乙的遗产

D. 甲既有权继承丙的遗产，又有权继承乙的遗产

32. 丁某（男）死后留有存款 25 万元，其生前立遗嘱声明儿子继承 20 万元，赠给侄子 5 万元。丁某儿子和侄子均于丁某死后次日得知遗嘱内容，但三个月后分割丁某遗产时，两人均未作出是否接受遗产的任何意思表示。关于丁某的遗产，下列说法正确的是（　　）。

A. 丁某儿子视为放弃继承，丁某侄子视为放弃受遗赠

B. 丁某儿子视为接受继承，丁某侄子视为接受遗赠

C. 丁某儿子视为放弃继承，丁某侄子视为接受遗赠

D. 丁某儿子视为接受继承，丁某侄子视为放弃受遗赠

33. 老李夫妇育有一子一女，其子常年居住国外，其女儿女婿遭遇车祸离世。老李夫妇与孙子一起生活，外孙女时常前来看望。日前，老李因病去世。根据《民法典》，下列人员中，无权继承老李遗产的是（　　）。

A. 老李的儿子　　B. 老李的孙子

C. 老李的老伴　　D. 老李的外孙女

34. 根据《民法典》，下列关于代位继承的说法，正确的是（　　）。

A. 甲的儿子乙先于甲死亡，甲死亡后，乙的无抚养教育关系的继子可代位继承甲的遗产

B. 甲的儿子乙先于甲死亡，甲死亡后，乙的非婚生女儿可代位继承甲的遗产

C. 甲的女儿丙先于甲死亡，甲死亡后，丙的丈夫可代位继承甲的遗产

D. 甲的女儿丙先于甲死亡，甲死亡后，丙的解除收养关系的养子可代位继承甲的遗产

35. 根据《民法典》，关于法定继承的说法，正确的是（　　）。

A. 第二顺序继承人包括祖父母、外祖父母、孙子女、外孙子女和兄弟姐妹

B. 丧偶儿媳对公、婆尽了主要赡养义务的，作为第二顺序继承人

C. 继承人以外的、对被继承人扶养较多的人，可以继承被继承人的遗产

D. 继承开始后，如果没有第一顺序继承人继承，由第二顺序继承人继承

36. 老王夫妇婚后多年不育，依法收养女婴招娣后，生下一对龙凤胎天天和亮亮。儿女成人后，老王的老伴离世，老王与蔡女士再婚。蔡女士儿子大钢已成家立业，支持母亲再婚，时常来探望母亲。而天天、亮亮反对父亲再婚，很少回家看望老王。年初，老王突发脑梗塞去世，生前未订立遗嘱。老王遗产应由（　　）继承。

A. 蔡女士、招娣、天天、亮亮　　B. 蔡女士、大钢、天天、亮亮

C. 蔡女士、大钢、招娣　　D. 天天、亮亮、大钢

37. 老赵夫妇育有一子小明，后又依法收养一名孤儿小亮。近日，老赵与父母赴高原旅游途中，老赵不幸遭遇雪崩去世。根据《民法典》，小明有权继承老赵遗产的（　　）。

A. 全部　　B. 二分之一

C. 三分之一　　D. 五分之一

38. 根据《民法典》，下列完全民事行为能力人所立的，且已注明或记录年、月、日的遗嘱，应认定有效的是（　　）。

A. 张某因病去世前独自用电脑打印的遗嘱

B. 梁某车祸后独自用手机自录的录音遗嘱

C. 孙某患病期间由其儿子代为书写的遗嘱

D. 田某患病期间亲笔书写并签名的遗嘱

39. 根据《民法典》，下列遗嘱中，应认定有效的是（　　）。

A. 小芸，15 周岁，遭遇车祸弥留之际口头订立的遗嘱

B. 小强，38 周岁，精神病发病且不能完全辨认自己行为时亲笔书写的遗嘱

C. 老汪，59 周岁，通过录音订立的遗嘱，期间无见证人在场

D. 老齐，76 周岁，亲笔书写、签名并注明年、月、日订立的遗嘱，期间无见证人在场

40. 根据《民法典》，王某立遗嘱时，下列人员可以作为遗嘱见证人的是（　　）。

A. 赵某，限制民事行为能力人，不是继承人

B. 钱某，完全民事行为能力人，是受遗赠人

C. 孙某，完全民事行为能力人，是王某的债权人

D. 李某，完全民事行为能力人，是王某的主治医生，无利害关系

41. 曲某（男）有两个儿子。2020 年 5 月，曲某因与次子发生口角后怒气冲冲离开家，在马路上不幸被车撞倒，生命垂危。在医院抢救时，曲某考虑到自己的情况危急，当着两个儿子和三名护士的面交代：“我死后的全部财产留给大儿子。”后经全力抢救，曲某脱离危险并逐渐好转，两个月后康复出院。2022 年 2 月，曲某因病去世。曲某的两子就能否继承遗产的问题发生纠纷。关于曲某次子的继承权的问题，下列说法正确的是（　　）。

A. 曲某的次子无权继承遗产，因为曲某口头遗嘱交代遗产由长子继承

B. 曲某的次子有权继承遗产,因为他是法定继承人,曲某无权立遗嘱剥夺他的继承权
C. 曲某的次子有权继承遗产,因为曲某在危急情况解除后没有另立遗嘱
D. 曲某的次子无权继承遗产,因为曲某与次子争吵导致曲某发生车祸

42. 根据《民法典》,下列关于遗赠的说法,错误的是(　　)。
A. 遗赠人须有遗嘱能力,且遗嘱必须是遗赠人的真实意思表示
B. 受遗赠人先于遗嘱人死亡的,遗产的有关部分应按法定继承办理
C. 受遗赠人在知道受遗赠后60日内,没有表示接受或者放弃受遗赠的,应视为放弃受遗赠
D. 执行遗赠可免于清偿遗赠人依法应当缴纳的税款和债务

43. 根据《民法典》,伪造、篡改遗嘱情节严重的,丧失继承权。遗嘱继承人丧失继承权的,遗嘱继承人所应继承的遗产按(　　)处理。
A. 遗嘱　　B. 转继承
C. 法定继承　　D. 代位继承

44. 根据《民法典》,继承人继承遗产,应当清偿被继承人依法应当缴纳的税款和债务,缴纳税款和清偿债务以(　　)为限。
A. 继承人财产的实际价值　　B. 被继承人遗产的实际价值
C. 税费和债务的实际额度　　D. 被继承人遗嘱确定的清偿额度

45. 根据《民法典》,关于法定继承遗产分割的说法,正确的是(　　)。
A. 继承人协商同意的,可以不均等继承
B. 丧偶儿媳、女婿,应当继承其配偶应得份额
C. 代位继承人继承的份额应当少于其他法定继承人
D. 被继承人的遗产应当由被继承人的配偶继承一半

二、多项选择题(每题的备选项中,有2个或2个以上符合题意,至少有1个错项)

46. 根据《民法典》,下列条件中,属于结婚必备条件的有(　　)。
A. 双方父母同意　　B. 达到法定婚龄
C. 具有夫妻生活能力　　D. 男女双方完全自愿
E. 符合一夫一妻的基本原则

47. 大强、小芳为兄妹。大强未婚,无子女。2021年,大强遇车祸致残,生活不能自理。根据《民法典》,小芳履行对大强扶养义务的法定条件包括(　　)。
A. 小芳有扶养意愿　　B. 小芳有负担能力
C. 小芳由大强扶养长大　　D. 大强缺乏劳动能力
E. 大强缺乏生活来源

48. 根据《民法典》,孙子女、外孙子女对祖父母、外祖父母履行赡养义务的条件包括(　　)。
A. 祖父母、外祖父母缺乏生活能力
B. 祖父母、外祖父母的子女已经死亡或者子女无力赡养
C. 孙子女、外孙子女有负担能力
D. 孙子女、外孙子女无其他赡养对象
E. 孙子女、外孙子女由祖父母、外祖父母抚养长大

49. 根据《妇女权益保障法》，下列人员中，不得提出离婚的有（　　）。

A. 李某，妻子怀孕 5 个月
B. 贾某，妻子正在住院治疗
C. 陈某，妻子失业 3 个月
D. 蔡某，妻子终止妊娠 5 个月
E. 何某，妻子分娩 10 个月

50. 根据《民法典》，人民法院审理离婚案件时，无过错方请求离婚损害赔偿应得到法院支持的情形有（　　）。

A. 一方与他人同居的
B. 一方有赌博恶习屡教不改的
C. 一方实施家庭暴力的
D. 一方遗弃家庭成员的
E. 一方重婚的

51. 甲乙夫妇二人在一次车祸中双双致残，生活均不能自理，无力抚养 6 岁的女儿丙，欲将丙送与他人收养。邻居丁（男），53 岁，单身，无子女，欲收养丙，并与甲乙订立了收养协议。下列关于丁收养丙的说法中，正确的有（　　）。

A. 丁与甲乙夫妇订立收养协议，应当征求丙的意见
B. 丁与甲乙夫妇订立收养协议后，收养关系即正式成立
C. 丁与丙间的年龄差符合无配偶男性收养女性的法律规定
D. 收养关系成立后，丙与甲乙之间的权利义务关系消除
E. 收养关系成立后，丙与丁产生父母子女间的权利义务关系

52. 根据《民法典》，生父母送养子女，须符合的条件包括（　　）。

A. 生父母自愿送养
B. 生父母双方共同送养
C. 生父母有特殊困难无力抚养子女
D. 生父母患有传染性疾病在传染期内
E. 生父母一方不明或查找不到的，可以单方送养

53. 下列不满 18 周岁的未成年人中，可以被合法收养的有（　　）。

A. 父母双亡的孤儿小刚
B. 生父去世、生母再婚的小芳
C. 幼年被拐、查找不到生父母的小慧
D. 父母离婚且均不愿承担抚养义务的小兵
E. 父母身体残疾、生活困难无抚养能力的小明

54. 根据《民法典》，关于收养关系解除的说法，正确的有（　　）。

A. 收养人在被收养人成年以前，不得解除收养关系，但收养人、送养人双方协议解除的除外
B. 养父母与成年养子女关系恶化，无法共同生活的，可以协议解除收养关系
C. 收养关系解除后，养子女与养父母及其他近亲属的权利义务关系即行消除
D. 收养关系解除后，养子女与生父母及其他近亲属的权利义务关系经人民法院裁判后恢复
E. 收养关系解除后，经养父母抚养成年的养子女，对缺乏劳动能力又缺乏生活来源的养父母，应当给付生活费

55. 杨某的父亲去世。根据《民法典》,下列情形,视为杨某接受继承的有(　　)。
A. 杨某在父亲生前声明解除父子关系
B. 杨某在继承开始后遗产处理前,未做出任何表示
C. 杨某在继承开始后遗产处理前,书面做出放弃继承表示
D. 杨某在遗产处理后,书面做出放弃继承表示
E. 杨某年幼时,其父母离婚后分别再婚,杨某随母亲与继父生活

56. 郑阿姨中年丧偶,含辛茹苦将三个儿子拉扯成人。大儿子成年结婚后生下大孙子。大儿子、小儿子和母亲性格不合,很少与母亲来往,孝顺的二儿子因车祸身亡,二儿媳和其女小萌主动长期照料郑阿姨生活起居,大孙子也经常探望郑阿姨。郑阿姨生前订立遗嘱,将遗产的一半留给二儿媳。下列人员中,有权法定继承郑阿姨另一半遗产的有(　　)。
A. 郑阿姨的大儿子　　B. 郑阿姨的小儿子
C. 郑阿姨的二儿媳　　D. 郑阿姨的孙女小萌
E. 郑阿姨的大孙子

57. 甲、乙、丙、丁四兄弟的父母、祖父母、外祖父母均已故,甲育有一子一女,甲于2017年病故;乙和丙未婚未育;丁已婚未育。丙于2020年12月突发意外去世,未订立遗嘱。根据《民法典》,丙的法定继承人有(　　)。
A. 甲的儿子　　B. 甲的女儿
C. 乙　　D. 丁
E. 丁的妻子

58. 老丁年事已高,有三子一女,老丁欲订立遗嘱处分个人财产。依据《民法典》,下列关于老丁订立遗嘱的说法中,正确的有(　　)。
A. 老丁可以立遗嘱指定遗嘱执行人
B. 老丁可以立遗嘱将财产赠给国家
C. 老丁可以立遗嘱将财产指定由长子和次子继承
D. 老丁可以立遗嘱指定由法定继承人以外的人继承
E. 老丁可以立遗嘱指定由遗赠扶养协议的扶养人继承

59. 根据《民法典》,下列遗嘱中,应认定为无效的有(　　)。
A. 遗嘱人独自以录音形式所立的遗嘱
B. 遗嘱人经人代书并由两名继承人见证所立的遗嘱
C. 遗嘱人受欺骗所立的遗嘱
D. 遗嘱人亲笔书写、签名并注明年月日所立的遗嘱
E. 限制民事行为能力人所立的遗嘱

60. 根据《民法典》,遗产管理人应当履行的职责有(　　)。
A. 清理遗产并制作遗产清单　　B. 向继承人报告遗产情况
C. 为被继承人设立遗嘱信托　　D. 采取必要措施防止遗产毁损、灭失
E. 按照遗嘱或者依照法律规定分割遗产

61. 根据《民法典》,关于继承开始的"通知"的说法,正确的有(　　)。
A. 继承开始后,知道被继承人死亡的继承人应当及时通知其他继承人和遗嘱执行人

B. 继承人中无人知道被继承人死亡的，由被继承人生前所在单位或者住所地的居民委员会、村民委员会负责通知

C. 继承人中无人知道被继承人死亡的，由被继承人生前住所地的民政部门负责通知

D. 继承人中知道被继承人死亡而不能通知的，由被继承人生前所在单位或者住所地的居民委员会、村民委员会负责通知

E. 继承人中知道被继承人死亡而不能通知的，由被继承人生前住所地的民政部门负责通知

62. 根据《民法典》及有关规定，下列关于遗产分割时胎儿继承问题的说法中，正确的有(　　)。

A. 遗产分割时，应当保留胎儿的继承份额

B. 胎儿出生后死亡的，为胎儿保留的份额由胎儿的继承人继承

C. 胎儿娩出时是死体的，为胎儿保留的份额由被继承人的继承人继承

D. 应当为胎儿保留的遗产份额没有保留的，应由继承人相互协商返还

E. 应当为胎儿保留的遗产份额没有保留的，应从继承人所继承的遗产中扣回

63. 根据《民法典》，关于法定继承中遗产不均等分配的说法，正确的有(　　)。

A. 对被继承人尽了主要扶养义务的继承人，分配遗产时，可以多分

B. 对生活有特殊困难的缺乏劳动能力的继承人，分配遗产时，应当予以照顾

C. 对有扶养能力和扶养条件但不尽扶养义务的继承人，分配遗产时，应当不分或者少分

D. 对代位继承人，分配遗产时，应当少分

E. 继承人协商同意的，分配遗产时，可以不均等

一、单项选择题									
1. A	2. C	3. C	4. A	5. A	6. D	7. B	8. A	9. B	10. B
11. C	12. A	13. D	14. D	15. C	16. D	17. C	18. A	19. D	20. C
21. C	22. B	23. C	24. A	25. C	26. B	27. D	28. D	29. A	30. C
31. C	32. D	33. B	34. B	35. D	36. A	37. D	38. D	39. D	40. D
41. C	42. D	43. C	44. B	45. A					
二、多项选择题									
46. BDE	47. BCDE	48. BC	49. ADE	50. ACDE	51. CDE	52. BCE	53. ACE	54. ABCE	55. ABDE
56. ABCD	57. ABCD	58. ABC	59. ABCE	60. ABDE	61. ABD	62. ABCE	63. ABCE		

温馨提示：试题详解，详见深度解析册。

本章错题统计清单

恭喜您，成功完成了本章的刷题挑战。然而，错题的梳理同样不可忽视，它们如同一面镜子，反映出您在复习中的薄弱环节。错题统计清单能助您快速有效地梳理错题，制订更加合理的复习计划，科学安排再次刷题的时间。相信每一次刷题都会带来全新的收获，让您离成功更近一步。

错题序号	错误分析				错题消灭计划		
	概念问题	方法问题	粗心问题	其他原因	一刷	二刷	三刷

第六章

我国人民调解、信访工作和突发事件应对的法规与政策

刷透真题

一、单项选择题(每题的备选项中,只有1个最符合题意)

1. 小刚、小敏夫妻二人因家庭琐事经常争吵,小敏提出离婚,小刚以孩子需父母照顾为由不同意离婚,并向社区人民调解委员会提出了调解申请。人民调解员王阿姨、张阿姨来到小刚家中调解。根据《人民调解法》,关于小刚、小敏调解事项的说法,正确的是(　　)。

A. 小刚、小敏应当接受调解

B. 小刚若担心女性调解员偏袒小敏,可申请一名男性调解员加入调解

C. 考虑到王阿姨、张阿姨年龄较大,调解情况可由小敏或小刚记录

D. 人民调解委员会可自行决定在社区公众号上发布调解过程的详细信息

2. 根据《人民调解委员会组织条例》,人民调解委员会的性质是(　　)。

A. 仲裁组织　　B. 政府组织

C. 营利性组织　　D. 群众性组织

3. 小李夫妇因生活琐事发生争吵并欲提出离婚诉讼,调解员老张得知后主动前去调解。小李冷静后愿意接受调解,但其妻子觉得双方感情确已破裂,明确拒绝调解。老张坚持认为年轻人因一时冲动离婚很可惜,仍坚持要调解。根据《人民调解法》,老张的行为违反了(　　)原则。

A. 依法申请调解　　B. 尊重隐私

C. 当事人自愿调解　　D. 尊重当事人诉讼权利

4. 小张与邻居小王因楼道堆物引发争执,小张在未取得小王同意的情况下,擅自将小王堆放在楼道内的旧报纸和空饮料瓶清除出楼道,导致矛盾进一步升级,两人所在社区调解委员会主任老杨得知后立即派出调解员小姜前去调解。根据《人民调解法》,下列关于该争执调解的说法,正确的是(　　)。

A. 小张、小王应接受小姜调解

B. 小姜可直接邀请楼里其他邻居参与调解

C. 小王认为小姜偏袒小张,可以申请由老杨来调解

D. 小张、小王达成口头协议后,小姜应为其制作调解协议书

5. 范某和王某发生邻里纠纷,有矛盾激化的可能,人民调解委员会派人民调解员小冯去调解。根据《人民调解法》,下列做法错误的是( )。
A. 范某和王某提出要求更换调解员小冯
B. 王某因个人原因,提出终止调解的意愿
C. 范某要求再增加一名人民调解员进行调解
D. 小冯出于邻里和睦的考虑,阻止范某向人民法院提起诉讼
6. 根据《人民调解法》,关于调解协议的说法,正确的是( )。
A. 达成调解协议前,当事人不得要求终止调解
B. 经人民调解委员会调解达成的调解协议具有法律约束力
C. 调解协议书自双方当事人签名、盖章或者按指印起生效
D. 调解协议书生效后,当事人之间就调解协议内容发生争议的,人民调解委员会应当再次调解
7. 根据《人民调解法》,关于调解协议的说法,正确的是( )。
A. 经人民调解委员会调解达成调解协议的,人民调解员应制作书面调解协议书
B. 调解协议书需由双方当事人向人民法院申请司法确认后才具有效力
C. 双方当事人应自调解协议达成之日起45日内向人民法院申请司法确认
D. 人民法院依法确认调解协议有效,一方当事人拒绝履行的,对方当事人可以向人民法院申请强制执行
8. 根据《人民调解法》,经人民调解委员会调解达成调解协议后,当事人之间就调解协议的履行或者调解协议的内容发生争议的,一方当事人可以( )。
A. 向行政机关提起申诉　　B. 向行政机关申请复议
C. 向人民法院提起诉讼　　D. 向人民法院申请强制执行
9. 张某和老李发生邻里纠纷,在接受调解过程中,张某情绪非常激动,扬言要拿刀砍人。人民调解员小王担心事态恶化,欲采取措施。根据《人民调解法》,小王应当采取的措施是( )。
A. 通知张某的亲属　　B. 向张某工作单位报告
C. 通知张某居住地委员会　　D. 向张某居住地派出所报告
10. 2021年4月15日,信访人小张因对劳动纠纷处理意见不满,将信访事项传真至县人民政府信访部门,并留下传真电话以便及时得到反馈。根据《信访工作条例》,对于小张的信访事项,有权处理的行政机关最迟应于( )决定是否受理并书面通知小张。
A. 2021年4月30日　　B. 2021年5月5日
C. 2021年5月15日　　D. 2021年5月30日
11. 根据《信访工作条例》,下列信访人的行为中,正确的是( )。
A. 钱某与本村村民6人共同就征地补偿问题到信访工作机构走访
B. 魏某因对村民委员会选举结果不满,伙同其他村民到信访机构走访
C. 冯某就本村村委会主任贪腐问题到乡人民政府信访接待场所走访
D. 王某为达到信访目的,将其生活不能自理的母亲滞留在信访接待场所
12. 根据《信访工作条例》,信访事项应当自受理之日起60日内办结;情况复杂的,经行政机关负责人批准,可以适当延长办理期限,但延长期限不得超过( )日。
A. 10　　B. 20
C. 30　　D. 40

13. 根据《信访工作条例》，下列关于信访事项办理的说法，正确的是（　　）。
A. 信访事项应当自受理之日起90日内办结
B. 信访事项依法延长办理期限的，延长期限不得超过30日
C. 信访人对处理意见不服的，可以自收到书面答复之日起15日内请求复查
D. 收到复查请求的机关、单位应当自收到复查请求之日起15日内提出复查意见

14. 甲市乙县是旅游热点地区，旅游旺季时突发泥石流，致使大量旅客滞留。根据《突发事件应对法》，（　　）应当立即采取措施控制事态发展。
A. 甲市人民政府　　B. 甲市文旅部门
C. 乙县人民政府　　D. 乙县文旅部门

15. 某地发生山洪，灾害影响涉及甲省乙市下辖的丙县某镇和丁县某乡交界地区。根据《突发事件应对法》，这一突发事件的应对工作应由（　　）人民政府负责。
A. 甲省　　B. 乙市
C. 丙县　　D. 丁县

16. 根据《突发事件应对法》，关于突发事件等级划分的说法，正确的是（　　）。
A. 自然灾害可分为红色、橙色、黄色、蓝色四个级别
B. 事故灾难可分为一级、二级、三级、四级四个级别
C. 公共卫生事件可分为特别重大、重大、较大和一般四个级别
D. 社会安全事件可分为一级、二级、三级、四级四个级别

17. 某足球联赛决赛后，双方球迷发生恶性群殴事件，致使数名球迷受伤，近万名观众滞留现场，所在区人民政府及有关部门获悉后立即着手采取应急处置措施。根据《突发事件应对法》，公安机关应采取的应急处置措施是（　　）。
A. 保障食品、饮用水等基本生活必需品的供应
B. 从严惩处哄抢财物、干扰破坏应急处置工作的行为
C. 强制隔离以暴力行为参与冲突的当事人，妥善解决现场纠纷和争端
D. 组织公民参加应急救援和处置工作，要求具有特定专长的人员提供服务

二、多项选择题（每题的备选项中，有2个或2个以上符合题意，至少有1个错项）

18. 根据《人民调解法》，下列关于当事人在调解中的权利和义务的说法中，正确的有（　　）。
A. 当事人应当如实陈述纠纷事实
B. 当事人如接受调解，不得终止
C. 当事人可以选择自己信任的调解员
D. 当事人应当尊重对方当事人行使权利
E. 调解情况是否公开，要尊重当事人的意愿

19. 根据《人民调解法》，下列关于人民调解程序的说法中，正确的有（　　）。
A. 当事人一方明确拒绝调解的，人民调解委员会不得调解
B. 调解民间纠纷，应当及时、就地进行，防止矛盾激化
C. 人民调解员应当记录调解情况
D. 当事人双方经过自愿协商并达成协议后，才能结束调解
E. 征得当事人同意后，人民调解员可以按需要邀请具有专门知识的人参与调解

20. 根据《人民调解法》，下列关于经人民调解委员会调解达成的调解协议的说法中，正确的有（　　）。

A. 人民法院依法确认调解协议无效的，当事人可以向人民法院提起诉讼
B. 双方当事人可自调解协议生效之日起60日内向人民法院申请司法确认
C. 调解协议书需由双方当事人向人民法院申请司法确认后，才具有法律约束力
D. 当事人之间就调解协议的履行发生争议的，一方当事人可以向人民法院提起诉讼
E. 当事人认为无需制作调解协议书的，可采取口头协议方式，人民调解员应当记录协议内容

21. 根据《信访工作条例》，关于信访工作的说法，正确的有（　　）。
A. 信访工作是党的群众工作的重要组成部分
B. 信访工作是党和政府了解民情、集中民智、维护民利、凝聚民心的一项重要工作
C. 信访工作是各级机关、单位及其领导干部、工作人员接受群众监督、改进工作作风的重要途径
D. 信访工作是各级机关、单位及其工作人员处理诉讼请求的一种重要方式
E. 信访工作坚持源头治理化解矛盾，着力点放在源头预防和前端化解

22. 根据《信访工作条例》，下列关于信访事项的说法，正确的有（　　）。
A. 信访人提出信访事项，一般应当采用书面形式
B. 信访人提出投诉请求的，应载明信访人的姓名（名称）、住址和请求、事实、理由
C. 多人采用走访形式提出共同的信访事项的，应推选代表，代表人数不得超过3人
D. 信访人采用走访形式提出信访事项的，应当到有关机关设立或者指定的接待场所提出
E. 信访事件已经受理或者正在办理的，信访人在规定期限内向受理、办理机关、单位的上级机关、单位又提出同一信访事项的，该上级机关、单位不予受理

23. 甲市某小区周边商业配套设施不到位，生活极其不便，该小区的几十户居民准备推选居民代表，采用走访的形式向甲市人民政府反映情况。根据《信访工作条例》，下列他们拟推选走访代表的人数，符合规定的有（　　）。
A. 2　　B. 3
C. 5　　D. 6
E. 7

24. 信访人应当自觉遵守社会公共秩序和信访秩序。根据《信访工作条例》，信访人在信访过程中不得有（　　）的行为。
A. 4人集体走访　　B. 拦截公务车辆
C. 堵塞阻断交通　　D. 携带危险物品
E. 要求受理机关按期答复

25. 受理和办理是信访工作的重要环节，根据《信访工作条例》，在受理信访事项的过程中，如造成严重后果，信访行政机关责任人应受到处罚的情形有（　　）。
A. 对收到的信访事项不按规定登记的
B. 对收到的信访事项未能及时向社会公布的
C. 对属于其法定职权范围的信访事项不予受理的
D. 未在规定期限内书面告知信访人是否受理信访事项的
E. 对前来反映情况的信访人态度不好的

26. 根据《突发事件应对法》，关于应急救援队伍建设的说法，正确的有（　　）。
A. 县级人民政府应当整合应急资源，建立或者确定综合性应急救援队伍
B. 县级人民政府有关部门可以根据实际需要设立专业应急救援队伍

C. 企业应当建立由本单位职工组成的专职或者兼职应急救援队伍

D. 村(居)民委员会应当建立社区专职应急救援队伍

E. 中小学应当建立由学生组成的兼职应急救援队伍

27. 甲省气象台检测到近期本省将出现极端天气，其中甲省辖区内的乙市有可能发生自然灾害，引发突发事件，遂及时通知乙市气象站，并向甲省人民政府报告。根据《突发事件应对法》，可以向乙市发布突发事件预警的有(　　)。

A. 甲省气象台　　B. 乙市气象站

C. 甲省人民政府　　D. 乙市人民政府

E. 乙市突发事件应急指挥部

一、单项选择题									
1. B	2. D	3. C	4. C	5. D	6. B	7. D	8. C	9. D	10. A
11. C	12. C	13. B	14. C	15. B	16. C	17. C			
二、多项选择题									
18. ACDE	19. ABCE	20. ADE	21. ABCE	22. ABDE	23. ABC	24. BCD	25. ACD	26. ABC	27. CD

温馨提示：试题详解，详见深度解析册。

本章错题统计清单

恭喜您，成功完成了本章的刷题挑战。然而，错题的梳理同样不可忽视，它们如同一面镜子，反映出您在复习中的薄弱环节。错题统计清单能助您快速有效地梳理错题，制订更加合理的复习计划，科学安排再次刷题的时间。相信每一次刷题都会带来全新的收获，让您离成功更近一步。

错题序号	错误分析				错题消灭计划		
	概念问题	方法问题	粗心问题	其他原因	一刷	二刷	三刷

第七章

我国社区矫正、禁毒和治安管理法规与政策

刷透真题

一、单项选择题(每题的备选项中,只有1个最符合题意)

1. 钱某被判处管制,其社区矫正执行地已确定,根据《社区矫正法》,钱某应当自判决生效之日起最迟(　　)日内到执行地社区矫正机构报到。

A. 5　　B. 7

C. 10　　D. 15

2. 服刑人员郑某,因突发重病保外就医住院,获准暂予监外执行。郑某入狱前户籍在某市甲区,居住地在该市乙区。郑某父母户籍地在该市丙县,长期居住在该市丁区二女儿家中,在郑某出院后将其接回二女儿家中共同生活。根据《社区矫正法》,郑某暂予监外执行期间的社区矫正执行地为(　　)。

A. 甲区　　B. 乙区

C. 丙县　　D. 丁区

3. 社区矫正对象杨某,因工作需要经常到本省其他市县出差,遂向社区矫正机构提出经常性跨市、县活动的书面申请并获准。根据《社区矫正法实施办法》,该申请获得批准一次的有效期为(　　)。

A. 1个月　　B. 3个月

C. 6个月　　D. 12个月

4. 社区矫正人员小刘,女,19周岁,患有多种疾病,无业,沉迷上网。根据《社区矫正法》,社区矫正机构为小刘确定专门的矫正小组,小组成员中必须有(　　)。

A. 女性人员　　B. 医护人员

C. 就业援助人员　　D. 心理咨询人员

5. 根据《社区矫正法》,下列社区矫正对象,经县级司法行政部门负责人批准,可以对其使用电子定位装置,加强监督管理的是(　　)。

A. 到邻市探亲,已报经社区矫正机构批准的小张

B. 因迁居变更执行地的小李

C. 生病住院的小王

D. 拟被提请撤销缓刑的小赵

6. 根据《社区矫正法》，社区矫正对象符合刑法规定的减刑条件的，应当由（　　）提出减刑建议。

A. 村(居)民委员会　　B. 社区矫正机构

C. 派出所　　D. 基层人民法院

7. 根据《社区矫正法》，关于未成年人社区矫正的说法，正确的是（　　）。

A. 未成年社区矫正对象的社区矫正与成年社区矫正对象的社区矫正共同进行

B. 对年满14周岁、有就业意愿的未成年社区矫正对象可安排职业技能培训

C. 社区矫正机构应当对服从监督管理、接受教育表现突出的未成年社区矫正对象予以公开表扬

D. 未成年社区矫正对象在社区矫正期间年满18周岁，继续按未成年人社区矫正有关规定执行

8. 根据《吸毒检测程序规定》，关于吸毒检测样本采集的说法，正确的是（　　）。

A. 检测样本采集须征得被检测人的同意

B. 公安机关采集样本应当由两名以上工作人员进行

C. 采集女性被检测人血液检测样本，应当由女性工作人员进行

D. 采集的检测样本经现场检测结果为阳性的，应在低温条件下保存一个月

9. 根据《吸毒检测程序规定》，被检测人对现场检测结果有异议的，可以在被告知检测结果之日起3日内，向现场检测的公安机关提出（　　）申请。

A. 现场复检　　B. 行政复议

C. 行政申诉　　D. 实验室检测

10. 根据《禁毒法》，设置戒毒医疗机构应当符合国务院卫生行政部门规定的条件，报所在地的省、自治区、直辖市人民政府（　　）批准，并报同级公安机关备案。

A. 民政部门　　B. 卫生行政部门

C. 司法行政部门　　D. 市场监督管理部门

11. 根据《禁毒法》，下列关于社区戒毒的说法中，正确的是（　　）。

A. 公安机关可责令吸毒成瘾人员接受社区戒毒

B. 社区戒毒的期限为2年

C. 戒毒人员可在有临时住所的现居住地接受社区戒毒

D. 县级民政部门负责社区戒毒工作

12. 戒毒人员小王在社区戒毒期间严重违反社区戒毒协议，再次吸食、注射毒品。根据《禁毒法》，此时参与社区戒毒的工作人员应当及时（　　）。

A. 通知小王亲属　　B. 通知社区居委会

C. 向公安机关报告　　D. 向司法行政部门报告

13. 根据《禁毒法》，下列吸毒成瘾人员，公安机关可以直接对其作出强制隔离戒毒决定的是（　　）。

A. 小王，15周岁，拒绝接受社区戒毒　　B. 小李，17周岁，严重违反社区戒毒协议

C. 小张，22周岁，怀孕3个月　　D. 小赵，32周岁，哺乳9个月的女儿

14. 小张吸毒成瘾，在家人劝说下自愿接受强制隔离戒毒，经公安机关同意后，进入某强制隔离戒毒所戒毒。根据《禁毒法》，小张接受强制隔离戒毒的期限不少于（　　）个月。

A. 12　　B. 15

C. 18　　D. 24

15. 根据《刑法》和《禁毒法》，下列关于禁毒法律责任的说法中，正确的是（　　）。

A. 走私、贩卖、运输、制造毒品的，一律追究刑事责任

B. 为犯罪分子窝藏、转移、隐瞒毒品的，依法给予治安管理处罚

C. 容留他人吸食、注射毒品，尚不构成犯罪的，由公安机关处 10 日以上 15 日以下拘留，可以并处 3000 元以下罚款

D. 公安机关工作人员在禁毒工作中包庇贩卖毒品的犯罪分子，尚不构成犯罪的，依法给予治安管理处罚

16. 久未谋面的老同事刘某从外地来访，黄某挽留刘某在家居住。某日，黄某偶然撞见刘某正注射毒品，颇感震惊，但碍于面子，没有制止。两天后，警察在刘某房内搜出毒品和注射用具，刘某也承认自己注射毒品。警察带走刘某，并对黄某处以 3 日拘留。根据《禁毒法》，黄某受拘留处罚的原因是（　　）。

A. 他包庇贩卖毒品的刘某　　B. 他容留刘某吸食注射毒品

C. 他阻碍依法进行毒品检查　　D. 他为刘某窝藏毒品

17. 小刚违反治安管理时不满 14 周岁，根据《治安管理处罚法》，下列对小刚的治安处罚措施，正确的是（　　）。

A. 从重处罚，同时处罚其监护人

B. 从轻处罚，但应从重处罚其监护人

C. 减轻处罚，同时责令其监护人严加管教

D. 不予处罚，但应责令其监护人严加管教

18. 根据《治安管理处罚法》，下列违反治安管理行为人中，依法应当给予行政拘留处罚，但不执行行政拘留处罚的是（　　）。

A. 冯某，男，17 岁，多次违反治安管理

B. 陈某，男，20 岁，初次违反治安管理

C. 楚某，女，30 岁，有一个一岁半的女儿

D. 魏某，女，72 岁，独居老人

19. 根据《治安管理处罚法》，行政拘留处罚合并执行的，最长不超过（　　）日。

A. 10　　B. 15

C. 20　　D. 30

20. 根据《治安管理处罚法》，违反治安管理行为人有下列情形，应当从重处罚的是（　　）。

A. 出于他人胁迫或诱骗的

B. 已满 14 周岁不满 18 周岁的

C. 6 个月内曾受过治安管理处罚的

D. 主动消除违法后果但未获被侵害人谅解的

21. 小张，26 周岁，患有间歇性精神疾病，发病时不能控制自己行为。某日，小张发病期间违反了治安管理规定。根据《治安管理处罚法》，关于对小张处理的说法，正确的是（　　）。

A. 从重处罚，同时处罚其监护人

B. 从轻处罚，但是应从重处罚其监护人

C. 减轻处罚，责令其监护人送医治疗

D. 不予处罚，但是应责令其监护人严加看管和治疗

22. 某公安院校开展案例教学，设定了下面一些公安机关办案人员办理治安案件调查取证的情节，其中符合《治安管理处罚法》规定的做法是（　　）。

A. 由于案情特殊，办案人员未将张某的传唤原因和处所告知其家属

B. 因为案情复杂，办案人员决定将李某的询问查证时间延长至 36 小时

C. 办案人员询问 14 周岁的违反治安管理行为人何某时，未通知其监护人到场

D. 办案人员询问违反治安管理行为的聋哑人蒋某时，请了一位手语老师来帮忙

23. 公安机关认为对被处罚人暂缓执行行政拘留不致发生社会危险的，由符合规定条件的担保人担保，可以暂缓执行。根据《治安管理处罚法》，下列人员符合担保人条件的是（　　）。

A. 赵某，与案件无牵连，有当地常住户口，被剥夺政治权利

B. 李某，本案证人，有当地常住户口和固定住所，工作稳定，身体健康

C. 王某，本案证人，有当地固定住所，工作稳定，薪资待遇较好，身体健康

D. 孙某，与案件无牵连，有当地常住户口和固定住所，工作稳定，身体健康

二、多项选择题（每题的备选项中，有 2 个或 2 个以上符合题意，至少有 1 个错项）

24. 某法院对赵某犯罪团伙作出如下判决：赵某有期徒刑 6 年；钱某有期徒刑 3 年；孙某有期徒刑 2 年，缓刑 2 年；李某拘役 6 个月；周某管制 1 年。根据《关于开展社区矫正试点工作的通知》，上述人员中，适用社区矫正的对象有（　　）。

A. 赵某　　B. 钱某

C. 孙某　　D. 李某

E. 周某

25. 根据《禁毒法》，下列吸毒成瘾人员，应当对其作出强制隔离戒毒决定的有（　　）。

A. 秦某，15 周岁，某中学在读学生，拒绝接受社区戒毒

B. 魏某，21 周岁，在社区戒毒期间吸食毒品

C. 赵某，25 周岁，社区康复期间再次注射毒品

D. 韩某，30 周岁，严重违反社区戒毒协议，4 次拒绝接受检测

E. 齐某，35 周岁，正在哺乳自己 8 个月的儿子，社区康复后再次吸食毒品

26. 根据《禁毒法》，国家采取各种措施帮助吸毒人员戒除毒瘾，教育和挽救吸毒人员。这些措施包括（　　）。

A. 社区戒毒　　B. 社区康复

C. 戒毒治疗　　D. 看守所治疗

E. 强制隔离戒毒

27. 根据《禁毒法》,下列关于戒毒措施的说法中,正确的有(　　)。
A. 吸毒人员可以自行到具有戒毒治疗资质的机构接受戒毒治疗
B. 戒毒治疗的收费标准由戒毒机构自行确定
C. 怀孕妇女不适用强制隔离戒毒
D. 强制隔离戒毒的期限为 2 年
E. 戒毒人员可以自愿在戒毒康复场所劳动

28. 根据《治安管理处罚法》,下列违反治安管理行为人中,依法应当给予行政拘留处罚但不执行行政拘留处罚的有(　　)。
A. 刘某,15 岁,高一学生
B. 吴某,17 岁,3 个月前曾受过治安管理处罚
C. 周某,27 岁,怀孕 5 个月
D. 冯某,35 岁,哺乳自己不满 1 周岁的女儿
E. 韩某,65 岁,行动不便

29. 根据《治安管理处罚法》,公安机关对违反治安管理行为有关的场所可以进行检查,检查时,人民警察应遵守的规定包括(　　)。
A. 不得少于 2 人
B. 出示工作证件
C. 出具派出所开具的出警证明文件
D. 有至少 1 名居(村)委会委员陪同
E. 出具县级以上人民政府公安机关开具的检查证明文件

30. 根据《治安管理处罚法》,下列违反治安管理的行为人,经查其行为的违法事实清楚、证据确凿,可以对其当场作出治安管理处罚决定的有(　　)。
A. 何某,醉酒后扰乱公园秩序,拟处以警告
B. 王某,在车站扰乱运营秩序,强行闯卡上车,拟处以 100 元罚款
C. 李某,擅自进入铁路防护网,影响行车安全,拟处以 200 元罚款
D. 赵某,在高速公路服务区强行向过往司机售卖玻璃水,拟处以 300 元罚款
E. 张某,盗窃路面井盖,拟处以 3 日拘留

一、单项选择题									
1. C	2. D	3. C	4. A	5. D	6. B	7. D	8. B	9. D	10. B
11. A	12. C	13. B	14. A	15. C	16. B	17. D	18. D	19. C	20. C
21. D	22. D	23. D							
二、多项选择题									
24. CE	25. BCD	26. ABCE	27. ACDE	28. ACD	29. ABE	30. ABC			

温馨提示:试题详解,详见深度解析册。

本章错题统计清单

恭喜您，成功完成了本章的刷题挑战。然而，错题的梳理同样不可忽视，它们如同一面镜子，反映出您在复习中的薄弱环节。错题统计清单能助您快速有效地梳理错题，制订更加合理的复习计划，科学安排再次刷题的时间。相信每一次刷题都会带来全新的收获，让您离成功更近一步。

错题序号	错误分析				错题消灭计划		
	概念问题	方法问题	粗心问题	其他原因	一刷	二刷	三刷

第八章
我国烈士褒扬与优抚安置法规与政策

刷透真题

一、单项选择题（每题的备选项中，只有 1 个最符合题意）

1. 张某在甲省乙市丙县抗洪抢险中牺牲，丙县人民政府提出了评定张某为烈士的报告。根据《烈士褒扬条例》，该评定烈士的报告应由(　　)审查评定。

A. 退役军人事务部　　B. 甲省人民政府

C. 甲省退役军人事务厅　　D. 乙市人民政府

2. 根据《烈士褒扬条例》，烈士褒扬金标准最低为烈士牺牲时上一年度全国城镇居民人均可支配收入的(　　)倍。

A. 10　　B. 20

C. 30　　D. 40

3. 烈士岳某，牺牲前为进城务工人员，妻子为镇中心小学教师，两人育有一子。岳某父母常年在外打工，8 年前离婚。父母离婚后，岳某和妹妹由父亲抚养，与奶奶共同生活。奶奶现已 70 岁，仍在照顾岳某妹妹的日常生活。根据《烈士褒扬条例》，岳某的烈士褒扬金应发放给岳某的(　　)。

A. 奶奶、父亲、母亲、妻子　　B. 奶奶、父亲、妻子、妹妹

C. 父亲、母亲、妻子、妹妹　　D. 父亲、母亲、妻子、儿子

4. 根据《烈士褒扬条例》，烈士证书以(　　)名义制发。

A. 民政部

B. 退役军人事务部

C. 人力资源社会保障部

D. 党和国家功勋荣誉表彰工作委员会办公室

5. 根据《烈士褒扬条例》，烈士遗属属于《工伤保险条例》以及相关规定适用范围的，在享受烈士褒扬金外，还可以享受一次性工亡补助金以及相当于烈士本人(　　)个月工资的烈士遗属特别补助金。

A. 10　　B. 20

C. 30　　D. 40

6. 根据《烈士褒扬条例》，烈士子女在报考(　　)时，可以按照国家有关政策降低分数要求投档。
A. 普通高中　　B. 中等职业学校
C. 高等学校本、专科　　D. 高等学校研究生
7. 根据《退役军人保障法》，烈士纪念设施的修缮、保护和管理由(　　)负责。
A. 文化和旅游管理部门　　B. 城市建设行政主管部门
C. 退役军人工作主管部门　　D. 民政部门
8. 某省革命烈士纪念堂是全国重点保护单位，地处某市繁华的商业街。2011 年该市对商业街进行改造，拟对革命烈士纪念堂进行整体搬迁。根据《革命烈士纪念建筑物管理保护办法》，这次搬迁应当获得(　　)的批准。
A. 国务院　　B. 民政部
C. 省级人民政府　　D. 市级人民政府
9. 根据《英雄烈士保护法》，县级以上地方人民政府、军队有关部门应当在(　　)举行纪念活动。
A. 清明节　　B. 建军节
C. 烈士纪念日　　D. 国庆节
10. 根据《英雄烈士保护法》，对侵害英雄烈士的姓名、肖像、名誉、荣誉的行为，英雄烈士没有近亲属或者近亲属不提起诉讼的，(　　)可以依法向人民法院提起诉讼。
A. 英雄烈士生前所在单位　　B. 退役军人事务部门
C. 检察机关　　D. 公安机关
11. 根据《军人抚恤优待条例》，下列现役军人死亡的情形中，不属于因公牺牲的是(　　)。
A. 参加武器装备科研实验死亡的　　B. 因患职业病死亡的
C. 参加处置突发事件死亡的　　D. 探亲途中失踪的
12. 小李服现役期间病故，生前没有立功也未获得荣誉称号。根据《军人抚恤优待条例》，小李的遗属可以领取一次性抚恤金，标准是上一年度全国城镇居民人均可支配收入的(　　)倍加本人 40 个月的工资。
A. 2　　B. 3
C. 20　　D. 30
13. 根据《军人抚恤优待条例》，对获得荣誉称号或立功的因公牺牲军人，对其遗属在应当享受的一次性抚恤金的基础上，可增发一次性抚恤金。对立一等功的因公牺牲军人遗属，增发抚恤金的比例是(　　)。
A. 30%　　B. 25%
C. 15%　　D. 5%
14. 残疾军人张某退役后被安置在甲县某事业单位工作，根据《退役军人保障法》，张某的残疾抚恤金由甲县(　　)发放。
A. 民政局　　B. 卫生健康委员会
C. 退役军人事务局　　D. 残疾人联合会
15. 李某在服现役期间患精神疾病，医疗终结后被认定为因病致残，评定了残疾等级并享受抚恤。其依据是(　　)。
A. 李某为义务兵，残疾等级被评定为六级
B. 李某为初级士官，残疾等级被评定为七级
C. 李某为中级士官，残疾等级被评定为八级
D. 李某为高级士官，残疾等级被评定为九级

16. 根据《军人抚恤优待条例》，下列关于抚恤优待的说法中，正确的是(　　)。
A. 因病被评定为十级残疾的现役军人小张可享受抚恤
B. 一次性抚恤金可发给烈士老李的祖父母、父母、配偶、子女和兄弟姐妹
C. 实行义务兵役制以前入伍，后经批准从部队复员的小秦属于该条例规定的优待对象
D. 服役期间患病，尚未达到评定残疾等级条件但有地方医院证明的退伍人员老王，属于该条例规定的抚恤对象

17. 因战三级残疾的军人程云，退役后旧伤复发，残情加重，向住所地县民政局申请调整残疾等级，县民政局将相关材料逐级上报省民政厅，省民政厅作出准予调整程云残疾等级为一级的决定，该决定已送达县民政局但未送达程云本人时，程云因旧伤复发去世。根据《军人抚恤优待条例》，县民政局对程云及其遗属正确的处理方式是(　　)。
A. 确认程云为病故，其遗属享受病故军人遗属抚恤待遇
B. 确定程云为因公牺牲，其遗属享受因公牺牲军人遗属抚恤待遇
C. 给予程云因战致残一级军人抚恤，由其遗属代为享受，期限为 12 个月
D. 继续给予程云因战致残三级军人抚恤，由其遗属代为享受，期限为 18 个月

18. 林某，甲省乙县应征入伍，在一次武器装备科研试验中受伤致残。军队相关部门为其配制了假肢并安排了康复训练。康复训练结束后，林某继续服役。现因工作生活需要，林某需要配制代步三轮车。根据《军人抚恤优待条例》，林某的代步三轮车由(　　)负责解决。
A. 林某所在部队师级单位　　B. 林某所在部队军级以上单位
C. 甲省人民政府民政部门　　D. 乙县人民政府民政部门

19. 退出现役的因战、因公、因病致残的残疾军人因病死亡的，对其遗属增发 12 个月的残疾抚恤金，作为丧葬补助费；其中，因战、因公致残的一级至四级残疾军人因病死亡的，其遗属享受(　　)遗属抚恤待遇。
A. 烈士　　B. 因公牺牲军人
C. 病故军人　　D. 带病回乡退役军人

20. 全日制高等学校在校大学生入伍后服现役期间，其家属由(　　)按照有关规定给予优待。
A. 其就读学校　　B. 其就读学校所在地人民政府
C. 其入学前户口所在地人民政府　　D. 其入伍征集地民政部门

21. 根据《军人抚恤优待条例》，关于军人优待的说法，正确的是(　　)。
A. 现役军人凭有效证件免费乘坐境内运行的长途公共汽车
B. 现役军人凭有效证件乘坐境内运行的客轮，减收正常票价 20%
C. 残疾军人凭《中华人民共和国残疾军人证》乘坐境内运行的民航班机，减收正常票价 30%
D. 残疾军人凭《中华人民共和国残疾军人证》乘坐境内运行的火车，减收正常票价 50%

22. 小张在部队服现役期间被评定为因公九级残疾。退出现役后，小张被安置在某企业工作，该企业为所有员工缴纳了工伤保险费。在该企业工作期间，小张旧病复发仍需相关治疗。根据《军人抚恤优待条例》，小张旧伤复发医疗费用的处理途径是(　　)。
A. 由工伤保险基金支付　　B. 由民政部门解决
C. 由所在企业解决　　D. 由小张本人负担

23. 根据《烈士褒扬条例》，国家对烈士遗属给予的抚恤优待应当随经济社会的发展逐步提高，保障烈士遗属的生活不低于（　　）。

A. 当地最低生活保障标准　　B. 当地居民的平均生活水平

C. 全国城乡居民的平均生活水平　　D. 全国城镇居民的平均生活水平

24. 根据《军人抚恤优待条例》，经军队（　　）级以上单位政治机关批准随军的现役军官家属、文职干部家属、士官家属，由驻军所在地的公安机关办理落户手续。

A. 团　　B. 师（旅）

C. 军　　D. 军区

25. 根据《退役士兵安置条例》，国家建立以（　　）为主，多种方式相结合的退役士兵安置制度，妥善安置退役士兵。

A. 扶持就业　　B. 自主就业

C. 安排工作　　D. 分散供养

26. 根据《退役军人保障法》，下列安置方式，可适用于退役义务兵的是（　　）。

A. 供养　　B. 退休

C. 转业　　D. 逐月领取退役金

27. 根据《退役军人保障法》，退役军人的政治、生活等待遇与其（　　）挂钩。

A. 原所在部队建设发展　　B. 安置地经济社会发展

C. 服现役期间所做贡献　　D. 退役后所做贡献

28. 根据《退役士兵安置条例》，下列关于退役士兵教育培训的说法中，正确的是（　　）。

A. 自主就业的退役士兵，在退役 2 年内免费参加职业教育和技能培训

B. 退役士兵职业教育和技能培训所需费用，由县级以上人民政府民政部门负担

C. 自主就业退役士兵的职业教育和技能培训经费列入县级以上人民政府财政预算

D. 县级以上人民政府教育主管部门应当组织有需要的退役士兵参加职业教育和技能培训

29. 2019 年 9 月，已被某大学录取的肖某，还未报到被应征入伍。2021 年 9 月，肖某退役，决定推迟入学，先利用在部队学到的一技之长创业一段时间。根据《退役军人保障法》，肖某最迟可以在（　　）前到该大学办理入学手续。

A. 2022 年 9 月　　B. 2023 年 9 月

C. 2024 年 9 月　　D. 2025 年 9 月

30. 根据《退役士兵安置条例》，安置地县级以上地方人民政府应当按照（　　）管理的原则，对符合安排工作条件的退役士兵进行安置，保障其第一次就业。

A. 属地　　B. 层级

C. 条块　　D. 垂直

31. 士官小马，服役期间因战致六级残疾，2023 年 6 月退役时选择由甲市人民政府安排工作，同年 7 月 1 日小马持退役士兵安置主管部门出具的介绍信到当地某国企报到。根据《退役士兵安置条例》，下列关于小马工作安排的说法，正确的是（　　）。

A. 该国企应当与其签订无固定期限劳动合同

B. 该国企应当在 2023 年 9 月 1 日前安排其上岗

C. 小马享受与该国企工伤员工同等的生活福利和医疗待遇

D. 若该国企无法及时安排小马上岗，应给予其每月 2000 元的生活费

32. 小李是一名普通士兵,在部队服役期间,因战致残被评定为五级残疾,2023 年以义务兵身份退出现役。根据《退役士兵安置条例》,小李的安置方式应当是(　　)。
A. 由人民政府安排工作　　B. 由人民政府作退休安置
C. 由国家集中供养　　D. 由国家分散供养

33. 根据国家有关规定,下列关于军队离休退休干部移交政府安置的说法中,正确的是(　　)。
A. 军队现役干部符合退休条件的,不得作转业安置
B. 军队退休干部党员逝世后骨灰盒可覆盖党旗和军旗
C. 军队离休退休干部生活待遇和政治待遇不变
D. 抗日战争时期入伍的营职以下离休干部应当交由退役军人事务部门管理

34. 根据《军队离休退休干部服务管理办法》,军休干部服务管理方式应当实行国家保障与(　　)服务相结合。
A. 市场化　　B. 社会化
C. 人性化　　D. 专业化

35. 根据《军队离休退休干部服务管理办法》,军休干部服务管理应当坚持的原则是(　　)。
A. 以人为本、分类保障、就近就便、融入社会
B. 贡献为本、分层保障、普惠为先、优待叠加
C. 政治关心、生活照顾、服务为先、依法管理
D. 政治关心、生活照顾、情绪慰藉、综合保障

36. 根据《军队离休退休干部服务管理办法》,军休干部管理委员会是在军休服务管理机构内(　　)。
A. 由地方政府部门设立的服务管理军休干部的机构
B. 由军队政治机关设立的服务管理军休干部的部门
C. 军休干部自愿组成,为实现会员共同意愿的社会团体
D. 军休干部自我教育、自我管理、自我服务的群众性组织

37. 军休干部服务管理机构是服务和管理军休干部的专设机构,承担军休干部服务管理具体工作。根据《军队离休退休干部服务管理办法》,关于军休服务管理机构服务保障工作内容的说法,错误的是(　　)。
A. 举行新接收军休干部迎接仪式
B. 协调做好军休干部的医疗保障工作
C. 按时发放军休干部离退休费和津贴补贴
D. 主办军休干部去世后的丧葬事宜和遗产处理

二、多项选择题(每题的备选项中,有 2 个或 2 个以上符合题意,至少有 1 个错项)

38. 根据《军人抚恤优待条例》,现役军人死亡,应批准为烈士或者按照烈士对待的情形有(　　)。
A. 因执行任务遭犯罪分子杀害的
B. 在执行任务中因病猝然死亡的
C. 受国家派遣在维持国际和平任务中牺牲的
D. 在抢险救灾任务中失踪,经法定程序宣告死亡的
E. 在边海防执勤任务中失踪,经法定程序宣告死亡的

39. 宋某从甲市某高校社会工作专业毕业后,进入该市“爱联盟”社会工作服务中心工作,同时还是该市志愿者协会注册志愿者。2019 年 3 月,宋某参加甲市志愿者协会活动,到乙市开展精准扶贫志愿服务,期间为抢救落水儿童献出生命。群众提议为

宋某申报烈士。根据《烈士褒扬条例》，为宋某申报烈士，由(　　)向主管部门提供宋某牺牲情节的材料。

A. 宋某的妻子　　B. 甲市志愿者协会

C. 被救儿童的父母　　D. 宋某毕业的高校

E. “爱联盟”社会工作服务中心

40. 根据《烈士褒扬条例》，烈士子女接受教育时，按照国家有关规定可以享受的优待有(　　)。

A. 在公办幼儿园接受学前教育的，免交保教费

B. 报考普通高中、中等职业学校的，免试录取

C. 报考高等学校本、专科的，可以按照国家有关规定降低分数要求投档

D. 报考高等学校研究生的，在同等条件下优先录取

E. 在公办学校就读的，免交学费、杂费，并享受国家规定的助学政策

41. 烈士老张有一子张某，无其他近亲属，张某未婚未育，现已年迈，入住当地退役军人事务部门所属的光荣院。日前，网络主播王某在网上丑化烈士老张，造成了恶劣影响，不仅侵害了老张的名誉、荣誉，也损害了社会公共利益。根据《英雄烈士保护法》，对王某的行为，可以依法向人民法院提起诉讼的主体有(　　)。

A. 张某　　B. 张某所入住的光荣院

C. 当地退役军人事务部门　　D. 当地公安机关

E. 当地检察机关

42. 根据《军人地位和权益保障法》，下列人员，属于军人家属的有(　　)。

A. 齐某，65 周岁，退休教师，现役军人的养父

B. 楚某，55 周岁，农民，退役军人的父亲

C. 燕某，45 周岁，公司员工，原配偶为军人但已故

D. 韩某，21 周岁，全日制本科生，现役军人的儿子

E. 赵某，10 周岁，某小学学生，现役军人的继子

43. 士官小张，28 岁，服役 9 年 7 个月后退出现役，自主就业，服役期间荣获三等功 2 次，具备领取一次性退役金资格。根据《退役士兵安置条例》，小张一次性退役金应当(　　)。

A. 按标准增发 5%　　B. 按退役时年龄核算

C. 按 10 年服役年限计算　　D. 按安置地人均收入加以调节

E. 按国家规定免征个人所得税

44. 孙某，退出现役的二级残疾军人，双下肢高位截瘫，日常生活需护理且需要经常性的医疗处置，在一家荣誉军人康复医院由国家集中供养。根据现行规定，孙某可享受的待遇包括(　　)。

A. 残疾抚恤金　　B. 护理费

C. 定期旅游　　D. 配置代步三轮车

E. 安排子女工作

45. 陆某是国家七级残疾人，无工作，也未参加当地新型农村合作医疗，目前，陆某因伤复发和其他疾病并发而住院治疗，无力支付医疗费用。根据《军人抚恤优待条例》等有关规定，下列有关陆某医疗费用的解决途径中，符合规定的有(　　)。

A. 旧伤复发的医疗费用，由当地新型农村合作医疗基金解决

B. 旧伤复发的医疗费用，由当地县级以上地方人民政府解决

C. 由当地县级以上地方人民政府来解决部分旧伤复发以外的医疗费用
D. 由当地县级以上地方人民政府对旧伤复发以外的医疗费用酌情给予补助
E. 由当地县级民政部门酌情予以医疗救助

46. 残疾军人杨某在某事业单位工作,后与同事张某结婚。最近该单位需要精减人员,杨某担心两人的生活没有保障,向有关部门咨询。根据现行规定,有关部门答复正确的有(　　)。
A. 杨某享受与所在单位工伤人员同等的生活福利待遇
B. 杨某享受与所在单位工伤人员同等的医疗待遇
C. 杨某对于旧伤复发以外的医疗费用享有特殊优惠待遇
D. 所在单位不得因杨某残疾将其辞退、解雇或者解除劳动关系
E. 所在单位不得将张某辞退、解聘或者解除劳动关系

47. 根据《关于加强军人军属、退役军人和其他优抚对象优待工作的意见》,下列人员可以享受免费乘坐市内公共汽车、电车和轨道交通工具优待的有(　　)。
A. 现役军人　　B. 退役军人
C. 残疾军人　　D. 现役军人家属
E. 烈士遗属

48. 根据《退役军人保障法》,对退役的军官,国家采取(　　)等方式妥善安置。
A. 退休　　B. 转业
C. 自主择业　　D. 逐月领取退役金
E. 复员

49. 根据《退役军人保障法》,对退役的义务兵,国家采取(　　)等方式妥善安置。
A. 供养　　B. 复员
C. 自主就业　　D. 安排工作
E. 逐月领取退役金

50. 根据《军队离休退休干部服务管理办法》,下列关于军休干部管理委员会的说法,正确的有(　　)。
A. 军休服务管理机构必须设立军休干部管理委员会
B. 军休服务管理机构应当加强对军休干部管理委员会的领导
C. 军休服务管理机构应定期听取军休干部管理委员会工作情况报告
D. 军休干部管理委员会的成员由服务管理机构全体工作人员推选产生
E. 军休干部管理委员会是军休干部自我教育、自我管理、自我服务的群众性组织

一、单项选择题									
1. B	2. C	3. D	4. D	5. D	6. C	7. C	8. A	9. C	10. C
11. D	12. A	13. B	14. C	15. A	16. C	17. B	18. B	19. C	20. C
21. D	22. A	23. B	24. B	25. A	26. A	27. C	28. C	29. B	30. A
31. C	32. A	33. D	34. B	35. C	36. D	37. D			

二、多项选择题									
38. ACDE	39. ABCE	40. ACDE	41. AE	42. AE	43. ACE	44. AD	45. BD	46. ABD	47. AC
48. ABDE	49. ACD	50. BCE							

温馨提示：试题详解，详见深度解析册。

本章错题统计清单

恭喜您，成功完成了本章的刷题挑战。然而，错题的梳理同样不可忽视，它们如同一面镜子，反映出您在复习中的薄弱环节。错题统计清单能助您快速有效地梳理错题，制订更加合理的复习计划，科学安排再次刷题的时间。相信每一次刷题都会带来全新的收获，让您离成功更近一步。

错题序号	错误分析				错题消灭计划		
	概念问题	方法问题	粗心问题	其他原因	一刷	二刷	三刷

第九章

我国城乡基层群众自治和社区建设法规与政策

刷透真题

一、单项选择题(每题的备选项中,只有1个最符合题意)

1. 红光社区部分居民代表认为本社区居委会规模较小,建议与一路之隔同属某区某街道办事处的阳光社区居委会合并,并建议两个居委会的居民户代表会议通过投票表决作出两个居委会合并的决定。根据《城市居民委员会组织法》,关于两个居委会合并的说法,正确的是(　　)。

A. 两个居委会分别组织召开居民会议,均表决通过后即可合并

B. 两个居委会应当联合召开居民会议,并经2/3以上居民表决同意后方可合并

C. 两个居委会均可提出建议,但应得到街道办事处审核批准方可合并

D. 两个居委会的合并,应当由区人民政府决定

2. 根据《关于加强和改进城市社区居民委员会建设工作的意见》,下列关于社区居民委员会建设的说法中,正确的是(　　)。

A. 社区居民委员会是街道办事处下设机构

B. 社区居民委员会可以设置下属委员会

C. 社区居民委员会的成员应由社区专职工作人员担任

D. 新建住宅区居民入住率达到30%,应及时成立社区居民委员会

3. 某社区居民委员会为了推进居民自治,根据居民居住状况分设了20个居民小组。根据《城市居民委员会组织法》,居民小组组长应由(　　)。

A. 居民小组推选产生　　B. 户代表会议协商产生

C. 居民代表会议推选产生　　D. 居民会议选举产生

4. 根据《城市居民委员会组织法》,关于居民委员会的说法,正确的是(　　)。

A. 居民委员会的设立、撤销、规模调整由县级人民政府民政部门决定

B. 居民委员会委员可以由每个居民小组派1名代表选举产生

C. 居民委员会向街道办事处负责并报告工作

D. 居民委员会每届任期5年,其成员可以连选连任

5. 甲社区辖区现有20个居民小组,500户,18周岁以上居民2000人,50家企业事业单位。日前,为修订居民公约,社区居委会拟召集居民会议。根据《城市居民委员会组

织法》，下列出席情形，符合召开居民会议条件的是（　　）。

A. 18 周岁以上居民 900 人出席
B. 200 户各派 1 名代表出席
C. 20 个居民小组各选举代表 2～3 人出席
D. 30 家企业事业单位负责人出席

6. 某市体育局拟对城区居民参加体育活动情况进行调查统计，建立数据模型，以便调整体育场所、设施布局。根据《城市居民委员会组织法》，该项需要全市各居民委员会协助进行调查统计的工作，应当经（　　）同意并统一安排。

A. 市公安局
B. 市体育局
C. 市统计局
D. 市人民政府或其派出机关

7. 根据《城市居民委员会组织法》，召集和主持居民会议的主体是（　　）。

A. 社区党组织
B. 居民委员会
C. 业主委员会
D. 街道办事处

8. 某城市社区有居民小组 12 个，居民家庭 3000 户，年满 18 周岁的居民 6500 人。该社区若要召集居民会议，须获得（　　）提议。

A. 599 户
B. 1301 名年满 18 周岁的居民
C. 所在街道办事处
D. 3 个居民小组

9. 根据《城市居民委员会组织法》，居民公约讨论制定并按程序备案后，应当由（　　）监督执行。

A. 民政部门
B. 街道办事处
C. 居民委员会
D. 居民代表会议

10. 根据《村民委员会组织法》，村民委员会的设立、撤销、范围调整，由乡镇人民政府提出，经（　　）讨论同意，报县级人民政府批准。

A. 村民会议
B. 村党支部
C. 村民委员会
D. 村民代表会议

11. 某村正在进行村民委员会选举前工作，根据《村民委员会组织法》，户籍在该村的下列人员中，应当列入选民名单的是（　　）。

A. 小刘，17 岁，暂住在该村
B. 小王，26 岁，暂住在县城，本人表示不参加本次选举
C. 小张，35 岁，暂住在邻村且参加了邻村的选举，仍表示要参加本次选举
D. 老杨，75 岁，骨折后在乡敬老院住养

12. 张村举行村民委员会换届选举。根据《村民委员会组织法》，下列人员，有可能当选张村村民委员会成员的是（　　）。

A. 小李，17 周岁，由张村三分之一村民联名推荐
B. 老张，58 周岁，已连续 2 次当选张村村民委员会委员
C. 小赵，20 周岁，户籍不在张村，在张村居住未满 1 年
D. 老夏，56 周岁，户籍在张村，现居住李村并已参加了李村的换届选举

13. 根据《村民委员会组织法》，村民委员会每届任期为（　　）。

A. 2 年
B. 3 年
C. 4 年
D. 5 年

14. 根据《村民委员会组织法》，村民委员会的选举，由（　　）主持。

A. 乡镇人民政府
B. 上届村民委员会
C. 村务监督机构
D. 村民选举委员会

15. 某村拟举行村民委员会选举，该村村民老赵与其数名在县城打工的亲戚均登记参加选举。亲戚们因工作繁忙无法回村投票，委托老赵代为投票。根据《村民委员会选举规程》，老赵最多可以接受（　　）名近亲属委托代为投票。

A. 1　　B. 2

C. 3　　D. 4

16. 下列关于村民委员会选举原则的说法中，正确的是（　　）。

A. 有选举权的村民过半数投票，选举有效

B. 候选人获得全体村民过半数选票，始得当选

C. 当选人数不足应选名额的，重新选举

D. 候选人的名额应当与应选名额相同

17. 根据《村民委员会组织法》，召开村民会议，应当有（　　）参加。

A. 本村党员代表、村民小组代表，或有本村 1/2 以上的户的代表

B. 本村 18 周岁以上村民的过半数，或有本村 2/3 以上的户的代表

C. 本村 16 周岁以上村民的过半数，或有本村 3/4 以上的户的代表

D. 本村 1/2 以上的户的代表，或有 2/3 以上的村民代表

18. 下列关于村民会议的说法中，正确的是（　　）。

A. 村民会议由 18 周岁以上的村民组成

B. 村民会议由村民委员会主任负责召集

C. 村民会议所作决定应当经到会人员 2/3 以上通过

D. 召开村民会议应当有本村 1/3 以上的户的代表参加

19. 根据《村民委员会组织法》，村民委员会成员应当接受村民会议或者村民代表会对其履行职责情况的民主评议，民主评议由（　　）主持。

A. 乡镇人民政府　　B. 村级党组织

C. 村务监督机构　　D. 村民选举委员会

20. 人数较多或者居住分散的村，可以设立村民代表会议，讨论决定村民会议授权的事项。根据《村民委员会组织法》，关于村民代表会议的说法，正确的是（　　）。

A. 村民代表会议每季度召开一次，由村民委员会主任召集

B. 有 1/10 以上的村民代表提议，应当召集村民代表会议

C. 召集村民代表会议，应当提前 5 天通知村民代表

D. 村民代表会议有 2/3 以上的组成人员参加方可召开

21. 根据《关于加强和改进城市基层党的建设工作的意见》，关于提升党组织领导基层治理工作水平的说法，正确的是（　　）。

A. 社会组织负责人由“两委”决定

B. 整合党建、综治、城管等各类网格

C. 业主委员会成员由“两委”成员担任

D. 重点依托大型商超建好党群服务中心

22. 根据《关于加强和改进城市社区居民委员会建设工作的意见》，已建成居住区没有居民公益服务设施或不能满足需要的，可通过新建、调剂、置换、租借等方式解决，所需资金由（　　）统筹解决。

A. 社区居委会　　B. 街道办事处

C. 地方各级人民政府　　D. 中央人民政府

23. 根据《关于加强和改进城市社区居民委员会建设工作的意见》，居民委员会服务设施的供暖、水电、煤气、电信等费用，应按照当地（　　）使用价格标准收取。

A. 工业　　B. 商业

C. 农业　　D. 居民

24. 根据《民政部、财政部关于加快推进社区社会工作服务的意见》，鼓励社会工作专业人才通过（　　）进入城市社区党组织、社区居民自治组织、业主委员会。

A. 任命　　B. 选举

C. 竞聘　　D. 考试

25. 高某，北京某高校毕业后应征入伍，在驻拉萨某部服役。在校期间，高某参加志愿服务累计230小时，到拉萨后又参加志愿服务80小时。依据《志愿服务记录办法》，下列关于高某志愿服务的说法，正确的是（　　）。

A. 拉萨的志愿者组织可以认定高某为二星级志愿者

B. 拉萨的志愿者组织应当向北京志愿者组织提供高某的志愿服务记录

C. 高某的志愿服务记录应当记录其服务技术、兴趣爱好、婚姻状况

D. 北京的志愿者组织应当及时将高某的志愿服务记录转移至拉萨志愿者组织

二、多项选择题（每题的备选项中，有2个或2个以上符合题意，至少有1个错项）

26. 根据《城市居民委员会组织法》，下列居委会组成人数符合规定的有（　　）。

A. 3人　　B. 5人

C. 7人　　D. 9人

E. 11人

27. 根据《城市居民委员会组织法》，产生居民委员会主任、副主任和委员的方式有（　　）。

A. 由本居住地区每户派代表选举产生

B. 由本居住地区全体有选举权的居民选举产生

C. 由本居住地区半数以上的居民和驻社区单位代表选举产生

D. 根据居民意见，由每个居民小组选举代表2～3人选举产生

E. 根据居民意见，由每个居民小组和业主委员会推举代表选举产生

28. 根据《关于加强城乡社区协商的意见》，关于确定协商主体的说法，正确的有（　　）。

A. 涉及行政村、社区公共事务和居民切身利益的事项，由村（社区）党组织、村（居）民委员会牵头，组织利益相关方进行协商

B. 涉及两个以上行政村、社区的重要事项，单靠某一村（社区）无法开展协商时，由乡镇、街道党委（党工委）牵头组织开展协商

C. 涉及两个以上行政村、社区的重要事项，单靠某一村（社区）无法开展协商时，由基层政府及其派出机关牵头组织开展协商

D. 人口较多的自然村、村民小组，在村党组织的领导下组织居民进行协商

E. 人口较多的自然村、村民小组，在村委会的领导下组织居民进行协商

29. 某社区居民委员会正在制定工作经费预算，根据《关于加强和改进城市社区居民委员会建设工作的意见》，下列费用中，可向街道办事处申请纳入财务预算的有（　　）。

A. 工作经费　　B. 人员报酬

C. 居民互助经费　　D. 服务设施建设经费

E. 社区信息化建设经费

30. 某城市社区共有住户 600 户,18 周岁以上的居民 1500 人,共分设 30 个居民小组,成立了业主委员会,聘用了一家物业管理公司,根据《城市居民委员会组织法》,若该社区(　　)提议,应当召集居民会议。

A. 业主委员会
B. 150 名满 18 周岁的居民
C. 120 户居民
D. 10 个居民小组
E. 物业管理公司

31. 某部队甲部驻在某市曙光居民委员会地域内。根据《居民委员会组织法》,下列有关甲部与曙光居民委员会关系的说法,正确的有(　　)。

A. 甲部不能参加曙光居民委员会
B. 甲部军人不能参加曙光居民委员会
C. 甲部随军家属能参加曙光居民委员会
D. 甲部不受曙光居民委员会居民公约约束
E. 甲部应曙光居民委员会要求应当派代表参加与其有关问题的会议

32. 根据《村民委员会组织法》,村民委员会是村民(　　)的基层群众性自治组织。

A. 自我管理
B. 自我发展
C. 自我教育
D. 自我服务
E. 自我协商

33. 根据《村民委员会组织法》的有关规定,下列事项中,经村民会议讨论决定后方可办理的有(　　)。

A. 本村享受误工补贴的人员及补贴标准
B. 本村公益事业的经费筹集方案及建设承包方案
C. 征地补偿费的使用、分配方案
D. 宅基地的使用方案
E. 本村享受医疗救助的人员

34. 小李是乡人民政府的工作人员,在全乡村民委员会换届选举前,负责组织甲、乙、丙 3 个村的村民委员会换届进行离任审计,根据《村民委员会组织法》,下列事项中,属于法定审计事项的有(　　)。

A. 甲村财务收支情况
B. 丙村债权债务情况
C. 甲村征地补偿费的使用、分配情况
D. 乙村村民委员会主任家庭承包果园收支情况
E. 丙村 1/6 的村民要求审计的族谱修缮集资款的使用情况

35. 根据《中共中央、国务院关于加强基层治理体系和治理能力现代化建设的意见》,关于加强村(居)民委员会规范化建设的说法,正确的有(　　)。

A. 坚持党组织领导基层群众性自治组织制度
B. 建立基层群众性自治组织法人备案制度
C. 增强村(居)民委员会行政执行能力
D. 增强村(居)民委员会仲裁调解能力
E. 加强集体资产管理

36. 老李经常参加社区组织的治安巡逻志愿服务活动。根据《志愿服务记录办法》，老李的下列信息，应当被记录的有(　　)。

A. 老李的身份证号码

B. 参加治安巡逻志愿服务培训的学时

C. 参加治安巡逻志愿服务的具体日期

D. 从住处到治安巡逻志愿服务场所往返交通时间

E. 因治安巡逻志愿服务所获的表彰奖励

一、单项选择题									
1. D	2. B	3. A	4. D	5. C	6. D	7. B	8. B	9. C	10. A
11. D	12. B	13. D	14. D	15. C	16. A	17. B	18. A	19. C	20. D
21. B	22. C	23. D	24. B	25. A					
二、多项选择题									
26. BCD	27. ABD	28. ABD	29. ABDE	30. CD	31. ACE	32. ACD	33. ABCD	34. ABC	35. ABE
36. ABCE									

温馨提示：试题详解，详见深度解析册。

本章错题统计清单

恭喜您，成功完成了本章的刷题挑战。然而，错题的梳理同样不可忽视，它们如同一面镜子，反映出您在复习中的薄弱环节。错题统计清单能助您快速有效地梳理错题，制订更加合理的复习计划，科学安排再次刷题的时间。相信每一次刷题都会带来全新的收获，让您离成功更近一步。

错题序号	错误分析				错题消灭计划		
	概念问题	方法问题	粗心问题	其他原因	一刷	二刷	三刷

第十章

我国慈善事业与志愿服务法规与政策

刷透真题

一、单项选择题(每题的备选项中,只有1个最符合题意)

1. 根据《公益事业捐赠法》的相关规定,下列不属于公益事业的是(　　)。

A. 环境保护　　B. 扶助残疾人
C. 招商引资　　D. 救济贫困

2. 甲、乙、丙、丁四个社会组织均于《慈善法》公布前设立。根据《慈善组织公开募捐管理办法》,可以申领公开募捐资格证书的是(　　)。

A. 甲,公募基金会,持有标明慈善组织属性的登记证书
B. 乙,非公募基金会,登记满8年,连续两次被评为5A级社会组织,慈善组织认定申请审核中
C. 丙,社会团体,具有公益性捐赠税前扣除资格,尚未申请慈善组织认定
D. 丁,社会工作服务机构,认定为慈善组织刚满1年

3. 某基金会于2015年成立,近日拟申请认定为慈善组织。根据《慈善组织认定办法》,该基金会申请认定为慈善组织,应当经(　　)表决通过。

A. 理事长办公会　　B. 职工代表大会
C. 理事会　　D. 监事会

4. 国内某大学于2005年经登记成立校友基金会,多年来一直利用校友捐款开展公益服务,社会反响良好。2019年,该校友基金会拟通过互联网开展公开募捐。根据《慈善法》,关于该基金会公开募捐的说法,正确的是(　　)。

A. 该基金会在该大学官网发布募捐信息后,可开展公开募捐活动
B. 该基金会于《慈善法》公布前设立,可直接开展公开募捐活动
C. 该基金会报经上级教育行政部门同意后,可开展公开募捐活动
D. 该基金会经认定为慈善组织并取得公开募捐资格后,可开展公开募捐活动

5. 根据《慈善法》,下列慈善组织的募捐行为,属于慈善募捐中定向募捐的是(　　)。

A. 甲校友基金会为资助家庭困难大学生通过互联网募集捐款
B. 乙文化教育基金会通过慈善展览向理事会成员募集捐款

C. 丙社会团体为患罕见病儿童在街头设置募捐箱募集捐款

D. 丁社会工作服务机构在商场举办手工艺品义卖募集捐款

6. 某县政府办公室发出通知，在全县开展慈善捐赠活动，要求所有机关工作人员都参加捐款，捐赠款全部用于改善山区小学教学条件。根据《公益事业捐赠法》，该活动违背公益事业捐赠的（　　）原则。

A. 自愿　　B. 有偿

C. 营利　　D. 强制

7. 根据《公益事业捐赠法》，捐赠人单独捐赠的工程项目，可以由捐赠人提出工程项目的名称，但应报（　　）批准。

A. 县级以上人民政府　　B. 县级以上人民政府主管部门

C. 设区的市级以上人民政府　　D. 设区的市级以上人民政府主管部门

8. 根据《公益事业捐赠法》，下列受赠人的做法，正确的是（　　）。

A. 某集团向甲村捐资改善村民饮水条件，甲村用此款偿还修路贷款

B. 某民营企业家向乙大学捐资兴建体育馆并提出以其本人名字命名，乙大学同意后未经报批直接公布

C. 进城务工青年向丙基金会捐赠200元，丙基金会向该青年通告捐款使用情况

D. 某海外老华侨匿名向丁市博物馆捐赠100万元，丁市政府查实捐赠人后，未征求老华侨意见直接对老华侨公开表彰

9. 境外捐赠人宋先生拟在某县单独捐建一所小学。根据《公益事业捐赠法》，下列关于办理宋先生捐赠事务的说法中，不符合规定的是（　　）。

A. 宋先生可以对该小学工程项目留名纪念

B. 宋先生可以对该小学工程项目提出项目名称，但应报县级以上人民政府批准

C. 宋先生如果是华侨，其在办理有关物品入境手续时，该县人民政府侨务部门可以给予协助

D. 宋先生要求县教育局作为受赠人，县教育局应当接受捐赠，并对捐赠财产严格管理

10. 某公司向某县环境保护社会团体捐赠一笔现金，以资助其建立环保公益网站，另赠送三辆汽车以供该社会团体赴农村宣传环保之用，双方就上述内容签订了协议。下列行为符合《公益事业捐赠法》规定的是（　　）。

A. 政府有关部门接到群众关于社会团体违法使用和管理受赠财产的举报，依法对其进行了财务审计

B. 开展环保活动中，该社会团体发现两辆汽车足够使用，遂变卖了一辆汽车，所得收入用于支付拖欠工作人员的部门工资和办公费用

C. 适逢该县发生重大洪涝灾害，许多民居被毁，该社会团体把该公司捐赠的部分现金转赠给县民政局，以资助灾民倒塌房屋的重建

D. 该公司向该社会团体查询所赠款物使用、管理情况，该社会团体以涉及业务秘密为由婉拒

11. 2022年，泽恩集团年度利润总额是5000万元。当年，泽恩集团向某公募基金会总项目捐赠500万元，向某非公募基金会公益项目捐赠300万元。根据《公益事业捐

赠法》和《企业所得税法》,泽恩集团当年应纳税所得额为(　　)万元。

A. 4200　　B. 4400

C. 4500　　D. 4700

12. 刘某,慈善事业热心人士,2022 年资助边远地区儿童教育公益项目 6 万元,个人申报的应纳税所得额为 20 万元。根据《个人所得税法》,计算刘某 2022 年应纳税所得额时,可以从其申报的应纳税所得额中扣除(　　)万元。

A. 3　　B. 4

C. 5　　D. 6

13. 根据《公益事业捐赠法》,境外向境内公益性社会团体和公益性非营利事业单位捐赠的用于公益事业的物资,可以减征或免征的税种是(　　)。

A. 营业税　　B. 进口关税

C. 车船使用税　　D. 特别消费税

14. 根据《慈善法》,下列人员中,可以担任慈善组织负责人的是(　　)。

A. 甲,限制民事行为能力人

B. 乙,因故意犯罪被判刑,刑满释放刚刚满 3 年

C. 丙,某社会团体原会计,该社会团体 3 年前被依法取缔

D. 丁,某社会服务机构原负责人,该机构 2 年前被吊销登记证书

15. 根据《关于公益性捐赠税前扣除有关问题的通知》,社会组织评估等级为(　　)以上(含),且符合其他有关要求的,可按程序申请公益性捐赠税前扣除资格。

A. 2A　　B. 3A

C. 4A　　D. 5A

16. 根据《慈善法》,慈善信托的受托人应当在慈善信托文件签订之日起 7 日内,将相关文件向慈善信托的(　　)所在地县级以上人民政府民政部门备案。

A. 委托人　　B. 受托人

C. 监察人　　D. 受益人

17. 根据《信托法》,下列关于公益信托的受托人的说法,正确的是(　　)。

A. 受托人从事信托活动应当是无偿的

B. 受托人不得委托他人代为处理信托事务

C. 受托人未经公益事业管理机构批准不得辞任

D. 受托人无权向人民法院起诉公益事业管理机构的违法行为

18. 根据《彩票管理条例》,下列关于彩票的说法中,错误的是(　　)。

A. 彩票发行机构可以委托单位代理销售彩票

B. 禁止在中华人民共和国境内发行、销售境外彩票

C. 国务院民政部门负责全国的彩票监督管理工作

D. 彩票代销者不得向未成年人销售彩票

19. 为筹集社会公益资金,促进社会公益事业发展,我国境内允许发售彩票。根据《彩票管理条例》,彩票应经(　　)特许发行。

A. 国务院　　B. 国务院财政部门

C. 国务院民政部门　　D. 国务院体育行政部门

20. 根据《志愿服务条例》，下列部门或组织中，负责志愿服务行政管理工作的是（　　）。

A. 民政部门　　B. 共青团组织

C. 精神文明建设指导部门　　D. 志愿服务行业性组织

21. 下列关于志愿服务特征的说法中，正确的是（　　）。

A. 志愿服务具有自愿性、公益性、无偿性

B. 志愿服务具有自愿性、公平性、无偿性

C. 志愿服务具有自愿性、规范性、无偿性

D. 志愿服务具有自愿性、均等性、无偿性

22. 某社会服务机构开展农村留守老人关爱服务，需要招募几名志愿者为患有白内障的老人进行义诊。根据《志愿服务条例》，该机构此次招募志愿者的下列做法中，错误的是（　　）。

A. 在招募海报中写明开展服务的内容、时间、地点等信息

B. 向报名的志愿者说明服务中可能存在的风险

C. 招募未接触过相关医学知识的大学一年级新生

D. 直接与某志愿服务组织合作，由志愿服务组织负责招募志愿者

23. 根据《志愿服务条例》，下列关于志愿者的说法，正确的是（　　）。

A. 志愿者的年龄不得低于18周岁

B. 志愿者必须通过志愿服务组织注册

C. 志愿者因故不能按照约定提供志愿服务，应当及时告知志愿服务组织或志愿服务对象

D. 志愿者参加志愿服务活动不得从志愿服务组织领取补贴，但可向志愿服务对象收取适当费用

24. 阳光志愿者协会注册地为甲省乙市。根据《志愿服务记录与证明出具办法（试行）》，该协会应当按照统一的信息数据标准，将志愿者的志愿服务信息录入（　　）的志愿服务信息系统。

A. 国务院民政部门指定　　B. 甲省志愿服务联盟建立

C. 乙市志愿服务联合会建立　　D. 阳光志愿者协会自建

25. 为促进广覆盖、多层次、宽领域开展志愿服务，某市将志愿服务事业纳入该市国民经济和社会发展规划。根据《志愿服务条例》，该市志愿服务所需资金应当由该市（　　）合理安排。

A. 慈善协会　　B. 志愿服务协会

C. 青年联合会　　D. 人民政府

二、多项选择题（每题的备选项中，有2个或2个以上符合题意，至少有1个错项）

26. 大学生小王身患重症，经媒体报道后，得到社会各界捐款80万元。小王痊愈后，将剩余的捐款捐给了某公益性基金会。下列关于捐赠活动的说法中，正确的有（　　）。

A. 社会各界直接向小王捐款的行为，适用《公益事业捐赠法》

B. 小王将剩余的捐款捐给公益性基金会，适用《公益事业捐赠法》

C. 该基金会接受小王的捐款后,应当向小王出具合法有效的收据
D. 小王有权向该基金会查询捐款使用情况
E. 社会各界无权向该基金会查询捐款的使用管理情况

27. 2011 年 4 月,某太阳能电力有限公司与某慈善基金会签订捐赠协议,通过该慈善基金会向一批学校捐赠价值 1500 万元的光伏发电组件。慈善基金会向该公司开具了 1500 万元的捐赠发票,该公司由此而申报税收减免。2011 年 8 月,媒体报道一些学校根本没有得到捐赠物资,还有一些学校收到的捐赠物资与该公司承诺的不一样,由此引发了“诈捐门”事件。下列关于该事件说法正确的有(　　)。
A. 该公司应当依法履行捐赠协议,根据协议约定方式捐赠
B. 该公司有权向慈善基金会查询捐赠财产的使用、管理情况
C. 该公司由于捐赠的是物资,因而无法享受企业所得税优惠
D. 慈善基金会应当根据捐赠协议约定,及时把捐赠物资转赠给学校
E. 慈善基金会应当及时向社会公开接受捐赠的情况,以及受赠财产的使用和管理情况

28. 根据《彩票管理条例》和《彩票管理实施细则》,彩票中奖奖金可以(　　)形式一次性兑付。
A. 人民币现金　　B. 外币现金
C. 人民币现金支票　　D. 外币现金支票
E. 实物

29. 根据《志愿服务条例》,志愿服务组织在组织志愿者参加志愿服务时,应尽的义务有(　　)。
A. 做好志愿服务记录工作
B. 对志愿者开展相关岗前培训
C. 根据志愿服务时长发放津贴、补贴
D. 向报名的志愿者说明服务中可能发生的风险
E. 安排与志愿者的年龄、知识、技能和身体状况相适应的活动

一、单项选择题									
1. C	2. A	3. C	4. D	5. B	6. A	7. A	8. C	9. D	10. A
11. B	12. D	13. B	14. C	15. B	16. B	17. C	18. C	19. A	20. A
21. A	22. C	23. C	24. A	25. D					
二、多项选择题									
26. BCD	27. ABDE	28. AC	29. ABDE						

温馨提示:试题详解,详见深度解析册。

本章错题统计清单

恭喜您，成功完成了本章的刷题挑战。然而，错题的梳理同样不可忽视，它们如同一面镜子，反映出您在复习中的薄弱环节。错题统计清单能助您快速有效地梳理错题，制订更加合理的复习计划，科学安排再次刷题的时间。相信每一次刷题都会带来全新的收获，让您离成功更近一步。

错题序号	错误分析				错题消灭计划		
	概念问题	方法问题	粗心问题	其他原因	一刷	二刷	三刷

第十一章
我国社会组织法规与政策

刷透真题

一、单项选择题(每题的备选项中,只有1个最符合题意)

1. 根据《社会团体登记管理条例》,下列关于全国性社会团体分支机构的说法,正确的是(　　)。
A. 全国性社会团体可以设立地域性分支机构
B. 全国性社会团体分支机构不具有法人资格
C. 全国性社会团体分支机构可以下设分支机构
D. 全国性团体分支机构可视情况超出授权范围开展活动

2. 根据《社会团体登记管理条例》,下列拟成立的协会,会员数量符合社会团体成立条件的是(　　)。
A. 甲协会,已有个人会员62名,无单位会员
B. 乙协会,已有单位会员28名,无个人会员
C. 丙协会,已有个人会员36名,单位会员12个
D. 丁协会,已有个人会员29名,单位会员16个

3. 根据《社会团体登记管理条例》,下列机构不得作为单位会员加入社会团体的是(　　)。
A. 某重点大学　　B. 某大型国有企业
C. 某省电子商会　　D. 某县政府

4. 某社会团体近期进行了换届。根据《民政部关于社会团体登记管理有关问题的通知》,下列人员中,无须向登记管理机关办理备案手续的是(　　)。
A. 新当选会长的甲　　B. 新当选副会长的乙
C. 继续担任秘书长的丙　　D. 继续担任常务副秘书长的丁

5. 根据民政部、财政部《关于取消社会团体会费标准备案规范会费管理的通知》,下列社会团体会费管理的做法,正确的是(　　)。
A. 某行业协会规定单位会员缴纳会费标准在10%以内浮动
B. 某学会召开理事会修改会费标准,经1/2以上理事表决通过
C. 某商会在通过会费标准决议的60日后,将决议向全体会员公开
D. 某联合会会员代表大会对会费修改方案表决采取无记名投票方式进行

6. 根据《社会团体登记管理条例》,下列关于社会团体的说法中,错误的是(　　)。
A. 社会团体章程应当规定会员权利和义务
B. 社会团体分支机构应在该社会团体授权范围内发展会员
C. 社会团体变更法定代表人应由业务主管单位予以公告
D. 社会团体的经费不得在会员中分配

7. 根据《财政部、税务总局关于非营利组织免税资格认定管理有关问题的通知》,关于非营利组织免税资格的说法,正确的是(　　)。
A. 非营利组织免税优惠资格的有效期为3年
B. 社会团体享受免税的资格由其所在地市场监督管理部门审核确认并公布
C. 纳税信用等级由税务部门评定为C级的民办非企业单位,其免税资格应予以取消
D. 获得免税资格的基金会,工作人员平均工资薪金水平不得超过税务登记所在地的地市级以上地区的同行业同类组织平均工资水平的1.5倍

8. 根据《民办非企业单位登记管理暂行条例》,下列组织和个人向某市民政部门申请登记成立民办非企业单位,可以被批准的是(　　)。
A. 某国企申请利用国有资产举办的银龄服务中心
B. 张某申请利用自有资金成立营利性律师事务所
C. 李某申请利用自有资金成立法律援助中心
D. 某民办非企业单位申请利用自有资金设立一个分支机构

9. 根据《民办非企业单位登记管理暂行条例》和《民办非企业单位登记暂行办法》,下列关于民办非企业单位的财产及其管理的说法中,正确的是(　　)。
A. 民办非企业单位合法财产中的非国有资产份额不得低于总财产的3/4
B. 民办非企业单位开办资金来源于发起人的,应接受审计机关的监督
C. 民办非企业单位应当遵守国家财务管理制度,接受财政部门的监督
D. 民办非企业单位成立时的验资报告,只能由具有验资资格的会计师事务所出具

10. 根据《民办非企业单位登记暂行办法》,下列民办非企业单位中,应当申请民办非企业单位法人登记的是(　　)。
A. 企业与个人共同举办的
B. 三人举办签订合伙协议的
C. 个人出资举办且担任负责人的
D. 两人举办且共同承担连带责任的

11. 根据《民办非企业单位登记暂行办法》,下列情形中,符合民办非企业单位申请登记条件的是(　　)。
A. 拟定名称中带有"中华"字样的
B. 章程草案中载明盈利不得分配的
C. 活动场所使用权期限尚有9个月的
D. 机构合法财产中国有资产份额为2/5的

12. 根据《民办非企业单位登记管理暂行条例》,设立非营利性民办教育类服务机构应当依法到所在地县级以上地方人民政府(　　)部门申请办理登记。
A. 工商
B. 税务
C. 民政
D. 教育

13. 王某共筹集了价值120万元的合法财产,用于开办民办非企业单位,根据《民办非企业单位登记暂行办法》,这些财产中的非国有资产份额不得低于(　　)万元,方符合申请登记条件。

A. 40　　B. 60
C. 80　　D. 90

14. 根据《民办非企业单位登记暂行办法》，依照依法承担民事责任的不同方式，下列关于民办非企业单位的分类，正确的是(　　)。
A. 内资民办非企业单位、外资民办非企业单位、合资民办非企业单位
B. 民办非企业单位(法人)、民办非企业单位(合伙)、民办非企业单位(个体)
C. 教育卫生类民办非企业单位、科技文化类民办非企业单位、劳动民政类民办非企业单位
D. 直接登记的民办非企业单位、双重管理的民办非企业单位、需经前置许可的民办非企业单位

15. 根据《民办非企业单位登记暂行办法》，下列事项中，属于民办非企业单位登记事项的是(　　)。
A. 业务主管单位的批准文件　　B. 评估等级
C. 税务登记证号　　D. 举办单位

16. 根据《社会团体登记管理条例》，下列社会团体的变动事项中，应向管理机关申请变更登记的是(　　)。
A. 甲社会团体中设立常务理事会　　B. 乙社会团体的一名副理事长辞职
C. 丙社会团体将住所从城中心搬至城郊　　D. 社会团体的会员由50个增加到60个

17. 民办非企业单位应当规范财务管理制度，接受政府主管部门的监督，下列关于民办非企业单位财务管理的说法中，正确的是(　　)。
A. 民办非企业单位应按照《民间非营利组织会计制度》进行会计核算，编制财务会计报告
B. 民办非企业单位在开展业务活动中需要收取有关费用时，应当经税务部门审批
C. 民办非企业单位应依法开立银行账户，并将银行账号报业务主管单位备案
D. 民办非企业单位的资产有来源于社会捐赠资助的，应当接受登记管理机关和业务主管单位的监督

18. 某培训学校是一所民办学校，办理了民办非企业单位登记。根据《民办非企业单位登记管理暂行条例》，该学校的下列收入中，应当接受审计机关监督的是(　　)。
A. 来自社会捐赠的收入　　B. 提供咨询服务的收入
C. 组织教师编写出版教材的收入　　D. 转让自主知识产权取得的收入

19. 小王与几位同学合作成立了一家民办非营利性艺术培训机构。根据《民办非企业单位年度检查办法》，关于该机构年检的说法，正确的是(　　)。
A. 该机构应于3月31日前将年检材料报送登记管理机关
B. 若该机构年检结论为“年检不合格”，应当进行整改，整改期限为半年
C. 若该机构连续2年“年检不合格”，登记管理机关应撤销其登记并公告
D. 若该机构更换登记证书，原有年检记录可以删除

20. 根据《基金会管理条例》，下列关于基金会原始基金的说法，正确的是(　　)。
A. 全国性公募基金会的原始基金不得低于800万元人民币
B. 地方性公募基金会的原始基金不得低于600万元人民币
C. 非公募基金会的原始基金不得低于400万元人民币
D. 基金会的原始基金可以包括货币资产和非货币资产

21. 某公司注册地为甲省乙市丙区，拟投入原始基金 500 万元成立地方性公募基金会，拟任法定代表人为乙市居民，住所地拟设在乙市丁区。根据《基金会管理条例》，该公司应当向（　　）人民政府民政部门提出登记申请。

A. 甲省　　B. 乙市

C. 丙区　　D. 丁区

22. 根据《基金会管理条例》，关于基金会理事的说法，正确的是（　　）。

A. 基金会理事会的理事人数为 5～30 人

B. 具有近亲属关系的理事不得同时在理事会任职

C. 理事每届任期不得超过 5 年，连任不得超过两届

D. 在基金会领取报酬的理事不得超过理事总人数的 1/3

23. 根据《基金会管理条例》，关于基金会理事长的说法，正确的是（　　）。

A. 基金会理事长，可由现职国家工作人员兼任

B. 基金会理事长，可同时担任其他社会组织的法定代表人

C. 担任基金会理事长的外国人，每年在中国内地居留时间不得少于 6 个月

D. 因犯罪被判拘役，刑期执行完毕之日起未逾 5 年的，不能担任基金会理事长

24. 某境外基金会拟在中国内地设立代表机构。根据《基金会管理条例》，该基金会向登记管理机关申请登记时，下列材料中，不需要提交的是（　　）。

A. 基金会在境外依法登记成立的证明

B. 拟设代表机构负责人身份证明及简历

C. 基金会在境外的纳税证明

D. 基金会章程和住所证明

25. 下列关于基金会监事的说法中，正确的是（　　）。

A. 监事任期可与理事任期不同

B. 监事可以从基金会获取适当的报酬

C. 监事及其近亲属可以与其所在的基金会有交易行为

D. 理事、理事的近亲属和基金会财会人员不得兼任监事

26. 某公募基金会现有理事 24 人，近日召开理事会，18 名理事出席，会议就章程规定对属于理事会职权内的事项进行了研究性表决。根据《基金会管理条例》，下列理事会所作的表决中，有效的是（　　）。

A. 10 名理事赞同免去 1 名副秘书长的职务

B. 10 名理事赞同将理事每届任期由 5 年变为 4 年

C. 10 名理事赞同进行章程规定的某个重大募捐项目

D. 11 名理事赞同选举 1 名理事担任理事长

27. 某非公募基金会成立于 2005 年 12 月，初始基金为 1 亿元，2006 年度其公益事业支出 500 万元，收入 1000 万元。2007 年度其公益事业支出 800 万元，收入 2000 万元。2008 年度其公益事业支出 1000 万元，收入 1500 万元。2009 年度其公益支出 900 万元，收入 10007 元。如果不计工作人员工资福利和行政办公支出，根据《基金会管理条例》，该基金会的财务收支状况符合要求的是在（　　）。

A. 2006 年度　　B. 2007 年度

C. 2008 年度　　D. 2009 年度

28. 某慈善组织为具有公开募捐资格的基金会，其 2021 年总收入 2000 万元，总支出 1800 万元。根据《慈善法》，该组织 2021 年度管理费用最高额为（　　）。

A. 200 万元　　B. 180 万元

C. 160 万元　　D. 144 万元

29. 根据《慈善法》，除捐赠协议对管理费用另有约定外，慈善组织中具有公开募捐资格的基金会年度管理费用不得超过当年总支出的（　　），特殊情况难以符合前述规定的，应当报告其登记的民政部门并向社会公开说明情况。

A. 8%　　B. 10%

C. 12%　　D. 15%

30. 根据《关于加强和完善基金会注册会计师审计制度的通知》，下列重大公益项目中，应当实施专项审计的是（　　）。

A. 甲基金会通过义卖义演获得 22 万元用于帮助留守儿童，该收入超过基金会当年捐赠总收入的 1/5

B. 乙基金会对预防艾滋病项目支出 33 万元，该支出超过基金会当年总支出的 1/5

C. 丙基金会接受企业捐赠 44 万元用于古村落文化保护，该收入超过基金会当年捐赠总收入的 1/5

D. 丁基金会对帮扶救助失独老人项目支出 55 万元，该支出超过基金会当年总支出的 1/5

31. 根据《基金会管理条例》，对基金会注销后剩余财产的下列处置措施中，正确的是（　　）。

A. 上交登记管理机关　　B. 上交业务主管单位

C. 退还基金会的发起人或捐赠人　　D. 按照章程的规定用于公益目的

二、多项选择题（每题的备选项中，有 2 个或 2 个以上符合题意，至少有 1 个错项）

32. 赵某拟发起成立地方性社会团体“甲市乡村振兴促进会”，该促进会由个人会员和单位会员混合组成，根据《社会团体登记管理条例》，申请成立该促进会应当具备的条件有（　　）。

A. 有独立承担民事责任的能力　　B. 会员总数不少于 50 个

C. 有相应的组织机构、固定的住所　　D. 有不少于 10 万元的活动资金

E. 有与其业务活动相适应的专职工作人员

33. 全面实现行业协会商会与行政机关脱钩，是加快转变政府职能、促进行业协会商会规范发展的重要举措。根据《行业协会商会与行政机关脱钩总体方案》，脱钩改革的主要任务和措施包括（　　）等内容。

A. 机构分离　　B. 职能分离

C. 人员管理分离　　D. 信息资源分离

E. 资产财务分离

34. 根据《民办非企业单位登记暂行办法》，举办民办非企业单位应按照行（事）业类别申请登记。下列单位中，应当以教育部门为企业主管单位的有（　　）。

A. 民办幼儿园　　B. 民办专修学校

C. 民办职业培训中心　　D. 民办科学研究中心

E. 民办人才交流中心

35. 根据《中共中央关于全面深化改革若干重大问题的决定》，下列类别的社会组织中，可直接向民政部门依法申请登记，无需业务主管单位审查同意的有（　　）类社会组织。

A. 科技　　B. 宗教

C. 公益慈善　　D. 政治法律

E. 城乡社区服务

36. 为丰富儿童精神文化生活，吕某、谭某、孙某、卢某、袁某等几位著名儿童文学作家，准备成立一个促进儿童文学发展的非营利组织，但在成立何种非营利组织方面，作家们看法不一。下列建议中，符合现行规定的有（　　）。

A. 谭某："我建议成立民办非企业单位。民办非企业单位可以享受国家税收优惠，其举办人还可以从中分取红利。"

B. 吕某："我建议成立社会团体。我们已有不少作家，再争取几家儿童文学研究单位加入，成员达到50个，就能满足会员人数的要求。"

C. 孙某："我认为成立基金会更好。基金会都可以向社会公开募集资金，资助儿童文学创作，奖励优秀作品。"

D. 卢某："我认为成立民办非企业单位是个更现实的选择。社会团体登记需要经过筹备申请，程序相对复杂。基金会登记最低需要200万元的原始基金，门槛较高。相比之下，民办非企业单位无须筹备申请，资金门槛也不高。"

E. 袁某："我赞成成立社会团体，但可暂不登记，先以社会团体名义开展活动。运作几年，如果发展顺利，再去申请登记也不迟。"

37. 某非公募基金会理事会有理事9人，上一年度基金余额为1500万元，根据《基金会管理条例》，该基金会下列行为中符合规定的有（　　）。

A. 理事会表决中经5名理事赞同修改了章程

B. 基金会确定了本年的公益事业预算支出为130万元

C. 理事会表决中经6名理事的同意罢免了秘书长

D. 理事会表决同意领取报酬的理事人数增加到4人

E. 理事会表决同意理事每届任期由4年改为5年

38. 根据《基金会管理条例》，基金会监事的下列行为中，正确的有（　　）。

A. 监事甲，从基金会领取必要的薪酬和工作经费

B. 监事乙，依照章程规定的程序检查基金会会计资料

C. 监事丙，连任基金会两届监事，任期与理事任期相同

D. 监事丁，就一笔教学仪器捐赠的合理性向理事会提出质询

E. 监事戊，将本人的小汽车以明显低于市场的价格出售给基金会

39. 根据《社会组织评估管理办法》，某志愿服务联合会于2021年6月参加等级评估，被民政部门评为3A级社会组织。下列该组织的做法，正确的有（　　）。

A. 将评估等级证书作为信誉证明出示

B. 将评估等级牌匾悬挂在其办公室明显位置

C. 要求自动获得公益性捐赠税前扣除资格

D. 计划在评估等级有效期满前2年申请重新参加等级评估

E. 要求民政部门简化年度检查程序

答案速查

一、单项选择题									
1. B	2. A	3. D	4. D	5. D	6. C	7. C	8. C	9. C	10. A
11. B	12. C	13. C	14. B	15. A	16. C	17. A	18. A	19. C	20. A
21. A	22. D	23. D	24. C	25. D	26. A	27. C	28. B	29. B	30. D
31. D									
二、多项选择题									
32. ABCE	33. ABCE	34. AB	35. ACE	36. BD	37. BCE	38. BCD	39. ABD		

温馨提示:试题详解,详见深度解析册。

本章错题统计清单

恭喜您,成功完成了本章的刷题挑战。然而,错题的梳理同样不可忽视,它们如同一面镜子,反映出您在复习中的薄弱环节。错题统计清单能助您快速有效地梳理错题,制订更加合理的复习计划,科学安排再次刷题的时间。相信每一次刷题都会带来全新的收获,让您离成功更近一步。

错题序号	错误分析				错题消灭计划		
	概念问题	方法问题	粗心问题	其他原因	一刷	二刷	三刷

第十二章 我国劳动就业和劳动关系法规与政策

刷透真题

一、单项选择题(每题的备选项中,只有1个最符合题意)

1. 根据《劳动法》《就业促进法》,下列企业招用员工的做法中,正确的是(　　)。
A. 甲企业招聘财务主管人员,只招收男性
B. 乙企业招聘矿山井下作业员,只招收男性
C. 丙企业录用女职工,在劳动合同中规定其25岁以前不结婚
D. 丁企业录用女职工,在劳动合同中规定其入职3年内不生育

2. 根据《就业促进法》,下列人员的创业计划中,有关部门应当在经营场地等方面给予照顾并免除行政事业性收费的是(　　)。
A. 残障人士小王,拟个体经营一家面包房
B. 应届大学毕业生小李,拟开办一家服装厂
C. 退休工程师老张,拟开办一家高科技公司
D. 在一家餐厅工作的进城务工人员小刘,拟承包该餐厅

3. 根据《就业服务与就业管理规定》,下列就业服务中,应当由公共就业服务机构免费提供的是(　　)。
A. 为劳动者提供职业介绍服务
B. 为劳动者提供职业培训服务
C. 为用人单位提供代理招聘服务
D. 为用人单位提供劳动保障事务代理服务

4. 根据《就业服务与就业管理规定》,职业中介机构的下列做法,正确的是(　　)。
A. 介绍17周岁的未成年人就业
B. 转让职业中介许可证
C. 短暂扣押劳动者的居民身份证
D. 向劳动者收取押金

5. 职业中介机构向劳动者收取押金的,由劳动行政部门责令限期退还劳动者,依据劳动者人数并按一定标准处以罚款。根据《就业促进法》,下列罚款金额,符合法定标准的是每人(　　)元。
A. 100
B. 300
C. 1000
D. 3000

6. 根据《劳动合同法》,用人单位自用工之日起超过1个月不满1年未与劳动者订立书面劳动合同的,应当向劳动者每月支付(　　)倍的工资。

A. 1.5　　B. 2

C. 2.5　　D. 3

7. 2017年8月,某公司与杨某签订了为期2年的劳动合同。合同期满,双方续签2年。2020年12月,公司进行年终考核,杨某考核结果为不合格,被公司认定为不能胜任工作。经公司培训,杨某于2021年2月重新上岗。2021年7月,公司通知杨某按期终止劳动合同,但杨某不同意,且要求公司与自己签订无固定期限劳动合同。根据《劳动合同法》,关于处理杨某与公司劳动纠纷的说法,正确的是(　　)。

A. 公司应当与杨某签订固定期限劳动合同

B. 公司应当与杨某签订无固定期限劳动合同

C. 公司可以终止劳动合同,但应向杨某支付经济补偿

D. 公司可以终止劳动合同,且无须向杨某支付经济补偿

8. 根据《劳动合同法》,下列条款属于劳动合同必备条款的是(　　)。

A. 试用期　　B. 专项培训

C. 劳动保护　　D. 竞业限制

9. 小张大学毕业后与某软件公司签订劳动合同,双方约定合同期限为2年。根据《劳动合同法》,下列关于小张试用期约定的说法中,正确的是(　　)。

A. 试用期不超过2个月　　B. 试用期不超过3个月

C. 试用期结束后劳动合同开始生效　　D. 试用期内无需缴纳社会保险费

10. 2009年7月1日小陈进入某电器厂工作。厂方与小陈口头约定工作期限2年,月工资2000元。2010年7月小陈被查出患肝炎,随后被厂方以无劳动合同为由辞退。小陈不服,向当地劳动争议仲裁委员会申请仲裁。下列关于厂方与小陈之间劳动合同的说法中,正确的是(　　)。

A. 视为未订立劳动合同　　B. 视为已订立期限为1年的劳动合同

C. 视为已订立期限为2年的劳动合同　　D. 视为已订立无固定期限的劳动合同

11. 黄某虚构在大型跨国公司从事研发的经历,应聘某高科技公司研发部门负责人并签订了劳动合同。一段时间后,黄某工作表现一般,其虚构工作经历的事被揭穿,公司遂主张双方签订的劳动合同无效,并要求黄某支付违约金。根据《劳动合同法》,关于黄某与该公司劳动合同的说法,正确的是(　　)。

A. 黄某可以解除劳动合同并获得公司的经济补偿

B. 黄某凭借虚构经历签订劳动合同,应向公司支付违约金

C. 黄某与公司签订的劳动合同应当认定无效或部分无效

D. 黄某可以要求公司继续履行劳动合同,公司应当继续履行

12. 某公司电工小黄与公司签订的劳动合同中约定:合同履行期内,如发生工伤事故,公司最多赔偿3万元。一次,小黄在检修电路中因违反操作规程不慎触电,造成重伤。下列关于事故处理的方式中,正确的是(　　)。

A. 小黄可依法享受工伤待遇,不受合同中3万元的限制

B. 小黄违反操作规程,不应享受工伤待遇

C. 小黄违反操作规程，公司可在3万元之内酌情赔偿

D. 小黄按照合同约定，可获得3万元赔偿

13. 根据《劳动法》，无效劳动合同从(　　)时起，就没有法律约束力。

A. 订立　　B. 履行

C. 发现违法违规　　D. 确认违法违规

14. 黄某伪造学历一事被发现，其与公司签订的劳动合同被确认无效，黄某主张公司应支付其劳动报酬。根据《劳动合同法》，下列关于公司向黄某支付其工作期间劳动报酬的说法，正确的是(　　)。

A. 公司可不支付劳动报酬

B. 公司应当按照当地最低工资标准向黄某支付劳动报酬

C. 公司无需支付黄某劳动报酬，且可要求黄某赔偿损失

D. 公司应当参照本单位相同或相近岗位劳动者的劳动报酬向黄某支付劳动报酬

15. 陈某，46岁，2018年5月与某机械设备公司签订了为期三年的劳动合同，约定从事清洁工作。2019年10月，该公司人事部门将陈某调至车间做数控车工。陈某不同意公司改变约定的劳动条件，而公司则要求陈某服从安排，双方发生纠纷。根据《劳动合同法》，关于解决双方纠纷的说法，正确的是(　　)。

A. 公司可以解除劳动合同，但应向陈某支付经济补偿

B. 公司可以解除劳动合同，且无需向陈某支付经济赔偿

C. 陈某可以解除劳动合同，且应获得经济补偿

D. 陈某可以解除劳动合同，但不能获得经济补偿

16. 某企业与本企业职工进行集体协商，马某为企业职工一方协商代表。根据《集体合同规定》，关于马某履行协商代表职责期间权利义务的说法，正确的是(　　)。

A. 马某应享受正常劳动工资

B. 该企业工会不得取消马某协商代表资格

C. 该企业不得与马某解除劳动合同

D. 该企业应当增加马某当年年休假天数

17. 某企业职工小丁在休假期间遭遇车祸造成重伤，丧失劳动能力。下列关于企业和小丁之间的劳动合同的说法中，正确的是(　　)。

A. 企业可以随时解除和小丁之间的劳动合同，并无需支付经济补偿

B. 企业可以随时解除和小丁之间的劳动合同，但需支付经济补偿

C. 企业提前30日以书面形式通知小丁后，可以解除劳动合同，并无需支付经济补偿

D. 企业提前30日以书面形式通知小丁后，可以解除劳动合同，但需支付经济补偿

18. 根据《劳动合同法》，用人单位可以在一定条件下裁减人员。下列人员中，用人单位可以在裁减人员时解除劳动合同的是(　　)。

A. 小王，因长期从事采矿作业而患尘肺病，并被确认部分丧失劳动能力

B. 老李，连续工作满10年，并与单位签订无固定期限劳动合同

C. 小宋，年度工作考核不合格，目前怀孕3个月

D. 老张，连续工作满15年，距离法定退休年龄还有3年

19. 根据《劳动合同法》，下列情形中，劳动者可以立即解除劳动合同无需事先告知用人单位的是(　　)。
A. 用人单位未及时足额支付劳动者报酬的
B. 用人单位未依法为劳动者缴纳社会保险的
C. 用人单位未按劳动合同约定提供劳动保护或劳动条件的
D. 用人单位违章指挥、强令冒险作业危及劳动者人身安全的

20. 老张今年57岁，自2001年以来一直在某公司工作，与公司签订的劳动合同将于2017年7月底到期。老张希望与公司续签合同，公司因他年纪偏大，知识更新滞后，难以适应新业务要求，通知他到期终止合同。根据《劳动合同法》，下列关于老张与劳动合同的说法，正确的是(　　)。
A. 公司可以终止与老张的劳动合同，但应向其支付经济补偿
B. 公司可以终止与老张的劳动合同，且无需向其支付经济补偿
C. 公司不得终止与老张的劳动合同，也不得变更老张的工作岗位
D. 公司不得终止与老张的劳动合同，但经协商可以变更老张的工作岗位

21. 下列四人与所在公司签订的劳动合同均未到期，根据《劳动合同法》，四人所在公司应当向其支付经济补偿的是(　　)。
A. 赵某，所在公司认为其能力有限，提出解除劳动合同，赵某也觉得工作没什么意思，同意解除劳动合同
B. 钱某，因技术出众收到其他公司的高薪邀约，于是提前30日以书面形式通知所在公司，要求解除劳动合同
C. 孙某，劳动合同到期前，所在公司决定按照现有劳动合同约定条件与其续订劳动合同，但孙某要求提高待遇，双方未达成一致，合同按期终止
D. 李某，依法办理提前退休手续，开始享受基本养老保险待遇，劳动合同自动终止

22. 某市拟分行业推动集体合同签订工作，保障相关行业劳动者合法权益。根据《劳动合同法》，下列关于集体合同的说法中，正确的是(　　)。
A. 未建立工会的企业，集体合同由全体职工与企业签订
B. 劳动合同中的劳动条件和劳动报酬标准不得高于集体合同规定的标准
C. 用人单位违反集体合同，侵犯职工劳动权益的，工会可以依法要求用人单位承担责任
D. 集体合同必须经劳动行政部门审查批准后方能生效

23. 根据《劳动合同法》，关于劳务派遣的说法，正确的是(　　)。
A. 劳务派遣单位应当履行用人单位对劳动者的义务
B. 劳务派遣应当在传统性、服务性或者季节性的工作岗位上实施
C. 劳务派遣单位应当与被派遣劳动者订立1年以上的固定期限劳动合同
D. 被派遣劳动者的劳动报酬不应低于用工单位同类岗位劳动报酬的80%

24. 根据《劳动合同法》，关于非全日制用工的说法，正确的是(　　)。
A. 非全日制用工双方当事人应当订立书面协议
B. 非全日制用工双方当事人不得约定试用期
C. 非全日制用工双方当事人任何一方终止用工需提前3日通知对方
D. 非全日制用工计酬标准不得低于用人单位所在地在岗职工平均工资水平

25. 甲公司与冯某签订劳动合同，将其派遣到乙公司做保洁。一段时间后，冯某发现，乙公司自聘的保洁人员与其做同样的工作，但工资待遇更高。经劳动行政部门认定，冯某权益受到损害。根据《劳动合同法》，关于对冯某的损害承担责任的说法，正确的是（　　）。

A. 甲公司独自对冯某受到的损害承担赔偿责任

B. 乙公司独自对冯某受到的损害承担赔偿责任

C. 甲公司和乙公司对冯某受到的损害承担连带赔偿责任

D. 甲公司和乙公司对冯某受到的损害按比例承担赔偿责任

26. 根据《劳动法》《职工带薪年休假条例》，关于企业向员工支付工资的说法，正确的是（　　）。

A. 企业可按月也可按季度向员工支付工资

B. 企业应当以货币或实物形式向员工支付工资

C. 员工在婚假期间，企业应当依法支付工资

D. 企业经员工同意未安排年休假的，应按员工日工资的200%支付工资

27. 根据《最低工资规定》，关于最低工资标准的说法，正确的是（　　）。

A. 最低工资标准应由县级人民政府确定

B. 最低工资标准一般采取月最低工资标准和小时最低工资标准的形式

C. 最低工资标准不得低于当地上年度职工月平均工资的30%

D. 最低工资标准至少每年调整一次

28. 某外贸集团准备调整部分人员工资，初拟了工资分配草案，征求法务部门意见，根据《劳动法》，该草案的下列细则，正确的是（　　）。

A. 行政部门高级管理人员实行年薪制，每年分两次发放

B. 生产部门管理人员以企业股份形式支付工资，年终分红

C. 研发部门人员工资纳入项目经费，立项时预付一部分，余额部分结项时发放

D. 外贸销售部门人员工资与销售额挂钩，以货币形式按月支付

29. 根据《劳动法》，下列企业延长工作时间的做法中，正确的是（　　）。

A. 甲企业，为完成新增订单，安排工人每日工作10小时

B. 乙企业，为抢修公共交通运输线路，安排工人每日工作12小时

C. 丙企业，为让全厂职工提前回家过年，安排工人当月加班40小时

D. 丁企业，为与合作企业衔接，压缩施工工期，安排工人当月加班48小时

30. 根据《职工带薪年休假条例》，下列职工，可以享受当年年休假的是（　　）。

A. 小贾，某小学教师，累计工作满3年，请事假累计15天

B. 小王，某个体户雇工，累计工作满5年，请事假累计10天

C. 小秦，某机关干部，累计工作满8年，请病假累计两个半月

D. 小齐，某企业经理，累计工作满15年，请病假累计4个月

31. 某黄金周假期中3天属于法定假日，另4天属于前后两周的周末公休日的调休。公司安排小王在这7天加班，不安排补休。小王的日工资为100元。根据《劳动法》，公司应当向小王支付不低于（　　）的工资报酬。

A. 1000元　　B. 1400元

C. 1700元　　D. 2100元

32. 根据《劳动法》和《女职工劳动保护特别规定》，下列关于女职工保护的说法中，正确的是（　　）。

A. 女职工在孕期、产期、哺乳期的，用人单位可因其不胜任工作与其解除劳动合同

B. 用人单位不得在女职工孕期、产期、哺乳期降低其基本工资

C. 女职工怀孕以后，用人单位不得安排其夜班劳动

D. 女职工产假期间的生育津贴，对已参加生育保险的，按照女职工产假前工资的标准由生育保险基金支付

33. 退役士官关某，2009 年 9 月应征入伍，2018 年 10 月退役，服役期间立二等功。2019 年 5 月由政府安排到某企业工作。关某准备在 2019 年 10 月份申请带薪年休假。根据《退役士兵安置条例》《职工带薪年休假条例》，关某 2019 年的带薪年休假为（　　）天。

A. 0　　B. 5

C. 10　　D. 15

34. 某食品厂在成品包装工招聘广告中要求：求职者应年满 18 周岁，为非传染病病原携带者，男性求职者优先，录用时签订 3 年以上劳动合同。该招工广告中违背《就业促进法》原则的内容是关于（　　）的要求。

A. 男性优先　　B. 合同期限

C. 求职者年龄　　D. 非传染病病原携带者

35. 2015 年 5 月，刚满 16 周岁的小明被某煤矿招聘为办公室打字员，双方签订为期 3 年的劳动合同。2016 年 5 月，煤矿因效益不好精减非生产部门工作人员，安排小明下井从事采掘工作，小明予以拒绝；随后煤矿又安排小明到重粉尘车间，也被小明拒绝。根据《劳动法》，下列说法正确的是（　　）。

A. 第一次拒绝于法无据，第二次拒绝于法有据

B. 第一次拒绝于法有据，第二次拒绝于法无据

C. 小明两次拒绝均于法有据，煤矿应安排其他适当工作

D. 调动小明工作属于煤矿用工自主权范围，小明应服从安排

36. 根据《女职工劳动保护特别规定》，关于女职工产假的说法，正确的是（　　）。

A. 女职工生育双胞胎的，增加 10 天产假

B. 女职工怀孕 3 个月流产的，享受 15 天产假

C. 女职工怀孕 6 个月流产的，享受 30 天产假

D. 女职工生育享受 98 天产假，难产的，再增加 5 天产假

37. 根据《女职工劳动保护特别规定》，企业对下列女职工的劳动时间安排，正确的是（　　）。

A. 小丽，怀孕 5 个月流产，企业准予其享受 15 天产假

B. 小莲，怀孕 7 个月，在劳动时间内进行产前检查，企业将产检所需时间折半计入劳动时间

C. 小琴，怀孕 8 个月，企业安排其每周加班 5 个小时

D. 小芳，哺乳 6 个月大的儿子，企业在其每天劳动时间内安排 1 小时哺乳时间

38. 根据《就业促进法》，下列关于职业教育和培训的说法，正确的是（　　）。

A. 企业应当建立健全劳动预备制度

B. 企业应当制定并实施职业能力开发计划

C. 企业应当为失业人员提供就业培训，提高其就业能力

D. 企业应当按规定提取职工教育经费，对劳动者进行职业技能培训

39. 根据《劳动保障监察条例》，下列事项中，属于劳动保障行政部门实施劳动保障监察范围的是（　　）。

A. 机关工会维护职工权益的情况

B. 企业代扣代缴员工个人所得税的情况

C. 基金会为员工购买意外伤害保险的情况

D. 公司遵守工作时间和休息休假规定的情况

40. 根据《劳动保障监察条例》，劳动保障行政部门对违反劳动保障法律、法规或者规章行为的调查，应当自立案之日起（　　）个工作日内完成。

A. 30　　B. 45

C. 60　　D. 90

41. 某公司员工田某发生工伤后，与公司就工伤医疗费支付金额发生争议。根据《劳动争议调解仲裁法》，关于田某和公司双方处理劳动争议的说法，正确的是（　　）。

A. 双方应进行协商，如协商不成，公司可直接向人民法院提起诉讼

B. 双方可向劳动争议调解组织申请调解，如调解不成，田某可直接向人民法院提起诉讼

C. 双方可向劳动争议调解组织申请调解，如调解不成，公司可直接向人民法院提起诉讼

D. 双方可向劳动争议仲裁机构申请仲裁，如对裁决不服，田某可直接向人民法院提起诉讼

42. 根据《劳动保障监察条例》，违反劳动保障法律、法规或者规章的行为，在（　　）内未被劳动保障部门发现，也未被举报、投诉的，劳动保障行政部门不再查处。

A. 3 个月　　B. 6 个月

C. 1 年　　D. 2 年

43. 根据《劳动争议调解仲裁法》，下列争议中，不属于劳动争议的是（　　）。

A. 职工甲因工致残，要求企业支付一次性伤残就业补助金，企业予以拒绝

B. 职工乙在上班途中遭遇车祸受伤，向劳动保障行政部门申请工伤认定，结果未被认定为工伤，乙不服

C. 职工丙在某服装厂工作，经常在节假日加班，但该厂在计算加班费时只按工作日加班标准计算，丙不服

D. 职工丁与某企业签订了为期三年的劳动合同，工作一年后，该企业以效益不好为由解除与丁的劳动合同，丁不服

44. 李某就单位拖欠其劳动报酬，与所在单位达成调解协议，单位承诺 20 日内履行，现已超期。根据《劳动争议调解仲裁法》，李某可依法向（　　）申请支付令。

A. 劳动争议仲裁委员会　　B. 人力资源社会保障行政部门

C. 公安机关　　D. 人民法院

45. 根据《劳动争议调解仲裁法》和《劳动保障监察条例》，下列关于劳动仲裁、监察时效期间的说法，正确的是(　　)。

A. 劳动争议申请仲裁的时效期间为60天

B. 当事人对仲裁裁决不服的，可以自收到仲裁裁决书之日起60日内向人民法院提起诉讼

C. 仲裁庭裁决劳动争议案件，除案情复杂需要延期的外，应当自劳动争议仲裁委员会受理仲裁申请之日起60日内结束

D. 劳动保障行政部门对违反劳动保障法律、法规或者规章的行为的调查，除情况复杂需要延期的外，应自立案之日起60个工作日内完成

46. 2009年3月1日，王某入职某公司，劳动合同约定每月10日为工资发放日。入职后的前几个月，王某的工资正常发放，但是从2009年6月起，公司开始拖欠王某工资。2009年9月15日，王某从公司离职，但其被拖欠的工资仍未获支付。根据《劳动争议调解仲裁法》，王某就拖欠工资的问题申请劳动仲裁，应当在(　　)前提出。

A. 2009年12月10日　　B. 2010年3月15日

C. 2010年6月10日　　D. 2010年9月15日

47. 根据《集体合同规定》，下列关于集体合同的说法中，正确的是(　　)。

A. 行政机关同样适用集体合同规定

B. 集体合同对职工个人不具有法律约束力

C. 职工个人的劳动报酬可以低于集体合同的规定

D. 集体协商双方可以签订集体合同或专项集体合同

48. 根据《集体合同规定》，用人单位和职工任何一方就签订集体合同有关事项提出集体协商要求的，另一方应当在收到集体协商要求之日起(　　)日内以书面形式予以回应。

A. 5　　B. 10

C. 20　　D. 30

49. 根据《集体合同规定》，关于集体协商代表的说法，正确的是(　　)。

A. 集体协商双方的代表人数应当对等，每方至少2人

B. 职工一方的协商代表应由本单位职工自愿报名担任

C. 用人单位一方的首席协商代表，应由用人单位人事部门负责人担任

D. 集体协商双方首席代表均不得由非本单位人员代理

50. 某公司与职工一方经协商一致形成集体合同草案，拟提交职工代表大会讨论通过。根据《集体合同规定》，下列通过集体合同草案的情形中，符合规定的是(　　)。

A. 1/2以上职工代表出席，出席职工代表半数以上同意

B. 1/2以上职工代表出席，全体职工代表半数以上同意

C. 2/3以上职工代表出席，出席职工代表半数以上同意

D. 2/3以上职工代表出席，全体职工代表半数以上同意

51. 某企业与职工签订了一份集体合同。根据《集体合同规定》，下列关于该集体合同的说法，正确的是(　　)。

A. 该集体合同应由企业报送县级以上工会审查后，方能生效

B. 如该企业被兼并致使集体合同无法履行，可以变更或解除该合同

C. 集体协商过程中发生争议，双方可以向县级以上工会提出协调处理申请

D. 因履行该集体合同发生的争议，双方协商解决不成，可以直接向人民法院提起诉讼

二、多项选择题（每题的备选项中，有2个或2个以上符合题意，至少有1个错项）

52. 某汽车生产企业因扩大生产规模需要招聘一批员工。根据《关于进一步规范招聘行为促进妇女就业的通知》，该企业在招聘过程中的做法，正确的有（　　）。

A. 询问女性求职者的婚姻状况

B. 询问女性求职者的生育情况

C. 询问女性求职者的薪资要求

D. 询问女性求职者的学历情况

E. 将妊娠测试作为入职体检项目

53. 赵某于2021年4月入职某公司，公司口头告知其试用期为3个月，但未与其签订书面劳动合同。工作刚满两个月，公司通知赵某，因其请假较多，故与其解除劳动合同。赵某不服。根据《劳动合同法》，关于赵某与公司劳动纠纷的说法，正确的有（　　）。

A. 因赵某处于试用期，公司可以随时解除与赵某的劳动合同

B. 公司可以解除与赵某的劳动合同，但应当向赵某支付经济补偿

C. 公司辞退赵某构成违法解除劳动合同，应当向赵某支付赔偿金

D. 公司未与赵某订立书面劳动合同，应当向赵某支付2个月的2倍工资

E. 公司未与赵某订立书面劳动合同，应当向赵某支付1个月的2倍工资

54. 根据《劳动合同法》，关于单位裁员的说法，正确的有（　　）。

A. 不得裁减患病且在规定医疗期内的职工

B. 不得裁减在该单位连续工作10年的职工

C. 不得裁减处于孕期、产期、哺乳期的女职工

D. 不得裁减家中有需要赡养的老人或者抚养的未成年人的职工

E. 应优先留用与本单位订立无固定期限劳动合同的职工

55. 根据《劳动合同法》，下列关于劳务派遣的说法，正确的是（　　）。

A. 劳务派遣单位和用工单位可以向被派遣劳动者收取适当费用

B. 劳务派遣员工只能在临时性、辅助性或者替代性的工作岗位上实施

C. 用工单位给被派遣劳动者造成损害的，劳务派遣单位与用工单位承担连带赔偿责任

D. 劳务派遣单位应当向被派遣劳动者按月支付劳动报酬，不能订立固定期限劳动合同

E. 被派遣劳动者在无工作期间，劳务派遣单位应当按照所在地人民政府规定的最低工资标准，向其按月支付报酬

56. 老陈与某公司签订用工协议如下：老陈为非全日制临时工，每天工作6小时，每周工作6天，工资按月发放，期限半年，试用期2个月。公司负责人告知老陈，双方是劳务关系，所签协议是劳务合同。协议期满后，双方未续签，但老陈仍在公司工作，公司也按月向其支付工资。两个月后的一天，公司通知老陈：双方用工协议早已到期，从明天起就不用来上班了。老陈不服，遂向公司讨要说法。根据《劳动合同法》和《劳动合同法实施条例》，下列关于此用工关系的说法，正确的有（　　）。

A. 公司雇用老陈事实上是全日制用工
B. “试用期2个月”的条款不符合法律规定
C. “双方是劳务关系”的说法不成立，双方是劳动关系
D. 公司应当向老陈支付赔偿金
E. 公司应当向老陈支付经济补偿金

57. 根据《劳动法》，省、自治区、直辖市人民政府确定和调整最低工资标准时，应当综合参考的因素有(　　)。
A. 就业状况　　B. 劳动生产率
C. 社会平均工资水平　　D. 本地居民收入差距状况
E. 劳动者本人及平均赡养人口的最低生活费用

58. 下列关于工作时间、休息休假的说法，正确的有(　　)。
A. 用人单位应当保证劳动者每周至少休息1日
B. 企业董事会可自行决定实行非标准工时制度
C. 劳动者连续工作一年以上的，享受带薪年休假
D. 用人单位由于生产经营需要，经与工会和劳动者协商可以延长工期
E. 用人单位因特殊原因可以延长工作时间，但每日不得超过2小时

59. 根据《劳动法》，关于某自来水公司延长员工工作时间的说法，正确的有(　　)。
A. 在供水旺季可以延长员工工作时间，但每月不得超过40个小时
B. 因供水设施发生故障致大面积停水时，该公司可要求员工每日延长工作时间5小时
C. 该公司支持员工延长工作时间，应支付不低于劳动者正常工作时间工资的150%的工资报酬
D. 该公司安排员工休息日工作又不能安排补休，应支付不低于劳动者正常工作时间工资的200%的工资报酬
E. 该公司安排员工在国庆节工作，应支付不低于劳动者正常工作时间工资的300%的工资报酬

60. 根据《职工带薪年休假条例》，下列关于职工享受年休假天数的说法，正确的有(　　)。
A. 小王，累计工作1年6个月，可享受年休假5天
B. 小叶，累计工作9年6个月，可享受年休假5天
C. 小田，累计工作12年5个月，可享受年休假10天
D. 小周，累计工作18年2个月，可享受年休假15天
E. 老徐，累计工作30年6个月，可享受年休假20天

61. 根据《劳动争议调解仲裁法》，下列争议中，属于劳动争议的有(　　)。
A. 因职称晋升发生的争议　　B. 因企业改制发生的争议
C. 因确认劳动关系发生的争议　　D. 因除名、辞退、辞职发生的争议
E. 因工作时间、休息休假发生的争议

62. 根据《劳动争议调解仲裁法》，可以担任劳动争议仲裁员的人员有(　　)。
A. 老陈，退休审判员

B. 老张，居委会主任
C. 老王，大学法学专业教授
D. 小武，已执业5年的律师
E. 小丁，法学本科毕业后在某县总工会从事专业工作满5年

63. 根据《劳动争议调解仲裁法》，下列关于劳动仲裁开庭和裁决的说法，正确的有（　　）。
A. 当事人有正当理由的，可以在开庭3日前请求延期开庭
B. 仲裁庭对专门性问题认为需要鉴定的，可以直接指定鉴定机构
C. 劳动争议仲裁委员会应当在受理仲裁之日起5日内将仲裁庭的组成情况书面通知当事人
D. 被申请人收到书面通知，无正当理由拒不到庭或者未经仲裁庭同意中途退庭的，可以视为撤回仲裁申请
E. 劳动者无法提供由用人单位掌握管理的与仲裁请求有关的证据，仲裁庭可以要求用人单位在指定期限内提供

64. 根据《集体合同规定》，下列合同条款，集体协商双方可以进行协商的有（　　）。
A. 工资标准　　B. 休假安排
C. 工作时间　　D. 补充保险和福利
E. 基本医疗保险缴费比例

65. 根据《集体合同规定》，协调处理集体协商争议的程序包括（　　）。
A. 受理协调处理申请　　B. 调查了解争议的情况
C. 研究制定协调处理争议的方案　　D. 对争议进行协调处理
E. 制作新的《集体合同》

答案速查

一、单项选择题									
1. B	2. A	3. A	4. A	5. C	6. B	7. B	8. C	9. A	10. D
11. C	12. A	13. A	14. D	15. C	16. A	17. D	18. B	19. D	20. D
21. A	22. C	23. A	24. B	25. C	26. C	27. B	28. D	29. B	30. B
31. C	32. B	33. C	34. A	35. C	36. B	37. D	38. D	39. D	40. C
41. D	42. D	43. B	44. D	45. D	46. D	47. D	48. C	49. D	50. D
51. B									
二、多项选择题									
52. CD	53. CE	54. ACE	55. BCE	56. ABCE	57. ABCE	58. ACD	59. BCDE	60. ABC	61. CDE
62. ACDE	63. ACE	64. ABCD	65. ABCD						

温馨提示：试题详解，详见深度解析册。

本章错题统计清单

恭喜您，成功完成了本章的刷题挑战。然而，错题的梳理同样不可忽视，它们如同一面镜子，反映出您在复习中的薄弱环节。错题统计清单能助您快速有效地梳理错题，制订更加合理的复习计划，科学安排再次刷题的时间。相信每一次刷题都会带来全新的收获，让您离成功更近一步。

错题序号	错误分析				错题消灭计划		
	概念问题	方法问题	粗心问题	其他原因	一刷	二刷	三刷

第十三章

我国健康与计划生育法规与政策

刷透真题

一、单项选择题(每题的备选项中,只有1个最符合题意)

1. 根据《国务院关于实施健康中国行动的意见》,关于2030年健康中国任务目标的说法,正确的是(　　)。

A. 全国居民健康素养水平不低于30%

B. 全面无烟法规保护的人口比例达到50%以上

C. 婴儿死亡率控制在7.5‰以下

D. 适龄儿童免疫规划疫苗接种率保持在80%以上

2. 根据《"健康中国2030"规划纲要》,我国要创新医疗卫生服务供给模式,全面建立成熟完善的分级诊疗制度,形成(　　)、上下联动、急慢分治的合理就医秩序。

A. 基层首诊、双向转诊　　B. 基层首诊、逐级转诊

C. 自由首诊、向上转诊　　D. 自由首诊、向下转诊

3. 小雪,执业医师,拟晋升副高级技术职称。根据《基本医疗卫生与健康促进法》,小雪应当有累计1年以上在(　　)以下或者对口支援的医疗卫生机构提供医疗卫生服务的经历。

A. 县级　　B. 市级

C. 省级　　D. 国家级

4. 根据《突发公共卫生事件应急条例》,突发公共卫生事件发生后,具体负责组织突发公共卫生事件调查、控制和医疗救治工作的部门是县级以上地方人民政府(　　)。

A. 民政部门　　B. 公安机关

C. 司法行政部门　　D. 卫生行政主管部门

5. 某省人民政府10:00接到报告,当地某县发现不明原因的群体性疾病。根据《突发公共卫生事件应急条例》,该省人民政府应于当天(　　)前向国务院卫生行政管理部门报告。

A. 10:30　　B. 11:00

C. 12:00　　D. 13:00

6. 甲省乙县某医院发现其所在县发生了重大食物中毒事件。根据《突发公共卫生事件应急条例》,该医院应当在 2 小时内将此事向(　　)报告。

A. 甲省人民政府应急管理部门　　B. 甲省人民政府卫生行政主管部门

C. 乙县人民政府应急管理部门　　D. 乙县人民政府卫生行政主管部门

7. 某县医院收治了一名病人,初步诊断为疑似禽流感。根据《突发公共卫生事件应急条例》,该医院应依法报告所在地的(　　)。

A. 卫生局　　B. 卫生监管所

C. 人民政府　　D. 疾病预防控制中心

8. 根据《艾滋病防治条例》,下列医疗机构的做法中,正确的是(　　)。

A. 某医疗卫生机构对孕产妇提供艾滋病防治咨询和检测

B. 某口腔医院为患者做牙周炎治疗时,发现其感染艾滋病病毒,遂拒绝继续治疗

C. 某综合医院为 15 岁患者诊断时,发现其感染艾滋病病毒,为了保护未成年人隐私,未告知监护人

D. 某妇产医院未经患者本人同意,在医院通知栏中公开了本院艾滋病毒感染者的信息

9. 甲医院在给乙企业职工集体体检时,发现该企业职工老徐为疑似职业病病人,遂告知老徐并及时通知乙企业。乙企业及时安排对老徐进行诊断。根据《职业病防治法》,老徐在诊断、医学观察期间的费用,由(　　)承担。

A. 老徐本人　　B. 乙企业

C. 基本医疗保险基金　　D. 工伤保险基金

10. 根据《精神卫生法》,对已经发生自身伤害行为的严重精神障碍患者,经其(　　)同意,医疗机构应当对患者实施住院治疗。

A. 近亲属　　B. 监护人

C. 所在单位　　D. 所在(村)居民委员会

11. 根据《乡镇卫生院管理办法(试行)》,关于乡镇卫生院管理办法的说法,正确的是(　　)。

A. 乡镇卫生院应当根据精简高效的原则设置临床和公共卫生等部门

B. 乡镇卫生院可以根据本地实际情况自主设置诊疗科目开展诊疗活动

C. 乡镇卫生院可以根据本地实际情况出租、承包内部科室

D. 乡镇卫生院的绩效考核应当由县人民医院和乡镇人民政府负责组织

12. 天福社区拟成立一家社区卫生服务站。根据《城市社区卫生服务站基本标准》,下列配备计划中,符合要求的是(　　)。

A. 配置 2 张病床　　B. 安排建筑面积 120 平方米的服务用房

C. 配备 1 名全科医学专业的执业医师　　D. 每名执业医师配备 1 名注册护士

13. 根据《城市社区卫生服务中心基本标准》,下列关于设立社区卫生服务中心标准的说法中,正确的是(　　)。

A. 每名执业医师至少配备 1 名注册护士

B. 至少有 2 名中级以上任职资格的中医类别执业医师

C. 至少要设立 50 张以上以护理康复为主要功能的病床

D. 建筑面积不少于 800 平方米,每设 1 个床位至少增加 20 平方米建筑面积

14. 根据《国务院关于发展城市社区卫生服务的指导意见》，下列群体中，不属于社区卫生服务机构重点服务对象的是（　　）。

A. 0～36 个月的婴幼儿　　B. 孕产妇

C. 急性传染病患者　　D. 糖尿病患者

15. 某市为提升城市社区卫生服务水平，鼓励各社区卫生服务机构创新实践。根据《国务院关于发展城市社区卫生服务的指导意见》《城市社区卫生服务机构管理办法（试行）》，下列该市社区卫生服务机构的做法，正确的是（　　）。

A. 为打造和谐社区，甲社区卫生服务中心开展标识征集活动

B. 为吸引社会捐赠，乙社区卫生服务中心以捐建者名字命名

C. 为改善硬件设施，丙社区卫生服务中心积极吸引社会力量参与

D. 为调动工作积极性，丁社区卫生服务中心将医护人员收入与服务收入直接挂钩

16. 某县医院发现一天内不断有患者前来治疗腹泻，经了解，大多数患者就医前在某饭店就餐，初步判断为食源性疾病。根据《食品安全法》，该医院应当及时将相关信息向（　　）报告。

A. 县工商局　　B. 县质监局

C. 县食药监局　　D. 县卫生计生委

17. 根据《人口与计划生育法》，托育机构有虐待婴幼儿行为的，其直接负责的主管人员和其他直接责任人员（　　）不得从事婴幼儿照护服务。

A. 3 年内　　B. 5 年内

C. 10 年内　　D. 终身

二、多项选择题（每题的备选项中，有 2 个或 2 个以上符合题意，至少有 1 个错项）

18. 根据《基本医疗卫生与健康促进法》，关于社会力量举办医疗卫生机构的说法，正确的有（　　）。

A. 社会力量可以选择设立非营利性或者营利性医疗卫生机构

B. 社会力量举办的医疗卫生机构可以对外出租、承包医疗科室

C. 社会力量可以与政府举办的医疗卫生机构合作举办非营利性医疗卫生机构

D. 社会力量举办的医疗卫生机构在基本医疗保险定点、医疗卫生人员职称评定等方面享有与政府举办的医疗卫生机构同等的权利

E. 社会力量举办的非营利性医疗卫生机构按照规定享受与政府举办的医疗卫生机构同等的税收、财政补助、用地、用水、用电、用气、用热等政策

19. 根据《职业病防治法》，关于职业病病人保障的说法，正确的是（　　）。

A. 用人单位应当按照国家规定，安排职业病病人进行治疗、康复和定期检查

B. 用人单位对不适宜继续原工作的职业病病人，应当调离原岗位并妥善安置

C. 职业病病人的诊疗、康复费用，按照国家有关工伤保险的规定执行

D. 用人单位没有依法参加工伤保险的，职业病病人可以向社会保险经办机构申请医疗救助

E. 职业病病人变动工作单位，其依法享受的待遇不变

20. 小李，甲市户籍，受聘乙市某企业做电焊工，被派往该企业驻丙市项目部工作多年，期间与丁市户籍的小王结婚，二人婚后常住戊市。最近小李感觉身体不适，拟进行

职业病诊断。根据《职业病防治法》,小李可以在(　　)进行诊断。

A. 甲市　　B. 乙市

C. 丙市　　D. 丁市

E. 戊市

21. 吴某,某制衣厂职工,因与女友分手精神受到刺激,在厂区花园里割腕自残,被警察发现并制止,但吴某仍然情绪激动,扬言要毁了自己。根据《精神卫生法》,应当将吴某送往医疗机构进行精神障碍诊断的责任主体有(　　)。

A. 吴某近亲属　　B. 吴某女友

C. 当地派出所　　D. 当地民政部门

E. 吴某所在制衣厂

22. 根据《国务院办公厅关于进一步加强乡村医生队伍建设的指导意见》等有关规定,下列关于乡村医生的说法,正确的有(　　)。

A. 乡村医生聘用应遵循"县聘、乡管、村用"的原则

B. 年满60周岁的乡村医生原则上不应再在村卫生室执业

C. 乡村医生主要为农村居民提供公共卫生和基本医疗服务

D. 对乡村医生提供的基本医疗服务,主要由个人和新农合基金(城乡居民基本医疗保险基金)支付

E. 对乡村医生提供的基本公共卫生服务,主要由新农合基金(城乡居民基本医疗保险基金)给予合理补助

23. 小李所在社区新建了一家社区卫生服务中心,根据《城市社区卫生服务机构管理办法(试行)》,小李可以在该卫生服务中心受到的公共服务有(　　)。

A. 心理健康指导　　B. 接种传染病疫苗

C. 微整形外科手术　　D. 免费领取避孕药具

E. 卫生健康知识咨询

24. 某街道拟新建一家社区卫生服务中心。下列设备、人员和用房等配置计划中,符合《城市社区卫生服务中心基本标准》的有(　　)。

A. 设置日间观察床位10张

B. 安排房屋建筑面积1500平方米

C. 设置以护理康复为主要功能的病床60张

D. 配备注册护士10名,其中2名具有中级以上任职资格

E. 配备执业范围为全科医学专业的临床类别、中医类别执业医师8名

25. 根据《食品安全法》,关于食品安全事故处置的说法,正确的有(　　)。

A. 县级以上地方人民政府应制定本行政区域的食品安全事故应急预案

B. 发生食品安全事故的单位应及时向事故发生地县级人民政府食品安全监督管理部门报告

C. 发生食品安全事故的单位应立即采取措施以防止事故扩大

D. 县级以上食品安全监督管理部门应立即会同有关部门组织对因食品安全事故导致人身伤害人员的救治

E. 县级以上食品安全监督管理部门应对事故现场进行卫生处理并组织调查

答案速查

一、单项选择题									
1. A	2. A	3. A	4. D	5. B	6. D	7. D	8. A	9. B	10. B
11. A	12. D	13. A	14. C	15. C	16. D	17. D			
二、多项选择题									
18. ACDE	19. ABCE	20. ABE	21. ACE	22. ABCD	23. ABDE	24. ABDE	25. ABCD		

温馨提示：试题详解，详见深度解析册。

本章错题统计清单

恭喜您，成功完成了本章的刷题挑战。然而，错题的梳理同样不可忽视，它们如同一面镜子，反映出您在复习中的薄弱环节。错题统计清单能助您快速有效地梳理错题，制订更加合理的复习计划，科学安排再次刷题的时间。相信每一次刷题都会带来全新的收获，让您离成功更近一步。

错题序号	错误分析				错题消灭计划		
	概念问题	方法问题	粗心问题	其他原因	一刷	二刷	三刷

第十四章
我国社会保险法规与政策

刷透真题

一、单项选择题(每题的备选项中,只有1个最符合题意)

1. 根据《国务院关于完善企业职工基本养老保险制度的决定》,符合条件的职工退休时的基础养老金月标准以(　　)在岗职工月平均工资和本人指数化月平均缴费工资的平均值为基数,缴费每满1年发给1%。

A. 当地上年度　　B. 当地本年度

C. 本单位上年度　　D. 本单位本年度

2. 根据《实施〈中华人民共和国社会保险法〉若干规定》,关于职工基本养老保险个人账户处置方式的说法,正确的是(　　)。

A. 职工死亡后,其个人账户余额转入社会统筹账户

B. 职工家庭经济困难时,其个人账户可以提前支取

C. 职工在达到法定的领取基本养老金条件前离境定居的,其个人账户不予保留

D. 职工基本养老保险关系终止时,社会保险经办机构将其个人账户储存额一次性支付给本人

3. 根据《社会保险法》,下列参加基本养老保险的个人,可以按月领取基本养老金的是(　　)。

A. 张某,达到法定退休年龄,累计缴费12年,在家照顾晚辈

B. 何某,达到法定退休年龄,累计缴费20年,被企业返聘

C. 赵某,未达到法定退休年龄,累计缴费25年,部分丧失劳动能力

D. 王某,未达到法定退休年龄,累计缴费30年,肢体残疾

4. 贾某曾先后在甲、乙、丙三地工作,工作期间均参加了当地社会保险。根据《社会保险法》,当贾某达到退休年龄,其基本养老金计算和支付方式为(　　)。

A. 分段计算、统一支付　　B. 分段计算、分段支付

C. 统一计算、统一支付　　D. 统一计算、分段支付

5. 张某,山东省青岛市户籍,曾先后在广州市工作2年、上海市工作10年、北京市工作9年,上述工作期间均参加了城镇企业职工基本养老保险。根据《城镇企业职工基本养老保险关系转移接续暂行办法》,下列地区中,应当为张某办理养老保险待遇领取

手续的是(　　)。

A. 青岛市　　B. 广州市

C. 上海市　　D. 北京市

6. 根据《城镇企业职工基本养老保险关系转移接续暂行办法》,参保人员转移接续基本养老保险关系后,符合待遇领取条件的,以本人各年度缴费工资、缴费年限和(　　)对应的各年度在岗职工平均工资计算其基本养老金。

A. 首次就业地　　B. 各阶段就业所在地

C. 户籍所在地　　D. 待遇领取地

7. 根据《国务院关于建立统一的城乡居民基本养老保险制度的意见》,城乡居民(不含在校学生)参加基本养老保险的年龄最低为(　　)周岁。

A. 14　　B. 16

C. 18　　D. 20

8. 根据《国务院关于建立统一的城乡居民基本养老保险制度的意见》,下列原在甲地居住的人员,可在乙地参加城乡居民基本养老保险的是(　　)。

A. 赵某,15 周岁,户籍随父母迁至乙地,在某中学就读

B. 王某,20 周岁,甲地户籍,在乙地高校全日制就读

C. 张某,35 周岁,户籍随配偶迁至乙地,全职妈妈

D. 李某,50 周岁,甲地户籍,随子女在乙地长期居住

9. 根据《关于建立统一的城乡居民基本养老保险制度的意见》,下列关于养老保险待遇的说法中,错误的是(　　)。

A. 城乡居民养老保险待遇支付到 90 岁为止

B. 参保人死亡,个人账户资金余额可以依法继承

C. 个人账户养老金月计发标准为个人账户全部储存额除以 139

D. 城乡居民养老保险待遇由基础养老金和个人账户养老金构成

10. 李某,35 周岁,申请从甲地城乡居民养老保险转入乙地城镇职工养老保险,根据《城乡养老保险制度衔接暂行办法》,关于李某城乡养老保险制度衔接的说法,正确的是(　　)。

A. 李某城乡居民养老保险个人账户储存额不并入城镇职工养老保险个人账户

B. 李某城乡居民保险缴存年限不合并计算或折算为城镇职工养老保险缴费年限

C. 李某若在同一年度同时参加城镇职工养老保险和城乡居民养老保险,其重复缴费时段只计算城乡居民养老保险

D. 李某退休后可同时领取城镇职工养老保险和城乡居民养老保险待遇

11. 根据《关于建立城镇职工基本医疗保险制度的决定》,下列关于职工基本医疗保险支付方式的说法,正确的是(　　)。

A. 统筹基金收不抵支时,可以使用个人账户基金支付

B. 统筹基金的起付标准应当为当地职工月平均工资的 10% 左右

C. 超过最高支付限额的医疗费用可以通过商业医疗保险等途径解决

D. 起付标准以上、最高支付限额以下的医疗费用全部由统筹基金支付

12. 根据《关于建立城镇职工基本医疗保险制度的决定》,下列关于城镇职工基本医疗保险基金的说法,正确的是(　　)。

A. 用人单位缴纳的基本医疗保险费全部计入统筹基金

B. 职工个人缴纳的基本医疗保险费全部计入个人账户

C. 统筹基金与个人账户的支付范围相同,但支付比例不同

D. 职工基本医疗保险基金由政府补贴基金、统筹基金和个人账户构成

13. 根据《关于开展城镇居民基本医疗保险试点的指导意见》,城镇居民基本医疗保险基金使用应坚持的原则是(　　)。

A. 以收定支、收支平衡、略有结余　　B. 以支定收、收支平衡、略有结余

C. 以收定支、严格支出、保持结余　　D. 以支定收、收支平衡、不留结余

14. 根据《关于开展城镇居民基本医疗保险试点的指导意见》,下列人员中,可以参加城镇居民基本医疗保险的是(　　)。

A. 小李,已经参加城镇职工基本医疗保险

B. 小张,在国有企业全日制就业,但尚未参加职工基本医疗保险

C. 老王,户籍在农村,并在户籍所在地务农

D. 小赵,户籍在城镇,并在户籍所在地职业技术学校念书

15. 产妇小李产假前的月工资为6200元,其所在单位上年度职工月平均工资为4800元。单位没有为小李缴纳生育保险费。根据《女职工劳动保护特别规定》,下列关于小李产假期间生育津贴的说法,正确的是(　　)。

A. 小李没有参加生育保险,不得享受生育津贴

B. 小李享受每月3100元生育津贴,应由用人单位支付

C. 小李享受每月4800元生育津贴,应由生育保险基金支付

D. 小李享受每月6200元生育津贴,应由用人单位支付

16. 根据《社会保险法》,生育保险待遇包括(　　)和生育津贴。

A. 住院误工费　　B. 生活护理费

C. 生育医疗费用　　D. 住院伙食补助费

17. 根据《企业职工生育保险试行办法》,下列关于生育保险的说法中,正确的是(　　)。

A. 职工个人不缴纳生育保险费

B. 生育保险费用实行社会统筹和个人账户相结合

C. 生育保险根据"企业为主、社会参与"的原则筹集资金

D. 生育保险费的提取比例最高不得超过工资总额的2%

18. 根据《企业职工生育保险试行办法》,下列关于生育保险待遇的说法中,正确的是(　　)。

A. 女职工产假期间的生育津贴按照其本人上年度月平均工资计发

B. 女职工产假期间的生育津贴由生育保险基金支付

C. 女职工因流产手术发生的医药费,生育保险基金不予支付

D. 女职工生育后,因生育引起疾病的医疗费由医疗保险基金支付

19. 根据《人力资源社会保障部、财政部关于调整失业保险金标准的指导意见》,各省要在确保基金可持续前提下,逐步将失业保险金标准提高到最低工资标准的(　　)。

A. 60%　　B. 70%

C. 80%　　D. 90%

20. 下列关于失业保险基金的说法中，正确的是（　　）。
A. 城镇企事业单位职工不缴纳失业保险费
B. 城镇企事业单位按照本单位工资总额的1%缴纳失业保险费
C. 失业保险基金不得用于支付失业人员领取失业保险金期间的医疗补助金
D. 失业保险基金可以用于支付领取失业保险金期间死亡失业人员的丧葬补助金

21. 根据《社会保险法》，失业保险金标准由省、自治区、直辖市人民政府确定，不得低于（　　）。
A. 国家贫困线　　B. 最低工资标准
C. 城镇居民平均收入　　D. 城市居民最低生活保障标准

22. 根据《失业保险条例》，下列支出项目中，属于失业保险基金支出范围的是（　　）。
A. 伤残津贴　　B. 生活护理费
C. 接受职业培训的补贴　　D. 最低生活保障金

23. 下列人员均处于失业状态，失业前缴纳失业保险费均超过1年，失业后均办理了失业登记，并有求职要求。根据《失业保险条例》，四人中可以领取失业保险金的是（　　）。
A. 吴某，为照顾家庭，主动辞职，中断就业
B. 张某，不满单位工资待遇，主动辞职，中断就业
C. 赵某，被所在单位领导批评，主动辞职，中断就业
D. 王某，违反单位操作规程，被所在单位开除，中断就业

24. 根据《社会保险法》，失业人员失业前用人单位和本人累计缴费满5年不足10年的，领取失业保险金的期限最长为（　　）。
A. 6个月　　B. 12个月
C. 18个月　　D. 24个月

25. 根据《失业保险条例》，下列领取失业保险金的人员，可继续领取失业保险金的是（　　）。
A. 甲，应征入伍服役　　B. 乙，移居境外
C. 丙，办理退休手续　　D. 丁，申请低保获批

26. 2006年7月，王某大学本科毕业，8月1日到一家公司工作。公司为其办理了失业保险。2008年7月1日，因金融危机，公司裁员，王某失业。王某于7月10日持公司出具的终止合同关系证明到社会保险经办机构办理了失业登记。下列关于王某失业保险金的说法中，正确的是（　　）。
A. 王某领取失业保险金的期限最长为18个月
B. 王某的失业保险金自2008年7月1日起计算
C. 王某的失业保险金不得低于当地最低生活保障标准
D. 王某若享受失业保险，则不得再申请最低生活保障待遇

27. 郭某在一次工作任务中发生意外，导致左腿骨折，同事宋某目睹了整个过程，由于行动不便，郭某委托其亲属王某代为申请工伤认定，但用人单位认为不算工伤。根据《工伤保险条例》，此种情况下，应由（　　）承担举证责任。
A. 郭某　　B. 宋某
C. 王某　　D. 用人单位

28. 根据《进一步做好建筑业工伤保险工作的意见》，建设单位在办理施工许可手续时，应当提交建设项目(　　)参保证明，作为保证工程安全施工的具体措施之一。

A. 工伤保险　　B. 补充医疗保险

C. 工伤补充保险　　D. 人身意外伤害保险

29. 根据《社会保险法》，用人单位应当按照(　　)，根据社会保险经办机构确定的费率缴纳工伤保险费。

A. 本单位职工工资总额　　B. 本单位职工平均工资

C. 本地当年社会平均工资　　D. 本地上一年度社会平均工资

30. 根据《工伤保险条例》，劳动能力鉴定由(　　)提出申请。

A. 用人单位向区级劳动能力鉴定委员会

B. 工伤职工直系亲属向区级劳动能力鉴定委员会

C. 工伤职工向设区的市级劳动能力鉴定委员会

D. 工伤职工向设区的市级劳动保障行政部门

31. 根据现行规定，下列保险项目不需要劳动者本人缴纳保险费用的是(　　)。

A. 失业保险　　B. 工伤保险

C. 基本养老保险　　D. 基本医疗保险

32. 根据《社会保险法》，企业缴纳了工伤保险费后，职工因工伤发生的下列费用，应由用人单位支付的是(　　)。

A. 治疗工伤期间的工资福利　　B. 住院伙食补助费

C. 治疗工伤的医疗费用和康复费用　　D. 到统筹地区以外就医的交通食宿费

33. 根据《工伤保险条例》，职工因工死亡，其近亲属领取的一次性工亡补助金的标准是(　　)。

A. 上年度全国城镇居民人均可支配收入的 15 倍

B. 上年度全国城镇居民人均可支配收入的 20 倍

C. 40 个月的统筹地区上年度职工月平均工资

D. 60 个月的统筹地区上年度职工月平均工资

34. 根据《深化党和国家机构改革方案》，下列部门中，负责统一征收社会保险费的是(　　)。

A. 财政部门　　B. 税务部门

C. 民政部门　　D. 人力资源和社会保障部门

35. 根据《社会保险法》，下列支出，可由社会保险基金支付的是(　　)。

A. 社保经办机构人员经费　　B. 社会保险费征缴管理费用

C. 参保人员因病死亡的丧葬补助金　　D. 参保人员境外就医的费用

36. 根据《社会保险法》，下列人员可以直接向社会保险费征收机构缴纳城镇职工基本养老保险费的是(　　)。

A. 侯某，无雇工的个体工商户　　B. 张某，某基金会秘书长

C. 李某，某企业专职会计　　D. 吴某，无业人员

37. 某企业因不可抗力造成生产经营严重困难，企业账户余额已少于应缴纳的社会保险费，根据《社会保险法》，该企业可以依法采取的缓解社会保险缴费压力的措施是(　　)。

A. 向社会保险费征收机构申请降低缴费基数

B. 通过工会与本企业职工协商停缴社会保险费

C. 向社会保险费征收机构提供担保并签订延期缴费协议

D. 经职工代表大会同意向社会保险费征收机构申请减少缴费人员

38. 小孔与某公司签订劳动合同，约定该公司从2013年4月1日起聘用小孔两年，其中前两个月为试用期。根据《社会保险法》，公司应当在2013年（　　）前为小孔办理社会保险登记。

A. 4月1日　　B. 4月30日

C. 5月31日　　D. 6月1日

39. 经劳动保障行政部门查实，某公司未按规定办理社会保险登记，情节严重。根据《社会保险费征缴暂行条例》，劳动保障行政部门可以对该公司直接负责的主管人员和其他直接责任人员处（　　）的罚款。

A. 500元以上1000元以下　　B. 1000元以上5000元以下

C. 5000元以上1万元以下　　D. 1万元以上2万元以下

40. 根据《社会保险法》，个人对社会保险经办机构不依法办理社会保险转移接续手续的行为，可以依法（　　）。

A. 申请行政复议　　B. 申请劳动仲裁

C. 申请人民调解　　D. 提起民事诉讼

41. 根据《军人保险法》，下列军人中，个人不需要缴纳军人退役医疗保险费的是（　　）。

A. 军官　　B. 士官

C. 义务兵　　D. 文职干部

42. 李某，甲地户籍。高中毕业后服役2年，退役后在家务农3年，未参加城乡居民基本养老保险。李某顺利通过成人高考，后又考取甲地某机关公务员。工作5年后，李某辞职自主创业，以灵活就业人员身份参加甲地城镇职工基本养老保险10年。根据《城乡养老保险制度衔接暂行办法》《关于印发城镇企业职工基本养老保险关系转移接续若干具体问题意见的通知》，当前李某城镇职工基本养老保险的累计缴费年限为（　　）。

A. 10年　　B. 15年

C. 17年　　D. 20年

43. 根据《中国人民解放军军人配偶随军未就业期间社会保险暂行办法》，军人所在单位后勤机关按照缴费基数（　　）的规模，为未就业随军配偶建立养老保险个人账户。

A. 8%　　B. 9%

C. 10%　　D. 11%

二、多项选择题（每题的备选项中，有2个或2个以上符合题意，至少有1个错项）

44. 根据《社会保险法》，参加基本养老保险的个人，因病或者非因工死亡的，其遗属可以领取（　　）。

A. 抚恤金　　B. 病残津贴

C. 丧葬补助金　　D. 基本养老金

E. 最低生活保障金

45. 蔡某,男,甲省户籍。40 周岁时从乙省到丙省工作,职工基本养老保险关系随同转移,在丙省缴费满 15 年。随后蔡某中断就业,并定居丙省。根据《城镇企业职工基本养老保险关系转移接续暂行办法》,关于蔡某基本养老保险权益的说法,正确的有(　　)。

A. 丙省社会保险经办机构应保留蔡某基本养老保险关系

B. 蔡某未达到待遇领取年龄前,可以在丙省终止基本养老保险关系,并办理退保手续

C. 蔡某达到退休年龄后可以在丙省办理基本养老保险待遇领取手续

D. 乙省、丙省两地的参保缴费年限合并计算

E. 乙省、丙省两地的个人账户储存额累计计算

46. 根据《城镇企业职工基本养老保险关系转移接续暂行办法》,针对跨省流动就业的参保人员,下列办理基本养老保险关系转移接续手续的程序,正确的有(　　)。

A. 参保人员在新就业地按规定建立基本养老保险关系和缴费后,由用人单位或参保人员向新参保地社保经办机构提出基本养老保险关系转移接续书面申请

B. 新参保地社保经办机构在 15 个工作日内,对符合转移接续条件的,向参保人员原基本养老保险关系所在地的社保经办机构发出同意接收函

C. 新参保地社保经办机构在 15 个工作日内,对不符合转移接续条件的,向参保人员作出电话或口头说明

D. 原基本养老保险关系所在地社保经办机构在接到同意接收函的 15 个工作日内,办理好转移接续的各项手续

E. 新参保地社保经办机构在收到参保人员原基本养老关系所在地社保经办机构转移的基本养老保险关系和资金后,应在 15 个工作日内办结有关手续

47. 根据《社会保险法》,下列生活在甲市的人员中,可以参加甲市基本养老保险的有(　　)。

A. 周某,甲市农村户口,在甲市市区打零工

B. 邹某,乙市农村户口,在甲市开家乡特产小店,个体工商户

C. 格某,丙市城市户口,丙市某企业停薪留职,自由撰稿人

D. 张某,丁市农村户口,甲市某企业农民工

E. 马某,德国国籍,甲市某外企职工

48. 根据《国务院关于建立统一的城乡居民基本养老保险制度的意见》,下列缴费中,应全部计入城乡居民基本养老保险个人账户的有(　　)。

A. 个人缴费

B. 集体补助

C. 公益慈善组织对参保人的缴费资助

D. 地方人民政府对参保人的缴费补贴

E. 中央财政对基础养老金的补助

49. 根据《社会保险法》,下列参加职工基本医疗保险人员的医疗费用中,由基本医疗保险基金支付的有(　　)。

A. 因治疗工伤产生的医疗费用

B. 在境外就医产生的医疗费用

C. 符合基本医疗保险药品目录的医疗费用

D. 符合基本医疗保险诊疗项目的医疗费用

E. 符合基本医疗保险医疗服务设施标准的医疗费用

50. 根据《企业职工生育保险试行办法》，下列费用中，纳入生育保险基金支付范围的有（　　）。

A. 接生费　　B. 生育住院费

C. 产前检查费　　D. 哺乳期间骨折诊疗费

E. 产假期间生育津贴

51. 城镇居民基本医疗保险实行个人缴费和政府补贴相结合。根据《社会保险法》，下列城镇居民，其基本医疗保险的个人缴费部分可享受政府补贴的有（　　）。

A. 小李，10 周岁，低收入家庭成员　　B. 小郭，16 周岁，辍学，父母外出务工

C. 老张，50 周岁，低保家庭成员　　D. 老周，55 周岁，肢体残疾、丧失劳动能力

E. 老吴，65 周岁，低收入家庭成员

52. 下列关于女职工保护和生育保险制度的说法中，正确的有（　　）。

A. 女职工个人应当按照工资的 1% 缴纳生育保险费

B. 女职工产假期间的生育津贴按照用人单位上年度职工月平均工资计发

C. 女职工生育难产的，增加产假 15 天

D. 女职工生育多胞胎的，每多生育一个婴儿，增加产假 15 天

E. 女职工怀孕 3 个月以内流产的，不享受产假待遇

53. 我国失业保险基金的来源包括（　　）。

A. 银行发行债券

B. 财政补贴

C. 失业保险基金投资股票产生的收益

D. 失业保险基金的利息

E. 城镇企业事业单位和职工缴纳的失业保险费

54. 根据《社会保险法》，下列险种中，职工个人需要缴纳费用的有（　　）。

A. 工伤保险　　B. 生育保险

C. 失业保险　　D. 基本养老保险

E. 基本医疗保险

55. 正在领取失业保险金的五名失业人员，出现情况变化。根据《社会保险法》，应当停止领取失业保险金，并同时停止享受其他失业保险待遇的有（　　）。

A. 冯某，重新就业　　B. 陈某，应征服兵役

C. 楚某，移居境外　　D. 魏某，开始享受基本养老保险待遇

E. 蒋某，参加所在街道组织的就业培训

56. 根据《工伤保险条例》，职工出现下列情形，应当认定或视同工伤的有（　　）。

A. 患职业病的

B. 在工作时间和工作岗位，突发疾病死亡的

C. 在抢险救灾等维护国家利益活动中受到伤害的

D. 在下班途中，受到本人主要责任交通事故伤害的

E. 因工外出期间，由于工作原因发生事故受到伤害的

57. 孙某同时在甲、乙两家公司就业，甲公司没有为孙某缴纳工伤保险费，乙公司为孙某缴纳了工伤保险费。某日，孙某在甲公司工作时因工受伤，被送往医院治疗。后经有关部门评定为二级残疾，需要护理。根据《工伤保险条例》《实施〈中华人民共

和国社会保险法〉若干规定》，下列关于孙某工伤保险权益的说法，正确的有(　　)。

A. 孙某的伤残津贴应由乙公司支付

B. 孙某的生活护理费应由甲公司支付

C. 孙某的住院伙食补助费应由甲公司支付

D. 孙某的一次性伤残补助金应由乙公司支付

E. 孙某的住院医疗费由工伤保险基金支付

58. 根据《社会保险法》，下列因工伤发生的费用中，可以由工伤保险基金支付的有(　　)。

A. 劳动能力鉴定费

B. 治疗工伤期间的工资福利

C. 安装配置伤残辅助器具所需费用

D. 一至四级伤残职工按月领取的伤残津贴

E. 生活不能自理的，经劳动能力鉴定委员会确认的生活护理费

59. 周某在因公出差途中遭遇车祸，经抢救无效死亡，被当地人力资源和社会保障部门认定为因工死亡。根据《工伤保险条例》，周某的直系亲属可以从工伤保险基金中领取的工亡待遇包括(　　)。

A. 丧葬补助金

B. 一次性工伤医疗补助金

C. 供养亲属抚恤金

D. 一次性工亡补助金

E. 一次性伤残补助金

60. 根据《社会保险法》，下列关于社会保险费征缴的说法，正确的有(　　)。

A. 用人单位应当自成立之日起60日内申请办理社会保险登记

B. 用人单位应当自用工之日起30日内为其职工申请办理社会保险登记

C. 用人单位应当自行申报、按时缴纳社会保险费，非因不可抗力等法定事由不得缓缴、减免

D. 用人单位的社会保险登记事项发生变更，应当自变更之日起30日内到社会保险经办机构办理变更

E. 用人单位未按规定申报应当缴纳的社会保险费数额的，应当按照该单位上月缴费额的150%确定应缴数额

61. 小丽在某宾馆做服务员，多次要求宾馆为其缴纳社会保险费，均遭拒绝，并受到刁难、威胁，小丽十分苦恼，想通过合法途径解决。根据《社会保险法》，小丽可以选择的处理方式有(　　)。

A. 依法提起诉讼

B. 依法申请调解、仲裁

C. 请求工商部门依法处理

D. 请求社会保险行政部门依法处理

E. 请求社会保险费征缴机构依法处理

62. 根据《中国人民解放军军人配偶随军未就业期间社会保险暂行办法》，下列关于随军配偶养老保险的说法中，正确的有(　　)。

A. 个人账户按照缴费基数的11%建立

B. 个人账户所需资金由个人和国家共同负担

C. 军人所在单位后勤机关为未就业随军配偶建立养老保险个人账户

D. 未就业随军配偶按照上年度全国城镇职工月平均工资作为缴费基数

E. 未就业随军配偶被判刑收监执行的，停止享受军人配偶随军未就业保险个人账户补贴待遇

一、单项选择题									
1. A	2. D	3. B	4. A	5. C	6. D	7. B	8. C	9. A	10. B
11. C	12. B	13. A	14. D	15. D	16. C	17. A	18. B	19. D	20. D
21. D	22. C	23. D	24. C	25. D	26. C	27. D	28. A	29. A	30. C
31. B	32. A	33. B	34. B	35. C	36. A	37. C	38. B	39. B	40. A
41. C	42. C	43. D							
二、多项选择题									
44. AC	45. ACDE	46. ABDE	47. ABDE	48. ABCD	49. CDE	50. ABCE	51. ACDE	52. BCD	53. BDE
54. CDE	55. ABCD	56. ABCE	57. BC	58. ACDE	59. ACD	60. BCD	61. ABDE	62. ABCE	

温馨提示：试题详解，详见深度解析册。

本章错题统计清单

恭喜您，成功完成了本章的刷题挑战。然而，错题的梳理同样不可忽视，它们如同一面镜子，反映出您在复习中的薄弱环节。错题统计清单能助您快速有效地梳理错题，制订更加合理的复习计划，科学安排再次刷题的时间。相信每一次刷题都会带来全新的收获，让您离成功更近一步。

错题序号	错误分析				错题消灭计划		
	概念问题	方法问题	粗心问题	其他原因	一刷	二刷	三刷